毛泽东峥嵘岁月

李锐◎著

北京联合出版公司
Beijing United Publishing Co.,Ltd.

图书在版编目（CIP）数据

毛泽东峥嵘岁月 / 李锐著 . —北京：北京联合出版公司，2013.1（2023.5 重印）

ISBN 978-7-5502-1197-1

Ⅰ.①毛… Ⅱ.①李… Ⅲ.①毛泽东（1893~1976）— 传记 Ⅳ.① A751

中国版本图书馆 CIP 数据核字 (2012) 第 285619 号

毛泽东峥嵘岁月

作　　者：李　锐
出 品 人：赵红仕
责任编辑：王　巍
封面设计：王　鑫

北京联合出版公司出版
（北京市西城区德外大街83号楼9层 100088）
北京新华先锋出版科技有限公司发行
涿州汇美亿浓印刷有限公司印刷　新华书店经销
字数520千字　787毫米×1092毫米　1/16　36印张
2013年1月第1版　2023年5月第2次印刷
ISBN 978-7-5502-1197-1
定价：98.00元

目录

五　党的建设

六　工人运动

代序　毛泽东早年的道路

本书的任务是以尽可能搜集到的资料，来叙述毛泽东的早年读书生活，以及中国共产党建立前后在湖南的早期革命活动。时间的跨度是从毛泽东17岁以前在韶山的岁月开始，直到1923年春前往上海党中央工作为止，也即毛泽东30岁以前特别是20岁到30岁这关键的10年时间。一个人在30岁以前可说是青年时期，即从人的整个一生来说，一般还未进入成熟时期。可是青年毛泽东是比较早熟的，这同时代和环境有关，更同他本人的好学储能和刻苦锻炼有关。毛泽东伟大的一生，是从他不同凡响的青年时期开始的。现在我们就此再作一个简要的回顾:这个历史巨人的出现不是偶然的，他的伟大成功和晚年错误也不是偶然的。

毛泽东的童年和少年即17岁以前，是在他的家乡湖南湘潭韶山农村中度过的。他家祖辈务农，父亲是一个识字不多、精明能干、亦农亦商的富农，只希望儿子稍识文墨继承家业。因此，毛泽东自幼的身份是小学生兼小长工或小长工兼小学生。耕田与读书，他更好读书，前后6年私塾，四书、《左传》等能背诵如流。虽说这些经书枯燥难懂，其实自幼熟读就近似电脑的软件存储，成年后自便于应用；何况经过6年师范，老师指点和自己钻研，对之作了进一步的消化。这些孔夫子的书，显然帮助了他后来的“古为今用”（这从五卷《毛泽东选集》中可以证实）。经书难懂，他最爱读的是《三国演义》、《水浒传》、《西游记》这些民间流传的小说，熟记其中的人物故事，倾心于造反的下层英雄。同时《纲鉴易知录》这类通俗历史读本，则逐渐培养了他“鉴古知今”的历史嗜好。“小长工”读书认真，劳动也是认真的，犁、耙、栽、割，样样都在行，而且跟人争胜，抢干重活，13 岁就在田地里当一个整劳力使唤。这样，自幼养成山区农家子弟本色：吃苦耐劳，勤快朴实，不畏艰难，就靠双手。母亲的慈祥和乐于助人，更影响儿子同情贫弱、兼爱众生。同农民的这种天然关系，促使他一生了解农民、尊重农民，不失农民本色。好读书不仅培养了他的记忆力，也提高了他的领悟力，尤其难能可贵的是他自幼善于思考，养成一种自解疑难的习惯。如在《三国演义》、《水浒传》中，怎么没有农民当主人公呢？纳闷儿了两年他才想通：原来文官武将不必耕田，是农民养活了统治他们的统治者。《盛世危言》这本书使他第一次接触到西方的政治、经济和社会情况，以及“中体西用”的改良主张，于是他开始忧虑国家的现状和前途，以至 30 年后，还能向斯诺讲述这本书的大要。辛亥前夕因旱灾引起的长沙饥民暴动，遭到官府镇压，这个事件也使他难以忘怀，决定了他的人生取向：站在受苦受难人民的一边。

父亲的专制和刻薄，塾师的体罚和不讲理，使得这个从不愿受约束的少年养成特别倔犟而好自行其是的性格，在家中有过“忤逆不孝”的抗争，在学塾有过“不服管教”的行为。由于以强抗顽、据理辩驳，他总得到胜利。看来，从劳动到说理，他都是从不服输且好胜到底的。生活中的最大胜利，是拒绝了父亲为他选择的媳妇；人生道路上的最大胜利，是拒绝了父亲为他选择的职业——到县城一家米店当学徒。经过亲友的帮助（他们看重这个可造之材），他终于离家到湘乡东山高等小学读书。这可说是毛泽东一生的第一个转折：1910 年秋，17 岁时，他离开了束缚身心的家庭和闭塞的山村，来到当年的一个新式学堂。他在这个学堂虽然只读了半年，但初次打开了眼界，接触到康有为、梁启超的维新变法思想，由此觉得“天下兴亡，匹夫有责”。他尤其喜读《新民丛报》，深受梁氏《新民说》的影响：“欲维新我国，当先维新我民。”这种必先“变化民质”的思想，同五四时期的“改造国民性”是一脉相通的。他还师法急切锐利、常带感情的梁氏新文体，写得一手好文章，获得老师“气宇非凡”的赞赏。但这个学堂仍不能满足他的求知欲望，他急于想到省会长沙这个新天地去。1911年辛亥革命前夕，不满18岁的毛泽东来到长沙，由此决定了他一生的方向和道路。

同不能忘记广东一样，中国近代史不能忘记湖南这个地方。康有为、梁启超和孙中山都出自广东，林则徐、洪秀全也同广东有关。谭嗣同、唐才常、黄兴和陈天华都出自湖南，从王船山到谭嗣同，“趋时而更新”，“因时而变法”，经世致用，弃旧创新，形成所谓“湘学”实学学风，影响至大。湖南还出了个曾国藩，“保卫名教，收拾洪杨”，传教与事功集于一身，所谓“中兴名臣，一代儒宗”。不论其人如何满手鲜血，如何“忠诚的虚伪”，列在他名下的“湘学”，标榜“禹墨为本，周孔为用”、“贵诚蔑浮”，崇尚艰辛勤俭，影响也极大。他也师承王船山，并刊刻传播《船山遗书》。两种政治方向截然相反的“湘学”传统，错综复杂结为一体。当年不仅一般青年学子，即使志士仁人也方向不辨、主次不分。从梁启超、杨昌济到陈独秀、毛泽东都佩服过曾国藩。这种历史现象也说明，历史人物的评价甚为复杂；反面中有正面，正面中有反面；非中有是，是中有非，其主次、轻重就看如何历史地、辩证地对待。进入19世纪70年代以来，湖南就是这样一个新旧斗争特别剧烈而复杂的地方。谭嗣同、梁启超等办时务学堂和南学会时，湖南为全国最富朝气的一个省。唐才常自立军失败，时务学堂学生被杀害的达200多人。清末留日学生和同盟会会员也数湖南人最多。黄兴被称为“革命的实行家”，他领导了黄花岗起义，这是辛亥革命的前奏。武昌起义是以湖南革命党人（焦达峰、陈作新）为依托的。“楚虽三户，亡秦必楚”，这种当年被世人称道的“湖南人精神”，有其深远影响。

正是在黄花岗起义时节，毛泽东到了长沙。这个有志于学的乡下青年，立即投入学生的火热斗争之中，在学校发表政见，剪辫明志。武昌起义时，他马上投笔从戎，正式参军当兵，过了半年军营生活。这件事说明，革命形势到来时，革命与求学两事相较，前者对他是第一位的。他虽然还看不清辛亥革命实际失败的原因（到办《湘江评论》时就清楚了），却觉得自己在军营中已无事可做，于是转而继续求学。他是一个我行我素、不受束缚的人，虽然写得一手好文章（这是旧社会头等进身之阶），很被学校当局欣赏，他还是从那呆板的课堂生活中退出来，跑到图书馆狼吞虎咽了半年，读自己爱读之书。读书是他一生最大嗜好。这时，严复译的名著特别是《天演论》，以及其他西方书籍包括世界地图，使他进一步打开了眼界，不仅思考中国的问题，也思考世界的问题。从这些书籍中他受到近代启蒙教育，接受了进化论思想，认为必须以斗争、进化、自强、自立的观点和态度，来观察和对待万事万物包括个人；认为中国要救亡图存，只有“早日变计”，“力今以胜古”。他自己回忆说，“这是我学习历史上最有价值的半年”。

1913年春，由于经济不能独立，已经快20岁的毛泽东只能违背心愿进了供膳宿的湖南第一师范，在这个学校勉强读了5年半，于1918年毕业。从1915年到1918年，正是世界和中国大动乱的年代，湖南长期成为南北军阀拉锯的战场，课堂也是不平静的。他利用这个学校，专心于自己喜好的社会科学（不好自然科学），从国学（经典古籍）、诗文、历史、地理到哲学、伦理学，尤好哲学，中外古今或涉猎、或专攻、或全书抄录。还天天读报（这也是他一生的习惯），关注时事。总之，一心探索救国救民的真理和改造社会的道路。他以此为己任，努力将自己塑造好；从学识、思想、能力到身体，力求向上，时有变易；既动笔又看书，每天写日记；生活极有规律，读书问难、锻炼身体，都按计划行事。他的思想随着时代前进，处在新旧交替的急剧变化之中。他自己对这段生活作了这样的评价：“我的政治思想在这个时候开始形成，我也是在这里获得社会行动的初步经验的。”

毛泽东幸运的是，在这个并不称心的地方，遇到了很好的老师和很好的同学。老师学识渊博、道德高尚，教书育人并重；同学勤学苦练、思想进步，以国家栋梁自许。他们都忧国忧民，怀有救亡革新、改造社会的志向。对他影响最大的伦理学教师杨昌济，在国外留学10年，博通古今，学贯中西，批判分析自成体系，而且以身作则，尽力教导学生立志复兴国家、改造社会，做一个光明磊落的有用人才。师生之间互相切磋，有如朋友和家人。蔡和森这样的同窗好友，无不志同道合，好学深思，交换心得，不分彼此。毛泽东还不以周围几个知交为满足，敢做超凡脱俗、标新立异之举，刊登启事，广结校外同志。为砥砺品行、研究学术、集体互助、努力向上，在毕业之际，他们这一群时代精英，终于结成新民学会这样的进步团体；成立时的21人中，除罗章龙外，都是受教于杨昌济的一师学生。

在这个学校，毛泽东也不是完全没有机会施展他的学识和才具、抱负和胆略。例如，他的异乎寻常的写作才能为老师赞赏及同学传诵，还在《新青年》上发表极有思想见地的大块文章；反对袁世凯称帝时，他做了有效的宣传鼓动；他主持学友会，锻炼同学的自治能力，活跃课外生活；他创办工人夜校，为失学的工人尽心服务；在南北军阀混战之时，一次长沙城出现短暂真空，他领导"学生志愿军"巡逻护校，利用溃军不知虚实，竟缴了一支北军的枪械；为了解社会实情，他与好友以游学方式，在暑假中不花一文钱，周游洞庭湖五个县；他的"野蛮其体魄"的身体锻炼，冷浴、冬泳、露宿等，多是常人所不敢为。他这个为老师看重、同学敬佩的特殊学生，在一次全校学生"人物互选"中，获德智体三个方面综合票数最多，为全校第一。这件事最能说明青年毛泽东是一个何等品学兼优的学生。可以说，他的社会科学尤其文史知识水平，当年即使是在大学毕业生中也属佼佼者。一个品学兼优的学生不过说明学校教育和学生本人的成绩。现在要说明的问题是，他这个品学兼优的学生今后的征途同苦难的中国前途，竟如何密不可分，结成一体。了解他的学生时代生活之后，使人深深感到，这同他离开校门时在两个方面打下的基础有关：一是，他的学识才具和思想水平，已经树立的世界观、人生观，身体力行、知行结合的重现实精神，为他今后接受马克思主义和从事艰难复杂的革命活动，创造了良好的条件；二是，他不是单枪匹马孤军奋斗，而是结合了一班志同道合的亲密朋友，组织成一个战斗的团体，集体行动，共同作战。终于在湖南这个地方（也在法国勤工俭学运动中）为建立中国共产党打下了坚实的基础。这两个方面确是现代中国历史的幸运。

毛泽东在学校时还没有机会接触唯物主义，只能从古今中外各种唯心主义和二元论哲学中,加以分析批判和选择,同时在《新青年》倡导的民主、科学和个性解放的思潮影响下，树立自己的世界观和人生观。“思想主人之心，道德范人之行”。他强调一个人要确立信仰和志向，首先要研究哲学和伦理学，这样才能抓住宇宙和人生的大本大源。他的改造国家和社会的志向,是同改造哲学和伦理学的思想联结在一起的。他认为人生的目的在“实现自我”；极力主张“身心并完”，“发达自己身体及精神之能力至于最高”；十分强调个人主观意志的能动作用，即“个人精神主义”；追求“独立所有”的道德完美境界，用自己的理想唤醒国人，来改造这个旧世界。总之，具有救国救民“舍我其谁”这样一种英雄气概。他这种探究大本大源的另一思想特征，就是认为运动、抗争为宇宙人生的普遍规律。他从体育之研究，人皆乐“动”，而得出“天地盖惟有动而已”这一理论观点，认为“动”是天地身心的本性。他对一切差异、对立、冲突、动乱，不仅持完全肯定的态度，而且持赞赏喜爱的态度；宇宙间水力、风力因遇地势之抵阻，而益增其奔猛、怒号；战国、刘项、汉武匈奴、三国竞争之时，“事态百变，人才辈出”。他的结论是：“安逸宁静之境不能长处，非人生之所堪；而变化倏忽乃人生之所喜也。”他在日记中写的，“与天奋斗，其乐无穷！与地奋斗，其乐无穷！与人奋斗，其乐无穷！”也并非单纯从身体锻炼得来的偶感，而是经过深思熟虑的本源思想，并且是一贯身体力行，也为后来历史证明的他的人格个性特点。

“以不断运动、顽强奋斗、克服‘抵抗’、实现自我为人生快乐，是青年毛泽东思想和行为的主要特征。”“运动、斗争成了他的身心存在的第一需要。”

在这样一种精神状态下，毛泽东和他的朋友们离开了学校，踏上人生的征途，荆天棘地、狂风暴雨在等待着他们。毕业之后，这群志同道合的新民学会会员，当前要解决的便是去向问题，其一致意见是向外发展：必须走出湖南，到通都大邑，出洋留学，自由研究，获得世界知识，以求救国救民之道。恰遇赴法勤工俭学的机会，为此毛泽东第一次来到久已向往的北京。克服种种困难，学会会员终于分几批到法国勤工俭学，向海外发展成为事实。毛泽东本人决心留在国内，为学会打好基础。在北京停留的半年，更使他眼界大开。他结识了陈独秀和李大钊，接触了许多他钦佩的思想激进人物，还同一些左翼青年成为朋友，吸收了许多新的思想，也包括马克思主义的粗浅知识，参加了许多有意义的活动，脑中装满了许多社会实际问题。他自己回忆这半年生活时写道："政治的兴趣继续增加，思想越来越激进。"他深深感到，"近数年来，中国的大势斗转"；"革新之说，不止一端。自思想、文学，以至政治、宗教、艺术，皆有一改旧观之概。甚至国家要不要，家庭要不要，婚姻要不要，财产应私有公有，都成了亟待研究的问题。更加以欧洲的大战，激起了俄国的革命，潮流侵卷，自西向东。国立北京大学学者首欢迎之，全国各地各学校的青年大响应之"。

他带着这些新思想和新的活动经验，回到长沙之后不久，就爆发了五四运动。这回的主观与客观形势，已与8年之前的辛亥革命时大不相同了。毛泽东立即投入并领导了长沙的火热斗争，新民学会会员成为领导的核心，他则成为学生运动随后成为驱张运动的领袖人物。从此开始了他一生"克服抵抗"的革命活动，显示出卓越的才能和超凡的思想。这时，《伦理学原理》批语中那些纯粹思辨的东西，冥思苦想的抽象问题，"只有精神生活，而无物质生活"等，统统不见了，而让位于当前现实的斗争和实际生活中的种种问题。他主编主撰的《湘江评论》，走出了湖南，尤其气壮山河的《民众的大联合》长文，获得辉煌的成功，在全国发生了影响。"毛泽东"这个名字开始为世人注意。

《湘江评论》开始克服唯心主义，强调从实际出发，强调物质生活的重要性。对戊戌变法和辛亥革命的失败都有了新的认识："那时候的思想，是空虚的思想。"那时候的出版物，"内面多是空空洞洞，很少踏着人生和社会的实际说话”。“办学堂”、“办自治”、“请开议会”成风，“多半凑热闹而已”。“人人思想界，便不容易引入实际去研究事实和真理了”。通观《湘江评论》全部文章，无一不是“研究事实和真理”，“踏着人生和社会的实际说话”。《创刊宣言》提出，“世界什么问题最大？吃饭问题最大。”这话说得何等明白。作者当然已感觉到，解决物质生活的吃穿住，是人类生存的首要问题。“社会制度之大端为经济制度”，这已接触到经济制度较之政治制度与精神文化，是更为根本的东西了。吃饭同哲学相比，经济同精神相比，无疑前者是更为重要了。从而对“大本大源”的认识，开始了向历史唯物主义的变化。在长沙响应五四运动这段时间，毛泽东的精力多用在报刊宣传上，他写的大小文章都是国内外当前最实际的问题。为了一个赵女士在花轿中自杀，一连写了 10 篇文章。这就使我们想起马克思的经历：博士论文充满黑格尔唯心主义，毕业时主要想当大学教授，遇上政府反动政策的阻挠后，他转到报刊工作，从而接触到社会实际问题。投入社会政治和经济斗争的洪流后，唯心主义就随之克服了。

青年毛泽东参加并领导了群众革命运动之后，唯心主义向唯物主义转变的进程很快。国家处在存亡危急关头，怎样才能挽救？种种社会问题同整个国家关系如何，怎样才能求得根本解决？这时的思路，自然同书斋苦思冥想时根本不同了。在五四运动中，他亲身感受到了人民群众的伟大力量。学习上海等地的经验，他领导的新民学会和全省学联，策动湖南各界组成了 400 多个“救国十人团”，在抵制日货等爱国运动中，发挥了很大的作用。俄国十月革命胜利的榜样和欧洲革命形势，也启发人们重新认识世界的走向。这都促使他从圣贤创世的历史观中走出来，认识到人民群众在历史变革中的伟大作用：“世界什么力量最强？民众联合的力量最强。”贵族、资本家和强权者赖以维持统治的，无非知识、金钱和武力三种手段，他们人数少，人民群众要是提高觉悟，广泛联合起来，这种统治手段也可转为人民所有。他总结辛亥革命失败的教训，不过是一些留学生、哥老会和新军在活动，“与我们民众的大多数毫无关系”。这是一个极大的觉醒。这样，圣贤豪杰同"愚人"、"小人"，教化与拯救的关系，就让位于"民众的大联合"，让位于打倒一切强权的"平民主义"了；不是依靠先知先觉的头脑和精神力量，而是唯有"民众的大联合"才是改造国家社会的根本力量。中国社会存在"智愚阶级"、"贫富阶级"、"强弱阶级"；"几个人享福，千万人要哭，产业愈发达，要哭的人愈多"。这些认识已接触到社会上阶级的对立和不可避免的阶级斗争了。

由于分不清马克思主义同无政府主义以及实用主义等的本质区别，毛泽东这时虽然还幻想"呼声革命"，也主张"多研究些问题"，但这两种世界观的斗争、谁胜谁负的问题，《湘江评论》上已露出端倪，显示出必然的趋势，即对封建主义的痛恨，对资本主义的失望，对社会主义的向往。虽然杜威的"实验主义"，托尔斯泰的"泛劳动论"，克鲁泡特金的"社会互助论"，武者小路实笃的"新村主义"，民主主义和空想社会主义，这个"大杂烩"还色彩缤纷萦绕于脑际，但俄国十月革命一声炮响，送来的阶级斗争和无产阶级专政的马克思列宁主义，在不断对他起着"东风压倒西风"的作用。

湖南五四运动的直接继续是驱张运动。毛泽东和新民学会会员积极策动和领导了这个运动。他们藐视张敬尧的专横残暴，不为几万"北兵"所慑服;他们手无寸铁,敢于"秀才造反"。3个驱张代表团成员秘密离开长沙，北上南下东去，毛为首的学会20个左右的会员是3个团的骨干力量，他被推为公民代表团团长，第二次来到北京。时隔一年多，这次的身份不是"卑微的"图书馆小职员，而是为民请命的湖南3000万人民的代表；不仅出入新华门，还自办通讯社向全国报纸发稿。"张毒不去，湘无宁日。"他们使用了种种合法手段进行斗争，震动了北京政府，造成全国声势，使这个皖系军阀臭名远扬，终于在南北军阀对峙形势消长中，从湖南败走。他利用第二次在北京停留的机会，进一步学习马克思主义和俄国十月革命的经验，向李大钊等人请教，尽可能找这方面的书籍阅读，从而思索为改造中国，当前"最急切"、"最重大"的问题。这反映在1921年学会新年会议时提出的三大问题：应以什么做共同目的；采用什么方法达到目的；当前从何着手。1920年初，他在同学会会员信中虽然谈到，“于种种主义、种种学说都还没有得到一个明确的概念”，但在《湘江评论》已达到的基础上，实际上他的思想在快速前进中。

驱张运动进行时，在上海成立了一个“湖南改造促成会”（随后迁到长沙），着手研究驱张之后下一步的行动，提出“湖南自治”的口号和资产阶级性质的民主政纲，而重点在“废督”，即如何避免政权继续被军阀控制。毛泽东到上海后，同陈独秀讨论了这个问题，取得相同的看法：当前中国形势，总的解决无望，“不能由总处下手”，但可以“由分处下手”。如湖南、广东这类地方，利用“地方自治”这种口号，脱离北京政府管辖，为推行真正的“民治”，可望造成较好的环境。在上海停留时，他为此写了两篇文章，发表在《时事新报》上，认为这是湖南“废去督军，建设民治”的绝好机会。关于地方自治，当年孙中山、梁启超和不少地方军阀都曾热衷宣传，不过由谁领导，靠谁来办，要达到何种目的，则各持己见。张敬尧败走之后，湖南一时呈现一种新的气象，毛泽东抓住这个有利时机，为湖南自治运动进行了广泛的活动，利用谭延闿的“顺意民情”，发动一个自下而上的“公民自治运动”，这是同以上3种“地方自治”截然不同的新的民主运动。以此为题，他一连发表了十几篇文章，纵论自治运动必须以人民利益为依归，以全体人民为主体；并且提出“门罗主义”和“湖南共和国”这样极端的口号，以示脱离北京政府的决心。在这一系列文章中，一方面显出作者当时存有的某种愿望，推动这种运动，不失为促进“全国总解决”的一种手段，“大组织到底无望，小组织希望无穷”。另一方面，则从国情出发，认为中国还远不具备俄国“彻底的总革命”的条件。他透彻分析了十月革命成功的原因：有布尔什维主义，有战败时机，有预备，有真正可靠的党众（“有列宁百万党员”），十之八九的劳动阶级起而响应。因此，中国要求得“根本解决”，首先要造主义、造党，从而唤起劳农群众。这些具有马克思主义观点的思想，同头一年《湘江评论》上的文章对比，可以说起了一种质的变化。

当时学会有个别会员对这两个运动不以为然，认为这都是“枝节问题”，有违学会求“根本改造”的目的。毛泽东认为这两个运动同改造中国的根本目的并不矛盾，革命者不能坐等条件，这“只是应付目前环境的权宜之计，绝非根本主张，我们的主张远在这些运动之外”。

在推动自治运动的同时，毛泽东更重要的工作在为进行马克思主义的宣传和建团、建党做准备。如成立了俄罗斯研究会；组织进步青年去苏俄留学；尤其是创办了文化书社，为湖南的新文化运动补课。在这些公开工作之外，他同陈独秀有直接联系，陈独秀委托他在湖南负责建团和建党的工作。1920 年夏，在法国的新民学会会员开了 5 天会，关于改造中国和世界的方法，进行了激烈的辩论，出现革命和改良两种极端相反的意见。蔡和森为首的多数，赞成走俄国的道路，立即组织共产党，并将情况通告国内，给毛泽东写了一封长信。毛泽东于 12 月复信，完全赞同蔡和森的主张。到 11 月，湖南发展的第一批团员已达 10 余人，1921 年近 40 人，是全国团员较多质量较好的省份。新民学会经过 3 年的发展和实际斗争，1921 年新年大会之后，多数会员赞成马克思主义和走俄国革命的道路。这样，在毛泽东的领导下，学会完成了它的历史使命，为中国共产党的建立做了最好的思想准备和组织准备，为两者打下了很好的基础。学会 74 个会员中，早期的中共党员占 31 人。

中国激进的民主主义者在接受马克思主义的过程中，曾经历过三次思想论战，即同胡适的问题与主义之争，驳倒罗素、张东荪等反马克思主义的假社会主义，以及同无政府主义的斗争。这 3 次论战，毛泽东都先后经历了。在湖南关系较大的是同无政府主义者的斗争，不把他们争取过来，就难以开展工人运动，因为他们 1920 年就组织了工会，在工人中有较广泛的影响。

在建党的同时，毛泽东以中国劳动组合书记部湖南负责人的身份，在一个较短的时间内，在湖南开展了轰轰烈烈的工人运动。当时穿长衫的革命者，都是“有身份”的知识界人士，脱下长衫（或穿着长衫）到工人中去进行活动，这件事本身就是一个非常之举的革命行动。工人、农民都是旧社会的下层人，是被“有身份”的上层人看不起的“贱民”。驱张运动和自治运动，当时主要还是在社会的上中层人士中进行活动，还没有同广大工人和农民发生直接关系。毛泽东和新民学会会员都是在教育界任职的“有身份”的人，现在去同工人交朋友，领导工人罢工，需要克服多么大的社会惰性阻力。在最初人手少时，毛泽东担任过 8 个工会的秘书，几次到安源了解情况，而且党直接领导工人的罢工斗争，尤其是亲自当工人代表，同赵恒惕政府当面作说理斗争，这需要何等的毅力和胆识。然而他们都一一克服了，做到了，取得震动社会的辉煌胜利。1922 年到 1923 年，湖南工人运动有很大的发展，包括全部产业工人，共组织了 20 多个工会，取得了全部罢工斗争的胜利，特别是安源大罢工的胜利，成为全国一面胜利旗帜。毛泽东担任了全省工会统一组织的首任领导人。在全省工团联合会的领导下，工人除为争取改善自身生活条件、保障工人基本权利进行斗争外，还积极参加反帝、反军阀的国民革命运动。工人运动中培养了大批干部，发展了党的组织。在 1923 年“二七”罢工后，全国工运处于低潮时，只有湖南工运在继续发展，直到迎接北伐、大革命高潮的到来。

1923 年春，毛泽东离开了湖南，到上海党中央工作。

1925 年 9 月发生军阀派军队镇压安源工人俱乐部的大惨案后，李维汉在《回忆与研究》一书中，曾总结了当年党领导工人运动的主要教训：由于罢工的胜利，工人在政治、经济上的权益得到改善，“由此我们产生了和平麻痹观念，对可能发生事变，缺乏警惕性”。同时“不懂得在合法条件下所需要的秘密工作方法，不懂得做秘密工作的干部应和做公开工作的干部分开，要有一、二线的区别”。

毛泽东在求学时期，就怀抱为中国人民求解放的宏伟志向，并努力追寻实现这个理想的道路。他为此批判地研究了有关实现这个理想的中外各种学说思想，同时尽力在自己的行动中从事各种有意义的实践活动。在五四运动时期，接触了马克思列宁主义之后，他不断克服自己的唯心主义思想，将马列主义这个放之四海而皆准的真理，逐渐同实际革命斗争密切结合起来，继承和发展了中国近代革命家的雄伟气魄，在实践行动和思想理论两个方面，显出同样的胆略，为灾难深重的中国人民寻找一条正确的革命道路。

1918 年至 1923 年初在湖南的革命活动，是毛泽东领导中国伟大的新民主主义革命的起点。他在这个时期的工作，对于中国人民现代的革命事业，对于马克思列宁主义和中国革命的结合，有着特别重大的意义，代表了当时我们党产生的历史，代表了当时中国工人阶级和中国人民的正确革命方向。

毛泽东的早期革命活动，是从领导学生爱国运动、驱逐军阀运动和人民民主运动、新文化运动开始的，也即是从领导反帝反封建的人民革命运动开始的。当完全接受了马克思列宁主义以后，他就全身心投入工人运动，领导着知识分子出身的革命干部深入到工人群众中去，将马克思列宁主义灌输给工人阶级，全心全意为工人群众的利益而坚决奋斗，唤起了广大工人群众的阶级觉悟，将他们组织起来，进行了胜利的斗争，从而为中国革命开辟了一条崭新的道路。在工人运动同马克思列宁主义相结合的基础上，他首先在湖南地区建立了坚强的密切联系群众的党。

在早期革命活动中，他以自己的革命实践，正确地指出了中国新民主主义革命的道路。这条道路按照他后来规定的公式是：在无产阶级领导之下的人民大众反帝国主义反封建主义的革命。他一开始革命活动，就认定中国人民的死敌是帝国主义和封建势力，特别是帝国主义；并且从自己具体的革命实践，从中国近代革命历史的教训以及马克思列宁主义的理论中，极其明确地认定领导这个革命的责任完全落在无产阶级的肩上。虽然当时他还没有直接从事农民运动，但他是在农村中长大的，他极其熟悉农民，同农民有着天然的纽带关系。在同军阀赵恒惕的斗争过程中，逐渐深刻认识到要彻底摧毁赵恒惕的社会基础，必须依靠广大农民群众的力量。因此，从 1925 年开始，他就集中精力领导农民运动了。

由于从中国的具体情况出发，善于确切衡量革命中各种社会力量的对比，毛泽东在一开始革命活动时，就将建立广泛的人民革命统一战线作为中国革命的基本政策之一。在当时的革命活动特别是工人运动中，他极其注意革命的策略，非常善于利用敌人阵营里的每一缝隙，善于给自己找寻各种各样的同盟者；广泛地争取和联合中间阶级和广大的城市小资产阶级，最大限度地孤立了敌人。

当时毛泽东领导的湖南党和团的组织，是全国最大的地方党、团之一，尤其质量高，是在长期群众革命运动和工人运动中产生的、按照马克思列宁主义建党原则建立起来的完全新式的无产阶级政党。从他所领导的革命斗争和干部情况可以看出，当时湖南地区的党组织具有许多优良作风，它建立在人民群众之中，同人民群众保持最密切的联系；极其重视马克思列宁主义的理论学习，注意党的思想建设；党内有民主的生活和纪律的约束；党员有很高的阶级觉悟、工作能力和不为任何困难所吓倒的牺牲精神。特别重要的是，在他的直接熏陶影响下，大多数党的干部尤其是知识分子出身的干部，都具有实事求是和联系群众的朴实作风。

由于中国的历史情况和无产阶级的幼小，从全党情况来说，在创立以前，没有足够的马克思主义思想上的准备；在创立以后，又立即投入轰轰烈烈的革命斗争中，理论宣传工作做得很不够，开始那几年，马克思列宁主义的经典著作被翻译到中国来的还很有限，因而使我们党在很长时期内，马克思主义的思想建设比较差。毛泽东在开始革命活动的时候，没有可能接触多少马克思主义的经典著作（尤其《资本论》长时期没有翻译过来），他同当时党内一些领导人一样，对马克思主义的认识还比较肤浅甚至存在不正确的理解。毛泽东高出同辈之处，就在于他没有将马克思列宁主义当做教条，还努力在自己的实际活动中创造性地运用其原理。从现在所找到的有限的文献中，就足以看到毛泽东曾是如何注意理论宣传的工作。关于世界情况与中国国情的分析、关于人民群众的伟大历史作用、关于人民民主运动的方略、关于革命统一战线的理论和政策、关于工人运动的政策和策略等方面，当时他都有不少深刻的、独创的见解。自然，毛泽东在这个时期的著作，尤其是1919年前的文章，还具有许多唯心主义的和不正确的思想观点，还远不是成熟的马克思主义者的著作。但是，这正是毛泽东为我们党和中国人民在理论上做准备的开始。

毛泽东对于中国革命的最伟大的功劳，从一开始革命活动就如此辉煌地表现出来的，便是他致力于把马克思主义的普遍真理同中国革命的具体实践结合起来，以解决中国革命中一系列的问题。马克思主义产生于西欧资本主义社会，而中国是东方几千年封建主义统治农民的国家，近代又沦为帝国主义统治下的半封建半殖民地，社会、历史的发展有其极大的特殊性。要使马克思主义中国化，要用马克思主义的立场和方法来解决现代中国革命中的各种问题，乃是一件特殊困难的事业，绝不是如那些教条主义者、机会主义者和一切空谈家、书呆子所想的，只将马克思主义的著作加以熟读、背诵和摘引，就可成功的。这必须将高度的革命精神与高度的科学精神相结合才能办到，不能有丝毫主观随意性。这不但必须具备对无产阶级事业、人民事业的无限忠心和百折不挠的愚公移山精神，尤其需要有对中国国情的深刻了解，对中国传统文化的深厚素养，以及丰富的历史知识、社会知识和斗争经验，包括官方经典的和民间流传的。这样，才能善于应用马克思主义的方法，对客观情势作精确的科学分析，从而真正做到洋为中用、古为今用。同时还必须时刻不脱离群众，与群众同呼吸共命运，善于把群众的经验、意志、思想集中起来，又应用到群众中去。只有这样，才能依据历史进程和中国的具体环境及条件，对马克思主义作独立的创造性的补充和发展，并用中国人民的通俗语言和喜闻乐见的形式表达出来，使之适合于中国的特殊条件和新的历史环境，从而为中国全体劳动人民群众所接受，成为自己的战斗武器。毛泽东在早期革命活动的时候，就正是这样出色地开始进行了这种特殊困难的马克思主义中国化的事业，他的思想方法和工作方法就是理论和实践统一的方法，他随时随地联系着当前革命的实践，对周围的具体的社会情况作具体的分析，这就是用他自己后来常说的“马克思主义的根本观点——阶级分析的方法，去研究、判断客观情况和考察、集中革命实践经验，以求得工作方法和方针”。从早期革命活动中我们可以看到：他的实践家的身份超过理论家的身份；他总是用自己的行动来证实自己的设想，用革命的实践来证实革命的理论，即“真理的标准只能是社会的实践”(《实践论》)，从而使两者不断发展，永远前进。他在每个工作阶段中，都站在最前面、最重要的岗位上，埋头工作，不事喧哗，接触实际最多，联系群众最广，对革命操心最切。思虑最深，既丝毫没有陈独秀这类人的书呆子的习气，又丝毫没有王明之流的纨绔子弟的习气。因此，从创造党起，即成为我党最卓绝的代表。

从五四运动开始直到工人运动和后来的农民运动，毛泽东为党培养了最早的一批从知识分子、工人和农民出身的干部。他们在这位非凡的领袖的培养和熏陶下，具有为革命不怕牺牲的精神、独立的工作能力、密切联系群众的习惯、埋头苦干和实事求是的作风。没有这样一批坚强的骨干及其影响下的广大群众积极分子，则大革命失败后的秋收起义和井冈山的斗争，就是不可能的。正是这批干部和安源、长沙、水口山等地的工人和后来的平江、浏阳等地的农民，成为这支“星星之火”的武装的基础之一。

关于毛泽东的早期革命活动，本书所叙述的材料自然还是不很完整的；但由此也可以看出：中国共产党、中国新民主主义革命的道路、中国化的马克思主义——毛泽东关于中国革命的学说，毛泽东思想，经过马克思列宁主义的培养后，在他的早年——30岁以前就已开始扎扎实实在中国这块土地上生长起来；它们是中国的东西，又是属于马克思主义理论宝库的东西。

本书结束时，1923年的书中主人翁——30岁的毛泽东，这个出现在中国现代历史面前的即将影响并在后来主宰过中国之命运的人物，读者已经看到，除开还不是军事家之外，其他特质是很清晰的：首先是一个讲究实际的革命家和政治家，也是一个组织家和策略家；此外，还是哲学家（思想家）或哲学嗜好者；一个好教师、好报人（主笔兼编辑兼记者），两者是他的生平志愿；还是才华横溢的文章家（古文、时文都擅长）和气质浪漫的诗人。他已初步掌握了马克思列宁主义的基本原理：阶级斗争、无产阶级专政、暴力革命论；然而读过的马列经典著作还很有限。他博览群书，尤好文史哲，熟悉中国文化典籍和民间小说。他的性格特别倔犟，我行我素，好斗好胜，以斗为乐，绝不服输；他意志坚定，吃苦耐劳，具有勇往直前，天不怕，地不怕，敢做超乎常情的奇行异举。他来自下层，熟悉下层，不是书香子弟，而是农民的儿子，同农民有深厚的感情。他对一切事物有自己的看法，善于独立思考，多谋善断，决断专行，尤好自行其是。因此，希望读者认识30岁以前的早年毛泽东后，从而学习克服千难万险、走向胜利的中年毛泽东，1949年新中国成立时56岁，到1957年64岁；更进而探讨逐渐走下坡路的晚年毛泽东，1976年83岁去世之前，为什么还要说“我生平做了两件大事”：打败了蒋介石和日本帝国主义，发动了“文化大革命”。从他个人来说（当然个人离不开环境，主观与客观是互相影响与制约的），自有其历史发展的必然趋向原因。历史有偶然性和必然性，必然性是通过许多偶然性反映出来的。研究毛泽东，学习毛泽东，鉴戒毛泽东，是当代也是后代中国人的任务。

一　二十岁以前

湖南这个“荆蛮山国”，维新志士、革命新党的活动与影响，并不亚于沿海的先进省份。这样的时代，这样的地方，自然会不断产生革命先驱与英雄人物。

韶山岁月

19世纪末与20世纪初，封建古老的中国在清政府腐朽统治之下，被列强进一步侵凌瓜分。新与旧，光明与黑暗，革命与反动，两种势力在东方大地剧烈搏斗。湖南这个“荆蛮山国”，维新志士、革命新党的活动与影响，并不亚于沿海的先进省份。这样的时代，这样的地方，自然会不断产生革命先驱与英雄人物。

毛泽东（字润之），于1893年12月26日（清光绪十九年十一月十九日）出生于湖南湘潭县韶山冲。韶山距县城45公里，位于湘潭、湘乡、宁乡3县交界处，山峰突出于绵延起伏的群山之中，为南岳衡山72峰中之第71峰。相传舜帝南巡至此，被这里的雄伟气象、清秀山水吸引，乃令臣僚奏韶乐（《尚书》曰：“箫韶九成、凤凰来仪”），韶山因此得名。韶山冲起于韶山脚，乃5公里狭长山谷，小溪流水终年不断。这里住有600多户，以毛姓为主，杂有李、钟、周、邹、彭、庞等姓。湘潭是湖南有名的商业城市，为湘、粤、赣3省水陆交通枢纽，已辟为外轮寄靠港地，新的风气容易传入。因此，毛泽东在少年时代就受到湖南新派活动的影响。

毛泽东的祖辈务农。父亲毛顺生(1870—1920)读过两年私塾，勤劳节俭，精明能干，原先是一个贫农，后来兼营粮食和耕牛、生猪的贩运，押进田产，便由中农再上升为富农，并有资格在乡间发行小额钱票。父亲对儿子的管教很严厉。毛泽东排行第三，两个哥哥都在襁褓中夭折。在15岁以前，他的生活是学生兼小长工或小长工兼学生，同时还替父亲管理账务。1936年，毛泽东同斯诺谈话，谈到父亲时，曾回忆说："他是一个严格的监工，看不得我们闲着；如果没有账要记，就叫我去做农活。他性情暴躁，常常打我和两个弟弟。他一文钱也不给我们，给我们吃的又是最差的。"（见《关于哲学问题的讲话》，1964年8月18日。）

毛泽东8岁前寄居在四世同堂的外祖父家。他常到蒙馆"旁听"，能信口背诵课文，还能挥手写字。自幼聪颖好学，深得舅父们的欢心。8岁回到韶山，开始读经书。从1902年到1906年之间，一共在韶山附近4个私塾上过学。1902年在韶山南岸，启蒙教师邹春培；1904年在韶山关公桥，塾师毛咏生；1905年至1906年夏，在韶山桥头湾、钟家湾，塾师周少希；1906年秋，在井湾里，塾师毛宇居，因离家较远，读寄宿。1906年末至1909年夏，停学在家，白天同长工一起劳动，晚上帮父亲记账，自己仍坚持自学。1909年秋至1910年夏，说服父亲后，在韶山乌龟井、东茅塘复学，塾师毛简臣、毛麓钟。

对这6年的私塾读书生活，毛泽东后来曾这样概括："我过去读过孔夫子的书，读了四书、五经，读了六年。背得，可是不懂。那时候很相信孔夫子，还写过文章。"根据所有这些回忆材料，毛泽东这6年的私塾读书生活，归纳起来有这样一些值得记述的情况：

——毛氏家族认为《百家姓》、《增广贤文》等是俗书，发蒙从《三字经》开始，读过《幼学》；继而点《论语》、《孟子》和《诗经》等；后来读过《春秋公羊传》、《春秋左氏传》（即《左传》）等；在最后一个塾师处，还读过《纲鉴易知录》（几种有关毛泽东早年的出版物，将《纲鉴易知录》错写成《纲鉴》和《日知录》。由于并没有《纲鉴》这部书，有的研究者就写成《纲鉴类纂》或《了凡纲鉴》。《日知录》为顾炎武一生学问心得，是一部高层次的学术巨著，非蒙童读物。《纲鉴易知录》为清康熙年间吴乘权（《古文观止》的编者）和他的朋友合作编纂。根据《通鉴外纪》、《资治通鉴纲目》等众多史书，精选材料，删繁就简而成。）和古文等。

——天分高，记性好，会背书。读书不出声，只见嘴巴动。教师点多少，就能背多少，还能默写出来，并学会了查《康熙字典》。读书很认真，不乱走动。回到家里，除帮杂活外，总是看书。夏天晚上蚊子多，就在床头放盏灯，头伸到帐子外面看书。从小就有“格”，文质彬彬，“十来岁就有大人格”（同学们有这种印象，大概同毛泽东自幼长得较高大有关）。

——写字要自己写，不描红字，学过欧体。根据毛泽东后来在第一师范读书时的手迹看来，他还学过二王字帖（王羲之、王献之）。

——自幼喜欢游泳。教师外出时，小伙伴们就下池塘玩水。有一次教师回馆看见了，让他们作对子代处罚，对不出来再打手板。出边是“濯足”，毛泽东应声即对以“修身”。对对子，是作律诗作骈文的基本功。这是我们现在知道的诗人毛泽东最早表现出来的才气。

——并不喜欢读这些经书。旧时私塾，教师只点书，并不讲解，学生只是死记硬背。毛泽东最喜欢看的是《水浒传》、《三国演义》、《西游记》以及《说唐》、《说岳》这些杂书。私塾的规矩，认为这都不是正经书，不许学生看。他总是偷着看，甚至在课堂上将正书放在杂书上面。毛宇居发觉后，就故意多点书，让他背，他都背得出来。《水浒传》、《三国演义》中的故事，英雄好汉的行为，他同样记得很熟，常同小伙伴们讲这些故事。

——开始学做“破题”文章，做得快，总是交头卷，还常帮助同学作文。当时已废科举，塾师大概也只会先教学生如何“破题”。“破题”是八股文的首段，要用几句话讲明题旨大意。毛泽东这时文章的水平如何，现在找不到可资证明的资料，但从1912年做的一篇“史论”来看，前此三四年做的文章，想必跟这篇非常出色的文章相去不远。因为1910年在湘乡东山学堂读书时，他写的文章也是得到教师和校长称赞的。“自幼聪颖，很会写文章”，这样的评价对于毛泽东这位将来的文章家、大手笔，看来是恰当的。

——有的塾师喜欢体罚，打学生；父亲也因他不服管教，打过儿子。毛泽东的个性自幼特别倔犟，为此作过英勇反抗。有一次他逃到山中，转了三天三夜才被找回来；有一次以跳塘威胁父亲，从而赢得胜利。这样，使教师和父亲以后不再使用强暴的教育手段了。

在毛泽东少年时代，科举已经废除了，学堂已经开设了。西学东渐已是时代的风气，到东瀛求学也已成了一股潮流。但是在湖南韶山冲这个闭塞的山区，新思潮的冲击力似乎还十分微弱，毛泽东只读了《盛世危言》这样讲西学的书。他是在结束私塾生活，第一次离开家乡，到东山高等小学堂读书时，才进一步通过梁启超主办的《新民丛报》，呼吸到新思潮清新的气息的。因此，毛泽东在私塾阶段的读书生活，具有转变期矛盾的特征。虽然科举已废，但所学的内容仍为“四书五经”；虽然学堂已开，但当地的私塾教学方法依旧；虽然毛泽东不喜欢“四书五经”，但他仍旧要按塾师的规矩死记硬背。但也许正因为他处于韶山冲这样一个闭塞的山村，才使他在六年私塾中，为旧学打下了一个较好的根底。这对他此后对国情的认识大有裨益，但也可能因此，使他过分钟情于中国的传统文化而误解了许多东西。

在私塾里，毛宇居很喜欢他这个学生，向毛顺生称赞他的读书天资，劝毛顺生以后送这个儿子去读书。1959年，毛泽东回到韶山时，曾请这位教师吃饭，敬酒时，毛宇居说：“主席敬酒，岂敢岂敢！”学生接着说：“敬老尊贤，应该应该！”席间，毛宇居仍极力称赞毛泽东幼年好学、爱看杂书的情况。的确，他当时读这些小说极其用心，他像读“正课”一样，打上圈、点等记号，或写上批语。这是他一直保持的一种优良的读书习惯。他的记忆力和领悟力很高，小说中的许多故事都记得很熟，许多人物事例能够随时用来观察和比喻生活。

从13岁到15岁，由于父亲需要帮手，这个极爱读书的少年不得不辍学在家，被派在田地里担负起一个成年人的劳作。他劳动很认真。他跟随家里雇的长工学做工夫，扶犁、掌耙、下种、插秧、割稻，样样在行，而且总是抢重活干，气力不够，也不撒手，好胜心强。因此他种的田，比一般人的收获要多些。他还在门前塘边种上各种瓜菜，将菜地修整得很好。喂牛、养猪也在行，牛栏、猪栏打扫得干干净净，牛和猪都不容易生病。

少年毛泽东不仅会劳动，而且还会想办法。韶山老农还为我们讲了一个“牛司令”的有趣故事。那时，毛泽东差不多每天清晨都要先放一阵牛，农闲时，常常整天放牛。在南方农村，放牛是农家孩子的专业。附近的放牛伢子都愿意跟着他一起放牛，他待人和气周到，知书识字，能讲会耍，胆子又大，于是自然成了“牛司令”。放牛的地方，是离场屋500米左右的山坡，那里附近没有田土，草长得茂盛。到了那里以后，他就把孩子们分成两班，一班负责放牛，另一班到山上采野果子。快晌午时，采野果子的一班就回来了，一大堆一大堆的野桃子、杨梅子、毛栗子、半春子……有酸的也有甜的，他就按人分摊，每人一份。有时还把剩余的用草绳拴起来吊在树枝上，谁能跳起来抓着就归谁。这样“组织起来”的劳动办法，不仅大家玩得痛快，而且牛也放得好，个个都很尽职。

除了农活和帮助父亲记账，毛泽东仍旧挤出时间读书，把乡下能借到的书几乎读尽了，于是设法到远处借书。他的外祖父家，靠近韶山的湘乡棠佳阁（原名唐家托）一带，成了他常去借书的地方。棠佳阁，跟韶山隔一座大山，每次往返，要走10来公里崎岖山路，还要经过几座丛林茂密、野兽出没的山冈，涉过几条碎石横陈、水流湍急的小溪。不论春夏秋冬、阴晴雨雪，为了求得新的知识，他每次为了借书，总是起早贪黑，来往于这条路上。现在我们还可看到他当年向棠佳阁的表兄归还《盛世危言》、《新民丛报》等11本书的一张条子。他常常在晚上读书，用被单挡着窗户，不让父亲看见灯光，书的引诱力实在太大了。后来，他不顾父亲的反对，断然离家，先后到一个毕业于法政学堂的本家家里和老秀才毛麓钟的私塾中，读了半年书。除读了一些经史子集和时论外，他还学会了做文章。由于书读得多了，警句名言记得熟，又善于领悟和思考，他的文章进步很快，极为教师所称赞。（见《关于哲学问题的讲话》，1964 年 8 月 18 日。对这 6 年的私塾读书生活，毛泽东后来概括为“六年孔夫子”。1964 年夏，他在北戴河说：“我过去读过孔夫子的书，读了四书、五经，读了六年。背得，可是不懂。那时候很相信孔夫子，还写过文章。”）

六年私塾

我国几千年封建社会分士、农、工、商四民，“学以居位（做官）曰士”。要做官，非通经籍、应科举考试不可。朱熹注的四书，从元朝以后即定为科举用书，成了法定的教科书。农工商子弟读书，一般不是为了应科举，而是为了略识之无，便于记账之类。于是，他们另求简便之路，便有蒙学——儿童的启蒙用书。旧时村塾蒙学最普通的是“三、百、千、千”，即《三字经》、《百家姓》、《千字文》、《千家诗》，此外还有《增广贤文》、《幼学琼林》等。这类书，用简短的骈俪句式，且多押韵，儿童读来，朗朗上口，便于记忆，既能识字，又长知识，以至终生不忘。其中贯注的自然观、伦理观、道德观、价值观、历史观等，活泼鲜明，通俗易懂，因之能在民间广泛流传。所谓“读了《增广》会涉骂，读了《幼学》会讲话”。因为《增广贤文》多谈世态人情，《幼学琼林》多词汇典故吧。这些书的内容虽同属封建文化的范围，不免宣扬封建思想意识，甚至还有庸俗无聊和迷信荒诞的东西，但在传授基本知识，进行生活教育和端正道德规范方面，还包含不少有益的成分，是不可一笔抹杀的。这种蒙书在中国文化传统中，自有其文化史和教育史上的价值。

《三字经》相传为南宋王应麟（朱熹弟子）编纂，明清两代续有增补，全书共 376 句，包括天文、地理、典籍、历史、人物以及社会人生种种，简要赅博，便利记诵。作为封建社会的儿童启蒙教材，《三字经》确是编得很高明的。书中故事，贯穿孔孟儒家思想，但也有许多奖勤教俭、鼓励读书、传授学习方法的内容。如关于儿童教育的："养不教，父之过。教不严，师之惰。子不学，非所宜。幼不学，老何为。玉不琢，不成器。人不学，不知义。"关于读书方法的："读史者，考实录；通古今，若亲目。口而诵，心而惟，朝于斯，夕于斯。"讲圣贤宰辅勤学的："昔仲尼，师项橐。古圣贤，尚勤学。赵中令，读鲁论，彼既仕，学且勤。"赞家贫而苦读者："披蒲编，削竹简；彼无书，且知勉。头悬梁，锥刺股；彼不教，自勤苦。如囊萤，如映雪；家虽贫，学不辍。如负薪，如挂角；身虽劳，犹苦卓。"《三字经》中的许多句子，即使没有读过的人，也耳熟易解，可以顺口背出几句。尽管一开头的"人之初，性本善"，提出的是一个哲学上争论不已的问题，这句话至今也仍是家喻户晓的。由于句子短又押韵，好记易背，过去湖南农村中的儿童都把这两句编为儿歌唱："人之初，抓泥鳅；性本善，抓黄鳝。"

《幼学琼林》成书于明代，可说是中国封建社会的简明通俗小百科，也可说是民间常用的成语典故小词典。天文地理、古往今来、朝廷制度、名臣武将、文事科第、人情世故、家庭婚姻、生老病死、衣食住行、制作技艺，以至鸟兽花木、神话传说，无所不包。人们生活中惯用的词汇格言，习闻常见的成语典故，不论下里巴人还是阳春白雪，在书中大都可以找到，所有这些都以对仗联语表之，其中释文尤为简练恰当。短者才几个字（无言曰缄默，息怒曰霁威），长者也不过20多字（苻坚自夸将广，投鞭可以断流；毛遂自荐才奇，处囊便当脱颖）。全书联语不下一二千条，加上注解约20多万字。

比如：

沧海桑田，谓世事之多变；河清海晏，兆天下之升平。问舍求田，原无大志；掀天揭地，方是奇才。平空起事，谓之平地风波；独立不移，谓之中流砥柱。

彼此不合曰龃龉，欲进不前曰趑趄。事有大利，曰奇货可居；事宜鉴前，曰覆车当戒。小过必察，谓之吹毛求疵；乘患相攻，谓之落井下石。管中窥豹，所见不多；坐井观天，知识不广。

兼听则明，偏听则暗，此魏征之对太宗；众怒难犯，专欲难成，此子产之讽子孔。刎颈交相如与廉颇；总角交孙策与周瑜。范仲淹胸中具数万甲兵，楚项羽江东有八千子弟。李义府阴柔害物，笑里藏刀；李林甫奸诡谄人，口蜜腹剑。

智欲圆而行欲方，胆欲大而心欲小。当知器满则倾，须知物极必反。为善则流芳百世，为恶则遗臭万年。彼此不合，谓之参商；尔我相仇，如同冰炭。

这里面，有词语的解释，有典故的介绍，有成语的运用，又蕴涵着封建社会为人处世的道理。采用对仗的联语形式，不仅有助于记忆，也有助于学诗作赋。上面引述的一些成语典故，如中流砥柱、前车之鉴、坐井观天、兼听则明、口蜜腹剑、物极必反，等等，在《毛选》中都可以找到。延安大生产运动时，有过“耕三余一”的口号，这在《幼学琼林》中为：“三年耕而有一年之食，庶几遇荒有备。”“泥丸可以封函关”，“吴刚伐月中之桂”，这些典故、神话则出现在毛泽东的诗词中。

在私塾时，相信毛泽东也是熟悉《增广贤文》的。“路遥知马力，事久见人心”、“长江后浪推前浪，世上新人赶旧人”、“三思而行，再思可矣”、“人而无信，不知其可也”、“天时不如地利，地利不如人和”、“国乱思良将，家贫思贤妻”，等等，这些《增广贤文》中的话，后来或见于文章，或常用于口头。

“四书五经”这个词儿，在旧社会略识之无的人都知道。五经是《周易》、《尚书》、《诗经》、《礼记》、《春秋》。四书是《大学》、《中庸》、《论语》、《孟子》，前两种是《礼记》中的两篇，实算不得两种书。这两篇和《论语》、《孟子》同样普及，受世人重视，是由于南宋大儒朱熹将四书编在一起，并以毕生精力作注解，以之构成自己理学体系之故。从元仁宗皇庆二年（1313）起，规定为科举用书，一直沿用到清末。

根据朱熹自己和所接受的北宋程颢、程颐兄弟的见解，《大学》是孔门遗书（相传为曾子追述孔子的言谈），其三纲领：明明德、亲民、止于至善。八条目：格物、致知、诚意、正心、修身、齐家、治国、平天下，为初学者入德的门径，说明做学问应循序渐进，乃“垂世立教之大典”。《中庸》书名的由来：“不偏”和“无过无不及”谓之“中”，“不易”和“平常”谓之“庸”；“中者天下之大道”，“庸者天下之定理”。这是孔门传授“心法”之书，为子思记下来传给孟子的，也是宋儒谈天命、性、道这种理学的重要根据。旧时一般认为书中所述人生哲理，意味深长，如心领神会，终身受用不尽。

《论语》是专门记载孔子及其若干弟子言行的书。《孟子》相传为孟子本人和弟子公孙丑、万章等共同编订，“序诗书，述仲尼之意”。朱自清在《经典常谈》中说，《论语》“这部书不但显示一个伟大的人格——孔子，并且让读者学习许多做学问做人的节目：如‘君子’、‘仁’、‘忠恕’，如‘时习’、‘阙疑’、‘好古’、‘隅反’、‘择善’、‘困学’等，都是可以终身应用的”。《孟子》“书中说‘仁’兼说‘义’，分辨‘义’‘利’甚严；而辨‘性善’，教人求‘放心’，影响更大。又说到‘养浩然之气’，那‘至大至刚’、‘配义与道’的‘浩然之气’，这是修养的最高境界，所谓天人相通的哲理”。朱熹的意思，“有了《大学》的提纲挈领，便能领会《论》《孟》里精微的分别去处；融贯了《论》《孟》的旨趣，也便能领会《中庸》里的心法。人有人心和道心；人心是私欲，道心是天理。人该修养道心，克制人心，这是心法。朱子的意思，不领会《中庸》里的心法，是不能从大处着眼，读天下的书，论天下的事的。他所以将《中庸》放在第三步，和《大学》、《论语》、《孟子》合为四书，作为初学者的基础教育。”

《春秋》是鲁国的一部编年史，据说是孔子亲自编订的。后来孔子的地位愈来愈高，《春秋》也就成了五经之一。其实，读五经是很少有人读《春秋》的，因为那记述实在过于简略，还有许多缺佚，后人讥它为“断烂朝报”，不是没有道理的。一般人都是读它的“传”，即对《春秋》内容所作的解释或详述。《春秋》有三传，即《公羊传》、《穀梁传》和《左传》。两汉之前，《春秋》之学还只有“公羊”、“穀梁”两家。《春秋左氏传》是新莽时的刘歆弄出来的。据学者们讲，是刘歆依据宫廷所藏的《国语》（春秋诸国的史书），加工改造而成，托名于左丘明。《左传》以叙述史事为主，大大丰富了《春秋》的内容，而且写得十分生动。此后，《春秋》“三传”中，以《左传》最受历代的重视，讲微言大义的《公羊传》倒较少有人去读了。康有为托古改制，用上了《公羊传》。于是“公羊”之学在晚清又热闹过一阵，这恐怕就是毛氏家塾兼读《公羊传》的原因。

《左传》长于记事，所记又是春秋时期的国政和军旅大事，特别是关于战争的描写生动翔实，许多人物栩栩如生。对于《左传》的这些部分，看来毛泽东是十分喜爱的。他在第一师范读书前期，再读这些经书时，理解自然就更深了。后来在革命战争岁月，他的言谈、撰述，每每举出《左传》中的例子；有关军事战略、战术的思想，由《左传》得益颇多。《毛泽东选集》4 卷中引用的成语典故和史事，属于《左传》的约有 40 条。从他对《左传》内容的熟悉、分析的详尽，以及引证次数的频繁，可以看出，少年时代的毛泽东确实对《左传》下过一番苦工夫。

旧时私塾先生教四书这类经书，只照本念而不讲解，只让学生背诵，不但得背正文，而且还要背朱熹的注解。囫囵吞枣，消化不了，学生当然没有兴趣。四书中的这些所谓心法哲理，学童们（其实也包括老师们）是无从领会理解的。不过背诵之法，自幼记在脑中，有如软件存储在电脑里，成年后理解力强了，警句名言，精彩段落，信手拈来，是大有好处的。所以，背书——把书读得烂熟，不能一概反对，我们只是反对死背书、背死书而已。理解和记忆是学习过程中两个相连的有机环节：不理解的东西，死记硬背无益；但只满足于理解，而不重视记忆，则难以巩固所学。因此，我们不能反对应有的“死记”，它是知识的化身，能提高思维的能力。严复致熊纯如的一封信中说：“寒家子女，少时皆在家塾，先治中文经传，古文亦无不读。非不知辞奥义深，非小学生所能了解，然如祖父容颜，总须令其见过。

至其人之性情学识，自然须俟其年长乃能相喻。四书五经亦然。以皆上流人不可不读之书，此时不妨先教讽诵，能解则解，不能解置之，俟年长学问深时再行理会，有何不可。且幼年讽诵，亦时研练记性；研练记性，亦教育中最要事也。若少时不肯盲读一过，则终身与之枘凿，徐而理之殆无其事。"（《严复集》第3册《书信》第697页。此处所引，标点断句未全依原书。）严复给不懂而熟读取了一个名词，叫做"盲读"，并且认为少年时代的"盲读"，不但是有益的，而且是不可逾越的一道程序，细想起来，此说也是言之成理的。

水浒三国西游记

旧时的私塾让儿童读四书五经，大概主要只能起认字与死背（锻炼记忆力）的作用，而于儿童的智力开发、知晓世态人事，是不起什么作用的。有关鲁迅的文章说过，他幼年在私塾读那些古书，并无多大好处，帮助开窍的，乃是《三国演义》、《水浒传》，后来是《聊斋志异》，一生受益的不是经学而是杂学。鲁迅是世家子弟，在文化之邦绍兴城读的私塾，塾师也比农村的高明，尚且如此，何况处于韶山这样内地山村的农家子弟毛泽东呢？他同斯诺谈话中的这段回忆，是合情合理的。

"我读过经书，可是并不喜欢经书。我爱看的是中国古代的传奇小说，特别是其中关于造反的故事。我读过《岳传》、《水浒传》、《隋唐演义》、《三国演义》和《西游记》等。那是在我还很年轻的时候瞒着老师读的。老师憎恨这些禁书，并把它们说成是邪书。我经常在学校里读这些书，老师走过来的时候就用一本经书把它们盖住，大多数同学也都是这样做的。许多故事，我们几乎都可以背出来，而且反复讨论过许多次。关于这些故事，我们比村里的老人们知道得还要多些。他们喜欢这些故事，而且经常和我们互相讲述。我认为这些书对我的影响大概很大，因为这些书是在易受感染的年龄里读的。"

为了统治人民和驯服异族的需要，元明清三代以“诲淫诲盗”、“不登大雅之堂”等为由，对民间流行的小说戏曲采取禁毁的政策，尤其对写农民起义的《水浒传》禁得严厉。可是平民百姓尤其儿童，喜欢听说人物生动、情节曲折的传奇故事，英雄打仗、农民造反、神仙斗法、鬼怪异变，最能打动人心。因此，几百年来，同《三国演义》、《西游记》这些小说传奇一样，《水浒传》在民间传播，历久不衰，许多故事还被编成戏曲演唱，更是家喻户晓。

《水浒传》成书于明初。在这之前，关于水浒英雄的故事，早就在民间流传了。《宋史》中有关于宋江等人活动的概略记述，《大宋宣和遗事》则开始有了关于宋江等人的较详尽的故事，起于杨志押解花石纲，止于征方腊。宋代画家龚开所作的宋江等 36 人像赞，完整地记录了这 36 人的姓名、绰号。在这基础上，元代杂剧中已开始较多地搬演水浒故事，直到明初，才由《水浒传》作者撰述成书。在毛泽东读私塾的那个时代，《水浒传》并不像今天这样被称为“古典文学名著”，可以公然去读。大致从明思宗——崇祯时起，《水浒传》就被列为禁书。这是由于明思宗时，山东有李青山等人的起义，聚众于梁山，攻掠城池，阻断漕运。起义被镇压后，兵部尚书等上书，将李青山起义归罪于《水浒传》一书：“贻害人心，岂不可恨哉。”于是，“大张榜示，凡坊间家藏《水浒传》并原版，尽令速行销毁，不许隐匿，勒石山颠，垂为厉禁。”清代自乾隆到咸丰等朝，也屡次颁令严禁《水浒》。咸丰元年那次严禁《水浒》，起因还在湖南。“有人奏，湖南衡永宝三府郴桂两州以及长沙府之安化、湘潭、浏阳等县，教匪充斥”，“该匪传教惑人，有《性命圭旨》及《水浒传》两书，湖南各处坊肆皆刊刻售卖，蛊惑愚民，莫此为甚”。

毛泽东对斯诺谈到这些小说的时候，强调说：“我认为这些书对我的影响大概很大，因为这些书是在易受感染的年龄里读的。”这是千真万确的。就说《水浒传》吧，在好些方面给了他很大的影响，反映在后来的言行中的例子很多。

作为一个军事家，毛泽东是名副其实的秀才造反，自学成才，他没有受过正规的军事训练，确实是在战争中学会战争的。上井冈山前后，他打过胜仗，也打过败仗。他早年读过的一些书，不论是经典古籍，还是传奇小说，如《孙子兵法》、《左传》、《曾胡治兵语录》、《水浒传》、《三国演义》，等等，都曾经给他的战争生涯以最初的启发。例如他的军事名著《中国革命战争的战略问题》中，在论述"战略退却"的时候，就引用了林冲打败洪教头的故事："谁人不知，两个拳师放对，聪明的拳师往往退让一步，而蠢人则气势汹汹，劈头就使出全副本领，结果却往往被退让者打倒。《水浒传》上的洪教头，在柴进家中要打林冲，连唤几个'来、来、来'，结果是退让的林冲看出洪教头的破绽，一脚踢翻了洪教头。"《水浒传》第九回"柴进门招天下客，林冲棒打洪教头"，就是讲的这个故事。在江西，他针对红军的指挥员中有《水浒传》里李逵式的人物，进行教育说："那些李逵式的官长，看见兄弟犯事，就懵懵懂懂地乱处置一顿。结果，犯事人不服，闹出许多纠纷，领导者的威信也丧失干净，这不是红军里常见的吗？"《反对本本主义》在论述防止主观片面性时，就想到《水浒传》中有唯物辩证法。《矛盾论》论"矛盾的特殊性"中，引用了"三打祝家庄"的故事。"《水浒传》上宋江三打祝家庄，两次都因情况不明、方法不对，打了败仗。后来改变方法，从调查情形入手，于是熟悉了盘陀路，拆散了李家庄、扈家庄和祝家庄的联盟，并且布置了藏在敌人营盘里的伏兵，和外国故事中所说'木马计'相似的方法，第三次就打了胜仗。《水浒传》上有很多唯物辩证法的事例，这个三打祝家庄，算是最好的一个。"这讲的就是《水浒传》第47回到第50回的那一大段。后来在延安，三打祝家庄还被编成了京剧剧本。关于武松打虎，以及白衣秀士王伦、拼命三郎石秀等水浒人物，都在毛泽东的文章和讲话中引用过。

从上面的引述中，我们可以看到，毛泽东对《水浒传》，真可以说烂熟于胸，信手拈来即成妙喻了。由此也可看到，他读书不为书本所拘系，相反，倒是把书中的故事、词语都巧妙地为他所用。不过，《水浒传》对毛泽东，从少年时起最重要的影响，主要还是在思想方面。书中"替天行道、劫富济贫"

的思想，激起了他反抗现存秩序的精神。这是毛泽东一生的思想中，从中国旧文化（区别于官修典籍的民间传统文化）继承来的一个很重要的部分。1959年，他在庐山讲话，谈到当时刮共产风，说："宋江立忠义堂，劫富济贫，理直气壮，可以拿起就走。宋江劫的是'生辰纲'（按：此处记忆有误。劫生辰纲是晁盖等人干的，此时宋江还没有上梁山），是不义之财，取之无碍。我们长期不打土豪了。打土豪，分田地，都归公。那也可以，因为是不义之财。"可见，毛泽东晚年的平均主义思想、理想社会主义思想等，都有着《水浒传》等书"大秤分金银，大碗吃酒肉"的影响。

《三国演义》是毛泽东少年时代最爱读的小说之一。小说主要的内容是叙述魏蜀吴三国60年中相互之间十分复杂的政治斗争和军事斗争。这是中国历史上十分动荡的年代，黄巾起义被镇压，各统治集团之间权力争夺，反复无常，兵连祸结，战争不已；同时，也是群雄并立，豪杰盛兴，纵横捭阖，变化多端的时代。小说中史实繁杂，故事曲折，人物生动，有声有色。毛泽东在第一师范读书的最后一年，在《伦理学原理》批注中，从自然界与人类生活出发，赞扬书中"无抵抗则无动力，无障碍则无幸福"这种论点时，有这样的话："吾人揽史时，恒赞叹战国之时，刘项相争之时，汉武与匈奴竞争之时，三国竞争之时，事态百变，人才辈出，令人喜读。至若承平之代，则殊厌弃之。非好乱也，安逸宁静之境不能长处，非人生之所堪；而变化倏忽乃人生之所喜也。"可见，毛泽东早年就爱读《三国演义》，是基于这样的思想。大概从20世纪50年代起，他外出的专列（火车）上，携带的大批古书中，《三国演义》是必备的，可见其爱好之深。

三国故事的大量传播始于宋代，"说话"艺人通过加工渲染，以讲故事的形式说给听众，听众又添枝加叶传讲给他人，使三国故事不仅广泛流传于民间，而且增加了许多传奇色彩。到了元朝有形成文字的《三国志平话》刊印，但文字粗简，事多荒诞。到明代罗贯中，在《三国志平话》的基础上，删除荒诞，根据史籍，并加虚构，成60余万字的《三国演义》，篇幅比《三国志平话》增约10倍，尤其文字通俗，雅俗共赏。章学诚说它"七实三虚"，

“虚”是作者的艺术创造。因此，《三国演义》一出，《三国志平话》失传。其中夸张虚构的如：桃园结义、祭东风、草船借箭、蒋干盗书、单刀赴会、玉泉显圣、空城计等，写得栩栩如生，动人心魄。以三国故事为内容的元明杂剧约 70 多个剧本，京剧剧本约 140 出，现在大部分存在。三国故事剧本之多，是古代各朝故事无法相比的。《三国演义》的社会历史影响确是深远的，可从中学习办事做人，学习军事打仗，学习处世交友；各行各业，工农兵学政商，都可从中体会借鉴，各取所需。

由于《三国演义》的流传，诸葛亮成为智慧的化身，曹操、关羽、张飞成为奸诈、忠义、勇猛的典型，其他如庸主献帝、刘禅，无能之辈吕布、袁术、袁绍、刘表、刘璋，器窄心狭的周瑜，仁德的刘备，长厚的鲁肃，勇将许褚、典韦，以及甘受愚弄的蒋干，等等，无不各极其态，老幼乐道。许许多多人习用的俗语比喻，也出自三国的典故：如身在曹营心在汉；徐庶进曹营，一语不发；周瑜打黄盖，一个愿打一个愿挨；士别三日，刮目相看；大意失荆州；挥泪斩马谡；说曹操，曹操到；刘备摔孩子，收买人心；三个臭皮匠，顶个诸葛亮，等等。其中有许多已成为社会生活中的固定词汇，如赤膊上阵，这是写许褚之事；乐不思蜀，这是写刘禅之事。在三国人物中，毛泽东最推崇的，大概要算诸葛亮。早在第一师范的《讲堂录》里，写到“办事之人”的时候，就以诸葛亮为例。在以后的著作中，他还不止一次提到诸葛亮。例如，1957 年，在《打退资产阶级右派的进攻》一文中，他说：“刘备得了孔明，说是‘如鱼得水’，确有其事，不仅小说上那么写，历史上也那么写，也像鱼跟水的关系一样。群众就是孔明，领导者就是刘备。”在小说里，诸葛亮可以未卜先知，呼风唤雨。毛泽东即以此为例，说明即使是全智全能的人物，也有其局限性。1957 年，他在莫斯科共产党和工人党代表会议上的发言中说：“任何一个人都要人支持。一个好汉要三个帮，一个篱笆也要三个桩。荷花虽好，也要绿叶扶持。这是中国的成语。中国还有一句成语，三个臭皮匠，合成一个诸葛亮。单独的一个诸葛亮总是不完全的，总是有缺陷的。”《三国演义》书中写了许多军事斗争，古来军事家都从中学习谋略。《三国演义》中许多战例，其虚实分合，攻守进退，以小打大，以少胜多，应战应和，应擒应纵，胜负得失，都有可鉴览之处。清初曾敕命翻译《三国演义》为满文，因当时武将不识汉字，打仗作战，往往参考三国战争的记述，甚为得力。有《笔记》说："满洲自认为刘备，蒙古自认为关羽，借以羁縻蒙古。二百余年，蒙古不侵不叛，实基于此。"张献忠也是"日使人说《三国》、《水浒》诸书，凡埋伏攻袭皆效之"。太平天国之"诡计何所依据？盖由二三'黠贼'采稗官野史中军情仿之，行之往往有效，遂宝为不传之秘诀。其裁取《三国演义》、《水浒传》为尤多。"毛泽东也显然从《三国演义》学习到了战争知识。可笑的是，十年内战时期，"左"倾教条主义者攻击毛泽东的军事路线取得反围剿战争的胜利，不过是"把古代的《三国演义》无条件地当做现代的战术，古时的《孙子兵法》无条件地当做现代战略"。只要能够战胜敌人，《三国演义》中获得的知识，为什么不能用于现代革命战争呢？毛泽东在《中国革命战争的战略问题》一文中，讲到"双方强弱不同，弱者也让一步，后发制人，因而战胜的"，举了中国古代6个有名的战例，其中袁曹官渡之战、吴魏赤壁之战、吴蜀彝陵之战这3次战役，都是《三国演义》中用浓墨重彩着力渲染过的（分别见《三国演义》第30回、第49回、第84回）。

中国的小孩子没有不喜欢读《西游记》的。毛泽东在同斯诺谈话的时候，就把《西游记》列入他童年爱读的书中间。在《矛盾论》中，他引证了马克思的话："任何神话都是用想象和借助想象以征服自然力，支配自然力，把自然力加以形象化；因而，随着这些自然力之实际上被支配，神话也就消失了。"接着，又加以发挥说："这种神话中的（还有童话中的）千变万化的故事"，"能够吸引人们的喜欢，并且最好的神话具有'永久的魅力'（马克思）"。在从中国古代神话所举出的例证中，和《山海经》中的夸父追日、《淮南子》中的羿射九日、《聊斋志异》中的鬼狐变人并列的，就有《西游记》中孙悟空的七十二变。

《西游记》的基础，也是长久流传于民间的故事。唐僧取经故事经过艺人说唱，自唐末传到宋元，明代吴承恩据以创作《西游记》。鲁迅称之为神魔小说，“其所取材，颇极广泛”，“翻案挪移唐人传奇”；“讽刺揶揄则取当时世态，加以铺张描写，几乎改观”。“故虽述变幻恍忽之事，亦每杂解颐之言，使神魔皆有人情，精魅亦通世故，而玩世不恭之意寓焉。”鲁迅之言极是，《西游记》虽以神话艺术浪漫手法加工而成，实与世态人情有关。吴承恩生活在明代最腐败的嘉靖、万历年间，昏君当道，胡作非为，民穷财尽，外患频仍，因此他的笔下，幻想理想都与现实生活有关。天上世界诸神的统治机构，其等级森严权威无上，也是人间帝王封建统治的幻化；其他地下阎罗、四海龙王以至西行路上诸国王，多荒淫无道，昏聩无能，也可说是明朝昏庸统治的反照。权威过于家长的唐僧和他率领的众徒四人，乃精魅与凡人的奇妙结合。唐僧一心向善，矢志取经，但刚愎自信，好歹不分；猪八戒愚蠢自私，贪嘴好色，又憨直善良，可笑可气；沙和尚老实顺从，甘当跟班。吴承恩创造了一个造反的英雄猴王孙悟空，勇敢机智，活泼调皮，神通广大，七十二变，闹天斗地，翻江倒海；他一心忠于取经事业，不畏任何艰难险阻，从不计较个人得失，禁得起大小冤屈；对师父忠诚情义，对八戒促狭友爱；他集魔性、猴性、人性于一身。这个齐天大圣几百年来为男女老少所喜爱，现在电视上，从连续剧到广告宣传，也是最吸引少年儿童的。

毛岸青和邵华在《回忆爸爸勤奋读书和练习书法》一文中说：“爸爸同我们谈论过《西游记》，十分赞赏孙悟空敢作敢为，勇于同各种妖魔鬼怪作斗争的性格，说孙悟空敢于违背唐僧的‘千日行善，善犹不足，一日行恶，恶常有余’的观点，信奉‘行善即是除恶，除恶即是行善’。”毛泽东认为唐僧一味劝人为善，如果不除恶务尽，则“妖为鬼蜮必成灾”。

1945 年，毛泽东在重庆谈判时，同国民党的各种人物接触。有一次，他去见陈立夫，从回忆大革命前国共合作的情景谈起，然后以孙悟空自况，批评了国民党十年内战的反共政策：“我们上山打游击，是国民党剿共逼出来的，是逼上梁山。就像孙悟空大闹天宫。玉皇大帝封他为弼马温，孙悟

空不服气，自己坚称是齐天大圣。可是你们连弼马温也不让我们做，我们只好扛枪上山了。”（王炳南：《阳光普照雾山城》）

毛泽东显然很喜欢孙悟空这个典型，在他的著作中，孙悟空成了一再随意被引用的神话人物，有时候做正面形象来用，有时候又做反面形象来用。在《打退资产阶级右派的进攻》一文中，谈人要锻炼：“孙悟空在太上老君的八卦炉里头一锻炼就更好了。孙悟空不是很厉害的人物吗？人家说是‘齐天大圣’呀，还要在八卦炉里头烧一烧。不是讲锻炼吗？”这里引用的就是《西游记》第七回“八卦炉中逃大圣，五行山下定心猿”中的故事。孙悟空就是在这八卦炉里炼就一双“火眼金睛”的。在同一篇讲话中，还引用了《西游记》第六回“观音赴会问原因，小圣施威降大圣”中，孙悟空变为土地庙的故事。毛泽东借此来抒发他对知识分子的某种反感说：“我历来讲，知识分子是最无知识的。这是讲得透底。知识分子把尾巴一翘，比孙行者的尾巴还长。孙行者七十二变，最后把尾巴变成个旗杆，那么长。”孙行者这个计策，却是被二郎神识破了的：“我也曾见庙宇，更不曾见一个旗杆竖在后面的。断是这畜生弄喧。”

《西游记》第59回～61回中孙行者借芭蕉扇的故事，曾被引用过两次，《一个极其重要的政策》一文中说：“何以对付敌人的庞大机构呢？那就有孙行者对付铁扇公主为例。铁扇公主虽然是一个厉害的妖精，孙行者却化为一个小虫钻进铁扇公主的肚子里去把她战败了。”这里毛泽东说的“把她战败了”，是说得稍早了一点儿，只是借题发挥，讲钻进敌人肚子里面去作斗争的方法。全国胜利前夕，他在七届二中全会的报告中说：“我们既然允许谈判，就要准备在谈判成功以后许多麻烦事情的到来，就要准备一副清醒的头脑去对付对方采用孙行者钻进铁扇公主肚子里兴妖作怪的政策。只要我们精神上有了充分的准备，我们就可以战胜任何兴妖作怪的孙行者。”因为主客之势已变，所以前者以铁扇公主为妖，后者以孙行者为妖，可说是运用之妙存乎一心了。也许是因为心情的变化，后来他又以孙行者为正神了。1961年11月，毛泽东在一首诗中写道：“金猴奋起千钧棒，玉宇澄清万里埃。今日欢呼孙大圣，只缘妖雾又重来。”他感到，那时已经是妖雾重来的时候，所以对孙大圣又大有好感了吧。

总的来说，这种不受传统清规戒律束缚的反抗性格，这个敢于大闹天宫的孙悟空，是毛泽东非常喜欢的英雄形象，常用为革命造反等的代名词。1957 年 3 月 8 日同文艺界谈话中说：“孙悟空这个人自然有蛮厉害的个人英雄主义，自我评价是齐天大圣，而且他的傲来国的群众——猴子们都拥护。”向玉皇大帝挑战是“反对官僚主义”。1966 年 7 月，“文化大革命”之初，他还谈到自己是“山中无老虎，猴子称大王”。说他身上有虎气，是为主；也有些猴气，是为次。这是直接以“大闹天宫”善于七十二变的孙悟空自况了。

《盛世危言》

在韶山的读书生活中，对少年毛泽东影响最深的一本书是《盛世危言》。他后来同斯诺的谈话中，两次提到这本书对他的影响。

“我 13 岁时，终于离开了私塾，开始在地里进行长时间的劳动，给雇工们当助手，白天干一个整劳力的活，晚上替我父亲记账。尽管这样，我还是能够继续学习，贪婪地阅读我能够找到的除了经书以外的一切书籍。这使我父亲很烦恼，他要我熟读经书，尤其是他在一次诉讼失败之后，更是这样了。当时他的对手在法庭上引用了一句很合适的经书上的话，他因此而败诉。我经常在深夜把我的房间的窗户遮起，好让父亲看不见灯光。就这样，我读了一本叫做《盛世危言》的书，我当时非常喜欢读这本书。作者是老的改良主义者，认为中国之所以弱，在于缺乏西洋的装备——铁路、电话、电报、轮船，所以想把这些东西引进中国。”

“《盛世危言》激起我恢复学业的愿望。同时，对地里的劳动也感到厌倦了。不消说，我父亲是反对这件事的。为此我们发生了口角，最后我从家里出走。”

得到复学的准许后，毛泽东到另外两处私塾又读了一年，然后去湘乡东山学堂。

《盛世危言》作者郑观应（1842—1921），广东香山（今中山）人，是甲午战争以前，早期具有改良思想的代表人物。他于 1862 年写成《救时揭要》，后增订改名《易言》刊行，至 1893 年再经增补修订，定名《盛世危言》，随即出版。各种版本翻刻发行达 10 多万本，对戊戌变法起过先导作用，是当年影响极大的讲西学新法的书，以至能够传到韶山这样闭塞的山村来。此书在戊戌变法前几年，曾由总理衙门印 2000 部，分发众大臣阅看，影响更腾播朝野。湘军有名将领彭玉麟 1884 年为此书写的序言中，这样介绍作者："少倜傥有奇志，尚气节。庚申（1860 年）之变，目击时艰，遂弃举业，学西人语言文字，隐于商，日与西人游，足迹半天下，考究各国政治得失利病，凡有关于安内攘外之说者，随手笔录，积年累月，成若干篇，皆时务切要之言。"所谓"隐于商"，是做"洋商"和"官商"。郑观应一生不做官，曾任英商宝顺、太古洋行买办，后历任上海机器织布局总办、轮船招商局会办、汉阳铁厂和粤汉铁路公司总办等职，自己还创办过贸易、航运等企业，是一个极其精明能干的商业资本家。他的洋务经历和熟悉西方情况，以及强烈的爱国精神，使他完全不同于那些洋务官僚，有自己对国事的独到见解。他在《盛世危言》自序中说："六十年来，万国通商，中外汲汲，然言维新，言守旧，言洋务，言海防；或是古而非今，或逐末而忘本，求其洞见本原，深明大略者；有几人哉？孙子曰，知己知彼，百战百胜，此言虽小，可以喻大。应虽不敏，幼读书史，长业贸迁，愤彼族之要求，惜中朝之失策，于是学西文，涉重洋，日与彼都人士交接，察其习尚，访其政教，考其风俗利病得失盛衰之由。乃知其治乱之源，富强之本，不尽在船坚炮利，而在议院上下同心，教养得法；兴学校，广书院，重技艺，别考课，使人尽其才；讲农学，利水道，化瘠土为良田，使地尽其利；造铁路，设电线，薄税敛，保商务，使物畅其流……其驯致富强，亦具有体用：育才于学堂，论政于议院，君民一体，上下同心，移实而戒虚，谋定而后动，此其体也；

轮船大炮，洋枪水雷，铁路电线，此其用也。中国遗其体，而求其用，无论竭蹶步趋，常不相及，就令铁舰成行，铁路四达，果足恃欤？”由此可见，郑观应是以实行君主立宪体制，发展资本主义的政治经济和文化教育，当做“富强之本”的；同魏源等人专讲“师夷长技”的观点有区别，更不同于洋务派官僚的“遗其体而求其用”，只重“船坚炮利”的主张。然而，郑观应仍自称“涉足孔孟之道，究心欧美西学”，“中学其本也，西学其末，主以中学，辅以西学”。总之，不敢摆脱孔孟纲常人伦的本体，仍是一个“圣之时者也”的人物。他的改良主张，经过戊戌变法失败后，也早已宣告“此路不通”。不过，对于孤处山村的少年毛泽东来说，这本一二十年前出版的书，确是令人顿开茅塞的新鲜读物，尤其作者的教育救国思想激发了他“要恢复学业的愿望”。

郑观应认为中国要富强，要做到“船坚炮利”，必须向西方学习先进的文化知识和科学技术以培养人才，书中特别重视教育：“学校者，造就人才之地，治天下之大本也。”“夫泰西诸国富强之基，根于工艺，而工艺之学不能不赖于读书。”“学校者，人才所由出；人才者，国势所由强。故泰西之强，强于学，非强于人也。”书中“学校”、“西学”、“考试”、“日报”、“教养”、“女教”、“技艺”等篇，都是有关教育的，以大量的篇幅介绍西方和日本的教育体制和课程设置，如“各国最重格致之学，英国格致会颇多，获益甚大，讲求格致新法者约十万人。”“尝考日本自其王公大臣出洋游历，返国后，即广设大小学堂。”“泰西女学与男丁并重。”

郑观应后来有《盛世危言续编》等著作问世，影响已逐渐减小。他晚年多病，几十年的哮喘痼疾使他求助于道教养生术，除练气功之外，还问乩求丹，终堕左道，甘心受骗。他在致友人书说：“既不能兼善天下，又不能独善其身，故欲借修仙以求偿救世之宏愿。”著书无用，转而求神，入世入道，方式不同，但目的一样，正如他自己诗中所说:“三著《危言》祝太平，心存救济利名轻，贾生痛哭终无补，九转丹成问上清。”

郑观应 100 多年前提出的这个“教育救国”问题，新中国成立四十多年之后，并未完全解决。我们现在还是要坚持贯彻“教育为立国之本”的方针；治穷还是先要治愚，贫困地区首先要多办学校。

唤起少年毛泽东的爱国精神和“一定的政治觉悟”的书，除了《盛世危言》外，这时他还读了一本小册子《列强瓜分之危险》。这本书介绍了日本占领朝鲜、台湾的经过，以及越南、缅甸宗主权丧失的情景。他读过之后，回忆说：“甚至现在我还记得这本小册子的开头一句：‘呜呼，中国其将亡矣！’我读了以后，对国家的前途感到沮丧。我开始认识到，国家兴亡，匹夫有责。”

勇于反抗的性格

毛泽东在韶山度过的岁月，是同贫苦农民生活在一起的，他自幼受母亲影响，同情受苦受压迫的人，家乡至今还流传一些他接济穷人、支持农民反抗地主的故事。他同斯诺谈到1910年长沙饥民抢米暴动遭到官府镇压，说：“这件事影响了我的一生”，“始终忘不掉”。关于1866年当地一个哥老会首领彭铁匠造反，因而被捕斩首的故事（同斯诺谈彭铁匠造反被斩首事，时间上有误，据考证是1866年。），他与同学们议论，“都同情这次起义”，觉得彭铁匠“是一个英雄”。这样一个农村少年，自然喜欢读《水浒传》这类书和喜欢齐天大圣孙悟空了。

毛泽东在同斯诺谈话中，说到他看这些小说时的感触，他说：“有一天忽然想到，这些小说有个特别之处，就是里面没有种地的农民。人物都是勇士、官员或者文人学士，没有农民当主角。对于这件事，我纳闷了两年，后来我就分析小说的内容。我发现它们全都颂扬武士、颂扬人民的统治者，而这些人是不必种田的，因为他们拥有并控制土地，并且显然是迫使农民替他们耕作的。”这个想法同他的农家生活有密切关系，也同他自幼具有的反叛精神分不开。因此，在众多中国小说当中，描写并且颂扬一伙打家劫舍的强盗的《水浒传》，这里面有打鱼的、打铁的、种菜的、卖膏药的，以及各色各样的普通百姓，就使他特别感兴趣了。再加上他异乎寻常的思考能力，终于让他悟出了一个道理来。这意思，后来在延安看了杨绍萱、齐燕铭根据《水浒传》故事改编上演的京剧《逼上梁山》之后，他写信给两位编剧者说得更明确：“历史是人民创造的，但在旧戏舞台上（在一切离开人民的旧文学旧艺术上）人民却成了渣滓，由老爷太太少爷小姐们统治着舞台，这种历史的颠倒，现在由你们再颠倒过来，恢复了历史的面目，从此旧剧开了新生面，所以值得庆贺。”

毛泽东是高度赞扬造反精神的。他对自己一生的“无法无天”是极为欣赏的。因为他始终认为，革命的秩序才是最正常的秩序。在延安为庆祝斯大林60寿辰的讲话中，他把马克思主义的道理，概括为一句极简单的话，就是“造反有理”。“文化大革命”兴起，这句话成了最重要的动员口号，红卫兵们自称“造反派”，别人也叫他们做“造反派”。毛泽东这时谈论《水浒传》时，曾大不满于宋江的投降、招安，说宋江“搞修正主义”。他对宋江、高俅之间的斗争性质，也是用的马克思主义阶级分析方法。但他似乎忽略了一点，根据马克思主义的观点，农民不是一个代表新的生产力的阶级；农民起义，不可能反皇帝制度，最多只是推翻一个旧皇帝拥戴一个新皇帝。皇帝为了自己地位的稳固，有时也反对鱼肉人民过甚的贪官。在反贪官的问题上，皇帝和宋江是一致的。宋江杀贪官，为民除害，其实也是为君除奸。说宋江受了招安，也可说是一种反贪官的反抗胜利，谈不上什么“投降变节”的。农民小生产者的眼光，超越不过时代的限制，他们即使造反成功，历史告诉我们，也不过是自己来当开国皇帝罢了。因此，说宋江搞修正主义云云，是超出历史可能去要求《水浒传》，本身也就离开了马克思主义观点了。这个基本道理，在毛泽东已出版的著作中，指导中国革命取得胜利的毛泽东思想中，本来是明白无误的。这里，从少年毛泽东的反叛性格，顺便谈到他晚年“造反有理”和评论宋江的问题。

这时，韶山回来了一个新派教员，名叫李漱清，法政学校毕业，办过学校，为人正直，爱打抱不平，尤其激烈反对迷信，主张废庙宇、办学校，开发民智。毛泽东很拥护这个新派人物，经常去他家，向他借书看，请他修改作文，听他讲述时事。他也很器重毛泽东并劝说毛顺生多让儿子读些书。1925 年，毛泽东在广州主办《政治周报》时，曾邀请李漱清去广州协办周报。李漱清的儿子李耿侯，是毛泽东在韶山建立党组织时发展的第一批党员，后随毛泽东上了井冈山，在战争中光荣牺牲。

少年毛泽东的心灵受到的一次最大震动，是 1910 年长沙几万饥民的“抢米”暴动。1909 年，湖南滨湖各县发生大水灾，长沙、湘潭、宝庆、衡阳等县也发生虫、旱等灾。1910 年春，奸商、豪绅乘机囤积居奇，如王先谦、叶德辉（王先谦（1841—1917），湖南长沙人，清同治进士，汉学家，编著书籍数十种。叶德辉（1864—1927），湖南长沙人，清光绪进士，以收藏和校勘古籍有名。从戊戌变法时期起，王、叶即为湖南顽固党的首领和民愤极大的劣绅。第一次国内革命战争时，叶破坏农民运动，1927 年被革命政府判处死刑。）等家积谷上千石、万石；巡抚岑春蓂也勾结外省奸商和英、美、日等外商，偷运谷米出省，因而引起米价飞涨。广大劳动人民粮绝食断，无以为生。4 月中旬，终于在长沙城爆发了群众抢米事件。在连续几天之中，几万城乡饥民捣毁了抚台衙门，英、美、日、德等国领事署和洋行、趸船、堆栈、教堂、医院，以及为豪绅所把持的学校，也多被焚烧或砸毁。岑春蓂调遣军队残酷镇压，群众死伤近百人。为了平息民愤，清政府事后被迫将岑春蓂等革职，王先谦、叶德辉等“降级调用”，“革去功名”。这个大暴动波及湘潭、益阳和滨湖各县，饥民纷纷聚闹大户，吃“排家饭”。韶山也发生了穷人“吃大户”的事情。在这以前，韶山农民的秘密组织哥老会（哥老会（以及青帮、在理会等）是在清初形成的民间秘密团体，组成分子主要是破产农民、失业手工业者、流氓无产者等。）曾经同地主发生冲突，为首的一个铁匠被杀害了。这些惊人的事件，在毛泽东的同学和友伴中引起了议论和同情，但只有他进一步认识到这同大家的生活都有密切的关系。韶山许多农民过着挨饿受冻的日子，有的因无钱治病而死去，有的为生活所逼而投塘、上吊。这些耳闻目睹的惨象和群众的自发斗争，在少年毛泽东的心灵上留下了难以磨灭的印象，埋下了最初的反叛种子。

他自己生活中的直接反叛，则是反对父亲的专制和刻薄。他在家中度过的童年和少年，是充满着各种各样的反抗的。父亲送儿子读书的唯一目的是为发家，一旦发现儿子读书有越“正道”，就常常无理地责骂他“懒惰”、“不孝”，有时甚至加以体罚。这个少年最早的一次“反叛”，是在他10岁的时候，为抵抗经常打骂学生的私塾教师，独自从学堂逃出，在附近山中迷了路，乱跑了3天之后，才被家人找回。从此以后，对这个桀骜不驯的“逆子”，父亲和塾师不得不温和一些了。毛泽东在回忆中幽默地说，家里分成两个“党”：一个是执政党，只父亲孤家寡人一个；另一个是反对党，由他和母亲、两个弟弟（毛泽民和毛泽覃。），有时还包括长工在内组成。母亲只赞成用温和的办法来对付，他则主张公开的反叛。为了辩驳所谓“不孝”的责备，他以经书做武器，对父亲说：经书上说的“父慈子孝”，可见“父慈”在先，“子孝”在后，哪有父不慈而子能孝的呢？有一回，父亲当着许多客人责骂了他，于是他忿而从家里跑出，父亲从后面追来，他就以“投塘”相威胁。这种反抗，终于换得父亲一定的让步。他的最大的“忤逆不孝”是抗婚。父亲按照古老的陋习，为他娶了一个比他大4岁的18岁的媳妇，他坚决拒绝，一直不承认这桩“婚姻”，父亲也无可奈何。他尤其不满意父亲的悭吝，在穷人“吃大户”的那年，囤积谷子，不肯平粜，他认为这是非常不人道的。还发生过这么一件事：有一年旧历年关，父亲要他去收一笔猪钱，在回家的路上，碰见几伙衣衫褴褛的穷人，他便把钱散给了他们（柳六文:《我所知道的毛泽东先生二三事》，载1945年9月8日《新华日报》。）。

旧时私塾儿童常受教师体罚，毛泽东对此很反感。他10岁在南岸私塾时，一次挨了打，他气得背起书包就走，又不敢回家，在山冲里转悠了3天，才被找了回来。他回忆这次的“反叛”说：“到家以后，想不到情形有点改善。我父亲比以前稍微体谅一些了，老师态度也比较温和一些。我的抗议行动的效果，给了我深刻的印象。”

自幼年就显现出来的这种品质：自我做主，敢想敢做，无人能够阻挡得了的倔犟性格，或从环境或从书本或从其他方面产生，只要是他认为合理的东西，必定不屈不挠，坚持到底。从各个方面同守旧的父亲对抗，这段回忆向我们作了一个启示：这个少年的这种可贵的品质，随着年龄的增长而日益发展起来。

毛泽东的母亲文氏（1867—1919），在家排行第七，称“七妹”（斯诺《西行漫记》中，提到毛泽东的母亲名字叫“文其美”，当是音译之误。）。文家也世代务农，因有祖坟在韶山，为祭祀方便，将七妹嫁与毛家。母亲生怕第三个儿子长不大，于是毛泽东寄居在外祖父家时，拜当地龙潭一块被称为“石观音”的巨石为“干娘”，以保佑其长大成人，故乳名石三伢子。跟父亲相反，母亲在亲友间和韶山一带，是以善良、谦和、公正和乐于帮助别人而著称的。毛泽东非常敬爱他的母亲，在待人接物方面，受母亲的影响很大。母亲于 1919 年去世，儿子沉痛地写了篇《祭母文》。这篇由毛宇居一直珍藏着的文章，这样称道母亲：“吾母高风，首推博爱。远近亲疏，一皆覆载。恺恻慈祥，感动庶汇。爱力所及，原本真诚。不作诳言，不存欺心。”“头脑精密，劈理分情。事无遗算，物无遁形。”“病时揽手，酸心结肠。但呼儿辈，各务为良。”（《毛泽东早期文稿》，湖南出版社 1990 年第 1 版。）母亲去世后，毛泽东给他的同学好友邹蕴真写信说，世界上有三种人：损人利己的，利己而不损人的，可以损己而利人的，我的母亲属第三种人。

父亲已经决定将这个 16 岁的儿子送到湘潭城里一家米店去当学徒。这时湘乡县的东山书院已改为新式的高级小学（东山学堂为戊戌以前湖南最早兴办的新式学堂之一，谭嗣同在《浏阳兴算记》中提到：“湘乡改东山书院之举，又继之以起，趋向亦渐变矣。”），毛泽东很想进这所学堂读书。湘乡是母亲的故乡，县城离韶山只有 25 公里路。经过向父亲力争和亲友们说项，父亲才同意他再去念书。毛泽东能够去东山读书，得力于李漱清、王季范、毛宇居和一位堂叔——毛麓钟。这位堂叔是毛家仅有的一个秀才，出过远门，到过云南，在蔡锷部下做过事。这位堂叔曾教他读过《纲鉴易知录》、《史记》和时文（八股文）、古文、唐诗等，并常为他改文章，使他进步很快。他们都极力怂恿这个聪颖有为的少年到湘乡去进这所新学堂。1910 年早秋的一天，毛泽东第一次离开家乡，到湘乡县立东山学堂读书。从此，他就离开了他那个束缚身心的家庭和风气闭塞的韶山冲。

东山学堂和康梁影响

东山学堂是当时的新式小学，教经书，也教自然科学、英文、史地、音乐等。在入学考试的作文题“言志”中，毛泽东抒发了自己求学救国的志愿。校长李元甫阅后，大为赞赏，对人说:“我们学堂取了一名救国材。”（萧三（即萧植蕃，又名子璋）：《毛泽东的少年时代和初期革命活动》，中国青年出版社 1980 年版。）学堂教员中有戴着假辫子的日本留学生。学生多是有钱人家的子弟，穿料子长衫或时髦的学生装。毛泽东土里土气，一身农家旧裤褂，加以外乡的口音，很受同学们的冷遇。但他毫不在意，完全为新的事物所吸引，眼界大为开阔。除了埋头读中国古代的历史以外，还喜欢读外国的历史地理。学校有一个藏书楼，他常去借阅史地方面的书籍。国文教师贺岚岗看到他对历史特有兴趣，特地送他一部《了凡纲鉴》。他的学习成绩很好。虽然心思不在经书上面，古文却写得铿锵有力。这个学校每星期日上午，都要由教员出题目，学生作文一篇之后才能休息。毛泽东写的《救亡图存篇》、《宋襄公论》等写得好。国文教师在《宋襄公论》文后批道：“视似君身有仙骨，寰观气宇，似黄河之水一泻千里。”因此他在全校出了名，为同学们所钦佩。毛泽东在学校也有几个家境相似的友伴，如萧植蕃是其中一个。萧植蕃曾借给他一本《世界英杰传》，书中有华盛顿、林肯、卢梭、孟德斯鸠等人的传记，他才第一次知道美国独立和法国革命。他还书时很抱歉地说：“对不住，我把书弄脏了。”原来他在整本书上打了许多圈点。他特别钦佩华盛顿，经过八年艰苦战争，赢得美国的独立。他说：“中国也要有这样的人物。我们应该讲求富国强兵之道，才不致蹈安南、高丽、印度的覆辙。你知道，中国有句古话，‘前车之覆，后车之鉴’，而我们每个国民都应该努力。顾炎武说得好，‘天下兴亡，匹夫有责’。”（萧三：《毛泽东的少年时代和初期革命活动》，中国青年出版社 1980 年版。）

在东山学堂，对毛泽东影响最大的，是他接触到了康有为、梁启超为代表的维新思想。后来他同斯诺这样谈起当年的情形：

“在这所新式学校里，我能够学到自然科学和新的西方学科。另外一件值得一提的事是教师中有一个日本留学生，他戴着假辫子。很容易看出他的辫子是假的，人人都笑他，叫他‘假洋鬼子’。

“我在这个学校很有进步。老师们都喜欢我，尤其是那些教经书的老师，因为我写得一手好古文。但是我对读经书不感兴趣，当时我正在读表兄送给我的两种书刊，讲的是康有为的维新运动。其中一本叫做《新民丛报》，是梁启超主编的。这些书刊我读了又读，直到可以背出来。我那时崇拜康有为和梁启超。”

毛泽东晚年还谈到当年“受到梁启超办的《新民丛报》的影响，觉得改良派也不错，想向资本主义找出路，走西方富国强兵的路子”（刘斐：《难忘的教诲》，见《毛泽东同志八十五诞辰纪念文集》第 248 ～ 249 页。）。可见《新民丛报》和梁启超对他的影响是多么深。梁启超号任公，毛泽东还用子任做过笔名。

这位借书给他的表兄，是舅父的儿子文运昌，当时他们同在东山学堂念书，一张还书便条现在还留存在韶山纪念馆。

1898 年的戊戌政变，谭嗣同等六君子遇难，康有为、梁启超亡命日本。痛定思痛，梁启超认为，中国当时的贫弱落后，受列强欺凌几十年，各种国家权利均归人手，不只是因为有“最腐败之政府”，更因为有“最散弱之国民”，而后者为更重要、更深层次上的原因。他决心致力于思想启蒙工作，以提高国民的素质。1898 年 12 月，他在日本横滨创刊《清议报》，以“倡民权”、“衍哲理”、“明朝局”、“厉国耻”为宗旨。这个报 1901 年末停刊后不久，梁氏又于1902年2月在横滨创刊《新民丛报》。当时都遭清廷禁止在国内发行的这两种报纸，在政治上，鼓吹保救光绪皇帝，反对慈禧太后，主张君主立宪；但更重要的是，梁启超在那上面发表了一系列鼓吹西方资产阶级政治文化道德思想的文章，如《天演学初祖达尔文之学说及其传略》、《进化论革命者颉德之学说》、《乐利主义者之泰斗边沁之学说》、《近世文明初祖二大家之学说》、《论泰西学术思想变迁之大势》，等等。这样，跟中国传统文化完全不同的价值标准、伦理观念、思维方式和行为规范，得以介绍过来，在长期囿于封建文化观念的中国知识界中，起了振聋发聩的作用。梁启超的文章，气势奔放，感情丰富，文质并茂，时夹以俚语、韵语及外国语法，通俗易懂，朗朗上口。世称“以饱带感情之笔，写流利畅达之文，洋洋万言，雅俗共赏。读时则摄魂忘疲，读竟或怒发冲冠，或热泪湿纸”。同严复相比，梁启超的西方学术造诣远不及严复，虽然严复译的名著已公开发行，可是当时在启蒙思想方面，梁启超的影响却远超过严复，原因就在严复的译文过于古雅，艰深难懂，读的人不多。而且梁启超发表《新民说》时，更激进的学说孙中山的三民主义尚未面世。梁启超性格鲜明，富于进取，著述极丰，方面甚广，虽然思想观点复杂多变，矛盾共处，然而学识渊博，不失为百科全书式的人物。他的具有魔力的文章影响了几代知识分子，在中国近代启蒙运动史上有不可磨灭的功绩。从朱执信、柳亚子到胡适、蒋梦麟，从陈独秀到吴玉章、林伯渠，从鲁迅到郭沫若、邹韬奋，都有过这方面的回忆。

《新民丛报》这个刊名表明，梁启超当时的中心思想，是以进化论为理论基础的所谓“新民说”。他用《新民说》这个总题目，在《新民丛报》上连续发表了20篇论文。这些论文反复阐述这样的论点：中国国民缺乏公德、私德、国家、权利和义务思想，多“奴性”而少“独立”，可谓“民智低下”，“智慧不开”。认为只有有了新的国民，才可能有新的国家，新的政治。“欲维新我国，当先维新我民”，“苟有新民，何患无新制度，无新政府，无新国家”。为什么呢？因为“国民之文明程度高者，虽偶有暴君污吏，虔刘一时，而其民力自能补救之而整顿之”。所以，“民德、民智、民力，实为政治、学术、技艺之大原”，“欲救今日之中国，莫急于以新学说变其思想”。基于这样一种认识，梁启超不遗余力地进行启蒙宣传。他的这些文章，一时产生了很大的影响。不管作者有着怎样的主观愿望，他的这些文章却为最终推翻清王朝，起到了部分的舆论动员和理论准备作用。

《新民丛报》于 1907 年冬季停刊。毛泽东在 1910 年下半年读到的，已经是几年前的旧杂志了。但是对于一个来自闭塞山村的少年来说，其中的一系列主张却是见所未见、闻所未闻的，自然更启发毛泽东从全新的角度来思考中国、思考人生。正如他自己说的，对这些文章，他是“读了又读，直到可以背出来”。他从这里受到的影响，一直持续了相当长的时间。后来他组织“新民学会”，“以革新学术，砥砺品行，改良人心风俗为宗旨”，还可以看出梁启超“新民说”的明显影响。这种新文体也影响到他的文章风格。甚至在《毛泽东选集》里，也不难遇到梁启超式的句法。

现在韶山纪念馆里，保存了一本当年毛泽东读过的《新民丛报》（第四号）其中刊载了梁启超《新民说》第六节《论国家思想》，文中解说了“国家”和“朝廷”两个概念的差异。梁启超说：“国家如一公司，朝廷则公司之事务所；而握朝廷之权者，则事务所之总办也。国家如一村市，朝廷则村市之会馆；而握朝廷之权者，则会馆之值理也……两者性质不同，而其大小轻重自不可相越。故法王路易十四‘朕即国家也’一语，至今以为大逆不道，欧美五尺童子闻之莫不唾骂焉……夫国之不可以无朝廷，固也，故常推爱国之心以爱及朝廷，是亦爱人及屋爱屋及乌之意云尔。若夫以乌为屋也，以屋为人也，以爱屋爱乌为即爱人也，浸假爱乌而忘其屋，爱屋而忘其人也，欲不为之病狂，不可得也。固有国家思想者，亦爱朝廷。而爱朝廷者未必皆有国家思想。朝廷由正式成立者，则朝廷为国家之代表，爱朝廷即所以爱国家也。朝廷不以正式而成立者，则朝廷为国家之蟊贼，正朝廷乃所以爱国家也。”

在梁启超这段文字的旁边，毛泽东批了一段话，发挥了梁启超的意思。

批语说："正式而成立者，立宪之国家也。宪法为人民所制定，君主为人民所推戴。不以正式而成立者，专制之国家也，法令由君主所制定，君主非人民所心悦诚服者。前者，如现今之英日诸国；后者，如中国数千年来盗窃得国之列朝也。"

尽管总的思想没有越出梁启超原文的范围，但是一个十六七岁的农村少年，能够如此理解和接受这些思想，总是难能可贵的。这是我们现在见到的毛泽东对政治、对历史见解的最早文字记录。即使不说是他的史识，总不能不承认他的领悟力是过人的，而且还有所发挥。梁启超用了"正式成立"一语，用现在的语汇来表达，大概应该说"具有合法性"吧。少年毛泽东作出了解释，只有立宪国家，宪法由人民制定的国家，才是具有合法性的。他认为数千年来中国的封建君主制度，只不过是"盗窃得国"，都是不具备合法性的。由此可见，毛泽东在读《新民丛报》的时候，就在思考着中国的过去、现在和未来，这是一种十分可贵的读书态度。后来他投身于改造中国与世界的斗争，也就不是偶然的了。

梁启超这里把"国家"和"朝廷"（政府）分开来观察的思想，后来毛泽东也作过类似的表述。例如1939年在延安，在纪念五四运动20周年的讲演中，就说了"五四运动正是做了反对卖国政府的工作，所以它是革命的运动"。

到长沙以后进入省立高等中学的半年，以及在第一师范的5年半的学习中，毛泽东并没有完全忘记梁启超。在现在保存下来的读书批语、笔记和书信中，或隐或显，或直接或间接，都能看到梁启超的影子。例如1915年到1916年的反袁斗争中，对"筹安会"的鼓噪，梁启超在家信中说："实不忍坐视此辈鬼蜮出没，除非天夺吾笔，使不复能属文耳。"（《梁启超与娴儿书》（1915年8月22日），见《梁启超年谱长编》第720～721页。）他曾著《异哉所谓国体问题者》、《上大总统书》等文，讥斥"筹安"诸君子，强烈反对帝制复辟。后来参加蔡锷讨袁起义后，他又连著《军中敬告国人》、《袁政府伪造民意密电》、《袁世凯之解剖》等文，笔力雄浑、锐利酣畅，社会影响很大。毛泽东在第一师范通过学友会，将汤化龙、康有为、梁启超三人有关反袁及对时局不满的文章，编印成册，题为《汤康梁三先生对时局之主张》，广为散发。1916 年 6 月袁世凯死后，梁启超转致力于南北和解，提出恢复约法、召集国会、惩办祸首、北军撤还、废巡复督、善后会议 6 项和谈条件。(《致各都督与总司令电》，见《饮冰室合集·专集之三十三》。)并认为“闻有赦免祸首明令，时论哗然，恐增口实激大变。虽未得严惩，亦岂可于人心惶惑时，更姑息以危国本？”(《致熊秉三等电》(出处同上)。)毛泽东这时对时局的见解，也跟梁启超大体相似，主张“南北和解”，有限惩办祸首，稳定政局。这见于 1916 年 7 月 25 日致萧子升信：“国局自上月 30 日约法、国会、内阁三大问题解决后，南方相继取消独立，撤除军务院，渐趋统一。此由于南部诸英之深明大义，段氏之中枢斡运，黎公之至诚感人，具力尤多。”“前言附和帝制者，不可穷惩，虽然，具诸罪魁祸首，为塞后患，励廉耻起见，又何可不治，庶几震竦天下之耳目，而扫绝风霾腥秽之气。故拿办八人令下，人心奇快。阅报至此，为之惊骇。此衮衮诸公，昔日势焰熏灼，炙手可热，而今乃有此下场！”(1916 年袁世凯死后，黎元洪接任大总统职，宣布恢复民国元年临时约法，重行召集国会，裁参议院，改政事堂为国务院，以段祺瑞为内阁总理。南方的军务院于 7 月 15 日宣布撤销。7 月 14 日，黎元洪下令惩办洪宪帝制祸首杨度、孙毓筠、顾鳌、梁士诒、夏寿田、朱启钤、周自齐、薛大可八人，但以后并无何结果。)在 7 月 18 日、25 日致萧子升的信中，毛泽东表示从稳定政局的角度出发，他不赞成逐走劝袁世凯称帝的“一等侯”汤芗铭。他认为“湖南问题，弟向持汤督不可去，其被逐也，颇为冤之，今现象亦紊矣”。“暴徒乘机报复”，“稍有帝制嫌疑者即斥去之”，致使政局动荡不稳。“湘省之祸，比之辛亥为烈矣。”“杀机一起，报复未已。法兰西之祸，最为可惧，不谓此次竟演此恶剧。”(民国初年，湖南为南来北去、北去南来之军阀混战战场，兵祸频仍，百姓深受其害。汤芗铭败退时，桂军陆荣廷入湘，骚扰抢掠。毛泽东在信中说：桂军追汤，“劫其饷械，连同省中所掠，捆载而归”。

"即如弟校，寸草皆为拾去。小学有湘军残械，以八人守之，彼乃尽取去，又缚八人者而欲杀之。故去桂军，人人以为如去虎也。"时程潜率部驻长沙，宣布汤芗铭十大罪状，湘军内部正相互争权夺利。）汤在湖南曾大杀民党分子，被湖南人咒为"汤屠"。毛泽东的这些意见与当时湖南舆论是大不相同的。不过他这同情汤芗铭的态度并没有保持许久，在这之后的一些有关文章中，就对汤芗铭持谴责态度了。

此外，在《伦理学原理》一书的批语中，常见"参见梁启超"的某种评论，或将书中文意与梁文相比附，借助梁文加深对该书的理解。在1917年8月23日致黎锦熙信中的"今日之我与昨日之我挑战"，就是直接援引梁启超的《政治学大家伯伦知理之学说》一文。关于"英雄"、"豪杰"的历史作用；将人分为"圣贤"与"愚人"两类；以"慈悲之心，以救小人"为特征的佛家平等观念；尤其是以"变化民质"、"启迪民智"为救国图存根本要义，等等，在《伦理学原理》批语中所反映的这些观点，也都或深或浅出自梁启超的影响。

毛泽东在东山学堂念书时，就接触到了康有为和梁启超的著作。后来他对斯诺谈到这一段往事时说：《新民丛报》"我读了又读，直到可以背出来。我崇拜康有为和梁启超"。1949年在他撰写《论人民民主专政》一文时，谈到"自从1840年鸦片战争失败那时起，先进的中国人，经过千辛万苦，向西方国家寻找真理"的进修，还把康有为称做"在中国共产党出世以前向西方寻找真理的一派人物"中的一个代表者。

康有为对于这样一种评价是当之无愧的。他不但是清末维新运动的领袖，也是中国近代思想史上一位重要的思想家。他继承并且深刻研究了以孔孟学说为代表的儒家思想体系，努力给予新的解释和新的发掘，使之服务于推动维新运动的目的。同时，他以极大的兴趣学习西方文化，包括当时的自然科学知识和天赋人权学说，甚至生吞活剥地附会和征引。康有为后来坚决保皇反对革命，则主要是从法国大革命得来的"教训"。他认为法国革命，大乱80年，杀人几百万；如中国闹革命，必大乱几百年不可。他从几千年来中外各国社会历史的发展演变，因而形成的人类种种苦难境遇出发，主张去国界、种界、家界，等等，以达到全人类都过自由、平等、和平、民主的幸福生活。他只凭主观愿望，毫无科学根据，来创造他的理想的太平盛世——大同世界，认为只有这样，才是"救生人之苦，求其大乐"的良方，自认为是救苦救难的"救世主"。今天的读者看来，他的有些议论不免荒诞无稽，甚至幼稚可笑，但作为先驱者寻找真理的热情，还是很令人感动的。

据一位20世纪50年代起就为毛泽东经管过图书的人说，康有为的重要著作《新学伪经考》和《孔子改制考》，毛泽东"是经常要看的"，而康有为的另一部重要著作《大同书》，对他的影响就更加明显。这不但因为他在《论人民民主专政》中提到过它，而且从他早期文稿直到晚年，都可以看出这本书的影响。这里就此情况作些说明。

人类理想社会应该是怎样的？这曾经是康有为长时间思考的问题。他写过一本《人类公理》，其中就已经表露了后来《大同书》中的基本思想。《大同书》全书分为10部，甲部：入世界观众苦；乙部：去国界合大地；丙部：去级界平民族；丁部：去种界同人类；戊部：去形界保独立；己部：去家界为天民；庚部：去产界公生业；辛部：去乱界治太平；壬部：去类界爱众生；癸部：去苦界至极乐。

梁启超在《清代学术概论》中曾将《大同书》的内容概括如下："一、无国家，全世界置一总政府，分若干区域。二、总政府区政府皆由民选。三、无家族，男女同栖不得逾一年，届期须易人。四、妇女有身者入胎教院，儿童出胎者入育婴院。五、儿童按年入蒙养院及各级学校。六、成年后由政府指派分任农工等生产事业。七、病则入养病院，老则入养老院。八、胎教、育婴、蒙养、养病、养老诸院，为各区之最高设备，入者得最高之享乐。九、成年男女，例须以若干年服役于此诸院，若今世之兵役然。十、设公共宿舍，公共食堂，有等差，各以其劳作所入自由享用。十一、警惰为最严之刑罚。十二、学术上有新发明者及在胎教等五院有特别劳绩者，得殊奖。十三、死则火葬，火葬场比邻为肥料工厂。"

此书写成，康有为在很长时期内秘之不肯示人，只让他最亲近的学生梁启超等少数人看过。在作者生前，只发表过其中甲、乙两部，最初刊于1913年的《不忍杂志》，后来在1919年印成单行本。全书直到1935年才由中局出版，其时作者已去世8年了。康有为在这本书里，依据《春秋公羊传》之说，把社会的发展分做据乱世、升平世、太平世三世。太平世是理想社会的最高阶段。并且结合《礼记·礼运篇》中“小康”、“大同”说，指出“神明圣王孔子早虑之，忧之，故立三统三世之法，据乱之后，易以升平、太平，小康之后，进以大同”(《大同书》，古籍出版社1956年版，第8页。)。他还详细列表（共约百条）对照“大同始基之据乱世”，“大同渐行之升平世”，“大同成就之太平世”的情况，例如，在太平世，“无国界而为世界”，“人民皆为世界公民”(同前书，第91页。)，等等。

1917年8月23日，毛泽东致黎锦熙信中说：“孔子知此义，故立太平世为鹄，而不废据乱、升平二世。大同者，吾人之鹄也。”也是将《春秋公羊传》的“三世”之说结合《礼运》“大同”说来谈，跟康有为在《大同书》中的说法相同。想来此时他已读过《大同书》了，当然只是已经发表的甲、乙两部。

《大同书》中对理想社会的政治、社会生活、工农业生产，乃至家庭与婚姻等，都有十分具体的描写。毛泽东对这些极感兴趣。从1919年12月《湖南教育月刊》上发表的他所作的《学生之工作》一文中，可以明显看出所受于《大同书》的影响。文中说：“我数年来梦想新社会生活，而没有办法。七年（1918年）春季，想邀数朋友在省城（长沙）对岸岳麓山设工读同志会，从事半耕半读……今春回湘，再发生这种想象，乃有在岳麓山建设新村的计议，而先从办一实行社会说本位教育说的学校入手。此新村以新家庭新学校及旁的新社会连成一块为根本理想。”当时并不是只有毛泽东一人思考“新村”问题。《新青年》杂志上就刊登过周作人、武者小路实笃等谈新村的文章，李大钊、瞿秋白写过介绍一些美国人办的公社的文章。北京“少年中国学会”与“新潮社”一部分人，于1919年11月，组成北京工读互助团，《简章》提出每日每人做工 4 小时，同时发动募捐，李大钊、陈独秀、蔡元培、胡适、周作人、高一涵、张崧年等 17 人为发起人。工读互助团成立三四个月即陷困境，终至解散。毛泽东是《新青年》杂志的热心读者，也参加了少年中国学会，他当然会受到这些方面的影响。1920 年 2 月，周作人宣布新村北京支部成立，由周本人主持。毛泽东于 4 月 7 日往八道弯访周作人，当同此事有关。但是看来康有为的《大同书》对毛泽东的影响似乎更具体些。我们可以把《学生之工作》中所写的新村计划，同《大同书》甲、乙两部所写的理想社会对照看看。

《学生之工作》说：

“合若干之新家庭，即可创造一种新社会，新社会之种类不可尽举，举其著者：公共育儿院，公共蒙养院，公共学校，公共图书馆，公共银行，公共农场，公共工作厂，公共消费社，公共剧院，公共病院，公园，博物馆，自治会。合此等之新学校、新社会，而为一‘新村’。吾以为岳麓山一带，乃湘城附近最适宜建设新村之地也。”

《大同书》说：

“贫民归公政府恤养。”

“病者皆归公医院治之。”

“死者归考终院料理丧葬。”（第 105 ~ 106 页）

《大同书》乙部《去国界合大地》，力言有国之害。“欲去国害必自弭兵破国界始”，然后“立（世界）公政府以统各国为大同之中”。毛泽东在《伦理学原理》批语中，论及个人有无上价值后，有这样的话：“凡有压抑个人，违背个性者，罪莫大焉。故吾国之三纲在所必去，而教会、资本家、君主、国家四者，同为天下之恶魔也。”把“国家”列为恶魔，自是当时受到《大同书》（和无政府主义思想）的影响。

《大同书》中其他一些意见，也对毛泽东有所影响，例如其中说的“男女平等，各有独立，以情好相合，而立私约，有期限，不名夫妇”（第 124 页），妻子“不必其夫赡养”，婴儿“不必其母抚育”（第 192 页）。尤其将社会一切罪恶都归之于家庭，综合出家庭妨碍人类进入“大同之世”的 14 条公害：“故家者，据乱世人道相扶必需之具，而太平世最阻碍相隔之大害也。”（第 191 页）至于“农夫之乐”则“坐得工金，听其挥霍，居得公室，逑匹同居，好学者有图书之益，中才者有听讲之教，食有公厨，游有公园，除每日工作数时外，悉皆自由”。后来“大跃进”时期，毛泽东多次提出过废除家庭的主张；人民公社大办公共宿舍、公共食堂等，则受到他的极力称赞。每天工作的具体时数：“太平之世，一人作工之日力，仅三小时或一二时而已足，自此外皆游乐读书之时矣。”（第 248 页）《关于人民公社若干问题的决议》中说：“共产主义者从来都认为，在共产主义社会中，劳动将从沉重的负担变成愉快，成为生活的第一需要。将来每天劳动的时间无疑将大大缩短。随着机械化、电气化的发展，我们必须争取在今后若干年内开始实行每天劳动六小时的制度。……在目前时期，不但在城市中，而且在农村中，应当实行平时实际工作八小时、学习二小时的制度。”《大同书》中的“中国江南之宜稻，河北之宜麦，江浙之宜桑，四川之宜药，广东之宜花果，北口外之宜牧畜，沿海之宜渔盐”（第 240 页）的提法，多年之后也反映在《农业发展纲要四十条》中了。难怪在 1958 年人民公社运动开始时，中央农村工作部的干部到徐水县去时，除带上马克思的《哥达纲领批判》外，还带了康有为的《大同书》。

《大同书》提出了废除私有财产，实行财产公有的要求；主张全球性的计划经济和按劳分配的原则。肯定工人具有崇高的地位，“太平之世无所尚，所最尚者工而已”（第 247 页）。还设计了一个没有阶级、人人平等的社会、实行社会自治制度。“太平之世不立刑，但有各职业之规则”，“职规之外，立法四章”——“第一禁赌博”，“第二禁独尊”，“第三禁竞争”，“第四禁堕胎”。诅咒专制皇帝为“民贼屠伯”，激烈地反对“独尊”，从而描绘了一个具有高度物质文明和精神文明的社会，生产力高度发展，全部生产包括服务行业，都实行机械化、电气化和自动化。康有为特别重视教育，太平世以开人智为主，人人学到 20 岁，人人皆无恶习。“当太平之世，人性既善，才智过人，惟相与鼓舞踊跃于仁智之事；新法日出，公施日多，仁心自厚，知识日莹，全世界人共至于仁寿极乐善慧无边之境而已，非乱世之人所能测已。”（第 277 ～ 278 页）

总之，《大同书》反映了康有为资产阶级自由派改良主义的思想，反映了欧洲空想社会主义对作者的影响及其远远超越之处，更反映了中国人民对公正的幸福的理想社会的渴望，在思想史上有很高的价值。当代学者认为：“在中国近代史上出现过三次空想社会主义思潮，这就是太平天国的农业社会主义空想、康有为资产阶级维新派的大同社会主义空想和孙中山资产阶级革命派的民主主义空想。”《大同书》中提出的政治主张，和孙中山倡导的“天下为公”的思想“不能说没有相通之处”。（马洪林：《康有为大传》，辽宁人民出版社 1988 年版，第 475 页。）康有为的这些思想，“在中国近代空想社会主义史上却占据着重要的进步地位，它比朴素的太平天国的农业社会主义空想已向前大大进了一步，它根据社会必然向前发展的历史进化理论，提出了一个以高度物质文明为基础，以人人劳动和财产公有为基本原则，以政治民主个人平等自由为社会结构的‘大同’世界。这在一定程度上很好地表达了中国先进人士和中国人民对幸福生活的渴望，对科学发达的希望，对封建专制的憎恨，对人权民主的要求，在这个社会主义主观空想形式里充满了民主主义的客观内容”。（李泽厚：《中国近代思想史论》，人民出版社 1982 年版，第 148 ～ 149 页。原文中从“以高度物质文明”至“大同世界”止三行，下有重点号。）

《大同书》在中国近代思想史上有很重要的地位，却绝不能作为制定现实政策的指导理论。毛泽东在《论人民民主专政》中提到此书，说“康有为写了《大同书》，他没有也不可能找到一条到达大同的路”。对此书的内容，无一字评论，他所惋惜的，只是康有为未能找到通向这个理想的道路。历史的不幸是，9 年之后，在“大跃进”、人民公社运动中，执掌国柄以为找到了这条道路的毛泽东，作了一次失败的尝试，其代价之大，是人们多少年也不会忘记的。

东山学堂并不能满足毛泽东求得更多知识的渴望。正是辛亥革命前夕，他于 1911 年春来到长沙，这一步对他辉煌的一生起着决定性的作用。

到长沙

既然康有为、梁启超为少年毛泽东打开了眼界，东山学堂自然不能满足他的如饥似渴的求知欲。他极想到长沙去，因为听许多人说过，那里是个大城市，湖南的省会，城里有好多更高级的新学校。在清末，湖南开风气之先，是办新式学堂最早也最多的省份之一。到 1907 年，总计全省有商业、实业、师范和普通中学等 82 所学校，还有女子学堂 7 所，学生共达一万三四千人，而长沙就集中有二三十所。

毛泽东在东山学堂只读了半年。学校的校长、教师，看到他年纪较大，成绩又好，都主张他去长沙考中学堂，继续深造。恰好学校的贺岚岗老师，应聘去长沙湘乡驻省中学堂任教，愿意把他带去读书。这正符合他想去长沙的迫切愿望，于是他从东山回到家里，做去长沙的准备，但仍然受到父亲的阻挠。他请来舅父及以前的老师劝说父亲让他继续读书。临行时，他抄了一首诗留给父亲：“孩儿立志出乡关，学不成名誓不还，埋骨何须桑梓地，人生无处不青山。”以表示自己立志求学和男儿志在四方的决心。1911 年春，他挑着行李走到湘潭城乘船到长沙，进入湘乡驻省中学堂。这时的长沙是革命党剧烈活动的地方，社会上充满新的气象。他才知道有孙中山领导的同盟会，并马上成为同盟会的《民立报》的热心读者，为报上的反清言论和黄花岗起义等革命事迹所深深感动。他回忆说，自己这时竟激动到这样的程度，写了一篇平生第一次表示政见的文章，贴在学校的墙壁上。文中主张让孙中山回国就任新政府的总统，康有为任国务总理，梁启超当外交部部长，表示了坚决反对帝制的思想。当然，他并不知道，这三个人早已属于两个敌对的政党。为革命的潮流所鼓舞，他毅然剪去自己的辫子，并且说服他的朋友和同学也剪掉，以表示反抗清朝的决心。这时，萧家兄弟子升（萧子升（1893—1977)，字旭东，湖南湘乡人，新民学会创始人之一。1919年留法勤工俭学，曾做过国民党政府农矿部次长。后长期旅居国外。)、子璋也同在这个学堂读书。

关于辛亥革命前夜湖南青年学生革命情绪的高涨，在五四运动时，毛泽东以自己亲身的经历，作过这样生动的描述："宣统三年三月二十九日，黄兴在广州起事，全国震动。消息到湘，学生界中之抱革命主义者，已跃跃欲试。"四川反对铁路国有运动爆发后，"继起者则为湖南，学生界尤其愤激，倡言罢课，到处开会演说。庸懦无知的湖南巡抚杨文鼎，横加干涉，学生公然开会不成，则秘密开会，城里开会不成，则聚议于岳麓山头"。他说，自己"当时也是这许多人里的一个小卒。我们学校里每天关着大门演说，好些同学慷慨激昂地主张革命。还记得演说的时候，一位同学将他身上的长袍卸下一丢，说，'快习兵操，准备打仗'"（《湘江评论》第四号（1919年8月4日出版）"本会总记"。)。

武昌起义爆发后，湖南是全国第一个响应独立的省份。当革命党人和新军（1903年，清政府命袁世凯创建新式陆军（北洋军队的由来)。后续命各省督抚各编新军1～13镇（相当于师）不等。湖南编练第十三镇一个镇。此时具有反满思想的青年投军者甚多；同盟会和各地革命分子多是在新军中活动的对象。因此，新军成了促成辛亥革命的力量之一。）正在长沙起义时，毛泽东立即准备到武昌去参加革命军；听说汉口街道潮湿，连雨鞋也在朋友那里借到了。后来因交通缘故，没有成行。当"汉旗"一在长沙的抚台衙门升起，他就毅然参加了新军，当一名普通列兵。这时有许多学生参加了军队，成立了一队学生军。他认为学生军太复杂了，要干革命，就要准备打仗，还是应当参加正规的军队。在新军中，除了操练和做一些军事勤务，他将剩余的饷银订了省内外几种报纸，每天贪读不厌，非常注意政治时事与社会问题。

在鼓吹革命的报纸中，他第一次见到“社会主义”这个名词，那是江亢虎所宣扬的社会主义。他对这个新东西很感兴趣，就写信同东山学堂的朋友和同学讨论。他跟军队中的大多数士兵以及正副目（即正副班长）和排长都建立了很友好的关系，常常帮助他们写家信和讲解报纸上的新闻。他们都很尊敬这个列兵，认为他有学问。他同士兵中的一个铁匠和一个矿工特别亲近，极其喜爱他们的质朴。1950 年夏天，他收到当年同他有过友谊的一个副目的来信，曾亲切地给这位 40 年前参加过辛亥革命的副班长回了信。

辛亥革命时，谭延闿用阴谋手段在湖南攫取了“都督”的位置，类似的事件也在其他省份发生。推翻君主专制的伟大革命果实，仍旧落到了以袁世凯为代表的封建势力和军阀官僚的手中。这时，毛泽东认为这一场革命已经过去，没有什么事情要做了，于是，他只当了半年士兵后，便从新军中退出，决定继续读书，以求得新的学问和寻找新的出路。

他一连投考了几个实业、法政、商业等专门学校，都不惬意，有的住了个把月又退出来。1912 年春天，他考进了湖南省立中学校（就是后来的第一中学）。这个青年学生的历史知识和对历史的兴趣使教师感到惊奇。国文教员胡汝霖①很看重这个学生，特地将自己的一部《御批通鉴辑览》给他看。《御批通鉴辑览》遵照乾隆旨意编辑，为司马光《资治通鉴》的删节本，是一部 116 卷大书。《四库全书简明目录》说：此书“凡书法褒贬，一秉圣裁，其沿讹踵谬之处，并亲为论定，以昭千古之是非”。其中经乾隆指授笔削者几千条；内有 800 多条为御笔朱批，经臣下编成《御制评鉴阐要》12 卷，卷首有乾隆为《辑览》写的序言。用四库馆臣所写“提要”的话来说，御批的意义是“用定千古是非之准，而破儒生迂谬之论”的。看来，乾隆出这部书，同他决定修四库全书一样，是清朝整个文化统制政策的一部分。梁启超在《新民说·论私德》中说：“及夫雍（正）乾（隆），主权者以悍

① 胡汝霖（1865—1949），湖南长沙人，字孝谦，号鞠生，清末进士，曾任县令生性耿介，为官清正，于湖南和平解放前夕去世。

鸷阴险之奇才，行操纵驯扰之妙术，摭拾文字小故以兴冤狱，廷辱大臣耆宿以蔑廉耻，又大为四库提要、通鉴辑览诸书，排斥道学，贬绝节义，自魏武以后，未有敢明目张胆变乱黑白如斯其甚者也。”

可是，就是这样一部书，对于青年毛泽东来说，却起到了一个借书给他看的教师没有预料到的效果：他竟因而下定了退学自修的决心。1936 年，他同斯诺谈往事，这样说起这事：“我下一个尝试上学的地方是省立第一中学。我花一块钱报了名，参加了入学考试，发榜时名列第一。这个学校很大，有许多学生，毕业生也不少。那里的一个国文教员对我帮助很大，他因为我有文学爱好而很愿接近我。这位教员借给我一部《御批通鉴辑览》，其中有乾隆的上谕和御批……我不喜欢第一中学。它的课程有限，校规也使人反感。我读了《御批通鉴辑览》以后，得出结论，还不如自学更好。我在校 6 个月就退学了，订了一个自修计划，每天到湖南省立图书馆去看书。”从这里也可以看出这书同他后来关系之大了。我们不知道的是，当时使毛泽东感兴趣的，究竟是《御批通鉴辑览》中写的那些史迹还是乾隆的批语。但是我们确切地知道，毛泽东对《资治通鉴》的兴趣终身不衰，直到晚年还常常阅读《资治通鉴》、《续资治通鉴》、《通鉴纪事本末》这一类书籍；遇到他以为重要的内容，还送给他最亲密的同事看。

现在人们能够看到毛泽东最早的文章就是一篇史论。是 1912 年上半年在省立中学的时候写的，写在印有“湖南全省高等中学校”校名的作文纸上，在题目《商鞅徙木立信论》之下，写有“普通一班毛泽东”7 字。

“商鞅徙木立信”的故事见于《资治通鉴》卷二。周显王十年（公元前 359 年）秦孝公任商鞅为左庶长（即左偏裨将军），准备实行变法。“令既具未布，恐民之不信，乃立三丈之木于国都市南门，募民有能徙置北门者予十金。民怪之，莫敢徙。复曰：‘能徙者予五十金！’有一人徙之，辄予五十金。乃下令。”

“一金”是多少，说法不一。有的以为是金一立方寸，有的以为是金一斤（旧制，即 500 克），有的以为是金 20 两（旧制，即 625 克）。虽然不能确切地说这是多少，总之可想而知是一个可观的大数目，以致人们都不敢相信，搬一段木头会有这样的重赏。想不到当真给了这样的重赏，这就让人们亲眼看见了并且相信了上面颁布的任何命令都是要执行的。“徙木即赐”，这样就为新政的推行做了一项奇特的准备：获取了公众的信任。

毛泽东是怎样评论这一段史实的呢？让我们先看看他的原文：

“吾读史至商鞅徙木立信一事，而叹吾国国民之愚也，而叹执政者之煞费苦心也，而叹数千年来民智之不开，国几蹈于沦亡之惨也。谓予不信，请罄其说。

“法令者，代谋幸福之具也。法令而善，其幸福吾民也必多，吾民方恐其不布此法令，或布而恐其不生效力，必竭全力以保障之，维持之，务使达到完善之目的而止。政府国民互相倚系，安有不信之理？法令而不善，则不惟无幸福之可言，且有危害之足惧，吾民又必竭全力以阻止此法令。虽欲吾信，又安有信之之理？乃若商鞅之与秦民适成此比例之反对，抑又何哉？

“商鞅之法，良法也。今试一披吾国四千余年之纪载，而求其利国福民伟大之政治家，商鞅不首屈一指乎？鞅当孝公之世，中原鼎沸，战事正殷，举疲劳，不堪言状。于是而欲战胜诸国，统一中原，不綦难哉？于是而变法之令出，其法惩奸宄以保人民之权利，务耕织以增进国民之富力，尚军功以树国威，孥贫怠以绝消耗。此诚我国从来未有之大政策，民何惮而不信？乃必徙木以立信者，吾于是知执政者之具费苦心也，吾于是知吾国国民之愚也，吾于是知数千年来民智黑暗，国几蹈于沦亡之惨境有由来也。

“虽然，非常之原，黎民惧焉。民是此民矣，法是彼法矣，吾又何怪焉？吾特恐此徙木立信一事，若令彼东西各文明国民闻之，当必捧腹而笑，噭舌而讥矣。呜呼！吾欲无言。”

毛泽东从两个方面来评论，一方面是商鞅，一方面是公众。他把商鞅看成中国历史上首屈一指的“利国福民伟大之政治家”，称他的新政为“我国从来未有之大政策”。他认为，这样的新政理应得到公众的理解、信任和拥护，“必竭全力以保障之，维持之，务使达到完善之目的而止”。而事实竟不是这样，不得不演出悬赏徙木的一幕，才能取信于民。因而毛泽东不能不为人民的素质太低而慨叹了：“吾于是知吾国国民之愚也，吾于是知数千年来民智黑暗，国几蹈于沦亡之惨境有由来也。”

毛泽东把“国几蹈于沦亡之惨境”的原因，归之于人民的愚昧落后，这是他当时受到梁启超思想影响的反映。他曾经以极其浓厚的兴趣阅读梁启超编的《新民丛报》。在这个刊物上，梁启超用“中国之新民”这个笔名，长篇连载他的重要系列论文《新民说》，认为要有新民，才能有新政。文章中说：“国民之文明程度低者，虽得明主贤相以代治之，及其人亡则其政息焉”；“若以今日之民德、民智、民力，吾知虽有贤君相，而亦无以善其后也”。“苟有新民，何患无新制度，无新政府，无新国家”。毛泽东这篇史论的基本论点，同《新民说》的论点是非常相似的。

毛泽东写这篇文章的时候还是个十八九岁的青年，还远没有形成自己的思想，更没有接触马克思主义。但是就是从梁启超的思想出发，也不能不认为他对历史和现实的思考是相当深刻的。提高全体国民的素质，就是过去了近百年的今天，依然是一个应该考虑的问题。

可以附带说一句，批阅课卷的教师十分赞赏这篇文章，打了100分，批示“传观”。这篇文章只有600字，眉批和总评却有150字。教师称赞这篇文章：“有法律知识，具哲理思想，借题发挥，纯以唱叹之笔出之，是为压题法。至推论商君之法为从来未有之大政策，言之凿凿，绝无浮烟涨墨绕其笔端，是有功于社会文字。”并且在评语中这样称赞这个学生：“自是伟大之器，再加功候，吾不知其所至。”大约教师阅过此文，一击三叹，当时并没有想到，他写的这几句，竟是后来应验了的预言。

读严译名著

毛泽东从来不喜欢学校里的一些死板课程，对校规也很反感。他在湖南省立第一中学只读了一个学期就退学了。他觉得，上学校还不如独自看书学习。1912 年的下半年，他住在新安巷湘乡试馆，订了一个自修计划，每天到定王台省立图书馆去看书。该馆建于清末，藏书为全省之冠。楼上书库，楼下阅览室，距湘乡试馆很近。每天早晨，毛泽东总是等着开门，第一个进馆，中午吃两块米糕，晚上直到闭馆才回来。天天如此，风雨无阻。他从来没见过这么多的书，楼上楼下，满架满柜都是书，像童年在池塘中游泳一样，他全身心投入书籍的海洋，常常忘记了饥饿和寒冷，贪婪地读着。墙上挂的一幅《世界坤舆大地图》，也使他发生极大的兴趣，每天经过，总要停下来细看一阵：原来世界是这样的大！中国自古称为“居四海之内”，大得以世界自居，其实只占地球很小一部分；湖南更小，湘潭找不到地名。由是他更觉得世界上的事、中国的事真是太值得研究了。后来他这样谈到这段难忘的往事：“我正像牛闯进了菜园，初尝菜味，就大口大口吃个不停。”这样的自学生活持续了半年多，读的书既多且广。他回忆说：“在这段自修期间，我读了很多书，学习了世界地理和世界历史。” 1936 年他对斯诺说：“我读了亚当·斯密的《原富》、达尔文的《物种起源》，和约翰·斯·密勒的一部关于伦理学的书。我读了卢梭的著作、斯宾塞的《逻辑》，和孟德斯鸠写的一本关于法律的书。我在认真学习俄、美、英、法等国的历史地理的同时，也穿插阅读了诗歌、小说和古希腊的故事。”

现在的研究者已经查明，这个书单中除了卢梭的著作之外，其余各种都是当时出版不久正在风行的严复译本。这里的书名，有些是写得准确的，如亚当·斯密的《原富》（即《国富论》），有一些则由于当年谈话时记录和翻译的出入，也许还包括本人的误记，而不准确了。例如，达尔文的《物种起源》，马君武的中文全译本是 1920 年才出版的。毛泽东对斯诺说，很可能是“一本阐述达尔文关于物种起源和进化学说的书”，就是严复所译，当年风行全国的赫胥黎的《天演论》。穆勒（即密勒）的著作，当时中国只译出两种，都是严复译的，那就是《逻辑学的体系：演绎和归纳》（严译本名《穆勒名学》）和《论自由》（严译本名《群己权界论》）。毛泽东对斯诺说的密勒的书，当是指《穆勒名学》，因为日本人把逻辑学译为论理学；而论与伦二字名音形皆近，因而误为“关于伦理学的书”了。斯宾塞的书，当是指他的《社会等研究法》（严译本名《群学肄言》）。孟德斯鸠写的一本关于法律的书，当是指他的名著《论法的精神》（严译本名《孟德斯鸠法意》）。

严复（1854—1921）是中国第一批到英国留学的人，也是中国近代第一个系统介绍西方资产阶级学术文化的启蒙思想家。自1896年至1908年，他先后译出西方著作除上述六种外，尚有甄克思的《社会通铨》和耶劳斯的《名学浅说》，后人称为严译八大名著。严复不仅对近代的西欧思想家，如哥白尼、牛顿、康德、培根、霍布士、洛克、笛卡儿等都有所研究，就是古代的欧洲思想家，如柏拉图、亚里士多德、伊壁鸠鲁、德谟克里特等，也有相当了解，在其译著中对他们都有深浅不同的介绍。在他留学英国时（1876—1879），正在广泛传播的达尔文进化论，以及哲学中的实证论、不可知论等，对他的思想影响特别大。他一生最活跃的时期是甲午战争后到戊戌政变前这三年，除译述《天演论》等外，还创办天津《国闻报》，发表了几篇震动一时的鼓吹变法救亡的文章：《论世变之亟》、《原强》、《救亡决论》、《辟韩》。他高举西学旗帜，对旧学进行全面的理论批判，包括宋学义理、汉学考据辞章等，都是“一言以蔽之”，“曰无用”，“曰无实”；揭出制艺八股的三大罪状：“锢智慧，坏心术，滋游手。”他醉心于西方的文化学术思想和社会政治制度，批评洋务派的“新政”，只不过是“形下之粗迹”的弩机兵械，并非西方的“命脉之所在”；他认为真正的命脉是“于学术则黜伪而存真，于刑政则屈私以为公”。前者指西方的自然科学、逻辑学和社会政治学说，后者即西方的国家政治制度与自由经济政策。这就是说，西方的强盛源于学术思想，“彼以自由为体，民主为用”；中国当前的需要首在学术思想的自由与民主。他指出旧学之所以无用、无实，根源即在并不是从考验事实出发，而是从古书成训的教条出发；不问理之然否，而只盲目对之崇信不疑。他以自然科学的朴素唯物观点，强调知识要经过事实的验证；人的主观认识应当符合于客观实际："西学格致，一理之明，一法之立，必验之物物事事而皆然，而后定之为不易。"他坚决反对"师心自用"，"强物就我"。他还强调要读"无字之书"："吾人为学穷理，志求登峰造极，第一要知读无字之书。""夫理之诚妄，不可以口舌争也，其证存乎事实。"因此严复成为清末鼓吹变法自强，提倡"尊今叛古"、"尊民叛君"民主思想的最出色的理论家与宣传家。康有为、梁启超等不能直接阅读西方著作，只能从间接所得，附会于原来所接受的孔孟陆王（包括王夫之）儒家旧学，以倡导反对专制的维新理论。严复于西方学术造诣之高，对西方社会了解之深，当年举国无出其右者，在这一方面，康、梁就显得逊色多了，因此，梁启超称严复为清代输入欧化之第一人。蔡元培也说："五十年来介绍西洋哲学的，要推侯官严复为第一。"由于甲午战败的刺激，他翻译了《天演论》，1889 年出版后，立即轰动全国。

《天演论》是严复译赫胥黎著《进化论与伦理学》一书部分内容的书名。原著 1883 年才出版，严复翻译西方学术名著就是从这一部书开始的。赫胥黎是达尔文学说最热烈的宣传家，不知疲倦地撰文捍卫达尔文的进化论，可以说，他的活动和著作影响了一个时代，推动了科学的发展。赫胥黎以"物竞天择，适者生存"为生物界的发展规律，生物是不断进化，绝非自古不变。"物竞"即"生存竞争"，"物争自存"；"天择"即"自然选择"，自然淘汰。"以一物与物物争，或存或亡，而其效则归于天择。""一争一择，而变化之事出矣。"他认为这种生物的发展规律，也可以用来解释一切自然现象与社会现象。

《天演论》"物竞天择，优胜劣败"、"适者生存"的进化规律，同中国传统的"厚古薄今"、"今不如古"的观点完全相反。对于已经感到中国传统文化的种种不足和诸多缺陷，而希望变法维新的中国知识界，这不仅是一种自然科学学说，更是一种社会学说，自具有特殊的吸引力。加上严复那种典雅直逼先秦诸子的文笔，这本薄薄的 6 万字左右的"西书"风靡一时，产生了很大的社会影响。几年之间，“物竞天择”、“适者生存”，已成为社会上流行的口头禅。由此胡适改名为“适”，陈炯明取号为“竞存”，可见其对世人的影响了。严复在翻译此书时，首倡“信、达、雅”三条标准，多是意译，不择直译，常常就原著某一思想或观点，脱离原文，插入自己的见解，有的注明“复按”，有的夹译夹议未作注明，使这书同中国的现实结合得更紧密。因此鲁迅说严复“做了天演论”。在晚清面对列强“瓜剖豆分”的威胁之下，此书向全国敲起救亡图存的警钟，在当时维新运动中起到了舆论指导和思想武器的作用。尽管我们认为社会达尔文主义是不科学的，但自然科学与社会科学之间，并不是互不搭界，自然观与世界观、历史观是相互有影响的。在欧洲文艺复兴运动中，自然科学的发展与人文主义思潮，是同步发展，相互影响的。关于达尔文的《物种起源》，马克思说过：“达尔文的著作非常有意义，这本书我可以用来当做历史上的阶级斗争的自然科学根据。”（《马克思恩格斯书信选集》第127页。）毛泽东当年很受《天演论》的影响，在《伦理学原理》的批注中，他常常运用进化论的观点。严复“做了”《天演论》，值得后人永远纪念。因为进化论的思想，终究是导致中国人学习马克思主义世界观和历史观的先河。因此，毛泽东晚年在会见英国前首相希思的时候，还赞扬了赫胥黎。

1905年出版的《穆勒名学》，是毛泽东读到的头一本讲逻辑学的书。

穆勒是一位有创新精神的学者，他在继承培根逻辑学的基础上，建立了一套新的逻辑体系，他排斥演绎逻辑，而重视归纳逻辑，对归纳逻辑作了深入细致的研究。他同时强调，新的逻辑学不应简单反对旧的逻辑学。严复的译本归讲演绎逻辑的那一半，另外讲归纳逻辑的那一半，因为老来精力不济，没有译出。这是一本近30万字的颇为艰深的学术著作，读来是很吃力的。逻辑学是关于思维形式及规律的科学，研究概念、判断和推理及其相互联系的规律、规则，以帮助人们正确地思维和认识客观真理。先秦诸子中“名家”公孙龙子、惠施等人，号称“辩者”，因而严复就借用，把逻辑学译作《名学》。墨子、荀子都研究过名实关系的逻辑问题，《荀子·正名篇》是著名的逻辑著作。可是在晚清时期，西方的逻辑学对于中国学人来说还是一门比较生疏的学问。自西方教育思想和教育学制传入中国后，旧时的中学多设有“论理学”课程，这是日本人对逻辑学的译名。毛泽东一生对哲学怀有极其浓厚的兴趣，爱读逻辑学书，是从《穆勒名学》开始的。他读这本书时还只有 19 岁，就接受了逻辑学的原理，此后他一直十分重视思维的逻辑性、写作的逻辑性。

孟德斯鸠是 18 世纪政治哲学家，他于 1748 年脱稿的《论法的精神》，是政治理论史和法学史上划时代的巨著，可说是奠定了现代政治科学的基础。他根据政府实施政策的方式，将政体分为三类：一是共和政体，“国中无上主权，主于全体或一部分之国民”；一是君主政体，“治以一君矣，而其为治也，以有恒旧立之制度”；一是专制政体，“治以一君，而一切出于独行之己意”。他认为，共和政体基于道德，君主政体基于荣宠，专制政体则基于刑威。书中最重要的思想是三权分立说，“无论何等政府，其中皆有三权之分立：曰立法之权，曰行政之权，曰刑法之权”。这三种权力必须分别授予不同的人和团体来执掌，独立行使，才能最有效地促进自由和避免弊端。如果“三权者合，既议其法令，又主其施行，又审其所行者与法之离合，是宪（立法权）政（行政权）刑（司法权）三权者聚而集于一人一众之身，是一人一众者，无论为贵族，为平民，其治皆真专制，虽有粟且不得食，国群自由云乎哉”。严复在清朝末年译出此书，对于抨击专制帝制、鼓吹民主共和，有明显的作用。

这些西方资产阶级思想家经典著作的传播，正反映了五四运动以前中国文化思想战线上的主要斗争——资产阶级新文化同封建阶级旧文化的斗争。当时的革新运动者，宣传西方资产阶级的社会政治学说和自然科学，做了许多启蒙的工作。这就是所谓“新学”运动。这种“新学”思想有同中国封建思想作斗争的革命意义，是替旧时期的中国资产阶级民主革命服务的。关于这种情况，毛泽东在《论人民民主专政》一文中这样写道：“自从 1840 年鸦片战争失败那时起，先进的中国人，经过千辛万苦，向西方国家寻找真理。洪秀全、康有为、严复和孙中山，代表了在中国共产党出世以前向西方寻找真理的一派人物。那时，求进步的中国人，只要是西方的新道理，什么书都看。向日本、英国、美国、法国、德国派遣留学生之多，达到了惊人的程度。国内废科举、兴学校，好像雨后春笋，努力学习西方。我自己在青年时期，学的也是这些东西。这些是西方资产阶级民主主义的文化，即所谓新学，包括那时的社会学说和自然科学，和中国封建主义的文化即所谓旧学是对立的。”

由于严复的译文古奥难读，不如梁启超的文章顺畅流利，致使当年思想启蒙的影响，前者反远不如后者，这一直是学界的看法："严先生的文字太古雅，所以少年人受他的影响没有梁启超的影响大。"（胡适《四十自述》）"这两部书（指《穆勒名学》和《名学浅说》）当时很负盛名，可是能读的人并不多。"（冯友兰《哲学回忆录》）"可惜严复所用的翻译文字太艰深难懂了，并且所选原著，如《穆勒名学》及《法意》之类，又不是一般知识分子可以一读即懂的，所以，他在介绍西方资产阶级与学说的思想，可能还没有超过梁启超在《新民丛报》中所写的文字给当日中国思想界的影响。按常理说，严复的书是公开出版的，梁启超的书（杂志）是禁止发行的，严复对西方资产阶级学问的造诣，又远非梁启超所能及。而严复翻译文字所以在中国近代启蒙运动史上没有如他自己所预料的，也没有像我们实际看到的那么蓬勃而具有魔力，他的文字的艰深及一部分原著的难读，未始不是一个重要的原因。"（王栻《论严复与严译名著》）这种情形，毛泽东可能稍有不同，他虽然也是将及弱冠之年，但他的古文根底和领悟能力使他能啃得动严复"太务渊雅"的文笔，不过从后来的读书批语和笔记看来，究竟梁文的引用大大多于严文。

这半年的自学收获很大，影响到青年毛泽东后来思想发展的方向。可是这种自学生活遭到父亲的反对。为了能继续从家庭取得有限的费用，以维持最低的生活，而又得到学习的机会，毛泽东最后不得不考入不收学膳费的师范学校。

二　湖南第一师范

“我没有正式进过大学，也没有到外国留过学，我的知识，我的学问，是在一师打下了基础。一师是个好学校。”

学校和教师

1913年春季，正是20岁的毛泽东，考入了湖南公立第四师范，他又是以第一名被录取的。校长看到他的作文卷后，深为叹服，说：“这样的文章，我辈同事中有几个做得出来！”第二年春季，第四师范合并于公立第一师范。四师春季始业和一师秋季始业的学生都编入一级，后来又分别编为六、七、八、九、十的五个班，毛泽东在第八班，全班共有同学30人。因此按学制，他在第一师范多读了半年书。毛泽东跟湖南第一师范有过为时7年的密切关系：自1913年春季至1918年夏季的5年半时间，在一师求学；自1920年秋季至1921年冬季，又一年半，在长沙进行广泛的革命活动时，他的社会职业是第一师范附属小学的主事，并兼过师范部的国文教员。

湖南的师范教育始于1903年（清光绪二十九年），清政府设“师范馆”于长沙的黄泥墈。不久改设三路师范：西路在常德，南路在衡阳，中路设立在长沙南门外书院坪的“城南书院”旧址。辛亥革命后，以路界名称不好，三路未毕业的学生并入优级师范；中、西、南三路师范改为第一、第二、第三师范。这是第一师范的由来。

城南书院是南宋张南轩（张栻（1133—1180），号南轩，南宋人。他与朱熹同抱“昌明孔孟儒学”的目的，从事于讲学授徒，著有《论语解》、《孟子说》等书，主张“知行互发”，尤重力行，并畅军务，以誓不言和、收复河山为己任。主讲岳麓书院时，培养大批爱国志士。其教身后不衰。宋亡时，诸生共守城，死者无数。）讲学的地方，与朱熹讲学的岳麓书院隔江相望。朱、张讲学最盛的时候，来听他们讲学的达几千人。他们都是南宋的理学家，两人往来密切，在湘江过渡的渡口，后来就称为“朱张渡”。

然而五四前夜与南宋时代究竟相隔七八百年了，这一段老故事，人们已经忘记了。毛泽东在第一师范求学的5年半时间中，正是国内连年内战、湖南三次被北洋军阀统治，日本帝国主义侵略日紧，以及国际上“协约”、“同盟”两大帝国主义集团大战的时期。就封建统治阶级的昏暴和遭致外族侵略的危机来说，北洋军阀与赵宋朝廷毫无二致。可是这个时候的中国和湖南已经出现了新兴的产业工人阶级，书院坪第一师范的附近，就集中了当时长沙仅有的黑铅炼厂、电灯公司和造币厂等几个大工厂。1917年正式通车的粤汉路武（昌）长（沙）段的火车，日夜经过学校的后面。这时宋朝的理学已经不大为当代青年所关心了。新旧思潮的斗争在全国正日趋激烈，几千年来的孔门伦常圣道，在以《新青年》为中心的新文化运动的冲击下，发生了根本的动摇；所有求进步的中国人，都焦急地向西方寻找救国救民的真理。在五四前夜，终于传来了俄国十月革命的炮声。

湖南本是一个落后的省份，一个闭塞的山国。可是在交通逐渐发达的近代，又是南来北往的走廊。由于落后和闭塞，封建主义在这里比在沿海省份有着更深的基础；由于在近代成了南北交通要冲，它又无法继续保持落后的闭塞的状态。因此，在19世纪70年代以后，这里就成为新旧斗争最尖锐的地方之一。顽固派坚决排斥一切新的事物。曾国藩的儿子曾纪泽曾经因为坐小火轮回家奔丧，竟在长沙官绅中引起物议，几年不息。郭嵩焘曾经因为做了中国的第一任驻英公使，并且写了一本《使西纪程》，主张改革，就被长沙的官绅指为汉奸。19 世纪 90 年代，维新派在湖南遭受到的反对，也是一切省份中最猛烈的。可是，也正是在这里产生了争取实现民主制度的最热烈的斗士。1894 年中日甲午战争爆发后，湖南维新志士谭嗣同、唐才常（唐才常（1867—1900），湖南浏阳人。清末维新派的急进分子。1898 年戊戌政变后从日本归国，联合会党分子组织自立军，计划在湖北各地发动起义，因事泄被捕，1900 年被杀于汉口。他的活动对清末革命运动的发展有很大的影响。）等提倡变法救亡。1897 年，湖南巡抚陈宝箴、按察使黄遵宪、学政江标、徐仁铸等都是维新分子，与谭嗣同、唐才常合作，创办时务学堂，聘梁启超为总教习。同时办交通，开矿业，练民团，设武备学堂，出版《湘学新报》和《湘报》；又设“南学会”，会员达千余人，各县并设分会。谭嗣同、唐才常等借学堂、学会倡导新说，攻击清政府。在维新派活动的时期，全国设立的学会、学堂和报馆共 51 所，湖南即占了 16 所。因此，湖南成为全国最富朝气的一省。这时，封建地主阶级学者、湖南有名的劣绅王先谦、叶德辉率领顽固派党徒，自称“保卫圣道”（叶汇辑反对康、梁文字为《翼教丛编》），用各种卑劣手段向维新派大肆围攻，要求清政府杀康有为、梁启超，并用暴力驱逐维新派分子出境。1900 年唐才常自立军起义失败后，顽固派曾屠杀湖南维新人士 100 余人。后来黄兴、宋教仁等建立了革命团体“华兴会”，它以后和“兴中会”、“光复会”合并为“同盟会”。1906 年在萍乡、浏阳、醴陵爆发了矿工和农民的反清起义。这些曾经扫过黑暗天空的先辈的闪光，此时仍在起着点燃心火的作用；革命志士的英雄业绩，使觉醒的知识分子和爱国青年感到振奋，前仆后继地涌进了斗争的前列。

第一师范是一所免费的公立学校，其任务是培养小学教师。中等以上人家的子弟，志在投考大学的，都不进这个学校，而进公立的或私立的普通中学；只有家境贫寒或因各种原因得不到家庭接济的青年，才争取进这个学校的机会，这样的青年是很多的。因此，要能考进第一师范，还必须具备学业优良的条件。当时国家的局面动荡不定，师范学生毕业以后的出路并没有保证，这使得学生们在毕业前就必须为自己的前途打算。有些人为将来的职业而结合起来，也有些人为共同的志向而结合起来，学生的活动是很多的。

毛泽东进入第一师范后，就充分利用这个环境，专心打好学问的基础，探求人生和救国的根本道理，并刻苦锻炼自己。他在这个学校里，遇到了继承王夫之、谭嗣同精神的好老师，结交了一群志同道合的好朋友，并且最后结成一个团体，为探求改造中国的真理而共同努力。他回忆当时的情况说道："我在这里——湖南省立第一师范度过的生活中发生了很多事情，我的政治思想在这个时期开始形成，我也是在这里获得社会行动的初步经验的。"因此，在五四运动前后和第一次国内革命战争前，在毛泽东的带动下，第一师范成为湖南革命知识分子和马克思主义者活动的一个基地，在当时的革命运动中常起着带头的作用。1918 年，毛泽东等发起组织新民学会，会员中的大部分是第一师范的学生。中国共产党最早的一批骨干，有许多也是第一师范的学生和教员，如学生中有蔡和森（蔡林彬，蔡林是双姓，六班）、何叔衡（瞻岵，讲习科第一班）、陈章甫（陈昌，二班）、罗学瓒（荣熙，八班）、张昆弟（芝圃，六班）、李维汉（和笙，二部一班）、郭亮（靖笳，二部三班）、夏曦（蔓伯，十六班）等；教员中有方维夏和徐特立等。以上蔡、何、陈、罗、张、郭、夏、方等人，都已在革命斗争中先后英勇牺牲。

1927 年 5 月"马日事变"（继 1927 年上海"四一二"反革命政变之后，蒋介石反革命派即指挥他影响下的北伐军及国民党右派，在全国积极布置对革命的大屠杀。当时盘踞湖南的军阀北伐军 35 军军长何键，即起而策应。何部团长许克祥于 5 月 21 日夜，在长沙突然围攻所有革命机关，进行了疯狂的屠杀。国民党反动派接着进行了全省范围的大屠杀。这个事变是以汪精卫为首的武汉国民党反革命派和以蒋介石为首的南京反革命派公开合流的信号。旧时 21 日的电报代日韵目为"马"，故称"马日事变"。）之后，第一师范毕业的和在校的共产党员和革命青年，先后被国民党反动政府杀害的，现在尚无精确统计，据估计总数在百人左右。学校当时停办一个短时期后，也就搬离城南书院的旧址了。1929 年国民党政府重办第一师范时，认为老第一师范专出“暴徒”、“过激派”，为“端正趋向”、“挽回风气”，竟然另觅校址，班次也从头开始，并且在编《校友录》时，将毛泽东和他的战友们的名字都删除了。从此这个学校被国民党反动分子一手控制，青年的生气被扼杀殆尽。1938 年长沙大火时，第一师范旧校舍全部被焚。为了纪念这所有革命历史意义的学校，20 世纪 50 年代，按原来规模重建校舍，并扩大了范围。

在五四运动前后，第一师范确算一个办得认真的学校，这与当时教育出现的一点儿朝气有关。辛亥革命后，蔡元培担任南京临时政府教育总长，曾经颁布过一些较有革新意义的教育规程。因此，第一师范的“校章”中关于教育方针一项，“除照部定教育宗旨外，特采最新民本主义（即民主主义）规定教育方针。所谓民本主义教育包括三个方面：一、道德实践。二、身体活动。三、社会生活（包括智识及课程教育）以及职业训练（包括智能实习和各种学生会活动）”。“时时以国耻唤醒学生之自觉心”。“各科教授应提倡自动主义”。“暂定国文为各科联合中心”。但是，这个学校对学生的管理方面，却又规定了许多烦琐的封建的规矩，学生应遵守的“秩序”一项，就规定了 35 条“不得”。如“不得经营一切非关学术之事业”；“不得入一切非学术之党社及教育会”；“不得干预外事，扰乱社会之秩序”；“非经校长认可，不得私自开会演说”；“不得讴吟俚曲，调弄俗乐，及购备一切有损无益之书籍”，等等。这些“不得”，就直接违背着前面所述的“教育宗旨”。不过这些规章制度的执行，也往往因人而异。虽然那时的公立学校常为守旧派所控制，但遇有思想较开明的人任校长时，这些具有进步意义的“教育宗旨”，就能得到某种程度的实现。如 1913 年在日本留过学的孔昭绶第一次任校长时，用人唯才，聘请思想进步的徐特立、杨昌济等担任教员。1916 年，孔昭绶第二次任校长时，在课程和学生课外活动等方面，都有些新的措施，如将农场和工厂实习进一步制度化、创办学生志愿军，等等。

这个学校当时确有许多优点，除图书丰富、校舍宽大外，特别重要的是有思想开明的好教员，毕业出来的学生在教育界也受欢迎。1949 年，毛泽东同当年的老同学谈话时，还说过："我没有正式进过大学，也没有到外国留过学，我的知识，我的学问，是在一师打下了基础。一师是个好学校。"（周世钊：《第一师范时代的毛主席》，载《新观察》第 2 卷第 2 期。）

在这个学校里，毛泽东遇到了好几位很好的老师。刚入校时他最敬仰的是黎锦熙。他在 1915 年 9 月 6 日给同窗好友萧子升的信中说到黎锦熙，"盖自有生至今，能如是道者，一焉而已"。足见倾慕之深了。

黎锦熙（邵西）原是湖南省立第四师范的历史教员，后来随学校并入第一师范。他同毛泽东虽有师生之分，年龄才不过大了 4 岁，又是湘潭同乡，所以很是接近，关系介于师友之间。长沙原来有一家宏文图书社，只不过是间印刷厂，1914 年，黎锦熙为它组织了一个编译所，计划编印一套"共和国小学各科教科书"，他与徐特立共编国文。参加宏文社的还有文字学家杨树达、曾运乾等。于是租用了李氏芋园做编辑人的住宅。杨昌济的《论语类钞》就是由这个书社出版的。当时他们还办了一个《公言》杂志，内容着重于纠正当时的学风，批评教育界闹派别，并以一半篇幅记载欧战和世界大势。因受督军汤芗铭的注意，只办了 3 期即停刊。

4 岁的年龄差距，对于三四十岁以后的人来说是不算一回事的，对于 20 岁刚出头的人来说，却是颇有关系的，就如同大学里一年级的学生同四年级的学生一样。在 22 岁的毛泽东看来，26 岁的黎锦熙比自己更有学问、更有见识，因而很乐于向他讨教。现在保存下来的黎锦熙日记中，记下了 1915 年 4 月到 8 月，毛泽东多次到芋园的事。这日记虽然写得极其简略，没有记下交谈的具体内容，但还是可以看到谈话涉及的方面。他们交换看过各自的日记，谈论的多是"读书方法"；"在校研究科学之术"；"说读史法"；"改造社会事"；"久谈读书法，谓须与校课联贯"；"问小学（旧时称文字学、音韵学、训诂学等为"小学"）功夫做法，余谓宜读段注《说文》（指清代段玉裁的《说文解字注》）”。黎锦熙读了严复译的英国哲学家斯宾塞（1820—1903）著的《群学肄言》，极感兴趣，于是向毛泽东推荐，“告以读‘缮性’一篇，以自试其思考力及学识程度”。

《群学肄言》是英国斯宾塞的著作。斯宾塞是一位自学成才的学者，对哲学、社会学、心理学和自然科学都有研究，著作甚多。在他的著作中，力图将自然科学和社会科学知识总结为一个综合哲学体系，并且取代中世纪统治思想界的神学体系。他强调用科学方法来研究社会现象。这本被严复译作《群学肄言》的书，原来的书名是《社会学研究法》。《群学肄言》于 1903 年出版。在《译余赘语》中，严复这样谈到他翻译此书的缘起：“窃以为其书实兼《大学》、《中庸》精义，而出之以翔实，以格致诚正为治平根本矣。每持一义，又必使之无过不及之差，于近世新旧两家学者，尤为对病之药。”1915 年 9 月 6 日给萧子升的信中，毛泽东谈到他读过这书之后的心情：“（黎君邵西）于是又介仆读《群学肄言》‘缮性’篇。仆因取其书观之，竟，乃抚卷叹曰：为学之道在是矣！盖是书名《群学肄言》，其实不限于群学，作百科之肄言观可也。”

严复在《译群学肄言序》开头即说：“群学何？用科学之律令，察民群之变端，以明既往，测方来也。肄言何？发专科之旨趣，究功用之所施，而示之以所以治之方也。”《群学肄言》全书共十六篇，从第五至第十二这八篇，分述了研究社会学时，常常遇到的来自八个方面的困难或者偏颇。

第五篇《物》。讲的是客观世界，客观事物（物）往往因一些因素的影响而不能正确认识（蔽）。这些因素，例如载记传闻多有乖谬，认主观之变为客观，成见、私心、处境不同而见有明暗，以间接之知为直接之知，肤浅的观察只看到表面现象而看不到实质，此外还有时间空间的因素。书中说：“物蔽也，固常有也，知而谨为之所，足矣。”

第六篇《智絯》。讲的是智力受到的拘束。其中举例谈到：以己度人之不足恃，因果难稽，物理之繁，非心能之简者所能副，世事纷纭复杂，变化万端，浅见者囿于习惯，以己见判定是非，可说是智力受到的一大拘束。

作者并且预言，后世必有不同于今天的是非标准。

第七篇《情瞀》。讲的是因感情引起的愚暗。例如卞躁者以公理之不可胜而怒之，人心竦于势力，久处于积威权势之下者，难与言一群之是非，史家也因为崇尚权力而详写帝王将相，而不注意平民生活等。

第八篇《学诐》。讲的是教育方面的偏颇。有两种教育主张：“其一曰为己之教，其一曰为人之教。为己者主于相胜，为人者主于相亲。”认为战争有利于促进社会进步，所以为己之教未可厚非，可是其积极作用有一定限度，过度了就有害。因此为己之教必不可终行。为人、为己，二者不可偏废。

第九篇《国拘》。讲的是褊狭的爱国心。爱国人同此心，而褊狭的爱国心又人同此蔽。因为能够爱国，国家得以存在，而褊狭的爱国心又会惑乱人群的心理，这是社会学中一个很复杂的问题。爱国之过与为己之私，同出于一源，然为己之私易见，而爱国之过难知。怀有褊狭的爱国心就不可能研究社会学。

第十篇《流梏》。讲的是行业的偏见。书中举例说明了各行各业都有自己的偏见，分析了这些偏见产生的原因以及它的利害。

第十一篇《政惑》。讲的是政治方面的偏向。斯宾塞认为，效果与动机常常是不一致的，甚至常有适得其反的事。“自我观之，则勤于耕者不必多稼，畜于财者不必善贾。而高效相反者，亦频频有之。不独一身一家之中然也，一国天下莫不如此。”希望的结果不一定出现，出现的结果却又不是所希望的。主张革新的人怀着良好的愿望，却不一定能看到新也有新的弊端，而反对的意见却可以匡正其过头的做法。主张保守的人习惯于遵循旧章程，“而不知凡古圣先王所创制者，要皆为一时之法，于其所遭之运会为最宜，然道德典章，无亘古不变者也。”斯宾塞认为，在一个社会中，这两种主张都“不可偏废”。

第十二篇《教辟》。讲的是宗教的乖辟。“自其大者而言之。则神道之严威既重，将人伦之修饬以轻。其论事也，将以合于教者为善，不合于教者为不善，而民义举以废矣。”而且每一宗教都指其他宗教为异端，入主出奴，莫衷一是。书中介绍了欧洲基督教的几个教派。可是，斯宾塞认为“宗教为物，乃群治所不能废”。他反驳了那种认为“民生群治无所用于宗教”的意见，他的意思用严复概括的话来说：“盖常人思力之浅，于日用之际，在在见之，况于远大，乌能自作则而率由之乎？盖宗教精粗不同，而无可废之一日。”

在分别论述了以上八个方面的困难或者偏颇之后，斯宾塞作了一个概括或者总结，认为这些问题可以通过性灵的修缮，用现代语言来说，就是可以通过训练而求得解决。他于是写了第十三篇《缮性》，这可以说是提纲挈领的一篇。黎锦熙推荐毛泽东读的，就是这一篇。这一篇讲的是治学的方法，通过训练排除研究中困难的方法。严复解释说：“知为学之难，思诚之不易，而后有省察之功。虽然，徒言省察，尚非学也，则继此而论其所以缮性者。缮性非他，亦言其所以为学之方而已。”

斯宾塞提出了一个论点：“盖群学（社会学）者，一切科学之汇归也。”“欲治群学，于是玄间著三科之学，必先兼治之。”这三科是这样划分的：名学（逻辑学）和数学都是十分抽象的思辨科学，“所以研不易之事理，究不遁之物情者也”，属于玄科。理情思维（理）由抽象（玄）而逐渐及于具体（著，显著）。居于“玄”与“著”之间的，斯宾塞称之为“间科”；“其玄与著之间，是为间科，则质（化学）力（力学，借指物理学）诸学之所有事也。”间科是研究事物变化的因果关系的，“言群学不能置因果也，故间科尚焉，然而知因果对待矣”。著科的研究对象，是显著存在的客观世界，“不及其著，则不知其为物之悠久蕃变旁通错综也。故有天（天文学）地（地学）人物（生物学）诸学。之数者皆大物也。”书中详细论述了三科之用与其利害。

毛泽东在给萧子升的这封信中，谈到了他读此书的心得：

“其旨以谓为学之难三：其一在物，其一在心，其一心物相对。在物者曰物蔽，在心者曰情瞀、智绞，心物相对者曰学诐、国拘、流梏、政惑、教辟。是三难者，将欲袪之，则必缮性。缮性在学。学有三科，曰：玄、间、著。玄科者，名、数二学属之；间科者，物理学、化学属之；著科者，博物学属之。三科习，而后三难袪，心习娉，性灵缮，于是乃可言学。络之以心理生理，关于群学者大也。吾谓此岂惟学也，德即寓乎其中矣。于此有人焉，不蔽于物，瞀于情，绞于智，而又无学诐、国拘、流梏、政惑教辟诸弊，其人之为君子，尚待言哉！近每与人言及为学，即介以此书，以其所言者切也。足下有暇，可览观焉。”

后来，1918 年 7 月 24 日，蔡和森在复毛泽东的信中说：“兄之‘梦呓’，尤是弟之兴经，通我智绞，袪我情瞀。”用的也是《缮性》篇的词汇。看来，毛泽东同蔡和森的接触往交中也讨论过此书。由此皆可见当年毛泽东对此书倾心的程度了。

在日记里，黎锦熙记下了他对毛泽东的印象。1915 年 7 月 31 日，他看了毛泽东的日记之后，记道：“观其日记，甚切实，文理优于章甫（陈昌），笃行两人略同，皆大可造，宜示之以方也。”1917 年 8 月 31 日收到毛泽东的信，说他的信“大有见地，非庸碌者”。

黎锦熙的日记虽极简略，但我们从毛泽东 1915 年 9 月 6 日给萧子升的一封 2000 余字的长信中，可以看到他对黎锦熙的印象，黎锦熙同他谈论的内容以及当时所受于黎锦熙的影响。毛泽东当年很厌恶学校课程繁多，妨碍他专心致志的学科。大概是由此向黎锦熙求教，如何解决上课与自修的矛盾。黎锦熙谈到除博学于文之外，还须具通识之才，并谈到历史、地理之学，以及设体操、图画、音乐、手工等课为美学与技能之学的必要等。信的开头即写道：“闻黎君邵西好学，乃往询之，其言若合，而条理加详密焉，人手之法，又甚备而完。吾于黎君感之最深，盖自有生至今，能如是道者，一焉而已。”“仆问邵西，学乌乎求？学校浊败，舍之以就深山幽泉，读古坟籍，以建其础，效康氏、梁任公之所为，然后下山而涉其新。邵西不谓然，此先后倒置也。盖通为专之基，新为旧之基，若政家、事功家之学，尤贵肆应曲当。”

1915 年 9 月 1 日，黎锦熙应聘到北京教科书编纂处工作。动身前两天即 8 月 29 日是星期日，毛泽东同王季范、萧子升等人来到芋园，依依送别，那天黎锦熙的日记中还记了“谈学颇久”的事。

分别以后，他们还时有书信往来，从 1915 年 11 月到 1920 年 6 月，毛泽东寄去的 6 封信，现均保存下来。从这些信中，可以见到毛泽东对故人的关心。袁世凯帝制自为，一些名流失身劝进，毛泽东不希望黎锦熙卷入劝进活动。1915 年 11 月 9 日写信劝勉说：“方今恶声日高，正义蒙塞，士人丁此大厄，正当龙潜不见，以待有为，不可急图进取。”他希望黎锦熙早日脱离北京这是非之地：“急归！无恋也。”同时，也表示了自己的渴念：“生平不见良师友，得吾兄恨晚，甚愿日日趋前请教。”黎锦熙在复信中说明了情况，他在京编纂书籍，不过是书生事业，不会受到袁氏笼络。毛泽东在下一封信里表示前一封信里说的，是自己的过虑。君子爱人以德，我们可以从其过虑中看出他对黎锦熙真正的爱护和关切。

当时教国文的袁仲谦老师，是清朝的举人。后来毛泽东同斯诺这样谈起他：

“学校里有一个国文教员，学生给他取了‘袁大胡子’的绰号。他嘲笑我的作文，说它是新闻记者的手笔。他看不起我视为楷模的梁启超，认为他半通不通。我只得改变文风。我钻研韩愈的文章，学会了古文文体。所以，多亏袁大胡子，今天我在必要时仍然能够写出一篇过得去的文言文。”

韩愈（768—824）是唐代著名的儒学代表人物，所谓古文运动的倡导者，他反对六朝骈体文，以为华而不实，只是尚辞藻，重文采，堆砌典故，而内容贫乏。他主张“文以载道”，学习质朴实用的秦汉散文。由于那时皇室崇尚佛教，他企图以古文来宗经明道，尊儒排佛，尊王攘夷，以儒家的入世观反对佛家的出世观。自汉代受辞赋影响，逐渐倾向骈俪体裁，到了六朝，一切散文、韵文都骈偶化了，当时北方学人颜之推即极力反对，北朝就有过复古运动。魏晋六朝的抒情散文，一直为后人推崇（章太炎、鲁迅都是非常赞赏魏晋文章的），唐初陈子昂等也提倡秦汉散文。各个时代各有其流行口语，时代变迁，几千年前的直言口语，便显得古朴了。唐代的古文运动即是平文（白话文）运动，古文正同骈文对立。苏东坡称赞韩愈“文起八代之衰”不论驳难论说记事抒情，无不佳妙。韩愈为文，气象清新，善于造句炼字，“惟陈言之务去”，辞必出于己，不袭蹈前人一言一句。《师说》中说：“圣人无常师”。“弟子不必不如师，师不必贤于弟子，闻道有先后，术业有专攻，如是而已。”袁老师认为师法韩文，门径就正了；以毛泽东的才华研习韩文，作文必大有长进。要知道旧时的读书人，只要写得一手好文章，就敲门砖在手，不愁找不到饭碗。

毛泽东于是来到玉泉街，长沙过去有名的旧书铺街。韩愈的书不止一个版本，善本价贵，不是穷学生买得起的，毛泽东在一家旧书铺里找到了一部廉价的宝庆版《韩昌黎诗文全集》。宝庆（今邵阳）旧时文化颇为发达，是近代启蒙思想家魏源的故乡，有刻书业。他把这书买回来，发觉不但页面有破损，文字也有讹误。他于是到学校图书室借来一部善本《韩集》，逐页逐字校勘，改正讹误，修补破烂，居然也成了一部“善本”了。有一段时间，他每天清早都琅琅诵读韩愈的诗文，当然不像幼时读私塾只知死背了。当时的同班同学周世钊回忆说：“读韩集时，除开那些歌功颂德的墓志铭、叹老嗟卑的感伤诗一类毫无意义的作品外，他都一篇一篇地钻研阅读。从词汇、句读、章节到全文意义，首先凭借一部字典和注释的帮助，进行了解、领会，使其达到融会贯通的地步。在这个基础上，进行反复的默读和朗读，这样就懂得更深，记来易熟。通过这样持久的努力，韩集的大部分诗文都被他读得烂熟，背得很流利。”（周世钊：《毛主席青年时期刻苦学习的几个故事》。）

还有方维夏、徐特立两位，也是当年毛泽东敬重的老师，后来他们都受了当时学生的影响，成了共产党的党员。1937 年 1 月，毛泽东在祝贺徐特立 60 岁生日的信中说:“你是我二十年前的先生，你现在仍然是我的先生，你将来必定还是我的先生。”毛泽东是很尊敬徐老的。徐特立加入中国共产党时，正是马日事变之后，白色恐怖最严重的时候，真是“疾风知劲草”。1913 年至 1919 年，徐特立一直在第一师范教教育学、各科教学法、修身等课，还兼任教育实习主任。他出身于贫农的家庭，只读过六年私塾，后来完全靠刻苦自学（包括自然科学）而成为当时有名的教育家，被誉为小学教育界的“长沙王”。他的学而不厌、诲人不倦、艰苦朴素、谦虚勤奋的作风，给全校师生印象最深。他讲课时，善于联系社会生活和学生思想实际，不讲干巴巴的教条，也不谈抽象空洞的大道理；他常以古往今来的模范人物的嘉言懿行来启发学生，也以自己的生活体验指点学生。例如他讲，俭朴的生活不但可以节约，而且能使人培养艰苦奋斗的精神，锻炼坚强的意志。他当时是长沙师范学校的校长，从北门到南门外书院坪来上课，要步行近 5 公里路，大雨天也从来没有迟到过。一师的学生有课外自学的风气，但自由阅读上往往存在一种贪多图快的毛病，结果囫囵吞枣，忘得也快。徐特立自己读书向来“以少为主”，以彻底消化为主，提出“不动笔墨不看书”的主张，即读书时一定要记下心得和书中精粹之处。这些方面，他的主张同杨昌济也是一致的。

方维夏是湖南平江人，1879 年生，优级师范毕业后去日本留学，回国后从事教育工作。1912 年起在湖南第一师范先后担任博物、农业教员和学监（即教务主任）。他担任农业科教员时，带领学生开辟实习园地，种植各种农作物。亲自播种、施肥、中耕、灌溉，使学生对农业劳动很感兴趣；担任学监时，他以民主精神教导学生，代表学校领导教友会的活动，充分发挥学生自治才能。他是一位深受学生尊敬的老师。袁世凯帝制自为时，他联合徐特立等，反对湖南教育界廖名缙等“筹安会”帝制派。张继尧垮台后，他做过一段时期的教育司司长。在赵恒惕统治时期被选为省议会议员，利用议会讲坛对毛泽东领导的工人运动常予支持。后来他感到议会斗争软弱无力，秘密去广州，在“湘军”中做政治工作；1925 年由李六如介绍，加入中国共产党，是当时最年长的党员之一，对发展“湘军”内部党的工作贡献很大。北伐时任第二军第五师党代表，国共分家后，参加了南昌起义，后被送到莫斯科中山大学学习。1931 年回国后，先后任闽西红军学校政治部主任，中央民主政府总务厅主任等职。红军长征后，在湘粤赣边区坚持游击战争，1935 年在桂东被捕，被国民党反动派杀害。

杨昌济

比较起来，当年给毛泽东影响最大的老师，是担任修身、教育、伦理等课程的杨昌济，毛泽东对斯诺是这样说的：“给我印象最深的教员是杨昌济，他是从英国回来的留学生，后来我同他的生活有密切的关系。他教授伦理学，是一个唯心主义者，一个道德高尚的人。他对自己的伦理学有强烈信仰，努力鼓励学生立志做有益于社会的正大光明的人。我在他的影响之下，读了蔡元培翻译的一本伦理学的书。我受到这本书的启发，写了一篇题为《心之力》的文章。那时我是一个唯心主义者，杨昌济教师从他的唯心主义观点出发，高度赞赏我的那篇文章。他给了我 100 分。”“在我的青年时代，杨昌济对我有很深的影响，后来在北京成了我的一位知心朋友。”杨老师的爱女杨开慧，后来是毛泽东的妻子。

在学校生活中，老师的关系最大，一个好老师的思想学识行为品德，会对学生产生深远的影响。杨昌济 30 岁以前博究孔孟与宋明理学，随后留学日本、英国 10 年研习教育与哲学，是一位学贯古今、融通中外的学者，更是一位爱国心切、道德高尚、思想进步、诲人不倦的教育家。他一生“以直接感化青年为己任，意在多布种子，俟其发生”（《致教育总长范源濂书》，见《杨昌济文集》，湖南教育出版社 1983 年版。杨昌济的文章均见此文集。），曾有明志诗句：“强避桃源作太古，欲栽大木拄长天”；被人称为：“经师人师，备诸一身，以故来学之士，一受其熏陶，无不顿改旧时之宇宙观，如饮醇醪，受其影响。”（曹典球：《杨昌济先生传》，见《杨昌济文集》。曹典球为杨昌济岳麓书院同学。）当年以萧子升、毛泽东、蔡和森为代表的一批好学深思、力求上进的第一师范学生，聚集在杨昌济的周围。他们课后常登门聆教，或谈治学方法，或讲做人之道，或阅读书笔记，或论天下大事。

关于他们师生之间的这种关系，张昆弟烈士在 1917 年 8 月至 9 月的日记中（这本日记得自益阳张昆弟烈士家中。日记本是当年第一师范自制的十一行“功课日记”本；封面右上端书：“民国六年七月三十一日起十月二十日止”，中书“第 9 号”，左上端并写有“改过自新”四字。）曾有一些记载：

“8 月 22 日。晚餐后至板仓杨寓，先生谓读书之要，在反复细读，抄其大要;不在求速求多，反毫无心得也。又谓向吾之理想生活进行，文章誉望，听之后人。又曰，不计较于现在之社会。又曰，势力不灭。又曰，渐蓄其力而乍用之。”

“9 月 8 日。去年杨师谓余曰：‘克己之功夫多，存养之功夫太少；须从存养多下功夫,则可免克己之苦矣。’”（日记中随后检讨自己今后应以“淡泊明志为第一着手处”。）（此处所谓“存养”，是根据主观唯心主义性善论者孟子所说“存其心，养其性”。即主张人应常反省，讲究修养，保持天性中的善根，不要受社会上的恶习熏染；更具体一点说，就是主张所谓克己寡欲，淡泊明志，不追求世俗名利。）

“9 月 13 日。晚饭后至板仓杨寓，杨师为余辈讲‘达化斋读书录’。后又谈及美人之做事务实。”

在这样师生相得、相敬的情形下，杨昌济悉心教导他的学生；学生则在许多方面虔诚地向先生学习，甚至模仿。毛泽东和他的朋友们受杨昌济的影响是很深的。新民学会最初成立时的 21 个会员中，有 20 个是杨昌济的学生。杨昌济对弟子们的影响大体有以下几方面：

其一是特别重视哲学的研究。认为哲学是社会进化的原动力，其根本任务在探讨宇宙的大本大源。“个人必有主义，国家必有时代精神。哲学者，社会进化之原动力也。一时代有一时代之哲学思想，欲改造现在之时代为较进步之时代，必先改造其哲学思想。吾国近来之变革虽甚为急激，而为国民之根本想者，其实尚未有何等之变化……欲唤起国民之自觉，不得不有待于哲学之昌明。”（《杨昌济文集·劝学篇》。）“近世各种科学，各研究宇宙现象之一部，哲学则以宇宙之全体为其研究之目的物，故学问以哲学为终极。宇宙为一全体，有贯通其间之大原则，宇宙间所有一切之现象悉自此大原则而生。吾人当深思默会，洞晓此大原则，所谓贯通大源也。”（《杨昌济文集·论语类钞》。）由于老师的引导，这种服务于时代需要的哲学研究，在学生中影响自深；毛泽东更认真究心于哲学，是在一师后期读《伦理学原理》这本书之后。

其二是强调立志和抱负，以及道德实践。《论语类钞》是杨昌济自编的修身讲义，从《论语》引出若干有意义的章句，借孔门的话来申述他的宇宙观和人生观。该书第一篇就是“立志”。譬如“子曰：‘三军可夺帅也，匹夫不可夺志也。’”（以下引号中的文字都摘自《论语类钞》）一条，就对学生们这样讲道：

“道德教育，在于锻炼意志。人有强固之意志，始能实现高尚之理想，养成善良之习惯，造就纯正之品性。意志之强者，对于己身，则能抑制情欲之横恣；对于社会，则能抵抗权势之压迫。道德者克己之连续，人生者不断之竞争。有不可夺之志，则无不成矣。”

“临难毋苟免，见危授命，乃意志之强，同于良心之强之状态也。古来殉道者，宁死而其志不可夺；反对之者，但能残虐其身体，不能羁束其灵魂。其志事虽暂挫于一时，而前仆后继，世界卒大受其影响。”

“近世教育学者之说曰：人属于一社会，则当为其社会谋利益。若己身之利益与社会之利益有冲突之时，则当以己身之利益为社会之牺牲。虽然，牺牲己之利益可也，牺牲己之主义不可也。不肯抛弃自己之主义，即匹夫不可夺志之说也。”

道德实践乃终身之事。“近世伦理学家言，谓有道德之人，与长于技艺之人有别。彼善于绘画者，虽终岁不执笔，无害其为美术家。然若士人修身，一旦懈于为善，则立失其为善人君子之资格。盖君子之于修身，乃毕生之事，一息尚存，此志不容稍懈。古人云盖棺论定，诚恐平生行善，至衰老而改行，则终不得为完人也。”

对中国封建文化思想的批判，杨先生下了许多的工夫。譬如对儒家三纲之说的非难，他除推崇王船山“忠孝非以奉君亲，而但自践其身心之则”的重个人独立精神以外，特别看重谭嗣同《仁学》对这方面的批判。“后读其《仁学》，乃知中国三纲之说，严责卑幼而薄责尊长，实酿暴虐残忍之风。”“卑幼者自由之意志，独立之人格，尊长者固不可蔑视之。人有自重知耻之心，乃能以进德修业相尚，过度之压制，固非训育之所宜也。”他提倡人人要有独立奋斗的精神，即父子兄弟之间也不可互相倚赖。因此在一个时候，研读《仁学》和船山学说，成为学生中的一种风气；毛泽东等尤为用功，他们的日记和笔记中，常常有“谭浏阳（即指谭嗣同。谭嗣同为湖南浏阳人。为推崇某一人物，中国有将其人出生或久居之地名称呼其人的传统习惯。）英灵充塞于宇宙之间，不复可以死灭”一类的议论。杨先生对于新思想的介绍更是不遗余力的。《新青年》出版之后，他就订了几份，分送给各班的优秀学生，毛泽东就是受赠的一个；另外还有些学生订了这份杂志。他自己也为《新青年》撰文，并且介绍毛泽东的文章给该刊发表。

杨昌济最反对做官，反对混世。经常劝告学生要有远大理想，要精通一门学问艺业，认真做事，服务社会，不为个人打算。他常说：“破坏习惯我，实现理想我。”

其三是读书治学的方法。杨昌济的著作《达化斋读书录》，现在没有找到，因而不可能更系统地了解他这方面的心得。他的《达化斋日记》，在他去世后不久由友人在《时事新报》上发表了一部分。它虽以《日记》为名，其实记日常起居少，记读书活动多，从中人们可以看到他的治学方法是着重博与精两方面的，“贯通今古，融合中西”八字，可以总括这两方面的特点。毛泽东和他的朋友读书之博之勤，专心钻研问题的精神，读书笔记中旁征博引、食必求化的方法，也都是师法杨昌济的。

在学习外国方面，杨昌济虽然在日本和欧洲留学10年，却根本不同于当时许多盲目崇拜西洋、东洋的留学生，而十分重视中华民族的文化遗产，强调学习外国要结合国情。他认为只有深通中学之人出国考察，方有所成；既要输入西学，也要输出中学。《劝学篇》中有这样精辟的见解：“夫一国有一国之民族精神，犹一人有一人之个性也。一国之文明，不能全体移植于他国。国家为一有机体，犹人身之为一有机体也，非如机械法，可以拆卸之而更装置之也。善治病者，必察病人身体之状态；善治国者，必审国家之特异情形。吾人求学海外，欲归国而致之于用，不可不就吾国之情形深加研究。何者当因，何者当革，何者宜取，何者宜舍，了然于心，确有把握，而后可以适合本国之情形，而善应宇宙之大势。”学习外国，必须结合国情，具有批判的精神，这不仅在当时以及长期在资产阶级知识分子中，是一个容易各执一端的问题；后来的历史也说明，就是在无产阶级队伍中，也是一个多么难以解决的问题。毛泽东是接受了老师这一思想的。1920年勤工俭学的热潮中，毛泽东在写给周世钊的信中说：“我想暂不出国去。”因为他认为，“吾人似应先研究过吾国古今学说制度的大要，再到西洋留学才有可资比较的东西”。（《新民学会资料》第63页。）在五四前夜，有影响的先进知识分子中，除开李大钊、鲁迅等个别例外，具有这种辩证思想的人，真是凤毛麟角。

杨昌济最反对盲从，主张凡事要善于分析批判。他服膺程朱理学，但不赞成“存天理，灭人欲”；他赞成王阳明的“知行合一”，又不同意将两者说成是一个东西；他认为汉学家考据之学“尚实证”很好，“但求实证于古而不求实证于今，但求实证于文学而不求实证于事物”（《达化斋日记》），则是片面性；他拥护进化论，赞成生存竞争的学说，但认为人类应“合群为教”，不能光讲生存竞争；对西方的机械唯物论、经验论、唯理论等哲学派别，他都持批判态度。这种治学方法给弟子们影响很大，一开始就养成独立思考的习惯。

其四是讲究实践，做事要有毅力、深谋远虑;生活要严谨与刻苦。这些，更是杨先生最令人敬服的地方。他讲修身时说:“吾无过人者，惟于‘坚忍’二字颇为著力，常以久制胜；他人以数年为之者，吾以数十年为之，不患其不有成就也。”“余尝谓天才高者，其成就或反不如天才较低者之大，要视其坚忍之力何如耳。”并且举达尔文著《进化论》、斯宾塞著《道德原理》、司马光著《资治通鉴》，都是用了一二十年的工夫为例，来说明毅力的重要。

关于办事，杨昌济主张：“凡办一事，须以全副精神注之，始能有成功而不至失败。人之精力有限，故任事不可过多；任事过多，则神散而力分，必至事事均办不好。”“凡人欲在社会建功立业者，宜深谋远虑，动之万全，不可孤行己意，不顾利害。”“凡办事有一定之顺序，吾人当按顺序，徐徐办去，终有成功之时。不可欲速，欲速则反迟矣。”他讲解这些主张时，举出王安石变法之失败，是由于事先缺乏宣传，而孤行己意；谭嗣同谋慈禧之失败，是由于没有做到深谋。

杨昌济倡导手工课。当时在他的影响下，学校的手工教室规模宏大，设备齐全，有金工、木工、石膏等科目。他主张普及教育，赞助学生办夜学。其他如言行方面：静坐、默思、不说谎话、不吸烟、不涉狎邪等；生活锻炼方面：做事勤恳，崇尚劳动，衣食菲薄，爱惜时间，冷水沐浴，长途步行，以及反对无谓应酬等，这一切，无不躬行实践，对学生们有深刻的影响，大家都争相效法。

由于《杨昌济文集》的出版，使人们对这位有过重大影响的一代师表，有更多的认识。笔者认为有必要对他作较全面的介绍，从而更多了解早年毛泽东在师承方面的影响。

杨昌济（1871—1920），号怀中，长沙县板仓人。他家世代书香，外祖父平江向家出过翰林，尤以理学传世出名，父亲终身授徒为业，关心时政，是儿子的蒙师。他“八岁失恃，十四岁失怙”，幼年曾受父亲影响，发愤自学，学古人的闭门不出，专心读书，持之以恒。1892 年在《达化斋日记》中这样写道："恒之云者，判数年之功，治指定之数书；一句之中，不容有一书之阙；一月之中，必须有数十条通透之识。一年之中，或抄或作，必须有一二卷之成书；十年之中，必须小成；三十年之中，必须大成。如是以终身焉，则恒之谓也。""然恒之云者，非必死守一书，弃绝百氏，读上句如无下句之云也。贵攒零合整，融化贯串。古人书文，为类百千，而各有其相通之处。"他提倡这种治学精神和读书方法，也一生实践了自己的主张，并影响于他的门徒。

杨昌济 19 岁考取秀才，乡试（考举人）未中，即弃科举。1895 年至 1898 年，继承父业，在家乡当塾师，自学重点转向王船山、顾亭林等知行统一、经世致用之学，接受龚（自珍）魏（源）康梁影响，借古鉴今，以"张三世"为改良变法的理论根据，认真研读《春秋公羊传》，也相信"天下大同"的儒家理想。同时刻苦自学英文和日文，准备出国留学。1898 年进入长沙岳麓书院后，积极参加南学会的各种活动，为"通讯会会友"。在讲演会上，曾向谭嗣同请教，谭嗣同很赞赏他的提问。在"百日维新"发布新政诏书时，他的论文《论湖南遵旨设立商务局宜先振兴农工之学》，在南学会课卷中被评为第三名，并发表在《湘报》上。他认为，农工本性为"朴钝"，"苟无士人为之联络，则各事其事，没世而不能相通"。"振兴农工之法，约有三端，一曰学堂，一曰学会，一曰学报，而三者之中，又以学会为最先。"必由"读书明理"之士人倡导，"慨然以振兴农工为己任，则随处聚会，随处讲论，而振兴之策，自日出而不穷也"。谭嗣同为变法牺牲后，杨昌济对这种视死如归的献身精神特别钦佩。后来在他的著作《论语类钞》中这样写道："世之君子，有杀身忘家而不悔者矣。""天下万世有大难，死一身一家，而生天下万世，仁人所愿也。""谭浏阳英灵充塞于宇宙之间，不复可以死灭。"

1900 年八国联军侵华之后，清政府开始实行废科举、办学堂、派留学生等"新政"，饬令各省设立专款奖励留学。杨昌济是在留日高潮中较早出国的。他自己说：“余自弱冠，即有志于教育……处此时势，非有世界之智识，不足以任指导社会之责，于是出洋求学，留于日本有六年，复至英国留居三年有余，又往德国留居九月。”1903年赴日本留学时，改号“怀中”，表示“身在异邦，心怀中土”。同行共30多人，他的年龄最大。先入东京弘文学院，后进入东京高等师范学校文科。1909年离开日本，转赴英国留学，在阿伯丁大学攻读哲学、伦理学和教育学等。那时正是清朝末年，外侮频仍，国事江河日下，留学生中多有一种执著的忧国之心。留日学生办的刊物达20多种，杨度、杨毓麟等办的《游学译编》，以政治革命、种族革命为宗旨。杨昌济将他的部分《达化斋日记》发表于该刊，宣传个性解放，尊重个人理性，“天地万物，以吾为主”。同时强调变法维新，要以民为主，主张依靠下层“小民”，着力于改变思想：“变之自下者，效迟而可久。”“变科举，变学校，变之自上者也；变学术，变之自下者也”。又特别强调思想精神的能动作用：“天之力莫大于日，地之力莫大于电，人之力莫大于心。阳气发处，金石亦透，精神一到，何事不成？苟其公忠体国，百折不回，虽布衣下士，未始无转移世运之能也。”同杨昌济一道去日本留学的陈天华，著有影响极大的《猛回头》、《警世钟》等通俗革命读物，最后留下了激励同学“坚忍奉公，力学爱国”的绝命书，蹈海自杀，使杨昌济感到极大的悲愤。黄兴领导的广州起义失败，七十二烈士惨烈殉国之后，一同在英国留学的同族好友杨毓麟（笃生），也愤而蹈海自杀了。朋友的死，使他更加决心献身于教育事业，以此来报效国家和国民。

1909年杨昌济去英国深造时，与杨毓麟、章士钊等同入苏格兰阿伯丁大学，系统研读西方哲学史、伦理学史以及当时欧洲流行的各种哲学流派的学说。尤对伦理学上之禁欲、快乐、功利、利己、利他种种主义，对比中外古今，进行考察研究。同时注意调查英国风俗习惯，大至言论自由、通信自由，小至不说谎、不随地吐痰等文明礼貌，都加注意，作为借鉴。1912年在阿伯丁大学毕业，得文学士学位。接着往德国考察教育9个月，并旁及政治法律等。在波茨坦离宫参观时，得一印象极深之事：德皇威廉一世曾为扩建皇宫，强行拆毁一磨房，主人向法庭控告，法庭依法判决德皇赔偿损失，重建磨房，德皇只得执行。为此事他在《达化斋日记》中写道："西人之尊重法则不屈于权势有若此者，乃东洋人之所未梦见也。"

杨昌济于 1913 年春回国。这时清朝已被推翻，成立了民国。湖南督军谭延闿想延揽他出任湖南省教育司司长。他的留日、留英同学范源濂等人，这时都在北京政府当了总长。他不是个热衷仕途的人，绝不肯做官，应聘到湖南高等师范学校（前身为岳麓书院）讲授伦理学、教育学和哲学等课程。高师是湖南当时的最高学府，也是第一次设这类课程，影响很大。他是一个律己极严、办事极认真的人。他把教书当做终身的事业来做，从他的《达化斋日记》中可以看到这种态度。如 1914 年 7 月 5 日："长沙县公署委余为湖南第一联合中学校校董，余辞之，谓余将担负第一师范学校修身科之全责，加以教育每星期约 20 余小时，不得不以全力注之；联合中学校校董负责重大，未敢兼营，恐致于两方面俱不能尽其责任。"关于他在湖南高等师范学校任教的影响，当年的学生舒新城在解放前出版的《我和教育》一书中，这样写道："在人格上最使我受感动者为杨怀中先生……当时他教我们的伦理学。他的道德观是融合中国的性理学与英国的功利学派的伦理观而贯通之，故极重实践。其处世接物一本至诚，而一切都以人情物理为归。他律己极严，不吸烟，不饮酒，读书作文均正襟危坐，处以虔敬。但对他人则并不强加干涉，常谓美之所以为美，须有多态统一，于人亦然，只要其行为不害及群众，应听其自由。在经济上尤为耿介，除以劳力所得，绝不妄取一文。"

杨昌济自幼深受中国传统文化，主要是儒家典籍的熏陶，服膺孔孟程朱的学说，接受了宋明理学中有益的个人修养和治学方法；同时又深刻研究了船山学说，继承并发挥了船山对儒家思想所作的批判总结。他的思想基本属于儒家。不过，他毕竟在外国留学 10 年，接触到了西方近代思潮和西方哲学，考察了欧洲资产阶级民主社会制度和社会风气，因而他能够联系欧洲学术思想来重新解释孔孟程朱陆王的学说，他的思想已经不同于传统的儒家。尽管杨昌济在思想史上远没有康有为、谭嗣同那样显赫的地位，但就其思想的倾向和分野来说，他也属于近现代新儒家的一员。《达化斋日记》中记有这样一段："为生徒讲教育学史，至培根之倡实验派哲学，与笛卡儿之倡推理派哲学，因言朱晦庵之学近似培根，王阳明之学近似笛卡儿：一则求理于事物，一则求理于吾心。子曰：学而不思则罔，思而不学则殆。学则有实验之意，思则有推理之意。又《大学》八条目中之格物致知，亦可作如是观。格物则实验之事也，致知则推理之事也。王船山《读四书大全说》辩格物致知之义甚详，船山时时辟象山阳明，而其所论致知之功夫，乃与陆王之说合，亦当注意之事也。培根以前之学问，多研究社会问题。培根乃一转其方向，使学者之心力，专用之于研究自然现象，乃启近世科学之门径，其有功于人类者不小。有治身治心之学，伦理学是也；有治人之学，政治学是也;有治物之学，理化博物诸科是也。吾国前此学问，于治身治心治人之学，未始无所研究，独缺于治物之学，此物质文明所以不能发达也。"（1914 年 3 月 18 日）这样从中国重精神文明而论述物质文明不发达，"独缺于治物之学"，即自然科学自古不发达，这种观点是非常切实非常深刻的，中国确实产生不出而缺一个培根。由此可见杨昌济学术思想之一斑。

杨昌济的新儒家思想，是不是可以这样看:一方面，他继承了王船山、谭嗣同的遗产；一方面，他又接受了西方近代思潮民主与科学的影响，而加以抉择批判融会贯通，自成一种比较有进步性的伦理思想和讲究实践的人生观。在哲学思想上，他虽然是一个信仰进化论的唯心主义者，过于夸大主观能动性的作用，认为人类社会的进步决定于英雄人物的活动，主张所谓人才救国、教育救国，他的伦理学见解中的唯心主义成分很重；但是由于他是一位具有强烈的爱国主义和民主主义思想的教育家，他的某些在当时具有进步意义的观点和主张，特别是追求新思想和躬行实践（前者使他区别于迂腐的守旧学者，后者使他区别于言行不一的所谓"理学先生"），对于当时受教的青年曾起过很大的积极作用。最主要的是，他总是谆谆教导他的学生，要具有崇高的理想和改革社会、国家的伟大抱负，以及实事求是、刻苦实践的精神。

从《达化斋日记》中可以看到，在出国之前和回国之后，杨昌济一直在读《船山遗书》，精读过的有《读通鉴论》、《宋论》，他认为船山的史论“胜于御批与司马氏之评论”（指《御批通鉴》与《资治通鉴》中的“臣光曰”）。其他还有《春秋家说》、《春秋世论》、《博子正蒙注》、《读四书大全书》等10余种，摘记语录，分析比较，常有体会与发挥。例如说：“吾国人不惑于风水之说者鲜矣，虽朱子犹惑焉。近世如魏默深、曾涤生、郭筠仙、刘霞仙，皆有此迷信；船山独卓然不惑，力排五行术数之说，此其所以为卓绝也。”（1914年6月25日）“船山一生卓绝之处，在于主张民族主义，以汉族之受制于外来之民族为深耻极痛，此是船山之大节，吾辈所当知也。今者五族一家，船山所谓狭义之民族主义不复如前日之重要，然所谓外来民族如英法俄德美日者，其压迫之甚非仅如汉族前日之所经验，故吾辈不得以五族一家，遂无须乎民族主义也。”（1914年6月24日）当时能够把对民族主义的理解从反清发展到反对帝国主义，不能不说是杨昌济的远见卓识。

杨昌济教书不是照本宣科，往往将自己的心得，如《论语类钞》和《达化斋日记》中的有关篇章，向学生讲解，以启发学生触类旁通，独立思考。《达化斋日记》里记下了一次讲课的内容：“余尝教人以有胜于无，动胜于静，乃是为太无作为之人而立论；其实有为固不易，有不为亦不易。社会时时要求我做事，欲拒斥其不合为者，非有十分之果断与定力不能。船山尝言：‘动固动也，静变动也；动则使静者动，静则使动者静，皆非用力不可。’此说正与力学惯性之法则相合。”（1915年3月17日）杨昌济征引王船山的意见而加以发挥。这种动静观给了毛泽东很大的影响，他完全赞成杨昌济的“动胜于静”的观点，杨昌济自己多年实行冷水浴、静坐、废止朝食三种健身法，毛泽东对后两种则并不盲从老师。他在1917年写的《体育之研究》一文中说：“人者，动物也，则动尚矣……动以营生也，此浅言之也；动以卫国也，此大言之也；皆非本义。动也者，盖养乎吾生、乐乎吾心而已……愚拙之见，天地盖惟有动而已。”好动，强调运动和斗争，不仅在哲学观点上，后来几乎成了毛泽东性格的一部分，终其一生都是如此。

《达化斋日记》中常见对谭嗣同的推崇。日记里回忆了当年同谭嗣同的接触：“谭复生于戊戌年在湖南创立延年会，其命意在于省去无谓之应酬，以所省出之精力时候读书办事。谓计人寿命之修短，不以其年龄之多少，而以其作事之多少；如作事多则虽中年亦可云寿考，如作事少则虽耄耋亦可云夭亡；省去无谓之应酬，则人人可多办事，人人延年益寿矣，故曰延年会也。”（1914 年 6 月 2 日）“戊戌岁曾在南学会发一问（如何理解‘天地之大德曰生’）。谭复生答云：‘于圣贤微言大义晦盲否塞之秋，独能发如此奇伟精深之问，此岂秦汉以下之学者胸中所能有哉？兹事体大，余亦何敢论断，总之以民为主，如何可以救民，即以如何为是，则头头是道，众说皆通矣。’”（1914 年 10 月 15 日）

在谭嗣同那里，杨昌济不只是接受了他的维新主张和“以民为主”的民主思想，还改变了自己对佛学的看法。《达化斋日记》里从谭嗣同的《仁学》中摘引了两大段谈论佛学的文章，其中有这样两种意思：“天下治也，则一切众生，普遍成佛。不惟无教主，乃至无教；不惟无君主，乃至无民主……”“夫惟好学深思，《六经》未有不与佛经合者也。”接着说：“援儒入释，昔贤所讥，然沟通儒释之巧，未有过于以上所钞之二段者。余习闻儒者之言，颇不甚满意于佛说；谭浏阳乃重佛若此，使我意为之一转。余现虽尚未研究佛学，已确认其哲学上之价值矣。”（1914 年 6 月 19 日）由此杨昌济对佛学也产生了若干兴趣，似乎也接触了一些佛教典籍。日记里记下了友人的一段谈话：“《四十二章经》似《论语》，《圆觉经》、《楞严经》似《大学》、《中庸》，《大乘起信论》似《孟子》，《六祖坛经》似《传习录》，《华严经》似《周易》，《祖宗八要》似伦理心理。”（1915 年 4 月 7 日）这种影响甚至也传递到了毛泽东的身上，1920 年 6 月 7 日，他在给黎锦熙的信中就表示了“文字学、言语学和佛学，我都很想研究”。我们不清楚他是否作过直接的研究，但《仁学》中间谈到的某些东西似留下了痕迹。例如，《仁学》中说的“佛之所谓眼耳鼻舌身，孔皆谓之身”（转引自《达化斋日记》1914 年 6 月 18 日）。后来毛泽东在《人的正确思想是从哪里来的？》一文中说：“无数客观外界的现象通过人的眼、耳、鼻、舌、身这五个官能反映到自己的头脑中来”。这五个字，至少这个“身”字，就是从那里借来的。

谭嗣同的《仁学》中，吸收了佛学“灵魂不灭”和王船山物质不灭的思想。杨昌济化为自己的语言：“势力亦常住不灭。”他生前发表的最后一篇文章《告学生》中说：“物质不灭，势力不灭，独患无诚耳。阳气发处，金石亦透；精神一到，何事不成！”这也就是《仁学》中所鼓吹的“心力”说：“夫心力最大者，无不可为。”杨昌济认为：“天之力莫大于日，地之力莫大于电，人之力莫大于心。”这是他在讲堂上向学生极力灌输的一种思想。毛泽东写过一篇《心之力》的文章，被老师大加赞赏，打了 100 分。

在杨昌济心目中最大偶像应该说是曾国藩。这位湖南老乡是中国近代史上关系极大的人物，他所创建和统率的湘军是清王朝扑灭太平天国起义的主力军，他因此得到“汉奸刽子手”的称号。如果不是只看这个方面，那么，他的办事精神以及治学和文章等方面，都有过人之处，在道德方面也是个律己很严的人，因而在旧时士大夫阶层中博得了广泛的尊敬。杨昌济对曾国藩的尊崇，可说是一种时代潮流，他无论治学乃至立身行事，都是以曾国藩为自己的楷模。这些都对他的学生产生深刻的影响。《达化斋日记》中关于曾国藩的记载很多。例如，1899 年 8 月 18 日：“日内又萌停看《通鉴》（指《资治通鉴》）专看《文编》（指《皇朝经世文编》）之念，此大不可也。昔曾文正自定课程，每日读史十页，终身不间断，此可师也。”1914 年 9 月 12 日：“昨日将曾文正公家书钞完，颇自以为喜，已做成一事矣；此后仍当节钞其家训与日记，拟合刻之，名曰曾氏嘉言。”1914 年 10 月 23 日：“曾文正在营中读书如常，云借此以养心。”1915 年 3 月 4 日：“今日从周印昆处借来曾文正手书日记，共四十本。……观文正之所以自克者，如多言、好名、忿怒等，余幸无之；又如好谐谑，亦非余之习惯。”同月 11 日：“文正在宿松时，每日出看营墙。”同月 12 日：“文正扎营，每以罗盘定周围地方之方位，查各营所掘濠沟，用竹竿量验。每营皆步行亲量，观其果掘自一丈五尺否。文正又亲点各营兵勇之名。”“今日看文正咸丰九年十二月日记，兼看同时之家书、家训，于文正为事益为了然。惜无书札奏牍耳。”

由此可见，有关曾国藩的读书、治学和治军、行政，乃至为人处世等方面，杨昌济无不关心和师法。他不只是下了一番工夫研读曾国藩的日记，在他自己写的日记中，人们也依稀可见模仿曾国藩的态度，常常可以遇到自我反省的地方。例如：“日内忽忽不乐，实为非理。平心自问，有何不足之处耶？若大局危急，则所谓他人之事，天意主张者，尽吾一人之心，一日之心而已，徒忧何益乎？子曰小人长戚戚，传曰无忧而戚忧必雠焉，不可不戒也。”（1899 年 8 月 20 日）又如:“予恒有自满之过，形于辞色，二三益友，往往微示风旨以警动之。此大病痛，宜痛加克治者也。人莫不自智而愚人，不知人之窃笑其愚也。负质愚鲁，虽竭力学问犹不免于笑焉，是诚莫可如何之事；惟勿好自用以益人之笑，斯为极不可忘者。曾子曰：十目所视，十手所指，其严乎！诗曰:人之多言，亦可畏也。反顾生平，不胜愧悚。”（同月 24 日）又如：“人在社会之中，不能绝无交际，要不可过于脱略，使人生恶感情。余今日赴席，散席后即归，未与座客一一告别，似乎简傲，此后宜留意也。”（1914 年 3 月 18 日）又如：“昨与人谈话，有讥议人之处，此大不可也。盖乘兴而流，未及检点耳。”（1914 年 7 月 18 日）又如：“闻生徒之言，似有谓我之教授无味之意，不可不力求进步。”（1914 年 9 月 12 日）又如：“中华书局为扩张销路计，请多人签名介绍，余以未见其书，未肯漫然署诺。”（1914 年 12 月 19 日）又如：“昨日又读斯宾塞《感情论》，英文书字小，有伤目力，惟白昼光明时乃读之，晚间只能读中国书。余思当务为急，余现在教授心理学，则多读此种书，乃余之职务有益者，当少看他书，而以全副精神注之如此。”（1915 年 3 月 26 日）这些日记，真是处处可见真心诚意、修身齐家的工夫，显出一个正襟危坐、目不斜视的圣人之徒的形象。正如他的学生毛泽东说的，他是“一个道德高尚的人”，他也“努力鼓励学生立志做一个公平正直、品格高尚和有益于社会的人”。

曾国藩的事迹和著作，也列入了杨昌济修身课的讲授范围，在他为学生拟定的修身问题中，就有："曾涤生自课卫生之事，能言之与？""试言曾涤生教弟之事。""曾涤生以求阙名斋，何意？"曾国藩的书斋叫"求阙斋"，"阙"就是"缺"，所追求的不是完满无缺，而是有所不足，还有缺陷；也可以有发现自己缺点的意思。这种谦虚谨慎态度，杨昌济也是赞赏的。

毛泽东是杨昌济极为看重的学生，在《达化斋日记》里留下了先生对学生的好感，而且正是以曾国藩为榜样来勉励："毛生泽东，言其所居之地为湘潭与湘乡连界之地，仅隔一山，而两地之语言各异。其地在高山之中，聚族而居，人多务农，易于致富，富则往湘乡买田。风俗纯朴，烟赌甚稀。渠之父先亦务农，现业转贩；其弟亦务农，其外家为湘乡人，亦农家也，而资质俊秀若此，殊为难得。余因以农家多出异材，引曾涤生、梁任公之例以勉之。毛生曾务农二年，民国反正时又曾当兵半年，亦有趣味之履历也。"（1915 年 4 月 5 日）

在杨昌济的影响下，当时毛泽东对曾国藩也确是五体投地的佩服，他在致黎锦熙的信中说："愚于近人，独服曾文正。"

杨昌济极其关心时事，这是同他的爱国主义精神，天下兴亡、匹夫有责相一致的。他极力提倡"日日看报，则心目中时时有一社会国家之观念，而忧世爱国之心自愈积而愈厚。积累久之则深明世故，可以应无穷之变，投其所向而无不如志。此真精神知识之营养，如饭食之不可缺者矣"（《杨昌济文集》第 49 页。）。他对日本欲吞并中国早有所感："余前在日本东京高等师范学校听其西洋历史讲义，谓中国人与罗马人同，唯宝爱其文化；虽外人入主其国，苟不伤其文化，即亦安之。私心揣测，谓日人不怀好意，颇有继满洲人入主中国之思想，此吾国人所当深念也。"（1914 年 6 月 24 日）当时日本正逼袁世凯接受二十一条，《达化斋日记》涉及此事时说："外人之谋我者着着进步，而我之所以自卫者毫无进步，甚可忧也。"（1915 年 2 月 27 日）袁世凯屈于日本压力接受二十一条，日记写道："此国民之耻也。"（5 月 10 日）可见他对国事的忧虑。"五七"国耻激发了全国人民的爱国怒潮，杨昌济“至第一师范学校，为国事而讲演，余以‘不死求己、猛进、坚忍’八字勉诸生”。（同月 27 日）在反对袁世凯阴谋称帝时，第一师范的爱国师生是一致行动的，毛泽东曾以学生会名义，集康有为、梁启超的反袁文章，印发过小册子。对于正在进行的欧战（第一次世界大战），杨昌济也很关心。《达化斋日记》中有多处涉及了战事，报纸上关于交战双方武器装备的情况，他都择要摘记。他对时局的关心毫无疑问也影响了他的学生。

杨昌济在教学中，常常把自己接触到的国外的各种各样的新思想介绍给学生。那时他读了浮田和民的《新国民之修养》一书，极感兴趣，在日记中称“浮田氏则真有学者之价值，其学说将来必为日本社会中之一大势力”（1914 年 9 月 25 日）。在翌日的日记里，他写下了读该书的心得：“浮田和民极言日本现在之教育制度斯丧人才，其弊在于偏重注入智识主义与画一主义。谓学校之试验（按：指考试），其弊较中国从前之科举更甚；盖科举仅害一部分欲为官吏之士人，日本今日之学校试验，则遍害社会中各种类之人也。其持论谓：青年处于此恶制度之下，当不以试验之分数为意，课之可缺者缺之，可以迟刻（按：指迟到）者则不妨迟刻，省出精力独自研求，务求实益。能不入学校更善。”这个思想显然给了毛泽东很深的印象。他在《体育之研究》一文中说：“中学及中学以上宜三育并重，今人则多偏于智……吾国学制，课程多于牛毛……观其意，教者若特设此繁重之课以困学生，蹂躏其身而残贼其生……”在给黎锦熙的信中，他说：“弟对于学校，甚多不满之处。”（1917 年 8 月 23 日）“我一生恨极了学校，所以我决定不再入学校”（1920 年 6 月 7 日），而主张“另立自修学社，半工半读”。毛泽东不但这样说了，而且这样做了。杨昌济传授而又为其得意门生所接受的这些思想，在差不多半个世纪后，还起着作用。毛泽东所倡导的教育革命，主张精简内容，反对以学生为敌，提倡自学，认为老师讲得不好学生可以睡觉，等等，其思想之发轫，当始于此时。

1918 年夏天，杨昌济应蔡元培校长之聘，出任北京大学教授，讲授伦理学和伦理学史，举家迁往北京。这时正是五四运动前夕，新文化运动进入高潮，北大师生最为活跃，各种组织、社团和刊物很多，系内有，跨系校的也有。杨昌济参加了哲学研究会和进德会等活动。1919 年 10 月，邓中夏、黄日葵、许德珩等进步学生办《国民》杂志，杨昌济在该刊创刊号上发表了《告学生》，这是他毕生教学生涯中最后一篇文章。文中表达了对青年的热切期望，以及对新思潮的态度。杨昌济这时的思想倾向仍属于爱国主义和民主主义，未能脱离“教育救国”的理想，同已开始宣传马克思主义和十月革命的李大钊、陈独秀很不相同，但也不同于胡适所认定了的杜威的实用主义，而是要积极研究各种西方的新思潮，根据中国国情，“斟酌古今，权衡中外”，加以比较抉择。这是一篇很重要的文章，值得多作一些摘引。

文章开头就说：“今日我等之急务，在树立一种统一全国之中心思想。人之所以异于动物者，在于有思想，而人品所以有圣贤庸众之分，亦以其思想之高尚或平凡而区别之……个人有个人之主义，民族有民族之精神。无有个人而无主义者，亦无有民族而无精神者。惟主义有纯驳，精神有盛衰而已。近日中国与万国交通，政治上复经极大之变动，思想界遂生非常之混乱，新旧冲突，青黄不接，群众苦之，青年尤甚。所生贤圣之士，学问、思辨共讲其事。务取关于人生，关于社会种种问题——加以新研究、新解释，斟酌古今，权衡中外，审思中华民族在世界之地位，审思自己对斯世当取如何之态度，在一己则立一贯通一生之思想；在一国则立一百年远大之规划。此乃我辈今日之急务也。”文中认为，根本办法仍在“唤起国民之自觉”。“国民自身国家之本体也。本体一环尚有何说？今日中国国民实迫于生死关头，间不容发之时也。”而“欲唤起国民之自觉，在于少数贤智之士”，有赖于这些“先知先觉”。“古来一种学说，倡之者不过一二人，而辗转流传，卒遍海内，流风余韵，久而益新。盖真理恒得最后之胜利，但患所言之非真理耳。苟为真理，则人同此心，心同此理，未有不如斯响应者。故欲唤醒国民，先在醒自己，己苟自觉，斯能觉世。从事学问之研究者，可以奋然而起也。”以下关于学者自处之法。“一在贵我，一在通今”。

老师这种“贵我”、“通今”的教导，“知行合一”、“实践为本”的学说，被老师最看重的学生毛泽东，是一生实践了的，在言行中全面发挥了发展了的。综观毛泽东一生，尤其晚年，实践家的品质高于理论家的品质，不能不说同杨昌济当年的熏陶是大有关系的。

文中还写道:“实行之中含有二义，一贵坚忍，一贵勇敢。勇敢和坚忍，其实一德也。勇于创始，忍以要终，要本于意志之力。人生斯世，无在而不须苦战奋斗。不解苦战奋斗者，无生存之希望者也。”“至于廓清旧说，发挥新义，尤有资于勇敢。能言人之所不敢言，能行人之所不敢行，此乃圣贤豪杰之所以异于庸众也。非常之勇，黎民所惧，及其既成，天下晏如。彼圣贤豪杰有超世之识，盖世之气，见之真而守之固，能为天下之原动力，而不待人之后兴。今日之欧洲战争，乃全世界之大改革、大整顿之时代也。中国立于此全世界大改革、大整顿之时代，亦不能不为大改革、大整顿。而欲为如斯之事，非勇者不能，吾故标一尚勇之义，为海内人士正告焉。”

杨昌济到北京后，还直接帮助了新民学会会员的赴法勤工俭学运动，鼓励毛泽东、蔡和森等这一批优秀的湖南青年来到北京，直接沐浴了北京的新思潮春风。可是，过于劳累的一代经师、人师，却一病不起了。杨昌济不幸于1920年1月17日病逝。对于所敬仰的老师去世，毛泽东很觉悲哀。当一些教育界名流和杨昌济的生前好友联名发起募捐，为遗族生活集资，毛泽东也列名为发起人。比起当过总长次长的蔡元培、章士钊、范源濂、杨度等人来，当时毛泽东在列名者当中大约是最不知名的一人，他也顾不得这些，总想为老师做点事情，以尽学生的无限心意。

杨昌济没有活到50岁，但是他的影响是长远的。1920年冬天，毛泽东写的《新民学会会务报告（第一号）》中，谈到学会的成立，“还有一个原因，则诸人大都系杨怀中先生的学生，与闻杨怀中先生的绪论，作为一种奋斗的和向上的人生观，新民学会乃从此产生了”。大家都知道新民学会同中国共产党建党的关系，能够留下这样的影响，杨昌济可以永垂不朽了。

一本读书笔记

毛泽东在学校时起得很早，洗脸、沐浴以后，就到自修室读书。课余不是上阅报室看报，就是到图书馆找书，也喜欢单独或同好友到后山读书。大家入寝以后，他还常常在饮茶室、阅报室和走廊等处看书，因为这些地方的电灯是通夜不熄的。

一师的学生一般都很用功，但是毛泽东特别用功，平时手上总是拿着书，同朋友、同学谈话，最喜欢谈读书心得，谈社会问题，谈国家大事。初到一师时，他星期天除看书和随同友人到附近山上、河边散步外，绝少如一般学生那样上街闲逛。每回上街，他总是到玉泉街（这是长沙过去一条旧书铺街）、府正街去买书；他从来没有多的钱用，有钱一定买书。他的求知欲是永远不能满足的。

毛泽东一贯喜读国文、历史、地理，后来特别喜欢研究哲学，同时从来不间断阅读报纸和新的书籍、杂志，当时的风气崇尚自然科学，大多数学生是不问政治、不问社会的，只是想读点书，做将来吃饭的本钱。毛泽东因为不满现实，怀有改革社会、国家的伟大抱负，便有自己的读书计划。他在回忆中说："这所学校有许多校规，我赞成的极少。例如，我反对自然科学列为必修课，我想专修社会科学。我对自然科学不特别感兴趣，我没有好好地去学。所以大多数这类课程我得到的分数很差。幸亏我的社会科学各课得到的分数很高，这样就扯平了其他课程的分数。"这是实情，每遇厌听之课，他就读自己的书，为此几乎被开除学籍。杨昌济等看重他的老师直到学校当局，都把他当做一个特殊的学生。

虽然第一师范是当年办得比较好的一个学校，虽然这里有自己钦佩的老师和志趣相投的同学，但是从根本上说，毛泽东极不满意这种旧式的学校教育，认为太受拘束，不能满足求学要求，当时的教育制度主要抄袭日本和德国的资产阶级教育，最大的问题是课程太多，学生负担太重；一师比一般中学课程更多，共达 30 多种，一个学期要学 20 种左右。毛泽东当时就这样痛责过这种不合理的情况："吾国学制，课程密如牛毛，虽成年之人，顽强之身，犹莫能举，况未成年者乎？况弱者乎？观其意，教者若特设此繁重之课以困学生，蹂躏其身而残贼其生，有不受者则罚之。智力过人者，则令加读某种某种之书，甘言以饴之，厚赏以诱之。嗟乎，此所谓贼夫人之子欤！"（见 1917 年 4 月《新青年》3 卷 2 号《体育之研究》一文。）1915 年 11 月 9 日，他给在北京的友人黎锦熙的信中说，自己"性不好束缚，终见此非读书之地，意志不自由，程度太低，俦侣太恶，有用之身，宝贵之时日，逐渐摧落，以衰以逝，心中实大悲伤。昔朱子谓：'不能使船者嫌溪曲。'弟诚不能为古人所为，宜为其所讥，然亦有幽谷乔木之训。如此等学校者，直下下之幽谷也。必欲弃去，就良图，立远志。"这些话并非一时愤激之语，因为他常痛感自己的幼年失学，弱冠之年才进入这样一个学校，怎能不分外珍惜自己已经有限的青春呢！大概就在写此信前后不久，有一天早晨，他对同班一位比较知心的同学周世钊说：昨晚我几乎退了学，到校长室门外去了三次，准备请求退学。

形式上还在这个学校读书，可是实际上毛泽东一直坚持自己的读书计划。一方面充分利用课余的时间；同时对不感兴趣的课程则应付了事，有时干脆不去上课。老师们都能谅解他，把他当做特殊的学生看待。这种借学校独立自学的历史先例，不由得不令人想起世界无产阶级的第一个导师——马克思在柏林大学时的学习情形：在 9 个学期中，他只选习了 12 门功课，其中大多数是法学的必修科，甚至这 12 门他也很少去听讲，他研究法律不过是作为研究历史和哲学的一种附属修业。"作为一个思想家，马克思在大学时代就已经独立地工作了。他在两个学期中所获得的大量知识，如果按照学院式的喂养方法，在讲堂上点点滴滴地灌输的话，就是 20 个学期也是学不完的。"（引自梅林著：《马克思传》第 19 页。）青少年时期的学习环境和条件，包括时代、社会、学校、家庭和师友，这两个人是很难类比的（当然马克思的条件要优越得多）；但作为划时代的伟大先驱者，他们在当学生时就已具备着一个独立的思想家的学习精神，则是非常相似的。

大概在前一个时期，1913 年至 1915 年间，毛泽东比较致力的功课是国文、修身和历史、地理等。除《韩昌黎全集》和《昭明文选》(《昭明文选》为南朝梁昭明太子萧统（501—531）所编，选录先秦以迄当时的诗文辞赋，凡 60 卷，是中国现存最早的诗文选集。）中许多文章读得最熟外，也喜好孔融、陈同甫、叶水心等人的文集。他在图书馆借到一些史地书籍看，看得过细而有心得的是司马光的《资治通鉴》和顾祖禹的《读史方舆纪要》。新出版的史地书和杂志上的史地资料，也多方搜罗。第一师范的图书馆藏书比较丰富，各种新出版的书籍大都购置，并且订有当时流行的杂志一二十种。从一师毕业的一位图书管理员熊光楚，成了毛泽东的朋友，后来是新民学会最早的会员之一。

善于独立思考、批判分析，是毛泽东读书方面另一重要特点。他常对同学们说，读过的书、遇到的问题要多想一想，要加以消化。譬如他读韩文的时候，就运用已学得的逻辑学加以批判，凡是他认为文章很好而又合乎逻辑的地方，便密加圈点；否则，便在书上打杠、打叉，并给以“不通”或“荒谬”等批语。他读过的书，眉批最多，常见两种或三种墨迹，这就说明他读过的次数，有时对自己的批语再加以批判，他读书又极有中心，如研读历史时，其他书籍暂时搁置，尽力将各种新旧史论找来阅读，研读哲学时也是如此。他在学校的前期，由于想直接阅读外文书籍，还专心读过英文，这个企图后来被其他更重要的读书计划和各种活动打破了。这种认真攻读钻研，善于独立思考的特点，从现在唯一得到的一本读书笔记和一本书的批语可以得到证实。这两本劫后余烬，被人珍藏下来的笔记和书，今日看来真是吉光片羽了。

毛泽东当时每天写日记，读报写摘记，读书写笔记、作眉批，对不易找到的好书，有时整本地抄下，如杨昌济翻译的日人《西洋伦理学史》，尚未出版，他就借来，一字不漏地把全文抄了下来，共七大本。他写的各种读书笔记、读报摘记等是很多的，曾积有一大网篮，存在湘潭韶山家中。马日事变之后，他的族人为防反动派迫害，将他的全部书籍文物连同这些笔记搬到后山烧了。他的幼年塾师毛宇居从灰烬中救出这本读书笔记和课本两册，珍藏到解放以后。

这本毛边纸抄本印有红色直行格子（先前的行话叫“朱丝栏”），每页两面，每面 9 行，共有 47 页。前 11 页是手抄的《离骚》和《九歌》，全文一笔不苟，可见对楚辞爱好之深；《离骚》正文上面还批有各节提要。后 36 页给标上了《讲堂录》这个题目，近 2 万字，记录的各种具有相对独立意义的词、句、段等文字，约 400 条。这是 1913 年冬天，他在湖南省立第四师范时听修身和国文两科（还有一节“算术”课）的笔记本。其中记有 8 个日期，最早的一个是 10 月 28 日，最后的一个是 12 月 13 日，可知这本笔记写于这年 10 月至 12 月之间。这里不但记有杨昌济、袁仲谦两位老师授课的内容，间或还有学生的发挥。

杨昌济常用他自己的著作如《达化斋日记》、《论语类钞》作为教材，从《讲堂录》中可以看到这些对学生的影响。

《论语类钞》中说：“特立独行，非意志坚强者不能。寻常人多雷同性，无独立心，此其所以为寻常人也。”（第 70 页）这一点反映在《讲堂录》中是：“有雷同性，无独立心。有独立心，是谓豪杰。”

杨昌济在《教育学讲义》中说：“霉菌附着于微细尘埃之中，但照常法扫除，则霉菌不过暂时浮游于空气之中，旋即附着地板桌椅之上如故，不能达清洁之目的。故必先以水洒地，扫去粗大之尘埃，再以湿布净抹桌椅与地板，如此而后可收扫除尘埃之效也。”（第 196 页）这一点反映在《讲堂录》中是：“有地板之室，不应用帚扫，致扬尘。必以布揩之。”

《达化斋日记》说：“所见大则所志大，所志大则所学大，所思大、所为大，斯为大人矣。所见小则所志小，所志小，则所学、所思小，所为小，斯为小人矣。先儒曰：‘小人不合小了，他本不是恶。’可以警矣。”（第 26 页）这一点反映在《讲堂录》中是：“程子曰：小人不合小了，他本不是恶。”“先儒”写明了是“程子”，想必是据杨昌济讲课时所说写下的。

《论语类钞》在解释“子曰：三军可夺帅也，匹夫不可夺志也”这一句时，说："王船山谓豪杰而不圣贤者有之矣，未有圣贤而不豪杰者也。《论语》中如此节语言，可以见圣人之精神矣。"（第69页）这意思在《讲堂录》里有一点儿发挥："王船山：有豪杰而不圣贤者，未有圣贤而不豪杰者也。圣贤，德业俱全者；豪杰，歉于品德，而有大功大名者。拿翁（指拿破仑），豪杰也，而非圣贤。"

《达化斋日记》中有这样几段话："予读《管子》不偷取一世之言，而深有感焉。夫仁者以天地万物为一体，非独一时之天地万物也，千载以上之天地万物，吾有情焉；千载以下之天地万物，吾有情焉。""吾观古之君子，有杀身亡家而不悔者矣，彼非不欲生，实不忍以一身一家而害天下后世也。""毒蛇螫手，壮士断腕，非不爱腕，非去腕不足以全一身也。彼仁人者，以天下万世为身，而以一身一家为腕，惟其爱天下万世之诚也，是以不敢爱其身家。身虽死，天下万世固生，仁人之心安矣。""法之变有二：有变之自上者，有变之自下者。变之自上者，效速而易迁；变之自下者，效迟而可久。""天子有位之王也，圣人无位之王也。天子一代之王也，圣人百代之王也。"（第26～28页）这些话反映在《讲堂录》中的是："《管子》：不偷取一世。人之爱情，通于过去现在未来三世界。现在之群，固致其爱情，不待言矣。然而千载以上之人，千载以下之人，其致其爱情，亦犹是焉。""某氏曰，吾观古之君子，有杀身亡家而不悔者矣。'圣贤救世实有如此，如孔子（在陈匡），耶稣（磔死于十字架），苏格拉底（以故毒死）。'"（这两个举例见于泡尔生《伦理学原理》："苏格拉底之名，于今不朽，以其为宵小所忌，仰药自尽故也；耶稣之所以为耶稣，亦以其被磔于十字架故。"）"语曰，毒蛇螫手，壮士断腕，非不爱腕，非去腕不足以全一身也。彼仁人者，以天下万世为身，而以一身一家为腕，惟其爱天下万世之诚也，是以不敢爱其身家。身虽死，天下万世固生，仁人之心安矣。"这一段几乎是一字不改地照抄，只是接着有下面几点发挥："天下生者，仁人为之除其痛苦，图其安全也。""帝王一代帝王，圣贤百代帝王。""在上者为政教，在下者为风俗。变之自上者，效速而易迁；变之自下者，效迟而可久。（在上者虽有圣君贤相，然人亡而政息，效虽速而易迁。)”

杨昌济在《劝学篇》中说:“王君静安（王国维）尝论国学，谓战国之时，诸子并起，是为能动之发达；六朝隋唐之间，佛学大昌，是为受动之发达；宋儒受佛学之影响，反而求之六经，道学大明，是为受动而兼能动之发达。”（第 202 页）这一点在《讲堂录》中是这样记下来的:“中国学术发达有三期。一能动的发达期，周末是也。二受动的发达期，佛教大兴，经典甚盛，上下趋之，风靡一时，隋唐是也。三能动而兼受动的发达期，朱、程、张、周诸人出，性理之学大明。然其始也，咸崇佛学，由佛而返于六经，故为能动而兼受动的发达期，宋元是也。”

杨昌济在《余归国后对于教育之所感》一文中说：“教授国文之时，宜注重于解释字义，曾涤生言读古书以训诂为本，此成人治经之法，以施于学校之国文教授，尤为适切。字字解释明确，则读书时无误解之患，引文时无误用之患。……曾涤生又言作诗文以声调为本，欲求作文之进步，宜熟读各大家之文。”（第 59 页）这一点在《讲堂录》中记的是：“曾文正八本：读古书以训诂为本，作诗文以声调为本，养生以少恼怒为本，事亲以得欢心为本，居家以不晏起为本，立身以不妄语为本，做官以不要钱为本，行军以不扰民为本。”不知道是先生在讲授时将这“八本”说齐了呢，还是学生从《曾文正公家书》中查找写全了的。

《论语类钞》中解释“曾子曰：士不可不弘毅，任重而道远”这一句的时候，杨昌济说：“吾无过人者，惟于‘坚忍’二字颇为著力，常欲以久制胜，他人以数年为之者，吾以数十年为之，不患其不有所成就也。”（第 68 页）这一点，《讲堂录》中记的是：“以久制胜。即恒之谓也，到底不懈之谓也，亦即积之谓也。”

《达化斋日记》中说:“夫以往之事，追悔何益？未来之事，预测何益？”（第 9 页）《讲堂录》对此颇有发挥：“哲学家之言曰，人以未来为重，或曰以现在为重，此颉德（颉德（1858—1915），亦译克特，英国社会学家。梁启超著《进化论革命者颉德之学说》，文中说：颉德以为“进化的运动，不可不牺牲个人以利社会（即人群），不可不牺牲现在以利将来”。杨朱“贵生”、“重己”，孟子斥之“拔一毛而利天下不为”。）杨朱所以背驰于东西而不相谋也。然而为学之道则不得不重现在，何也？某氏有言曰，以往之事追悔何益，未来之事预测何益，求其可据，唯在目前，有目前乃有终身。谅哉言矣！使为学而不重现在，则人寿几何？日月迈矣，果谁之愆乎！盖大禹惜阴之说也。重现在有两要义：一贵我（求己）（不责人）。二通今，如读史必重近世，以其与我有关也。横尽空虚，山河大地一无可恃，而可恃惟我（贵我），竖尽来劫，前古后今一无可据，而可据惟目前（通今）。”后面这两层意思，来自杨昌济的《告学生》一文，“学者之所以自处，一在贵我，一在通今”。“吾尝曰：横尽虚空，山河大地，一无可恃，而可恃唯我；竖尽久劫，前古后今，一无可据，而可据唯目前。”（第 364 ～ 365 页）

综观修身课笔记中有关人生观、世界观的内容，大致有以下几个较为突出的特点：一是强调为人必须有高尚理想，以“圣贤”、“豪杰”自勉；“立一理想，此后一言一动皆期合此理想”。二是“实意做事，真心求学”。学问必于实际中求之：“闭门求学，其学无用，欲从天下国家万事万物而学之，则汗漫九垓，遍游四宇尚已。”“农事不理，则不知稼穑之艰难；休其蚕织，则不知衣服之所自。”三是关于办事，提倡果断、精细和善用众人之长。“拿得定，见得透，事无不成。”“人立身有一难事，即精细是也，能事事俱不忽略，则由小及大，虽为圣贤不难；不然，小不谨，大事败矣。”前者以陶桓公、后者以恺撒为例。四是致力之道，在长期的积蓄工夫：“盖未有力不足以举天下之烦，气不足以练天下之苦，性情不足以扶持天下一偏，而可以大有为者也。”“五是修身之道，必不惮劳苦，具奋斗精神，还要有朝气。”人情多耽安逸而惮劳苦，懒惰为万恶之渊薮。人而懒惰，农则废其田畴，工则废其规矩，商贾则废其所鬻，士则废其所学。业既废矣，无以为生，而杀身亡家乃随之。国而懒惰，始则不进，继则退行，继则衰弱，终则灭亡，可畏哉。故曰：懒惰万恶之渊薮也。为反抗外国侵略，以弱胜强：“夫以五千之卒，敌十万之军，策疲乏之兵，当新羁之马，如此而欲图存，非奋斗不可。”“少年须有朝气，否则暮气中之，暮气之来，乘疏懈之隙也。故曰怠惰者，生之坟墓。”

毛泽东的用心听课，在《讲堂录》的国文课部分中，同样可以看出这一点。教师喜韩文，学生也就写了不少关于韩文的笔记。除了一些课文的作者评介，典故注释之外，《讲堂录》中还记有不少关于诗文语法的谈论：例如：“列题贵有笔势。题须简要，故善诗者不必观其诗，即于其列题焉观之，必有不同者矣。”“善击鼓者击边（操觚者不可不解此）。”“文章须蓄势。河出龙门，一泻至潼关。东屈，又一泻至铜瓦。再东北屈，一泻斯入海。当其出伏而转注也，千里不止，是谓大屈折，行文亦然。作史论当认定一字一句为主，如《范蠡论》重修身而贵择交句，《伊尹论》之任字是。”“词少而意多，字少而理多，斯为妙文矣。”“儒者之文与文人之文不同。儒者之文清以纯，文人之文肆而驳。”等。可以看出这位‘袁大胡子’是深通文章的。学生把这些记上笔记本，可见已经引起了共鸣，证之后来毛泽东所写文章，也确实从这些得到了益处。

以文会友

那时，第一师范每个学生每周作文一篇，各班将每次作文最好的几篇送交全校的一个教员委员会去评选，最后选出三篇、四篇或五篇作为模范，陈列在大阅览室的镜框里，供全校学生阅览。毛泽东的作文不止一次获得这种荣誉，他也以很大的热情阅读这里陈列的别人的作文。这也是一种见识和才智的交流。以文会友，这是中国自古相传的良好士风。毛泽东因此也同常有作文入选的同学萧子升交上了朋友。

萧子升（1894—1976），又名旭东，后来改名萧瑜。他的弟弟萧子璋（又名植藩，就是诗人萧三）是毛泽东在湘乡县立东山高等小学堂念书时的同学。萧家就是湖南湘乡人，距韶山不过30公里，可说是小同乡了。萧子升年纪跟毛泽东相若，但入学较早，为第一师范第三班学生，比第八班的毛泽东要高三个年级，是学校里有名的高才生，不但长于作文，而且写得一手好字。平时言行学理学家的主张，为老师和同学所看重。他与陈昌、熊光楚同级，都是杨昌济的得意门生，三人常去杨寓聆教;这种师生间的亲密往来，比毛泽东还要早些。由于他的学识和才华出众，是杨昌济第一个得意门生，老师还曾经有意将爱女许之，由于他早已成婚未果。1918年新民学会成立时，萧子升被推举为总干事，后来，学会会员成批去法国勤工俭学时，他是主要的组织者。在校时，毛泽东常常看到萧子升被展出的作文，很愿意同他结识。一天，他们在走廊上相遇了，毛泽东脸带笑容地在萧子升跟前停了下来，打了个招呼，说："如果你不介意的话，今天下午上完课之后，我想到你教室里去看看你的作文。"萧子升回答说："当然，欢迎你来。"由于毛泽东常常一清早到教室中大声朗读古文，已引起萧子升的注意。

下课了，同学们都出外散步去了，教室里就只有这两个约会的同学。这是他们第一次交谈，关于彼此家乡的事情完全没有提到，谈论的主要是学校的课程、教员等，说得都很坦率。比如，他们都不喜欢体育教员，因为这几位教员常常打牌到深夜，早晨起不来，因而就缺课了。不久以后，毛泽东在《体育之研究》一文中，就写出了他对体育教员的不满："教体操者多无学识，语言鄙俚，闻者塞耳。所知惟此一技，又未必精，日日相见者，惟此机械之运动而已。"

这以后，这两位同学时有接触，看做作文本，一起散步交谈，作诗唱和联句。萧子升回忆说："我和毛泽东同窗三年半，已经养成了黄昏散步的习惯。可我们并不常吟诗，因为我们最大的兴趣在于讨论，在于聆听彼此的见解。""我的国文教师，一位来自宁乡的有名文人，王钦安先生，就常常夸我的文章有宋朝文豪欧阳修之风。毛很诚恳地说，他与王先生所见略同，还说王先生真正懂得了我的文章。""我把写着二十多篇作文两个大练习本借给了毛。"互看作文的时候，也不时因为不同意见而争论。萧子升写的一篇《评〈严先生祠堂记〉》，对范仲淹的这篇著名的文章表示了异议。他认为不论光武或者严光都没有范仲淹笔下写得这么好：光武贤君爱才，严光安于淡泊。毛泽东不同意这个看法。不过他也不赞成严光的态度，他认为，刘秀做了皇帝，严光就应该出任辅相，如同张良辅佐汉高祖一样。就为了这篇文章，两个同学争论了一个晚上。

1915年6月，萧子升在第一师范毕业，当了小学教员，先在修业学校教了一个学期，又转到楚怡学校，教高年级。楚怡是湖南最有名的私立小学，校长陈润霖是留日的有名的教育家，所聘教员都是第一流的，刚毕业的师范生很不容易去那里任教。何叔衡也在这个学校教书，毛泽东是经过萧子升介绍才认识何叔衡的。原先的同学不能朝夕相见了，只得借助于书信联系。现在保存下来的1915年和1916年两年毛泽东致萧子升的信，竟还有12封之多。这些信中多讨论有关读书求学自省的事，有论述古今中外学术思想的长信，也有畅谈时局和国家大事的长信。从这些信里，人们对于青年毛泽东求学的勤奋以及讲求治学的方法，都留下深刻的印象。在一封写于1915年7月，现已残缺不全的信中，毛泽东说："弟近年来所有寸进，于书本得者少，于质疑问难得者多。苟舍谭论而专求之书，其陋莫甚，虽至今昏懵如前，未可知也。"从上下文看去，看来这是针对萧子升来信说今后要慎言而发的，但只就所引的这几句看，关于读书和质疑问难的关系，是极有见地的。单是读书，而没有友朋之间的切磋讨论质疑问难，所得不免浅陋；而质疑问难，不但可以益智解惑，而且通过不同观点的反复论难，有助于思想的深入。毛泽东一贯重视自修，以及喜欢组织读书会、学会，都与这一想法相关。

特别值得注意的是1915年9月6日写的那封长信（约2300字）。信中，他把黎锦熙指导读书门径的意见，详详细细地告诉了萧子升。

黎锦熙原在第一师范任教，1915年9月1日，赴北京任职。毛泽东经常向他质疑问难，很重视他的意见。在给萧子升的这封信中，毛泽东是这样谈到黎锦熙的："闻黎君邵西好学，乃往询之，其言若合，而条理加详密焉。入手之法又甚备而完。吾于黎君感之最深，盖自有生至今，能如是道者，一焉而已。"他告诉萧子升，自己阅读斯宾塞《群学肄言》书中"缮性"篇的心得，这是黎锦熙推荐他看的。读过之后，他大为赞赏，"乃抚卷叹曰：为学之道在是矣。盖是书名《群学肄言》，其实不限于群学，作百科之肄言观可也”。

《群学肄言》是严复译《社会学研究法》的书名。作者斯宾塞是英国19世纪自学成才、著述丰富的哲学家和社会学家，强调用科学方法来研究社会现象，他认为社会为其成员的利益而存在，而不是其成员要为其社会的利益而存在。当时毛泽东接受了这个观点，在他写的读书笔记和文章中反映了这些意见。

萧子升自己订有一个读书札记本，名为《一切入一》。（这是谭嗣同的话：“一切入一，一入一切。”《仁学》中宣扬佛教华严宗“一多相容”，即个别与一般无差别，一即多，多即一，是一种相对主义思想。）1917年夏，他请毛泽东写了一篇序言，约600余字。序言开头说道：“君既订此本成，名之曰《一切入一》，命予有以书其端。予维庄生有言：吾生也有涯，而智也无涯。今世学术之涂愈亦加辟，文化日益进步，人事日益蕃衍，势有不可究诘者。”于是谈到如积石筑高台，“积久而成学”。然后根据《群学肄言》书中所述治学方法，这样论道：“学如何精，视乎积之道而已矣。积之之道在有条理。吾国古学之弊，在于混杂而无章，分类则以经、史、子、集、政教合一，玄著不分，此所以累数千年而无进也。若夫西洋则不然，其于一学，有所谓纯正者焉，有所谓应用者焉，又有所谓说明者焉，有所谓规范者焉，界万有之学而立为科。于一科之中，复剖分为界、为门、为纲、为属、为种，秩乎若瀑布之悬岩而振也。”

毛泽东这一中西文化比较的见解是极其精湛的。这也可能同杨昌济的教导有关。杨昌济认为中国自古有治身治心之学（伦理学），有治人之学（政治学），而独缺治物之学（指自然科学），因此物质文明不发达。由于社会发展的历史不同，中西方整个文化结构不一样。如关于自然，中国古代只有一部《尔雅》。中国的类书同西方的百科全书一比，截然相异。从《艺文类聚》到《古今图书集成》，中国以皇帝为纲，大一统的政治社会体系，历史纲常伦理占绝大篇幅，是伦理中心主义，最后才有一点儿器物、舟车、虫鱼、方术（治病）之类。西方则自然与人生分开：天文、几何、算术、物理、植物、动物、解剖、生理、心理，而后法、政府、国家管理、伦理等，越编越丰富。从分类说，中国没有层次，主题并列。类书中无植物、矿物、动物概括区别，五谷与玛瑙、玉器并列，蝗虫与旱、贼同属“灾异”。西方百科全书为私人编著，从中可见科学进步轨迹；中国为语录式（如出自《尔雅》），官修、饬修、御览（如《初学记》）。中国自古应用技术虽发达，但强调意会、师传，缺乏量的精确观念，没有几何学，不能产生科学理论。伽利略从物体落地算加速度，牛顿从物落追索月球运动。中国则讲天、地、人道，追求阴阳大概念；有政治，无政治学；有法，无法学。总之，中西文化是两种体系：中国从人生到自然，西方则从自然到人生，从而影响思维方式。中国传统思维方式，眼光总是向上，而不向下：仰古圣先贤，轻凡夫俗子，技艺末流不在眼界之内。以至经济服从政治，权势当做权威，“非礼勿听”，“正宗正统”，容易推行个人迷信，专制独裁土壤特别深厚。

从现在保存下来的信件来看，萧子升可说是毛泽东在第一师范早期最接近的好友。1918 年，他们共同发起组织新民学会，又共同发起赴法勤工俭学。1920 年，留法 10 多个会员讨论学会的根本方向——以何种手段改造中国与世界时，萧子升跟同在法国的蔡和森等多数会员和在国内的毛泽东等，发生了根本性的意见分歧。萧子升不赞成走俄国十月革命的道路，而主张“温和的革命”，走教育救国的道路。当大部分会员逐渐成为共产党员时，他终于分道扬镳，成为一个自由主义者，还一度当过国民政府的农矿部次长。20 世纪 30 年代初再去法国，以后便长期侨居国外，直到 1976 年在乌拉圭去世。1959 年，他应林语堂之约，写了一本同毛泽东青年时代交往的回忆录。（此书原用法文和中文写成，萧子升夫人译为英文。《香港晚报》据英文本中译，以《毛泽东青年时代》为书名（原书名为《我和毛泽东曾是“乞丐”》）。昆仑出版社 1989 年版译本书名为《我和毛泽东的一段曲折经历》。此书有许多不准确和记忆失误之处，也有信口雌黄之处。如写东山学堂情况（毛泽东进校时，萧子升已毕业）。如说毛泽东对萧子升的教育救国无言以答，而《新民学会会员通信集》第三集上，毛泽东致萧子升长信中对此有透彻论驳。又如说毛泽东读《三国演义》、《水浒传》只能囫囵吞枣，从不潜心研究书本等。书中说，毛泽东邀萧子升去参加中国共产党成立这个绝密会议，则更是远离当年实情了。）由于记忆不确切，或故意回避，或虚夸其词，书中不实之处甚多，但如细加分析甄别，仍不失为了解他们当年友好交往的第一手资料。上面所引萧子升本人的回忆即出自此书。由于政治上的分野，毛泽东同斯诺谈话时，对于萧子升的评价就只有全盘否定了。

1915 年 9 月 27 日，毛泽东给萧子升信中谈到热心求友之举："仆自克之力甚薄，欲借外界以为策励，故求友之心甚热。如足下诚能策励我者也。仆无他长处，惟守'善与人同'、'取人为善'二语。故己有得，未尝敢不告于人；人有善，虽千里吾求之。前望足下上希古人，乃本心也。近以友不博则见不广，少年学问寡成，壮年事功难立，乃发内宣，所以效嘤鸣而求友声，至今数日，应者尚寡。兹附上一纸，贵校有贤者，可为介绍。"

1915 年 11 月 9 日致黎锦熙信中，毛泽东也谈到这件事："两年以来，求友之心甚炽，夏假后，乃作一启事，张之各校，应者亦五六人，近日心事稍快惟此耳。"

1915 年，毛泽东 22 岁了，他常感伤自幼失学，少年学问寡成，壮岁事功难立；单靠学堂一天上几节课是不行的，必须多结朋友，以求学业广博，报效国家。这时正是袁世凯接受日本帝国主义企图灭亡中国的"二十一条"要求，宣布次年改元"洪宪"，准备元旦登基做皇帝之时。于是在 9 月中旬，有此非凡之举：发出"征友启事"，署名二十八画生（毛泽东三字繁体共二十八画），意欲结交对学问、时事感兴趣，又具强烈爱国心的青年。他回忆说："邀请有志于爱国工作的青年同我联系。我指明要结交坚强刚毅，随时准备为国捐躯的青年。""启事"最后引用《诗经·小雅·伐木》中"嘤其鸣矣，求其友声"句。"启事"寄发长沙一些有名学校，并在信封上注明，"请张贴在大家看得见的地方"。省立女师校方接到这封信曾发生误会，后来经过通讯处（一师附小陈昌转，陈昌是二班学生，正在附小当教员）打听，才知原委，了解到“二十八画生”是一个很优秀的学生。“应者五六人中”有罗章龙和李立三，他们都是长郡联立中学的学生。同李立三只交谈过一次，没有深交。据罗章龙回忆说，他到第一中学访友，见到墙上贴有这个“启事”：

“启事是用八裁湘纸油印的，古典文体，书法挺秀。引句为《诗经》语：‘愿嘤鸣以求友，敢步将伯之呼。’内容为求志同道合的朋友，其文情真挚，辞复典丽可诵，看后颇为感动。返校后，我立即作一书应之，署名纵宇一郎。逾三日而复书至，略云：接大示，空谷足音，跫然色喜，愿趋前晤教云云。旋双方订于次星期日至定王台湖南省立图书馆见面。”“我们就坐在一长条石上，直谈到图书馆中午休息时止，足约二三小时始别。谈话内容涉及很广，包括国内外政治、经济以至宇宙人生，等等。而对于治学方针与方法、新旧文学与史学的评价等，谈论尤多。谈到音韵改革问题，主张以曲韵代诗韵，以新的文学艺术代替‘高文典册’与宫廷文学。在一日文学著作中，我们对于离骚颇感兴趣，曾主张对离骚赋予新评价。关于治学问题，润之认为，对于宇宙，对于人生，对于国家，对于教育，均属茫然！因此主张在学问方面用全副力量向宇宙、国家、社会作穷原竟委的探讨，研究有得，便可解释一切。关于生活方面所涉及较少。临别，润之表示‘愿结管鲍之谊’，并嘱以后常见面。”（摘自《椿园载记》，三联书店 1984 年版，第 1 ～ 4 页。）

罗章龙在《椿园载记》此处注解说：“斯诺著《西行漫记》内称毛自述：‘征友初得三个半人，第一个为罗章龙，另外还有两个。’据所知其中一个为湘阴黄焕，即黄铭功老师的侄子，亦联中学生，体弱多病，早逝了。所谓半个人指李隆郅（李立三）。后邹彝鼎提到此事云：按通俗解释，一个人是完全的人，半个是残缺不全的意思，含有贬义。但按古典，此语亦有所本。昔苻坚谓仆射权翼日：‘吾以十万之师取襄阳，唯得一人半耳。’翼问：‘谁耶？’坚日：‘释道安一人，习凿齿（习凿齿，晋人，博学能文，尤有史才，曾事桓温，以温有不臣之迹，乃著书阴寓规谏。）半人也。”（见《高僧传》）之后，罗章龙与毛泽东来往密切，每逢周末，常漫步市郊各名胜处，也到板仓杨寓晤谈。两人都能诗，有过唱和。一次，还一同步行去韶山，在茶店休息，毛泽东还帮助老农熟练地打草鞋。罗章龙是新民学会第一批会员中唯一不是第一师范的学生，也是中国共产党第一批党员，20 世纪 20 年代初，在北方做工运工作。党的第三次代表大会后，同毛泽东夫妇、蔡和森夫妇一起在上海党中央工作。大革命失败后，罗章龙还曾同毛泽东一起回到长沙领导秋收起义。1931 年四中全会后，两位青年时代的老朋友就分了手，没有再见过面了。

忧国忧民的时事通

在闭塞的乡村没有机会接触到报纸，毛泽东一到长沙，就被报纸吸引住了。他有生以来第一次看到的报纸，是同盟会会员于右任办的《民立报》。这是清末鼓吹革命的著名报刊之一。在这上面，他看到了 3 月 29 日广州黄花岗起义的报道，湖南人黄兴领导的这次起义有七十二位烈士殉难，他们的英雄气概使毛泽东激动不已。

辛亥革命爆发，毛泽东弃学投军，一个月的饷银是 7 元，伙食用去 2 元，再除去一些别的开销，剩下的钱就都用来订阅报纸。回忆这段生活时，他对斯诺说："我成了一个好读报纸的人。"从此，读报如同读书一样，成为他一生的嗜好。"不读书，不看报"，后来成了他责备某个很不惬意的部属的特定用语。当时鼓吹革命的报纸中有一张《湘江日报》，常议论"社会主义"，他就是在这里第一次知道"社会主义"这个名词的。这引起了他很大兴趣，于是同一些同学和士兵讨论起社会主义来。

在长沙定王台省立图书馆自学半年的时间里，他在那里不但可以看到各种新书，也可以阅览北京、上海、长沙出版的各种报纸。图书馆的墙上悬挂着一幅很大的《世界坤舆大地图》，这对他阅读报纸有很大的便利，看到中外新闻报道中提到的地名，他可以从地图上去找寻，知道这新闻发生在什么地方。联系地图来读报，后来也成了他的习惯。1915 年 9 月 6 日致萧子升的信中，详谈各种学科的学习方法，谈到地理科时，主张以地图为中心，同时还和阅读报章杂志联系了起来。信中说："地理者，空间之问题也，历史及百科莫不根此。研究之法，地图为要。地图之用，手填最切。地理，采通识之最多者也。报章杂志皆归之。报章杂志言教育，而地理有教育之篇；报章杂志言风俗，而地理有风俗之章；政治、军事、产业、交通、宗教等，无一不在地理范围之内，今之学者多不解此，泛泛然阅报章杂志，而不知其所归，此所谓无系统者也。"从读报要看地图，进而着重地理之学，这大概也是促使他阅读《读史方舆纪要》这部大书的原因。此书偏重于军事地理，专论山川险隘，攻守形势，据历史事迹以推断得失成败的原因。这些对他后来的戎马生涯是大有益处的。

当时的同学周世钊回忆说：

"第一师范学校学生自习室的西头有一间可以容几十个人同时看报的阅报室。湖南、上海、北京等地的几种重要报纸，每天都被安置在报架上面。来这里看报的学生很多，而毛泽东每天必到，一看就是一两个钟头，并注意分析国内外形势的发展和变化。

"他常用饭后、课余和空堂时间去看报，看得特别认真、仔细。有时一张报纸可以看上一点多钟；有时把地图带到阅报室，看看报纸，又看看地图；有时把报纸上面所载各国城市、港口、山岳、江河的中文名称，译成英文。他对同学说，这是一举三得的事，就是明了时事、熟悉地理、学习英文。第一师范的同学大家称他是'时事通'。如果有不明了的时事问题，找他一谈就解决了；如果在自习室、运动场找他不见，常常在阅报室可以找到他。晚饭后、星期天，他喜欢和同学们谈时事，他分析世界的政治、军事形势，是那么详尽，那么明晰，是那么有根有据！特别是谈到列强如何侵略中国，中国为什么被侵略而不能抵抗，青年对救国应负的责任时，同学们的情绪，随着他有感情、有鼓动力的谈话，时而兴奋，时而激昂，时而愤怒！"（周世钊：《毛主席青年时期刻苦学习的几个故事》。）

周世钊所谈确是可靠的信史。当时长沙出版的几家报纸，毛泽东也都是仔细阅读的，1916 年 7 月 25 日致萧子升信写到这一情况："湘城报纸近无虑七八家。《大公报》（按：湖南人办的民间报纸）殊有精神，以仄于篇幅，不能多载新闻。《湖南公报》纯系抄录，然新闻为多。近日海上诸名流演说，如孙中山之地方自治等，长哉万言，殊可益智。《湖南公报》载之，而《大公报》不见。又如《时报》著名访员之通函，该报亦向不录，为可惜也。此数日载有天坛宪法草案原稿，此可摘下，而议会之议事录，亦可注意焉。"

同学萧植藩（萧三）回忆说：

"那是第一次帝国主义世界大战的年代。毛泽东就好像是给同学们作每周以来国际国内的军事政治的时事报告：奥国的太子怎样在塞尔维亚被杀死，德国威廉第二怎样出兵，德俄、德法、德英如何宣战，凡尔登如何难攻，英法如何联盟，美国如何'参战'发财，日本如何趁火打劫，提出灭亡中国的二十一条……"（萧三：《毛泽东同志的青少年时代》。）

这里说的"二十一条"，是指日本政府为了独占中国提出的一项无理要求。日本政府看到当时欧战（第一次世界大战）方酣，西方列强卷入战争，无力顾及亚洲事务，同时袁世凯正准备称帝，需要得到日本对帝制的支持，日政府以为要挟中国的时机已到，于是以解决中日间的悬案为名，向中国提出一系列的侵犯中国主权和利益的无理要求。这些要求共计二十一条，内容包括日本在山东、东三省南部和东部以及内蒙古的特殊权利；把已有日资渗入的汉冶萍公司变成中日合办的企业；中国沿海港湾岛屿概不让与或租借与他国；聘日本人为中国政府的政治、财政、军事等顾问；中日合办警察，合办军械厂；给予日本一些铁路的建造权、一些矿山的投资优先权，等等。总之，这简直是战胜国对战败国提出的条件，日本几乎把中国看成独占的殖民地。袁世凯政府一方面害怕日本，同时也害怕让步太多会激起国人的反对，因此谈判的进展很慢。1915 年 5 月 7 日，日本发出最后通牒，限48小时内答复。5月9日，袁世凯政府屈辱地接受了二十一条，激起全国人民的愤怒反抗，以为奇耻大辱。第一师范学校教员石广权愤而将此事始末，及日本侵华数十年史实，并灭亡朝鲜惨状、越南亡国惨状等，写成7篇文章，附录有中日贸易比较，辑成一书，由学校学生集资刊印，书名《明耻篇》。毛泽东读了这书，十分激动，他在书的后面写了跋语："此文为第一师范教习石润山先生作。先生名广权，宝庆人。当中日交涉解决之顷，举校愤激，先生尤痛慨，至辍寝忘食。同学等爰集资刊印此篇，先生则为序其端而编次之，云云。《救国刍言》亦先生作。"

在封面上，毛泽东写下了四句题词，表示了报国仇雪国耻的决心：

"五月七日，民国奇耻。何以报仇？在我学子！"

6月25日，他寄了一本给友人湘生，信中说："又《明耻篇》一本，本校辑发。于中日交涉，颇得其概。阅之终篇，亦可得新知于万一也。"

1915年9月，黎锦熙到北京教育部任教科书编纂处负责人。由于筹安会为首者乃湖南湘潭人杨度，毛泽东担心黎锦熙受杨度的笼络，于11月9日写信给黎锦熙，信中以史迹为鉴，剀切陈词："方今恶声日高，正义蒙塞，士人丁此大厄，正当龙潜不见，以待有为，不可急图进取。如足下之事，乃至崇之业。然彼方以术愚人，今反进以智人之术，其可合邪？收揽名士政策，日起日巧，有自欲用天下之志者，乃反为人所用欤！元凯臣舜，服善也；扬刘臣莽，附势也。辨夫今之为舜欤抑莽欤者，则所以自处明矣！北京如冶炉，所过必化，弟闻人言，辄用心悸。"后来得黎锦熙的复信，知道原委后，于1916年12月9日复信道歉："去冬曾上一函，所言多不是，得书解责，中心服之。前之所言，诚自知其不当……事务之官，固不同乘权借势之选，而兄之所处，不过编书，犹是书生事业，并事务官而无之，于进退之义何有，此弟之甚妄言也。"

辛亥革命之后，军阀混战，南北对峙，湖南当军事之冲。北洋军阀盘踞湖南以制两广，南方军阀则以湖南为北进枢纽。十多年中，南北军队来来去去，湖南战祸兵灾几无宁日，学校常成为驻兵之所。毛泽东在第一师范学校读书时，亲身经历了军阀混战多次蹂躏。这种兵连祸结、民不聊生的局势，自然使他更加关心时事、议论政局。

1916 年 5 月 29 日，曾经最热衷劝进的湖南督军汤芗铭，宣布湖南“独立”，并电促袁世凯引退，袁世凯阅电昏厥，几天后死去，世称此举为“送终汤”。黔桂湘联军旋即进入长沙，将汤芗铭逼走。6 月 26 日，学校放暑假，第一师范内驻有广西部队，毛泽东离校返家乡，夜宿银田寺，当晚给萧子升写信，述一路见闻：“近城之处，驻有桂军（按指广西督军陆荣廷宣布反袁独立后的入湘部队），招摇道途，侧目而横睨，与诸无赖集博通衢大街，逻卒熟视不敢问。证以校内所见，信乎两粤赌风之重也。七里铺、姜畲一带，有所谓护国军二股：一苏鸣鹄所部，约一千二百人；一赵某所部，数略同。联手成群，猬居饭店，吃饭不偿值，无不怨之。细询其人殊觉可怜，盖盼望给资遣散而不得者也。其官长亦居饭铺，榜其门曰某官，所张檄告，介乎通不通之间焉。”

袁世凯死后，黎元洪接任大总统；宣布恢复民国元年约法，重行召集国会，段祺瑞任内阁总理，控制北京政权。于是南方的军务院于 7 月 15 日宣布撤销。毛泽东这时对政局的看法近似梁启超，赞成拿办筹安会八名帝制要犯，但是颇厌恶南北分裂局面，尤惧内乱不已，因而反对种种暴力行为，希望大局早日安定，认为北京政府统一全国是可行的。7 月 18 日致萧子升信中，表示了对汤芗铭的同情，认为汤芗铭在湖南 3 年，以严刑峻法为治，秩序整肃，治军也纪律严明，此次“筹画独立，尤具苦心”。“湖南问题，弟向持汤督不可去，其被逐也，颇为冤之，今现象益紊也。”此信很是为汤芗铭辩解，却不去注意汤芗铭督湘 3 年，斩杀党人政敌、无辜百姓达 1.7 万余人，被湖南人称为“汤屠”的事实，同当时舆论颇不相同。这大约是因为青年毛泽东此种对时局的看法，包括对法国大革命的看法，尚未摆脱梁启超等人的影响。当年维新派包括康梁和严复等，同孙中山革命派的分歧，不仅在帝制问题上，如对法国大革命的看法也根本不同，他们害怕法国大革命那种暴力革命，长期“内乱不已”的局势。当年毛泽东显然也持有类似的看法。对汤芗铭的看法，他后来有了改变。1920 年，他签了名的宣言《湘人控张敬尧十大罪》说：“前督汤芗铭屠戮人民，搜刮财物，湘民久已含愤莫申。”（这个宣言如不是他的手笔，至少是他参加起草的）这就同当时舆论一致了。

7 月 25 日致萧子升长信约 3000 字，继续议论时局：“12 日由湘潭发一函，18 日由校发一函，皆详述时事。”接着谈及南方各省省长易人，多护国军方面的，如蔡锷督蜀等，认为中央“可谓善于调处者矣”。“前书言湘人取门罗主义，举刘（即刘人熙（1844—1919），湖南浏阳人，汤芗铭遁走时，做过几个月湖南督军兼代理省长。）以便其私，不幸言中矣”。“本省人做本省官，其害甚大，在湖南尤有特别情形，前车不远，即在辛亥。今兹目前之祸，又显而易见，倾侧，构陷。钻营之风大竞。”下面列举政府机关、各县知事及学校校长之人事争夺：“几何不如俗人所云‘打开脑壳’乎”。社会上且有以“帝制嫌疑”为名，于是“暴徒乘机报复”。“弟昔曾与璋兄（即萧三）书，言杀机一起，报复未已，法兰西之祸，最为可惧，不谓此次竟演此恶剧。又湘之独立，至昨日始取消，盖事事称怪焉。”这封信的后半部论述欧洲战场、美国国内政局和有关国际形势，特别谈到本月发生的“日俄协约”，关于满蒙权益的分掠。忧国之心，跃然纸上。请看，对于日本既定侵华政策，说得何等痛切：“思之，思之，日人诚我国劲敌！感以纵横万里而屈于三岛，民数号四万万而对此三千万者为之奴，满蒙去而北边动，胡马骎骎入中原，况山东已失，开济之路已为攫去，则入河南矣。二十年内，非一战不足以图存，而国人犹沉酣未觉，注意东事少。愚意吾侪无他事可做，欲完自身以保子孙，只有磨砺以待日本。吾之内情，彼尽知之，而吾人有不知者；彼之内状，吾人寡有知者焉。吾愿足下看书报，注意东事，祈共勉之，谓可乎？”一个还在读书的学生，于国事如此忧虑，一种担当天下兴亡的强烈责任感，使他预感到同日本“二十年内，非一战不足以图存”。

二十年后是 1937 年，何等巧合的预言。此信今天读来，仍不能不令人感佩。

毛泽东这种细读报纸、畅论时事的习惯，随着思想政治水平提高后，对时局剖析精辟、深具远见的言论，到了 1919 年 7 月间主办《湘江评论》时，就得到最好的发挥了。《湘江评论》周刊只出了 4 期，《民众的大联合》一文及种种评论，引起省内外的广泛注意。4 期共刊由他执笔的大小文章约 40 篇，长者近万言，短的不过几句话。30 多篇短文都是议论时事的，其中 20 多篇议论巴黎和约和国际局势，《各国的罢工风潮》长达 3000 余字。《德意志人沉痛的签约》长达七八千字，从 1919 年 5 月 7 日德国代表到达巴黎始，到 6 月 28 日和约签订止，详述其间强暴易位，折衷挣扎，德国虽举国鼎沸，终于因兵临城下，不得不屈辱签约的全过程，至今读来，还使人感到这是一页何等沉重而动人心魄的历史。由于深知“德国为日耳曼民族，在历史上早蜚声誉，有一种倔强的特质”；“晚近为尼采、菲希特、颉德、泡尔生等‘向上的’、‘活动的’哲学所陶铸”;“为世界最富于‘高’的精神的民族。惟‘高’的精神，最能排倒一切困苦”；还由于俄国和东欧的革命形势，毛泽东在文章结尾这样预言道：

“1919 年以前，世界最高的强权在德国，1919 年以后，世界最高的强权在法国、英国和美国。”“1919 年以后设有战争，就是阶级战争。阶级战争的结果，就是东欧诸国主义的成功，即是社会党人的成功。我们不要轻看了以后的德人。我们不要重看了现在和会高视阔步的伟人先生们，他们不能旰食的日子快要到哩！他们总有一天会要头痛！”“然则这回的和会，‘其能五稔’（按，即五年），尚靠不定。如若真以‘德俄和约’、‘德罗和约’的例来推测，恐怕就是早晚的问题。无知的克勒满沙老头子（今译克里孟梭（1841—1929)，时任法国总理，在巴黎和会上任主席。），还抱着那灰黄色的厚册（巴黎和约全文为灰黄色布面的一大厚册。），以为签了字在上面，就可当做阿尔卑斯山一样的稳固，可怜得很啊！”

学生时代就这样关注时事，对国内外政局的发展能作这样透辟的分析，甚至作出有如预言家的判断，这不仅要有丰富的历史、政治知识，尤须具有热烈的爱国精神和天下兴亡匹夫有责的大志才能做到。在青年毛泽东身上，充分反映了这一高贵的政治品质。

在当时的报纸刊物中，对他影响最大的是《新青年》。

"略通国学"与评说孔子

从现在保存的信件、文章、读书笔记等来看，毛泽东在第一师范读书的前期，较多的时间在读古文和中国古典经籍，这同康有为、梁启超，尤其是杨昌济的影响有关，同时四书五经自幼多能背诵，也便于钻研。1916年《新青年》在北京出版之后，他读书的兴趣就被该刊所倡导的新思潮和二元论哲学等吸引去了。但从中西文化之间的关系来说，他并没有完全排斥中国的儒家学术，而且直到五四运动后组织赴法勤工俭学时，仍认为"略通国学大要"，是自己读书和研究国情方面应当做到的。

关于国学常识的重要，以及如何获得这种常识，当时毛泽东跟朋友的通信中有不少反映。

1915年6月25日致湘生的信中说："如言自修，吾举两人闻君。其一康有为，康尝言，吾四十岁以前，学遍中国学问；四十岁以后，又吸收西国学问之精华。其一梁启超。梁固早慧，观其自述，亦是先业词章，后治各科。盖文学为百学之原……来日之中国，艰难百倍于昔，非有奇杰不足言救济，足下幸无暴弃。"这里说得很清楚：要有奇杰才能救国，而奇杰必通中西学术，首先要通国学。

1915年9月6日致萧子升信，开头即说："仆读《中庸》，曰博学之。朱子补《大学》，曰：即凡天下之物，莫不因其已知之理而益穷之，以至乎其极。表里精粗无不到，全体大用无不明矣。其上孔子之言，谓博学于文，孟子曰博学而详说，窃以为是天经地义，学者之所宜遵循。"这是一封很长的信，信中介绍萧读《群学肄言·缮性篇》，谈专通之先后与各科研究法等。然后又谈到“尚有其要者，国学是也”。经史子集“四部之篇，上下半万载之纪述，穷年竭智，莫殚几何，不向若而叹也！”“顾吾人所最急者，国学常识也。昔人有言，欲通一经，早通群经。今欲通国学，亦早通其常识耳。首贵择书，其书必能孕群籍而抱万有，干振则枝披，将麾则卒舞。如是之书，曾氏《杂钞》其庶几焉。是书上自隆古，下讫清代，尽抡四部精要。”毛泽东认为曾国藩的《经史百家杂钞》比姚鼐的《古文辞类纂》要好，因为后者只侧重辞章，而前者增加了经世济民的经济，对历代治乱兴衰的原委都能有所接触:“国学者统道与文也。姚氏《类纂》畸于文，曾书则二者兼之。”曾国藩一生标义理而主经济致用，还在北京做官时，即重经济之学。“经济不外看史”，这是他的老师唐鉴之言。因此曾对史学极为爱好（在军营中每天要读 10 页史书），造诣也极深。钱穆说：“曾国藩又增经济一目，经国济民，正为治平大道，即政治学，与近人以财货为经济者大异其趣。”怎样获得国学的常识呢？信中说：“为之之法，如《吕刑》一篇出自《书》，吾读此篇而及于《书》，乃加详究焉出于《书》者若干篇，吾遂及于《书》全体矣。他经亦然。《伯夷列传》一篇出于《史记》，吾读此篇而及于《史记》，加详究焉出于《史记》者若干篇，吾遂及于《史记》之全体矣。他史亦然。出于‘子’者，自一‘子’至他‘子’。出于‘集’者，自一‘集’至他‘集’。于是而国学常识罗于胸中矣。此其大略也。为学最忌一‘陋’字，行此庶几或免。仆观曾文正为学，四者为之科。曰义理，何一二书为主（谓《论语》、《近思录》），何若干书辅之；曰考据亦然；曰词章、曰经济，亦然。”“其法曰‘演绎法’，察其曲以知其全者也，执其微以会其通者也。又曰‘中心统辖法’，守其中而得其大者也，施于内而遍于外者也。各科皆可行之，不独此科也。吾闻之甚有警焉！试一观当世诸老先生，若举人、翰林、秀才之属，于其专门之业，不可谓不精，若夫所谓常识，求公例公理，绳束古今为一贯，则能者不甚寡哉！斯宾塞尔云，专攻之学，每多暗于通宗，岂不然哉！”

我国经、史、子、集浩如烟海，收入《四库全书》的即达 3.46 万种。

1916年2月29日致萧子升的一封信中，毛开列了应阅览的经、史、子、集77种书目："右经之类十三种，史之类十六种，子之类二十二种，集之类二十六种，合七十又七种。据现在眼光观之，以为中国应读之书止乎此。苟有志于学问，此实为必读而不可缺。然读之非十年莫完，购之非二百金莫办。"可以想见，这77种书目，必定是综合了前人和师友的各种意见，根据自己的经验而严格筛选过的，能够代表他对"国学大要"的见解。可惜的是，此信已经残缺，他所开列的书目没有保存下来。当时他想读这些书，可是"身无半文"，买不起书。萧子升曾答应送他一些书，他拒绝了："大不敢当，一则赠而不读，读而无得，有负盛心；一则吾兄经济未裕，不可徒耗。"看来，时间与金钱都很成问题，自己也感到遍读这77种书是难以办到的。

1917年8月23日致黎锦熙的长信中，虽然治学济世的思想已转向"大本大源"的哲学和伦理学："宜有大气量人，从哲学、伦理学入手，改造哲学、改造伦理学，根本上变换全国之思想"。然而并未放弃对国学的研究："弟久思组织私塾，采古讲学与今学校二者之长，暂只以三年为期，课程则以略通国学大要为准，过此即须出洋求学，乃求西学大要，归仍返于私塾生活，以几其深。怀此理想者，四年于兹矣。"看来，毛泽东这时确也曾有过埋首经群史丛之中，想在学术研究上有番作为的。

杨昌济国外留学10年，以西方所得的民主与科学思想，来批判中国封建伦常，决心改造中国的旧思想、旧学术；曾明确提出要用"新时代之眼光来研究吾国之旧学"，然后，"合东西两洋之文明一炉而冶之"。不过，杨昌济仍是一个理学家，他的学术思想仍以国学为主导地位，可说是一位从戊戌维新到五四运动这个时期欲融合中西而为一种新儒学的学者。他曾同黎锦熙谈过："有宋道学其能别开生面，为我国学术界开新纪元者，实缘讲合印度哲学之故。今欧学东渐，谁则能如宋贤融铸之，而确立一新学派者？"（黎锦熙：《瑟侗斋日记》（未刊稿），转引自王兴国：《杨昌济的生平及思想》第5页，湖南人民出版社版。）1914年10月，长沙创刊的《公言》杂志，曾发表过他的一篇很有影响的文章《劝学篇》，其中所述可代表此种思想观点。文章认为“吾国固有文明，经、史、子、集义蕴闳深，正如遍地宝藏，万年采掘而曾无尽时，前此之所以未能大放光明者，尚未谙取之之法耳”。“夫一国有一国之民族精神，犹一人有一人之个性也。一国之文明，不能全体移植于他国。”“善治国者，必审国家特异之情形，吾人求学海外，欲归而致之于用，不可不就吾国之情形深加研究，何者当因，何者当革，何者宜取，何者宜舍，了然于心，确有把握而后可以适合本国之情形，而善应宇宙之大势。”文中还谈到自古以来国学的源流派别，儒术为国学之正宗，有宋学、汉学之分，宋学有程朱与陆王之分，汉学有今文与古文之分。“各树一帜，互相非毁。今将合东西洋之文明一炉而冶之，此等门户之争，早已不成问题矣。余本服膺孔子之道，然既不欲为专宗孔子、罢黜百家之愚，复不欲为攘斥佛老，驳击耶回之隘。余本自宋学入门，而亦认汉学家考据之功；余本自程朱入门，而亦认陆王卓绝之识。此则余对于各派所取之态度，可为海内人士正告者。子思曰：‘万物并育而不相害，道并行而不相悖。’庄子曰：‘鱼相忘于江湖，人相忘于道术。’陆象山曰：‘各尊所闻，各行所知。’约翰•穆勒曰：‘言论自由，真理乃出。’吾愿承学之士各抒心得，以破思想界之沉寂，期于万派争流，终归大海。”杨昌济在文中就此谈到他的热切期望：“吾国人能输入西洋之文明以自益，后输出吾国文明以益天下，既广求世界之智识，复继承吾国先民自古遗传之学说，发挥而光大之。此诚莫大之事业。非合多数人之聪明才力累世为之，莫能竟其功也。”无论从弘扬学术或救国之道而言，杨昌济的这些见解，尤其这个期望，是十分卓越而中肯的，在今天也没有完全失去其意义，我们绝不能因为他不是一个马克思主义者而对此予以轻视。

毛泽东当时是非常看重老师的这些见解的。1917 年 8 月 23 日致黎锦熙的长信中，反映了老师的哲学和伦理学思想，也反映了自己所接受的康有为的大同学说。他觉得“吾国人积弊甚深，思想太旧，道德太坏……吾国思想与道德可以伪而不真，虚而不实之两言括之，五千年流传到今，种根甚深，结蒂甚固，非有大力不易摧陷廓清”。于是信中首先谈到以何道救天下的根本问题，认为必须从大本大源——探求宇宙真理，改造哲学、改造伦理学和改造中国旧思想着手，从而根本上变换全国之思想。天下之心皆动，天下之事方有可为。只有对哲学深下工夫，日新月进，才能不盲从他人是非，有自己真正的主张，才能探得大本大源。这种观点自然还受到《新青年》新思潮和《伦理学原理》等书的影响。但另一方面，他并不盲目崇拜西方文化。尽管他反对儒家的三纲五常封建伦理观，《新青年》“打倒孔家店”的口号这时已震动整个知识界，他还是尊孔孟为得大本之圣贤，以儒家大同世界为自己的理想。他在信中这样写道：“圣人，既得大本者也；贤人，略得大本者也；愚人，不得大本者也。圣人通达天地，明贯过去未来，洞悉三界现象，如孔子之‘百世可知’，孟子之‘圣人复起，不易吾言’。孔孟对答弟子之问，曾不能难，愚者或震之以为神奇，不知并无谬巧，惟在得一大本而已。执此以对付百纷，驾驭动静，举不能逃，而何谬巧哉？”信中认为，只要普及了哲学，愚人可智；君子以慈悲之心援手小人，就可以“开其智而蓄其德，与之共跻于圣域”。何谓“圣域”，其条件与境界如何？“如世但有君子，则政治、法律、礼仪制度，及多余之农、工、商业，皆可废而不用”。“彼时天下皆为圣贤，而无凡愚，可尽毁一切世法，呼太和之气而吸清海之波。孔子知此义，故立太平世为鹄，而不废据乱、升平二世。大同者，吾人之鹄也，立德、立功、立言以尽力于斯世者，吾人存慈悲之心以救小人也。”由此可见，毛泽东这时所理想的世界，还是本于康有为所解释的儒家大同说。从据乱世进至升平世，再进至太平世，这是儒家公羊学派的历史进化观。康有为将公羊三世说与《礼记·礼运》中的大同、小康思想结合起来，进一步论证了这种乌托邦的历史进化观。

关于中西文化互有长短的看法，包括留学问题，毛泽东是完全同意老师的意见的。1917 年 8 月 23 日的信中有这样一段话：“怀中先生言，日本某君以东方思想均不切于实际生活，诚哉其言！吾意即西方思想亦未必尽是，几多之部分，亦应与东方思想同时改造也。”留学与否的问题，杨昌济在《劝学篇》中，曾介绍过吴稚晖的见解:“苟无普通科学与外国语言之准备，则不必急急西游，苟求学之志坚，则虽在国内，凡西洋之学问，皆可曲折而求得之。”1920 年 2 月在北京时，毛泽东给新民学会一会员的信中说:“必将古今中外学术的大纲，弄个清楚，好做出洋考察的工具，不然，不能考察。”

毛泽东在学校时，常在星期日去船山学社听讲船山学术。这个学社于 1915 年创办，主持人刘人熙，办有《船山学报》，其中的时论、政论多忧时之作。明亡之后，遗民学者王船山、顾炎武以及颜习斋等，痛心于理学清谈误国，都提倡经世致用的“实学”学风。颜（习斋）李（恕谷）学派讲求的习行哲学，毛泽东也是很倾慕的。曾国藩刊行《船山遗书》之后，研究船山学术在湖南尤成为一时风尚，毛更不例外。1937 年他在抗大讲哲学，以认识论为重点，结合中国传统哲学中知行关系问题，参考《船山遗书》。由于手头《遗书》不全，还写信给在长沙主持八路军办事处的徐特立，设法补全所缺各册。1917 年以“二十八画生”在《新青年》上发表的长文《体育之研究》，从一个侧面反映了他当时热衷于国学的研读。文中引用了以中国书为主的中外古今典籍和人物的众多事例，如“仲尼取资于御射”、“庄子效法于庖丁”，以为重视实践精神的论证。总计从《论语》、《礼记》、《中庸》、《孟子》、《庄子》、《史记》、韩文等书中，共引用典故、成语和诗文约 20 条，涉及中国古代人物 16 人。文中还特别标举顾炎武、颜习斋、李恕谷为文武兼备、德智体三育并重的师表，称赞备至。众所周知，对国学的熟悉运用，在《毛泽东选集》中更有充分的反映。这里可以顺带谈一下这个情况。笔者曾在一篇文章中说过:“通观《毛泽东选集》五卷，极少引用马恩原著，列宁著作也限于哲学，引用斯大林著作稍多几处，而中国古籍则信手拈来，触目即是。从四书五经、诸子百家、二十四史、《资治通鉴》到诗词曲赋、历史小说、各家笔记等，能找到几百条成语典故。可以说，中国传统文化是毛泽东一生的主要思想土壤。”“文革”时笔者在秦城 8 年，长期手头只有《毛选》四卷，曾就此作过一个粗略统计，这些成语典故来源于古籍的:30 条以上者有《左传》、20 至 30 条者有《论语》、《孟子》、《史记》、《汉书》、《朱子语类》等，其他10条左右者有《大学》、《中庸》、《战国策》、《后汉书》、《三国志》、《孙子兵法》、《诗经》、《晋书》、《尚书》、《老子》、《易经》、《国语》等。

由上述各种事实可以看到，毛泽东从学生时代开始，终其一生同他的老师一样，是极其重视中国古代文化遗产的。当年他并不同意《新青年》前期所表现出来的全盘西化的观点，而是批判地对待中西文化，两者如何取长补短；同时强调要研究国情，通过改造哲学和伦理学来改造思想、改造现实。这种可贵的思想特色，同他后来的反对“本本主义”、反对“左”倾教条主义；同他的哲学著作《实践论》、《矛盾论》；同他在延安的整风报告《改造我们的学习》、《反对党八股》、《整顿党的作风》，都是一脉相通的；同毛泽东思想的精髓“实事求是”，更是一脉相通的。

现在我们回过头来，再谈毛泽东早年的情况。第一次到北京后眼界大开，开始接触到马克思主义和各种流派的社会主义思潮。狂飙骤起的五四运动更是一大冲击，使他对孔孟学说的看法发生急促的转变。这在他主办的以传播新思潮为志的《湘江评论》创刊号上（1919年7月14日出版），有很多反映。“创刊宣言”说：“在学术方面，主张彻底研究，不受一切传统和迷信的束缚，要寻着什么是真理。”最后大声疾呼：“时机到了，世界的大潮卷得更急了！洞庭湖的闸门动了，且开了！浩浩荡荡的新思潮业已奔腾澎湃于湘江两岸了，顺他的生，逆他的死。”在两篇只有三两句话的短文上，直接指斥康有为的维护孔子尊严的可笑。广州修马路，要拆毁明伦堂（孔庙大殿），康有为打电报给政府，指为“侮圣灭伦，遍游各国，未之前闻”。短文中说：“遍游各国，那里寻得出什么孔子，更寻不出什么明伦堂。”康电报中还说：“强要拆毁，非民国所宜。”短文中说：“这才是怪！难道定要留着那‘君为臣纲’、‘君君臣臣’的事，才算是‘民国所宜’吗！”

接着，7月21日出版的“临时增刊”第一号上的《健学会之成立及进行》一文中，首先对自己曾经接受过的戊戌变法以来的维新思想，予以彻底的批判：“那时候的思想，是自大的思想”（批欲师夷长技以制夷）；“是空虚的思想”，“很少踏着人生社会的实际说话”；“是一种‘中学为体、西学为用’的思想”，“中国的礼教甲于万国”；“是以孔子为中心的思想”，“于孔老爹，仍不敢说出半个‘非’字；甚至盛倡其‘学问要新道德要旧’的谬说，‘道德要旧’就是‘道德要从孔子’的变语”。对健学会的“公约”中有“自由讨论学术”一条，极为称赞：“很合思想自由、言论自由的原则。人类最可宝贵、最堪自乐的一点，即在于此。学术的研究，最忌演绎式的独断态度。中国什么‘师严而后道尊’，‘师说’、‘道统’、‘宗派’，都是害了‘独断态度’的大病。都是思想界的强权，不可不竭力打破。像我们反对孔子，有很多别的理由。单就这独霸中国，使我们思想界不能自由，郁郁做二千年偶像的奴隶，也是不能不反对的。”

1920 年 4 月，毛泽东从北京往上海途中，这时他已经进一步接触马克思主义，很想走俄国的道路。他还是中途下车，到曲阜游览了孔子的陵庙和故居。此事在他记忆中印象很深，因此同斯诺谈道：“在前往南京的途中，我在曲阜停了一下，去看孔子的墓，我看到了孔子的弟子濯足的那条小溪和孔子幼年所住的小镇。在有历史意义的孔庙附近的一棵有名的树，相传是孔子栽种的，我也看到了。我还在孔子的一个著名弟子颜回住过的河边留了一下，并且看到了孟子的出生地。”这表明他不是一般的旅游，而是带着倾慕之心的。孔子的学说，经过荀子、孟子，尤其是宋明理学家程朱陆王的发展，早已不是原貌了。颜习斋早指出过这一点。五四运动时所要打倒的孔子，其实就是宋儒所塑造的孔子。诚如李大钊说的：“掊击孔子，非掊击孔子本身，乃掊击历代君主所雕塑之偶像权威也，非掊击孔子，乃掊击专制政治之灵魂也。”（《李大钊选集·自然的伦理观与孔子》，人民出版社 1959 年版，第 80 页。）

在中国共产党成立以后的漫长、曲折艰苦斗争的道路上，虽然马克思列宁主义已成为毛泽东观察形势决定政策的指导理论，但如前所述，他并没有忘记孔夫子，自幼熟读理解的孔孟学说、中国古代的文化遗产，仍旧是结合时势的需要，而随时古为今用的。为抵制“左”倾教条主义照搬照抄，1930年在《反对本本主义》一文中指出，没有调查就没有发言权:“迈开你的两脚，到你的工作范围的各部分的地方去走走，学个孔夫子的‘每事问’，任凭什么才力小也能解决问题。”1942年在《反对党八股》一文中，谈道“孔夫子提倡‘再思’”。孔子说的学习态度，“知之为知之，不知为不知，是知也”；要“不耻下问”；要“学而不厌，诲人不倦”，等等，毛在文章和讲话中是常常引用的。总观毛泽东的著作中，对孔孟儒家学说有许多肯定的引证，也有必要的批判，是马克思主义历史主义的态度。特别是1938年六中全会的报告中，正式号召全党在学习马克思主义的同时，要学习我们的历史遗产："我们这个民族有数千年的历史，有它的特点，有它的许多珍贵品。对于这些，我们还是小学生。今天的中国是历史的中国的一个发展；我们是马克思主义的历史主义者，我们不应当割断历史。从孔夫子到孙中山，我们应当给以总结，承继这一份珍贵的遗产。这对于指导当前的伟大运动，是有重要的帮助的。”为了使马克思主义在中国具体化，针对“左”倾教条主义者的顽症说道："洋八股必须废止，空洞抽象的调头必须少唱，教条主义必须休息，而代之以新鲜活泼的、为中国老百姓所喜闻乐见的中国作风和中国气派。”为了响应研究历史的号召，1939年间，陈伯达就孔子、老子和墨子的哲学思想，写出长篇论文，先后在延安出版的《解放》上发表，这三篇文章都送毛泽东审阅过。在1939年2月间，毛在给陈伯达的一封信和张闻天的两封信中，关于墨子尤其孔子的哲学思想，就总的看法和一些具体问题提出了自己的意见，从而可以了解他对儒墨两家学说熟悉的程度，对孔子的一分为二，以及对哲学上根本问题的关切。毛泽东是政治家，又正处在同国民党蒋介石作斗争的抗战相持阶段，因此总免不了用政治语言来谈哲学问题，用当前的阶级斗争形势来比喻古代的事情(这也是他接受阶级斗争学说后的长期习惯)。这方面的是非得失，就不是本文要谈的范围了。

关于《墨子哲学思想》一文，给陈伯达的信开宗明义道："这是你的一大功劳，在中国找出赫拉克利特（按：古希腊具有朴素的辩证法思想的唯物主义哲学家）来了”。“题目似改为《古代辩证唯物论大家——墨子的哲学思想》或《墨子的唯物哲学》较好”。信中谈到“中庸问题”，虽然语言不同 :“墨家的‘欲正权利，恶正权害’、‘两而无偏’、‘正而不可摇’，与儒家的‘执两用中’、‘择乎中庸服膺勿失’、‘中立不倚’、‘至死不变’是一个意思，都是肯定质的安定性，为此质的安定性而作两条战线斗争，反对过与不及。”

给张闻天的两封信都是谈孔子的哲学思想。关于名实问题，从所引“名不正则言不顺，言不顺则事不成”（《论语·子路》）说来，认为孔子的思想体系是观念论 :“‘正名’的工作，不但孔子，我们也在做，孔子是正封建秩序之名，我们是正革命秩序之名，孔子是名为主，我们则是实为主，分别就在这里。又观念论哲学有一个长处，就是强调主观能动性，孔子正是这样，所以能引起人的注意和拥护。机械唯物论不能克服观念论，重要原因之一就在于它忽视主观能动性。我们对孔子这方面的长处应该说到。”

关于中庸问题，“‘过犹不及’是两条战线斗争的方法，是重要思想方法之一。一切哲学，一切思想，一切日常生活，都要作两条战线斗争，去肯定事物与概念的相对安定的质”。然后信中从《中庸》“执其两端用其中”议论开去，认为朱熹的注解大体是对的，“但‘两端’不应单训为‘众论不同之极致’，而应说明即是指的‘过’与‘不及’。‘过’的即是‘左’的东西，‘不及’的即是‘右’的东西”。不过，“孔子的中庸观念没有这种发展的思想，乃是排斥异端树立己说的意思为多，然而是从量上去找出与确定质而反对‘左’右倾则是无疑的。这个思想的确如伯达说是孔子的一大发现、一大功绩，是哲学的重要范畴，值得很好地解释一番”。

关于孔子的道德论，知仁勇“三达德”，信中说 :“应给以唯物论的观察，加以更多的批判，以便与国民党的道德观（国民党在这方面最喜引孔子）有原则的区别。”“孔子的知（理论）既是不根于客观事实的，是独断的、观念论的，则其见之仁勇（实践），也必是仁于统治者一阶级而不仁于大众的；勇于压迫人民，勇于守卫封建制度，而不勇于为人民服务的。”毛泽东完全是以无产阶级政治家的观点，来批判两千年前的孔子，自是一家之言："知仁勇被称为'三达德'，是历来的糊涂观念，知是理论，是思想，是计划、方案、政策。仁勇是拿理论、政策等见之实践时候应取的一二种态度。仁像现在说的'亲爱团结'，勇像现在说的'克服困难'（现在我们说亲爱团结、克服困难，都是唯物论的，而孔子的知仁勇则一概是主观的），但还有别的更重要的态度如像'忠实'，如果做事不忠实，那'知'只是言而不信，仁只是假仁，勇只是白勇。""'仁'这个东西在孔子以后几千年来，为观念论的昏乱思想家所利用，闹得一塌糊涂，真是害人不浅。"

孔子思想的核心"仁"字，在《论语》中出现百次以上，其含义宽泛而多变，孔子自己的讲解也有歧义，前后并不一致。这确是被后人"闹得一塌糊涂"的，人们常常各取所需，见仁见智。如孔子讲"仁"原是为了释"礼"："其为人也孝悌，而好犯上者，鲜矣。不好犯上而好作乱者，未之有也。君子务本，本立而道生，孝悌也者，其为人之本欤？""孝"与"悌"是古代氏族血缘关系和等级制度形成的观念形态，也是宗法统治体制"周礼"的核心。那时，家国无甚区别，忠与孝也是一体。儒家为了维护周礼，就创构了从"诚意正心修身"到"齐家治国平天下"的一套"内圣外王"之道，这也是当时的伦理学和政治学。后来孟子一味讲"以修身为本"，强调内"仁"的内省修养。荀子生于战国时代，虽本于"仁义"，却大讲"军旅"和"刑政"，并称"礼"与"法"，更致力于客观外界的改造。从此儒学分为"内圣"、"外王"两途。于是后来有汉代董仲舒的孔子，有宋代朱熹的孔子，也有清代康有为的孔子。如孔子并无禁欲思想，宋代程朱理学家却硬将"仁"变成"存天理灭人欲"。但不论怎样变化，孔子"仁学"的基本思想，几千年来总是统治着人们，成为一种久远的民族文化心理结构。

作为历史上以孔子为代表的君主专制主义、等级主义、禁欲主义思想意识，统治和毒害了中国两千多年，肃清这些封建余毒并非易事。从新中国成立后几十年的经验教训看来，这仍然是我们今后的一个艰巨任务。如所谓"安贫乐道"、"何必曰利"；自古以来的重农轻商，轻艺技为末流；以道德而不以物质为价值尺度；“不患寡而患不均”，要求平均化的经济平等；满足万事不求人，维护农业小生产的劳动生活和封闭体系；以及建立在这基础上的历史悠久的宗法制度、家长制、等级观、特权化、藐法治重人治、定于一尊的帝王思想等，这些“不仅是封建和农业小生产社会的产物，而且也确与孔子仁学原型有关，它始终是中国走向工业化、现代化的重要障碍。不清醒地看到这个结构所具有的社会历史性的严重缺陷和弱点，不注意它给广大人民（不止是某个阶级）在心理上、观念上、习惯上所带来的深重印痕，将是一个巨大的错误。鲁迅的伟大功绩之一，就是他尖锐地提出了和长期坚持了对所谓中国‘国民性’问题的批判和探究。他批判‘阿Q精神’，揭露和斥责那种麻木不仁、封闭自守、息事宁人、奴隶主义、满足于贫困、因循、‘道德’、‘精神文明’之中……虽然这些并不能完全和直接归罪于孔子，但确乎与孔学结构有关。所以鲁迅总是经常把矛头指向孔老二”。（李泽厚：《中国古代思想史论·孔子再评价》，人民出版社1985年版，第36～37页。）

不过，孔学和儒家积极的人世态度，同实用理性的仁学精神是分不开的。如毛泽东说的，孔子强调主观能动性，所以能引起人们的注意和拥护。突出人格的主动性，以身作则的实践性，勤奋学习、追求知识，以及意志锻炼、自我控制等，这种有历史责任感的道德自觉所构成的“仁”，确实达到一种人格力量的最高要求：“志士仁人，无求生以害仁，有杀身以成仁”；“仁者必有勇，勇者不必有仁”；“岁寒然后知松柏之后凋也”；“三军可夺帅也，匹夫不可夺志也”；“其身正，不令而行；其身不正，虽令不从”；“知其不可为而为之”；“内省不疚，夫何忧何惧”；“天将以夫子为木铎”……所有这些出自《论语》的体验“仁”的精神的语言，孔子自己的以身作则实践并教导弟子自觉追求的东西，几千年来成为一种全民族的文化伦理道德标准。这种深入人心的无形力量，从而起着一种替代宗教又同宗教类似的作用。这恐怕也是中国几千年来，同西方，也同阿拉伯、印度等国不同，不会以教代政而出现如宗教教派统治的中世纪黑暗时期。自古以来，不论佛教、回教或基督教的传入，不仅不可能成为一种社会意识，产生统治力量，反而或被儒学同化，或丝毫不影响儒家的地位。从这个角度来说，我们应当感谢孔夫子在历史上起过的这种正面作用。“像范仲淹的‘先天下之忧而忧，后天下之乐而乐’；张载的‘民吾同胞，物吾与也’；文天祥的‘孔曰成仁，孟曰取义’；顾炎武的‘天下兴亡，匹夫有责’；王夫之的‘六经责我开生面，七尺从天乞活埋’……都闪烁着灿烂光华，是我们中华民族的基本观念、感情、思想和态度，而它们又都可以溯源于仁学结构。鲁迅说：‘我们自古以来，就有埋头苦干的人，有拼命硬干的人，有为民请命的人，有舍身求法的人……虽是等于为帝王将相作家谱的‘正史’，也往往掩不住他们的光耀，这就是中国的脊梁。’而这根脊梁与孔子代表的文化——心理结构不能说毫无关系。”（李泽厚：《中国古代思想史论》，第 38 ～ 39 页。）

毛泽东在 1939 年 12 月发表的《中国革命和中国共产党》一书中，不仅指出：“在中华民族的开化史上，有素称发达的农业和手工业，有许多伟大的思想家、科学家、发明家、政治家、军事家、文学家和艺术家，有丰富的文化典籍”；而且中华民族是“富于革命传统的民族”，“几千年的历史中，产生了很多的民族英雄和革命领袖”。这里所说的许多“家”和“英雄”、“领袖”，同鲁迅所说的“脊梁”自是同一意义。毛泽东历来主张对历史遗产采取分析的态度，“取其精华、去其糟粕”。问题就在所有这些丰富遗产和历史人物，都是产生在封建社会小农经济基础上的，也可以说，无不同孔孟学说或大有关系或小有关系的。因此，精华与糟粕，或共生，或互生，都不会单一的纯而又纯。无论学说、人物、事业或历史本身，都是极其复杂的，难以分析出非此即彼、非白即黑的或精华或糟粕。因此，对这些历史上的人事，切不可采取或一笔抹杀或全盘肯定，或捧之上天或踩之入地的态度。

前面提到了“实事求是”，这是毛泽东思想的精髓，也是中国共产党思想路线的灵魂；这是马克思主义的基础，但也是孔子儒家的东西。“班固的《汉书》为刘德作传，称道他‘修学好古，实事求是’；唐代颜师古训为‘务得事实，每求真是’。清初顾炎武以经世致用之‘实学，反言心言性之空谈，其后乾嘉汉学训释经义，仍强调‘实事求是，不主一家’。曾国藩则调和汉学与宋学、中学与西学，以实事求是精神贯通所谓‘内圣外王’之道……他们讲求‘实事求是’，主意不尽相同，但都包含着力求对客观实际和思维活动规律作出正确反映的意向，代表了那种为学治事注意从实际出发，详细地占有材料的优良文化传统。”（汪澍白：《毛泽东思想与中国文化传统》，厦门大学出版社 1987 年版，第 23 页。）曾国藩沟通讲求考据的汉学与讲求义理的宋学，认为两者不可偏废，有其独到的见解：“近世乾嘉之间，诸儒务为浩博。惠定宇、戴东原之流钩研诂训，本河间献王实事求是之旨，薄宋贤为空疏。夫所谓事者非物乎？是者，非理乎？实事求是，非即朱子所称即物穷理乎？”（《书学案小识后》，《曾文正公全集·文集卷三》。）曾国藩认为，汉学的实事求是与宋学的即物穷理是相通的。曾国藩的儿子曾纪泽深受其父教泽，他在所作《文法举隅序》中强调：“中国声名文物、彝伦道义、先圣昔贤六经典籍之教”，必须“益以海国人士深思格物、实事求是之学”。他干脆把西学称为“实事求是之学”。

毛泽东在《改造我们的学习》报告中说：“‘实事’就是客观存在着的一切事物，‘是’就是客观事物的内部联系，即规律性，‘求’就是我们去研究。我们要从国内外、省内外、县内外、区内外的实际情况出发，从其中引出其固有的而不是臆造的规律性，即找出周围事变的内部联系，作为我们行动的向导。”“实事求是”四个字，“事即物”，“是即理”，是中国古已有之的概念，是儒家“经世致用”的“实学”传统。毛泽东在延安整风学习批判“左”倾教条主义时，借用了这四个字的含义，用来解释马克思唯物主义的基本原理，使这四个字在新的时代具有了新的内涵与外延的意义，从而为全党树立了新的学风与新的思想路线，引导中国革命走向胜利。这种“古为今用”，具有伟大的历史意义。

新中国成立之后，毛泽东住进中南海，有条件建立自己的图书馆了。据《毛泽东的读书生活》一书所载：进北京后，根据他对中国古籍的广泛需要，特地买了一部《四部备要》，并陆续添置了其他一些古书，1952 年买了一部大字本的《二十四史》。《四部备要》于古籍收得较全，恐怕绝大部分他都读过了。除此之外，他还阅读或者浏览了大量包括诗词曲赋和小说的中国古典文学和各类杂书，包括《智囊》、《笑林广记》之类。中国史书他读得最多，4000 万字的《二十四史》是通读了的，有些部分不止读过一遍。（据毛岸青、邵华回忆：直到 1975 年已经病魔缠身，写字手都颤抖了，还在许多册上亲手写下了 ：“1975. 8 再阅”，“1975. 9 再阅” 的记载。）外国的文学名著只读过《茶花女》等数种，中国当代文学作品也很少看。国外有关社会化大生产管理方面的书读得更少。1958 年 1 月南宁会议后，回到北京，一个夜晚笔者奉召来到他的住所。宽大的木床上，有半边堆满了线装书，主人则靠坐在另半边。房中有一边墙被书架遮住，全是古籍。秦城忆旧时曾有七绝记此印象，头两句是：“一墙古籍半床书，谈笑风生榻上居。”这不能不使他的思想受到一定的局限，产生某些不良的影响。一方面，自幼年到青年到老年，长期执著地浸沉在国学的嗜好与熏陶之中；而另一方面，时代则要求国家必须迅速摆脱长期文化经济落后的局面，国家必须以发展生产力、发展现代科学技术为中心任务，国家必须尽快实现四个现代化。这种逆向的主客观情势，即大量不得清除的封建落后的思想与先进的社会主义之间（何况社会主义是什么以及如何建设都还没有彻底搞清楚），确有难以调和难以并存的矛盾；长期批判资产阶级思想、道路和不断的政治（反右）运动，又反而掩盖了这种矛盾。实际上在广大群众和社会生活中封建思想传统比资产阶级思想传统要广泛深厚得多。因此，这种逆向情势，恐怕也是促成“大跃进”和“文化大革命”的一个原因。否则，“大跃进”和人民公社化运动，就不会求助于“土法上马”砍树木“大炼钢铁”；不会向《张鲁传》、《大同书》求教，“吃饭不要钱”，办公共食堂，向共产主义“穷过渡”。后来也不会“深挖洞、广积粮”，搞大三线。至于“文革”十年动乱中的“破四旧”，“革革过命的人的命”，“早请示、晚汇报”，跳“忠字舞”，“理解的要执行，不理解的也要执行”，直到批林批孔、儒法斗争、歌颂秦始皇的暴政、吹捧吕后……那更不是什么矛盾的不可调和，而是将封建主义、帝王思想说成是马克思主义，而是林彪、“四人帮”借机推行封建专制主义。这是对五四运动与延安精神的反动，更是对马克思主义和毛泽东思想的反动。

国学和孔子学说中的珍贵遗产要继承，但是封建主义的东西一定要肃清，这就是我们回顾历史的教训。正如邓小平说的：“我们进行了二十八年的新民主主义革命，推翻封建主义的反动统治和封建土地所有制，是成功的、彻底的。但是，肃清思想政治方面的封建主义残余影响这个任务，因为我们对它的重要性估计不足，以后很快转入社会主义革命，所以没有能够完成。现在应该明确提出继续肃清思想政治方面的封建主义残余影响的任务，并在制度上做一系列切实的改革，否则国家和人民还要遭受损失。”（见《党和国家领导制度的改革》一文。）

“独服曾文正”

在湖南第一师范毕业的前一年，1917 年 8 月 23 日，毛泽东致黎锦熙的长信中写道：“愚于近人，独服曾文正，观其收拾洪杨一役，完满无缺。”

近代中国人尤其湖南人，从权贵政要、志士仁人到青年学子，大多佩服曾国藩（1811—1872），佩服其治学为人和带兵做事。从李鸿章、张之洞到袁世凯、蒋介石，无不对之顶礼膜拜，尊为“圣哲”；从梁启超到杨昌济，从陈独秀到毛泽东，也无不表示过推崇师法，受过其人的种种影响。过去研究早年毛泽东，大多回避了这个问题，或者即便接触到了，也是浮光掠影、蜻蜓点水。1980 年，拙著《毛泽东的早期革命活动》修订二版，才开始涉及这一点儿极有限的资料。

毛泽东的外婆家在湘乡，他 8 岁以前一直住在外婆家，16 岁时又在湘乡东山学堂读过半年书。曾国藩就是湘乡人，在 19 世纪五六十年代，带领湘军同太平军作战，取得最后胜利，从而声名赫赫，死后得到“文正”这一谥号。清政府称他“学有本源，器成远大，忠诚体国，节劲凌霜”。民间流传的徽号则为“曾剃头”，反清志士叫他“卖国贼”。

曾国藩招募、训练和统帅湘军，扑灭了太平天国革命，历史主要记述他这方面的功罪。他在这方面的名声掩盖了他在思想、学术上的名声。其实，曾国藩是个很复杂的人，是个有着多种身份的人，是个在很多方面都留下了自己影响的人物，所谓“道德文章冠冕一代”，是中国封建统治阶级最后一尊精神偶像。古人说：“人有三不朽，太上有立德，其次有立功，其次有立言。”推崇曾国藩的人认为这三者他兼而有之。“爱之以其道”，教子有方的《曾文正公家训》，在旧时代的风行有其深刻的社会原因。毛泽东在年轻的时候，深受这种影响，一时对曾国藩可说倾服备至。现在根据笔者接触到的有关思想资料，就此作些说明。

那时，毛泽东十分重视梁启超的意见。请看梁启超怎样评论曾国藩：“曾文正者，岂惟近代，盖有史以来不一二睹之大人也已；岂惟我国，抑全世界不一二睹之大人也已。然而文正固非有超群绝伦之天才，在并时诸贤杰中，称最钝拙；其所遭值事会，亦终身在拂逆之中；然乃立德、立功、立言，三不朽，所成就震古烁今而莫与京者，其一生得力在立志自拔于流俗，而困而知，而勉而行，历百千艰阻而不挫屈，不求近效，铢积寸累，受之以虚，将之以勤，植之以刚，贞之以恒，帅之以诚，勇猛精进，坚苦卓绝，如斯而已，如斯而已。”（梁启超：《曾文正公嘉言钞序》。）

在著名的《新民说》中，梁启超是以曾国藩为榜样立论的：“曾文正者，近日排满家所最唾骂者也，而吾则愈更事而崇拜其人。吾以为使曾文正生今日而犹壮年，则中国必由其手而获救矣。彼唯以天性之极纯厚也，故虽行破坏可也；惟以修行之极严谨也，故虽用权变可也。故其言曰：‘扎硬寨，打死仗。’曰：‘多条理，少大言。’曰：‘不为圣贤，便为禽兽。’‘莫问收获，但问耕耘。’彼其事业之成，有所以自养者也；彼其能率历群贤以共图事业之成，有所以孚于人且善导人者在也。吾党不欲澄清天下则已，苟有此志，则吾谓《曾文正集》，不可不曰三复也。”（梁启超：《新民说·论私德》）

彭大成著《湖湘文化与毛泽东》中说：毛泽东“早在湘乡东山学堂读书时，就批读过《曾文正公全集》”。想必是有根据的。

1913年，毛泽东进入湖南省立第四师范（随即并入第一师范）后，对他影响较大的国文教员袁仲谦和奉为楷模的修身课教员杨昌济，都是服膺曾国藩的。从毛泽东当时的听课笔记本《讲堂录》中，可以看到他记录了《曾文正公家书》、《曾文正公日记》等书中的材料。《讲堂录》中提到了曾国藩的文章《圣哲画像记》，这是曾国藩在军务倥偬之际干的一件大工程。三河兵败，弟弟曾国华战死之后不久，曾国藩写了一封信给三个弟弟，除了报告清廷对国华的优恤和介绍战局之外，信中还有这样一段："吾近写手卷一大卷。首篆字五个，次大楷四十八个，后小行书二千余，中间空一节，命纪泽觅此三十二人之遗像绘之于篆字之后，大楷之前。""吾平读书百无一成，而于古人为学之津途，实已窥见其大，故以此略示端绪。"（《曾国藩全集·全书》（一），岳麓书社1985年版，第460页。）

信中说的，就是这《圣哲画像记》。文中说："书籍之浩浩，著述者之众若江海然，非一人之腹所能尽饮也，要在慎择焉而已。余既自度其不逮，乃择古今圣哲三十余人，命儿子纪泽图其遗像，都为一卷，藏之家塾。后嗣有志读书，取足于此，不必广心博骛，而斯文之传，莫大乎是矣。"文末说："文周孔孟，班马左庄，葛陆范马，周程朱张，韩柳欧曾，李杜苏黄，许郑杜马，顾秦姚王，三十二人。俎豆馨香，临之在上，质之在旁。"三十二人依次为：周文王、周公旦、孔丘、孟轲、班固、司马迁、左丘明、庄周、诸葛亮、陆贽、范仲淹、司马光、周敦颐、程颢程颐兄弟、朱熹、张载、韩愈、柳宗元、欧阳修、曾巩、李白、杜甫、苏轼、黄庭坚、许慎、郑玄、杜佑、马端临、顾亭林、秦惠田、姚鼐、王念孙。程包括程氏兄弟，实为三十三人。其中文才与圣德并列，也是曾国藩政治思想和学术思想的代表作。在《圣哲画像记》中，四人一组，于义理、辞章、考据方面，德行、政事、经世方面，以及言语、文学等方面，对他们都分别有所论述。

曾国藩一生尊奉程朱理学，以"理"为世界万物之本，又同时极其重视经国济世之学；既研究理学，又酷爱文学，韩文、庄子嗜之成癖。其治学方法兼容并蓄，豁达大度，尊奉儒家，出入百家；笃守程朱，不废陆王；

宋学汉学并行不悖，于清朝大儒，特宗顾炎武与王念孙。其为人做事，以诚、实、勤、敬自励，尤重力行；治身要如墨翟之勤俭；齐民要如管商之严整；治事则广采各家，存乎一心，实事求是，针对具体情况灵活运用。他广事交游，师友极多，大都学识兼备，相互切磋，"守道救时"。晚清西学东渐时，他开创风气，成为积极推行洋务的先驱。他的散文出自桐城而高于桐城，且工诗词，论者多谓曾氏散文堪称清代一流大家。

曾国藩讲究"择书"说，是以《圣哲画像记》为读书指导，以"本根"之书为主，取得既约且博之效。其中谈到的三十三人，有好些在《讲堂录》中出现了。看来毛泽东是在这一提示下，认真注意了这些人的事迹、功业和文章。

除开师法这些人物外，曾国藩在给儿子纪泽的家书中，也谈到他生平爱读之书："余于四书、五经之外，最好《史记》、《汉书》、《庄子》、韩文四种，好之十余年，惜不能熟读精考。又好《通鉴》、《文选》及姚惜抱所选《古文辞类纂》、余所选《十八家诗钞》四种，共不过十余种。早岁笃志为学，恒思将此十余书，贯穿精通，略作札记，仿顾亭林、王怀祖（王念孙）之法。今年齿衰老，时事日艰，所志不克成就，中夜思之，每用渐悔。"（《曾国藩全集·家书》(一)，第477页。）

王船山的学说大彰于世，同曾国藩刊刻《船山遗书》分不开。此事是在同太平天国紧张作战中进行的，始于攻克安庆之后，成于攻克南京的第二年。曾国藩本人曾仔细校阅了当时刊刻的320卷中的三分之一多。金陵版《船山遗书》以空前规模问世，传遍海内，从此船山学说风行全国，在湖南传播尤广，对戊戌变法及以后爱国志士的反清救国运动影响至大。湘军中的重要领导人物郭嵩焘、彭玉麟、罗泽南等，都是服膺船山学术和景仰其人的。曾国藩同当时重视船山遗书的人士一样，用力最勤的是《读通鉴论》、《宋论》等，因其中史论尽古今之变，达人事之宜，多有关经邦治国、用兵作战，还包括如何绥靖农民起义的论述。曾国藩在同太平军作战时，用心研读《遗书》两论，联系自身处境，从中寻找借鉴。船山说过："设身于古之时势，为己之所躬逢，研虑于古之谋为，为己之所身任，取古人宗社之所安危，代为之忧患，而己之去危以即安者在矣；取古昔民情之利病，代为之斟酌，而今之兴利以除害者在矣。”曾国藩同样认为:“读史之法，莫妙于设身处地。”（转引自彭大成著：《湖湘文化与毛泽东》，第146页。）

杨昌济在《达化斋日记》(1915年4月5日)中，提到毛泽东这个得意门生，以为他出身农家，“而资质俊秀若此，殊为难得。余因以农家多出异材，引曾涤生、梁任公之例以勉之。”

毛泽东很重视杨昌济的意见，他不只是读了不少曾国藩的文章，兴趣和见解也受其影响。曾推崇笔力雄健、气象峥嵘、议论纵横、意义层出的文风；爱读韩愈的文章，在《日记》中常对韩文推崇备至。如说韩文“雄视千古”（壬子正月），“阅韩文《送高闲上人》，所谓‘机应于心，不挫于物’，姚氏以为韩公自道作文之旨。余谓‘机应于心’，熟极之候也，《庄子•养生篇》之说也。‘不挫于物’，自慊之候也，《孟子·养气章》之说也。‘不挫于物’者，体也，道也，本也。‘机应于心’者，用也，技也，末也。韩子之于文，技也进乎道矣”。（庚申十月）“读《原毁》、《伯夷颂》、《获麟解》、《龙杂说》诸首，岸然想见古人独立千古，确乎不拔之象。”（壬戌九月）毛泽东喜读韩文，看来不仅是因为教员袁仲谦的提倡，其中也有曾国藩的影响。如1919年写的《祭母文》，为当年塾师誉为“脱尽凡俗，语句沉着，笔力矫健，至性流露”，其中“恺恻慈祥，感动庶汇”两语，即取自曾氏家书。

1915年6月25日毛泽东致湘生信，这样谈到治学方法：“为学之道，先博而后约，先中而后西，先普通而后专门。质之吾兄，以为何如？前者已矣，今日为始。昔吾好独立蹊径，今乃知其非。学校分数奖励之虚荣，尤所鄙弃。今乃知其不是。尝见曾文正公家书有云：‘吾阅性理书时，又好作文章；作文章时，又参以他务，以致百无一成。’此言岂非金玉！吾今日舍治科学，求分数，尚有何事？别人或谓退化，吾自谓进化也。”毛泽东在这里说的，是曾国藩咸丰七年十二月十四日（1858年1月28日）致曾国荃信中的一段话：“凡人作一事，便须全副精神注在此一事。首尾不懈，不可见异思迁，做这样想那样，坐这山望那山。人而无恒，终身一无所成。我生平坐犯无恒的弊病，实在受害不小。当翰林时，应留心诗字，则好涉猎他书，以纷其志。读性理书时，则杂以诗文各集，以歧其趋。在六部时，又不甚实力讲求公事。在外带兵，又不能竭力专治军事，或读书写字以乱其志意。坐是垂老而百无一成。”（《曾国藩全集·家书》（一），第 358 页。）这些话，毛泽东以为是金玉之言。他拿曾国藩的这个观点来检查自己，认为自己过去不重视学校的功课，是错了。（不过，后来对学校功课过多仍力加非议。）

曾国藩家书凡一千多封，内容极为广泛，大到经邦纬国、进德为宦、朝政军务、治学修身，小到家庭生计、人际琐事、养生之道，事无巨细，无不涉及。《家书》各种版本，在旧社会极为流行。毛泽东当年读过的《家书》，系光绪年间传忠书局的木刻本，现韶山纪念馆尚收藏有该书的第四、第六、第七、第九卷，每卷的扉页上都有毛泽东手书的“咏芝珍藏”。曾国藩虽然将封建的纲常名教视为“地维所赖以立，天柱所赖以尊”的至高本体地位，以儒教卫道者自居，但他确善于将性理之学与经世致用结合贯通。其伦理思想有自己的鲜明特色，讲究人生理想、精神境界，以及道德修养与自我完善的一些具体做法，为反省内求，日新又新，磨砺意志，勤俭刻苦，力戒虚骄，以恒为本，等等。

曾国藩家书中的一些见解观点，我们可以在《讲堂录》中看到，例如：

“治军总须脚踏实地，克勤小物，乃可曰起而有功。”（同前书，第 367 页）

“精神愈用而愈出，不可因身体素弱过于保惜；智慧愈苦而愈明，不可因境遇偶拂遽尔摧沮。”（第 382 页）

“心常用则活，不用则窒；常用则细，不用则粗。”（第 527 页）

曾文正八本：“（吾教子弟不离八本）读书以训诂为本，作诗文以声调为本，养亲以得欢心为本，养生以少恼怒为本，立身以不妄语为本，治家以不晏起为本，居官以不要钱为本，行军以不扰民为本。”（第 662 页）

“刚”为曾国藩身体力行的伦理思想，做人应以“‘懦弱无刚’四字为大耻，故男儿自立，必须有倔犟之气”。《讲堂录》中“‘刚’字立身之本，有嗜欲者不能刚”，就有曾氏影响。

“此时须将劾官相之案，圣眷之隆替，言路之弹劾一概不管。袁了凡所谓从前种种譬如昨日死，从后种种譬如今日生，另起炉灶，重开世界。安知此两番之大败，非天之磨炼英雄，使弟大有长进乎？谚云吃一堑长一智，吾生平长进全在受挫受辱之时。务须咬牙历志，蓄其气而长其智，切不可恭然自馁也。”（第 1328 页）

在《讲堂录》里，毛泽东显然是把这些当做格言摘录下来的。年轻时留下的印象是这样的深，后来在延安，他还向一些干部提议阅读《曾文正公家书》。《讲堂录》里还注意到了曾国藩的日记。例如庚申九月日记：“与作梅畅谈当今之世，富贵无所图，功名亦断难就，惟有自正其心，以维风俗，或可补救于万一。所谓正心者，曰‘厚’曰‘实’。厚者恕也，己欲立而立人，己欲达而达人，己所不欲，勿施于人。存心之厚，可以少正天下浇薄之风。实者，不说大话，不务虚名，不行驾空之事，不谈过高之理，如此，可以少正天下浮伪之习。”毛泽东在这些话的下面作了一点儿发挥：“不谈过高之理，心知不能行，谈之不过动听，不如默而为愈。”

在《讲堂录》里，毛泽东对曾国藩作出了这样的评价：“有办事之人，有传教之人。前如诸葛武侯（诸葛亮）范希文（范仲淹），后如孔孟朱（熹）（九渊）王阳明等是也。宋韩范并称，清曾左并称，然韩左办事之人也，范曾办事而兼传教之人也。”所谓办事，是指建立事功；所谓传教，是指建立和传播思想学说以影响当代和后世。毛泽东认为，正如在宋朝范仲淹要高过韩琦一样，在清代曾国藩要高过左宗棠；范仲淹和曾国藩是“办事而兼传教之人”，也就是说不仅建立了事功，而且文章思想都可以为后世取法。

对于曾国藩编纂的《经史百家杂钞》一书，毛泽东也评价甚高，在 1915 年 9 月 6 日致萧子升的信中说：“顾吾人所最急者，国学常识也。昔人有言：欲通一经，早通群经。今欲通国学，亦早通其常识耳。首贵择书，其书必能孕群籍而抱万有。干振则枝披，将麾则卒舞。如是之书，曾氏《杂钞》其庶几焉。是书上自隆古，下迄清代，尽抡四部精要。”“国学者，统道与文也。

姚氏纂《类纂》畸于文，曾书则二者兼之，所以可贵也。”毛泽东将《经史百家杂钞》同姚鼐编的《古文辞类纂》作比较；认为《杂钞》比稍早出的《类纂》高明，是极有见地的。姚鼐是清代桐城派大文章家，认为治学有义理、辞章、考据三个方面，即以此为线索编成《古文辞类纂》，所录以古文辞为限而不及经史，目的是便于阅者研习古文。清初方苞、刘大櫆、姚鼐三位古文家，都是安徽桐城人。他们宗程朱理学，奉明代归有光为祖师，归有光长于抒情叙事散文（或称小品文），眼光局限，少论世说理之作。桐城派文章主要是应用的碑志、传状，也写山水景物的小品文，为世称道。姚氏编《类纂》，清代只选方、刘两人文章，而撇开顾炎武、魏禧等爱国志士忧时伤世的血泪文章。桐城派古文影响清代300年，直到民国不衰。笔者20世纪30年代初在长沙读高中时，国文老师是一位与袁仲谦同时在一师任过教的举人，用的教本便是这部《古文辞类纂》，他是绝对不允许学生作白话文的。曾国藩对这个选本有不满足的地方，于是调整了分类，更换了选文，编成了这部《杂钞》。在取材方面，经史子集四部，无不选择收录，以为辞章源自经史，在序例中说：“余抄纂此编，每类必以六经冠其端，涓涓之水，以海为归，无所于让也。”在编辑思想上，除了姚鼐提出的义理、辞章、考据三者之外，还增加了经济（即所谓经世济民）一项，而前三者都以经济为依归。因为它抄及经史，阅者从这个选本里，不仅可以研习辞章，而且可以接触到历代的治乱兴衰、典章文物、学术思想以及经世济民之道与术。毛泽东所说：姚氏《类纂》偏重于文，曾书则道统与文章二者兼之。可说是简明扼要地指出了两部选本的差异和长短。他认为，《经史百家杂钞》“孕群籍而抱万有”，是研习国学的入门书。他在信中向朋友介绍了自己研读此书的方法，从选本中的一篇而及全书，自一史而及于他史，如此等等，也就可以获得比较完全的国学常识了。

毛泽东第一篇用铅字发表的文章，是1917年4月《新青年》杂志第三卷二号上的《体育之研究》。其中说：“愚自伤体弱，因欲研究卫生之术。顾古人言者亦不少矣，近今学校有体操，坊间有书册，冥心务泛，终难得益。

盖此不重言谈，重在实行，苟能实行，得一道半法已足。曾文正行临睡洗脚、食后千步之法，得益不少。”看来，毛泽东在锻炼身体方面，也有师法曾国藩之处。

1917年8月23日，毛泽东在给黎锦熙写的长信中，提到一个“大本大源”问题：“天下亦大矣。社会之组织极复杂，而又有数千年之历史，民智污塞，开通为难。欲动天下者，当动天下之心，而不徒在显见之迹。动其心者，当具有大本大源。”那么，怎样的人才是具有大本大源的呢？信中说：“今之论人者，称袁世凯、孙文、康有为而三。孙、袁吾不论，独康似略有本源矣。然细观之，其本源究不能指其实在何处，徒为华言炫听，并无一干竖立，枝叶扶疏之妙。愚意所谓本源者，倡学而已矣。惟学如基础，今人无学，故基础不厚，时惧倾圮。愚于近人，独服曾文正，观其收拾洪杨一役，完满无缺。使以今人易其位，其能如彼之完满乎？”曾国藩以洞悉“大本大源”为学问之极致，“得大本大源，则心有定向而不致摇摇无着”。毛泽东在信中描述不知“大本大源”之人，“如墙上草，风来两边倒，其倒于恶，固偶然之事，倒于善，亦偶然之事”。姑不论当年毛泽东所探究的“大本大源”与曾国藩的在内容上是否相同，这种重视“本源”的思想方法可说是相通的。

几年来阅读曾国藩的家书、日记以及一些文章，思考其人一生的事业，毛泽东在1917年8月得到了这样一个看法。他说的是“独服”，不但超过袁世凯、孙中山，而且超过曾经深受他尊重的康有为。这时他对曾国藩的倾倒真是无以复加了。而且引为“大本大源”证据的，正是后来最成问题的扑灭太平军的战争，这是很值得思考的问题。

曾国藩本来是个文人，打仗不是他的本行。湘军出境时不过两万人，太平军已成燎原之势。湘军同太平军作战中，打的败仗很多，因而曾不止一次要自杀。王闿运在《湘军志·营利篇》中说：“曾国藩以惧教士，以惧行军，用将则胜，自将则败。”说的是曾国藩在战役指挥方面并不高明，还不如他的部将。事实也正是如此。战争的结局，湘军获胜，太平军失败，是许多因素造成的。在这场大战争中显出曾国藩过人之处的，最重要的一点，是他找到了一个恰当的动员口号。洪秀全用来动员群众的，是他从西方传教士那里道听途说来的天主教教义，再由他加以中国化而成的“拜上帝教”，这在中国并没有根基。同时“孔孟诸子之书尽行禁除”，即《诗经》亦须经“天王删定”始能读。曾国藩看准了他的敌人的这个弱点，就从这里大做文章，《讨粤匪檄》中说：

“自唐虞三代以来，历世圣人，扶持名教，敦叙人伦，君臣父子，上下尊卑，秩然如冠履之不可倒置。粤匪窃外夷之绪，崇天主之教，自其伪君伪相，下逮兵卒贱役，皆以兄弟呼之。谓惟天可称父，此外凡民之父，皆兄弟也；凡民之母，皆姊妹也。农不能自耕以纳赋，而谓田皆天王之田；商不能自贾以取息，而谓货皆天王之货；士不能诵孔子之经，而别有所谓耶稣之说，《新约》之书。举中国数千年礼义人伦，诗书典则，一旦扫地荡尽，此岂独我大清之变，乃开辟以来名教之奇变，我孔子孟子之所痛哭于九泉，凡读书识字者，又乌可袖手安坐，不思一为之所也？”

曾国藩以保卫名教作号召，动员士大夫阶层和“乡野老实之人”参军参战。治军最重视精神教育，以传统的封建文化纲常伦理陶冶维系军心；以忠义血性、亲子师友关系用将带兵，将用人权与军、政、财权合一，开近百年军阀专制的先河；并仿照戚继光练兵成法，习劳忍苦，层层统属，一扫清朝八旗、绿营旧制陋习，终于赢得镇压太平天国战争的胜利。一场满汉之间的民族战争，一场地主农民之间的阶级战争，被曾国藩说成是一场维护名教，也就是保卫中国传统文化的战争了。毛泽东成为一个马克思主义者以后，是看到了这一点的。1926 年，他在广州农民运动讲习所讲课时说：“洪秀全起兵时，反对孔教提倡天主教，不迎合中国人的心理，曾国藩即利用这种手段，扑灭了他。这是洪秀全的手段错了。”（《广州农民运动讲习所资料选编》，第 195 页。）这时他是站在同情太平天国革命的立场上，为太平天国总结历史教训的。

曾国藩的军事活动经验，对后来毛泽东的战争生涯也不是毫无关系的。

大家都知道的，另一位有名的湖南人蔡锷于1911年编有《曾胡治兵语录》，就是一本毛泽东认真读过的书。毛泽东在江西建立革命根据地，取得反“围剿”战争胜利时，“左”倾教条主义者曾经嘲讽过他，是“农民意识的地方观念与保守观念”，不过是把《三国演义》、《孙子兵法》当做现代战略；并且说《曾胡治兵语录》乃敌人蒋介石所专有的东西。因为蒋介石也是一个极其崇拜曾国藩的人。关于曾国藩的治军打仗，非本文探讨的范围，这里介绍两个例子，可以引起我们的思考。

曾国藩治军以“禁骚扰以安民”为第一义，列于《劝诫营官四条》的第一条。《曾胡治兵语录》第八章《仁爱》中有曾国藩的这样一段话：“爱民为治兵第一要义。须日日三令五申，视为性命根本之事，毋视为要结粉饰之文。”咸丰八年（1858年），曾国藩在江西建昌大营作《爱民歌》，长500余字，表示了他何等重视军民关系：

“三军个个仔细听：行军先要爱百姓。”“第一扎营不贪懒，莫走人家取门板。莫拆民房搬砖头，莫踹禾苗坏田产。莫打民间鸭和鸡，莫借民间锅和碗。莫派民夫来挖壕，莫到民家去打馆。筑墙莫拦街前路，砍柴莫砍坟上树。挑水莫挑有鱼塘，凡事都要让一步。”“无钱莫扯道边菜，无钱莫吃便宜茶。更有一句紧要书，切莫掳人当长夫；一个被掳挑担去，一家吓哭不安居；娘哭子来眼也肿，妻哭夫来泪也枯。”“军士与民如一家，千记不可欺负他。日日熟唱爱民歌，天和地和又人和。”

另一个例子是，同治元年九月十一日（1862年10月3日），曾国藩在写给曾国荃的信中说：“制胜之道，实在人而不在器。”（《曾国藩全集·家书》（一），第868～869页。）曾国藩遵从戚继光的遗教：“练兵之要，首在练将”，而“练将”首在具有“忠义血性”之“将德”，这样，“才堪治兵”、“不怕死”、“不急急名利”、“耐受辛苦”四者，方能相从并得，驭兵制胜。他认为带勇之人要懂得谋略，“临事而惧，好谋而成”，从实际出发，不拘泥书本，不因循旧法，择善而从，灵活变通。他从《孙子兵法》等古代兵法总结出一套战术原则，如以主待客，后发制人；奇正互用，虚实结合；集中兵力，以十攻一，等等。并撰写通俗的《陆军得胜歌》等，使这些原则将喻兵晓。湘军攻陷南京时，兵员最多不过10余万人，而太平军人数最多时达50多万人。

此外，从致曾国荃的信中看到，曾国藩还有很多精彩的军事思想，如“以全军破敌为上，不以占城池土地为意”；“多用活兵”，“少用呆兵”；“隔而不围”，“围而不打”等。他后来能很快认识到捻军“如蚁旋磨，忽左忽右”，“多打几个圈圈”的游击战术，并从理论上总结出捻军作战的“四长三短”，这固然是直接来自战争实践经验教训的总结，同时也与他这时熟读船山的《读通鉴论》、《宋论》不无关系。船山在这两本书中就深刻总结了农民战争这种“败亦走，胜亦走，无所不走”的灵活机动的游击战术。

从人民军队的本质出发，后来毛泽东为红军制定的《三大纪律，八项注意》，说明他一开始战争生涯，就极端重视建立良好的军民关系：“军民团结如一人，试看天下谁能敌。”众所周知，毛泽东军事思想的一个重要原则是：在战争中，人的因素第一，比武器的因素更重要。当然在本质上，重视军民关系与重视人的因素，曾国藩是从维护摇摇欲坠的清朝统治出发，他杀人如麻，从不手软，自称“勿以杀人多为悔”，却又侈谈佛祖慈悲。所谓“爱民”，也不过是“理学家”的一种虚伪而已。但作为治军之道，曾国藩显然比他的后辈私淑弟子蒋介石要高明得多。

这里只是就现在笔者手上的一些资料，从治学方法，探求本源，修养之道，勤俭刻苦，文章气象，直到带兵打仗，等等，以说明毛泽东早年读书生活中，就为何“独服曾国藩”这一点作些说明。从这个侧面也可看到，毛泽东是一个土生土长的中国人，没有丰富的中国文化传统做养料（包括曾国藩的言行），就产生不出他这样一个善于将马克思主义原理同中国实际结合的伟大革命家来。

《新青年》的影响

辛亥革命是中国旧民主主义革命时期最伟大的一次革命。它的果实虽然被袁世凯攘夺了，然而在广大人民群众中毕竟产生了民主主义的觉悟，国民是国家主人翁的观念普遍地树立起来了。袁世凯的帝制自为、张勋的复辟闹剧，只能昙花一现，遭到全国的反对，绝不是偶然的。帝国主义的侵略，军阀的横行，挡不住中国的前进。随着民族资本在第一次世界大战期间的发展，中国工人阶级也迅速成长壮大起来，他们身受几重压迫，具有极大的革命性。资产阶级、小资产阶级的急进民主主义知识分子，则从辛亥革命的教训中，以及中国社会内外各种矛盾剧烈发展的过程中，逐渐认识到唤起“多数国民之自觉”的重要。他们继承了先辈的战斗精神，冲破袁世凯统治所掀起的一股复古逆流，终于发动了一个彻底地反对封建主义的启蒙运动——五四新文化运动。《新青年》的出版，标志着这个运动的开始。

陈独秀主编的这个刊物，1915 年 9 月创刊时，原来叫做《青年杂志》。那时袁世凯正酝酿称帝，政治空气极为恶劣。尽管陈独秀是个很激进的人物，但为形势所迫，刊物还是显得比较温和。创刊号上宣布宗旨，也不过是说“国势陵夷，道衰学弊。后来责任，端在青年。本志之作，盖欲与青年诸君商榷将来所以修身治国之道”。就这样，仍有困难。1916 年 6 月袁世凯死后，政治形势有所松动，9 月开始出第二卷，并且改名《新青年》，从此十分鲜明地树立了民主与科学两面大旗，以介绍西欧新思想、批判中国旧思想为职志。当时所提倡的民主与科学的内容，虽然仍旧属于资产阶级的社会政治学说及其所需要的自然科学范畴，而且不懂得用历史唯物主义的观点来对待历史遗产，批判旧思想的方法还是资产阶级形式主义的方法；但是它跟过去维新派所提倡的新学已大不相同，而是站在新旧势不两立的立场上，主张彻底摧毁封建主义的“中学”，实现西方资产阶级上升时代的民主自由和个性解放。

杨昌济在这刊物上发表文章（第二卷第四、第五号《治生篇》），并且把这个杂志介绍给自己的学生。毛泽东在 1936 年告诉斯诺说："《新青年》是有名的新文化运动的杂志，由陈独秀主编。我在师范学校学习的时候，就开始读这个杂志了。我非常钦佩胡适和陈独秀的文章。他们代替了被我抛弃的梁启超和康有为，一时成了我的楷模。"陈独秀、吴虞等人打倒孔家店的文章，李大钊的《青春》、《今》等启蒙作品，都是毛泽东和他的朋友们醉心阅读的。他们经常把这些文章中最精辟的地方，整段地抄在自己的笔记本和日记本上，然后加上自己的意见；平时交谈也常是研究这些文章中的问题和观点。据当时跟他接近的同学回忆，（周世钊：《湘江的怒吼》（五四前后毛泽东同志在湖南的革命活动），载《五四运动在湖南》，湖南人民出版社 1959 年版。）有很长一段时间，每天除上课、阅报外，他看书看《新青年》，谈话谈《新青年》，思考也思考《新青年》上提出的各种问题。他决心同封建主义思想决裂，这可以从 1917 年 8 月 23 日致黎锦熙长信中的一段话看出："顷略阅书报，将中外事态略为比较，觉吾国人积弊甚深，思想太旧，道德太坏。夫思想主人之心，道德范人之行，二者不洁，遍地皆污。盖二者之势力，无在不为所弥漫也。思想道德必真必实。吾国思想与道德，可以伪而不真、虚而不实两言括之。五千年流传到今，种根甚深，结蒂甚固，非有大力，不易摧陷［廓］清。"（见《毛泽东早期文稿》，湖南出版社 1990 年 7 月版。）他的那种"大杂烩"思想状况，也正是当时《新青年》所具有的复杂的思想状况的一个投影。《新青年》在这个期间虽然勇猛地进行了反对封建主义的斗争，但是也不可避免地存在若干严重的缺点，其中之一就是，用来反对封建主义的思想武器几乎全部是从西方资产阶级那里搬来的，包括 18 世纪的民主主义思想、19 世纪庸俗的进化论思想，直到 20 世纪帝国主义的反动思想，纷然杂陈，荟于一身。刊物的这种状况又同主编陈独秀的复杂的思想状况分不开。陈独秀在反对封建主义的斗争中是极其勇敢而坚决的，他在《新青年》上一开始就提出民主与科学的口号，认为"国人而欲脱蒙昧时代，羞为浅化之民也，则急起直追，当以科学与人权并重”。他号召广大青年解放思想，冲破封建伦理道德的束缚，打倒骗人的偶像，敢于去怀疑那些从来被认为是“天经地义”的旧观念。认为不论什么事物和观念，如果经理性和科学判定为不合乎现社会的，即令它是“祖宗之所遗留，圣贤之所垂教，政府之所提倡，社会之所崇尚，皆一文不值也”。他对民主与科学的热情宣传和对旧礼教旧道德的猛烈攻击，对当时进步思想界和知识青年有很大的影响，曾合理地被看成是新文化运动的主将。但是，他的社会历史观则基本上还是唯心主义的。他将社会改造归结为思想改造，以此作为变革社会的基础，而看不见新思潮产生的物质基础和物质力量。他认为中国以往民主革命的失败，是由于“多数国民之觉悟不足”，因此主张所谓改造国民性，尤其重视所谓“伦理觉悟问题”，以为伦理问题一解决，其余便迎刃而解。从个性解放的思想出发，他认为个人是社会的基础，“满足欲望是个人生存的根本理由”。他过分崇拜西方文化，极力赞扬法国的民主制度，(《新青年》杂志的封面印有法语“青年”——“LAJEUNESSE”一词，这也反映主编陈独秀对法国文化和法国民主思想的向往。)称“人权论”、“生物进化论”、“空想社会主义”为近世三大发明。像一切唯心论者一样，从人的意志、天才、感情去解释人的社会活动。他过分夸大个人的作用，膜拜英雄，鄙视群众，认为“非有先觉哲人，力抗群言，独标异己，则社会莫有进化”。在五四运动以前，进化论曾是进步思想界的主流。陈独秀在这方面的观点同严复早期的观点近似。这种由严复传播过来的19世纪英国人赫胥黎的进化论，尤其是斯宾塞的庸俗进化论，用“物竞”与“天择”的生物发展的规律来解释社会现象：认为“天演”(即进化)是任何事物也不能避免的普遍客观规律，完全适用于人类种族与社会。严复完全同意这种论点，按语篇幅往往超过译文，认为种族与种族之间、国家与国家之间，也是一个大竞争局面，谁最强横有力，谁就是优胜者，就能生存，否则就是灭亡。陈独秀也用“生存竞争”的公式激励青年发愤自强，争取“优胜”而避免“劣败”。这种社会达尔文主义虽然当时对中国人民起过警觉奋起的作用，但恰好为帝国主义侵略弱小民族提供了论据，使人们容易产生崇外与自卑的心理。从这种观点出发，陈独秀当时不仅没有提出反对帝国主义的口号，反而认为中国的落后并不在帝国主义的侵略，而是由于自己不长进（直到五四运动爆发以后，他对帝国主义的认识才起根本变化）。在对待现实的政治问题上，他所依靠的也只能是法国大革命和美国独立运动时代的“国民运动”。因此在《新青年》的前期，陈独秀虽然是“打倒孔家店”的急先锋，但是在后来转向更新的思想即马克思主义时，却是比较落后的。

尽管作为杂志的主编陈独秀，在后人看来，还存在这样一些弱点，但在五四运动时期，《新青年》高举民主和科学两大旗帜，拥护德莫克拉西（民主）和赛因斯（科学）两位先生，具有反对几千年封建专制主义的伟大历史功绩。正如陈独秀在《本志罪案之答辩书》中说的，“要拥护那德先生，便不得不反对孔教，礼法，贞节，旧伦理，旧政治。要拥护那赛先生，便不得不反对旧艺术，旧宗教。要拥护德先生又拥护赛先生，便不得不反对国粹和旧文学。”这些话可说是《新青年》的纲领。《新青年》在上述各个方面都进行了勇敢的不倦的斗争。

毛泽东完全赞同《新青年》的这些主张，后来五四运动时，他在自己主编的《湘江评论》中，也是以极大的热情宣传民主与科学。几乎可以说，这刊物是《新青年》在湘江之畔的回声。《新青年》提出“文学革命”的口号，陈独秀在《文学革命论》一文中说，要“推倒雕琢的阿谀的贵族文学，建设平易的抒情的国民文学”；“推倒陈腐的铺张的古典文学，建设新鲜的立诚的写实文学”；“推倒迂晦的艰涩的山林文学，建设明了的通俗的社会文学”。毛泽东就在《湘江评论》上说，要“由贵族的文学，古典的文学，死形的文学，变为平民的文学，现代的文学，有生命的文学”。可说是遥相呼应了。

《新青年》杂志前二卷辟有《国外大事记》、《国内大事记》两个栏目，介绍了当时正在激烈进行的第一次世界大战中战局和政局的变动、俄国发生的二月革命，以及国内时局动态政潮分析，诸如北洋政府复古尊孔等类倒行逆施之事。紧接这些介绍之后，往往在以后几期就有有关的评论文章出现。这些都是关心时局的毛泽东极感兴趣的材料。第四卷开始的《随感录》

一栏，陈独秀、陶孟和、刘半农、钱玄同、鲁迅、周作人等人，针对时弊，发表短小精悍的文章。后来《湘江评论》上虽然没有用上“随感录”这名目，但每期都有以《放言》为栏目的，类似体裁的锋利短文。还不只是体裁方面的影响，更重要的是思想方面的影响。例如，鲁迅在《随感四十八》（《新青年》第六卷第二号，署名唐俟）中描写一些反对改革的人说，这些人主张“学了外国本领，保存中国旧习。本领要新，思想要旧。要新本领旧思想的新人物，驼了旧本领旧思想的旧人物，请他发挥多年经验的老本领。”5个月之后，毛泽东也在《湘江评论》上批评那种“学问要新道德要旧”的谬说（《健学会之成立及进行》）。在《新青年·随感录》中，陈独秀、钱玄同、鲁迅都发表过好些篇反对“保存国粹”的文章。正如鲁迅在《随感录三十八》中说的，那些人认为“古人所作所说的事，没一件不好，遵行还怕不及，怎敢说到改革？”毛泽东在《健学会之成立及进行》一文中，也批判了那种认为“中国是一个声名文物之邦，中国的礼教甲于万国。西洋只有格致枪炮利害，学来这一点便得”的思想。

毛泽东不只是《新青年》杂志忠实而热情的读者，完全赞同它鼓吹民主和科学的大方向，并且在自己编辑的刊物上发表文章以为声援，他还直接参加了《新青年》的工作。早在1917年4月1日出版的《新青年》杂志第三卷第二号上，发表了他写的《体育之研究》一文，署名“二十八画生”（“毛泽东”3字繁体共28画）。这是一篇长达8000字的力作，首先强调指出了体育的重要性，在德、智、体“三育”之中，“体者，为知识之载而为道德之寓者也”。“德智皆寄于体。无体，是无德智也”。“体育于吾人实占第一之位置。体强壮而后学问道德之进修勇而收效远。”他并且举出实例，如颜回、贾谊、王勃、卢照邻，“或幼伤，或坐废，此皆有甚高之德与智也，一旦身不存，德智则从之而隳矣”。毛泽东认为，体育之效，可以强筋骨，增知识，调感情，强意志，关系身心两个方面。“身心皆适，是谓俱泰。故夫体育非他，养乎吾生，乐乎吾心而已。”文章并且探讨了当时体育教育的状况、不足和改进的方法。

这篇文章的可贵之处，还不只是就体育谈体育，它是配合着《新青年》总的战斗方向的一次出击。鲁迅曾经回忆说，“当时的《新青年》是正在四面受敌之中”（《热风·题记》）。一些反对新文化的人物，常常发表反对民主与科学的文章。《新青年》必须予以回击。陈独秀、李大钊、鲁迅、钱玄同等人在《新青年》上发表了许多文章，把这一任务担当了起来。毛泽东在《体育之研究》中也作了这样的努力。文章中说道：“近有因是子者，言静坐之法。自诩其法之神，而鄙运动者自损其体。是或一道，然予未敢效之也。愚拙之见，天地盖惟有动而已。”这“因是子”，本名蒋维乔，号竹庄，江苏武进人，民国初年任南京临时政府教育部秘书长，后来是教育部参事。他在 1914 年出版了一本《因是子静坐法》，鼓吹“静坐”，妄谈生理，例如说什么：“吾人初生之一点，实自脐始，故人之根本在脐。……故脐下腹部最为重要，道书所以称之曰丹田。”毛泽东明确表示不同意蒋维乔的主张。有趣的是，一年半之后，鲁迅在《新青年》上（《随感录三十三》）也批驳了这位因是子。鲁迅说：“现在有一班好讲鬼话的人，最恨科学，因为科学能教道理明白，能教人思路清楚，不许鬼混，所以自然而然的成了讲鬼话的人的对头。于是讲鬼话的人，便需想一个方法排除他。其中最巧妙的是捣乱。先把科学东拉西扯，羼进鬼话，弄得是非不明，连科学也带了妖气。”鲁迅所举的第一个例子，就是出自这一本《因是子静坐法》。

静坐是不是可以作为一种健身的方法，它与气功、瑜伽功等有何异同，这问题在今天还有人在研究，也可能是有益的吧。但是蒋维乔书中的论述方法，显然是不科学的，《新青年》杂志（包括毛泽东）对他的批驳，是提倡科学反对封建迷信斗争的一部分，在当时说，是完全必要的。

1919 年毛泽东创办文化书社后，全国进步的书籍报刊开始在湖南得到销售的机会。书社同《新青年》杂志社有了直接的发行联系。在《文化书社第一次营业报告》中可以看到，半年内书社销售的书籍和报刊中，销售量最大的几种中，《新青年》销了 2000 本，这在当年是一个很大的数目。

读社会这一本大书

在学生时代，勤奋地读书，这是一般人多少能办到的事，毛泽东与众不同的地方，便是不但勤于学习，而且讲究实践；不但善于读“死”的书本，而且善于读活的书本，即按照他自己的话说，不但要读有字书，而且要读无字书。这一方面是深受杨昌济的熏陶；另一方面也是受了顾炎武、颜习斋、王船山等的影响；后来则是受了《新青年》的影响。但最根本的还在他有明确的为了改造中国的行动目标。他在当时已经领悟：知而不行，等于不知，只有实践才能产生真知，才能考察自己所知的究竟正确与否；如果不经过刻苦的锻炼，就无法实现自己的抱负和理想。他预计到自己的将来，好比一艘远洋的航船，定将遇到无数险恶的风浪，光有一些书本知识，怎能应付这种命运？正如他在《讲堂录》中记下的：“闭门求学，其学无用。欲从天下国家万事万物而学之，则汗漫九垓，遍游四宇尚已。”他最注重的是当代的现实，用笔记中的话，即是，要“通今，读史必重近世”。

这个特殊的学生还特别有好问——虚心向人请教的习惯。他最懂得学与问是不可分离的。不论读书、看报、听讲，遇到疑难的地方，他总要记下来，以便随时向别人请教。他经常同朋友们交换读书心得，研究各种问题。“板仓杨寓”去得最勤。1915 年前后，杨昌济、黎锦熙、方维夏、徐特立等六位一师教员都住在李氏芋园，园中有假山、水池、树木，小有庭园之胜。毛泽东和他的朋友组织了一个哲学研究小组，他们星期日和假期常到这里来，向杨、黎各位老师求教，讲学论道，互阅日记，边议论时局、臧否人物。

现在我们从黎锦熙保存的日记中，从 1915 年 4 月至 8 月，找到这方面最可靠的记载。现摘录如下，以见一斑：

1915 年 4 月 4 日星期日。上午润之来，阅其日记，告以读书方法。4 月 11 日星期日。上午一师学生萧子升、润之及焜甫（熊光楚）至，讲读书法。4 月 18 日星期日。上午润之等相继至，共话社（宏文书社）事。4 月 25 日星期日。上午游园（即芋园），润之来，告以在校研究科学之术。5 月 9 日星期日。上午润之至，稍谈读书事。5月30日星期日。上午焜甫、润之至，又晤季范，久谈改造社会事。7月4日星期日。上午阅《神州日报》。润之至，阅《甲寅》六期。7月11日星期日。上午……章甫同润之来，问小学功夫做法，余谓宜读段注《说文》。7月13日星期二。夜归，与润之、章甫说读史法。7月15日星期四。上午读《群学肄言》"教辟"，竟。……与润之说研究法。7月19日星期一。上午与润之、章甫说读书自习法。7月20日星期二。上午坐门间阅《群学肄言》"缮性"，竟，甚爽适，润之亦移此室。7月13日星期二。上午与润之、章甫讲学，告以"缮性"一篇，以自试其思考力及学识程度。7月31日星期六。晚，在润之处观其日记，甚切实，文理优于章甫，笃行两人略同，皆大可造，宜示之以方也。8月8日星期日。晚饭后归，与润之谈学与政，以易导为佳。8月11日星期三。晚归，与润之久谈读书法，谓须与教课连贯。8月14日星期六。晚，览润之日记于焜甫处，焜甫前日来预备升学考试，润之昨日之校矣。章甫则任一师附小的级任去。8月15日星期日。上午润之、章甫至，为论读书法于焜甫处。8月29日星期日。上午子升、润之至，谈学颇久。

他们也到船山学社去听讲。船山学社于1915年创办，是当时湖南一些具有民族思想和忧国忧时的人士专讲船山学说的地方，每周公开讲学一次，并办有《船山学报》。(《船山学报》第一期于1915年8月出版。主持人刘人熙(湖南浏阳人，曾任第一师范前身中路师范监督。1916年汤芗铭遁走时，做过几个月的湖南都督）所写的《船山学报叙意》，第一句话是："船山学报为何作也？忧中华民国而作也。"《学报》内容为刊行"船山遗书"及其笺证，以及时论、政论和哲学、文史等专论。这是一种提倡"国粹"的古文综合杂志，撰稿人均湖南旧式文人名士。袁世凯称帝时，该报曾加非难。第一次出刊至1927年8月止，共出版八期。第二次自1932年末至1937年末，共出版十四期。以后即停止出刊。这个杂志后来只是在湖南少数守旧文人中有些影响。）袁世凯做皇帝的时候，船山学社是长沙能听到反对呼声的场所之一；《学报》上也敢于刊载一些非难的文章。

凡属长沙城里比较有学问的人，或者有时从外面来了有名的学者，毛泽东常趁星期天去访问，向他们请教一些问题。虽然那些人并不认识这个师范的穷学生，也不一定高兴接待这个年轻的不速之客，但是他从不计较这些，只图达到求学的目的。

1917年春，曾经帮助和支持过辛亥革命的日本人士白浪滔天（宫崎寅藏）亲临长沙，参加黄兴改葬的葬礼。毛泽东和同学萧植蕃（即萧三）得知这个消息后，特地给这位日本知名人士写了一封信，高度赞扬他对中国人民的友谊，并表示“愿一望见”和求教。信的全文如下：（《毛泽东早期文稿》，湖南出版社1990年7月版。）

白浪滔天先生阁下：

久钦高谊，觌面无缘，远道闻风，令人兴起。先生之于黄公，生以精神助之，死以涕泪吊之，今将葬矣，波涛万里，又复临穴送棺。高谊贯于日月，精诚动乎鬼神，此天下所希闻，古今所未有也。植蕃泽东、湘之学生，尝读诗书，颇立志气。今者愿一望见丰采，聆取宏教，惟先生实赐容接，幸甚，幸甚！

湖南省立第一师范学校学生萧植蕃、毛泽东，上

关于毛泽东这种好学勤问的习惯，杨昌济的儿子杨开智还有一段珍贵的回忆：“1916年暑假，怀中先生在板仓家中度假，暑假期间的一天，毛泽东同志风尘仆仆，一把雨伞，一双草鞋，从长沙城出发，步行了一百二十里，来到当时还是穷乡僻壤的板仓冲杨家下屋我们家中。这是他第一次来板仓。在板仓期间，他曾以很大的兴趣浏览了我父亲的藏书，特别是所订阅的新书报刊，和我父亲讨论了一些学术问题和社会问题。有一次，我的父亲跟他谈到，距板仓四十多里路的地方住着一位日本留学归来的柳午亭先生（即后来为革命牺牲了的柳直荀同志的父亲），是一位体育运动的热心倡导者和实践者。那时，体育问题是他悉心研究的问题之一。第二天，他就由一

位农民带路，去访问了柳午亭先生。柳先生非常高兴地接待了毛泽东同志，他们进行了广泛的交谈。他回来时跟我父亲谈到了此行的印象，称赞柳先生在体育的研究和实践上有较高的造诣，许多地方值得效法。”（杨开智：《粪土当年万户侯》（毛主席青年时期革命实践的片段），载 1977 年 9 月 7 日《文汇报》。）

青年毛泽东还极看重游历的作用。他在《讲堂录》上这样写道：

“游之为益大矣哉！登祝融之峰，一览众山小；泛黄渤之海，启瞬江湖失。马迁（即司马迁）览潇湘，泛西湖，历昆仑，周览名山大川，而其襟怀乃益广。”

“游者岂徒观览山水而已哉。当识得其名人巨子贤士大夫，所谓友天下之善士也。”

上面这些话还是 1913 年写的。毛泽东一直是朝这个方向努力的，除开每天仔细看几种报纸外，平时上街都注意看告示，以了解社会情况。学习不只是读书，游历和考察、接触种种人和种种事，同样是很重要的学习。自古以来，中国文化传统中还有这样一种观念：不游历名山大川，孤陋寡闻，是写不出大文章的。颜习斋和严复都强调要读无字之书，尤其颜习斋最反对闭门读死书的书呆子。这都对青年毛泽东有深刻的影响。1915 年 9 月 6 日，毛致萧子升的信中，谈到博学、通识之重要，说王安石变法失败的原因：“欲行其意而托于古，注《周礼》、作《字说》，其文章亦傲睨汉唐，如此可谓有专门之学者矣，而卒以败者，无通识，并不周知社会之故，而行不适之策也。”

一次，毛泽东在翻阅旧《民报》时，看到一篇文章，记述两个学生旅行全国的故事，他们一直走到四川靠近西藏边境的打箭炉（今康定）。从这件事受到鼓舞，很希望自己也能够这样去旅行。他自己的回忆说：“这件事非常鼓动着我，我很想仿效他们，但是没有钱，所以先打算办到湖南全省的旅行。”

有志者，事竟成。不久他就实现了这个愿望。那是1917年暑假将要来临的时候，他同在楚怡小学当教员的好朋友萧子升商量，怎样度过漫长的假期。他们订出的度假计划是十分奇特的：去当叫花子（湖南方言：乞丐）！身上一个钱不带，去做长途旅行，靠着乞讨解决吃和住的问题。这样，从社会的最底层来看社会，来看人情世态，必定能够看到许多平日看不到的东西。旧时有穷苦的读书人或失业塾师，到处给大户商号送对联或恭维话，做游学先生，以解饥困，社会上叫做“打秋风”。这是穷秀才一种解决旅途生计的办法：每到一处，遇上机关、商店或者住户，就写一副对联送去，接受一点儿馈赠。结果，一个多月“乞讨生活”的“游学”，没有花一文钱。他们走过许多市镇，经过更多的冷僻农村，一路了解农民和各阶层人民的生活以及社会风俗人情。萧子升放不下架子，向人问路，都要先整整衣服，干咳两声，然后开腔；还只愿进大户人家。毛泽东却态度谦和，谈话亲切，愿意进小户人家，尤其热心于访贫问苦，同什么人都谈得来。这次“游学”，他们漫游了宁乡、安化、益阳、沅江等五个县，是一次大丰收，使毛获得许多书本上学不到的东西。据一师老同学的回忆，他曾将此次游历中一些有意义而有兴趣之事，写寄湖南通俗报发表。

萧子升的回忆录中几乎有一半篇幅记录了这次“行乞游记”。这一部分是20世纪50年代最先脱稿的，可信的程度较大。以下所述，主要根据此书。

楚怡学校先放暑假。不久第一师范也放暑假了，一大早，毛泽东就赶到楚怡来了。他剃了一个大兵式的光头，穿一身已经破旧的白裤褂，带着一把旧雨伞和一个小包袱，包袱里只是一套换洗衣、洗脸巾、笔记簿，还有毛笔和墨盒。萧子升脱下日常教员穿着的长衫，换上了同毛一样的装束，只不过包袱里多了一些信纸信封和一本《诗韵集成》，以备诗兴发了两人可以吟诗唱和。

萧子升去跟校长告别。校长陈润霖大吃一惊，问道：“萧先生，发生了什么事情？为什么穿得这个样子呀？”

萧子升解释说：“我只不过要做一次徒步旅行，穿着这样的衣裳走起路来方便些。”萧并告诉他：有毛泽东同行。说起毛泽东，陈润霖是有印象的，毛是他在第四师范当校长时的学生，他曾夸奖过毛的作文，当教员的有几个能写得出。他说：“一个奇怪的小伙子，两个奇怪的小伙子！”

出了校门，是向东还是向西呢？他们并没有明确的目的地，对于乞讨生涯来说，横竖都是一样。如果说有一点儿分别的话，向东，10 分钟便可以出浏阳门（长沙东面的一个城门），来到旷野之中。向西，10 分钟之内便会为湘江所阻（湘江一直到 20 世纪 70 年代初才建起大桥）。这样，他们就决定了方向，向西走。因为走在空旷的平地上，没有阻碍，也就没有什么趣味。而设法渡过宽阔的湘江，就是克服第一个障碍。

当他们走出校门的时候，门房以惊异的眼光瞪着他们，他不明白，为什么平日看来很庄严的教员，会穿着得这样奇形怪状，走到街上去。但是以后他们就不再是注意的焦点了，因为大路上很多人都穿着这样破旧的衣裳。

出小西门（长沙西面的一个城门），步行几分钟，便到江边了。他们望着滔滔江水，在草地上坐了下来。

怎样过江呢？游泳？包袱全会湿掉，不能考虑。灵官渡有不收费的义渡，但是得沿江向南绕行三四里，而且，就这么平平淡淡渡过江去，似乎也无大意味。眼前就有不断往来于两岸的划子，收费也便宜，每人只要两个铜板。今天的年轻人多不知道铜板是怎么一回事，得解释一下。清代使用的中间有一个方孔的铜钱叫制钱，一枚叫一文，一千文就是一贯，或者叫一串，湖南人叫一吊。大约是清末民初，又铸造了一种币值较大的铜圆，一枚当制钱 20 文，叫大铜板，也有只当制钱十文的，就叫小铜板。小铜板比较少，日常所说的铜板大都是指 20 文的大铜板。银圆跟铜圆兑换，大约是银圆一元可换铜圆五吊多，两个大铜板还不到一分钱。钱虽不多，可是毛泽东和萧子升连一个铜板也拿不出，怎么能上渡船呢。

他们坐在草地上，看见一艘又一艘的划子载满乘客向对岸划过去，靠岸以后又换上一批乘客划过来。他们已经眼睁睁地看见同一艘船来回三次了。如果老是坐在那里观望，便永世不能过到江那边去。既然已经当了乞丐，是不是可以去乞求船户的通融呢？萧说，船夫一定不会答应的。毛说，我不在乎，我去跟船夫讲。于是他带着坚决的神情，向近旁一艘小船走去，很有礼貌地请求那个摆渡的把他们免费载过去，因为他们身上没有钱。

船夫粗声粗气地回答："你们没有钱，为什么不从灵官渡去？"

船夫的拒绝并不很使人意外。商量了一阵，他们看到又一艘划子靠岸，乘客纷纷上岸，于是他们什么话也不说，跟着别的乘客一同上了船。船到江心要收钱了，他们才说出自己没有带钱来。

萧子升说："现在我们连一个铜板也没有，过了一个月我们加倍付给你。"

船夫说："过一个月，我还认得你们吗？你们没有钱，就留下一把伞吧。"

毛泽东说："那不行，伞我们路上还要用呢。再说，过河钱才 4 个铜板，一把伞值 14 个铜板哩。"

船夫以把船划回去相威胁，其他乘客大声抗议起来，催着快点儿划过去。乘客中一个态度和善的老人提出代他们付钱，他们连忙阻止。于是提出让船夫休息，由他们接着来划，用劳力来补偿船钱，船夫又不答应。

这场争执正在持续的时候，船夫看见后面的一艘船渐渐驶近江心，如果让它赶到前面去，自己就会失掉正在对岸候船的那些乘客。他不得不停止了这场争吵，而这两个无钱的乘客也终于登上了对岸，朝着宁乡县城走去。这第一道难关一过，两人就信心十足了。

那时长沙宁乡之间还没有修筑公路，只有石板铺砌崎岖不平的"大路"。三岔路口都有指路小石牌，可是他们从不去看，只是选最宽的路走。夏天的太阳把石板晒得烫脚，他们宁愿在路边的黄土草地上行走。

两个朋友沿着大路边走边谈，颇不寂寞。渐渐地，他们感到有点儿为难了，这为难之处就是觉得饿了。自从开始觉得饥饿，就越来越觉得饥饿。他们是要吃一点儿东西了。路边有一爿小吃店，阴凉之处正有两把空着的椅子，于是他们坐下来休息。开店的女人带着好奇的神情打量这两位什么吃的喝的都不要的客人，看来是猜到了他们的窘境，于是献上两杯茶，并且说明不要钱。他们吃过茶，反而觉得更饿了。

得马上弄点儿吃的。到附近农家去乞讨吧，一家人家打发一点点，要连续讨上四五家才能一饱，如果给的是生米（那是对付叫花子的常法），更是毫无用处。最好是找一个大户人家。于是，向开店的打听，附近有读书的人家吗？打听到附近有三户读书人，声望最高的是一位早已告老还乡的刘翰林，于是决定向翰林进攻。两人吟咏联句，凑出了一首献给刘翰林的诗："翻山涉水之名郡，竹杖草履谒学尊。途见白云如晶海，沾衣晨露浸饿身。"（据萧子升记述，自己联二、三句，毛泽东作一、四句。从平仄而言，"草履"格，应为平声（如"芒鞋"为妥），"饿"字平仄亦不合，当是译文之误。）诗中赞颂翰林隐居生活的超脱和高雅，第四句的意思一目了然。他们把诗写好，就去拜访刘翰林。

这位翰林很赏识他们的诗和字，从谈话中也发觉他们很有学问。在问答中，毛泽东说他们读过《十三经》，也读过《老子》和《庄子》，还回答了老翰林的问题："最好的《老子》注是王弼作的，最好的《庄子》注是郭象作的。"问到萧子升是曾国藩的同乡，萧于是说道，高曾祖在曾国藩家当过教师。分别的时候，送给他们一个红包，里面竟包着 40 个铜圆。他们顿时富有起来了，连忙回到那小吃店狼吞虎咽地吃了一顿饭，每人才花了 4 个铜板。

他们在路边小客店住宿了一夜，第二天一早又上路了。他们的好友何胡子——何叔衡是宁乡人，既然已经到了宁乡县，那就上何家去。他们有何家的地址，这一天大约走 70 公里。刘翰林送的钱还有剩余，足够一天的吃用。这一天走得特别快。月亮出来了，他们在月光下行走。走进山间灌木的丛林，虽然显得幽暗，间或听到一声两声野兽的嗥叫，可是并不觉得害怕，因为有两个人同行。在岔路口也走错过路，只得回过头来再走。走到深夜，终于敲着何胡子家的门。

何胡子点燃灯，打开门，意外地大笑起来，连忙迎进两个朋友，说，"我做梦也没有想到你们两个会来！"当他听说两位是在做一个试验，看一文不带能够走多远，像叫花子一样走过来时，更是大吃一惊，大笑道："你们真是两个怪物！"

何叔衡全家极其热情地欢迎了这两位客人。何家是自给自足的农家，全家大小都参加劳动。父亲通文墨，是个标准的老农人，带着客人去看自己经管的猪栏，养了 10 只猪，说关键在品种和饲料。宁乡猪是湖南出名的良种猪。栏中有一只才 11 个月大的猪，肥壮得像一条小牛，有 150 多公斤重。何老伯骄傲地带领客人参观这一切，这是何家最重要的财富。一年的油、盐、茶、肉等开销，都从它们身上来，要是不养这些猪，生活就很艰难了。菜园里整齐清爽，长满鲜美的菜蔬，园中连一根杂草也没有。田里的水稻也长势喜人，何胡子的弟弟正在田里忙着。叔衡是何家的长子，这时当了中学教员。这是毛泽东很熟悉的一个典型的耕读之家。

何家用最丰盛的酒菜款待他们：杀了鸡，还有鲜鱼和腊肉。吃过饭，谢过主人的招待，他们又要继续自己的行程。由于何老伯的苦留，盛情难却，他们又多住了一天。何老伯又带客人去看山林，大都是松树，家用柴火随砍随用。

告别了何家，向宁乡城走去，中午，又到了要吃饭的时候，他们就大模大样地走进一家大院子，说我们是叫花子，要讨些饭吃。女主人一句话也不说，回转身去，到里面给他们每人拿来一小碗冷饭，因为已经很饿，尽管没有菜，也很快吃完了。要再讨一点儿，她却不肯给了。于是只好去找另一家。那一位家主说没有现成饭，愿意给一点儿生米。生米对他们没有用，只好再找一家。这一次遇见了一位慷慨的主人，给了每人一大碗米饭和一些菜，得了一饱。

宁乡县城里还住了一位同学，他们决定不去拜访，他们不愿再享受何家那种盛情的款待，那还算什么叫花子呢。他们决定到沩山去，那是宁乡有名的风景区。

在离县城 20 多里的一个小山坡上，两人在一株大古松下歇脚，谈论起何老伯自耕自得的安适生活，由此议论起农家生活的苦乐来。萧子升在追忆中，写到他的朋友熟知农家疾苦。何家是自耕农，不愁吃穿，还能供子弟读书；如果是佃农，起五更睡半夜地干活，到头来劳动成果拱手送给地主。至于打长工、打短工的，所愁的是无人雇用，这比佃农还苦。谈着谈着，像佛祖样两人在菩提树下睡着了一阵。醒来又赶路。

路边住着的一对老夫妇，给了他们米饭和炒菜，吃了个饱。这老头姓王，在县衙门里当过七八年门卫。他告诉这两个来乞食的年轻人，为官的都不廉洁，县太爷满脑子想的是钱，打官司就靠给钱，求情是无用的。他经历过三任县官：头一个是个贪官，一心想的是钱，办案不问有理无理，总是给钱多的一方打赢官司；另外两个县官却是清廉的，可是人们对他们同样抱怨，甚至以为比贪官更坏，说什么连礼都不肯收，还算什么县官。可见人们没有什么是非观念，使人感到，这恐怕也就是社会上好官不多的一个原因吧。

黄昏时分，他们到了沩山。茂密的树林映衬着千年古刹沩山寺。两个和尚在山门迎接，为了不使对方误会为长途跋涉的香客，他们直言是乞讨而来。和尚回答说：拜佛和乞讨本来就是一回事。这寺里的方丈是不随便接见客人的，当他看到这两个青年人求见的便条，不敢怠慢，就请了进去。在方丈室，这两个客人看到四壁都是图书，除了佛教的经典外，也有《老子》和《庄子》。他们就中国古代经籍兴致勃勃地谈论了近一个小时，方丈非常高兴，邀他们共进晚餐。晚餐后，回到大殿，许多和尚以为这是一流贵客，纷纷请他们在扇子上和卷头上题字留念，几乎忙到半夜。第二天，方丈定要留他们盘桓数日。方丈告诉他们：本寺有和尚约莫百名，但经常有来自远方的挂单和尚，因此庙里常常住有三四百人之多。那些挂单的和尚，通常住几天便离去了，曾经有过最高的纪录是 800 僧人。他们从远方来，是来听经和传戒的。这里庙产甚丰，招待这些挂单和尚并无困难。再说，和尚是出家人，所有寺庙都是他的家。云游四方，谈经论道，对弘扬佛法也有好处。

毛泽东和萧子升在这寺庙里住了两天，由和尚引导在各处参观，了解了寺院的组织和僧人的生活。他们还向方丈询问了全国佛教的概况，以及佛经出版的情况，上海、南京和杭州是佛教经籍出版的中心。像沩山寺这样的讲经中心，全国至少有一百处，如果算上规模较小的，大约有千处左右。

告别的时候，他们表示，还想访问一些大寺院，希望方丈写几封介绍信。方丈说：那是不必的，你们不需要任何介绍信，因为无论走到哪个庙里，你们都会受到像在这里同样的欢迎。

从沩山下来，他们就向安化县走去。路上在茶馆歇脚，准备写日记时，两人又议论起佛教与人生哲学问题，以及历代帝王同宗教的关系。认为唐代最是典型：皇帝尊孔子为“王”，从此全国各州府县一律修建孔庙；皇帝姓李，又尊老子为道教始祖，开始建立道观；外来佛教也受到欢迎，于是寺院遍及全国。儒、释、道都为官方所尊，和谐共处。到西方取经的玄奘也是唐朝人。他们认为孔子、老子都是哲学家，而非教主，这还是由于中国人的现实主义性格，只希望借宗教以指引生活，而不致发展到狂热地步。毛泽东说：自古以来，中国宗教信仰是自由的，对宗教也不过于执著，不像西方那样发生长期的宗教战争。此外，儒家思想远比佛道二教影响为大，几千年历久不衰，帝王利用，考试取士，以此规范社会人际关系等。两人都认为这都值得大加研究。

在一个农家讨得一顿晚餐之后，他们沿着一条不知名的河岸从容前行。夜很静，也很美。午夜明亮的月光把他们的影子印在路上，轮廓分明。四顾茫茫，不见人家，也不知道还得走多远才有旅店。何况刘翰林所赠的40枚铜圆，早已用完，纵使有旅店也不能住宿。于是毛泽东提议：“我们就在这里消磨一夜吧，这沙滩岂不也可以做很舒服的床吗！”他们就这样在沙滩上睡了一夜。萧子升时时醒来，毛泽东则睡得烂熟。在回忆录中，萧用很长篇幅描写了沙滩月夜如诗如画的情景，以及怀疑远处高坡上似蹲踞着一只老虎，因而引起极度恐怖之感。直到天亮之后，萧才发现，那原来是一块大黑石头。早晨起身了，继续沿着河岸走。不久，过了一座石桥，大路就逐渐同河岸分开了。他们一路谈论，不知不觉就进了安化县城。

这已经是上午 10 点左右，还不曾吃早饭，饿得很厉害。他们走到一家茶馆门前，犹豫了片刻，就昂然走了进去，在一张靠窗子的方桌边坐了下来，叫来了菜和早餐。吃饱了，怎样付账呢？商量之后，决定留一个人坐在店里等着，一个人去设法弄钱。讨钱很难，一些人是干脆不肯给，费了好些时间，讨了两条街，一共才讨得几十文，付账连一半也不够。于是又商量，终于想出了个办法，用这几十文先去买些纸来，写成对联，当“游学先生”，送字给那些商店的店主。旧社会一些潦倒的读书人，就这样弄几个钱来借以糊口。

在头一家店铺里，店员对于他们送去的对联大为赞赏，连声说:“写得好，写得好！”就给了 4 个铜圆。这时，店主出来了，问了一下，说:再给 4 枚。8 枚铜圆，就足够付茶馆的账还有余了。也有小气的，拒绝接受对联：“字对我有什么用，拿去送给别人吧。”他们说：“写上了宝号的招牌，怎么能送给别家呢？你纵然不出钱，也请你收下。”店主才不得已拿出了两个铜板。

多数的店主看到写有自己的店名，都是表示接受的。有一爿茶叶店主读过书，也会写字，在收下对联之后，还请他们到书房里谈话，萧子升当即磨墨挥毫，为店主本人写了一副对联。那店主为读书人常不免穷愁潦倒，慨叹不已，临别，竟送给了 20 个铜圆。

同茶叶店老板谈话时，那个老板谈到他有三个儿子，准备让一个读书，另两个学做生意，认为读书谋生是靠不住的。一路上两人于是引起了有关中国家庭制度的辩论。毛泽东认为中国人家庭观念太重，所以缺乏民族情感。萧子升则认为不可太夸大国家观念，应两者兼顾。毛认为国家应占最优先地位；在未来最理想的国家中，儿童应当脱离父母，而由国家教养。

据安化地方搜集的可靠资料，(《毛泽东两次到安化的情况概述》，载《益阳党史通讯》第 1 期，1983 年 2 月 1 日。)他们到安化时，曾到过第一师范学校同学罗驭雄和萧蔚然的家，在罗家吃过饭，给一个秀才送过对联。还查阅过安化县志了解清代农民黄国旭领导的起义，到东华山看了农民起义烈士墓，还在一个贫苦的夏婆婆家谈了很久。又到县劝学所拜访所长夏默庵老先生。夏毕业于两湖书院，为饱学之士，著有《中华六族同胞考说》、《默庵诗存》、《安化诗抄》等。老先生性格高傲，毛泽东两次求见被拒，第三次登门才接见。于是发生了前节所述考对联的故事。老人以客礼相待，请他们吃饭并住宿。在劝学所还观看了祭孔礼器和铜壶滴漏（古代计时器）。1953 年 5 月，毛泽东还曾向安化地方去信，“与默庵先生在安化会过一次，请寄《中华六族同胞考说》”。此书后来没有找到。

离开安化，又向益阳进发。他们到达益阳县城的时候，看见墙上张贴的一张县政府的布告。他们惊异地发现，签署这布告的，是县长张康峰！张康峰，岂不就是第一师范学校的化学教员吗？于是他们决定到县衙门去拜访县长。

问过几次路，问到了县政府。门房拦住了他们，不让进去：滚开，叫花子到衙门里来干什么？他们要求门房通报，他们要见县长。萧子升掏出名片，将毛泽东的名字添在上面，交给了门房。可是门房拒不通报，双方僵持了好些时候。门房还不时口出恶言，威胁恐吓；这边也不示弱，表示不见县长绝不走开。最后，从门房里走出一个老头，以试探的心情接过名片进去了。不久，他快步走了出来，笑容可掬地说，县长有请。那门房听了，目瞪口呆了。

张康峰看到这两位来访者，也很觉惊讶。当他听完这两位学生的陈述之后说：“这在多数人都是不能理解的。说真的，我看到你们的穿着打扮的时候，我完全能够谅解门房的态度。”

张康峰让他们两个先去洗了澡，同他们畅谈了很久。在饭桌上，张告诉他们，第一师范的同学有六个在益阳县教育界工作，一个担任县教育局局长，一个中学校长，一个小学校长。他表示，要通知他们第二天早上到县政府来，开个欢迎会。两个叫花子又变成了上宾。他们在益阳停留了三天。告别的时候，张康峰坚持要他们带 4 块钱在身边，以备不时之需，并且命门房伴送他们到城门口。那门房想起初见时的情景，一路上低着头，一言不发。

出了益阳城，一路谈笑，走了几天，到了沅江。这一路上，他们讨论的题目是金钱权力和政治权力，以及两者关系问题。毛泽东最反对金钱权力，资本家的金钱权力就是靠榨取劳动人民的血汗而得来。金钱万能，钱可通神，一个人只要有钱，可以公开做坏事。萧子升认为权力是坏东西，权力是一把刀，政治权力混夹着种种罪恶之源。毛反对将政治权力看成一把刀，组织国家必须靠政治权力。然后又谈到人类行为准则，萧援引孔孟之道："君子忧道不忧贫"；"饱乎仁义也，所以不愿人之膏粱之味也。"董仲舒说："正其谊不谋其利，明其道不计其功。"毛则相信管仲之言："衣食足而后知荣辱"，而孔子却说"君子谋道不谋食"。然后两人又争论道德问题与人类社会进步的关系。萧认为物质进步远比道德进步快；毛认为道德不能解决饥饿问题。

沅江这时正涨西水（长江上游涨水，抬高了洞庭湖区水位，叫涨西水），县城周围全给水浸了，街道上也是水。毛泽东和萧子升于是放弃了继续漫游的计划，搭乘河船，径直返回长沙来。在船上他们总结了一下此行观感，觉得身无一文，而能克服种种困难，叫花子生活不致有饿死之虞。但是挨饿究竟不是滋味。世界上还有多少人在挨饿。萧子升说，肚子饿时手脚都没劲。毛泽东说，一路看到许多势利小人，都是些灵魂龌龊的拜金者；乞丐被人看不起，就是因为没有钱。

离船上岸，返校途中，他们在西门一家照相馆拍了一张照：雨伞搭在肩上，背负包袱。

在《早年毛泽东》一书中，笔者曾简要写到这次"行乞旅游"。根据当年第一师范老同学的回忆，还记有这样一段话："萧子升放不下架子，向人问路，都要先整整衣服，干咳两声，然后开腔；还只愿进大户人家。毛泽东却态度谦和，言语亲切，愿意进小户人家，尤其热心于访贫问苦，同什么人都谈得来。"这就说明了书香子弟与农家子弟的不同本色。

他们在旅途中写的"游学"笔记，第一师范同学好友争相传阅，称赞他们是"身无半文，心忧天下"。（见周世钊：《第一师范时代的毛主席》，《新观察》1951 年第 2 卷第 2 期。）这八个字，后来就一直成为朋友们对毛泽东的一种亲昵的赞誉。

毛泽东是非常喜欢旅游的，平时周末或假日，他总是和同学、好友们到市郊爬山或游览名胜古迹。据蔡畅的回忆，1918 年夏初，毛泽东还同蔡和森到洞庭湖边一些地方，做了半个月的漫游。

“野蛮其体魄”

除开醉心学术研究、关心时事、向社会学习等之外，毛泽东还特别重视体格锻炼，主张德、智、体三育并重，“心力”与“体力”全面发展。在这方面，他的刻苦实践的精神，同追求真理的精神是完全一致的。

中国自古重文轻武，“劳心者治人，劳力者治于人”，“万般皆下品，唯有读书高”。这是几千年封建社会的理论和实际。辛亥革命以后的学校教育，仍旧是不重视体育的，一师也不例外：体育被视为“杂科”的末等、配享的东西，学校当局对此不闻不问。毛泽东当时指责这种情况道：“今之所称教育家多不谙体育，自己不知体育，徒耳其名，亦从而体育之，所以出之也不诚，所以行之也无术，遂减学者研究之心。”（见《毛泽东早期文稿》中《体育之研究》。此节引号中文，未注明出处者，均引自此文。）他认为体育的目的在使身体平均发达，不仅要强筋骨，还要强意志；不仅在于养生，还在于卫国。他对同学和朋友们说，一个人身体不好，则学问、道德的进修都有困难；不把身体锻炼结实，就不配谈救国、谈革命。关于身心的锻炼，有位老同学还记得他打过这样生动的比喻：要学树木同风雪作斗争，而不要学花草向风雪屈服。从这样的前提出发，他强调“体育于吾人实占第一之位置”。谈到古代人物，他称赞孔子的重视体育，“射于矍相之圃，盖观者如墙堵焉”（见《礼记》。矍相在山东曲阜城内，孔子在这里射箭，观者很多，像墙一般围着他。射箭在古代是一种礼制，不只是武人之事。）。而颜回、贾谊、王勃、卢照邻这些人，虽然有才华，却短了命；身之不存，德与智也就毁了。他很推崇颜习斋、李刚主（李刚主（1659—1733），颜习斋的学生，与颜齐名，主张学问要结合实用。他们都是明末清初反对宋明理学的思想家和教育家，后世称为颜李学派。）文而兼武，特别赞赏颜习斋“文武缺一岂道乎”的思想；认为顾炎武老年还能漫游天下，很值得师法。

毛重视体育，同自己的亲身体验有关。他有两个哥哥都是早夭的，12 岁时，他害过一场大病，人很瘦弱，于是注意锻炼身体，向同伴们学游泳。后来参加了两年多田间劳动，身体才逐渐结实起来。杨昌济是一位重视全面发展的教育家，主张身心要同样锻炼，常讲这个道理：一个人没有强壮的身体，就会缺乏勇毅的精神，缺乏抵抗力和坚忍性，学问、事业的成就都会大受影响。他自己多年实行冷水浴、废止朝食和静坐三种健身方法。在这方面，毛和他的朋友们也是极力向杨先生学习的。

对于学校体育课程的不务实际，徒重形式，讲究铺张，课外活动也只是训练那批应付比赛的“选手队”，毛是很不赞成的。他觉得短时间机械式的体操，走几下步子，操几下木棒、哑铃，并不能达到健身的目的。1917 年，学校每日实行上午两堂课后的十分钟课间操，操法过于死板，同学们都不大愿意参加。那一年死了七个同学。学友会主办追悼会的时候，他撰了一首挽联：“为何死了七个同学？只因不习十分课间操！”这是对徒具形式的课间操、也是对学校不重视体育的一个讽刺，挽联不过是借题发挥，他曾为此对学校当局作过多次批评。这个教训引起了全校师生的重视。以后校方就让毛泽东主持的学友会开展课外运动，同时注意了卫生条件的改善。同学们也都更注重身体的有效锻炼了，因此第一师范学生的运动水平一天天提高；在 1917 年的全省运动会中，一师选手得奖的达六七十人。

关于锻炼体格的方法，毛特别强调三点：第一，要有恒，不论春夏秋冬、晴雨风雪，都要不间断，运动时要全神贯注。第二，要有霸蛮（湖南土语，强制意。）精神，以培养毅力和勇敢；“如冷水浴足以练习猛烈与不畏，又足以练习敢为。凡各种之运动，持续不改，皆有练习耐久之益。”第三，运动方法宜少，宜简单易行，时间不要过久。杨昌济因好宋儒朱陆之说，提倡静坐之法，以锻炼身心，蔡和森、张昆弟等，一时也很受影响，纷纷行静坐法（蔡和森的母亲也是热心的实行者）；但是，毛很不赞成。当时有一个习静坐几十年的人，著了一本《因是子静坐法》的书。“近有因是子者，言静坐法，自诩其法之神，而鄙运动者之自损其体。是或一道，然予未敢效之也。”他认为“人之身盖日日变易者”，体弱的人，只要勤于锻炼，增益其所不能，时间久了，就可以转弱为强；体质强的人，如果随意自贱，也会变弱的。这件事也可说明，就是对于最崇敬的人，他也是不苟同的。

毛泽东在同学们中不单是重视体育的宣传者，而且是热心的实行者。他融合八段锦、体操、拳击各种运动之长，创造一种“六段运动”，包括手、足、躯干、头部的活动，还有打击与跳跃的动作，使全身能获得平衡运动。他每天早起、睡前各做一次“六段运动”；下课后也常在教室外的走廊上做两三段；有时读书、写字坐久了，也伸足、捶胸脯、转头项，以振奋精神；有时半夜醒来，也跑到室外天井中去做运动。他最喜好的锻炼体格的方法，还有以下几种：第一是冷水浴。他每天天亮前就来到井边，脱去衣服，用吊桶打上水来，通身淋湿，淋一阵，擦一阵，直到全身擦红发热为止。穿好衣服后，还要做几节运动。他曾经约集一批同学，实行这种锻炼方法。有的人做一阵，歇一阵；有的人天气太冷时就不能坚持了。从实行之日起，一直到毕业，历时四年，他一直坚持下来，这需要何等坚强的毅力！他还实行一种常人很难做到的锻炼，即在下雨、下雪和寒风刺骨的时候，赤着上身，在学校的后山跑动、摩擦。因此同学们把这叫做雨浴、风浴、雪浴。有次学校开运动会，忽然大雨倾盆，大家都争着跑回屋内，只有他毫不在乎，候大家走尽，才回教室，全身都湿透了。第二是游泳，这是他自幼喜爱的运动。夏季每天课后，一师的学生常成群结队到湘江或附近的南湖港去游泳。据《一师校志》载，1917 年毛主持学友会时，参加“游泳部”活动的同学达 80 多人。他和他的朋友蔡和森等不同于其他人的，就是到了秋凉的时候，他们还敢在湘江中游泳。暑假他们结伴住在岳麓山时，往往在夕阳西下的时候，到水陆洲（长沙城和岳麓山之间湘江中一狭长沙洲即橘子洲）的洲尾去游泳；游泳后就在沙滩上或坐、或睡、或赛跑，兴之所至，随意漫谈，他们的身体沐浴在流光晚照之中，他们的心却驰骋在人生的战场上。第三是爬山、野游和露宿。学校后面的斜坡上，为纪念全校师生修筑大操场，建有一个“君子亭”。毛泽东和张昆弟等，都喜欢在亭内读书、谈论，晚上就常在亭内露宿。他们在假日特别喜欢野游，岳麓山和湘江两岸山冈，是他们常去的地方。有时爬累了，就在山中寺庙借宿，或在野外露宿。

进行上述这类锻炼的时候，毛泽东特地组织了一个类似斯巴达（斯巴达，古代希腊一个奴隶制国家。公元前九世纪制定法律，厉行军事训练。男孩七岁起便要进入军营，常备军由五千名贵族武士组成，曾经一时无敌，称霸希腊，因此，斯巴达一词即指尚武精神。）性质的团体，前后有一二十个同学参加；有时还到近郊农村中长途旅行，做忍饥、熬热、耐寒等锻炼。以上这些一般人难以做到的事情，毛和他的朋友认为能练出一种勇猛无畏、敢作敢为的精神；久而久之，就能使身体产生一种特殊的抵抗能力。老同学们还记得他曾在日记上写过这样的话：“与天奋斗，其乐无穷，与地奋斗，其乐无穷，与人奋斗，其乐无穷！”他们那时提倡“文明其精神，野蛮其体魄”。有一夜，暴雨、雷电交作的时候，他遍身雨水淋漓来到蔡和森家里，原来他刚从岳麓山巅跑下来，他说，这是为了体会《书经》上“纳于大麓，烈风雷雨弗迷”那句话的情味，并借以锻炼自己的胆量。成立新民学会的那个暑假，他们一大群人都住在岳麓山，自己挑水煮饭，习惯吃蚕豆饭（一大半蚕豆一小半米）。毛泽东领导大家做这种锻炼，也是考虑到将来为改革国家社会而奋斗的道路上，一定会遇到许多生活的困苦，必须未雨绸缪，预做准备。他们不仅认识到而且有意识实践《孟子》上这一段话：“天之将降大任于斯人也，必先苦其心志，劳其筋骨，饿其体肤，空乏其身，行拂乱其所为，所以动心忍性，曾益其所不能。”这些事实告诉我们，毛和他的朋友何等严肃地对待自己的理想。为达到这个理想又是何等努力地做各种必要的包括体质和毅力的准备。

关于他们这种不平凡的生活，从张昆弟 1917 年八九月间日记中的记载，可见一斑：

8月23日，下午渡河至麓山下饮马塘民屋，蔡和森租居此也。闲谈后，同游麓山，下山日落，遂宿蔡君家。夜与蔡君谈及日间之生活，余略谈暑假在乔市渐源寺之生活，蔡君欣然曰：余每日早四时半起，夜八时半睡。自四时半起即至天马山顶，静坐运动，至九时始下山；十时早食，早食后看书约二小时；下午或游走各处，或挖土种菜，间或看书，不以为正课焉；四时余午食，食后或静坐，或运动，或散步。每日冷水浴二次，早起后一次，临睡前一次。又于雷风雨烈之时，冒风雨而行，已练习数次，毫无风寒之感。上所言之事，已行之一月余矣;今年下半期，拟常行之。余闻之甚是之，蔡君盖锻炼意志锻炼身体者也。静坐，练心法也;运动，练体法也。冒风雨，冷水浴，练体法即练心法。大丈夫独患无身耳，体强心强，何事不可为?余知蔡君知所本也。

夜又与蔡君闲谈,不久即临床睡。床即就长凳两条,门板一块,架走廊边。蔡君云，自移居此地，未曾进房睡宿。

9月16日。今日星期，约与蔡和森、毛润之、彭则厚（新民学会会员）作一二小时之旅行。早饭后，彭君过河邀蔡君同至渌湾市会伴。余与毛君先至渌湾市，稍久，彭君一人来，蔡君以值今日移居，不果行。此议发自蔡君，余诺之，并商之彭、毛二君也。事之难合，诚莫能料。三人遂沿铁道行，天气炎热，幸风大，温稍解。走十余里，休息于铁路旁茶店，饮茶解渴，稍坐又行。过十余里经大托铺，前行六里息饭店，并在此午饭，饭每大碗五十文，菜每碗二十文，三人共吃饭五大碗，小菜五碗。饭后稍息，拟就该店后大塘浴，以水浅不及股，止。遂至店拿行具前行，未及三里寻一清且深之港坝，三人同浴，余以不善水甚不自由。浴后，行十四里至目的地，时日将西下矣。遂由山之背缘石砌而上，湘水清临其下，高峰秀挹其上，昭山其名也。山上有寺，名昭山寺。寺内有和尚三四人，余辈以来意时晚，欲在该寺借宿，和尚初有不肯意，余辈遂有作露宿于丛树中之意，和尚后允借宿，露宿暂止。晚饭后，三人同由山之正面下，就湘江浴，浴后，盘沙对语，凉风暖解，水波助语，不知乐从何来也。久之由原路上，时行时话，不见山之倒立矣，和尚侍于前门，星光照下，树色苍浓，隐隐生气勃发焉。不久进寺，和尚带余辈至一客房，指旷床为宿处，并借余辈小被一块，房外有小楼一间，余辈至小楼纳凉，南风乱吹，三人语笑称善者久之。谈话颇久，甚相得也。

9 月 23 日。昨日下午与毛君润之游泳，游泳后至麓山蔡和森君居，时将昏，遂宿于此。

今日早起，同蔡毛二君由蔡君居侧上岳麓，沿山脊而行至书院后下山，风大发，空气清爽，空气浴，太阳浴，胸襟洞彻，旷然有远俗之慨。归时十一点钟矣。

“通身是胆”

第一师范的学生多来自农村，生活作风比较俭朴，毛泽东又是全校同学中以俭朴出名的。他极力主张生活刻苦，认为有助于意志的锻炼。对于古语“安贫者能成事”，“咬得菜根，百事可做”（《讲堂录》），是认真地在生活中实践了的。那时师范学生的膳宿费用等，都由学校供给。他在长沙读书时期，总共只用了 160 块钱，其中有三分之一是花在订报上，其余的钱还买了许多书籍和杂志。初入四师时，校中发了一套青色呢制服，这套衣服他一直穿了好几年，到褪了色，穿了孔，还没有换掉。除制服外，他还常穿一件灰布长袍，冬天在里面加件旧夹袄，一条白大布裤几乎四季不变。同学们打趣地说他：“冬天用加法，夏天用减法。”夏天常常没有袜子穿，布鞋也是破的。他的被褥是湖南一般农家用的蓝大布套被，棉絮又旧又硬（后来在长沙从事初期革命活动时，仍是穿这件灰布长袍和用这套被褥）。同学们都以为他是一个特别“不修边幅”的人。

毛泽东这种俭朴的生活不仅在衣着方面，其他方面也莫不如此，例如每到星期日，学生回来赶不上饭的，可以自由补餐。厨房里大甑剩的饭，大钵剩的菜，都是冷的，一般晚归同学总是三五邀合，大炒其菜，只有他打点儿冷饭冷菜，一人单坐一桌，悄悄吃罢走了。

在教师们当中，徐特立的俭朴作风，给学生们的影响很大。那时长沙的教员大都兼几个学校的课，有些教员坐着三人抬的“叫轿”（抬起来有声音）来来往往；徐老却从不坐轿，也不坐人力车，早晨常等着开城门去上课。他完全不讲究个人生活，一身布衣，刻苦耐劳；他诲人不倦，忘我工作，最愿意周济别人的困难。学生们都是非常尊敬这位老师的，毛泽东和他的朋友们自然更深受徐老师这种精神的感染。

1916 年 10 月至 12 月，学校开辟后山坡做操场，组织临时课外劳动会，全体学生和部分教职员都参加了。毛泽东挑土总是满满的，完全像在家干活一样认真。平时他也常打赤脚挑水，做一般的劳动勤务。他对学校的工友很尊敬，同他们的关系都很好。1951 年，一师的旧同学到北京会见毛泽东时，他还特别问到那时几位工友的情况。

凡属谦逊的人的言语和行动，一般都是质朴自然的，又保持着对自己力量的信心。青年毛泽东已经具有这种完美的品质。他“在班上是一个很规矩、很正派、很温雅的人。他走路不蹦跳，说话不粗率，时常正襟危坐，沉默寡言”。（周世钊：《第一师范时代的毛主席》。）他对于“货色两关打不破，其人不足道也”（《讲堂录》）的主张，以及杨昌济在这些方面的教导，都是心悦诚服的；自己坚持绝不谈身边琐事，不谈金钱，不谈男女之事，并以此影响朋友和同学。他讲话从容，从不慌忙、急躁和疾言厉色，遇有紧急事也是如此。每当开会时，无论当主席或会众，他也不轻于发言，尤其没有冗长而庞杂的演说（演说冗长是五四前后新派人物最流行的毛病）。大家在纷纷议论或者争议激烈的时候，他总是保持沉静，细心倾听；听完了大家的意见之后，他才开口。他在一师读书五年半，没有跟任何人发生过口角之类的冲突。他平易近人，最肯在析疑纠谬上帮助别人。他常以幽默语调谈论问题，谈得入情入理，动人心坎。这是他性格中的另一种成分。谁若有悲观消极情绪，一经同他谈话，就能振作起来。在学友会工作时，因事情办得较多，他常讲这个道理：做事之先，要把事情的周围情况研究清楚，并多向困难方面着想；那么，如果失败了，便不致灰心丧气，因为早已有了精神准备。他主持学友会，为同学们办了许多有益的事情，但从不居功，从来不说哪件事是他出的主意或是他做的。他在当时就是一个以谦和出名的人。

但是遇到无理的事情、不可容忍的事情，特别是对于封建专制的作风，他是绝不迁就而勇于反抗的。他的人格中的这两种外观，在青年时代就已不能分开：和蔼依靠在坚决上面；谦逊有一个反面，就是不应该退让时绝不妥协。

有位国文教员袁大胡子袁仲谦，是前清的举人，从四师起，一连几年教毛泽东这个班的国文。他的规则极严，限令学生写桐城派的古文。毛泽东作文原来惯用梁启超式的文体，因袁大胡子反对，才熟读韩愈的文章，改作古文。他从旧书店买来《韩昌黎全集》，看到纸张不好，错字很多，又借来好版本，一一校正，并将书补好。他很赞成袁大胡子的“四多”，即多读、多写、多想、多问，以及“文入妙来无过熟”的读书方法。他后来还风趣地说过：“多亏袁大胡子，今天在必要时，我仍然能够写出一篇过得去的文言文。”袁最喜欢这个学生，夸奖他的文章“大有孔融笔意”，星期六常找他去自己房里谈话。毛原来还比较听从袁的话，后来对他守旧而专制的作风就越来越反感。有一次刚开学，袁在教室监督作文，毛在题目下面写了一个小句：“× 年 × 月 × 日第一次作文”。袁看见了不赞成，说，我没有要你写这句话就不要写，强命重抄一页。但经两次催问，他都没理会。后来袁气冲冲地跑来将这页撕了。他就起立质问，并要袁同到校长那里去“讲理”，袁无以回答。最后他再写一遍，仍然写上了那一小句，袁大胡子也没有办法。这虽然是一件小事，但由此正可见到他的倔犟性格的一面。

又有一次，袁大胡子因为一位工友做错了事，破口大骂不休。毛泽东正从旁经过，深为不平，便大声说道：“哪里这样恶，要这样骂人！”袁听了走出来，看见是这个学生，不好怎样，也就住口没有骂了。

有一位同学在国文会考时，稍稍违反了校长孔昭绶的规定，受了处罚，他便在教室的黑板上写了一段话，对校长加以批评。后来校长开除了这个学生。毛泽东大为不平，对孔很不满意，认为这是一种矫情，太过分了。

又有一位同学由父母之命订了婚，对方是长沙一个中学校长的侄女。毛泽东是极其反对封建婚姻制度的，他就去同这位校长说理，终于说服了对方，帮助这个同学解除了婚约。

另外一件震动全校的是关于赶校长的事情。

1915 年上学期，省议会做了个新规定，秋季始业时每个学生要缴十元杂费。这是一个不小的数目，同学们群起反对。有人反映，这个规定是校长张干为了讨好而向政府建议的。于是同学们就酝酿赶校长的运动。当时有人写了一篇宣言，专谈校长的私德如何不好。毛泽东看后，觉得文章没有写好。既要赶走校长，就要批评他办学校如何办得不好。于是他另写了一篇，历数校长办学无方，贻误青年，理直气壮。大家都赞同他的文章，派人到印刷局连夜赶印。第二天早晨，一位同学携带回校时，被学监发现了。校长大怒，为此要挂牌开除以毛泽东为首的 17 个“闹事”的学生。这是由于有一个校长同乡的学生告密，说宣言是毛写的；以文章的雄健磅礴，校长也断定出自他的手笔。杨昌济、徐特立、方维夏、王季范许多先生为此召集了一个全校教职员会议，为学生鸣不平，对张干施加压力。张才不得不收回成命。随后不久，校长即被免职。1950 年，毛泽东得知张干一生教书，仍在当中学教员，家庭生活困难，很是关怀，请湖南省地方政府予以照顾。第二年还接张到北京小住，赠以生活物品。

青年毛泽东当时深深地憎恶一切封建的旧秩序，能够真正勇于斩断这些旧的葛藤。他当年最为同学敬佩之事，是领导大家直接同军阀势力作斗争，并且取得了胜利。

辛亥以后，军阀混战，南北对峙，湖南当军事之冲。北洋军阀企图盘踞湖南为制伏两广的基础，南方军阀则以湖南为北进阵地。因此十多年中，北来南去，南来北去，各系北洋军以及黔军、桂军、湘军等都出入湖南，招兵买马，“司令”遍地。打败仗的烧杀抢劫，打胜仗的也烧杀抢劫；战祸兵灾，接踵而至，湖南人民受害极为惨重。毛泽东在第一师范求学的时期，曾亲身经历多次兵灾和北洋军阀的三次蹂躏。第一次是1913年国民党“二次革命”失败，袁世凯命汤芗铭督湘。三年之中，因“党案”牵累遭枪杀者，据有案可查的达1.7万余人（有一位中学教员李洞天，即因改国文卷子骂了袁世凯被捕下狱，绝食而死）。汤芗铭被湖南人咒为“汤屠”。1916年，袁世凯称帝失败后，黔、桂、湘军联合将汤逼走。第二次是1917年护法战争爆发前夕（1917年张勋复辟失败后，段祺瑞在北京当政，拒绝根据约法（“民国元年”颁布的“临时约法”）恢复国会。孙中山率海军南下，在广东组织军政府，树立“护法”旗帜，南方滇、桂军阀唐继尧、陆荣廷等与北洋军阀有矛盾，亦参加“护法”。段祺瑞为夺取湖南派他的陆军次长傅良佐到湖南做督军，因而引起桂军陆荣廷部“援湘”。这次战争就被称为“护法战争”。）段祺瑞派傅良佐督湘。第三次是傅良佐败走后，冯国璋对南军下讨伐令。1918年春，南北军在湖南大战；张敬尧于3月入长沙，之后当了两年多的湖南督军。张的专横残暴更甚于汤，被湖南人咒为“张毒”。

连年的战乱和“汤屠”“张毒”的黑暗统治，对湖南的教育界也是大摧残。汤芗铭来时，第四师范秋季开学，延期多日，学生寄居旅馆不得入校。傅良佐来时，各校一律停顿，学生被迫回家。张敬尧来时，驻兵学校，损坏校具，使学生无书可读。因此，这几年间，一方面是学校教育受干扰，思想受钳制；同时教育经费经常减发、停发，学校长期驻兵，更受到直接摧残。第一师范就在铁路边，是交通要冲，校舍又宽大，因此只要湖南有事，这里必是驻兵之所。加之一师的教员和学生中多有不满政府的分子，军阀们便常常驻扎重兵，借以镇压。毛泽东读书时，一师曾有三次驻过重兵：第一次是袁世凯称帝，汤芗铭派旅长李佑文（李佑文后任军阀赵恒惕的军务司司长，曾于1922年初受赵命杀害长沙第一纱厂罢工领袖黄爱、庞人铨，在大革命时期被革命法庭判处死刑。）驻扎。第二次是1917年广西谭浩明的军队驻扎。第三次是1917年至1918年，张敬汤的旅部驻扎。其中以第三次时间最久。

下面是1917年11月至1918年7月，《一师校志》“大事月表”上的有关记载：

1917年11月：湘南战事紧急，风鹤频惊。学生组警备队分夜梭巡，警卫非常。

1918年3月：令学生镇静，毋惊风鹤，致妨学业。令学生恢复警备队，警卫非常。旋城中秩序大乱，拟联合他校，组织学生保安队巡逻街市，适北军至，乃止。膳杂费暂由校长借垫。职教员每月仅送车费洋10元。

4月：湘东战役，居民一夕数惊，学生捍卫学校异常得力，因摄影以留纪念。时校中迭驻军队，高小及师范前进（校舍的前部）均被占据，旋教室亦去其半，三年级以下学生均并班上课。

5月：三、四、五月经费概未发给，异常困难。各教职员枵腹从公，照常上课，弦歌不辍。

6月：校园薪木多被军队摧折，农工各种实习均无地实施。为湘省教育未有痛苦。

7月：四级各班各生，或赴家难，或阻交通，前未考试完者，准通融补试。

8月以后，张敬汤旅部长期驻扎，学校被弄得乌烟瘴气，附近居民也极为不安。张敬汤是张敬尧的四弟，号称“四帅”；外出时坐四人抬的绿呢大轿，大刀队前后簇拥，校门口沿马路站有半里长的护卫部队。全校员生局处几间教室和寝室，出入非常不便，但最严重的问题是半年多没发经费，有时日食一餐，有时竟日不得食，勉强维持残局。所有这些，都是青年毛泽东所目击和身受的。至于军阀们的屠杀人民，敲骨吸髓，横暴惨毒，无所不为，当然更加刺激和更加激发爱国青年志士的革命思想和斗争意志。因此，毛泽东反抗军阀、铲除军阀思想的形成，实非一朝一夕之故。

虽然在军阀淫威压迫之下，当时湖南人民群众的不满和反抗情绪还是与日高涨的；一直到1919年底掀起的驱张运动，湖南的革命学生总是站在运动的最前列。当年第一师范学生的每次爱国行动，同军阀作斗争，毛泽东都是主要的组织者和领导者；特别在1917年和1918年，他担任学友会

“总务”时，更是名副其实的领导人。毛泽东旧日的同学们，还确切地记得这样两件事：

1915年9月,袁世凯准备做皇帝时,汤芗铭积极劝进,叶德辉、符定一(符定一于1914年任湖南第一中学校长，汤芗铭督湘时任省教育会副会长。袁世凯称帝，他与叶德辉一同发起“湖南筹安分会”，分任正副会长。）等组织湖南筹安分会，各报都禁止刊登反对变更国体的文章。学生们和一部分有正义感的教员都极愤怒，日夜议论，拟有所表示。这时有个修身教员廖笏堂，是船山学社的社员，他在学社讲学时骂帝制，在学校课堂上却又拥护筹安会，引起学生的质问，徐特立、杨昌济、方维夏、袁仲谦等许多教师对之也极不满。徐特立还特别用学生的口气写了一封信，警告他再不要胡说八道了，但是大家仍苦于没有办法表示更大的反抗。毛泽东就以学友会的名义,把汤化龙(汤化龙(1874—1918),字济武,湖北蕲水(今浠水)人。清光绪甲辰（1904年）进士，授刑部主事，又留学日本。回国后，任湖北咨议局议长、南京临时政府陆军部秘书长等职，当时立宪派头目之一，并被选为众议院副议长,参议院议长。在段祺瑞政府中任教育总长、内务总长。后在加拿大被刺身死。)、康有为、梁启超三人反对袁世凯称帝的文字编成小册子，题为《汤康梁三先生时局痛言》，到处散发。社会人心因此大为振奋。同学们都这样称赞他：“我们只知道暗里骂，就没有想到如何更进一步去做。”徐特立、杨昌济、方维夏等进步教师，也联名发表公开信，指责教育界少数败类鼓吹帝制。有一个同情袁世凯称帝的地理教员,因之被迫离校。由于这件事,汤芗铭派大批军警到一师检查,学生的书籍、行李都被搜遍了,但是由于早有准备，结果并没有查到什么“乱党”痕迹。到1916年各省纷起响应云南起义，袁世凯四面楚歌时，汤芗铭也不得不于5月29日宣布湖南“独立”，并电促袁引退。袁阅电昏厥，数日后一命呜呼。因此，汤电被称为“送终汤”。7月18日，汤被逐不久，毛泽东给萧子升的信中，曾历举汤在湘“治绩”，并说，“湖南问题，弟向持汤督不可去，其被逐也，颇为冤之”。这就说明，毛当学生时对时局的看法，往往在常有所见中，也间有所蔽。信中对汤的这种评说，可能受到梁启超的影响。梁主张“南北和解”，有限惩办祸魁，以稳定政局。后来他对此终有改变。1920 年 9 月写的《湖南受中国之累以历史及现状证明之》中说：“袁盗当国，汤屠到湘，湖南于是第一次被征服。”（见《毛泽东早期文稿》，湖南出版社 1990 年 7 月版。）

另外一件最有名的事，是毛泽东领导同学们徒手缴了北兵的械。

1917 年 11 月，段祺瑞政府任命的湖南督军傅良佐，在桂军谭浩明部压迫下弃城逃走，长沙一时成了真空，市内一夕数惊。学生、教员同市民一样，惶惶不安，深恐发生意外变故。早在 1916 年秋，为奉行所谓“军国民教育”，学校当局曾组织学生自愿军，全校编为一个营，军事教员任营长，进行一些简单的军事训练。毛泽东有过半年正规军事生活的经验，对自愿军的训练很积极，也很在行。1917 年下学期，毛泽东被选为学友会的总务，在师生中享有很高的威信。这时，他领导全校学生自愿军，“分夜梭巡，警卫非常”。但当时的所谓“自愿军”的武器不过是一些上操用的木枪。

北洋军第八师王汝贤部奉命来援傅良佐，11 月 15 日左右，战事逼近长沙，情况极为紧张。全校同学集中礼堂，听学监方维夏作报告，南郊有作战危险，全校师生须集体到城东五里的阿弥岭暂避，速做准备，听号令出发。但是过了很久，不闻出发号令。后来才知道，是学友会总务毛泽东力言留校可保安全，离校倒有危险；并且说，学校如果空虚，败兵就会进来打劫。大家听从了他的主张，没有外出避难。两天之内，一些零星溃兵，陆续出现，行过校前，因校门有学生军布岗，自不敢入内。倾向直系的王汝贤不愿为皖系傅良佐出力，过了两天，王的大部队由湘潭、株洲向长沙方向溃退。有一部分溃兵不知长沙虚实，在距学校南端两里地的猴子石徘徊，不敢前进。毛泽东探听到实际情况，知道这些溃兵既惊慌，又疲劳，并不知道桂军尚未进城，可以设法将他们赶走。于是迅速组织自愿军中胆量较大的学生百数人，拿着木枪，分成三队，绕道分布在猴子石附近的几个山头，对溃兵形成包围之势。同时联络附近的警察分所，利用他们的几支真枪带头，扼守妙高峰山头。胆小的同学和教职员留在寝室里，一动不敢动，学校的办事人员这时都听从学友会总务毛泽东的指挥。待王部溃军在暮色中慢慢蠕动，距离伏地不远时，他就命令警察在山头鸣枪，其余持木枪的同学便大放炮竹，齐声呼喊："傅良佐逃走了，桂军已经进城，缴枪没事！"溃军不明虚实，经一度派人交涉，为数约 3000 余人的部队，终于将枪缴了，枪械武器都集中在礼堂内。当晚部队露宿学校前坪，第二天由商会出款遣散了事。

这次缴了这样大一支北洋军溃兵的械，不仅保护了学校没有受到骚扰，而且城内居民也少受一次祸害。事后，全校师生非常兴奋，纷纷议论，都说，"毛泽东通身是胆"。他的这种非凡的胆识和善于应变的才能，一直为全校师生称道不已。

有了这次经验后，1918 年南北军再战，张敬尧部侵入长沙时，毛泽东更从容地领导同学们组织"警备队"，他担任队长，警卫全校。在城中秩序混乱，南军溃兵行劫时，"警备队"曾经准备联合其他学校组织学生保安队，巡逻街市，维持秩序。后来因张敬尧已率部进城，才没有组织起来。在这几次大的兵灾中，第一师范的学生自愿军，还组织一个"妇孺救济会"，到街头救济受兵灾的妇女和儿童。

这年 4 月间，湘东战事仍很紧张，长沙城内风声鹤唳，居民都不敢睡觉。毛泽东仍领导学生自愿军所组成的警备队，保卫学校，学校得以照常上课。正如前述《一师校志》上记载的："学生捍卫学校异常得力，因摄影以留念。"这张照片上写着如下的话："戊午上期，本校教职员学生弦歌不辍，几不知有兵祸云。"

学友会和工人夜学

毛泽东在第一师范读书时，一直受到许多老师和同学的敬爱。这是由于他的好学不倦，善于钻研；由于他的克己极严，言行一致，作风谦逊和有伟大抱负；同时也由于他富有反抗封建专制的精神，和非凡的胆识与机智；

尤其是1917年以后，他接连几届主持学友会的会务，更显出特殊的领导和创造才能，有着一种令人心悦诚服的吸引力量。因此他在全校师生中有很高的威信。老师们认为他是“异才”，是“伟器”；同学们认为他是“智囊”，是“怪杰”，是“毛奇”（毛奇（1800—1891），德意志建国时期普鲁士名将。1866年普奥之战及随后普法之战，运筹决胜，名震当世，进授元帅，有军事政治著作多种。)(这两个汉字当然还有分开来的双关含义)。据《一师校志》载，头两次会议即由毛泽东提议，通过本届学友会工作的六项决议：第一，征集会金；第二，确定各部“开演”（为当时术语，即指各部的活动，包括开会、讲演、研究之意）和学生参加各部的办法，聘定各部教员以及每周“开演”的次数等；第三，编制预算；第四，发表成绩，设立学生成绩展览处；第五，学友会和各部都详做工作记录，建立“纪事录”（1951年土地改革时，在长沙已故的前第一师范校长孔昭绶家，获得1917年至1918年第一师范学友会的记录三本：《学友会纪事录》一本，《夜学日志》两本。这三本记录中有很大一部分是毛泽东当时亲笔写的。这是当时第一师范教务主任王前特意找来送与作者的，他知道作者正在搜集毛泽东早年资料。王是作者在武汉大学时的同学，曾积极参加“一二·九”运动，长期从事教育工作，于“文革”时不幸去世。）制度；第六，设立图书馆。

各部专聘教员担任辅导，如教育研究部的辅导便是杨昌济。各部每周开演次数多是一次，各种体育活动则三次、二次、一次不等，活动的时间是在下课之后或晚上。全校四五百学生，每人至少都参加一部，多的有参加三四部的。学校当局开行政或教务会，也吸收学友会代表参加。这样高度自治的学生会，在当时的湖南还是空前创举。毛泽东通过学友会领导全校同学，做各种有意义的课余活动，相当实现了他的身心全面发展的主张。

学友会各部的活动，不仅包括成绩展览会、自由演讲辩论会、各种专门问题的学术研究会，以及请名人讲演之类，而且还举办全校运动会，集体去湘江游泳等。南北军战争紧急时，如前所述，学友会领导学生组织警备队，夜晚梭巡学校内外各处。

毛泽东很留心各人的长处，他极善于用众人之长，使之各得其所。如长于文字语言的人，便被分配在文学部工作；对于教育有兴趣的人，便参加教育研究部。他按照这样的原则组织学友会的工作人员和一般同学参加各种活动。有一件至今被人道及的事情，可说明他的这个特点：当时有一个国文教员，书教得不好，很受学生的轻视，但这个教员办过报纸。毛泽东就常去找他谈时事问题，并且向同学们解释，应看重他的办报才能。下面的话是毛泽东当时常对周围的人说的：看人首先就应当看他的长处，每一个人都有他的长处，大家应该鼓励和运用他的长处，而不管那长处是多么小、多么有限。

关于学友会的各种活动，从以下几个例子，更可见这个担任总务的人当时的组织才能和踏实而细致的作风。

为使大家认识作“纪事录”的重要，学友会特于1917年10月14日出了这样一个布告：“前经职员会议决定作学友会纪事录，所以志现在之情形，留后日之稽考。积之既久，由简臻繁，本会历史之所存，亦即本会成绩之所存也。本会成立已阅五年，回首前事，杳不可识，決隙堪惧，而区区人事，又复以无记载而淹沦，事之可痛，孰甚于斯！故此次纪事录，前五年事迹亦当择其可忆者略为追述，藉识有关根源。第本会范围廓大，分析至十四部之外，或关精神，或属于体育。演习之时，状况不同，场所互列，欲求记载详尽，非多人分任不能。本会文牍仅有一人，自难顾及全局，加以身在局外，难悉各部内容。兹经议决，增设录事一职，每部于首次开演，由部员推定一人，担任本部一切情事之记述，庶事务缘分任而益明，记载因当局而益尽也。”据老同学们的回忆，学友会的各种重要布告，无不由毛泽东亲自撰写。

这种“纪事录”的制度，由于总务的督促，学友会职员都能认真遵守。他不仅自己记，并且对别人记的还加以校正。这从现在幸存的当时的《学友会纪事录》和《夜学日志》三本记录中，可以得悉此种情况。

学友会的经费很有限，精打细算，仍设法挤出钱购买当时各种新杂志，如《新青年》、《东方杂志》、《太平洋》、《科学》、《教育研究》等，并向教职员、同学和校外募捐各种书籍。图书室内设成绩展览外，学生最好的作品，也当做图书，永久保存。当时校内订有各种日报，但没有长沙出版的很受人欢迎的小型报《通俗教育报》，学友会就特别订了两份，并且做一贴报板置于校侧大椿桥，校内看完后第二天就贴在上面，以便夜学学生和附近工厂的工人阅读。

1917 年 5 月，学校开运动会时，毛泽东担任会场记录，编印“陕报”；自己贩卖食品，以所得帮助学友会的经费。（陈书农、枷士：《毛主席故事拾零》，载 1950 年 7 月 1 日《新湖南报》。）当时室外的运动很多，但缺室内运动，雨天和夜间就很闷人；可是没有适当房屋，又缺经费，这个问题很难解决。他便提出打乒乓球的办法，由学友会做了 12 个木架和竹布网，每班领一套，在学友会的事务室及学校礼堂、会客室、楼上各处设好球桌，形成一时的“乒乓狂”。

毛泽东任学友会总务时，充分表现了他的领导才能。除了办事认真、思想细致和善于组织群众等特点之外，最值得记述的是他的计划性和创造性。关于各种会务，某事须办，某事须急办，某事须全心全力办，不论大小总是提出建设性的意见，同各部负责人商量进行，“条分缕析”，“纲举目张”。大家无不乐意接受他的意见，因为这些意见总是符合实际情况和迫切需要的。

每当学友会开全体大会或全体职员会议时，毛照例担任主席。同学们有时各持自己的主张，相互争辩，不肯相下。他对各种意见都用心倾听，记其要点，在大家争辩激烈时，从不轻易表态，等到大家意见发挥已尽，他才从容作出总结。他的总结总是取长舍短，斟酌尽善；对于一个问题，一种争论，总是分析深入，抓住要害。所以大家都心悦诚服。好些争论即因他精切简当的剖析而得到解决。

1918 年上学期，是毛泽东在第一师范学习的最后一学期，他仍被同学们选举为学友会总务。4 月间，南军退守衡阳、永州，北军占驻学校，学生大部离校；留校的只 100 多人，学友会一切活动也随之停顿。因各班提前毕业，他便将会务移交留校同学和会长。他在“纪事录”的最后一页亲书学友会的结束经过，并特别对两件事提出建议。一是扩充学友会的经费：入会金由五角加到一元，常年捐由二角加到一元；以印行学友会刊物，添购图书，让夜学经费独立。二是加设交际部以联络毕业校友，进而组织校友会，“寻旧思故，勉学励业”，还拟出细则七条。这最后一篇学友会的交代，是 1918 年 5 月 29 日的事情，在篇末郑重地签上自己的名字。

毛负责学友会工作时，以满腔热忱主办夜学。这可以说是他接触产业工人的开始。1917 年上期，师范和附小两部的教职员曾经办过一次夜学，后来有些教职员没有能坚持下去，下期就由学友会单独来办，归教育研究部负责。

关于办夜学的情形，许多当时的一师学生都记不详细了，大家只记得毛泽东出力最多。莫大的幸运是，现在我们可以从《夜学日志》的记录本和 1918 年《一师校志》上找到这件事的最可靠的记载。《夜学日志》同学友会的《纪事录》一样，是毛倡导力行的一种制度。凡有关夜学的教学和管理的情况，对教员的批评，遇到的种种困难，以至办事细则、招生广告等，《夜学日志》上都有记录。从 1917 年 11 月初夜学开办到 14 日的《夜学日志》，是他亲笔记载的，特别详细。

据《一师校志》所载，毛在学友会开会时举出四点理由，说明夜学非办不可：第一，依据国家现状，社会中坚力量实是大多数失学的国民即工人和农民；第二，欧美的社会普及教育很有成效，国人虽境遇不同，但人人应有受教育的机会；第三，可作师范三四年级学生实习的场所；第四，可借以打破社会和学校鸿沟分明、相隔相疑的局面。他特别说明第四点的意义。因为当时湖南境内，南北战争频繁，学校经费毫无保证，且时被军队占驻甚至捣毁，学生出校则职业无着。因此学生仇视黑暗的现社会；而社会上一般人也不大了解学校内部情况，不明白为什么常闹学潮。他当时就有这样一个宏伟的理想：“社会之人皆学校毕业之人，学校之局部为一时之小学校，社会之全体实为全体之大学校。此则千百年后改良进步之成绩。”（《夜学日志》）（见《毛泽东早期文稿》，湖南出版社 1990 年 7 月版。）

毛对当时的学校教育一直是很不满意的，如前所述：思想意志受束缚，课程太机械，学非所用，只是培养书呆子；教师混饭吃，学生谋出路，一方照本宣科，一方死板记诵；除开上课之外，师生之间很少其他联系。因此，身在第一师范那样办得较好的学校，他仍然是经常苦闷的。关于他主持夜学的一些做法，一方面表现出他的创造才能和实事求是精神，另一方面也表现出他对旧教育制度的不满。

夜学的学生对象主要是校外校内的工人。当时长沙南门外第一师范的附近，是造币厂、黑铅炼厂、电灯公司等工厂和铁路工人聚居的地方。夜学招生时，特别发出一个白话广告（这在当时还是新鲜事物），向工人们亲切地说道：

列位大家来听我说句白话。列位最不便益的是什么？大家晓得吗？就是俗语说的，讲了写不得，写了认不得，有数算不得……列位做工的人，又要劳动，又无人教授，如何达到这样，真是不易得的事。现今有个最好的法子，就是我们第一师范办了一个夜学。今年上半年学生很多，列位中想有听过来的。这个夜学专为列位工人设的，从礼拜一起至礼拜五止，每夜上课两点钟。教的是写信、算账，都是列位自己时刻要用的。讲义归我们发给，并不要钱。夜间上课又于列位工作并无妨碍。若是要来求学的，就赶快于一礼拜内到师范的号房报名……有说时势不好，恐怕犯了戒严的命令，此事我们可以担保，上学以后，每人发听讲牌一块，遇到军警查问，说是师范夜学学生就无妨了。（见《毛泽东早期文稿》，湖南出版社 1990 年 7 月版。）

可是广告在街上张贴，并托警察分发后，没有人来报名。后来又用大张纸书写，贴在街头显要处，报名的仍只有九个人。毛泽东就来研究这个原因，觉得办夜学，在长沙当时还是稀罕之事，群众不容易相信；而且由警察发广告也不妥当，警察代表官厅，人民望而生畏，反增加疑惧。于是他就组织同学分头下去挨家动员。据《夜学日志》记录，大家又带着600多份广告，到学校附近的造币厂、铁道两旁一带去散发，并做口头的宣传。果然见效，三天后就有120多人来报名了，陆续要求补报的还很多。以后由于名额所限，只好截止报名。毛泽东在《夜学日志》上记载当时工人这种迫切要求学习的情形："如嗷嗷之待哺也。"

夜学课程定有国文、算术、常识三种。《夜学日志》上说，"国文与算术近于技能，常识则近于精神"。国文内容分认字、短文、便条、写信等；算术以珠算为主，稍加笔算。常识一项最初规定的内容很多：包括历史、地理、理科、修身、卫生、实业、政法、经济、教育等九个科目。所有各课，都由夜校教员自编讲义；编讲义的原则是少而精，必须同学生日常生活有密切的关系。毛泽东自己担任历史课，他是非常注重历史知识的。《夜学日志》上记有他的教授方法："教以历代之大势，及近年关系最巨之事迹；所以粗养其历史的观念及爱国心。（彼等从前从传说及演剧，亦得有许多零碎之事迹，惟无系统的观念及爱国心耳。）"

因鉴于以前教职员办夜学多未能坚持下去，这回就特别定了些规则。如教员和管理员要一起按时上课；管理采取严格主义，以坚定学生的信心。管理员的责任，是负责当日教课以外的事情，如学生的秩序、教学检查、看钟、摇铃以及记"日志"等事。毛泽东极善于以自己的热忱来鼓励周围的人们，以自己的积极行动来推动大家工作。

11月9日晚上，夜学正式开学，学监主任、代理学友会会长方维夏讲了话。毛泽东将"上课说明书"逐条向学生详细解释。"上课说明书"很周到，非常体贴工人的具体困难，内中还有这样两条："每次上课，衣服听便，不必求好"；"本校已函请警察保护，来往只可放心"（当时南北军在湘北正发生战事）。在他的领导下，夜学的大小事情都照料得非常细致而妥帖。比如《夜学日志》11月12日上记载着："课毕由毛泽东报告：不可喧扰；宜每次上课，三次不到者，开缺另补；解手赴外边厕所；雨时雨具，自置椅下看管；今次有未带笔墨者，下次宜都带来……”“教室洋油灯四盏，有二盏不明，灯在四角，中间颇暗，应添一盏。”（见《毛泽东早期文稿》，湖南出版社 1990 年 7 月版。）

关于教学的改进，毛是特别注意研究的。11 月 14 日《夜学日志》记载着：“实验三日矣，觉国文似太多、太深。太多，宜减其分量，太深，宜改用通俗语（介乎白话与文言之间）。常识分量亦嫌太多（指文字），宜少用文字，其讲义宜用白话，简单几句标明，初，不发给，单用精神演讲；将终，取讲义略读一遍足矣。本日历史，即改用此法，觉活泼得多。”（见《毛泽东早期文稿》，湖南出版社 1990 年 7 月版。）

教物理的时候，因教员讲得太多，年纪大的都听不懂，打不起精神来。因此课后，“毛泽东报告，谓物理一科极有趣味，方才所讲不过发端，将来如电灯之所以能明，轮船火车之所以能速，其理必皆告汝等知之。此亦足以引起其追求的兴味，其法大可采也”。（11 月 16 日《夜学日志》）

这一年，傅良佐和谭浩明的军队出入长沙，时局很不安定，晚上经常戒严，对工人上夜学很有影响。后来上学人数虽比开学时逐渐减少，但教员们在毛泽东热忱感召下，都坚持工作。放假时，学生分三等给了奖品。

1918 年上期，夜学继续开办，教员和管理员比上一期减少一半，以求工作的专一。毛泽东继续担任“管理”职务。《夜学日志》上仍有他的手迹。从《夜学日志》上还得知：为了扩大夜学的社会影响，推动其他学校也来开办，他特向《通俗教育报》投寄了介绍一师夜学的新闻和文章。这年 3 月 19 日、20 日该报刊登了一篇《告夜学生》，内中详细介绍了一师夜学的教学、管理的情况与经验。

毛泽东在第一师范毕业时，学校附近工厂的许多工人都认识夜学的“毛先生”，都认为“毛先生”是他们的好老师、好朋友。很显然，毛在第一师范读书时，主办夜学最有意义的收获，便是取得联系工人的初步经验，同工人阶级建立了最初的感情。中国共产党成立后，他在湖南领导工人运动时，扩大地运用了办工人夜学的经验，并推动了当时湖南的“平民教育”运动。

1920 年，毛泽东担任一师附小主事的同时，就由一师校友会主持，在学校近旁办了一个“平民学校”，后来发展为一个正规的学校。

《伦理学原理》批注

毛泽东批注过的这本《伦理学原理》，是德国哲学家、伦理学家泡尔生（1846—1908）的主要代表作《伦理学体系》的一部分。日本学者蟹江义丸将该书的《序论》和第二篇《伦理学原理》译成日文，以《伦理学原理》书名出版。泡氏哲学观点是二元论，伦理思想特点是调和直觉和经验、动机与效果、义务和欲望。蔡元培从日译本译成中文，1909 年 10 月由商务印书馆出版，此后多次重印。蔡元培在序言中指出 :“蟹江氏之译此书也，曰取其能调和动机论与功利论两派之学说，而论议平实不滋流弊也。今之重译犹是意也。”杨昌济将这书用作修身课的教材，只教了原书中的一部分。

1950 年 9 月下旬，周世钊应毛泽东邀请去北京之前，第一师范同学杨韶华将 20 世纪 20 年代初在清水塘借阅的这本《伦理学原理》，托他归还书主。杨在扉页上写了一段话，说 :“珍藏至今，深恐或失！兹趁周敦元学兄北上之便，托其奉还故主，借镜当时思想之一斑。”由于知道笔者很关心毛早年读书生活和活动情况，周世钊起程之前，特将此书交与一阅。打开书来，真是大吃一惊 : 密密麻麻写了那么多批语，是这样用功读书的呀！此书在手上只能停留三天，即使能通读一遍，也来不及消化，于是托人将原书凡有批语的部分全部拍照，并放大成原书模样。此书一进中南海，今后就再难以见到了。照片中有一部分批语，由于原字体太小，模糊不清，有的用放大镜也难断定。见到这本书之后，是最早促笔者写出《早年毛泽东》（初版名《毛泽东同志的初期革命活动》）这本书的一个原因。1952 年用一个月时间完成初稿时，并没有将这些“批语”消化好，关于此书及其批语，只是作了这样的介绍 :

杨昌济教授伦理学，采用的课本便是这本《伦理学原理》。当时多数同学对于哲学不感兴趣，听课甚不专注；唯有毛泽东等少数人，用心听讲勤做笔记。他极爱读这本书，曾根据其中一些论点加以批判和发挥，写过一篇《心之力》的文章，被杨先生大加称赞，打了100分。这本书共约10万字，他一共写了1.2万余字的批语。全书还逐句用墨笔加以圈、点，打上单杠、双杠、三角、叉等符号。批语是用工整的行楷写在天地头空白处及行距间，小者如7号铅字，要用放大镜才看得清楚。批语最多的是第四章《害及恶》、第五章《义务及良心》，共5900余字；次为第六章《利己主义与利他主义》，约1500余字；再次为第一章《善恶正鹄论与形式论之见解》，约为1100余字。批语的内容，绝大部分是毛泽东发抒自己的伦理观、人生观、历史观和宇宙观，以及对原著的各种批判与引申；小部分是对原著的简要的赞同语和章段的提要。凡原著中合乎自己观点的地方，不论唯物或唯心，必浓圈密点，眉批则往往有"切论"、"此语甚精"、"此语甚切"、"此说与吾大合"等语。对原著的否定与怀疑之处也很多，常见这类批语："诚不然"，"此不然"，"此节不甚当"，"此处又使余怀疑"，"吾意不应以此立说"，"此说终觉不完满"，等等。其中许多地方联系到中国的历史，墨子、孔子、孟子、宋明理学、王船山、颜习斋、谭嗣同、梁启超诸家思想，以及五四运动前夜的国事与思潮。总之，处处充满着追求真理、真知和改革国家社会的精神。

限于自己的学力，当时对这些批语的特点，作了这样几点概括，简意如下：

一、重视"个人有无上之价值"，"发达个性"，强调个性解放，从"无我论"到"唯我论"，即强调"个人精神主义"。

二、对于原著赞誉对外界的"抵抗"，强调"善恶相竞"与人类进步的关系，常予以发挥。

三、极端重视思想和知识的作用，要用哲学这个"大本大源"来改造世界；追求变革旧传统的新思想、新观点。

四、同时又重事实、重现在，尤重实行。

五、特别值得注意的是，从书中进化论的观点，以及谭嗣同、《新青年》

所倡导的进步学说得到的启发，批语中已开始初步掌握了辩证法。

由这些批语可以看到，当时毛泽东何等醉心于哲学的研究，探求哲学的基本问题，以其特出的博学、钻研和实践精神，在思想上已有新的收获，远超出当时一般进步知识分子的水平。

从周世钊手中收到这本书时，毛泽东说了这样一段话："这本书的道理也不那么正确，它不是纯粹的唯物论，而是心物二元论。只因那时我们学的都是唯心论一派的学说，一旦接触一点唯物论的东西，就觉得很新颖，很有道理，越读越觉得有趣味，它使我对于批判读过的书，分析所接触的问题，得到了启发和帮助。"

毛泽东读这本书是在 1917 年下半年到 1918 年上半年。这时他还不曾接触马克思主义，所以他的有些批语"也不那么正确"。值得人们重视的是，除开批语的内容外，还可以从中来了解他的读书方法。人们从这些批注中得到第一个强烈的印象就是：不是被动地接受书中的观点，而是一面读一面想。遇到他以为能够同意的观点，就表示接受，有时还加以发挥或大做文章；遇到他不能同意的观点，就提出自己的意见来。《伦理学原理》上的全部批语无不清楚地表明了这一点。关于批语中表现出来的主要思想观点和哲学观点，在下一章"思想方向"中，还将论述。现在我们着重介绍这种读书方法。

原书中说："何者为利，何者为害，诚待经验而后知。而何者为善，何者为恶，则于未经验之前，固已知之。"泡尔生这是说，利害属于现实的范畴，是客观的，而善恶属于道德的范畴，是先验的，分明显出唯心论的色彩。批语道："殊未必然。"为什么呢？"善恶生于利害，利害生于快苦，快苦生于生死，生死生于成毁，成毁生于吸拒，吸拒生于小大，小大生于有无，有无生于心理。""善恶生于利害"，就是认为道德并不是什么先验的东西，它的根源在于客观的物质世界之中。这表明这时的毛泽东已经比泡尔生有更多的唯物论思想。

原书说："道德何以必随时代而不同，既已随时代而不同，而又何以仍无失其为道德，此则虽圣哲犹难言之。”批语道：“此并不难言”，“道德因社会而异，因人而异。”

原书在一处地方引述了叔本华的两个意见，一个是“自然之人类，如必不得已，小己之生存与世界之生存，不可得兼，则必以自保为第一义，而世界之灭亡，有所不顾”。一个是“道德之价值，必以他人之利害为其行为之动机者也”。批语道：“叔本华之悦，吾亦不谓然。”这样反驳第一个观点：“人类固以利己性为主，然非有此而已也，又有推以利人之性，此仍是一性，利人乃所以自利也。”又进一步发挥说：“如吾所亲爱之人，吾情不能忘之，吾意欲救之，则奋吾之力以救之。至剧激之时，宁可使自己死，不可使亲爱之人死。如此，吾情始浃，吾意始畅。古今之孝子烈妇忠臣侠友、殉情者、爱国者、爱世界者、爱主义者，皆所以利自己之精神也。”对于第二点，反驳说：“道德非必待人而有，待人而有者，客观之道德律；独立所有者，主观之道德律也。吾人欲自尽其性，自完其心，自有最可宝贵之道德律。世界固有人有物，然皆因我而有，我眼一闭，固不见物也，故客观之道德律亦系主观之道德律。”这里可以看出当时毛所受影响是很杂乱的，所谓“世界固有人有物，然皆因我而有”，岂不就是贝克莱的著名命题：“存在就是被感知”的另一种表现方式吗！

毛泽东这时不只是接受了贝克莱的唯心论思想，也接受了人本主义思想。原书中说：“斯时即利己主义之人，亦知离群索居之不堪矣。”批语就此发挥说:“离群索居诚哉不堪，然社会为个人而设，非个人为社会而设也。”原书中说：“且一切杀身成仁之事，亦皆含有保存小己之义，即所以保存其观念中之小己者也。”毛认为“此语甚精”，并写了一段很长很重要的批语，反映了他当时的一种主导思想：“观此语始知泡氏亦以个人主义为基础，此个人主义乃为精神的，可谓之精神之个人主义。个人有无上之价值，百般之价值依个人而存，使无个人（或个体）则无宇宙，故谓个人之价值大于宇宙之价值可也。故凡有压抑个人、违背个性者，罪莫大焉。故吾国之三纲在所必去，而教会、资本家、君主、国家四者，同为天下之恶魔也。或曰个人依团体而存，与团体之因个人而存其事相等，盖互相依存不可偏重也。是不然。事固先有个人而后有团体，个人离团体固不能独存，然团体无意思，其有意思仍系集合个人之意思也……社会乃集许多个人而成，国家乃集许多社会而成。当其散则多，及其成则一。故个人、社会、国家皆个人也。宇宙亦一个人也。故谓世无团体，只有个人，亦无不可。”这段批语，自是对《新青年》个性解放主张的极端响应。中国的传统观念就是忽视个人价值，所谓三纲，也就是确定人身依附关系的伦理道德规范。欧洲文艺复兴时代出现的反封建、反宗教束缚的人文主义思想．比起中国的封建主义伦理道德来是先进的。毛泽东在强调个人的极大价值的时候，提出“吾国之三纲在所必去”，表示他在五四运动前夕，已经感觉到在意识形态方面彻底反封建的必要性。

关于个人之无上价值，在《义务及良心》一章的批语中，有更为极端的说法。原书中论到道德律出于神之命令之非，以及所谓良心即“道德生涯在客观世界适合自然之性，而反射于各人之意识中者”，于此批语说：“服从神何不服从己，己即神也，己以外尚有所谓神乎？吾研究良心之起源而知之，此问题已得于己矣，即当举其所得于己者而服从之……吾人一生之活动服从自我之活动而已，宇宙间各物之活动，各物服从自我之活动而已。吾从前固主无我论，（“无我”原为佛教词语，意为世间并无物质性的实在自体（即“我”）的存在。我国古代思想家有强调重视“大我”、牺牲“小我”之说，也被称为“无我论”。杨昌济在《达化斋日记》中说：“曰为己，又曰无我，何也？宇宙内事，皆吾性分内事，为己者为此也；无以小害大，无以贱害贵，无我者无此也。”）以为只有宇宙而无我。今知其不然。盖我即宇宙也。各除去我，即无宇宙，各我集合即成宇宙，而各我又以我而存，苟无我何有各我哉。是故，宇宙间可尊者惟我也，可畏者惟我也，可服从者惟我也。”在第四章《害及恶》的长篇批语中，还有这样一段：“吾只对于吾主观客观之现实者负责，非吾主观客观之现实者，吾概不负责焉。既往吾不知，未来吾不知，以与吾个人之现实无关也。或谓人在历史中负有继往开来之责者，吾不信也。吾惟发展吾之一身，使吾内而思维，外而行事，皆达正鹄。吾死之后，置吾之身于历史之中，使后人见之，皆知吾确然有以自完。后人因吾之完满如此，亦自加吾以芳名，然而非吾之所喜悦，以其属之后来，非吾躬与之现实也。”这一段话，是不是可以看做毛泽东对人生态度的宣言，甚至看做他一生作为的预言呢？

对书中的一些内容，表示了赞同，并且在批语中作了发挥之处很不少；有一些意见，甚至反映在他后来的著作中。

原书说：“凡实践问题，其发生常在学理问题之前，而尤为重要。所谓科学者，率由求实践问题之解释而后起。”批语对此表示了赞同：“此言学皆起于实践问题，故皆范于伦理学。”马克思《关于费尔巴哈的提纲》第二条，对这一问题作了深刻的说明：“人的思维是否具有客观的真理性，这并不是一个理论的问题，而是一个实践的问题。人应该在实践中证明自己思维的真理性，即自己思维的现实性和力量，亦即自己思维的此岸性。关于离开实践的思维是否具有现实性的争论，是一个纯粹经院哲学的问题。”（《马克思恩格斯选集》，第 1 卷第 16 页。）当时毛不可能看到马克思的这篇议论，但他能够接受“学皆起于实践”的提法。后来他最重要的哲学论文题目就是《实践论》。

原书说：“苟有一民族焉，其间人人果有同一之具足生活，则意味索然。且其民族中之各人，性质同，生涯同，而仅仅以某甲某乙为分别，亦复成何民族耶。故所谓人类具足之生活者，乃合各人各种之具足生活以成之，而非取其雷同者也。”在这几句顶上的批语说：“发达个性。至不同即至同，至不统一即至统一。”这就反映出了毛的辩证法思想。书中说：“吾人所见各人有大同之动作者，徒观其表耳，苟求其内情，则无一不具特性。”对特殊性的极端重视，正是后来毛泽东辩证法思想中的一个重要特色，因此在书头上批上“切论”二字。后来他在其哲学著作《矛盾论》中，对“各种物质运动形式中的矛盾，都带特殊性”，“共性即包含一切个性之中，无个性即无共性”，作了详尽的阐述。

原书中说："今日者，诋谟人类，暴露人类丑恶之方面，为文学界风尚之题目。讦发人类之虚伪粗野，为诗文之任务。此岂人心倾向真理之情状耶？吾人所不敢信也。"又说："彼艺术新派，所揭为写实主义者，果健全者耶，果有欢迎之价值耶，吾不能无疑。"批语道："泡氏乃持理想主义者。"似乎不很以泡尔生此说为然。只是后来在延安文艺座谈会上的讲话中，毛泽东在解决歌颂与暴露问题的时候，似乎流露出了早年从泡尔生书中受到的影响。

原书第一章《善恶正鹄论与形式论之见解》，批语概括了第一段之大意后，说："即善恶之区别以何为标准——一说只论动机，一说兼论效果。"这大约是毛第一次接触到动机与效果的关系问题。这个问题后来他在《在延安文艺座谈会上的讲话》中畅论了一回。

从一些批语中，可以看出毛泽东当年的气质。例如原书中说："吾人果得此无障碍之满足，无抵抗之成功，则必深厌之，如常胜之游戏焉。夫弈者苟知每局必胜，则无乐乎对局。猎者苟知每射必获，则无乐乎从禽。彼初无觊觎利益之希望，而以弈猎为消遣者，正以其或胜或负，或得或否，不能预必耳，否则兴味索然矣。"这观点正好符合毛泽东好动好奇好变化的性格，他在批语中说："此缘吾人有好变化、好奇之心。人不能有俄顷不变化者。"这也就是他的诗句所表现的，"无限风光在险峰"。

泡尔生"是个有辩证法思想的"学者，书中常常显出了辩证的思维。例如，不止一处出现了"且为作用，且为正鹄"这个提法。用现代汉语，这就是说，作为（作用）本身就是目的（正鹄）。毛欣赏这个提法。在批语中说："前段发明'且为作用，且为正鹄'之精神，足使人类之人生观意义为之一变。何则？从前之人，莫不以为事未至最终之目的，即为无甚价值。因之在未达目的之前毫无生意，视其所行之一段路若废物焉。今知且为作用，且为正鹄，则无往不乐。有一日之生活即有一日之价值，使人不畏死，上寿百年亦可也，即死亦可也。""凡积极道德且为作用，且为正鹄。"在思考作为本身即是目的这一命题的时候，毛又显现出了他具有辩证的观点。原书中说："以一人之生活而论其为正鹄为作用之两方面。吾人之圆满生活，吾人之正鹄也。而自吾人为国家或文明社会之一分子观之，则又不过一作用。"毛的批语是："然则'正鹄''作用'无定位，到处皆正鹄，到处皆作用。"这已经懂得了一切界线都不是确定的、绝对的，这正是辩证法的一个极其重要的思想。

从所有的批注中，可以看出毛泽东当学生时就对哲学有极其浓厚的兴趣，这种兴趣终身不衰。原书第八章为《道德与宗教之关系》，他批道："此章论及哲学问题，颇好。"在这1.2万字的一章里，提到了宗教、世界观、形而上学、惟（唯）物论、无神论、泛神论、怀疑论、宇宙的构造和本质、灵魂不灭与死后的生活、时间是什么等一大堆哲学家思考着的问题；也提到了柏拉图、亚里士多德、斯宾诺莎、莱布尼兹、休谟、康德、叔本华、黑格尔、费希纳等一大批哲学家。可以看出，毛泽东是以极大的兴趣阅读这一章的。他在这一章书的头上，写了长长短短一共19条批注，一些是提要的性质，也有抒发自己的观点的。书中的一些观点，在毛后来的著作中也有所反映。例如，书中引证了斯宾诺莎的话："世界者，现实也，其绝对一致之本质，则实体也。一切事物，虽若独立之状，而实皆实体之所规定，实体次第发展，为有意识进化之世界，与无意识进化之世界，而此两界间，又有普通中行之性质。至管理此两界之自然律，则又出于实体之自动，而非若机械之受迫于外力也。夫实体既不受外力压迫，而特由内部冲动，以开展其本质之内容，而为现实界，是即其唯一自由之原因焉。"这与《矛盾论》所说："事物发展的根本原因，不是在事物的外部而是在事物的内部，在于事物内部的矛盾性。"是有着明显的渊源关系的。

泡尔生书中的哲学思想，最引起毛泽东重视的，就是强调抵抗、对立面的作用。书中说："人之意思，不可无对象之抵抗，无抵抗则无动力，无障碍则无幸福，在人类，则享幸福者必当有障碍若损害，犹之识真理者必当有蒙昧若谬误也。"毛对之批道："至真之理，至彻之言。"在书中举例说明"世界一切之事业及文明，固无不起于抵抗决胜也"这一段的上面，批注补充了例证："河出潼关，因有太华抵抗，而水力益增其奔猛；风回三峡，因有巫山为隔，而风力益增其怒号。"当书中说道，"盖人类势力之增，与外界抵抗之减，其效本同"，批注对此表示了异议："此不然。盖人类之势力增加，外界之抵抗亦增加，有大势力者，又有大抵抗在前也。大抵抗对于有大势力者，其必要乃亦如普通抵抗之对于普通人。如西大陆新地之对于哥伦布，洪水之对于禹，欧洲各邦群起而围巴黎之对于拿破仑之战胜是也。"这里批语对拿破仑事迹说得不准确，如果说："欧洲各邦多次结成反法联盟之对于拿破仑之战胜"，就对了。因为1814年联军攻入巴黎是拿破仑败亡之始，而在此以前并无各邦围困巴黎的事。虽说这个举例说得不确切，但是他要说明的艰难困苦玉汝于成的意思，还是表达清楚了的。书中说，"不幸之境遇，若失败，若坎坷，乃适以训练吾人，而使得强大纯粹之效果。盖吾人既逢不幸，则抵抗压制之弹力，流变不渝之气节，皆得藉以研练。故意志益以强固，而忍耐之力，谦让之德，亦足是养成焉"。批注者认为，这是"振聋发聩之言"。

毛泽东甚至认为，没有挫折，没有冲突，没有波澜的理想的大同世界，是人生所不堪的。为此，他写了一段很长的批语："然则不平等、不自由、大战争亦当与天地终古，永不能绝，世岂有纯粹之平等自由博爱者乎？有之，其惟仙境。然则唱大同之说者，岂非谬误之理想乎？人现处于不大同时代，而想望大同，亦犹人处于困难之时，而想望平安。然长久之平安，毫无抵抗纯粹之平安，非人生之所堪，而不得不于平安之境又生出波澜来。然大同亦岂人生之所堪乎？吾知一入大同之境，亦必生出许多竞争抵抗之波澜来，而不能安处于大同之境矣。是故老庄绝圣弃智、老死不相往来之社会，徒为理想之社会而已。陶渊明桃花源之遭遇，徒为理想之境遇而已。即此又可证明人类理想之实在性少，而谬误性多也。是故治乱迭乘，平和与战伐相寻者，自然之例也。伊古以来，一治即有一乱，吾人恒厌乱而望治，殊不知乱亦历史生活之一过程，自亦有实际生活之价值。吾人揽史时，恒赞叹战国之时，刘项相争之时，汉武与匈奴竞争之时，三国竞争之时，事态百变，人才辈出，令人喜读。至若承平之代，则殊厌弃之，非好乱也，安逸宁静之境不能长处，非人生之所堪；而变化倏忽乃人性之所喜也。吾尝梦想人智平等，人类皆为圣人，则一切法治均可弃去，今亦知其决无此境矣。”这段话可以概括毛泽东一生处世行事的心态，但晚年发展到“大跃进”，再发展到“文化大革命”，不能不令人遗憾。

批语有不少辩证法。在论及生死、成毁的时候，更显示了辩证的思维。原书引述了歌德的观点：“死者，自然界所以得许多生活之善策也。夫自然界欲营历史之生活，计诚无善于有死者。无时代之变易，则无历史，不死之人类，其将营所谓非历史之生活乎。此其内容，非吾人所能想象焉。”批注者发挥说：“惟土石不死，然则人类将欲营土石之生活乎？”这些见解都说得很好。只是有的地方讲辩证法讲过了一点儿头，就显出思想的混乱来了。例如，批语说：“且吾人之死，未死也，解散而已。凡自然物不灭，吾人固不灭也。不仅死为未死，即生亦系未生，团聚而已矣。由精神与物质之团聚而为人，及其衰老而遂解散之，有何可惧哉。且散非一散而不复聚者，散于此而聚于彼。”“世上各种现象只有变化，并无生灭成毁也，生死也皆变化也，既无生灭，而只有变化，且必有变化，则成于此必毁于彼，毁于彼者必成于此，成非生，毁非灭也。生于此者，必死于彼，死于彼者，必生于此，生非生，死非灭也。国家有灭亡，乃国家现象之变化，土地未灭亡，人民未灭亡也。国家有变化，乃国家日新之机，社会进化所必要也……吾尝虑吾中国之将亡，今乃知不然。改建政体，变化民质，改良社会，是亦日耳曼而变为德意志也，无忧也。惟改变之事如何进行，乃是问题。吾意必须再造之，使其如物质之由毁而成，如孩儿之从母腹胎生也。……宇宙之毁决不终毁也，其毁于此者必成于彼无疑也。吾人甚盼望其毁，盖毁旧宇宙而得新宇宙，岂不愈于旧宇宙耶！”批语所说的“必尚有各种人生以外之世界”，恐怕不是今天人们想象的外星人，也就是地球以外是否存在高等智能生物的问题，而是生活在此岸世界的我们也有可能去经验一番彼岸世界。辛弃疾词中说的，“是别有人间，那边才见，光景东头”，大约也是这意思吧。在这里，特别是在论及成毁之处，显然有着佛教哲学“劫”这一范畴的影响。这种观点认为，世界每经历若干万年要毁灭一次，重新再开始。每一个周期经历“成”（生成）、“住”（存在）、“坏”（灾害）、“空”（消亡）四个阶段。看来那时毛泽东接受了这种发展观，当然也接受了这种发展观中所包含的辩证法。辩证法强调事物的相对性。毛泽东在强调相对性的时候，走得远了一点儿，辩证法变成了相对主义。这一点表现得最突出的，是这样一条批注：“余曰：观念即存在，有限即无限，时间感官者即超绝时间感官者，想象即思维，形式即实质，我即宇宙，生即死，死即生，现在即过去及未来，过去及未来即现在，小即大，阳即阴，上即下，秽即清，男即女，厚即薄。质而言之，万即一，变即常。”像生即死、男即女这些提法就应该看做是一种诡辩了。

毛泽东在这本书上的批注，尽管有些不正确之处，但是人们没有理由去苛求一个师范学生。难能可贵的倒是他读书时那种认真的严肃的态度。他好学深思，涉猎面广，知识面宽，这些都在这些批注中明显地表现出来了。

“身无半文，心忧天下”

由于时代的限制，毛泽东在学校学生时代没有可能接触到马克思列宁主义。他这时还只能从欧洲的旧民主主义、空想社会主义、二元论的哲学、《新青年》所提倡的民主和科学的精神，以及中国优秀的民族文化遗产和历史人物的言行中，“去其糟粕，存其精华”，批判地吸取自己所需要的养料。但是不论怎样，根据他自己的回忆，他当时的政治观念，“反对军阀和反对帝国主义是明确无疑的”。（罗章龙：《回忆新民学会》，见《新民学会资料》第498页。）他已经有了坚定的改造社会、建立新国家的伟大抱负。这种志向和抱负，平时同朋友们谈得最多，在自己的日记、读书笔记以及同朋友通信中也记得很多。尤其在读书笔记中，常常发抒自己对许多问题的见解，这些笔记在最亲密的朋友中间争相传阅。1918 年 7 月，蔡和森到达北京之后，还特为写信嘱咐即将赴京的萧子升：“润兄重要笔记带来为好。”他的朋友们当时都这样打趣地也是尊敬地形容他："身无半文，心忧天下。"国家和民族的危急形势，湖南人民长期陷于北洋军阀牢狱之中的惨况，使得青年毛泽东和他的朋友们时刻不安，他们感到自己肩上的负荷是一天比一天沉重了。

自 1913 年春至 1918 年夏，毛泽东在一师读书的这五年半时间中，正是五四运动的前夜：帝国主义的侵略愈加放肆，军阀的混战日益严重，新旧思潮的斗争正进入高潮。

这时帝国主义国家按照他们划分的"势力范围"，已把魔爪伸入到中国的每个角落：内河有他们的兵舰和商船，重要的城市有他们的租界和军队，全国的铁路、海关、主要矿山，乃至邮政全部被他们控制，他们的商店、工厂、银行、教堂和学校布满在城市和乡村，他们的商品如潮水一般输入，他们来到中国发财的流氓和冒险家有"治外法权"的保护。日本帝国主义更趁第一次世界大战时其他帝国主义国家无暇东顾之际，加紧对中国的军事、政治和经济的全面侵略，企图变中国为独占的殖民地。

南北各系军阀则引狼入室，各自勾结一个或两个帝国主义国家以保全实力或求对外扩张。因此，中国年年战争，岁岁兵灾，内乱纠纷，有加无已。

全国人民真是处于水深火热之中，"各种事实证明，加给中国人民（无论是资产阶级、工人或农人）最大的痛苦的，是资本帝国主义和军阀官僚的封建势力"。（见《中国共产党第二次全国代表大会宣言》。）

这种情况，湖南比之其他各省，有过之而无不及。

长沙的湘江河里停泊着挂"太阳旗"、"花旗"、"米字旗"的兵舰，河岸上是"日清"、"太古"、"怡和"等外国公司的大洋房，日本的轮船公司、银行、工厂和商店等在长沙已不下二三十家。全国有名的锡矿山（锡矿山在湖南新化县，锑砂产量世界第一，第一次世界大战初期产量最高时，工人曾达十万人。）、水口山的矿砂都为外商所控制；第一次世界大战后期，矿砂销路突然猛降，大批矿冶工人因而失业。

这个期间的湖南，前后为北洋军阀汤芗铭、傅良佐（傅良佐，字清节，湖南乾州厅（今吉首市）人。清末留学日本，毕业陆军士官学校。回国后，在北洋陆军近畿供职。辛亥革命后，曾任总统府军事处处长、察哈尔副都统、陆军部次长。1917 年 7 月，张勋复辟乱平，被段祺瑞任命为湖南督军，9 月到职，旋与湖南军阀发生矛盾，11 月被迫出走，逃回北京。1926 年病故。)、张敬尧所统治，成为南北军阀长期拉锯的战场。天灾、匪灾和兵灾互相影响，连年不断，人民所受的灾害和痛苦是极其深重的。1915 年，湘、资、沅、沣四水同时泛滥，全省有 34 县受灾，灾民数百万。之后 1916 年至 1918 年这三年，滨湖各县和长沙等地，大小水灾，倒垸溃堤，也从未间断。土匪的骚扰，更是蔓延全省，每月报灾县份，少则三五县，多则十几二十县，湘西、湘南各县，土匪常攻占县城；长沙、湘潭、益阳、宁乡、衡阳等首要之区，也是匪警频繁。对人民生活破坏最惨重的还属兵灾。特别是 1917 年至 1918 年，张敬尧进入湖南前后的南北大战，兵灾空前惨烈，报纸上充满了这一类记载。

根据当时报纸和各方面材料编辑的《湘灾纪略》（“湖南善后协会”1919 年出版）第二篇《军暴》，关于这两年湖南的兵灾，其中概述部分有这样的记述：“自六年（1917 年）十月，北兵溃退，攸（县）醴（陵）一带，于是始见杀掠矣，岳州于是始见焚毁矣。及南兵至岳，岳州且重受其扰矣。七年（1918 年）三月，南兵由岳州溃退，长沙之银行、典当、商号，凡精华所萃之区，于是大受劫掠矣。道途所经，自长沙、湘潭、湘乡以达宝庆、衡阳、永州，又自平江、浏阳、株洲、醴陵以达攸县、茶陵，皆南军先去，北兵踵来，南兵既掠而过，北兵且掠、且淫、且杀而前。而南兵溃卒不能归队者，又勾结土匪骚扰乡村。时各县知事多被迫走，军队所置官吏又复动假军需，酷索苛勒，小民疲于奔命，有死无违。于是湘东一带，绵亘数百里间，无不遍遭蹂躏矣。而湘督张敬尧第七师踵至，大肆横暴，杀掠奸淫，靡所不至。湘东之民，如火益热。”1918 年的南北战争中，受害最重的是几次拉锯的醴陵、株洲两地：“4 月 25 日攸县败讯至，溃军麇集醴陵。自攸县以达株洲，无不遍遭焚掠，而尤以醴陵、株洲为甚。醴陵街市万家及渌江大桥，俱于 4 月 27 日夜分焚毁略尽。人民逃避不及，焚杀以死者殆数千人，积尸遍野。时北军势已不支，遂走株洲。翌日，南军追至，北军复焚株洲而走。市中房屋几尽，人民被杀戮者不可胜记。连日复战，南军败走攸县。5月7日,北军始由株洲列车至醴,时南军已尽出醴境。北军大肆杀掠,醴城居民,几无幸免。9日复火。于是醴城房屋8000余栋，及公署、教堂，尽付一炬。居民惨死又数千人。又复连日迫烧乡村房屋数千栋，火势半月不熄。奸淫掳掠，至不忍闻。环地百余里，不见人迹者20余日。而株洲一带，以数经战斗，残破无余。自株洲至萍乡老关，铁道两旁所有未毁民房，概为兵据。长沙、湘阴、湘潭，以受第七师之骚扰，民不宁居，土匪溃军又复乘便劫掠，而湘乡、衡山、衡阳、宝庆等县，亦屡经军队出入，战争数十次，居民十室十空。自军兴以来，湘省75县，几无完土。至于全省灾况，有罄竹难书者矣。要之，军暴所至，不外焚、杀、淫、掠四端。南军之掠，不减于北军。”

还可举出不在战事中心的常德、新化两县为例：

“常德水灾、兵灾交加。南北用兵，赈款中止，军事大兴，此去彼来，匪盗蜂起。沅水、沣水暴涨后，各村尽成泽国，垂熟之谷，尽付洪流。”

“新化市面闭门停业，百物腾贵，十室九空，贫民小民斋粥尚难自给，工匠佣作生活不能自谋。县城十余里外土匪出没，肆行抢劫或掳人，勒赎烤烙，强奸妇女，焚毁庐舍。兵燹余生，益之以饥馑，又益之以疾疫，实为数百年来未有之奇灾。”（摘自1918年3月8月间的湖南《大公报》，有删略。）

张敬尧部队（北兵）的纪律特别坏，当时民间流传有这样的歌谣：“灰面坨（读托 tuó，指吃面食的北兵），灰面坨，吃了我的鸭，吃了我的鹅，还要强奸我的老外婆！”

这一切情况，都是青年毛泽东所耳闻目睹的。帝国主义、封建军阀同人民的冲突，军阀同军阀的冲突，地主同农民的冲突，工人同资本家的冲突，顽固守旧同进步维新的冲突，这一切都反映到他的头脑中。他后来概括这个时候的情况道:“国家的情况一天比一天坏，环境迫使人民活不下去。”（毛泽东：《论人民民主专政》。）

当时社会上一般人，也包括第一师范的多数教员和学生，由于周围所见尽是一片黑暗，“全省涂炭，无片净土”，看不到一线光明和希望，因而悲观情绪很浓厚。像“中国将亡，中国将亡，社会坏了，人心坏了”这一类的论调是随处可以听到的。

然而毛泽东和他的朋友完全不是这样，他们对中国的前途是充满信心和责任感的，他们平日所认真谈论的是如何积极探求救国之道。虽然当时他们还不可能具备马克思主义的观点和方法。但他们同一切伟大的先觉者一样，总是在不懈地追求真理、追求光明。经过将近一年的酝酿，毛泽东和他的最要好的朋友们经常交换读书心得，谈论个人与社会国家的前途，认为时局太危急了，学问的需要太迫切了，深深感到有结成一个团体的必要。他回忆这个时候的情形道：“我同住在其他大小城市的许多学生和朋友建立了广泛的通信关系。我逐渐认识到有必要建立一个比较严密的组织。1917年，我和其他几位朋友一道，成立新民学会。”

毛泽东于1920年写的《新民学会会务报告》第一号有这样的说明，他和他的朋友们，经过多年酝酿：“乃得到一种结论，就是‘集合同志，创造新环境，为共同的活动’。于是乃有成立学会的提议，一提议就得到大家的赞同了。这时候发起诸人的意思至简单，只觉得自己品性要改造，学问要进步，因此求友互助之心热切到十分。——这实在是学会发起的第一个根本原因。又这时候国内的新思想和新文学已经发起了，旧思想、旧伦理和旧文学，在诸人眼中，已一扫而空，顿觉静的生活与孤独的生活之非，一个翻转而为动的生活与团体的生活之追求。——这也是学会发起的一个原因。”

五四运动时，北京、上海、天津、汉口、杭州等地进步的知识青年，大体都有一种自发的进步组织，如恽代英等在武汉组织的“利群社”，周恩来等在天津组织的“觉悟社”等。这些会社的大多数，或多或少地是在《新青年》影响下组织起来的。新民学会是这种组织中最早的也是曾起作用最大的一个。

新民学会的正式成立是在第二年。1918 年 4 月 14 日，一个礼拜天，在长沙岳麓山下小丘大马山旁、溁湾市侧刘家台子蔡和森的家（这所房子原是一个墓庐形式，现在已修复辟为纪念馆），开了新民学会的成立会。第一批会员 21 人。这天到会的共有 13 人，除毛泽东外，另外 12 人是蔡和森、何叔衡、邹蕴真、邹彝鼎、周明谛、叶兆桢、张昆弟、陈绍休、萧子升、萧子璋、罗章龙和陈书农。未及到会的有陈昌、熊光楚、周世钊、罗学瓒、李维汉、曾以鲁、傅昌钰、彭道良 8 人。其中除罗章龙外，都是一师学生或校友。会上通过了一个由毛泽东起草的章程。学会宗旨为“革新学术，砥砺品行，改良人心风俗”。这就是说，这是一个研究学术、追求个人进步、进而发动一场精神革命以改造国民性的学术团体。章程中还有五项属于生活方面的戒条：不虚伪、不懒惰、不浪费、不赌博、不狎妓。这种所谓“五不”，似属平淡消极，实则是他们这批同志当时极力提倡的道德实践，这也同杨昌济的引导有关。

1918 年 6 月间，毛泽东在第一师范毕业了。他和朋友们寄住在岳麓山“湖南大学筹备处”（即岳麓书院的半学斋）。他们都很穷，吃上一顿愁下一顿，吃的是蚕豆拌着米煮的饭；赤脚草鞋，上山捡柴，到很远的地方挑水。他们一边读着书，一边作今后的计划。这种工读生活，大家精神上感到一种分外的振奋。他们有时到山上的爱晚亭、云麓宫、禹王碑等处玩玩，有时到溁湾市、水陆洲等地走走；有时看看晚霞，有时望望明月。然而大家的心情是并不悠闲的，个人前途和天下大事都待解决。自己向何处去，湖南向何处去，中国向何处去，用什么方法来解决这许多复杂的问题？毛泽东的心情是最不宁静的，岳麓山古迹中流传的一副老对联：“四面云山来眼底，万家忧乐到心头”，正好作为他当时的心情写照。帝国主义势力的扩张，军阀的横行，张敬尧的昏暴，青年的烦闷，工农大众的痛苦，这一系列的问题，常常萦回在他的脑中。他极其渴望找到彻底解决中国问题的道路，也筹划到革命思想的摇篮——北京去。

毛泽东在 1925 年经过长沙时作的《沁园春·长沙》这首词正是回忆这时候的动人情景：

独立寒秋，湘江北去，橘子洲头。看万山红遍，层林尽染；漫江碧透，百舸争流。鹰击长空，鱼翔浅底，万类霜天竞自由。怅寥廓，问苍茫大地，谁主沉浮？

携来百侣曾游。忆往昔峥嵘岁月稠。恰同学少年，风华正茂；书生意气，挥斥方遒。指点江山，激扬文字，粪土当年万户侯。曾记否，到中流击水，浪遏飞舟？

一片橘林的水陆洲头，满山红叶的岳麓秋色，都目睹过他们学生时代不平凡的生活。在广大人民处于水深火热的封建军阀统治的时代，这一群立志匡时、扭转乾坤的青年朋友，意气风发，才华喷溢，热情奔放，斗志昂扬。他们以大无畏的英雄气概，痛恨和蔑视一切旧的势力，不论是“豺虎满环瀛”的帝国主义，还是“蹂躏无余隙”的大小军阀，在他们眼中，不过是粪土一堆。词中末句写的是他们在江心激流中游泳时，使得疾驶的船舶都不得不回避。这正反映了青年毛泽东和他的战友们当时的心情：他们已下定决心投入革命的大风大浪之中，不怕任何艰难险阻，定要引导中国人民达到胜利的彼岸。

三　思想方向与新民学会

为什么十月革命一声炮响传来了马克思主义的时候，他就能够那样迅速地、彻底地接受过来呢？就能立即将它与中国的革命实际紧密地结合起来呢……

思想方向

五四运动时期，全国各地以青年学生为主体的进步社团很多，几乎都是五四以后成立的（少年中国学会于1918年6月发起，1919年7月才正式成立）。只有新民学会是在五四前一年1918年4月17日成立的，而酝酿成立的时间还要早得多。这个团体开始成立时，主要是以“革新学术，砥砺品行”，以及如何使“个人及全人类的生活向上”为宗旨。随着五四时期革命形势的迅速发展，这个团体在革命的大风浪中扬帆疾进，宗旨也就有了变化，很快就变成一个以“改造中国和世界”为职志的革命团体了。“既要革命，就得有一个革命团体”，是这个团体的创始人毛泽东在革命实践中较快形成的指导思想。虽然在后来的革命发展过程中，这个团体的分子，同其他进步社团一样，也不可避免地发生左中右的分化，但在成立之初，这个团体的成员尤其是主要成员，是比较志同道合、互相了解的。在五四时期，这个团体的旗帜鲜明，战斗力强，组织坚固，发挥的作用也大。它在湖南，起了全省革命领导核心的作用，并为中国共产党的建立做了一部分组织准备。它在法国勤工俭学的革命活动中也起了同样重要的作用。中国共产党正式成立之后，这个团体的主导精神和主干分子就自然融合于党，团体本身就不再存在了。新民学会能够做到这样，推究其原委，是同毛泽东的正确领导分不开的。如果没有这样一个坚强的、高明的、众望所归的领袖，就不可能形成这样一个坚强的革命团体。因此，我们很有必要进一步探讨毛泽东在创建这个团体时的思想主流、精神方向，进一步弄清楚他当时的世界观、人生观、思想方法以及政治观点。

毛泽东没有来到长沙，即 18 岁以前，他只接触过维新时期改良主义者的主张，已经反对革命的康有为、梁启超，这时还是他心目中的英雄。辛亥革命那年他才知道同盟会，便马上为同盟会的革命思想所吸引，参加了革命的新军。在感觉到了辛亥革命已经结束而退出新军继续自学生活时，他才比较系统地阅读了曾经影响过维新时期改良主义者的西方资产阶级的社会政治学说，包括最具吸引力的进化论思想。《新青年》出版之后，他受到这个刊物极大的影响，热烈地拥护新文化运动，从而游泳于近代那些最有影响的社会思潮之中，后来更醉心于哲学的研究，为自己、为中国寻找一条达到理想彼岸的通道。可以说，在自学和作为学生寄身于湖南第一师范的这五六年之中，他走完了马克思主义出现以前，世界上许多探求真理的思想家特别是近代中国进步思想家所走过的路程。从孔孟儒家、宋明理学到王船山、颜习斋，从康有为、梁启超、谭嗣同、严复、孙中山到陈独秀、李大钊，从赫胥黎、斯宾塞宣扬的进化论、康德的二元论到 18、19 世纪欧洲的民主主义、空想社会主义至托尔斯泰主义（“泛劳动论”）和日本的新村主义，他都有深浅不同的接触和研究。他对自己这个时期的思想状况曾经这样说道：“在这个时候，我的思想是自由主义、民主改良主义、空想社会主义等思想的大杂烩。我憧憬‘19 世纪的民主’、乌托邦主义和旧式的自由主义，但是我反对军阀和反对帝国主义是明确无疑的。”他所说的“大杂烩”，只是情况的一个方面，即同当时所有最先进的知识分子一样，思想上不可避免地存在着这种复杂的状况。但是问题在于，为什么十月革命一声炮响传来了马克思主义的时候，他就能够那样迅速地、彻底地接受过来呢？就能立即将它与中国的革命实际紧密地结合起来呢？虽然现在保存下来的可供回答这个问题的思想资料极其有限，然而这些资料仍足以说明这样一个事实，即在学生时代经过勤奋的自学生活和艰苦的精神劳动后所确定的思想方向，为他接受马克思主义打下了坚实的基础。

造成那种“大杂烩”的思想状况，是有其历史根源的。这正反映了近代中国先进人物探索救国救民真理过程的特别曲折复杂。大家知道，当马克思主义在资本主义的欧洲已经成熟的时候，中国还是一个正被西方“文明”强盗破门而入的落后保守的封建国家。在以后漫长的半殖民地化的过程中，中间虽然经过太平天国、戊戌变法、义和团、辛亥革命等一系列革命运动，从洪秀全到孙中山，所有先进的人们都向西方学习，寻找救国之道，然而都失败了，幻灭了。太平天国轰轰烈烈的农民革命运动，洪秀全的反孔孟、反封建的革命思想，“天朝”的一整套政治、经济制度和严格的军事纪律，在后代的先进分子中，一般不仅没有留下深刻的影响，镇压太平天国的曾国藩反而常被人们赞赏和师法。这是由于曾虽推崇宋明理学，却讲究经世致用的实学，善于用人治军，一生事功显赫，能以身作则，传播儒家为人处世的大本大源，来笼络天下。康有为领导了维新变法运动，介绍了西方和日本的政治与文化；写了《大同书》，所描述的理想社会，充满了乌托邦幻想；可是他把中国改革的希望寄托在并没有掌权的光绪皇帝身上，以“帝师”自居，不能不随即成为忠实的保皇党和反对孙中山的急先锋；辛亥革命以后，还参与张勋的复辟活动。严复是系统地传播西方资本主义新文化的中国资产阶级最主要的启蒙思想家；然而他是当时改良主义者中最懦弱的一个，是一个困守书斋的空谈家；终于日趋反动，辛亥革命后，提倡尊孔读经，赞赏帝制复辟，晚年更反对五四运动。义和团运动直接打击了帝国主义瓜分中国的阴谋，证明中国的农民群众是反对帝国主义最伟大的力量，可是人们称它为“拳匪之乱”，看不到这个运动的根本意义；反而对帝国主义抱有种种幻想，对其本质长期没有达到一个科学的认识。孙中山是伟大的革命家，中国近代资产阶级革命派最杰出的代表；他长期往来于西方各国，在20世纪末并非没有机会探索马克思主义；但由于自己的阶级局限，任意地对它作了错误的评价，也根本不认识中国广大农民的革命性；他所领导的辛亥革命，推翻了清朝的统治，结束了中国两千多年的君主专制制度，可是没有强有力的思想革命做先导，没有触动这个制度的基础和它的思想体系。总之，中国在这半个世纪之内的革命运动，思想方面所经历的农民革命、资产阶级改良主义和资产阶级民主主义这三种社会思潮，事实证明它们都是不能解决中国的问题的。不过它们都起了不同程度的启蒙作用，提高了人们的觉悟，为一个新的革命思潮的诞生做了准备。

一代新人终于觉醒过来，寻找民族解放的新的道路。在五四运动前几年间发展起来的反封建的思想革命，对中国几千年来封建专制主义的思想统治，进行了从未曾有过的猛烈抨击。陈独秀主编的《新青年》的矛头，一开始就直对孔子儒家“三纲五常”伦理学说进攻，号召青年大胆解放思想，打倒骗人偶像，冲破封建罗网，完成个性解放，成为一个独立自主的人。这种同封建主义思想的彻底决裂，在广大知识青年中引起极大震动，形成一个追求新知、追求真理的热潮。

毛泽东和他的朋友们，在个性解放、“改造国民性”以及进化论等思想观点方面，当时都很受《新青年》和陈独秀的影响，在《伦理学原理》的批语中有许多这方面的反映，他们当时是敬佩陈独秀的。1917年9月22日下午，毛泽东和张昆弟在湘江游泳后，一同来到岳麓山蔡和森家中。他们三人畅谈了一夜。下面是张昆弟于23日写的日记:“时近黄昏，遂宿于此。夜谈颇久。毛君润之云，现在国民性惰，虚伪相崇，奴隶性成，思想狭隘，安得国人有大哲学革命家，大伦理革命家，如俄之托尔斯泰其人，以洗涤国民之旧思想，开发其新思想。余甚然其言。中国人沉郁固塞，陋不自知，入主出奴，普成习性。安得有俄之托尔斯泰其人者，冲决一切现象之网罗，发展其理想之世界。行之以身，著之以书，以真理为归，真理所在，毫不旁顾。前之谭嗣同，今之陈独秀，其人者，魄力颇雄大，诚非今日俗学所可比拟……毛君又主张家族革命、师生革命。革命非兵戎相见之谓，乃除旧布新之谓。”（见《毛泽东早期文稿》，湖南出版社 1990 年 7 月版。）

托尔斯泰是 19 世纪俄国的伟大作家。他的文学事业和一生活动，无情地揭露和抨击了俄国腐朽的政治制度和生活道德，对资本主义剥削给农民带来的悲惨命运深表同情，对本阶级——俄国贵族阶级所造成的种种罪恶深感忏悔。然而由于他不能同人民群众的革命运动相结合，他的观点和学说自然充满了矛盾。他讲“良心论”、“人类普遍爱”和“道德上的自我完成”，宣扬“毋抗恶”，要人民群众对强暴势力采取无抵抗主义。因此列宁说，“托尔斯泰是俄国革命的镜子”，同时指出他的思想观点“反映着幻想性，政治上无训练，革命上软弱的不成熟”，“鼓吹世界上最讨厌的东西即宗教”。人道主义者托尔斯泰能如此一时激励过青年毛泽东和他的朋友，正是前述五四时期先进分子在摆脱传统、追求真理的过程中，这种复杂的思想状况的一个特点：他们在除旧布新的斗争中，饥不择食地寻找养料，常常从这一种或那一种学说中撷取可供利用的思想作为战斗武器。尽管这种思想在马克思主义登上政治舞台以后，早已过时或已成为阻碍社会前进的东西，但在当时，这种借用实际上仍起着积极的作用，帮助他们站在革命和民主的一边。

谭嗣同对他们的影响就要更深一些，这同杨昌济的引导有关。戊戌变法时期，谭嗣同担任过湖南“南学会”的会长。杨昌济参加过南学会的活动，(《达化斋日记》中记有谭同他的谈话)，他是非常佩服谭嗣同的。谭嗣同的短暂一生，尽力探索宇宙之真和救国之道，其思想学说主要见于他的著作《仁学》。他不敢碰孔子，并打着托古改制、复兴孔教的旗帜。他的思想学说充满着革命与改良、科学与宗教、唯物论与唯心论、辩证法因素与形而上学观点种种矛盾。他把广大人民群众只看成是被拯救的对象，在政治实践上只能走改良主义的道路。但是，在戊戌变法运动中，不论思想或行动，谭嗣同都表现得最激进、最勇敢。他的反君主专制思想、进步的哲学观点和视死如归的精神，滋养了一代青年的革命意识，直到五四前夜还有一定的影响。他勇敢地提出“冲决网罗”的口号，对“三纲五常”的封建道德进行了猛烈的攻击。他的哲学观点的精华在于提出世界是发展的，将“新而又新”当成事物变化的法则：“昨日之新，至今日而已旧；今日之新，至明日而又旧。所谓新理新事，必更有新于此者。”他认为天地、物种、人类是不断发展的，“我”本身也是在不断变化发展着的；任何物质世界只有变易，没有存亡，物质世界本身是不生不灭的。他相信人是物质的生物，人的思维、意识、感觉等精神作用（“灵魂”）也都是物质的产物。但是他又过分夸大和相信精神（“心力”）的作用。对社会历史的看法则完全是唯心主义的，企图提倡佛教的“慈悲”来医治封建社会的罪恶。毛泽东对《仁学》中的某些具有辩证因素的哲学观点，是相当赞赏的，《伦理学原理》的批语中即有类似《仁学》使用的哲学语言。

毛泽东、蔡和森与张昆弟三人这个晚上的畅谈，没有提到李大钊。李大钊当时虽然没有陈独秀那样高的声誉，但是他的思想和言论在广大进步青年中也是很有影响的。他的《青春》、《今》、《新的、旧的》等著名文章中的观点，对毛泽东是有启示的。这从《伦理学原理》的批语中，也可得到证实。李大钊同样相信过进化论，也多少受过托尔斯泰主义和克鲁泡特金的互助论等思想的影响。但是他的世界观中有鲜明的辩证观点，是一个革命的乐观主义者。他大力宣传积极的进取的人生观，热情歌颂新生力量必定战胜腐朽力量，指出中国正处在新旧交替的历史时期。他号召青年们要以不断改造自己、追求进步的精神，“冲决过去历史之罗网，破坏陈旧学说之囹圄”，为创造一个不断更新的青春的新国家而斗争。他认为客观物质世界是永无止境地在运动着、发展着；事物都处在矛盾对立的变化过程中，新的和旧的矛盾是“事物进化的机轴”；“旧的毁灭”和“新的再生”就是宇宙变化的规律。他歌颂斗争，歌颂革命，号召青年为了追求真理，就要“勇敢奋进以赴之”，“断头流血以从之”。他的唯物主义思想是在反封建、反军阀、反帝国主义的实际斗争中形成的，是服从于革命斗争的实际任务的；他的辩证法思想，使他成为一个彻底的革命家，并且相信革命必然会取得最后胜利。

从张昆弟这篇日记中看到，在社会历史观方面，青年毛泽东这时还是唯心主义的。在他们三人这次畅谈的前一个月，即 1917 年 8 月 23 日毛泽东致黎锦熙那封长信中比较详细地反映了这种观点。信中首先谈到天下为何纷纷，以何道救天下的根本问题。他认为这主要是由于人们“不知天下应以何道而后能动”，认为必须从大本大源——探索宇宙真理、改造哲学和改造中国旧思想着手：“当今之世，宜有大气量人，从哲学、伦理学入手，改造哲学、改造伦理学，根本上变换全国之思想。如此大纛一张，万夫走集；雷电一震，阴阳皆开，则沛乎不可御矣！”（见《毛泽东早期文稿》。）他这时非常强调哲学的作用。“今后宜戒，只将全副工夫，向大本大源处探讨。探讨既得，自然足以解释一切。”（见《毛泽东早期文稿》。）“今吾以大本大源为号召，天下之心其有不动者乎？天下之心皆动，天下之事有不能为者乎？天下之事可为，国家有不富强幸福者乎？（见《毛泽东早期文稿》。）信中由此批判了流俗的“立志”之说。认为立志必先研究哲学和伦理学，以其所得真理，奉之以为行为准则；不达目的，誓不休止，方能谓之有志。“十年未得真理，即十年无志；终身未得，即终身无志。”（见《毛泽东早期文稿》。）又说，只有对哲学深下功夫，日新月进，才能不盲从他人是非，有自己真正主张。他深叹当时一般青年不求真理，促之不动，死生大问题不问，而只顾秕糠尘埃之争。

大概就在这个时候，毛泽东写过一篇《心之力》的文章，杨昌济给打了 100 分。杨昌济是一个唯心主义者。他高度赞赏这篇文章，也可以看出学生在这方面必然同老师具有某些相似的观点。我们已无法看到这篇文章，不过这篇文章是在读了《伦理学原理》这本书之后写的，它的观点在该书的批语中当然会有反映。例如关于“心力”的作用，对原书上“国民益进化，则能采其过去之历史，以构成理想。而实则全世界文明历史之生活，乃皆观念之所辖也”这一段话，批语即予以首肯:“观念造成文明，诚然，诚然。”在当时的历史条件下，具有这种唯心主义的观点，如此强调精神、哲学的作用，正是一个负责的思想家走向历史唯物主义必经之路，不经过这条道路，倒是奇怪的。距离基础越远的精神的东西被看成是物质现象的内容和动力，在没有参加社会政治活动以前，青年时期的马克思和恩格斯也没有摆脱这种唯心主义的观点。现在我们需要探究的是，青年毛泽东的这种唯心主义具有何种特点，同当时的陈独秀以及一般进步知识分子的这种观点，又有什么不同。尤其是在这种唯心主义思想外壳里面，还包藏着哪些生动活泼的辩证法内容，这更是值得我们深入探索的。

在前面“《伦理学原理》批注”中，引用过批注如此高睨大谈:“服从神，何不服从己，己即神也，己以外尚有所谓神乎？”这也就是要用人性代替神性，用人权来反对神权。毛泽东的批语继承和发挥了王船山、谭嗣同的人性论思想，反对把“天理”和“人欲”对立起来。他所追求的道德自律，就是自然的欲望必须受精神的理想的支配和节制，服从自己精神的发展，从而将理性与情欲统一起来。同时，这种“实现自我”的“精神之个人主义”，还视“利他”为“利己”的手段；而“利己”并非追求个人物欲的满足，而在“利情与意”，即以满足精神方面的需要为目的，将利己与利他统一起来。

这时从西方的社会学说和有关西方情况的介绍，毛无疑已初步了解到资本主义制度的种种不合理。因此，在一长篇论述“个人价值”的起首，即有这样开宗明义的慷慨之言:“凡有压抑个人，违背个性，罪莫大焉。故吾国之三纲在所必去，而与教会、资本家、君主国四者，同为天下之恶魔也。”

很显然，从一方面说，这种绝对重视个人精神、争取个性解放的呼声，是为了反对几千年来封建主义所加于人的精神的束缚和毒害，是为了唤起人的自我觉醒。这是五四时期许多进步的知识分子共有的现象，在当时具有巨大的积极意义。例如鲁迅即曾受过德国主观唯心主义哲学家尼采的影响，借用尼采“超人主义”的某些提法来充实他的反封建的个性解放思想。

另一方面，由于这时批语的作者还没有接触马克思主义，还不懂得阶级和阶级斗争的道理，还缺乏历史唯物主义的观点，还不完全懂得社会意识与社会存在的相互联系，也不理解一个人同旧思想的彻底决裂，只有在实际革命斗争过程中才能逐步实现，因而将整个社会、世界的基础看做是由个人组成的，从而自然推演出这样的认识：欲“言天下国家之大计”，必须先唤起所有个人的自觉，要人人都有自知之明和了然救国之道，然后天下之事方有可为。这种看法，在1917年的一封长信中是这样说的：“今之纷纷，毋亦诸人本身本领之不足，无术以救天下之难，徒以肤末之见治其偏而不足者，猥曰吾有以治天下之全邪。此无他，无内省之明，无外观之识而已矣。”

由于过高估计思想、观念的作用，将哲学与世界的关系作了这样的理解，自然就容易把人的活动理解为主要是精神的活动。批语中说，“予谓人类只有精神之生活，无物质之生活。试观精神时有变化，物质则万年无变化也”。我们知道，马克思在没有成为历史唯物主义者以前，在他深刻分析哲学与世界的关系时，也曾过高地估计了思想对历史发展的影响，也曾把人的活动基本上理解为精神的活动。

这些批语的观念当然都是唯心主义的。批语的作者熟悉历史和古籍，对于先秦诸子的学说特别是孔孟儒家思想及其后代宋明理学，是有研究和有自己的见解的。不过，这时他还没有完全摆脱儒家“万物皆备于我”的唯心观念的影响。孟子是一个大唯心主义者，其修养方面强调“存其心、养其性”，而“心”则是“天之所予我者”。所谓“养吾浩然之气”的“气”，即一种精神或心理状态。“至大至刚”的“气”之所以获得，则由于“理直气壮”。人如果自觉到自己行为的正义性，就能做到理直气壮，奋勇向前。当然，所谓正义是有阶级性的，孔孟都是站在当时统治阶级的立场来看待义理的。但是作为一种意志的概念，所谓“浩然之气”，以及“富贵不能淫，贫贱不能移，威武不能屈”的所谓“大丈夫”气质，自有其积极的含义，因此，历来为中国人民，也为批语的作者所借用，作为同压迫和困难作斗争时的一种高尚品德。由此可见，毛泽东当时彻底反对孔孟封建伦理的思想，虽然同《新青年》完全一致，但是他并没有采取形式主义的态度，并不拒绝从四书、五经等古籍中吸取某些有用的东西，而是一贯主张古为今用的。

当时广大的资产阶级、小资产阶级知识分子，在《新青年》的影响下，所接受的个性解放思想，多是追求个人的自由、个人的幸福，而且多妄自尊大，傲视一切，看不起群众，脱离社会政治现实。青年毛泽东却与此根本相反，如上所引批语，他虽然如此极端强调个人的作用，却完全排除了一切狭隘的个人利欲，而是为达到这样的目的，“即充分发挥自己身体及精神之能力”至于“最高之谓”。联系到新民学会成立时的“五不”之戒，绝非消极的防戒修身；他所追求的“最高”——自我最高理想，是同整个国家和人民的利益紧密相连的，是追求宇宙真理，探寻救国大计，是实现理想高于一切。同时，更重要的是，他具有充分的现实精神，对周围世界从来采取最积极的态度，强调实质的利他，强调实践为重，“实践至善”。因此，批语中又说：“精神在利情与意，如吾所亲爱之人，吾情不能忘之，吾意欲救之，则奋吾之力以救之，至激烈之时，宁可使自己死，不可使亲爱之人死。如此，吾情始惬，吾意始畅。古今之孝子，烈妇，忠臣，侠友，殉情者，爱国者，爱世界者，爱主义者，皆所以利自己之精神也。”“夫知者，信之先也。有一种之知识，即建为一种之信仰；即建一种信仰，即发为一种之行为。知也，信也，行也，为吾人精神活动之三步骤。”对原书中下面这段话：“然则道德与义务之所以重要，岂非以其于小己及全社会具足之生活所不可缺者乎？”批曰：“此义极精，可谓伦理学一大发明。”

在没有认识到阶级斗争同人类社会历史发展的关系时，先进的思想家往往将善与恶、正义与非正义的对立消长，同人类社会的进步相联系。从以下这些批语中，可以看到毛泽东那时论到善恶问题，具有动机与效果统一的观点，是一个何等务实的人：“非某事之本体有超然之善，乃因其与生活有关系故云善。”“于此，吾又有所感焉。某事某物之善与不善，乃人所随意呼加，视其与人类生活之关系如何而定也，并非指其本体之实。然则某事、某物、某行为之本体，未必恶者，人当以其与生活有损坏之关系，而以恶呼之，岂不冤枉乎！”这段话就反映出这样一种看法：由于各人地位、处境之不同，人的观点是各种各样的，是可以对客观善恶“随意呼加的”；因此，绝不能以个人的思想认识如何，作为判断善恶的标准。“固应主观客观皆满足而后谓之善也”。“吾人须以实践至善为义务。”“吾人评论历史，说某也善，某也恶，系指其人善恶之事实，离去事实无善恶也。是故思留名于千载者妄，欣羡他人之留名者亦妄也。”关于精神同物质、人同周围世界的关系，批语是这样理解的：“吾之一生所团结之精神、物质，在宇宙中之经验，吾人务须致力于现实者。如一种行为，此客观妥当之实事，所当尽力遂行；一种思想，此主观妥当之实事，所当尽力实现。吾只对吾主观、客观之现实者负责，非吾主观、客观之现实者，吾概不负责焉。”

最值得注意的是，批语中的第二个方面，突出地反映了毛泽东这时已初步具备了辩证法思想，认为世界万事万物无不处在差异对立、冲突之中；运动与斗争为宇宙、人生的普遍规律。对于此种现象和规律，充分表达了自己不仅持完全肯定的态度，而且持特别赞赏和酷爱的态度。这一方面是他从进化论的发展思想，从《老子》等古代朴素辩证法，以及谭嗣同的《仁学》和李大钊文章中的辩证观点得到启示；另一方面，也是他自己对事物的独立思考、精细考察，对中国历史和社会现状辛勤研究的结果。首先他认识到，宇宙间的事物都是由矛盾、差别、比较而生，都是处在运动变化之中。批语说：“人世一切事，皆由差别比较而现，佛言泯差别，不知其于道德界善恶问题如何处之。”如前面所引，批语进而对所谓“大同世界”持怀疑态度。批语特别强调，一切事物都有它的对立面，都是对立统一物，事物本身都处在矛盾对立的不断变化的过程中：“凡宇宙一切之差别，皆不过其发显之方面不同，与吾人观察及适应之方面有异而已，其本质只一个形状也，如阴阳、上下、大小、高卑、彼此、人己、好恶、正反、洁污、美丑、明暗、胜负之类皆是。吾人各种之精神生活，即以此差别相构成之，无此差别相即不能构成历史生活。进化者，差别陈迭之状况也，有差别而后有言语，有思虑，无差别即不能有之。”进而又说，“余曰：观念即实在，有限即无限，时间感官者即超绝时间感官者，想象即思维，形式即实质，我即宇宙，生即死，死即生，现在即过去及未来，过去及未来即现在，小即大，阳即阴，上即下，秽即清，男即女，厚即薄。质而言之，万即一，变即常。”

“我是极高之人，又是极卑之人。”

虽然毛这时一方面批判佛家“泯差别”的错误，但从上段带有浓厚相对主义色彩的批语，可以察出他同时仍未能摆脱庄周“齐万物，一生死”，以及谭嗣同“何幻非真？何真非幻？”“无彼复无此，此即彼，彼即此”之类，片面夸大事物相对性，而忽视事物确定的规定性的一面的思想。他的“一治一乱”的观点也还具有循环论的倾向，并非上升的前进的辩证观点。但是，一个还在求学的青年学生，从自己的独立思辨，关于宇宙的根本、辩证的世界观，能达到如此认识，确是令人惊异的。毛这时无疑已经相当明确地认识到，主观世界与客观世界的变化总是向前进的，总是新的代替旧的，正确的代替错误的。个人的思想认识也是如此。1917 年长信中，他援用梁启超的观点，这样说道：“今日之我与昨日之我挑战，来日之我与今日之我挑战与否，亦未可知。盖研究日进，前之臆见自见其妄也。顾既腾之以为口说，世方以为贤者之言，奉而行矣，今乃知其妄，宁不误尽天下？”

由于认识到宇宙事物、人类历史都是在对立斗争中发展变化，永远前进，由于自己渴望变革现实，参加斗争，期待暴风雨的降临，于是原书“盖历史生活，不外乎善恶相竞之力，与时扩充而已”这段的上面，我们见到前引豪迈的批语：“吾人揽史，恒赞叹战国之时，刘项相争之时，汉武与匈奴竞争之时，三国竞争之时，事态百变，人才辈出，令人喜读。”又称赞原书下面这段话为“至真之理，至彻之言”；“鸠之能翔于空中也，以有空气之抵抗；而彼乃以苟无空气，则其翔也更自由。此康德所以讽人，使之悟性之动，必须经验实事者也。人之意思，不可无对象之抵抗，亦然。无抵抗则无动力，无障碍则无幸福。纯粹之幸福，如纯粹之真理然，有之其为神乎？在人类，则享幸福者必当有障碍若损害，犹之识真理者必当有蒙昧若谬误也。”

从这样一种思想观点议论到英雄豪杰问题：“豪杰之士发展其所得于天之本性，伸张其本性中至伟至大之力，因以成其为豪杰焉。本性以外之一切外铄之事，如制裁束缚之类，彼者以其本性中至大之动力以排除之。此种之动力，乃至坚至真之实体，为成全其人格之源，即此书所谓自然之冲动，所谓性癖也。彼但计此种动力之发出之适宜与否、得当与否。适宜也，得当也，则保持之，否则，变更之，以迁于适宜与得当焉。此纯出其自计，决非服从外来之道德律，与夫所谓义务感情也。大凡英雄豪杰之行其自己也，发其动力，奋发踔厉，摧陷［廓］清，一往无前，其强如大风之发于长谷，如好色者之情欲发动而寻其情人，决无有能阻回之者，亦决不可有阻回者。苟阻回之，则势力消失矣。吾尝观古来勇将之在战阵，有万夫莫当之概，发横之人，其力至猛。谚所谓一人舍死，百人难当者，皆由其一无顾忌，其动力为直线之进行，无阻回无消失，所以至刚而至强也。豪杰之精神与圣贤之精神亦然。泡尔生所谓大人君子非能以义务感情实现，由活泼之地感情之冲动而陶铸之，岂不然哉，岂不然哉！（按：吾之意与孟子所论浩然之气及大丈夫两章之意，大略相同。）”当然，这些观点还是将人的品性和行为的动力，归属于人的自然属性。

由于具有充分的辩证思想，一经掌握进步的方法，批语终于将精神与物质的关系引导到反映论的观点：“人类者，自然物之一也，受自然法则之支配，有生必有死，即自然物有成必有毁之法则。凡自然法则者，有必然性。”从而认识先有客观存在，而后才有客观存在的意识形态；人的知识不是天生的，而是从斗争实践中来的。如批语写道，“美学未成立以前，早已有美。伦理学未成立以前，早已人人有道德，人人皆得其正鹄矣。种种著述皆不过勾画其实际之情状，叙述其自然之条理。无论何种之书，皆是述而不作。吾人之心灵本之自然，其范围有限，安能有一毫之创作！即宇宙亦终古在同状之中，无创作之力。精神不灭，物质不灭，即精神不生，物质不生。既不灭何有生乎，但有变化而已。吾人之心灵限于观念，观念限于现象，现象限于实体。吾人之心灵有变化而已，安能有丝毫之创作哉”。此种消极的反映论，似怀疑人之主观能动作用，“心之力”终无所作为。

论述英雄豪杰的物质时，前面已经引述批语的唯心观点，归之于“得于天之本性”、“自然之冲动”。但在论述人的知识和判断能力从何而来时，批语终又返回到唯物论：“此种言语在其起源确已合于客观界之事实，乃由种种之经验而来者也。”这一批语是由原书下面的论点而引发的：“叔本华谓人常不忆其所学而知之之真理，而误以为天赋，谬哉言也，且一切指示行为之言语，率已含有道德界是非之判断。如诈伪贪鄙，已含有摈斥之意；公平节俭，已含有褒赏之意。”批语接着说：“由一人而论，从幼小之时即兼而得之，似为构成先天者；从历史观之，则纯成乎经验，而非所谓先天识觉也。”从而批语批判了古代儒家所谓先知先觉的唯心主义思想：“而后知圣人者生而知之，不虑而中，不思而得，从容中道之不可信也。”

由于强调事物对立面的斗争是永恒地、普遍地存在的，对事物的斗争发展采取最积极的态度，因此批语终于又从“从之心灵安能有丝毫之创作”的消极的反映论摆脱出来，而认识到人的主观能动作用，并且特别重视知识和理论的作用，人对自然界和客观现实绝不是无所作为的。通观全部批语，这种消极的反映论只不过是批者思维的一时迷误。关于人的主观能动性问题，德国古典唯心主义哲学是从康德开始着重探讨的。这方面泡尔生继承了康德的思想，他在书中这样指出：“盖吾人之身体，本由物质演成。惟既已发育为有机体，则当其发展之初期，虽大受物质之影响，而及其进化之程度渐高，则渐能抵抗物质之势力，遂能由意志变更外界密切关系之事状，且能间接自变其形体也。”批语原来对这一段话是持怀疑态度的：“吾尚疑人是始终无能力者，虽精神发展之后，亦曷尝不为自然界所规定耶？”大概经过反复思考之后，批语随即就否定了这一观点：“吾既作上文所言之后，又得一种之意见如下：吾人虽为自然所规定，而亦即为自然之一部分。故自然有规定吾人之力，吾人亦有规定自然之力，吾人之力虽微，而不能谓其无影响。”批语又以此推之于社会:“吾人之于自然也，若个人之于国民，然个人受国民种种之影响，而即为国民之一部分，国民除去个人亦失其势力矣。审此则吾人仍有责任，仍有自由之意力。”关于人的社会性，批语并非全无察觉。从泡尔生的资产阶级国家的“国民”观念，批语一方面理解道 :“国民实际连合而生存固也。”“国家社会之组织既成，各人位于其中不可离解。”但又认为 :“至谓各人由国民而发生，各人之有生命由于国民之有生命，犹躯干之于四肢然，予以为不然……国民之生命，即各人之总生命，乃合各［人］之生命而成。非各人之生命由国民之生命所派生也。”接着自然而然论到人的“本性”还是由环境酿成的:“吾人种种之智识、社交，均为父母若朋友等外界势力所酿成。诚然，此可以酿成之本性，吾谓之可能性。有此性，吾人于是乎有责任矣。”这里所谓“责任”，从其他有关批语看来，显然即指改造世界的责任。由此，批者也就为自己这种伟大抱负在哲学上树立了根基。另一处批语，则明确指出知识（理论）同改造世界的关系 :“然谓知识毫无影响于人心则非，知识固大有影响人心者也……人类之有进步、有革命、有改过之精神，则全为依靠新知之指导而活动者也。”看来，前述 1917 年 8 月 23 日致黎锦熙的长信，论哲学、伦理学为大本大源的思想，是在读完、批完这本《伦理学原理》之后，一个较成熟的总结概括，才欣然命笔的。

关于圣贤豪杰作用的问题，自然是青年毛泽东多年来萦绕在脑际中的。《讲堂录》记有这样的话 :“王船山谓有豪杰而不圣贤者，未有圣贤而不豪杰者也。圣贤德业俱全者，豪杰欠于品德而有大功大名者。”“帝王，一代帝王 ; 圣贤，百代帝王。”四年之后的批语，于此就有所发展了。由于认识到人的主观能动性，而人的责任在改造世界，于是便自然产生“人皆可为尧舜”的思想。什么是圣人呢？批语说:“圣人者，抵抗极大之恶而成者也。”换成我们现代的语言，这即是说 : 圣人就是坚决的革命家。批语又说 :“圣贤豪杰之所以称，乃其精神及身体之能力发达最高之谓。此精神及身体之能力发达最高，乃人人应为期向者也。谓圣贤豪杰独可为舍身拯人之事，而普通人可以不为，是谓圣贤豪杰之身心能力发达最高，而普通人不必如是也。宜为合乎伦理之言哉？”这是一个极其重要的思想。这说明毛从一开始追求真理、关心国家命运，就极其重视普通人——人民群众的作用，就树立了“人皆可为尧舜”的思想。这种对英雄豪杰的看法，就根本不同于当年陈独秀的膜拜英雄、卑视群众，以先哲自居的思想。批语还提出“我是极高之人，又是极卑之人”的辩证观点，这一方面是严格要求自己“精神及身体之能力发达至最高”（批语中许多处论到这一点）；另一方面，又了解到个人的力量终究有限，应将自己视为普通一员。从 1917 年长信中的下一段话，可以进一步了解到毛还在学生时代，就是重视人民群众的智慧的：“天下之人民各为宇宙之一体，即宇宙之真理各具人人之心中，虽有偏全之不同，而总有几分之存在。”

在《讲堂录》中可以看到，毛当时对宋明理学是相当推崇的，有这样的记录:“宋儒之学都是切实的”;“程子读书之法，见事先下判断，继看下文”;“阳明格物，思荀生之理”;“精神心思，愈用愈灵，用心则小物能辟大理”;“人心即天命”，等等。毫无疑问，这些观点对人的主观意志、精神的能动性是过分夸大了的。关于高扬人的主观精神和意志作用的问题，圣贤豪杰与普通群众的问题，以及变革世界的责任等问题，我们相信在《心之力》一文中，必有更完整、更深刻的阐述。否则，唯心主义的老师必不会将这篇文章掖奖备至，打 100 分。我们也可以作这样一种推测：就哲学观点而言，这篇文章同时更表达了青年毛泽东在当时运用辩证法的高度水平。也许我们还可以作这样一个类比：《心之力》正好像马克思在柏林大学时写的《博士论文》一样；虽然马克思这时还是一个唯心主义者，但是他已经在文中以一种纯熟的方式应用着辩证法了。

这一万多字的批语，总的来说，反映了毛泽东在学生时代一些基本的哲学观点和他自己的思想特征。这里应当做一下交代的是，整个 1.2 万多字的批语，完全是批者就原书所论发抒自己的独立见解，多是一些片段的东西，是阅读时随手写上的，显然不是都经过深思熟虑的，有些更是即兴之笔，因此常发现互相矛盾着的思想观点。这种矛盾状况，除以上所引述的外，如关于道德问题、真理问题、时间问题、空间问题等，都多少存在。这说明有关哲学的许多重要问题，批者正在探索研究的过程中，在不断澄清自己的思想，不断作自我批判。作为一个严肃的思想家，这是毛泽东一贯坚持的一种习惯。然而这1.2万多字的零碎的思想札记，正好让我们清楚地看到了青年毛泽东在纯粹思辨领域内的兴趣有多么大，他的思维能力又是多么高。从此我们也可以了解到他在学生时代所表现出的这种品质：沉静的、抽象的思辨习惯同热烈的、现实的实践行动是如此紧密地结合着。历史这样告诉我们：正是在这样一本不足道的二元论的哲学著作上所做的艰辛的精神劳动，却是毛泽东转向马克思主义的一个重要阶梯；同时，也让我们感觉到，他当时的某些思想特征（不论是唯物的、唯心的），在他的一生中也时隐时显，随着主客观情况的变化，有时占据主导地位。

反映毛泽东这个时期的哲学思想最完整的资料，是前面已经提到过的《体育之研究》一文。他是一贯主张“身心并完”、“充分发达自己身体及精神之能力”的。因此，这篇极其珍贵的文章可说是《心之力》的姊妹篇。这不但是一篇论述体育问题的文章，而且是在体育问题的考察上充满着唯物主义和辩证法思想的极其出色的文章。当然，文章中的唯物论观点也还只是主要反映在自然观方面。根据这篇文章来判断毛泽东当时在哲学思想上所已达到的水平，自然要比《伦理学原理》书中那些片段的批语更接近实际情况。

文章一起始，即用唯物主义观点——物质第一性、精神第二性，阐明了体育的意义——体育同人的关系，认为身体是人从事一切活动的物质基础：“体育一道，配德育与智育，而德智皆寄于体，无体是无德智也。”“体者，为知识之载而为道德之寓者也。”文章明确指出，人类的感性认识和理性认识都依赖于人的整个身体官能，“夫知识之事，认识世间之事物而判断其理也。于此有须于体者焉。直观则赖乎耳目，思索则赖乎脑筋，耳目脑筋之谓体，体全而知识之事以全。故可谓间接从体育以得知识。”这就是说，人认识周围世界和接受知识，都是身体特别是大脑的作用，是以整个身体五官为物质基础的。

从以身体为基础的观点出发，文章进而反复说明了体育和智育、德育之间的辩证关系，它们是互相联系、互相影响的；一个人的体质如果不强健，就不能很好受教育，增知识，乃至强意志。“体全而知识之事以全。”“今世百科之学，无论学校、独修，总须力能胜任。力能胜任者，体之强者也；不能胜任者，体之弱者也。”针对当时学校教育不重视体育，文章强调“欲文明其精神，先自野蛮其体魄；苟野蛮其体魄矣，则文明之精神随之。”从而判断了所谓精神活动与身体无关的片面观点：“又尝闻之，精神身体不能并完，用思想之人，每歉于体；而体魄蛮健者，多缺于思，其说亦谬。”指出这种思想同中国自古以来重文轻武的观念有关：“我国历来重文，羞耻短后”（短后，指衣的后幅较短，便于劳作。后来也称军人之衣为短后衣。“羞耻短后”，即重文轻武之意。），“积习难返也”。

关于宇宙事物无不处在运动变化之中，对立着的事物经常在互相转化，这一唯物辩证法的本质，文章中有比较明确的阐述。

中国古代许多思想家特别是宋明理学家，多非动主静。文章对此极不以为然：“朱子主敬，陆子主静。静，静也；敬，非动也，亦静而已。老子曰无动为大。释氏务求寂静……是或一道，然余未敢效之也。愚拙之见，天地盖惟有动而已。”认为动才是养生的要义。“动之属于人类而有规则可言者，曰体育。”“今日之运动，承乎昨日之运动，又引起明日之运动。”而人的身体是在不断变化发展中的。“人之身盖日日变易者：新陈代谢之作用不绝行于各部组织之间，目不明可以明，耳不聪可以聪，虽六七十之人犹有改易官骸之效，事盖有必至者。”“天地盖惟有动而已”，这是一个极其重要的论断。我们可以做这样的推想，即在做出这个论断的时候，作者必定有更深更广的思考，而绝不是只限于体育之道。这在前述《伦理学原理》批语中，已反映到这个极其重要的思想特征，这是作者世界观与人生观的一个中心观念，可说贯穿于一生。

由于树立了“天地盖惟有动而已”的坚定的认识，文章于是特别谈到人的身体强弱这个矛盾，在一定的条件下是可以互相转化的：“又闻弱者难以转而为强，今亦知其非是。盖生而强者滥用其强，不戒于种种嗜欲，以渐戕贼其身，自谓天生好身手，得此已足，尚待锻炼？故至强者或终转为至弱。至于弱者，则恒自悯其身之不全，而惧其生之不永，兢业自持；于消极方面则深戒嗜欲，不敢使有损失；于积极方面，则勤自锻炼，增益其所不能。久之，遂变而为强矣。故生而强者不必自喜也，生而弱者不必自悲也。”这就是说，只要充分发挥了人的主观能动作用，“深戒嗜欲”，“勤自锻炼”，人的身体是完全可以由弱转强的。因此文章开宗明义即指出：身体“坚实在于锻炼，锻炼在于自觉”。“欲图体育之有效，非动其主观，促其对于体育之自觉不可。”

关于事物的发展，矛盾的解决，在“图体育之有效”这个问题上，文章已具有“外因是变化的条件，内因是变化的根据，外因通过内因而起作用”（《矛盾论》）这样鲜明的辩证观点：“学校之设备，教师之教训，乃外的客观的也。吾人盖尚有内的主观的。”“苟自之不振，虽使外的客观的尽善尽美，亦犹之乎不能受益也。故讲体育必自自动始。”在分析了当时学校和社会上一般人“不好运动之原因”后，文章说:“属于主观，改之在己；属于客观，改之在人。君子求己，在人者听之可矣。”

毛泽东在学生时代的许多活动中，给我们最深的印象之一，是特别强调实践、勇于实践的。那些显示出坚毅意志和付出辛勤劳动的多方面的实践，使他一开始耕耘于哲学的园地，就自觉地意识到知与行之间的密切关系。《体育之研究》这篇文章之所以写出，而且写得如此精辟、如此科学，是同他自己长期的实践分不开的。他少年时在家中游泳和劳动，有一段时间身体不好，在一师时实行的各种体育活动，对身体的由弱转强，特别是对意志锻炼等方面带来的好处，自己当然有深刻的体会。同时，学校教育德、智、体三育脱节，不重视体育给予学生的各种不良影响，也使他感触很深。此外，结合学习过的生理学、心理学、教育学等方面的知识，以及中外古今人物的有关言论和历史故实，也得到很多启发。因此，这篇文章确是实践与理论相结合的一个范例。它通过对体育问题的考察，令人信服地阐明：实践是第一位的，无实践则不可能作理论的指导。文章即以此理说明写作的动机，在“深感体育之要，伤提倡者之不得其当”。“今之所称教育家多不谙体育。自己不知体育，徒耳其名，亦从而体育之，所以出之也不诚，所以行之也无术，遂减学者研究之心。夫荡子而言自立，沉湎而言节饮，无人信之矣。”根据当时体育教员的多不称职，文章又同时指出理论对实践的指导意义，“教体操者多无学识，语言鄙俚，闻者塞耳。所知唯此一技，又未必精，日日相见者，惟此机械之动作而已。夫徒有形式而无精意以贯注之者，其事不可一日存，而今之体操实如是”。在论到体育锻炼的根本之道时，则仍旧强调实践第一，而理论其次：“愚自伤体弱，因欲研究卫生之术。顾古人言者亦不少矣，近今学校有体操，坊间有书册，冥心务泛，终难得益。盖此事不重言谈，重在实行，苟能实行，得一道半法已足。”为了贯彻实践第一的主张，文中还提出一系列运动的方法和运动应注意的事项，并且将自己创造的行之有效的“六段法”详细列出，以供参考。这是作者自己从实践中得到的认识，将这种认识公之于众，以指导实践。

关于毛泽东这个时期的辩证法思想，另外值得特别指出的是，他对待中国旧文化和西方新文化所采取的态度。当时他和他的朋友们一方面热烈地追求外国的新思想；另一方面，如前所述，他们又极其重视中国的历史遗产，并不盲目崇拜西方的文化。这从《体育之研究》这篇文章也可得到证实。如文中引用了中外古今典籍和人物的丰富事例，特别是引用了许多古人重视实践的故事，如“庄子效法于庖丁”，“仲尼取资于射御”，来说明作者的观点。其中从《论语》、《礼记》、《中庸》、《孟子》、《庄子》、《史记》、韩（愈）文等，共引用典故、成语、诗文等近20条；涉及的中国古代人物16人，近代人物3人，外国古今人物6人。他对于中国的旧东西和外国的新东西，是“去其糟粕，存其精华”；是斟酌国情，两无所偏；是“古为今用，洋为中用”。他完全不同于某些进步知识分子中那种比较普遍的错误观点：对待西方资产阶级文化，盲目地崇拜，甚至毫无批判地全盘接受；对中国的民族遗产，则采取根本否定的态度，往往只看到封建性的落后的一面，而没有认识到我国封建社会的早期的生产和文化就已达到很高的程度，经过各个时代的剧烈变革和发展，它为我们留下许多宝贵的精神财富。《新青年》的前期，全盘西化的论调曾占相当的地位。正如毛泽东后来论五四运动时指出的这方面的缺点："他们对于现状，对于历史，对于外国事物，没有历史唯物主义的批判精神，所谓坏就是绝对的坏，一切皆坏；所谓好就是绝对的好，一切皆好。这种形式主义地看问题的方法，就影响了后来这个运动的发展。"（《反对党八股》）

毛泽东则坚决反对全盘西化，主张对西方文化也应采批判继承的态度，不能盲目崇拜，全盘接收。《伦理学原理》上有这样的批语："此类是古非今之思想，不独我国，西洋亦有之。"1917 年 8 月 23 日致黎锦熙的长信中，关于这个问题尤其说得明确："怀中先生言，日本某君以东方思想均不切于实际生活。诚哉其言。吾意即西方思想亦未必尽是，几多之部分，亦应与东方思想同时改造也。"这里的西方思想，显然是指西方资产阶级的社会政治学说。可见毛泽东对待西方文化的观点，已超过当时以陈独秀为代表的进步知识分子的认识水平。

关于毛泽东当时的社会政治思想，最主要之点，他自己说得很明白："我反对军阀和反对帝国主义是明确无疑的。"他的热烈的爱国主义精神和坚决的革命精神，可以说是同他追求真理之日同时俱生、与日俱增的。从对待社会、国家、世界，直到家庭、学校、师生关系，一切方面都反映了他的"除旧布新"的思想。他时时刻刻关心国内与世界形势的变化；他从不畏惧严峻的实践与斗争。虽然前面叙述的还只是他学生时代的一些活动，但从这些活动中，不论是参加辛亥革命当一名新军的列兵，或是在学校中反对袁世凯的帝制丑剧，带领同学缴北军的枪械，还是为追求真理而顽强学习，尤其是团结同志成立新民学会这样的战斗团体等等，都可以发现一个最根本的特点，就是他这时已表现出一个真正革命家的品质。正像恩格斯对马克思所作的评语："他首先是一个革命者。斗争就是他的本分。"

五四运动以前，进步的思想界对帝国主义的认识还是很模糊而且谬误很多的。例如陈独秀在1914年写的文章，称朝鲜、印度亡于日本、英国后，据说"百政俱兴"，比之中国的混乱似乎反而是值得欣羡的："亡国瓜分，亦以为非可恐可悲之事。"直到五四运动前夕，他还承认日本可以继承德国在山东的权利，对巴黎和会更是存在着许多幻想。毛泽东当时究竟是怎样"明确无疑反帝国主义"的呢？请看这个23岁的青年学生的革命立场何等坚定，对国际政局又分析得何等透辟，对形势的预测又是何等准确。下面是前章引用过的1916年7月25日致萧子升信中论中日关系前途一段的具体内容："此约（按指'日俄协约'）业已成立，两国各尊重在满蒙之权利外，俄让长春滨江间铁路及松花江航权，而日助俄以枪械弹药战争之物。今所明布尤轻，其重且要者，密之不令人见也……大隈阁（按指当时日本以大隈重信为首相之内阁）有动摇之说，然无论何人执政，其对我政策不易。思之思之，日人诚我国劲敌。感以纵横万里而屈于三岛，民数号四万万而对此三千万者为之奴，满蒙去而北边动，胡马骎骎入中原，况山东已失，开济之路已为攫去，则入河南矣！二十年内，非一战不足以图存，而国人犹沉酣未觉，注意东事少。愚意吾侪无他事可做，欲完自身以保子孙，止有磨砺以待日本。吾之内情，彼尽知之，而吾人有不知者；彼之内状，吾人寡有知者焉。吾愿足下看书报，注意东事，祈共勉之，谓可乎。"这封信是1916年写的。对照陈独秀在五四前夕对待日本的态度，他们之间的差距多么明显！

关于必须用革命手段以改造中国、改造社会的政治观念，这个青年学生当时是极其鲜明的。《伦理学原理》书上有这样一段话："传统足阻革新之气，而过去足以压现在，对待新时代之能力逐渐消磨，而此历史界之有机体率不免于歼灭。"他在这上面郑重地批道："中华民国正处此地位。"接着他用变化日新的观点，论述了改革的必要性："世上各种现象只有变化，并无生灭成毁也，生死皆变化也。既无生灭，而只有变化，且必有变化，则成于此者必毁于彼，毁于此者必成于彼，成非生，毁非灭也。生于此必死于彼，死于彼者，必生于此，生非生，死非灭也……吾尝虑中国之将亡，今乃知不然。改建政体，变化民质，改良社会，是亦日耳曼而变为德意志也，无忧也。惟改变之事如何进行，乃是问题。吾意必须再造之，使其如物质之由毁而成，如孩儿之从母腹胎生也。国家如此，民族亦然，人类亦然。各世纪中，各民族起各种之大革命，时时涤旧，染而新之，皆生死成毁之大变化也。”

这段批语从他的哲学思想反映出极其重要的政治观点。像“吾意必须再造之，使其如物质之由毁而成，如孩儿之从母腹胎生”，以及“时时涤旧，染而新之”，这些话表明了他坚决的、彻底的革命精神。这里没有任何改良主义思想的痕迹，对现存制度不存在任何幻想，首先就说要“改建政体”，即认为必须打碎旧的国家机器，这是改造的首要之举。同时也可以看出他受到相对主义哲学，特别是佛教哲学中关于“劫”、关于“成住坏空”的发展观等的影响。到底中国的改造怎么办？走一条什么道路？这时的《新青年》并没有一个正确的答案。它除了一般的民主政治口号之外，至于如何实现这些口号则提不出任何具体办法，多数人还倡言不问政治。陈独秀在五四前夕发表了许多激愤的议论时政的文章，但对于当时的南北对立、军阀割据、政党倾轧、武人专政的局面，实际上是一筹莫展，只是提出一些枝枝节节的改良主张，如废督、裁军、开国会、定宪法等，甚至提出过由北洋军阀、进步党、国民党“平分政权”，“请外国干涉”之类的荒唐主张。虽然毛泽东这时也还提不出“再造之”的具体办法，但他是极不赞成这些“枝节”的改良办法的。而认为政治、社会制度不根本解决，这些都是“赘疣”。很显然，他那时思想的焦点是在寻找正确的革命理论。1917 年长信中鲜明地反映了这种思想，尽管这还是唯心主义的思想：“天下亦大矣，社会之组织极复杂，而又有数千年之历史，民智污塞，开通为难。欲动天下者，当动天下之心，而不徒在显见之迹。动其心者，当具有大本大源。今日变法，俱从枝节入手，如议会、宪法、总统、内阁、军事、实业、教育，一切皆枝节也。枝节亦不可少，惟此等枝节必有本源。本源未得，则此等枝节为赘疣，为不贯气，为支离灭裂，幸则与本源略近，不幸则背道而驰。夫以与本源背道而驰者，而以之为临民制治之具，几何不谬种流传，陷一世一国于败亡哉！而岂有毫末之富强幸福可言哉？”

当然，革命的理想没有现实的基础，不去寻找实现理想的可靠力量，这个理想也只能是空想、幻想。不过，一个极其重视实践、重视行动的革命家，还没有找到一条理想大道的时候，他首先极力去探索这个理想，这个“大本大源”，从建立正确的世界观出发去寻找变革现实的革命理论，那么，这种真理的追求是具有无限的现实意义的。历史经验告诉我们：缺乏燃烧着革命热情的追求真理的精神，是不可能成为一个真正的革命家的。青年毛泽东虽然还不可避免地带着唯心主义的观点去探索他的“大本大源”，但是他是完全理解到理论的力量的。既然要走出一条前无古人的“再造之”的革命大道，他怎么不首先急于在这茫茫黑夜之中去找那盏指路明灯呢？他当时的这种精神状态，是完全符合于20年之后，他在《实践论》中关于理论的意义和作用的这一说明的：“在马克思主义看来，理论是重要的，它的重要性充分地表现在列宁说过的一句话：‘没有革命的理论，就不会有革命的运动。’然而马克思主义看重理论，正是，也仅仅是，因为它能够指导行动。”

毛泽东从一开始产生革命意识之时起，就不是一个坐而论道的人。他从来把实践、行动看成第一位，而且逐渐从实践中悟出知与行之间的正确关系。这种品质日益为后来的历史所证明。他同当时一般的先进知识分子截然不同之处，就在从学生时代起，总是想方设法多了解社会生活的实际情况，就十分重视同工农群众的联系，寻找机会接近他们、了解他们，虔诚地为他们办事，同时虚心地向他们学习。在第一师范读书时，利用暑假同萧子升到洞庭湖周围各县“游学”，了解各地社会经济文化和民间疾苦的真实情况，这绝非偶然之举、平常之事。他是中国农民的儿子，自幼在农村生长，同农民一起在田间长年劳动过，对农民有着深厚的感情。他的历史知识和少年时代的经历，也帮助他逐渐认识清楚农民是中国历代“造反”之源。在学友会创办夜学之后，他获得同工人接近的机会，了解到他们的一些生活状况以及罢工的缘由。1916 年至 1918 年间，长沙的手工业工人由于生活费用过高，纷纷要求增加工资，如香帮（做迷信品的）、染工、锯工、箩夫（码头工人）、人力车夫，以及湘潭的铁业工人等，都发生过罢工斗争。特别是 1917 年 4 月，水口山 3000 多名矿工为要求发红奖，全体罢工，一个工人被打死的事件，给社会上的影响最大。这类消息在当时长沙的报纸上都有详尽的报道，这种情况当然促使他对许多社会问题深加思考。

关于毛泽东当时如何探寻解决中国问题的途径的这种情况，徐特立在一次回忆中这样说道：“毛泽东同志在学校读书的时候，正当第一次世界大战，民主革命思想弥漫在学校里。他着意研究辛亥革命失败的原因，他的结论是由于中国知识分子脱离了群众。任何革命，若要成功，革命中的知识分子领袖必须同国内的人民群众密切地联系起来。第一次大战甫告结束，我邀他同往法国留学，他便是由于看到了这一点而拒绝我的邀请。他宁愿多增加一点关于本国的知识。”（班威廉夫妇著：《新西行漫记》第 16 章。）

根据以上有限资料的探讨，青年毛泽东这时的社会观虽然还不是历史唯物主义的，还不懂得阶级斗争是历史发展的原动力；但这个问题对他来说是比较容易解决的。因为他不是空怀着改造中国、改造社会的志愿，而是为此寻找一切机会去接触人民群众，接触各种社会实际，从这种接触所得到的理解，自然最为坚实。一旦投入到现实的火热的政治斗争，尤其是有了十月革命的榜样，在已经具有的初步的唯物论和比较扎实的辩证法思想的基础上，历史唯物主义、阶级斗争的道理就比较容易水到渠成地变成他思想中牢不可破的东西了。

陈独秀和李大钊是五四时期最著名的人物，他们的思想影响了一代青年。毛泽东当时显然受陈独秀的影响更大。如上所述，这个青年学生、《新青年》的读者，却在一系列根本问题上，即对中国过去和现状的了解，对帝国主义本质的认识，以及积极参加现实的政治斗争，特别是勇于实践、重视群众、充满辩证观点的思想方法等方面，在五四运动以前，可以说就已走在陈独秀的前面。而这些方面，也正是当时的李大钊高出于陈独秀的地方。李大钊积极反对袁世凯的卖国称帝；具有比较鲜明的辩证观点；用批判的态度对待中国的历史遗产；他从中国的实际状况已感到，资产阶级民主政治在中国必然行不通；早在1914年，就坚决反对陈独秀的宁步朝鲜、印度后尘的悲观论调；在五四前夕他已基本达到了必须彻底反对帝国主义的认识。我们知道，李大钊是中国第一个宣传马克思主义的人，他接受马克思主义最早也比较彻底。青年毛泽东的精神方向同李大钊的如此相似，也正好补充说明我们提出的这个问题：为什么十月革命一声炮响，传来了马克思主义，毛泽东就能够那样迅速地、彻底地接受过来，就能够立即将它与中国的革命实际密切地结合起来。

五四前后，中外古今各种思潮都出现在中国这个历史大转变时期的舞台上。这个时期的激进的、革命的民主主义者在向马克思主义者转化时，他们的思想状况无一不是极其复杂的。从毛泽东的具体经历看来，问题不在这种复杂状况，而在他的思想主流、精神方向朝向何处，是一个彻底的革命派，还是一个动摇的改良派？关键在于能否做到理论与实践紧密结合，能否始终将实践摆在第一位。能够这样做到的，就必定会接受马克思主义的基本原理，改造自己的同时改造世界。

战友们

组织以改造中国和世界为目标的战斗团体——新民学会，是毛泽东在学生时代的创举，也是他开始革命活动的第一步实践。他回忆道：大概在1915年到1918年间，“我逐渐地团结了一批同学在我的周围，形成了一个核心，后来成为对中国的国事和命运产生广泛影响的一个学会。这是一批态度严肃的人，他们不屑于议论身边琐事。他们的一言一行，都一定要有一个目的。他们没有时间谈情说爱，他们认为时局危急，求知的需要迫切，不允许他们去谈论女人或私人问题”。

在茫茫黑夜、荆棘遍地的时候，这一群团聚在毛泽东周围的青年，相互间建立了深厚的革命友谊。这种根植于为国家、社会和人民解放而奋斗的共同理想基础之上的友谊，是革命者前进中最可贵的一种动力。尤其当先驱者尚未投身于群众的行列和经历革命的风暴时，他们之间的这种战斗友谊，更有着特殊的意义。五四时期，全国各地革命的知识青年挺身站在时代的前列，吹起革命的号角。他们之中接受了马克思列宁主义和十月革命影响的人，大都成为中国共产党最早的领导人和骨干分子。这些民族的精英，还在求学时期，就已经表现出许多非凡的特点。他们那种冲决一切罗网的勇敢精神、弃旧图新蔑视权贵的宏伟革命气魄、密切联系群众的朴实作风、豪迈无私的个人品德，以及深湛的新旧学识、独立的工作能力，实应成为后代青年的永久楷模。

毛泽东是那个时代最典型最伟大的代表之一。他在第一师范读书时，这些特点就已经突出地表现出来。同时，他在学校时的挚友蔡和森、何叔衡、陈昌、张昆弟、罗学瓒以及随后结识的向警予等人，无一不是中华民族最优秀的儿女、最英勇的无产阶级革命战士。除何叔衡活到 60 岁以外，他们短暂的一生，同中国共产党初期的事业，同毛泽东早期的革命活动，都有着最密切的关系。

除开志同道合之外，毛泽东和他的朋友们之所以能最后结成一个团体，服膺马克思列宁主义的学说，踏踏实实地奋斗下去，同他们都来自农村，跟农民有着比较深厚的联系是分不开的。他们深知民间疾苦，并且都从事过劳动，因而能深入群众，接触实际，埋头苦干。他们既没有坐而论道、眼高手低的书生习气，也没有一般小资产阶级革命分子的浮华作风。毛泽东是这一团“星星之火”的核心，他比大家更富有创造力，思虑更深和更具备实事求是的精神。

从下面一些片段材料可以看到，蔡和森、彭璜、何叔衡、陈昌、张昆弟、罗学瓒以及向警予六位先烈，成为毛泽东最早的战友，绝不是偶然的。

蔡和森（1895—1931）是湖南湘乡人。他的文化知识是少年时期在商店当学徒和学手艺时，利用夜间苦学得来的。1913 年，他考入第一师范。学校不收学膳费，除了发给一些用品外，还有一点儿津贴。他便把这点津贴都积蓄起来，还为学校做些抄写工作，取得微薄酬劳，来帮助母亲的生活和妹妹蔡畅读书。大概由于自幼苦读的生活经历，在博览群书、纵横古今之后，主张采用激烈手段批判儒家思想，而以墨子的“兼爱”平等思想取而代之，以建立人人平等的理想社会。所以后来一接触到俄国十月革命，便将墨子与列宁并比。

“还远在五四运动以前，在湖南一般先进的青年中，就盛称毛、蔡之名，而奉之为表率。”（李立三：《纪念蔡和森同志》，载《中国共产党烈士传》，中国青年出版社印行。）蔡和森在学校时的刻苦用功，革命思想，实践精神，胆大心细，办事认真，遇事善作分析，以及长于写作和严肃、刻苦的生活作风，等等，都同毛泽东有相似之处。蔡和森是中国共产党初期杰出的理论家和宣传家，在党的第二次代表大会被选为中央委员，第五次和第六次党的代表大会都被选为中央委员和政治局委员。他于 1920 年偕同一批新民学会会员到法国勤工俭学。1921 年，因在法国从事革命活动，被法国政府驱逐回国后，就一直在党中央工作，参加并领导了 1925 年的五卅运动，同党内“左”右倾机会主义进行了不调和的斗争。1931 年，他在香港被捕后，被引渡到广州，在监狱里，他表现得极其坚强而英勇。国民党反动派无法对付这个革命的铁人，反革命刽子手竟残忍到把他的四肢摊开，钉在壁上，用刺刀戳烂他的胸脯，折磨至死。

张昆弟的日记中，有一些关于他的记载，可见他当年思想、生活的一斑。1917 年 8 月 23 日，张到岳麓山蔡家一连住了三天。他俩天未明就到山上运动，白天越山漫游，晚上就畅谈抱负。下面是 23 日晚上，记述蔡谈话中的一段：“后蔡君又言所悬想而循序进行之事。一、见中国社会学无专书，欲研究中国社会自古至今之风俗，其间变迁之事实，及不变常存之真理。二、以中国无一部完全史书，所谓二十四史及通鉴等史书，所载多天子、卿大夫之事。拟从省志、县志等书，一一考察之，以平民社会之事为主，成一史书。三、中国文、言不统一，研究文、言统一之法，以谋社会民智之普及。厥后蔡君又谈及读书之事，以近来西欧文化东来，与吾旧有之文化，每干格难容。而倡新文化者，弃旧书不读，守旧文化者，弃新书不读。余与蔡君主张多读新书，而旧书亦必研究。中国文化及一切制度，不必尽然，而西欧文化制度，用之于我，不必尽是。斟酌国情，古制之善者存之，其不善者改之；西制之可采者取之，其不可采者去之。折中至当，两无所偏。此吾辈读新书、读旧书者所应知之事也。”这些见解，都反映了蔡和森当时所达到的思想水平中一个重要的基本点：重视人民群众的历史作用和反对形式主义地看问题。同毛泽东一样，这已远远超出于当时一般进步的知识分子。请看张昆弟对他的胜友的尊重：“9 月 26 日：此行先意至蔡君家一宿，不料竟三。余近数年来至亲戚朋友家三宿者甚少。好在胜友处，多同居一日，即多得一日之益处。故不妨久留。下学年拟多过河几次，即多受几回益处。”他们两人一同创办新民学会、组织留法勤工俭学，同时学习马克思主义。《新民学会会员通信集》第一集载有蔡和森的七封信，都是 1918 年 6 月至 8 月间，他从北京寄给毛泽东和学会其他会员的。这些信的内容，主要是关于学会的精神、组织和会员的出处问题，同志间相互协助的问题，以及筹划赴法勤工俭学的具体情况等。其中谈到关于怎样达到改造中国和世界的目的，应采用何种手段等，都表现了他的坚定的革命方向与灵活的策略相结合的精神，有许多精辟的议论。这些议论最初是由这件事开始的：杨昌济已到北京大学任教，希望毛泽东能进北京大学。“弟以一面办报，一面入学为言，师甚然之。前《亚细亚报》薛某欲重整旗鼓，请师担任学术上之撰述，师颇有羞与为伍之意，辞之；然可荐言绍介，师言惟欲屈节。”他很不以这种空疏迂阔的“屈节”观为然。信中接着说道：“弟思大仁大勇，普度众生，非入地狱不行，究无所谓屈节。尝与子升言，吾之积极思想，谓以吾国今日之情势，即娼优盗贼界中，亦须加入正人君子，况元勋报界乎？吾人今兹之所急者：一方要有适当之储养，一方要有适当之练习。得同时行之者，上也；一先一后者，次也；终于一才者，下也。旷观前辈名人，疏空罕成者，多矣！此非其才之不足，智之不逮也，无充分之练习故耳。”以后在给毛泽东的长信谈及学会大计时，又专门谈到这个问题：“为学为事，划分先后之阶段者，尤谬也。谬之实例，就在前辈之空疏无用；谬之影响，竟使小人尽进处于有权。盖事不素练，情不熟悉，徒恃其空疏无用之学，以自逸自喜，舍却山林僻隅，安有容其立足之地哉！曰烘炉大冶不可入，曰鸟兽不可与同群，皆惰性无能之遁辞，经千古之士君子‘兢兢拘拘’而不自觉者也。第愿今日之中国，多出做事之人。其未做事时，稳立做事之根基，不妨与鸡鹜争食，不妨与猪狗同槽；对于首恶则奋斗，对于从恶则收容，以万恶为肥料、为化学肥料，而我辈为农夫、为化学家；失败则于志无伤，成功则万世蒙其利。持论固是太激，倘亦时势之所要求乎？”由这些议论可以看到，究竟主要从何着手，依靠何种力量才能达到他们所追求的目的，这时虽然还不完全明确，但是一个革命家的伟大气魄和实事求是的精神，已经跃然纸上。他的“人地狱”之心，就是指凡是社会上有人群活动、有斗争的一切阵地，一个以改造国家、社会为职志的人，都应当不顾个人一切得失努力去占领。当然，这些信中所表达的思想，还是以善恶相斗的观念替代阶级斗争的观念。8 月 21 日，他单独写给毛泽东的信中，关于这种“手段与目的”说得更是明确，至今读来，如闻其声，如见其人:“弟尝慨世之君子，为种种的舆论律、道德律所束缚，只能为伪善，不能为伪恶……吾人若以一身之利害及名誉计算，诚有不宜屈节者；若以全体之利害计算，可以杀身成仁，况不可行伪恶以得权乎？（兄以时未至为言，我以为此正其时，此时稍为一枉，其所值不知几万万也。）君子无弹性，此乱之所以不止也。弟意现在当得一班正人立恶志（杀坏人），说恶话，行恶事，打恶仗，争恶权，夺恶位，加入恶界，时时与恶为缘，时时与恶战，时时与恶和。操而纵之，使自我出；支而配之，使自我生；演而进之，使自我发；然后将万恶纳入袖中，玩之掌上。”到达北京之后，关于俄国十月革命的情况知道得多一些了，他已感觉到这个革命之所作所为近似于自己的理想了，因此信中接着说道："果为君子，无善不可为，即无恶不可为，只计大体之功利，不计小己的利害。墨翟倡之。近来俄之列宁颇能行之，弟愿则而效之。"当然，在社会历史观方面，蔡和森这时也还基本上是唯心主义的，但是他由衷地肯定了俄国十月革命的方向，愿意效法列宁。这封信是新民学会会员中最早响起的欢迎十月革命的一声春雷。因此，1920 年他一到法国，接触了当时流传于欧洲的各种社会思潮之后，并没有目迷五色，无所适从，而是迅速地坚决地肯定了中国必须走十月革命的道路，同当时在国内的他的最亲密的战友毛泽东不谋而合。

他去法国的目的，"全在团结工人"。到达法国后，领导留法的新民学会会员，并同周恩来、王若飞等一起，组织工学互助社，在勤工俭学生和旅欧华工中进行革命活动。他给国内的《新青年》、《少年界》、《晨报》和长沙的报纸等，投寄许多文章，报道法国和欧洲的工人运动，讴歌国际无产阶级的伟大力量，并猛烈抨击国内反动政府镇压人民革命运动的种种罪行。

关于他同毛泽东的亲密关系，对他的这位推心置腹的朋友的信服和仰赖，请看他接到毛决定前来北京的信之后，是何等狂喜："昨夜（按指 1918 年 7 月 23 日）奉读来示，极忠极切！本以待兄主张然后定计，今计定矣！只要吾兄决来，来而能安，安而能久，则弟以前所虑种种，皆不成甚问题；盖所仰赖于兄者，不独在共学适道，抑尤在与立与权也。"

彭璜（1896—1921），又名殷柏，亦作荫柏，湖南湘乡人。他在长沙省立商业专门学校读书时，发生了五四运动，十分兴奋地投身于运动之中，成为湖南学生联合会的会长，发动了长沙学界全体罢课；还到湘南经济文化中心衡阳，去推动抵制日货的运动。他以学联负责人身份，参加了《湘江评论》的创刊活动，成为毛泽东积极的合作者。在驱逐军阀张敬尧的斗争中，他被派到上海，组织湖南旅沪各界联合会，创办《天问》周刊，大造驱张舆论。彭是《天问》的主编和许多评论的作者。驱张胜利之后，他又与毛泽东、易礼容（商专同学）合作，筹办文化书社，传播新文化、新思想。毛泽东发起成立湖南俄罗斯研究会，他担任会计干事，驻会接洽一切，组织湖南青年赴俄留学；并且在湖南《大公报》上著文鼓吹，以为俄国人是“要创造一个大同世界，创造一个永久和平的世界”，文章还表示欢迎苏俄政府发表的对华友好声明。在新民学会的会员中，毛泽东对他极为推重，在一封信中说他“志高有勇，体力坚强，朋辈中所少”。彭璜是长沙共产主义小组成员，也是湖南最早的一批党员之一。可惜的是，因为想要赴法勤工俭学的愿望没有实现，他大受刺激，刚愎性格导致精神失常，于 1921 年失踪了。

何叔衡（1876—1935）是湖南共产主义小组发起人之一，同毛泽东一起参加中国共产党第一次代表大会的湖南代表。五四运动时，他和毛泽东等一起，领导湖南人民驱逐北洋军阀张敬尧的群众运动。驱张胜利后，他任长沙船山学社社长、湖南通俗教育馆馆长、兼办《湖南通俗报》。1922 年至 1927 年，一直担任中共湘区委员会（湖南省委）委员。第一次国共合作时期，为湖南国民党筹建人之一。他是湖南宁乡人，自幼随父亲在家，一边读旧学，一边过着挑水劈柴的劳动生活。27 岁考取秀才，他家中还保存一篇他 1894 年写的八股文章，18 岁的青年已指斥清王朝之暴政虐民。文章的题目是《旱》，一开篇就写道：“夫旱，固亦伤仁爱者也，乃今日之虐民者竟如此，不可即旱以罕譬之乎。且今日之天下，一酷烈之天下也。其万姓之如炎如焚者，岂不甚于旱魃之为虐哉！顾无形之旱，民嗟荼毒，司牧者或不知草野之熏蒸，惟即有形之旱以显形之，则蕴隆致虫虫之概，山川有涤涤之容，当必知此不为福矣。嗟嗟！何辜今之人，而竟罹此酷烈之祸而不遏也。”

何叔衡在家乡读私塾时，就同姜梦周、谢觉哉、王凌波为“总角之交”。后来他们四人又一同在云山小学教书，被称为“云山四友”。（后来在长沙一起从事革命活动时，四个人都留了胡子，被称为“宁乡四髯”。）为了树立新学风，他们办学生会，提倡作应用文、学习社会学和自然科学，因而遭到守旧分子的反对，发生宁乡地方的新旧学派之争。旧派勾结地方豪劣，攻击他们“大逆不道”。何叔衡坚决反对封建礼教，尤反对重男轻女。他只有两个女儿,反对“无后为大”的孔孟之道。女儿取名实嗣,以示何家继承者。反对妇女缠足、穿耳,还替女儿剪辫子,培养女儿参加革命活动。1913年,他考入第四师范,随后转入第一师范讲习科,半年后毕业,1915年在长沙有名的楚怡小学教书。他教学生时,如学生不听话,自己反而伤心得流泪。组织新民学会时,何是会员中最年长的。他待人赤诚而热心,做事最肯出力,也最能刻苦。他当时就向谢觉哉介绍,毛润之是个怎样了不起的人物。并说:“润之说我‘不能谋而能断’,这话道着了。”谢觉哉在回忆文中说:“叔衡同志以不能谋自谦,故很能虚怀接受人家的意见;但也以能断自负,每在危难震撼,人们犹豫的时候,他能不顾人家反对,不要人家赞助,毅然走自己的路,站在人们的前面。”“叔衡同志对党的认识深刻和意志坚定,是超人一等的。”(谢觉哉:《忆叔衡同志》,载1942年5月18日延安《解放日报》。)毛泽东当时常说:“叔翁做事可当大局,非学问之人,乃做事之人。”“何胡子是一条牛,是一堆感情。”(萧三:《毛泽东同志的初期革命活动》,原刊延安《解放日报》。)“热烈的感情四射着,触着就要被他感动,叔衡同志确是如此。他的感情是统制在高度的正义感下面的。”(谢觉哉:《忆叔衡同志》,载1942年5月18日延安《解放日报》。)

毛泽东在湖南的早期革命活动时期,何叔衡是最得力的助手之一。当时在同志们中间都称道:毛润之所谋,何胡子所趋;何胡子所断,毛润之所赞。何叔衡充分利用了他的社会职业和社会地位,在湖南传播新文化和建党方面,建树甚多。第一次国内革命战争失败后,他被派到莫斯科参加中共“六大”,并入莫斯科中山大学特别班学习。他家中还保留着他从苏联写回的几封家信。这些信充满着无限的英雄气概。他告诫家人:“不向人乞怜”;“做于人生有益的事”;“活的要真活,不要活着反不如死”。

何叔衡于1930年从苏联学习回国,留在上海工作。当时白色恐怖极其严重。1931年,他的两个女儿和两个女婿,先后在上海和湖南被捕,大女婿在长沙被敌人杀害。同年,党决定让他转移到中央苏区工作,曾任中央工农民主政府检察部部长,1932年代理内务部部长和最高法庭主席。由于抵制“左”倾机会主义路线的一些错误做法，纠正一些冤假错案，被扣上“右倾机会主义”帽子，一直受打击排斥。1934 年 12 月红军长征时，他被留在根据地坚持斗争。1935 年 2 月，撤出江西向福建转移时，与瞿秋白、邓子恢等被敌人包围；他已年过六十，在路上走不动了，坚决不做俘虏，在闽西长汀县水口附近，跳崖殉难！

陈昌（1894—1930）号章甫，湖南浏阳人。他也是新民学会组织者之一，在毛泽东的领导下，参加湖南地区最早的建党工作。他在小学读书的时候，喜欢站在窗口，面对满山茶园树林，旁若无人地练习讲演。1911 年考入第一师范，读书更加勤奋。他生活朴素，作风严谨，见义勇为，上进心切。常对人说：“赴义恐后，争利莫先”；“义者，世之谊也”；“为人要以事为目的，不要以钱为目的”。他在日记中写道:“人不能天生聪明也，发奋就聪明。人一知之，吾十可知也；人十知之，吾百可知也。”他读书勤思考，勤笔记，有时详加摘抄，尤于讲演练习，持之以恒，经年不辍。人们回忆中印象最深的，便是他的演说天才。他长于说理，声音又特别洪亮，曾任一师学友会的雄辩部长。1915 年毕业后，来到长沙县的五美高小任地理教师。他忧虑国家四分五裂、百孔千疮、灾难深重、民不聊生的局面，在课堂上对学生着重爱国主义教育。他把地图挂出来，指着中国的版图，对学生说：“这就是我们的祖国，雄踞亚洲之东南，土地辽阔膏腴，罕有能比，诚世界大国也。然自清末以来，外交失败，丧权割地，时有所闻。东三省已在日人势力范围，他若旅大割，我国失华东之第一军港；香港让，我国丢欧亚要冲之商场。环顾中原，强邻虎视，非独撤我藩篱，近且蚕食腹地，势必裂而吞之不已。诸生睹此，能不痛心？尚志沙场，誓图恢复，山河依旧，不难一一收回，庶可以慰先烈，雪国耻，愿与诸生共勉之。”（见陈章甫：《备课录》。）他这种充满爱国热情的讲解，遭到学校当局的反对和指责，使他待不下去，于 1917 年回到长沙，到一师附小任教。他积极参加毛泽东倡导的各项活动，如组织新民学会等。1922 年，受毛泽东的派遣，他和夏明翰等到浏阳西乡金江小学，从事一段时期的教学。湖南工人运动开始后，他是领导骨干之一。在罢工运动的各种场合中，他常是主要的宣传鼓动员。他的住所，是工运工作的一个联络站。1926 年，党派他到水口山铅锌矿工作，任工会主任。他发动工人，恢复工会，整顿组织，成立工人纠察队，举办工人师训班，带领工人讲演队下乡，推动农民运动，发展农会组织。1927 年五一劳动节，在水口山召开有两万多农协会员参加的大会，以革命法庭的名义，宣判了两个恶霸的死刑。接着，还缴了矿警队的枪支，用来武装工人群众。1927 年 8 月，他参加了南昌起义，失败后，在家乡浏阳隐蔽了一个时期，以教私塾为掩护，开展地下活动。1929 年冬去上海，被派去湘西贺龙部队工作，途经澧县时被捕，押回长沙，经过严刑拷打，没有任何口供。1930 年 2 月在长沙就义，临刑时，他还作了一篇激动人心的演说。

罗学瓒（1894—1935），湘潭株洲人。在第一师范读书时，跟毛泽东同班。他身材矮小，语言重浊，性格纯朴，待人宽厚。他的恳切踏实的作风、认真学习的精神，也是为全班同学所敬重的。他也好作诗词。现在留存下来的三首五言古体诗，真是诗如其人，读者似乎还能触到那一颗燃烧着的心。在学校时作的《咏怀》云："不患不能柔，唯患不能刚；惟刚斯不惧，惟刚斯有为。将肩挑日月，天地等尘埃。何言夫富贵，赤胆为将来。"这种胸襟完全为他后来的革命实践所证实。

1920 年到法国勤工俭学后，他将许多见闻写成通讯寄回国内，发表在长沙的报纸上，对湖南青年继续到法国去勤工俭学，起了鼓励的作用。他在法国南部的一个工厂学做电工，感到劳动的真正愉快，写信给毛泽东说："近数年来的生活，以在此地为最好。托尔斯泰说，人由劳动所得的生活，为最快乐，不诬也。"还有一封给毛泽东的信专门谈思想方法问题，他非常反对主观、片面地观察问题的形式主义方法，而赞成合乎逻辑学的思维方法。这些观点是完全符合辩证法精神的。信中这样批评"中国人求学的四种迷惑"："第一宗错误，是感情用事。无论处事接物，都拿感情的好恶，来断定事物之是非。譬如有人崇拜日本、德国军国主义的，就说法国人爱和平、不振作为不正当。又如见中国的小事小物或有一点比外国略好，就说中国人胜于外国。又譬如勤工俭学同志，自己想做的工作不能找得，遂说勤工俭学不行。这可以叫做‘感情迷’。第二宗错误，就是无普遍的观察，总是挪一部分推断全体。譬如见一个法国人龌龊，就一口说定法国人不爱清洁；见一个怠惰的法国人，就说法国人都懒惰。这种推理，在思想界很是危险。我看连托尔斯泰之反对工业，无政府党之倡废金钱、废商贾说，都是这种观察之误。这可叫做‘部分迷’。第三宗错误，就是无因果的观察，总是拿一时现象，推断全局。譬如勤工俭学的人，当时法华教育会找不到工做，遂说勤工俭学做不到并不能发展。又如见工人罢工，一时混乱，没有结果，就说工人罢工无效力。这正如康有为说中国贫弱和有战争是不能行共和之证一样。像这样的观察，可以叫做‘一时迷’。第四宗错误，是不观察对象的事实，每以主观所有去笼罩一切……又如主张礼教好的，见法国人活泼、好自由，遂说法国人不如中国人的文明。又如以前有人说，欧洲的机械比中国好，中国的道德比欧洲强，也不从各方面去比较是不是真的，于是开口就说西人无道德（其实西人的道德比中国人强多了）。像这类的考察，可以叫做‘主观迷’，也可说是‘信仰迷’。这四种迷惑，无论何人，总有舍不掉的。连我自己，也免不掉的。这真是思想界混乱的原因。总而言之，中国人大多数还是没有科学的头脑。我从前不信学哲学要从数学入手，到如今才懂得这句话是不错的，才知伦理学为一切科学之科学的道理。”毛泽东非常赞赏他的这种辩证观点，回信说：“四种迷，说得最为透彻。安得将你的话印刷四万万张，遍中国人每人给一张就好。”据此谈到自己的亲身体会，而且反省了自己的一些缺点：“四者通是犯了伦理的错误。我近来常和朋友发生剧烈的争辩，均不出四者范围。我自信我于后三者的错误尚少，惟感情一项，颇不能免。惟我的感情不是像你所说的那些例子，乃是对人的问题。我常觉得有站在言论界上的人，我不佩服他，或发现他人格上有缺点，他发出来的议论，我便有些不大相信。以人废言，我自知这是我的一个短处，日后务要矫正。我于后三者于说话高兴时或激烈时也时常错误，不过自己却知道是错误，所谓明知故犯罢了（作文时也有）。”（两信均见《新民学会会员通信集》第二集。以下各节，凡属引会员间通信语，见该书一、二、三集。)

在 1921 年后蓬勃发展的工人运动中，罗学瓒组织过长沙最初的人力车工人的罢工。一直到第一次国内革命战争时，他仍在长沙做工运工作。据说，他是 1935 年在浙江白区工作时牺牲的。

张昆弟（1894—1932）幼年在家乡益阳龙州小学读书时，就喜好康有为、梁启超的学说。后因家境困难，升不起学，在家种过田。1913 年考入第一师范。在校时，思想、抱负、治学和生活各方面，也都是同毛泽东等志同道合的。他的功课、品德，在班上总是名列前茅。1919 年到法国勤工俭学，因进行革命活动，1921 年与蔡和森等同被法国政府驱逐回国。回国后，即由北京党的组织派为铁路工作特派员，曾参加领导“二七”罢工。第一次国内革命战争时，仍在北方做工人工作。1928 年，红军第五军团成立后，他担任政治部主任，随同贺龙一起创建湘鄂西革命根据地。由于夏曦执行了错误的肃反政策，1932 年于洪湖地区被杀害。时任湘鄂西总工会党团书记。

张昆弟家中保留一本他的 1917 年 7 月 31 日起至 10 月 2 日止的日记，这本薄薄的日记，内容是很丰富的。这年的暑假，他回家住在一所寺庙中读书。日记的内容大体包括以下几个方面：

一、整段地摘抄所喜的书文。其中有《庄子》、王船山的史论、《新青年》上陈独秀的文章等，有的还夹有评论。例如批判《仁学》提倡宗教、麻醉人民，他认为宗教是世间极不平等、不自由、不自主的障碍物。

二、常到“板仓杨寓”聆教，记杨昌济讲“达化斋读书录”。

三、读书心得，各种感怀。如 8 月 6 日记：“凡事之来，须明乎自己之地位，与对面人之地位。孟子曰：‘是非之心，智之端也。’养成辨别是非之真识力，非吾人今日所更宜注意乎。”8 月 8 日记：“勤勉者，天才之代用品也。天才不可靠，勤勉可靠。世人之有所成就者，无不自刻苦中来。”8 月 12 日记：“凡一切沽名钓誉，取世俗之好之学，皆可置之；凡一切有益于己、利于国、利于人类全体之学，尽力求之。”9 月 12 日记：“每读友人日记，令人愧惭交集。

何人之日异而月不同，道德学问，蒸蒸有生气向上之势；而吾则不见其进，若或有退焉。振汝筋骨，奋汝雄心，冲决汝一切魔障，向前追进，大呼无畏，大呼猛进，为汝作先锋队焉。”

四、对时局和人民生活的关心。有6天的日记评述了当时段祺瑞政府对德宣战、张勋复辟等国内外大事。8月7日写道：“近日水势日涨，各县堤垸溃决者甚多……农民终岁勤劳，所望者在此，今以天灾无情，空劳终岁，母号子哭，情终难堪，吾不知政府诸公亦念及否？无徒今日责民纳税，明日劝民输捐。”9日写道：“遇农人无不面目憔悴，有忧色焉。余对之亦不觉心为之伤。”10日又写道：“晚饭后，熊君来，闲谈甚久，多念农民之言。”

其他所记的，尚有前面已加引述的同蔡和森、毛泽东等一起“游山论道”的生活，以及自己如何锻炼体格，“与大风雨战数十分钟”，“后山露宿”等。

读了这本薄薄的日记，一位忧国忧时、热爱人民、刻苦律己、追求真理的24岁的青年，宛然浮现在我们的眼前。这本日记，不啻一面镜子，可以反映这一群团结在毛泽东周围的民族精英的精神面貌。

第一批参加新民学会的女会员向警予（1895—1928），当时就是中国先进妇女中的佼佼者。她对学会的领袖毛泽东最佩服，毛也很敬重她，以学会中有这样进步的女同志为光荣，还称赞过她是中国共产党第一个女创始人。《新民学会会员通信集》第二集载有他们两人通信各一封。向警予的信是1920年6月2日从法国寄出的，这时毛泽东正在湖南开展自治运动。她在信中欣喜地写道：“到法后，联接好音，知在国内积极活动，湘事大有可望。”她转达了蔡和森的意见，希望毛泽东于“湘事定后，留湘两年”，在湖南打好学会的基础。又谈到她自己离开溆浦之后，急求前进的心情：“此后驾飞艇以追之，犹恐不及，而精力有限，更不足餍予之所欲，奈何？计唯努力求之耳！数年后，或有以报同志。”毛泽东11月25日复信中，这样谈到学会的根本主张和自己的打算：“政治界暮气已深，腐败已甚，政治改良一途，可谓绝无希望。吾人唯有不理一切，另辟道路，另造环境一法。教育系我职业，顿湘两年，业已决计。”鉴于妇女解放之不易、妇女人才的缺乏，信中特别提出这样的希望：“湘省女子教育绝少进步（男子教育亦然）。希望你能引大批女同志外出，多引一人，即多救一人。”向警予常写信给国内的朋友，要他们向毛泽东请教。1920 年 2 月，给她的侄女写信说：“现在正是掀天揭地社会大革命的时代，正需要一班有志青年实际从事。世界潮流、社会问题，都可于报章杂志中求之，有志愿改造社会的人，不可以不注意浏览。毛泽东、陶毅（陶也是第一批女会员）这一流先生们，是我的同志，是改造社会的健将。我希望你常在他们跟前请教。”（刘昂：《向模范妇女领袖向警予学习》，载 1978 年 3 月 10 日《人民日报》。）

向警予是和蔡和森一家一起去法国的。1920 年 1 月间，在漂洋过海的轮船中，蔡终于说服了她，抛弃原来教育救国的幻想，而倾向俄国革命和共产主义。她在法国短短几个月，就读了《共产党宣言》、《家庭、私有制和国家起源》等著作。向警予和蔡和森在法国结婚时，曾发表“向蔡同盟”的宣言。这种以革命思想为基础的爱情结合，当时引起很大反响。1923 年，毛泽东在上海工作时，他们两家住在一起。向警予协助毛泽东做改组国民党的工作，开展革命的统一战线。他们两家人，“像一家人那样共同生活，毛主席和杨开慧同志称她为大嫂。”（刘昂：《向模范妇女领袖向警予学习》，载 1978 年 3 月 10 日《人民日报》。）

向警予是湖南溆浦人。父亲为当地富商，只望子女求学深造，“破产弗惜”。四个儿子先后出国留学。她幼年跟父兄识字。大哥向先钺留学日本，是湘西同盟会负责人。她 12 岁来到常德大哥家时，就看《新民丛报》和同盟会的《民报》等，喜读《木兰辞》。1914 年入周南女校时，将自己的名字“俊贤”改为“警予”，取“警钟长鸣”之意，以此督促自己不断进取。在校与蔡和森的妹妹蔡畅同学，结为志同道合的朋友。她是一个热情奔放的人，领导同学反对袁世凯卖国，登台演说，声泪俱下。她在 1915 年写的文章《湖南地形记》中这样说道：“风景不殊，山河犹昔，叹桃源之幽邃，渔父不逢；悼湘流之咽呜，灵均已渺。今日何日，所不悲耶？然而物极必反，异日者，恶知湖南之果不为中国之普鲁士也。”（1985 年湖南版《向警予文集》第 241 ～ 242、第 249 页。）在校时就怀有教育救国的抱负。1916 年毕业前夕，注意考察社会教育状况，参观城区国民学校时，即发表“天下事之璀璨光明者，当自吾辈创造之”的感想。（1985 年湖南版《向警予文集》第 241 ～ 242、第 249 页。）毕业后，她回到家乡，创办溆浦女校；反对女子缠足、穿耳等封建恶习，向学生灌输新思想，师生亲如家人。这个学校的教员和学生，后来有许多人参加了革命。五四运动时，她来到长沙，1919 年下半年加入新民学会，即同蔡畅等发起女子留法勤工俭学运动。在法国时，她一面做工，一面努力学习，不久便能直接阅读法文版的马克思主义经典著作。她与蔡和森等一起，在法国进行革命活动。回国后，1922 年加入中国共产党；7 月，在党的二次代表大会上当选为中央委员，担任中央妇女部第一任部长，成为中国妇女运动的杰出领袖。她共撰写了 40 多篇关于妇女解放问题的文章。这个期间，她大力开展上海的女工运动，曾领导 1924 年上海丝厂、烟厂的女工同盟罢工。1925 年冬，被派到莫斯科学习。1927 年 4 月回国参加了党的第五次大会，遵照共产国际的决定，同陈独秀进行了坚决的斗争。会后即留在武汉总工会、汉口市委工作。汪精卫叛变革命后，在严重的白色恐怖环境中，她坚决留在武汉，负责湖北省委、武汉市委的领导工作。一个著名的群众领袖转入地下，是极为困难的。但是她完全不顾个人安危，千方百计保持党同工人、学生群众的联系。由于叛徒出卖，1928 年春，她在汉口法租界被捕。在法庭上，向警予先是用中文而后用流利的法语严词责问法官：这里是中国的土地，你们有什么权力来审问中国的革命者？你们把法国大革命的历史都忘记了吗？你们法国人民不是鼓吹自由、平等、博爱吗？不是说信仰自由吗？既然如此。为什么要来干涉我们的信仰自由呢？法官被问得哑口无言，没有立即把向警予引渡给国民党当局。国民党反动派就发动宣传攻势，在报上大造谣言，说法国领事受了共产党的贿赂，包庇共产党员，并且组织流氓大吵大闹。后来法国政府撤换了汉口的法国领事，于 4 月 12 日把向警予引渡给武汉警备司令部。（刘昂：《向模范妇女领袖向警予学习》，载 1978 年 3 月 10 日《人民日报》。）她经受了各种严刑拷打，威武不屈，在狱中组织难友，坚持斗争。敌人选择 5 月 1 日杀害向警予。在去刑场的路上，敌人的殴打也不能中断她向群众演说，高呼口号。她的英勇就义，震动了武汉三镇，震动了全中国。

新民学会

毛泽东在湖南第一师范毕业的前夕，酝酿了几年的新民学会正式成立，时间是 1918 年 4 月 14 日（一个星期日），在长沙河西刘家台蔡和森家。这个地方后来成为一片废墟，现已按原貌恢复，建成纪念馆。在新民学会成立 70 周年时，笔者去参加了纪念馆的落成典礼和学术讨论会。

关于学会的缘起，我们还是看毛本人的说明（据《新民学会会务报告》第一号）(《新民学会资料》，人民出版社 1980 年版，本篇所引均自该书。)：远在 1915 年和 1916 年，以毛泽东、萧子升、蔡和森为首的一批好友，在一起研究学术，交流心得，尤好谈论古今中外和个人前途等问题。毛作了这样一种概括："这时候这些人大概有一种共同的感想：就是'个人及全人类的生活向上'。'如何使个人及全人类的生活向上'？乃成为一个迫待讨论的问题。这时候尤其感到的是'个人生活向上'的问题。尤其感到的是'自己生活向上'的问题。相与讨论这类问题的人，大概有十五人内外。有遇必讨论，有讨论必及这类问题。讨论的情形至款密，讨论的次数大概在百次以上。"学会最初拟定的学会名称为"新学会"，萧主张用"新民会"，商定结果，将毛、萧意见合一，正式定名为"新民学会"。"新民"两字，是取《大学》上"在新民"及"汤诰"("汤诰"是《书经》中的篇名；诰即号令，帝王向民众宣布的话。）上"作新民"的意思；谭嗣同、梁启超也倡导过"新民之道"，主张"采补其所本无而新之，以建设中国一种新道德、新思想、新精神"。尤其梁启超《新民说》的深远影响这时并未消失。"新民"两字即意味着一种进步与革新的意义。

新民学会之所以成立有其时代背景，这就是五四运动前夜的中国与世界。中国当时正处在外国侵略、军阀混战、国事日非、民不聊生的时期；同时，《新青年》倡导的新文化启蒙运动，在广大知识界反响强烈，从而掀起追求真理和个性解放的热潮。而国际上欧战临近结束，俄国发生了十月革命，东欧也出现了革命形势。这使得人们重新考虑许多问题，包括天下国家之大计和个人立身处世之道。学会成立的具体原因就是毛泽东说的：一是求友互助的热切之心；二是结成团体以便共同行动；三是大家都是杨昌济的学生。平时同老师接触深浅不同，但在治学为人两个方面，受老师的身教育教启蒙诱导，则是相同的，因此大家都是一致力求进取，有所作为。学会成立之初共有29个基本会员（1918年4月14日，学会成立时共到13人：毛泽东、蔡和森、何叔衡、萧子升、萧子璋、陈绍休、邹彝鼎、张昆弟、邹蕴真、陈书农、周明谛、叶兆桢、罗章龙;4个月后又有罗学瓒、周世钊、李维汉、邹泮耕、熊瑾玎、熊光楚、陈昌、傅昌钰、曾星煌9人入会。)，除罗章龙外，都是杨昌济在第一师范任教时的先后学生。成立会的这一天，讨论了由毛泽东、邹彝鼎二人预先起草的章程。学会的宗旨是“革新学术，砥砺品行，改良人心风俗”。应当说，以毛泽东、蔡和森、萧子升等为首的第一批会员，都具有强烈的爱国心和积极向上的奋斗精神，他们都是品学兼优、很有抱负的青年。正如毛所言：“十年未得真理，即十年无志；终身未得，即终身无志。”他们绝不愿庸庸碌碌虚度一生，都希望能为社会为国家有所作为。像毛泽东、蔡和森等少数人，还自认为对国家和社会负有“根本改造大任”，以及造福全人类的宏大志愿。但他们还没有找到一条道路，如何达到这个目的。他们当时将中国贫弱落后的原因，主要归于国民“思想太旧，道德太坏”，认为革新学术，改造全国旧思想为首要之务。因此，他们提倡“学问要进步，品性要改造”，寄希望于会员之间切磋学术，砥砺品行，互相帮助，共一同向上，以清除个人的孤寂盲目。这个宗旨是很符合他们当时身份和思想状况的。除开宗旨以外，章程中还有会员“须守之各规律”：一、不虚伪；二、不懒惰；三、不浪费；四、不赌博；五、不狎妓。

这五项戒律，正是当时社会上流行的陋规恶习；也是杨昌济平时最为厌恶而极力反对的。毛泽东多年来就与朋友相约：不谈钱，不谈女人，不谈身边琐事，早就过着一种锻炼身心的苦行生活。在岳麓山蔡和森家开的成立会上，萧子升当选为总干事，毛泽东、陈书农当选为干事。大家一起聚餐。“餐毕，讨论会友出省出国诸进行问题，至下午散会。天气晴朗，微风掀拂江间的绿波和江岸的碧草，送给到会诸人的脑里一种经久不磨的印象。”

学校毕业之后，首先是出路问题，大家都认为应向外发展。此时正值蔡元培、李石曾等人发起赴法勤工俭学运动。已经到北京大学任教的杨昌济，即将此事写信告诉毛泽东、蔡和森、萧子升等。蔡是最主张向外发展的。经过一次全体会议的讨论，决定由蔡、萧二人“专负进行之责”。蔡于6月下旬到北京之后，与李石曾、蔡元培接洽，“知留法俭学及留法勤工俭学颇有可为”。为此事筹集款项的湖南负责人为熊希龄、章士钊，蔡随即同他们取得联系。写信回长沙告知这一好消息，所筹款项，还可以帮助那些无借债能力的人。

学会刚成立时，不到30个会员，几个月以后，增加了一倍多。会员多是刚离开学校的学生和一些小学教员，他们还没有多少社会活动的经验。可是主其事的毛泽东和他的挚友蔡和森，对学会都有着很大的雄心和计划。1918年7月26日，毛写了一封谈学会组织及会务如何开展的长信予蔡，蔡于7月底的复信中说：兄对于会务，本有经纶天下之大经，立天下之大本的意趣，弟实极其同情，且尤不讳忌嫌疑于政党社会党及诸清流所不敢为者之间。以为清流既无望，心地不纯洁者又不可，吾辈不努力为之，尚让何人去做？尚待何时去做？此区区之意，相与共照者也。”

辛亥革命后，新的党派如雨后春笋，应运而生，争夺议席，分抢官职，社会上对党派之争，印象极坏。如当时曾被选为湖南省议会副议长的徐特立，即视一切党派为狐群狗党，愤而辞去此职。北洋军阀统治时期，官僚政客更是结党营私，朝秦暮楚，乌烟瘴气。孙中山领导的国民党，经历了一连串的失败，俯仰随人，也毫无出路。针对着当时中国的情况，毛泽东执意将学会造成一个坚强的战斗团体，以改造国家、社会为职志，具有一种崭新的党派观念。因此，蔡的复信提出了这种为当时“政党社会党及诸清流所不敢为”的说法。这就是说，他们为了挽救中国民族的危亡，并不忌讳当时社会上一般对所谓“政党”所抱的鄙视态度，而是同这些结党营私的“政党”迥然不同，准备开辟一条新的、别人“不敢为”的道路——经纶天下之大经，立天下之大本，建立一个崭新的政党；将学会的前途与中国的命运紧密地联结在一起，将改造中国的责任放在学会的肩上。蔡在复萧子升的信中说道：“吾等皆有心人，然只恐心量不大，有‘苟能是是亦足矣’之心，则群治之昌明愈亦无望，此弟最近之翟然猛觉者也。”并且根据他的润之兄的壮志，大胆发出这样的雄心：“三年之内，必使我辈团体，成为中国之重心点。”从这些信中看到，像 19 世纪 40 年代订交的马克思与恩格斯一样，这两个朋友是何等心心相印、志同道合啊！

毛泽东这时主要考虑的问题有三：一是人才的分配与培养，这关系到学会组织的巩固与发展；二是学会的基础置于何处；三是如何求学——寻求救国之道。他认为学会有限的同志必须做合宜的分配，很不赞成过多的人去法国。譬如根据罗学瓒宜于从事教育工作的特点，就曾劝他不必一定坚持去法国。1918 年 8 月 11 日，毛泽东给罗写了一封信，上面说道：“不如从事教育之有大益，性质长此，一也;可使研究与性相近之学，如文科等，二也；育才做会务之后盾，三也。”罗学瓒后来参加勤工俭学留法预备班是学的教育，到法国后曾从事华工教育工作。

关于培养人才，蔡和森复信中，谈到他们两人的一些共同看法：“润兄 7 月 26 日之信，已经收到。所论才、财、学三事，极合鄙意。……学会之会员，须加以充足的特色与罗致，不当任其自然发展也……至于求才，其方亦自多端：1. 遇；2. 访；3. 造。遇中得人，一见倾心，此属特别少数。访中得人，其数不定，自身之吸力大同化力大者，所得必多，反是不得不少……造之一层，尤为必要，尤较可靠。”这种“造”的想法，大概是毛泽东信中着重谈到的。当时何叔衡、陈章甫等一批学会会员，都在长沙的楚怡、修业、周南女校等校教书，那时有些“小学生”的年龄比较大，程度比较高；中学和专科学校，则更有发展余地。毛是一直注意长沙这个基本阵地的，因此他想把罗学瓒也留下来。蔡的信中接着说：“造分两号：一是造相遇相处之同辈，二是造幼龄之小学生。前者如兄来京时，便当施行；后者则弟甚望同辈中多出几个小学教员，万勿以个人暂时之不经济，忘却远大之举。来书‘失此不为，后虽为之，我等之地位不同，势不顺而机不畅，效难比于此日矣’。弟深以为然。”1921年，在长沙创办自修大学（以及附设补习学校和初中班）之后，毛泽东的这种理想，才终于实现。

为了向外发展，当时学会中许多人都已离开或正准备离开长沙。根据各种情况和条件，特别是湖南青年不满现状、思想激进的很多，毛泽东认为长沙是学会最重要的基地，尤其在培养人才方面，没有其他地方可以代替。他很不同意学会中的骨干何叔衡、陈章甫等再到外面去，这样，学会就可能浮游各处，而没有后方了。后来他们都终于留下来，同毛一起在湖南活动。蔡和森是很赞成毛这种深谋远虑的。他在复信中引用毛信中的话说：“若其大意，则在‘吾辈总要如何秉了现在之志向，于现在立一可大可久的基础，以为后来活动地步’。吾兄颇以去长沙为遗恨，弟则久思所以补救之方。”他也不同意陈章甫再去日本，以为留在长沙的学会同志，应当“毅然决然就省中教席，以与鼎丞提挈会中大事，三四年后，必有可观，为会中立其基础”。他觉得他们如能“出以挥霍旁通之才，广联高小、中学、专门（学校）之学生，而且介绍京湘之常常通信，实无异亲炙也”。正是由于有了这样长期打算的以长沙为基地的组织准备，五四运动时期，在毛泽东和新民学会会员领导之下，长沙和湖南终于爆发了轰轰烈烈的革命运动，并且最后获得驱张运动的胜利。

关于求学的方法，毛泽东历来不赞成从外国资产阶级模仿来的那一套学校教育，而主张自由研究、自学为主。关于到外国留学，是否要进学校，他也有很多疑问。为“求得世界的学问”，他当时主张采取大规模自由研究的方法。一方面有计划派人去世界各重要地方，尽快吸取新的思想学说；

另一方面，在国内组织一个类似后来实现了的自修大学这样的团体，大家在一起作共同的研究。（1918 年 7 月间，在写给蔡和森的另一封信中，曾提出这一想法。）蔡对此极表赞同。7 月 24 日的复信说："大规模之自由研究，最足动吾之心，慰吾之情，虽不详说，差能了解。兄之'梦呓'，尤是弟之兴经，通我智絯，祛我情瞀，（智絯、情瞀，都是严复译斯宾塞《群学肄言》中的用语。智（Intellectual）絯，此处指智力方面的拘束；情（Emotional）瞀，此处指因感情引起的愚暗。可见黎锦熙推荐给毛泽东的这本书，蔡和森也是读得很有兴趣的。）其为狂喜，自不待言。前者对于大学之兴味，全在制造友生；对于往法兴味，全在团结工人……自由研究社略分内容与外延，今兄于外延已略揭其端，远矣大矣，只有巴黎一处，当加矣！"蔡也早就怀疑进资产阶级学校读书是否必要。信中表达了这样不同凡俗的观点（这种观点自然同他的润之兄是一致的）："私窃以为不但本国学校无进之必要，即外国学校亦无进之必要；吾人只当走遍各洲，通其语文，读其书报，察其情实而已足，无庸随俗拘苦为也。"之后在 8 月 27 日的信中他又谈到这个问题，并以杨昌济的情况为例："杨师东奔西走，走了十年，仍不过是能读其书而已，其他究何所得？"

由于新民学会的积极倡导和组织，湖南青年参加留法勤工俭学的活动很快形成高潮。第一批 25 人（近一半为学会会员），由毛泽东、萧子升等率领，于 1918 年 8 月 19 日到了北京。在北京时，学会会员 10 多人，曾在北大文科大楼分别邀请蔡元培、陶孟和、胡适之座谈，"谈话形式为会友提出问题请其答复，所谈多学术及人生观问题"。后来准备去法国勤工俭学的各地青年共分为 3 个预备班，分别在保定、蠡县和北京学习法文、数学等。毛泽东决心留在国内，作为学会的总后方负责人。经过五四运动之后，学会会员发展到 74 人。1919 年末和 1920 年为赴法勤工俭学的高潮，新民学会会员共去了蔡和森、萧子升等 18 人。1920 年 2 月，毛泽东致学会会员陶毅信中说："我们同志，应该散于世界各处去考察，天涯海角都要去人，不应该堆积在一处，最好是一个人或几个人担任去开辟一个方面。各方面的‘阵’，都要打开，各方面都应该去打先锋的人。”除罗章龙在北京大学读书外，先后有会员到上海、南京、汉口就读，有会员去日本留学，有张国基等七八个会员到新加坡、印尼等地教书。总计当时有四成的会员到国外留学或工作。

蔡和森在国内时即已倾心于列宁领导的俄国十月革命，是新民学会中第一个提出中国应仿效列宁的人。1918 年 7 月 24 日，他给毛泽东的信中说："吾人之穷极目的，惟在冲决世界之层层网罗，造出自由之人格，自由之地位，自由之事功，加倍放大列宁……之所为”。他一到法国，就大量收集马列主义的小册子，边学法文边看书，“猛看猛译”，只用了 3 个月时间就“有了门径”，不到半年就“门路大开”。他将读书所得和世界观转变的情况，及时写信告知国内。毛泽东是一直赞成作“大规模的自由研究的”，他认为学会的根本关键，在“结合成一个高尚纯粹勇猛精进的同志团体”从而批评那种高谈改造又不作深入研究的现象："我觉得好多人讲改造，却只是空泛的一个目标，究竟要到哪一步田地（即终极目的），用什么方法达到？自己或同志从哪一个地方下手？这些问题有详细研究的却很少。”他主张经常开谈话会，讨论这些问题；多进行“共同的讨论”，反对以个人为中心的“混战”。

毛泽东和在长沙的学会会员，参加和领导了五四运动时的各种活动，实现了他们从事实际革命行动的多年渴望，之后，又都转入驱张运动。直到 1920 年 6 月张敬尧败走，外出的许多会员才又陆续回到长沙。因此，作为学会本身的活动曾停止了近一年。1920 年 5 月间，第二批去法国的会员萧三等 6 人在上海集中。5 月 8 日，留在上海的会员共 12 人，由毛泽东主持，在半淞园开了一天会，作为送别，同时讨论了会务。据毛泽东写的《会务报告》所载，讨论得以下主要结论："学会态度：潜在切实，不务虚荣，不出风头。润之主张学会的本身不多做事，但以会友各个向各方面去创造各样的事。学术研究：都觉会友少深切的研究，主张此后凡遇会友 3 人以上，即组织学术谈话会，交换知识，养成好学的风气。新会友人会：都觉介绍新会员入会，此后务宜谨慎，否则不特于同人无益，即于新会友亦无益。决议介绍新会友宜有四条件：（一）纯洁，（二）诚恳，（三）奋斗，（四）服从真理。入会手续如下:（一）旧会友五人介绍;（二）评议部审查认可;（三）公函通告全体会员，以昭审慎。会友态度：大概谓会友间宜有真意；宜恳切；宜互相规过；勿漠视会友之过失与苦痛而不顾；宜虚心容纳别人的劝戒；宜努力求学”。毛泽东最后写道：“这日的送别会，完全变成一个讨论会了。晚上，继之以灯。但各人还觉得有许多话没有说完。中午在雨中拍照。近览淞江半水，绿草碧波，望之不尽。”半淞园现在只能找到遗址，这张照片却留下来了。一群忧国忧民的青年，即将各奔前程，好些人就要漂洋过海，远离故国，但学会的崇高精神纽带将他们连在一起，依依惜别，相互勉励。看了这张照片，这种动人情景似乎就在眼前。

毛泽东在学生时代就表现出来的组织家的才能，在新民学会的活动中得到充分的发挥。他一贯重视发展会员的工作，尤其重视会员的质量和组织的纯洁。学会成立之初，对会员入会条件就要求很严：学问、品格不好和没有革命志向的人不能加入。最早的一批会员是湖南第一师范、长郡中学、商业专门学校等思想最激进的学生和一些进步的小学教员；其中还有周南女校等女子学校的教员和学生，如劳君展（劳君展（1900—1976），湖南长沙人。周南女校学生。1920 年赴法勤工俭学。1927 年回国，曾任武汉第四中山大学教授、上海暨南大学教授、北平大学女子文理学院数学系主任。1935 年参加“一二·九”运动。解放后任中国人民大学教授、教育部研究员。)、魏璧（魏璧（1897—1969），湖南长沙人，周南女校学生。1920 年赴法勤工俭学。1927 年回国，曾任武汉第四中山大学教授。解放后在北京大学、中国人民大学任教。)、周敦祥（周敦祥（1899—1980），湖南长沙人，周南女校学生。后入南京高等师范补习班学习。1921 年去新加坡南洋女中任教。大革命失败后回国，长期从事教育工作。解放后任湖南文史馆员。）等这样一批急进而坚强的女同志这是当时国内其他进步社团所不及的。劳、魏、周等女同志入会时，由毛泽东主持特在周南女校开了一个会。后来有明德中学、法政专门学校和湘雅医学校（如李振翩（李振翩（1898—1984），湖南湘乡人。五四运动时，湘雅医专《新湖南》周刊编辑，赴北京的“驱张”代表。抗战时为国民党军中将医官。后定居美国任医学教授，美京华人协会会长。））等校的学生入会，吸收了一些在北京、上海等地读书和从事社会活动的进步青年（如匡互生（匡互生（1891—1933），湖南邵阳人。北京高师学生，五四运动时，火烧赵家楼的有名闯将。知名教育家。在上海病逝。）），其中也有个别外省籍的如刘清扬等人。到五四运动时，会员发展到 70 余人。

为了发挥学会的战斗作用，在中国革命运动中真正有所作为，毛泽东这时已明确认识到，会员必须有共同信守的主义；没有主义，便无法去旧布新，取得思想和行动的一致。1920 年 7 月，毛回到湖南后，在写给北京会员的信中，特别强调了这个问题。他说，新民学会不能“徒然做人的聚集，感情的结合，要变为主义的结合才好。主义譬如一面旗子，旗子立起来了，大家才有所指望，才知所趋赴。”他在这里所指的旗子，即是马克思主义。

五四时期，各地进步的社团是很多的。从宗旨的革命性、组织的严密性和在革命运动中所起的作用而言，新民学会是其中最为突出的。譬如当时名声最大、会员最多（曾达 108 人）、历史最久的少年中国学会，在这几方面就都不如新民学会。少年中国学会是 1919 年 7 月 1 日在北京正式成立的，上海、南京、成都等地都设有分会。李大钊是学会的发起人之一，他与邓中夏等积极参加过学会的活动，有一些后来的共产党员都参加过这个学会。由于学会的成员多数是资产阶级知识分子，它的主要负责人多是反动的国家主义者，李大钊、邓中夏等当时活动的重点也不在此，因此，这个学会始终不能成为一种主义的结合，组织一直很松懈。学会成立时定的宗旨为：“本科学的精神，为社会的活动，以创造少年中国。”对于这个比较模糊、抽象的宗旨，会员各执其说，各行其是。从学会各种出版物的言论看来，只有李大钊、邓中夏、恽代英等少数人认为马克思主义为唯一科学的指导思想；多数会员所关心的则是“求学问”和“个人修养”这两个问题，并不关心政治。学会的规约甚至以参加政治活动为禁令。学会出版了许多刊物，各种思想兼收并蓄，学术性比较重，而脱离当时的政治斗争。关于改造中国的途径，以学会最主要的创造人王光祈为代表，多数人的主张，仍不外“发展教育”与“振兴实业”之类资产阶级改良主义。只有王光祈算是发起过“工读互助团”这类社会活动，做过一些所谓“创造新社会的尝试”；然而这类浮萍似的活动，当然很快就瓦解了，失败了。

1919 年底或 1920 年初，经李大钊、邓中夏介绍，毛泽东曾参加过这个学会。1920 年 11 月间，他写给法国新民学会会员的信中，曾经这样指出这个学会的弱点 :“各方面——即如某学会——人物，都不免有点虚浮，少深沉远大之计，少恳挚之意。”1921 年以后，少年中国学会会员思想的分化日趋明显，原来在口头上标榜社会主义的人，也愈来愈反对马克思主义，大多数会员则照旧走资产阶级学者的老路。1921 年 7 月，在南京召开的会员大会上，邓中夏鲜明地指出，学会“必须要确定主义，如无一致的主义，必然使学会分裂。”这次大会之后，该会即日趋涣散，到 1925 年，实际上已停止了活动。1925 年，该会印发征求会员意见的调查表，其中有“对于会务之改进抱何种态度”一栏，毛泽东的回答最明快 :“会员所抱主义显然有互相冲突之点，且许多会员精神不属于学会，少年中国学会在此时实无存在之必要，主张宣布解散。”

新民学会“改造中国与世界”的宗旨，是 1920 年 7 月，在法国勤工俭学的会员在蒙达尼举行的会议上正式确定的。确定以后，他们写信告诉了毛泽东。毛接到信后，非常高兴，并立即回信说 :“以‘改造中国和世界’为学会的方针，正与我平日的主张相合，并且我料到是与多数会友的主张相合的。”学会的一个主要任务就是研究新思想，探寻改造中国的道路和方法。会员们的集会，以及相互之间的通信，除经常讨论个人出处、立身处世、会务开展外，多是谈论国家大事和世界局势，以及探讨社会思潮和思想方法，最后一个阶段，则以研究马克思主义和俄国的革命经验为主。为了互通情况，加强联系，交换心得，引导会员走上正确的革命道路，毛将 1918 年至

1921年初，他所搜集到的会员之间比较重要的信件（参加这些通信的会员近40人，内中有女会员七八人），按内容和时间汇编成三集《新民学会会员通信集》，写有发刊源起或序言，并且在一些信的前面加标题和按语。《通信集》由长沙文化书社印发，未对外发行，仅发给会员和一部分有关的"会外同志"。

第一集共13封信，其中毛泽东的有3封。第二集共30封，其中毛的有7封。这两集涉及的内容较广，主要包括勤工俭学问题，求学方法，人生观、宇宙观的讨论，国际国内大事，以及会务开展，等等。最重要的是第三集，有7封信，主要是毛同蔡之间有关共产主义理论和建党问题的讨论。这三本《通信集》生动地反映了毛和他的战友在五四运动前后的一些思想动态，以及他们登上中国政治舞台最初阶段的一些活动。在这些充满豪情壮志的信件中，感人至深的，就是以毛为首的这一代先驱，他们在青年时期，就毅然肩负起似乎是"老虎抓天，无从下手"的改造中国和世界的责任；就决心在这夜气如磐、狐鼠横行的世界中，开辟出一条光明大道；而且是那样无所畏惧，充满信心，那样无私忘我，重视集体，既着重团体的作用，尤信任群众的力量；他们的革命浪漫主义和实事求是的现实精神结合得如此紧密。

《会务报告》第一号中，毛泽东还总结了学会从成立以来的优缺点："我们学会无形中有几种信条：像'不标榜'、'不张扬'、'不求急效'和'不依赖旧势力'皆是。"这一切做法，都是为了"打基础"，"要将来结果好和结果大，就应该将基础打得好，打得大"。由于"不依赖旧势力"，会友都具有一种创造精神。多数会员头脑清新，没有陈腐气，能容纳新的思想；富奋斗精神，于改革生活、进修学问、向外进取，都能看出这点；还具有互助及牺牲精神。缺点在有些会友遇事较轻率，难免幼稚；做事也多于求学，思想难免有幼稚处。关于同志间的情意恳切的互相规劝，他们相互通信中是常见的。

现在我们从《毛泽东书信选集》中看到这样一封典型的规劝信，是

1921 年 1 月 28 日毛泽东写给彭璜的。现在《新民学会会员通信集》三集中没有这封信（第三集 1921 年 1 月上旬付印）。此信可能编入第四集。第四集已编好，预告说 1921 年 8 月出版，但现在没有发现，也许当年并未出版。彭璜是当时会员中最活跃的人物之一，驱张运动时为驻上海的负责人，毛泽东最亲近的战友。1921 年 1 月，1、2、3 日三天，学会的大会刚开过，大家都在会议上各抒己见，会开得很融洽，并无大的原则争论。彭与易礼容是同学，易同样是毛的好友，也是当时的活跃人物。这封信大概是由于彭与易之间，为一件并非原则大事，发生激烈争执而引起的。彭对易说了些过分泄愤的话，如说“要反抗”，“要征服”，毛泽东觉得“未免过当”。信中首先谈到自己的缺点：“弟两年半以来，几尽将修养功夫破坏：论理执极端，论人喜苛评，而深刻的自省功夫几乎全废。今欲悔而返乎两年半以前，有此志，病未能也。”然后谈到彭璜的缺点:“吾兄高志有勇，体力坚强，朋辈中所少。而有数缺点：一、言语欠爽快，态度欠明决，谦恭过多而真面过少。二、感情及意气用事而理智无权。三、时起猜疑，又不愿明释。四、观察批判，一以主观的而少客观的。五、略有不服善之处。六、略有虚荣心。七、略有骄气。八、少自省，明于责人而暗于责已。九、少条理而多大言。十、自视过高，看事过易。弟常常觉得一个人总有缺点，君子只是能改过，断无生而无过。兄之缺点，弟观察未必得当。然除一、三两条及第五条弟自信所犯不多外，其余弟一概都有。吾人有心救世，而于自己修治未到，根本未立，枝叶安茂？工具未善，工作奚当？弟有一最大缺点而不好意思向人公开者，即意弱是也。兄常谓我意志强，实则我有自知之明，知最弱莫如我之意志。我平日态度不对，向人总是断断，讨人嫌恶，兄或谓为意强，实则正是我弱的表现。天下唯至柔者至刚，久知此理，而自己没有这等本领，故明知故犯，不惜反其道而行之，思之悚栗！”“我觉得吾人惟有主义之争，而无私人之争，主义之争，出于不得不争，所争者主义，非私人也。私人之争，世亦多有，则大概是可以相让的。其原多出于‘占据的冲动’与‘意力之受拂’。兄与礼容之争，吾谓乃属于后者。（此情形弟亦常经过，并常以此施诸他人。）意力受拂，最不好过，修养未纯如吾人，一遇此情形，鲜有不勃然奋起者，此则惟有所谓‘眼界宽’与‘肚量大’者能受之。兄以为何如？”我们几乎将这封信全抄下来了。朋友间因事争吵伤了和气，借机调解，晓以大义，将自己也摆进去，都有缺点，而能如此诚恳指出对方的十条缺点，既严肃深刻，又亲切诚恳，此种交友之道，同志之情，实值得学习，永远不会过时。想必彭璜一定接受了朋友的劝告，与朋友和解了吧。不幸的是，彭璜于 1921 年早逝。

经过五四运动、驱张运动的革命锻炼，新民学会不仅会员扩大了几倍，而且已不是一个纯学术的团体了。会员们已投身于改造中国的事业，他们在国内外，天各一方，寻找如何才能彻底改造中国改造世界的道路。

自上海半淞园会议之后，学会会员主要分在法国和长沙两地活动。1920 年 7 月，毛泽东回到长沙后，领导新民学会会员，办文化书社，组织俄罗斯研究会，组织湖南进步青年到俄国去学习，同陈独秀联系，开始建立社会主义青年团，并与何叔衡、彭璜等少数几个人，做建党的准备。他已读了许多有关书籍和小册子，对马克思主义和各种社会主义、无政府主义思潮作了分析研究，终于初步树立了马克思主义的世界观。会员中主要骨干都同时进行了这种学习。由于赵恒惕政府的破坏，湖南自治运动终于失败。1920 年 11 月 25 日在致向警予的信中，毛泽东痛感“政治改良一途，可谓绝无希望，吾人唯有不理一切，另辟道路”。同一天致罗章龙的信中谈到改造中国，“固然要有一班刻苦砺志的‘人’，尤其要有一种为大家共同信守的‘主义’，没有主义是造不成空气的。我想我们学会，不可徒然做人的聚集，感情的结合，要变为主义的结合才好。主义譬如一面旗子，旗子立起了，大家才有所指望，才知所趋赴”。后来，毛在同斯诺的谈话中，谈到他当时由此得到的结论：“只有经过群众行动取得群众政治权力，才能保证有力的改革的实现。”这两封信，标志他经过革命的实践和艰苦的学习，已基本完成了自己世界观的转变。

在法国的蔡和森等人，因学习条件和环境的启示，对十月革命的了解，比在长沙的会员要好得多。他们能阅读法文书报，蔡和森搜集了各种重要小册子约一百种，准备编译丛书。这使他们接受马克思主义和列宁学说，比毛泽东等稍早一点儿，也更深一些。根据上海半淞园会议的要求，1920年7月5日至10日，法国的新民学会会员15人（还有其他进步青年参加，共20多人），集中到巴黎附近的蒙达尔尼，开了5天会。一致通过了以“改造中国与世界”为学会方针。这就标志学会由成立初期的学术团体，终于逐渐变化为一个革命团体。但在如何改造的方法上出现了分歧。蔡和森主张仿效俄国十月革命的办法，以激烈的革命，组织共产党，实行无产阶级专政。萧子升则主张温和的革命，蒲鲁东的办法，实质是资产阶级改良主义。会议决定将两种对立意见写信告诉毛泽东。蔡信长约3000多字，写于8月13日；萧信几长一倍，写于8月初。蔡的信表明，他对世界革命运动之大势，无产阶级革命的四大利器（党、工团、合作社和苏维埃），世界革命联络与方法，俄罗斯革命后详情等，都作了系统的研究：“我近对各种主义综合审谛，觉社会主义真为改造现世界对症之方，中国也不能外此。”“我以为先要组织党——共产党。”信中对他的挚友说：“我愿你准备做俄国的十月革命。这种预言，我自信有九分对。因此你在国内不可不早有所准备。”萧子升的信，谈了许多琐事。强调读书，学俄文。分一小部分精力从事社会运动，以舆论为限。他估计：“十年之内，东方恐无大事可办。”然后谈到讨论会务时的争论，他“主张温和的革命——以教育为工具的革命”;“不认俄式（马克思式）革命为正当，而倾向蒲鲁东式之新式革命”。关于会务计划，如何准备人才、经济等，各地方分工等，列了一个大表，认为1931年或1936年前，“为纯粹的预备时期”。由于信收得晚，毛泽东于1920年12月1日始复信，长4000余字，赞成“改造中国与世界”为学会方针:“正与我平日的主张相合，并且我料到是与多数会友的主张相合的”。认为教育手段的革命，与最近罗素在长沙的演说相同：“理论上说得通，事实上做不到。”“因此我于子升的主张，不表同意;而于和森的主张，表示深切的赞同。”随后毛泽东又收到蔡和森于9月16日给他的一封长信，5000多字。详论成立共产党及其国际组织之必要，主张“明目张胆正式成立一个中国共产党”，不实行无产阶级专政，“则个能改造社会、保护革命”。这封信由萧子升年底回国时带来。毛泽东于1921年1月21日复一短信说：“唯物史观是吾党哲学的根据，这是事实。”“你这一封信见地极当，我没有一个字不赞成。”要他的朋友放心：陈独秀等已在组党，上海出的《共产党》不愧“旗帜鲜明”（宣言即陈的手笔）。

1921年1月1日至3日，长沙的新民学会会员18人，开了3天会，就学会的共同目的，达到目的方法，即刻如何着手这三个问题，讨论法国来信。人人畅所欲言，详细讨论后，表决结果：同意以“改造中国与世界”作为学会根本方针的有毛泽东、何叔衡等15人，2人弃权，1人主张“促社会进化”；关于方法与道路，毛泽东、何叔衡、彭璜、陈子博、易礼容、陈章甫等12入主张走俄国十月革命的道路，3人弃权，2人主张“德谟克拉西”主义，1人主张“温和方法的共产主义”；即刻着手方法，包括研究、宣传、经费、基本事业（办学校、文化书社、印刷局等）等6项，组织一项为“组织社会主义青年团”，全体同意。

法国和长沙的两次大讨论会，清楚地证实，新民学会已成为一个有较严密组织和以马克思主义为主要信仰的革命团体。学会为中国共产党的建立起了组织准备的伟大历史作用。学会74个成员，早期先后加入共产党的约30人，毛泽东、蔡和森、向警予、易礼容、李维汉、罗章龙、郭亮、夏曦等，在早期都担任过党的重要领导职务。其他有30多人长期从事教育和科学事业，任过教授的有10人。这正是杨昌济教育救国思想教导的结果。如美籍学者李振翩（表决时，他赞成“促社会进化”、“温和方法的共产主义”），教育家周世钊（赞成“促社会进化”，第二项弃权），华侨教育家张国基、女教授劳君展、魏璧等。新民学会的成立、发展、变化及后来的分化，说明中国共产党成立前，在湖南这个有革命传统的地方，一代进步青年同中国革命、同中国共产党的密切关系，也是时代的一面镜子。

五四运动时期，随着全国的革命运动深入发展，特别是马克思主义传播进来以后，学会内部即逐渐产生思想的分歧。到1921年中国共产党成立之前，学会会员大体可分作这样三部分：一部分是否认现状的革命派；一部分是对现状不满的改良派和其他中间分子；此外还有少数会员受了国家主义影响，或图谋个人发展，不赞成进一步的革命活动，对学会散布各种不良影响。这后一部分人，不久就走上了与革命分离的道路，其中有的人后来终于变成了反动分子。例如熊梦飞就是一个典型代表。一二•九运动时，此人在北京师范大学任教，却是国民党制造的所谓“新学联”（同党领导的合法产生的北平学生联合会相对抗的组织）的头面人物，坚决的反共分子。全国解放前，曾任湖南第一师范校长。由于反动罪行昭著，解放后被捕判刑。又如萧子升，到法国后，虽仍积极从事学会的活动，如组织会员分工协作，研讨各种学术，并利用在华法教育会工作之便，为国内传递信件等。但由于赞成蒲鲁东主义和伯恩斯坦的机会主义，思想日渐右倾，为谋个人前途，后来终于同早年挚友分道扬镳，担任过南京国民党政府农矿部次长、国家博物馆馆长等职。1945年后，作为国民党政府代表参加联合国工作，长期旅居国外，1977年12月在乌拉圭去世。学会大部分中间分子，在国民党统治时，多长期从事教育、科学和文化工作；全国解放后，积极参加社会主义建设。这样三部分人，是五四运动以后，左中右三派知识分子的不可避免的分化。为了严肃新民学会的原有宗旨和集体奋斗精神，1921年1月1日至3日，毛泽东邀集新民学会会员讨论学会政纲和各项问题时，曾提出“会员出会问题，因有些名义上是会员实质上非会员的，决定：（一）在《会务报告》内登一启事（亦刊《会员通信集》第三集）（见下）；（二）会友录里不列名（因此熊梦飞的名字没有列入《会务报告》中）；（三）开会时不约”。通过“启事”如下：“敬启者：本会会员结合，以互助互勉为鹄；自七年夏成立，至今将及三年，虽形式未周，而精神一贯。惟会员对于会的精神，间或未能了解；有牵于他种事势不能分其注意力于本会者；有在他种团体感情甚洽因而对于本会无感情者；有缺乏团体生活兴味者；有毫无向上之要求者；有行为不为多数会员满意者；本会对于上述情形之人，认为虽曾列名为会友，实无互助互勉之可能。为保全本会的精神起见，惟有不再认其为会员。并希望以后介绍新会员入会，务求无上列情形者，本会前途幸甚！”这个决定，使不赞成学会原有宗旨的人当时即从学会分离出去，从而使学会的组织更加纯洁。

从新民学会的产生与成长过程，可以看到，毛泽东一开始革命活动的时候，即具有强烈的党性观念，即有意识地努力建立一个新式的严格的秘密革命组织。因此，中国共产党成立之前，在湖南兴起的革命运动中，新民学会实际上起着领导核心的作用。学会之所以做到这一点，自然是由于有了毛泽东这样一个卓越的领袖。

据《湖南党史月刊》1988 年第四期《新民学会会员介绍》资料所载，学会会员共 74 人，内湖南第一师范学生 39 人；外省籍一人（刘清扬）；妇女 18 人；中国共产党早期党员 31 人；长期从事教育、科学和文化事业的 30 多人（其中教授十人）；在国民党政府任过要职的除萧子升外，还有任培道（1894—1989，女），她原参加过文化书社组建工作，后留学美国，为知名教授，任国民党政府立法委员、台北女师校长等职。

新民学会最初成立时，是一个进步的学术性团体；到 1920 年时，发展到以“改造中国和世界”为目的，就变成一个以政治性为主的革命团体了。这在下一章将要谈到。1920 年 7 月，法国的学会会员在蒙尼达举行的 5 天会议，1921 年 1 月学会在长沙举行的 3 天会议，都为中国共产党建党作了思想和组织的准备。蒙尼达会议 14 个会员中，有 8 人先后入党，1922 年又成为创建中共旅欧总支部的重要骨干。参加长沙会议的 18 名会员，会上有 12 人赞成走俄国十月革命的道路，其中部分人成为湖南建党的骨干。湖南早期的马克思主义者都集中在新民学会，成为学会的核心，这个核心（毛泽东、何叔衡、彭璜、陈子博等，在法国是蔡和森、向警予等）实际上起着共产主义小组的作用，他们在思想理论和干部组织两方面，为中国共产党的建立做了准备。因此，毛泽东 1936 年同斯诺谈话时，曾谈到新民学会曾起过共产党前身的作用，即是从这个意义上讲的。当然，从整个学会的宗旨、性质、指导思想和成员组成等方面而言，都不同于共产主义小组，不能将两者等同起来。

1920 年 8 月，陈独秀在上海首先建立共产主义小组，长沙已列入陈的建党计划中 :“在湖南由毛泽东负责。”陈独秀、李达等将上海建党，上海机器工会成立，以及《中国共产党的宣言》起草等情况，随时告知毛泽东，并寄去《共产党》月刊和社会主义青年团章程等。上海、北京小组成员中，李达、李中、李启汉、林伯渠、陈公培、周佛海、邓中夏、罗章龙、何孟雄、缪伯英等，都是湖南人，都与长沙小组成员有联系（《湖南人民革命史》（新民民主义革命时期），湖南出版社 1991 年 7 月版，第 56 页。）。1920 年冬，在毛泽东领导下，长沙共产主义小组成立，成员有何叔衡、彭璜等人，贺民范也可能是小组成员。

社会主义青年团和共产党正式成立后，新民学会完成了它的历史使命，自动不存在了。

留法勤工俭学

新民学会成立之后，遇到的第一个具体问题，就是会员的出路问题。大家都从学校毕业了，往何处去呢？这个问题又同学会会务的开展有密切的关系。学会的目的在革新思想，以求个人与人类的向上，怎样才能找到实现这个目的的道路呢？按照毛泽东当时的话说，就是必须去求世界的学问，从中加以研究、抉择。大家都留在长沙，这两个问题自然都不能得到解决。

学会成立前后的几个月中，大家常讨论这个大问题。结论是必须向外发展 : 走出湖南，走向全国，走向世界，开展大规模的自由研究。当时还不知道法国勤工俭学之事。何叔衡最先提出到日本去。经过反复商量，公推罗章龙先行，俟得罗回信后，大家再谋陆续出发，罗负有投石探路的使命。学会成立后不多天，罗即起程，时间大概在 4 月下旬。他一路游历名城胜迹，抵达上海后，忽悉日本东京发生迫害中国侨民的风潮（1918 年 5 月 7

日），便中止赴日，满怀义愤而回到湖南。罗从长沙动身时，学会会员和友好四五十人，集北门外平浪宫设宴欢送。不少人赋诗赠别。毛泽东的七言古风《送纵宇一郎东行》（共 22 句）保存下来了，使我们得以了解到他们当年的豪情壮志和宽广胸怀："君行吾为发浩歌，鲲鹏击浪从兹始。""无端散出一天愁，幸被东风吹万里。丈夫何事足萦怀，要将宇宙看稊米。沧海横流安足虑，世事纷纭从君理。"（"世事纷纭从君理"，此句为全诗主旨：出国目的在修学储能，为"理"纷纭世事，以救国救民，说明大家对罗所寄厚望。1979 年此诗首次发表时，被改为"世事纷纭何足理"。从诗文风格，连用三个"足"字，特别是达意上看，与诗人功底原意都不合。现经罗章龙本人改过来，恢复原貌。）

第一次世界大战时，法国政府曾在中国招募了十五六万人去做战争勤务，现在继续来中国招募工人。这时先后在法国居留过的蔡元培、吴玉章、李石曾等人，创办了一个留法勤工俭学会，以"勤于作工，俭以求学"为目的，倡导青年利用这个机会到法国一面做工，一面求学。还和一些法国人士组织了一个华法教育会，蔡当会长，李任书记，在华工中进行教育工作。蔡元培等回国后，在北京设了总会，上海、广东设了分会，宣传勤工俭学的主张。1918 年 5 月杨昌济到北京大学任教后，便将这个好消息写信告知毛泽东、萧子升等。

十月革命的炮声这时正开始传到中国。"劳工神圣"之说，在《新青年》上虽然要到 1918 年 11 月出版的第五卷第五号才有正式的反映，但是在以毛泽东为首的学会会员之中，关于劳动的伟大意义及其同知识的关系，是一个并不陌生的问题。一方面，他们自己或多或少有亲身的体会；另一方面，例如从托尔斯泰的生平和学说，特别是他晚年把土地分给农民，直接从事劳动，过着勤劳、寡欲、斥"富"、排"惰"生活的事实，也得到很多启示。新民学会成立后不久，他们在岳麓山过的那段工读生活，就是受到新村主义的影响，曾筹划过"新村"的蓝图，想创设一个"以新家庭、新学校及新社会连成一块为根本理想"的新天地。这个"世外桃源"当然只能是一种空想。因此，这时他们都很赞赏这个号召，无不跃跃欲试。同时，还由于当时不可能直接到苏俄去，东欧德、奥、捷各国又正爆发无产阶级革命，而法国正是靠近革命高潮地区的国家。这种既做了工，又可求得学问，并且能就近了解苏俄和欧洲革命情况的勤工俭学办法，对一般有志青年自然具有很大的吸引力。

新民学会的会员和第一师范、长郡联立中学、周南女校、湖南商业专门学校、明德中学等学校的进步青年，都极愿到外面求得发展；家境贫寒的知识分子对勤工俭学的办法更是欢迎。几天之内，新民学会会员中决定参加的就有蔡和森、萧子升、萧子璋、李维汉、陈绍休、张昆弟、熊光楚、罗学瓒、罗章龙等十多人。6 月中，学会在一师附小陈昌、萧子升处（两人在附小教书）正式开了一次会，决定由蔡和森先到北京，了解各方情况和取得联络后，再定大家去向。

蔡和森于 1918 年 6 月下旬到达北京后，给毛泽东接连写了几封信，告以各方接洽情况。华法教育会和勤工俭学会会址设在方家胡同，门口挂两块牌子，实际上只有一间办公室，还常没有人去办公。这时，留法勤工俭学尚在创议阶段，经济上还没有着落。包括毛在内，新民学会的会员大多数是穷光蛋，连去北京的旅费都成问题，怎能谈到漂洋过海到法国去呢？北京有一个经管这事的侨工局，最初只准备招 25 人到法国，在华工中当教员和翻译。区区之数，显然不能满足客观的要求。蔡和森主张“多人打水，始有饱鱼吃”——造成一种形势，将众多的青年推动起来，热烈响应这个运动，逼迫倡导者不能不负促成之责。当时在北京的湖南知名人士，有熊希龄、章士钊等为此负责筹划借款等事。

蔡和森于 8 月间写信给毛泽东等人说，万不可以侨工局的“人数有限”而“遏其动机，绝其希望；当另筹一调剂办法，尽量收容，成一大组织，然后始符初心”。他说，“可靠不可靠，有把握没有把握，全在自己创造”。他的“调剂办法”，就是组织有钱者及有借贷力者，成立一个“财团”。“只要我们实际上造出一个形势，迫向人家身上走，使其不得不负维持之责，使其不得不乐于负维持之责，然后为得耳。”他认为只要造成一个大形势，就可迫出一个大借款。像新民学会这样有组织的团体，就可以由团体出面来借。“若属团体言，则是混合分配；只要有借，总是以共同借为好。”他还进一步谈到，“财团只是壮胆，只是促进大形势之一种手段，资金并不要如何雄厚，又并不要如何可靠，此又须活看活做者也。总之，此事全在人做，初无可靠与着落之可言。必欲穷其可靠与着落，则莫如吾辈之自身”。为了鼓励大家的信心，他甚至这样“大放其浮词”，认为只有大形势才能造成大结果：“将青年界全体煽动，空全省之学子以来京，此在旁人视之，必以为不好下台，不知此正是好下台处。形势愈大，愈好着手……则熊氏等自不得不负维持之责，自不得不乐于维持；亦要如此，始可以责人维持，始好责人维持也。”由此可以看到，一开始社会活动，蔡和森就是一个极有见解、极有魄力而且是一个极有才干的人。后来的事实证明，他的这些主张与活动，是收到了成效的：许多经济困难的留法勤工俭学的青年，都得到了援助。新民学会的会员，则由学会筹到的款项予以补助。

蔡和森自己是准备去法国的，他感到这个运动要顺利开展，必须有人在国内主持，他认为只有大家敬佩信服的润之兄最适宜当此重任，因此极力敦促毛泽东速来北京。

为学会前途主持此事，实义不容辞；同时也由于渴望到北京接触新的思潮和革命人物，毛泽东终于决心往北京一行。

临行之前，他在第一师范、联合中学等校作了细致动员，去北京参加赴法勤工俭学的共有 20 多人。对留在湖南的学会会员今后的工作，也作了周密的安排。

1918 年 8 月 15 日，毛泽东同罗学瓒、张昆弟、陈绍休、萧子升等 25 名准备赴法的学员动身去北京。由长沙登船去汉口。到汉口后，转乘火车往北京。行到河南郾城时，正遇附近的沙河涨水，冲断了铁路。向本地人详细打听，知道沙河的水来得快，去得也快，水退了就可以走。他就利用候车时间，同大家到附近农村，访问当地的生活情况。

8 月 19 日，毛泽东一行抵北京后，这时湖南青年先后已到了四五十人，哪一个省也没有来得这么多。这一情况，使得主持勤工俭学的人大为惊讶，都觉得湖南青年很有革命精神。由于华法教育会准备工作没有做好，还不能马上就到法国去，大家不免有些怨言。毛亲切地安慰大家：既然来了，就不必着急，先安顿下来，再找一些人商量，会想出办法来的。由于湖南学生去得多，后经杨昌济协助，蔡元培同意为湖南先办一班预备班，共 60 人。预备班成立那天，由蔡主持，在方家胡同开了隆重的大会，邀了一批湖南名流参加。杨昌济还讲了话，勉励这批勤工俭学生，将来都成为国家的栋梁。会后报上还发表了消息。于是，其他各省青年，也陆续来到北京。

北京不易租到房子，生活费用较高，预备班分设在三处。一处在保定，附设于育德中学；一处在北京，附设于北京大学，这两处是高级班；另一处为初级班，设在蠡县。预备班的功课专重法文，其次是制图（这是为准备进工厂而设的）、数学等科，学习期限一年，一年后即去法国。在蠡县的都住在布里村，那里还有一个铁工厂，附带做实习之用。蔡元培随后又同意了毛泽东的建议，就在北京开始勤工俭学，免得坐吃山空；由他出面接洽，在长辛店铁路工厂半工半读。何长工等以及后来由育德中学转去的少数人，在长辛店上午做工，下午学法文等课程，每月能挣 3 元钱伙食费。湖南去的人大部分分到保定。蔡和森在布里村一面学法文，一面还教国文。毛泽东、萧子升留在北京，统筹全局，照顾各个方面。

大批湖南青年刚来到时，华法教育会要湖南来的学生提出一个留法勤工俭学的计划。大家推毛泽东执笔，写出了一个计划。大体内容是说明勤工俭学的意义，以及怎样在国内完成一切准备工作（如初步学会法文等），以减少在国外的困难；此外，还提出如何先派少数人到法国去预做布置。华法教育会完全同意了这个计划，特别认为先派人去做准备的意见甚好。经新民学会的讨论和推荐，华法教育会任命萧子升为该会秘书，并作为该会代表先行赴法。

当时最大的问题是如何筹到一笔款子，而且少了解决不了问题。据龙伯坚回忆，章士钊同杨昌济是同乡至交，两人同在日本和英国留学。于是毛泽东找到章请求帮助。章也没有钱，因为这不是几百、几千元，而是要几万元。章打电报给谭延闿，只说要钱，没说明原因，谭给了 3 万元。章悉数给予毛和蔡和森。他们将钱分成 1600 元一股，分给赴法会员。毛自己拿了一股，作为回湖南活动的经费。章晚年定居北京，毛泽东每年春节赠送 2000 元，戏称分期偿还这笔款子。

1919 年至 1920 年间，全国各地去法国勤工俭学的青年约 1700 多人，以湖南和四川两省最多，湖南去了 430 多人，为各省之冠。湖南境内尤其是长沙，在教育界和青年学生中，赴法勤工俭学成为一种很热烈的运动，并组织有华法教育会湖南分会；报纸对此也加以鼓吹。蔡畅、向警予等成立了女子留法勤工俭学会，发动女青年参加这个运动。最引起社会震动的，便是在湖南教育界工作了 20 多年已经 43 岁的著名教育家徐特立，和年已 50 多岁的蔡母葛健豪（蔡和森、蔡畅的母亲），还有贵州教育界的黄齐生（王若飞的舅舅），也都到法国去半工半读，当“老学生”。

1919 年 12 月，蔡和森、张昆弟、罗学瓒、向警予、蔡畅等一批新民学会会员和湖南进步青年，从上海动身，前往法国。到达法国后，情况是很困难的。当时已来了 200 多人，大半找不到工做，又没钱进学校，有的人住帐篷、住地窖，找到工厂，也要经过考核，不称职者停工。世界大战之后，法国极为萧条，本国失业工人很多。以蔡和森为首的一批新民学会会员，鉴于这种形势，就联络勤工俭学学生中的先进分子，组织了一个革命的团体——工学互助社，社章的第一条即“以实行社会革命为宗旨”。周恩来到法国后，就同蔡和森建立了联系，并参加了这个组织。他们一面谋自救，一面从事社会主义的研究，在勤工俭学生和华工中进行革命活动，同华法教育会和勤工俭学学生中的无政府主义者和国家主义派，进行了尖锐的斗争，并且同国内的革命运动呼吸相通。华法教育会主持人李石曾、吴稚晖等人，虽然标榜信仰无政府主义，实际上同法国政府、北京政府沆瀣一气，不过想借办勤工俭学之名，为自己牟私利，捞个人政治资本而已。开初这个会对困难的勤工俭学生还给点儿生活补助费，后来见他们组织团体，从事革命活动，当然大失所望，不但不再予支持，反而进行种种排斥、打击。国内汇来一些捐款，也为这个会的上层分子把持、吞没，乃至连续印发“公启”，诋毁勤工俭学学生，说他们“分子复杂”、“良莠不齐”；不仅不再鼓吹勤工俭学运动，反而想方设法扼杀这个运动。他们同北京政府驻法公使陈篆勾结，限制贫苦学生留法。勤工俭学学生派代表找陈篆，陈篆则将一切责任推给华法教育会。

在这样的形势之下，1921 年 2 月 27 日，工学互助社在巴黎召开留法勤工俭学学生代表大会，一致通过“吃饭权、工作权、求学权”的斗争目标。第二天，一百多人进城包围了驻法公使馆。陈篆对这些要求仍拒不理会。代表们气愤之下，一声喊打，将陈的大礼帽都打丢了。这天，蔡和森、向警予都讲了话。从此，公使馆同勤工俭学学生中的革命派结下了深仇。这个事件，被称为“二八运动”；工学互助社后改称工学世界社，从几十个人，发展到三百多人。

当时北京政府利用法国退还的部分庚子赔款，在法国里昂筹办一所大学，名义上说是为勤工俭学学生找个求学出路，由原来倡导勤工俭学的吴稚晖任里昂大学校长。可是 1921 年秋，吴却从国内带来一批官僚富家子弟，勤工俭学学生竟一个都不收。于是引起了全体勤工俭学学生的极大愤怒，几经交涉无效；后来他们退而要求住入学校多余房屋，暂做栖身之所，也遭拒绝。于是选派代表，发动“入学运动”，“争回里大”。阴险狡猾的陈篆，借此机会，一面煽动学生离开巴黎到里昂去，一面勾结法国政府用武力镇压。原来同陈有矛盾的吴稚晖，也互相串通起来。当蔡和森、李维汉、李立三、陈毅等一百多名代表，由巴黎到达里昂，理直气壮地进入里昂大学时，突被法国三百多名军警包围，以中法政府联合宣布的“强占校舍，扰乱治安”，“参加布尔什维克的活动”，“涉及法国政治”的罪名，将一百多人关押兵营，随后即武装押送，驱逐出境，回到中国。

新民学会会员除十多人到法国勤工俭学外，当时还有傅昌钰等去日本，李思安等去南洋，杨润余等到上海，罗章龙考入北大后即成为留北京的代表。

新民学会的许多会员要到法国勤工俭学去了，出国留学一时成为热潮。毛泽东当时也有过出国留学的打算。1920 年 6 月 7 日他给黎锦熙的信中说："我对于学问，尚无专究某一种的意思，想用辐射线的办法，门门涉猎一下，颇觉常识不具，难语专攻；集拢常识，加以条贯，便容易达到深湛。斯宾塞最恨'国拘'，我觉学拘也是大弊。""国拘"是严译《群学肄言》中用的一个术语，大意是为褊狭的国家观念所拘束；"学拘"是毛泽东仿拟"国拘"造出的一个词语，大意当是指学科方面偏爱偏废导致知识的缺陷。他想怎样避免"学拘"的大弊呢？"文字学、言语学和佛学，我都很想研究……希望先生遇有关于言语文字学及佛学两类之书，将书名开示予我。多余的印刷物，并请赐寄。收聚了书，总要划一个时间，从事于此。我近来功课，英文、哲学、报，只这三科。哲学从'现代三大哲学家'（按指杜威、罗素、柏格森）起，渐次进于各家；英文最浅近读本每天念一短课；报则逐日细看，剪下好的材料。我外国文还在孩子时代，不能直接看书，我只想于未出国去的两三年内，用我已经得到的国文一种工具，看新出的报、杂志、丛书及各译本，寻获东方及世界学术思想之大纲要目，以为出国研究的基本。"从这里，我们知道当时毛也有过出国留学的想法，后来没有成为事实。那时他的好些朋友（新民学会会员）正起程赴法国勤工俭学，他很热心地为他们奔走筹款，力促其成，甚至送他们到北京、到上海。他自己是不是也出国去呢？比起法国来，他更加向往经过十月革命的社会主义俄国，他当时在写给新民学会女会员陶毅的信中说："彭璜君和我，都不想往法，安顿往俄。何叔衡想留法，我劝他不必留法，不如留俄。"不多久，留俄的想法也放弃了。早在 1915 年 9 月致萧子升的长信中，毛泽东就谈到，同日本（土疆三岛耳）、德国（土地敌吾二广省耳）相比，研究中国学问之难："有为人之学，有为国人之学，有为世界人之学。为人之学者，父子夫妇昆弟之道，布帛菽粟之宜也。为国人之学者，明其国历史、地理、政教、艺俗之学也。为世界人之学者，世界观、国际学也。顾为人国人之学易，为吾国人之学难。历史半万载，地方七千里，政教若是其繁邃，人情风俗若是其广复，将恶乎求之？”1920年3月14日致周世钊的信中，毛泽东终于这样写道：“我觉得求学实在没有‘必要在什么地方’的理，‘出洋’两字，在好些人只是一种‘迷’。中国出过洋的总不下几万乃至几十万，好的实在很少。多数呢？仍旧是‘糊涂’，仍旧是‘莫名其妙’，这便是一个具体的证据。我曾以此问过胡适之和黎邵西两位，他们都以我的意见为然，胡适之并且作过一篇《非留学篇》。

“因此我想暂不出国去，暂时在国内研究各种学问的纲要。我觉得暂时在国内研究，有下列几种好处：

“一、看译本校原本快迅得多，可于较短的时间求到较多的知识。

“二、世界文明分东西两流，东方文明在世界文明内，要占个半壁的地位。然东方文明可以说就是中国文明。吾人似应先研究过吾国古今学说制度的大要，再到西洋留学才有可资比较的东西。

“三、吾人如果要在现今的世界稍为尽一点力，当然脱不开‘中国’这个地盘。关于这地盘内的情形，似不可不加以实地的调查，及研究。这层工夫，如果留在出洋回来的时候做，因人事及生活的关系，恐怕有些困难。不如在现在做了，一来无方才所说的困难；二来又可携带些经验到西洋去，考察时可以借资比较。

“老实说，现在我于种种主义，种种学说，都还没有得到一个比较明了的概念，想从译本及时贤所作的报章杂志，将中外古今的学说刺取精华，使他们各构成一个明了的概念。有工夫能将所刺取的编成一本书，更好。所以我对于上列三条的第一条，认为更属紧要。”

从这信中可以看到，不论是否出国留学，毛泽东求学的目的是为世界和中国尽一点儿力。而且，实地的调查研究，以增进对国情的了解，甚至是比读书更为重要些。他还认为，必先对本国文化有所研究，才能更好地学习外国的文化。这些意见今天看来，都是很值得重视的。

关于留学问题的这些观点和议论，毛泽东也受到杨昌济的影响。杨极看重国文和国学知识，认为这关系到中国传统的精神财富。外国语再好，不知适国情，又有何用。他在《劝学篇》中说：“盖能立志，即在国内未尝不可为学也……余曾留学日本，又曾留学西洋，受益孔多，良堪自幸，然以余自知之明，余即不往西洋，专在日本，亦可以为学；即令不去日本，专在本国，亦未尝不可为学。”

四　五四运动前后

只有到了北京，这个“荆蛮山国”的青年，才真正大开了眼界：看到了在世界新曙光照耀下，刚刚出现的中国的新曙光。

第一次到北京

为了组织湖南青年去法国勤工俭学，毛泽东于1918年8月来到北京。北京是全国新文化运动的中心，《新青年》在这里出刊，陈独秀、李大钊、鲁迅、胡适等著名人物在这里活动，是他久已渴望来到的地方。只有到了北京，这个“荆蛮山国”的青年，才真正大开了眼界:看到了在世界新曙光照耀下，刚刚出现的中国的新曙光。

在《新青年》开始传播马克思主义以前，新文化运动还只限于宣传资产阶级民主主义的文化思想，反对封建主义思想的斗争，还没有同反对军阀的政治斗争结合起来，自然也没有提出反对帝国主义的口号。不过中国的现实情况——军阀统治的日益残暴，帝国主义尤其是日本帝国主义侵略的日益紧迫，使得先进分子中的少数人，对中国能否照样走西方资产阶级的道路不能不产生了怀疑。

十月革命正好以事实作了回答。这个翻转世界历史的伟大革命，启发人们重新考虑中国的问题。但这时中国还不能直接得到十月革命的真实报道，从欧美和日本资产阶级报刊传来的消息，往往是歪曲的或别有用心的；北洋军阀政府则跟在帝国主义后面大肆污诬蔑，称俄国的布尔什维主义为“过激主义”。因此，就是在先进的知识界，关于俄国的十月革命，一般也所知有限，而且常常真伪莫辨。最早探索到十月革命的伟大意义及其本质的，是李大钊。他在1918年11月发表的《庶民的胜利》和《布尔什维主义的胜利》两篇文章中，代表了少数先进分子这种新的觉醒。他认为十月革命是20世纪中“世界革命的先声”，是“世界人类全体的新曙光”，大势所趋，无可抗拒，一切历史的残余——帝王、贵族、军阀、官僚、帝国主义和封建主义，都将被革命的洪流彻底摧毁。他号召中国人民把创造这一新纪元的历史任务承当起来。

李大钊这两篇文章也是针对当时段祺瑞政府大吹大擂庆祝所谓“欧战胜利”而作的。袁世凯死后，段祺瑞掌握了北京政府的实权，投靠日本帝国主义，于1917年对德国“宣战”，借以取得日本的借款，实现其武力统一全国的迷梦。俄国十月革命后，又同日本政府秘密签订了所谓《中日共同防敌军事协定》，计划配合日本出兵西伯利亚，干涉俄国的革命。这一亲日卖国阴谋，曾立即引起留日学生的归国抗议和北京学生的请愿示威。欧战结束之后，段政府以“战胜国”自居，宣传所谓“公理战胜强权”，在社会上颇起了一些迷惑作用。李大钊于1918年11月在天安门举行的“庆祝欧战胜利”的群众集会上，针锋相对地发表了以《庶民的胜利》为题的演说。《布尔什维主义的胜利》则是同时刊载在《新青年》五卷五号上。这两篇文章都指明人类已揭开了新的史页：这回欧战结束，战胜者并不是哪一国“军阀或资本家的政府”，而是“全世界的庶民”，而是“社会主义、布尔什维主义”。这正如弥天阴霾中射出的一道阳光，揭破了北洋军阀以及官办书刊报纸上对十月革命所作的诬蔑和歪曲，同时支持了人民群众对段祺瑞政府的反抗。

《新青年》每月出版一次，当时是一个以学术理论为主的刊物，难以配合当时的政治斗争。为了及时反映和评论迫切的国内外时事政治问题，由陈独秀、李大钊主编的报纸型周刊——《每周评论》随即于1918年12月出版。从此，新文化运动进入一个新的阶段，即直接参与当时的政治斗争和开始宣传社会主义的阶段。这就预示中国新的民主民族革命的高潮日益迫近了。

毛泽东正是在这一高潮的前夕来到北京的。北京这时正处于“山雨欲来风满楼”的形势。他和萧子升、蔡和森、陈绍休、罗章龙、罗学瓒等八个新民学会的会员，住在景山东三眼井吉安所左巷七号，这里距北京大学很近。这是一所普通的北京四合院小平房，八个人挤住在北屋靠东的一间小房中，“隆然高炕，大被同眠”(《新民学会会务报告》)。他们的物质生活虽然很苦，可是读书求教，学习新的东西却非常方便，参加各种思想学术研究和社会活动的机会也很多，还可以到北京大学自由听讲。他们的老师和朋友杨昌济，仍时时给他们以关怀和帮助。他们的精神生活过得极为充实，极有意义，比长沙时代丰富多了，不可同日而语了。

罗学瓒寄回的家信中曾这样介绍当时同住的朋友：他们“皆敦品力学之人，侄素所钦佩者，朝夕与处，时有受益”。其中对毛泽东特别作了这样的介绍：“毛润之，此次在长沙招致同志来此，组织预备班，出力甚多，才智学业均同学所佩服。”信中还谈到他们的学习生活：“至于学业，除习各科功课外，惟喜翻阅杂志报章及最近之新学说，其余暂置高阁……又京师设有学术讲演会，关于文学、哲学及各种科学，可往研究，并敦请名人担任演讲，我亦时往听讲。”

毛泽东回忆这段生活时，这样说道：“我自己在北京的生活条件很可怜。可是在另一方面，故都的美对于我是一种丰富多彩、生动有趣的补偿。我住在一个叫三眼井的地方，同另外七个人住在一间小屋子里。我们大家都睡到炕上的时候，挤得几乎透不过气来。每逢我要翻身，得先同两旁的人打招呼。但是，在公园里，在故宫的庭院里，我却看到了北方的早春。北海上还结着坚冰的时候，我看到了洁白的梅花盛开。我看到杨柳倒垂在北海上，枝头悬挂着晶莹的冰柱，因而想起唐朝的诗人岑参咏北海冬树挂珠的诗句：‘千树万树梨花开’。北京数不尽的树木激起了我的惊叹和赞美。”为什么近二十年后，毛泽东在同美国记者斯诺“翻古”时，如此深情地谈到北京美丽的早春呢？原来此时此地，他得到了晚来的青春幸福——同老师的掌上明珠产生了恋爱关系。鼓楼后豆腐池胡同的“板仓杨寓”，同长沙的“板仓杨寓”一样，仍是毛泽东常去的地方；同杨昌济讨论更多的新问题，有了更深的友谊，“成了最真挚的朋友”，真正的忘年之交。19 岁的爱女杨开慧，将父亲这个最得意的门生、群众公认的新民学会的领袖，当做她自己的领路人。他俩有时迎着寒风，漫步在北海桥头，欣赏着万树梨花，谈论着自己的理想和祖国未来的春天。

杨开慧已深深地爱着毛泽东，并且她认为他们之间的爱情是“真够神圣的、不可思议的最高级最美丽无上的爱”。十年之后，她回想起他们的初恋时曾经这样写道：“这个时候我对于结婚也已有了我自己的见解，我反对一切用仪式的结婚，并且我认为有心去求爱，是容易而且必然的要失掉真够神圣的不可思议的最高级最美丽无上的爱，我也知道这不是普通人能够做得到的事……不料我也有这样的幸运！得到了一个爱人！我是十分的爱他；自从听到他许多的事，看见了他许多文章日记，我就爱了他。”“自从我完全了解了他对我的真意，从此我有一个新意识：我觉得我为母亲而生之外是为他而生的，我想象着，假如一天他死去了，我的母亲也不在了，我一定要跟着他去死！假如他被人捉着去杀，我一定要同他去，共一个命运！”“他的心盖，我的心盖，都被揭开了！我看见了他的心，他也完全看见了我的心……”（杨开慧遗墨手迹：《从六岁到二十八岁》，写于 1929 年 6 月 20 日。）

虽然一个月的最低生活费用只需要五六块钱，但是毛泽东也无法筹到这笔款子，他必须寻找一个维持生活的职业。于是杨昌济介绍他认识了他钦佩的人之一李大钊。李在北京大学担任教授兼图书馆主任，毛泽东被派在图书馆做助理员。看来，这是一种暂时安插性的职务，每个月有 8 块钱的工资，这就能够勉强维持日用生活了。他的工作室紧靠着李大钊的办公房间（北京大学旧址现为文物出版社，只是当年红楼一楼的东南角，现辟为纪念室）。“房子的中间是长方的会议桌和许多凳子，他自己坐在窗下的一张三屉桌前工作。当年的马克思主义小组，就常常在这间房里围着那张会议桌开会。”（夏伽：《北京大学的毛主席和李大钊同志纪念室》，载1951年6月29日《长江日报》。）这时湖南青年参加勤工俭学的已达100多人，都很能吃苦，很用功，思想进步，朝气蓬勃，在北京有很好的声誉。李大钊很看重这个“助理员”，认为他是湖南青年的领袖。

五四运动时期，北京大学是各种社会思潮会聚之所、传播革命思想的摇篮。校长蔡元培倡导学术思想自由，以采取“兼容并蓄”的方针著称。资产阶级、小资产阶级知识分子的左中右三派，不论教授和学生，在校内都有讲坛，都办刊物，各种活动是很多的。学生中学术团体特别发达，如哲学会、雄辩会、新闻学研究会、体育会、数理研究会、图书报社和《新潮》杂志社等，不下十六七种。毛泽东除经常旁听他所喜好的课程外，还参加了哲学会和新闻学研究会的活动。

北京大学的新闻学研究会当时在中国还是一种创举，每周举行两次研究会，参加的有三四十人。《京报》总编辑邵飘萍担任讲师。邵飘萍，原名镜清，后改为振青，浙江金华人，当时是一位有正义感的新闻记者，以他犀利的笔，积极投入反帝反封建斗争。以后参加了中国共产党，1926年4月24日，在北京被军阀张作霖以“宣传赤化”的罪名加以杀害。新闻学研究会由邵飘萍主讲有关办报的业务经验，还有人讲新闻理论。毛泽东多年以来就同报纸结了不解之缘，阅读报纸如同吃饭一样不能有所间缺，因为这是掌握国内外时局动态、了解社会各方面情况和吸收新事物的最及时的工具。杨昌济原来就打算介绍他参加北京一个报馆的工作。因此，他以很大的热心和兴趣参加了这个研究会。1919年2月20日的《北大日刊》，载有“新闻学研究会之改组启事”,“是日到会者”的名单中，有毛泽东的名字。他同邵飘萍很接近，在有关新闻工作的业务知识等方面，得到邵很多的帮助。毫无疑问，参加新闻学研究会活动这一段经历，同毛泽东以后办《湘江评论》、平民通讯社等，以及在革命运动中利用舆论工具，一贯重视报纸的作用，有着密切的关系。

关于求学的方法，毛泽东历来养成了“每事问”的良好习惯。现在到了北京这样一个沸腾的新天地，他的兴奋的情绪是可想而知的。他当然极愿意多接触一些先进人物，满足求知的渴望。他的活动中心是在北京大学。他不是正式的学生，他的身份是低微的，是一个每月只有 8 块钱工资的图书馆的助理员，这就使得他在这方面的活动遇到许多困难。北京大学当时虽然是一所充满新的精神的最高学府，全国新文化运动的司令部，他能够在这里得到李大钊等著名先驱者的器重；但是同时，这里毕竟还是充满趋炎附势等腐朽思想的落后社会，他不能不受到当时也是所谓“先进人物”的冷遇。谁愿意去理会这个来自湖南的“土里土气”的青年呢？他自己的回忆曾说到这一情况：“我的职位低微，大家都不理我。我的工作中有一项是登记来图书馆读报的人的姓名，可是对他们大多数人来说，我这个人是不存在的。在那些来阅览的人当中，我认出了一些有名的新文化运动头面人物的名字，如傅斯年、罗家伦等，我对他们极有兴趣。我打算去和他们攀谈政治和文化问题，可是他们都是些大忙人，没有时间听一个图书馆助理员说南方话。”

毛泽东在回忆中特别提到的傅斯年和罗家伦这两个人，他们当时都是陈独秀和李大钊的学生，北京大学学生组织的“新潮社”的发起人，也是 1919 年 1 月出版的《新潮》月刊的主编。这个刊物在五四运动以前反对封建主义和提倡“文学革命”的斗争中，起过一定的进步作用，陈独秀、李大钊和鲁迅等都曾积极予以支持；这两个人也站在改良主义的立场在刊物上赞美过十月革命。可是五四运动以后，他们并没有改变原来的资产阶级思想立场，而且表示后悔不该参加学生运动。后来都成为国民党政府文化要员，是五四运动时期向右分化的典型人物。

毛泽东同北京大学学生中的左翼有密切的联系，例如同邓中夏就是这样的。邓中夏 1894 年生于湖南宜章县的一个官僚地主家庭。他是中国共产党北方党组织的开创者之一，在党的第二次到第六次全国代表大会上，都当选为中央委员。邓在中国工人运动史上占有光辉的地位。还在北大读书的时候，他就和北京大学的同学罗章龙、杨人杞等组织发起马克思学说研究会，并精心研究劳动问题，参加了党办的工人小报的工作。1921年初，他即到长辛店组织了北方铁路最早的工会——长辛店工人俱乐部，他运用这个经验帮助天津、唐山及北方铁路工人组织起来进行斗争，创造北方工人运动广大的基础。1921年夏，中国劳动组合书记部成立，他是负责人之一，南北奔走，推动和组织了各地工人1922年的第一次罢工高潮，并亲身参加指导了长辛店、开滦五矿第一次大罢工和京汉“二七”大罢工。1924年中国工人运动第二个高潮开始的时候，他在上海专心工人运动，他是1925年2月上海22个日本纱厂4万工人反日大罢工委员会总负责人之一。五卅运动时他正在广东，同苏兆征、罗登贤、杨殷一起领导了伟大的省港罢工。在历次劳动大会中，邓中夏始终是最积极的领导者和组织者，每次都当选为中华全国总工会的执行委员，成为中国工人运动的著名领袖。大革命失败后，他先后担任江苏、广东省委书记。1928年任全国总工会驻赤色职工国际的代表，在职工国际第五次大会上被选为赤色职工国际执行委员。他在莫斯科期间，总结了中国工人运动早期发展的经验，写成名著《中国职工运动简史》。1930年回国后，任鄂西革命根据地省委和红二军团政治委员。后受到中央“左”倾机会主义路线的排斥，和湘鄂西领导人夏曦的无情打击，于1932年回到上海，被分配到沪东区委作刻钢板的工作。1933年5月，任中国革命互济会党团书记时在上海被捕，解到南京，英勇不屈，壮烈牺牲。邓中夏还在北大读书的时候，就是学生中的革命中坚，是李大钊的得力助手。“他平日很注意实际的革命行动，不爱表现自己。五四以后许多重要的组织工作几乎都是在李大钊的指导下，由他一手搞起来的。”（杨东莼：《关于五四运动和邓中夏同志的几点回忆》，载《五四运动回忆录》，中华书局1959年版。）毛泽东在湖南时，就同邓中夏经常通信，讨论革命问题和新的文化思想问题，这时他们的关系更加密切起来。在李大钊的影响下，邓中夏于1919年3月发起组织平民教育讲演团，开始接近劳动群众。根据许德珩回忆:“平民教育讲演团是北大学生的一个组织……讲演团的宗旨是‘增进平民知识，唤起平民自觉心’，北大学生有很多人都参加了，敬爱的毛主席也参加了这个组织来指导我们。在成立会上，推选了职员，邓中夏同志被选为总务干事。这年的三四月间，讲演团常到街头讲演，出发时两三个人或三五个人一组，事前拟好题目，选定地点（有时也不事先选定地点），打着讲演团的白布小旗，有时仿照基督教救世军的宣传办法，携带一面小铜锣，到达一个人多适当的地方，主讲人站到高一点的场所，另一个人打起锣来，这就讲起来了……平民教育讲演团对五四运动发挥了很大的群众宣传作用。”（许德珩：《五四前的北大》，载《五四运动回忆录》，中华书局1959年4月版。）

毛泽东这次在北京，还开始了同工人群众的接触。当时的留法勤工俭学的预备班，有一些人在长辛店铁路工厂半工半读。根据何长工的回忆，这年初冬，毛泽东与蔡和森到了长辛店，同何长工等商谈去法国的路费问题。长辛店铁路工厂是当时全国最大的机车车辆修理厂，有好几千工人。毛泽东第一次参观这样大的工厂，也是第一次接触这样众多的产业工人群众。他们紧张而繁重的劳动和贫困的生活，给他留下了极为深刻的印象。

在五四前夜，新文化运动的统一战线还没有明显的分化。一方面，以陈独秀、李大钊、鲁迅等为首的左派，他们主办的《新青年》和《每周评论》，有着巨大的影响，他们所传播的革命民主主义思想和初步共产主义思想，是运动的主流；另一方面，以胡适为首的右派，虽然已开始宣传实用主义哲学，但是由于他的“文学改良”的主张和提倡白话文所起的积极作用，在青年中仍有相当的影响，一些革命的知识分子甚至还一时把实用主义当做进步的东西加以接受。这时马克思主义还没有系统介绍过来，各种小资产阶级的社会思潮，特别是无政府主义以及托尔斯泰的泛劳动主义等，还有相当大的市场，人们还分不清马克思主义同它们之间的界线。李大钊等少数人虽然已认识到要走俄国人的道路，已开始懂得要抓住马克思主义阶级斗争说（五四运动后，李大钊在北京大学讲授“唯物史观”课程），但也还不能正确地运用阶级斗争的观点来分析各种问题，来完全克服自己思想上曾经受到过的各种非马克思主义的小资产阶级社会主义思潮的影响。至于先进分子中的大多数人，则对十月革命还抱着观望和疑惑的态度，对帝国主义还抱着各种幻想。激进如陈独秀，他还深信第一次大战的结局是“公理战胜强权”，他在《每周评论》的发刊词中，把“主张公理，反对强权”定为刊物的宗旨，这个刊物的一般言论虽然已站在反对军阀和反对日本帝国主义的立场，但究竟中国怎样才能推翻军阀的统治，仍不能给以圆满的解答。这时在北京一些大学的进步学生中，影响颇大的是无政府主义思想，特别是克鲁泡特金的无政府主义和他的《互助论》。这种情况同蔡元培等人当时有无政府主义倾向也有关系。北京大学和北京高师等校学生，组织有秘密的团体，流传和研究这方面的书籍。这些信仰无政府主义的学生，主张不要国家、不要政府、不要家庭，甚至把“爱国”、“救国”看成是落后的思想行为。据统计，五四时期全国宣传无政府主义的书刊小册子达70多种。作为一种“社会主义”的思潮，无政府主义在20世纪的初期就传到了中国。由于中国是小资产阶级众多的国家，长期的封建专制统治和落后分散的经济，特别是近代殖民地化的过程和军阀的暴政，往往使人们对国家、政府、法律、权威等产生了极端的怀疑与厌恶。小资产阶级出身的有某种革命要求的知识分子，尤其容易接受无政府主义思想。在五四时期，有许多人是经过无政府主义思想才接触到马克思主义的。当时有一些无政府主义者，在一定程度上曾参加了反帝反封建的宣传和活动。毛泽东在北京停留时，也读了一些有关无政府主义的小册子，而且同北京大学信仰无政府主义的学生有过往来，跟他们讨论无政府主义在中国能否实现的问题。那个时候他还没有可能对马克思主义作系统的了解，用他自己回忆中的话来说，他还正在寻找中国的出路。因此对无政府主义的某些主张也很感兴趣，甚至表示赞同，这是不足为奇的。不过，作为一个早就具有确定的反对帝国主义和封建主义的思想的革命民主主义者，他第一次到北京停留的五六个月期间，最重要的收获是使得他有机会开阔了眼界，吸收了许多新的思想，开始接触了同他的精神方向最为吻合的马克思主义。他后来回忆这段生活时，还特别提到陈独秀对他的影响。他说：“我第一次同陈独秀见面是在北京，那时我在国立北京大学。他对我的影响也许超过其他任何人。”他当时同陈独秀的交往是比较多的，甚至他讲的湖南话，都给陈独秀留下了深刻的印象。就在他离开北京不久，4 月 28 日，陈独秀发表的《南北代表有什么用处？》一文中，便用了一句湖南话：“像那二十个毫无力量的代表，是湖南人说的话‘冒得寸用’。”他自己概括这时的思想状况是：“我对政治的兴趣继续增长，我的思想越来越激进。”关于十月革命和马克思主义，他只能从《新青年》和陈独秀、李大钊等人的文章和有限的材料中作出初步的了解和探讨。但从他在五四以后发表的文章来看，他这时对十月革命和马克思主义本质的了解，虽然比不上李大钊，但是达到了当时先进的分子所可能达到的高度。

“一时楷模”陈独秀、同胡适的交往

1918 年 8 月，毛泽东到了北京，杨昌济介绍他认识了李大钊。他到李大钊为主任的北京大学图书馆任助理员，因而有机会接触担任北京大学文科学长的陈独秀。毛后来在同斯诺追述往事时说：“《新青年》是有名的新文化运动的杂志，由陈独秀主编。我在师范学校学习的时候，就开始读这个杂志了。我非常钦佩胡适和陈独秀的文章，他们代替了被我抛弃的梁启超和康有为，一时成了我的楷模。”他还这样谈到他同陈独秀的关系：“那时我在国立北京大学。他对我的影响也许超过其他任何人。”

如果人们细读当年毛的文章，就可以知道他说的“楷模”，确不是随口之言。

陈独秀最早提出“文学革命”的口号，他在《文学革命论》（载 1917 年 2 月 1 日《新青年》第二卷第六号。）一文中高扬“文学革命军”的大旗，旗上大书特书“吾革命军三大主义：曰，推倒雕琢的阿谀的贵族文学，建设平易的抒情的国民文学；曰，推倒陈腐的铺张的古典文学，建设新鲜的立诚的写实文学；曰，推倒迂晦的艰涩的山林文学，建设明了的通俗的社会文学”。毛泽东在《湘江评论》的《创刊宣言》中则谈道，“一些学者倡之，大多民众和之”的“许多方面的改革”，“见于文学方面，由贵族的文学、古典的文学、死形的文学，变为平民的文学、现代的文学、有生命的文学”。陈在《宪法与孔教》（载 1916 年 11 月 1 日《新青年》第二卷第三号。）一文中反对在宪法中列入尊孔的条文，“竟欲以四万万人各教信徒共有之宪法，独规定以孔子之道为修身大本”，“岂非侵害宗教信仰之自由乎”？毛在《湘江评论》“创刊宣言”中则说：“见于宗教方面，为‘宗教改革’，结果得了信教自由。”陈在《新青年》上的许多文章和通信中，都发表了许多反孔的主张，例如答常乃德的信中说：“汉、宋之人独尊儒家，墨、法、名、农，诸家皆废，遂至败坏中国。”（载 1916 年 12 月 1 日《新青年》第二卷第四号。）答吴又陵信中说：“窃以无论何种学派，均不能定为一尊，以阻碍思想文化之自由发展。况儒术孔道，非无优点，而缺点则正多。尤与近世文明社会绝不相容者，其一贯伦理政治之纲常阶级说也，此不攻破，吾国之政治、法律、社会道德，俱无由出黑暗而入光明。”（载 1917 年 1 月 1 日《新青年》第二卷第五号。）毛在《健学会之成立及进行》（载 1919 年 7 月 21 日《湘江评论》临时增刊第一号。）一文中则说：“我们反对孔子，有很多别的理由。单就这独霸中国，使我们思想界不能自由，郁郁做二千年偶像的奴隶，也是不能不反对的。”

五四运动后不久，陈独秀因散发传单被捕。那时毛泽东正在长沙积极筹备出刊《湘江评论》，于是他就在创刊号上发表了《陈独秀之被捕及营救》2000 多字的长文，历述陈被捕经过及各方营救情况，并记入章士钊致北京政府毋兴文字狱的长电。然后说：“我们对于陈君，认他为思想界的明星。陈君所说的话，头脑稍为清楚的听得，莫不人人各如其意中所欲出。现在的中国，可谓危险极了。不是兵力不强财用不足的危险，也不是内乱相寻四分五裂的危险，危险在全国人民思想界空虚腐败到十二分。中国的四万万人，差不多有三万万九千万是迷信家，迷信神鬼，迷信物象，迷信命运，迷信强权。全然不认有个人，不认有自己，不认有真理。这是科学思想不发达的结果。中国名为共和，实则专制，愈弄愈糟，甲仆乙代，这是群众心里没有民主的影子，不晓得民主究竟是什么的结果。陈君平日所标揭的，就是这两样。他曾说，我们所以得罪于社会，无非是为着'赛因斯'（科学）和'德莫克拉西'（民主）。陈君为这两件东西得罪了社会，社会居然就把逮捕和禁锢报给他，也可算是罪罚相敌了！"“陈君之被逮，决不能损及陈君的毫末，并且是留着大大的一个纪念于新思潮，使他越发光辉远大。政府绝没有胆子将陈君处死。就是死了，也不能损及陈君至坚至高精神的毫末。陈君原自说过：出试验室，即入监狱。出监狱，即入试验室。又说：死是不怕的。陈君可以实验其言了。我祝陈君万岁！我祝陈君至坚至高的精神万岁！"

在毛泽东的全部著作中，以如此崇高的赞颂给予一位在世的人，是找不出第二处了。从这篇文章中还可以看到，陈独秀的文章给他留下了多么深的印象。这里，他转述了陈发表在《新青年》第六卷第一号上的《本志罪案之答辩书》（1919 年 1 月 15 日）中的意思。陈独秀在那篇文章中说：

“他们所非难本志的，无非是破坏孔教，破坏礼法，破坏国粹，破坏贞节，破坏旧伦理（忠、孝、节），破坏旧艺术（中国戏），破坏旧宗教（鬼神），破坏旧文学，破坏旧政治（特权人治），这几条罪案。

“这几条罪案，本社同人当然直认不讳。但是追本溯源，本社同人本来无罪，只因为拥护德莫克拉西（Democracy）和赛因斯（Science）两位先生，才犯了这几条滔天的大罪。要拥护德先生，便不得不反对孔教、礼法、贞节、旧伦理、旧政治。要拥护那赛先生，便不得不反对旧艺术、旧宗教。要拥护德先生又要拥护赛先生，便不得不反对国粹和旧文学。大家平心细想，本志除了拥护德、赛两先生之外，还有别项罪案没有呢？若是没有，请你们不用专门非难本志，要有气力、有胆量来反对德、赛两先生，才算是好汉，才算是根本的办法。”

在文章里，陈独秀还表示了他义无反顾的坚定决心：“若因为拥护这两位先生，一切政府的压迫，社会的攻击笑骂，就是断头流血，都不推辞。”

毛泽东文章中说的另一点，引自陈独秀发表在《每周评论》第25号（1991年6月8日）上的《研究室与监狱》。陈独秀说：“世界文明发源地有二：一是科学研究室，一是监狱。我们青年要立志出了研究室就入监狱，出了监狱就入研究室，这才是人生最高尚优美的生活。从这两处发生的文明，才是真文明，才是有生命有价值的文明。”这似乎是谶语。此文发表之后三天，陈独秀就入了监狱。

1919年12月下旬，为反对皖系军阀张敬尧在湖南的残暴统治，毛泽东等领导的湖南驱张代表团来到北京，同陈独秀有了进一步的接触和交谈。他们还讨论了工读互助团的问题，这是五四运动后，得到陈独秀、李大钊、蔡元培等支持的少数进步青年的一种新组织，实行半工半读、互相协助的新生活，但因空想的成分太多，脱离社会实际，不过昙花一现，很快就结束了。当时毛泽东对此也是发生兴趣的，同他的“新村生活”想法相通。陈独秀于1920年2月回到上海。上海工读互助团在《申报》3月5日刊登的《募捐启》，陈独秀、毛泽东都列名于上。毛泽东在北京停留期间，为驱张的活动很多。这时，李大钊和陈独秀都已认定，解决中国问题必靠马克思主义。这当然给毛泽东以影响。毛自己也回忆道，这时，“曾经迅速地朝着马克思主义的方向发展。我在这方面发生兴趣，陈独秀也有帮助”。

陈独秀对毛泽东、蔡和森这些湖南青年是极为看重的。为此，1920年陈发表过一篇题名《欢迎湖南人的精神》的文章，一开头就说：“我们安徽人在湖南地方造的罪孽太多了，我也是安徽人之一，所以对着湖南人非常地惭愧。”这显然是对湖南驱张运动（驱逐湖南督军张敬尧）的响应，叫湖南人遭灾受罪的张敬尧是安徽霍邱人。文中提到湖南人的奋斗精神，举了艰苦奋斗的学者王船山，扎硬寨打死战的书生曾国藩、罗泽南，坚韧不拔的军人黄克强和蔡松坡为例。陈说，他们奋斗不过的精神，“已渐渐在一班可爱可敬的青年身上复活了”。这“可爱可敬的青年”中，显然就有为驱张来京的毛泽东这些人。蔡和森在北京进行赴法勤工俭学活动时，也认识了陈独秀，他 1920 年 2 月到法国，这年夏天就开始建党的活动，同陈独秀也取得了联系。

1920 年 7 月，从上海回到湖南之后，毛泽东发表了一系列的文章：《湖南建设问题的根本问题——湖南共和国》、《打破没有基础的大中国建设许多的中国从湖南做起》、《绝对赞成“湖南门罗主义”》、《湖南受中国之累以历史及现状证明之》、《“湖南自治运动”应该发起了》、《反对统一》等 10 多篇。这些文章所提出的解决问题的方案，显然都不是切实可行的，可是作者对当时存在的问题，却是看得清楚而深刻的。在这些文章中所包含的正确的和错误的意见，有价值的和无甚价值的意见中，我们不知道的是究竟在何种程度上反映了陈独秀的意见，但可以断言，它们必定在某种程度反映了陈的意见，这从陈当时发表的文章中可以得到证实。

毛泽东在一师读《新青年》时，也很喜欢胡适的文章，因此同斯诺谈话时，胡、陈并列：“非常钦佩胡适和陈独秀的文章。”五四运动时由陈独秀、胡适等主编的另一个周刊，《每周评论》，对毛泽东的影响也是很大的。他办《湘江评论》，无论刊名和倾向，形式和内容，都可以明显看出《每周评论》的影响。胡适也是这样看的，他甚至把新创刊的《湘江评论》称作《每周评论》的“小兄弟”，在《每周评论》第 36 号（1919 年 8 月 24 日出版）上发表的《介绍新出版物》一文中说：“现在新出版的周报和小日报，数目很不少了。北自北京，南至广州，东从上海、苏州，西至四川，几乎没有一个城市没有这类新派的报纸……现在我们特别介绍我们新添的两个小兄弟，一个是长沙的《湘江评论》，一个是成都的《星期日》。”在这篇文章里，胡适特别赞赏毛泽东的《民众的大联合》一文。他说:“《湘江评论》第二、第

三、第四期的《民众的大联合》一篇大文章，眼光很远大；议论也很痛快，确是现今的重要文字。”

一个说是“楷模”，一个说是“小兄弟”、“好兄弟”，可见在五四运动时，他们是志同道合地向旧势力进攻的。

1919 年 7 月，胡适在《每周评论》第 31 号上发表《多研究些问题，少谈些“主义”》一文。以为空谈好听的“主义”是极容易的事，是阿猫阿狗都能做的事，是鹦鹉和留声机器都能做的事。空谈外来进口的“主义”是没有什么用处的。胡适甚至以为偏向纸上的“主义”，是很危险的。这种口头禅很容易被无耻政客利用来做种种害人的事。这“外来进口的主义”指的是什么？他没有明说。他只是表示反对谈“根本解决”社会问题的主义，而主张去研究诸如人力车夫的生计问题、女子解放问题，等等；但是人们都知道，胡适反对的是主张“根本解决”的马克思主义。这一点，胡适自己后来也是承认的，晚年他在台湾出的《胡适口述自传》中说：这“问题与主义之争”，是“我和马克思主义者冲突的第一回合”。

胡适的这篇文章引起了毛泽东极大的兴趣。作为响应，他甚至想组织一个“问题研究会”。这个设想虽然后来并未实现，但从他所拟订的《问题研究会章程》（以下简称《章程》）中，可以看出他的态度来。这《章程》曾经印发，在北京大学念书的朋友邓中夏将它刊在《北京大学日刊》第 467 号（1919 年 10 月 23 日）上。《章程》共分 12 条，第一条说宗旨：“凡事或理之为现代化生所必需，或不必需，而均尚未得适当之解决，致影响于现代人生之进步者，成为问题。同人今设一会，注重解决如斯之问题，先从研究入手，定名为问题研究会。”第二条列举了一批有待研究的问题，大项目列了 71 题，例如（一）教育问题，（二）女子问题，（三）国语问题（白话文问题）之类。涉及政治、经济、社会、历史、国际、技术等许多方面。问题大可以大到“国家制度改良及国家制度应否废弃问题”（第 8 题）、“民族自决问题”（第 11 题）、“经济自由问题”（第 12 题）、“社会主义能否实施问题”（第 18 题）；问题具体可以具体到“飞渡天山问题”（第 35 题）等。在这大大小小71个题目中，有八个题目又包含若干小题目，共计81个。如教育问题中列举了17个小问题（如①教育普及问题、⑨废止考试问题、⑩杜威教育说如何实施问题，等等）。这第17小题是很有意思的。杜威这位提倡实用主义的哲学家，是胡适心目中的一尊偶像，胡适的“多研究些问题”的主张，正是来源于杜威的实用主义和那一点一滴的改良主义。当时胡适请杜威来中国讲学，为时两年又两个月。1920年10月26日，杜威在长沙讲演，毛泽东曾应湖南《大公报》之约担任记录。《章程》中，毛说的是“如何实施”杜威的教育说，就清楚不过地表明他当时认同杜威和胡适的意见。当年由毛泽东等创办的文化书社经销图书中，就有杜威在华的演讲录《杜威五大讲演》，并将它与《马克思资本论入门》、《达尔文物种原始》、《社会主义史》等书，一同列为“书之重要者”，郑重向读者推荐。可见当时他对各种新的思想学说，都抱有兴趣、兼容并蓄的。

除了杜威教育说外，我们还可以从《章程》中看到毛泽东赞成胡适主张的例证。例如，胡适的这篇文章中提到了“大总统权限问题”，《章程》第2条所列问题中之（五八），就是这个问题。此外，胡适文章说的“女子解放问题”，在章程中“女子问题”中分列为17个小题目，诸如参政、教育、职业、贞操、放足等，比胡适文章分得更细也想得更细了。胡适文章提到了“加入国际联盟问题”，《章程》也有（十五）国际联盟问题，以及有关的印度自治、爱尔兰独立、土耳其分裂、埃及骚乱、山东问题、退回庚子赔款问题等。这也是把胡适提出的问题更全面更具体化了。

胡适的文章发表之后，李大钊发表了一篇《再论问题与主义》，表示了不同的意见，刊在1919年8月17日出版的《每周评论》第35号。毛泽东的《问题研究会章程》是9月1日写的。从时间上来说，毛在草拟这《章程》时，有可能已经看到李文，也有可能还没有来得及看到李文。从当时交通、邮递的情况来推想，很可能没有看到。从《章程》内容看，大体上都是胡适的意见，李大钊的意见在其中没有得到反映。李文中说：“我觉得‘问题’与‘主义’，有不能十分分离的关系。”《章程》第三条说：“问题之研究，须以学理为根据。因此在各种问题研究之先，须为各种主义之研究。”这是不是反映了李大钊的意见呢？并不是的。只要看《章程》这一条中说的，“下列各种主义，为特须注重研究之主义”，就明白了。《章程》所列举的各种主义是：“(1) 哲学上之主义，(2) 伦理上之主义，(3) 教育上之主义，(4)宗教上之主义，(5)文学上之主义，(6)美术上之主义，(7)政治上之主义，(8) 经济上之主义，(9) 法律上之主义，(10) 科学上之规律。”很清楚，这里列出的各种主义，只不过是那许多大大小小问题的归类和概括，名为“主义”，其实也多是“问题”，同李大钊心目中的马克思主义或布尔什维主义，并不是一回事。

据毛泽东所撰《新民学会会务报告》(第一号)，1918 年秋，新民学会在北京的会员同胡适也有接触：“会友在京，曾请蔡孑民、陶孟和、胡适之先生各谈话一次，均在北大文科大楼。谈话形式，为会友提出问题，请其答复。所谈多学术及人生观问题。”1919 年 12 月，为了驱逐湖南督军张敬尧，毛泽东率湖南各界驱张代表团赴京，在北京停留了三个多月。在这段时间里，他同胡适又有所接触。他后来同斯诺谈起此事：“那时候我也遇见了胡适，我去拜访他，想争取他支持湖南学生的斗争。”在 1920 年 3 月 14 日毛致周世钊的信中，谈了一些他同胡适交谈的内容。那时许多人都热心出国留学，毛对此颇不以这然，同胡适讨论了出国留学的得失。毛在信中对周世钊说：“我曾以此问过胡适之和黎邵西两位，他们都以我的意见为然，胡适之并且作过一篇《非留学篇》。”

《非留学篇》载于 1914 年 1 月出版的《留美学生年报》第三号，主张设立国立大学为培养本国人才之所。文章说：“一国无地可为高等学问授受之所，则固有之文明，日即干沦亡，而输入之文明，亦扞格不适用，以其未经本国人士之锻炼也。”本国办了好的大学，就不一定都要出国留学了。在办学方法上，胡适认为中国古代的书院重视自修与研究，其精神与当时在教育界颇有影响的“道尔顿制”(道尔顿制，为创始于美国的一种强调学生自主精神的教学制度。这种制度让学生自由参加分科作业，否定课堂正规教学，降低教师作用，从而使学生只能获得零星的不系统的经验知识。最初正式施行于美国道尔顿市道尔顿中学，故名。20 世纪 20 年代曾广泛流行于英美德法日诸国。1927 年大革命时期，笔者在长沙楚怡小学读五年级，学校在高小部实行过这种制度，学生自由得很，助长了逃学之风。第二年即取消了。）相近，可以采用。这一想法深深吸引了毛泽东。

在同一封信中，毛还告诉周世钊，他曾经同胡适商谈过创办自修大学的计划："我想我们在长沙要创造一种新的生活，可以邀合同志，租一所房子，办一个自修大学（这个名字是胡适之先生造的）。我们在这个大学里实行共产的生活。"

毛泽东绕道天津、上海等地，于 7 月 7 日回到长沙。1920 年 7 月 9 日他写了一信给胡适：

"适之先生：

在沪上一信，达到了吗？我前天返湘。湘自张（敬尧）去，气象一新，教育界颇有蓬勃之象。将来湖南有多点须借重先生，俟时机到，当详细奉商，暂不多赘。此颂教安。"

此信手稿现在保存下来了。从这一短简中，人们可以想见当日毛对胡适是很尊重的。毛写给胡的信还不止这一封。据说，胡适 1949 年离开大陆前，在上海图书馆查找他存放的书信。当他知道毛泽东给他的信已经销毁，曾深表惋惜。

1923 年，毛泽东在《新时代》创刊号（1923 年 4 月 10 日出版）上发表《外力，军阀与革命》一文，将国内各派势力分为三派：革命的民主派、非革命的民主派和反动派。他把胡适等"新兴的资产阶级"划归"非革命的民主派"，并且认为他们是可以同革命派合作的。

新闻学研究会和邵飘萍

1918年8月，毛泽东到北京后，为解决生活开销，由杨昌济的介绍，到北京大学图书馆当助理员。职务是在红楼第二阅览室管理报刊，并登记阅览者的姓名。虽然待遇菲薄，工作琐碎，但确是一个极好的学习机会，因为已置身于北京大学这个新文化运动的堡垒之中。

自从在长沙当新军的列兵起，毛就养成了良好的读报习惯，现在更是如鱼得水了。北大这个阅览室当然比第一师范的要丰富得多，他可以广泛阅读京、津、沪和全国的重要报刊，进而研究各种学说。同时，可以经常旁听北大的有兴趣的课程，参加学校设立的各种学术团体的活动。这里值得一述的是参加新闻学研究会，这跟他早年就极其重视新闻报纸的作用大有关系。

蔡元培在北大时，治校“循思想自由原则，取兼容并包主义”;“无论何种学派，苟其言之成理，持之有故，听其自由发展”。校内各种新文化活动，他都予以支持。北大新闻学研究会于1918年10月14日成立，蔡元培被选为会长，亲自为该会制定了8条简章，其宗旨为“灌输新闻知识，培养新闻人材”。研究的内容包括：新闻之范围、采集、编辑、选题，以及新闻通信法，新闻纸与通讯社之组织。研究会每周都有讲课活动，北大文科教授徐宝璜为主任导师，讲授新闻学原理；邵飘萍为兼任导师，讲授办报经验。研究会还办了一种《新闻周刊》，由会员撰写稿件，作为实习阵地。戈公振著《中国报学史》称该会为“中国报业教育之发端”，该刊为“中国唯一传播新闻学识之报纸”。毛泽东获得听讲半年的证书。他同斯诺谈话时回忆说：在新闻学会里，“特别是邵飘萍，对我帮助很大。他是新闻学会的讲师，是一个自由主义者，一个具有热情理想和优良品质的人。1926年他被张作霖杀害了”。直到1974年，81岁的毛泽东会见外宾时，还曾提到邵飘萍其人。（罗章龙:《忆北京大学新闻学研究会与邵振青》,《新闻研究资料》1980年第4期。）

邵飘萍（1884—1926），名振青，浙江金华人，为我国民主革命时期杰出的文化战士和著名报人，兼主笔、记者、经营和教学于一身，为新闻界的全才。他14岁中秀才，18岁毕业于浙江高等学堂。青年时，从崇拜康、梁到崇拜孙中山。1912年在杭州创办《汉民日报》，一年后即因反对袁世凯而被查封，其间曾3次入狱。1914年赴日留学，组织东京通讯社，向国内各报发稿，揭发日本侵华野心和“二十一条”真相。1916年春，应上海新闻界电邀回国，先在《申报》、《时事新报》、《时报》等担任主笔，继应聘为《申报》长驻北京记者，为该报日拍新闻专电。1918年在北京创办新闻编译社，为国内第一个通讯社，以消息准确迅速蜚声海内，新闻记者的社会地位因此得以提高。同年创办著名日报《京报》，宣传十月革命，传播社会主义，支持南方革命政策。五四运动时，《京报》发挥其“必使政府听命于正当民意”的宗旨，揭发段祺瑞政府卖国罪行，被下令查封。邵本人被通缉，流亡日本。仍从事新闻事业，并研究社会主义思潮。1920年回国，复刊《京报》，在平民大学执教，办报学系。遇大事，邵必亲自采访，尤重视副刊，《京报》副刊达12种，实兼日报与杂志两长。副刊中最著名的有鲁迅主编的《莽原》周刊；《西北周刊》更给冯玉祥以直接影响。1926年“三一八”惨案时，《京报》成为讨伐段政府的舆论阵地。4月，段失势出走，奉军进驻北京。4月26日，邵飘萍以“宣传赤化”罪名，被奉系军阀杀害于北京。综观一生，邵飘萍首先是一个站在时代的最前面，以报纸和新闻作手段，鼓吹新思想、传播新文化的勇敢战士和报人，他敢于冲锋陷阵，不畏任何强暴，终于以身殉职。1918年10月5日《京报》创刊时，他在编辑室大书“铁肩辣手”几个字，勉励同人“铁肩担道义，辣手著文章”。他确实一生实践了这10个字。在北大新闻学研究会担任导师时，他已有自己的著作《新闻学总论》和《实际应用新闻学》，向会员系统地传授有关报纸的作用、任务，以及如何组稿、采访、编辑、校对、排版、印刷等整套业务知识，并且介绍国内报界和世界各重要通讯社的情况。他非常强调新闻的作用，认为“新闻是社会的耳目”，“与社会有莫大关系。报纸的任务就是供给新闻，代表舆论，提倡道德，传播知识，协助工商业的发达”等。他强调新闻之第一要义为“确实”，尊重事实，摒除偏见，反对以讹传讹，颠倒是非，尤反对刊登黄色新闻。他以自己多年办报和当记者的经验，帮助学会的《新闻周刊》，将一个星期之内国内外各种重要新闻，做出系统的记载，并加评论。这种从理论到实践的教学方法，现身说法的实际经验，其人格力量和辣手文章，当然给学员以深刻影响。

此外，邵飘萍还是五四运动时期最早宣传社会主义思潮、马克思学说和介绍俄国十月革命的少数人之一。他在新闻学研究会的教学活动中，也贯彻了他这方面的思想观点。1919 年，他还将自己在日本学习所得，编成两本当时最符合形势需要的书，一为《综合研究各国社会思潮》，一为《新俄国之研究》。前者在商务印书馆出版后，风行一时。上编为《社会主义之概念与历史》，其中《德国社会主义发达》一章，详细介绍了马克思、恩格斯的生平及其学说："彼两人之著书，对于现在之社会经济状态，下深刻之批评。明示社会发达之倾向，社会主义社会有必然实现之趋向，而说明真理之路。其唯物史观与剩余价值学说，成为近世社会主义运动之中心色彩。"又介绍《共产党宣言》："此宣言之内容，至今世界各国学者研究社会主义，每引证之，以为立说之张本，实于世界社会主义史上，占重要之地位。""其有名之语曰：'由来一切社会之历史，阶级斗争之历史也！'"继又介绍马克思的《资本论》："自马克思此书出世，从前空想的社会主义，至是乃形成科学的社会主义，且供给实行方面，为德国社会民主主义党之党纲。"此书下编分述 6 种社会主义思潮的概要：国家社会主义，马克思社会主义，马克思主义之"修正"，无政府主义，布尔什维主义，基尔特社会主义。介绍布尔什维主义说："此即日人所译为'过激派'者，而日本研究社会主义之学者，则以此种新造名词为杜撰，且指为'故意的曲解'。偶见我国某报之评论，竟又将'过激'两字，如八股破题，加以咬嚼，谓'激而曰过'，又曰'激已不可，而况过乎！'""在布尔什维克领导下，俄国革命于 1917

年 11 月 7 日宣告成功”。“据悉，劳农政府已对我国宣言，抛弃其旧俄帝国在华所得权利。我国政府虽无何等表示，然已觉研究俄事之急要”。《新俄国之研究》一书出版后，即销售一空。这两本书，想来当年毛泽东是极可能读到过的。

五四运动时期，在湖南从事学生运动、驱张运动、新文化运动、湖南自治运动和后来的工人运动时，毛泽东十分注意运用新闻报刊做武器，或自己办刊物，办通讯社，或利用报纸，充当记者。这无疑同参加新闻研究会的半年活动，以及邵飘萍的教导，有直接的关系。这表现在五四运动时期以下一系列活动：在长沙主办《湘江评论》周刊，自己撰稿，当编辑，做校对，跑印刷厂；《湘江评论》被查封后，接着主编《新湖南》周刊；又被封后，就当时有关事件，向湖南《大公报》接连投稿。驱张运动时，无法利用长沙的报纸，直接向京、沪报纸投寄文稿，揭发张敬尧的祸湘罪行；为扩大驱张运动在全国的影响，在北京办平民通讯社，从编写稿件到油印发行，一手包办；又协助彭璜在上海办《天问》周刊。湖南自治运动时，创办著名的文化书社，在全省推销报刊书籍；支持何叔衡等办《湖南通俗报》；同湖南《大公报》的负责人结成同盟军，在该报接连发表 10 篇檄文；还充当该报的特约记者，为蔡元培、罗素等人来长沙讲演时做记录，记录稿随即在报纸发表。从事工人运动时，湖南《大公报》仍一直是工人运动的宣传阵地。由此可以知道，为什么多年之后，毛泽东还要说，“特别是邵飘萍，对我帮助很大”，而且终生不忘其人。（转引自汤修慧：《一代报人——邵飘萍》（汤为邵的夫人），载北京市政协文史委员会编：《文史资料选编》第 6 辑。）这里须要一说毛泽东同蔡元培的关系。毛认识蔡，当年渊源于教师杨昌济。杨昌济在英国留学时，蔡元培在德国留学，他们是研究伦理学和哲学的同道，当时就有交往。杨在第一师范学校讲授伦理学，用的课本即蔡自日文翻译的德国泡尔生著《伦理学原理》。大家知道，这本书曾对毛泽东发生过很大影响。1918 年春，杨受蔡之聘到北大教授。留法勤工俭学运动，蔡元培是发起人之一。毛泽东到北京后，到北大图书馆当了个小职员，就直接认识蔡元培了。组织赴法勤工俭学活动时，毛同新民学会的会员一同邀请蔡元培、胡适等名流座谈，“形式为会友提出问题，请求答复，所谈多学术及人生观问题”。除开新闻学研究会外，毛还参加过北大哲学研究会和平民教育演讲团的活动。哲学研究会为杨昌济、胡适等发起，蔡元培是该会领导人，宗旨是“研究东西诸家哲学，瀹启新知”。“毛泽东在会中曾阅读大量西方资产阶级的哲学著作，包括18世纪唯物主义者的著作”（高平叔：《蔡元培与毛泽东》，《群言》1986年第2期。）。由李大钊的介绍，毛泽东加入过少年中国学会。“蔡元培曾热衷过无政府主义和克鲁泡特金的互助论，对该会倡办的工读互助团，很是赞赏，具名领衔发起。毛当年也曾热衷于工读生活，有过这方面的理想。杨昌济于1920年1月17日在北京逝世后，毛泽东为杨家操办丧事，蔡元培给予杨的遗孤极大关注，蔡元培、章士钊等29人具名的讣告启事，为“其遗属谋集资以裨生活”，毛泽东列名其中。蔡还同马寅初、胡适、陶孟和4人联名启事，向北大师生征集赙赠，资助遗孤，以便家属扶柩返乡安葬。毛泽东在长沙举办文化书社等事业和革命活动时，杨昌济的夫人曾慨然献出这笔赙金，供她的女婿做活动的经费。

1920年10月，湖南教育学会举办“学术讲演会”，邀请蔡元培、章炳麟、吴敬恒、张东荪，以及杜威、罗素等人来湘讲演。毛泽东曾为湖南《大公报》担任讲演的记录。蔡元培一共讲了12次之多，其中有两篇是毛泽东记录的，都在报上刊登，署名“蔡孑民讲，毛泽东记”。一篇是《对于学生的希望》，一篇是《美术的价值》。蔡认为得到美术的陶融，或养成一种高尚活泼的人生观。其价值在复杂而统一，如人体之美；可改造自然；感情的具体表现，如伯牙抚琴，可以通志；能提高科学研究的兴味，如光线之美之于光学；可以代替宗教。《对于学生的希望》，是鼓励学生继承五四精神，走向社会，并结合群众运动的。最后说：“吾在教育界当差二十多年了，吾从没有反对过学生，吾只希望学生能有各方面的了解和觉悟，事事为有意识有计划的进行，就好极了。”

毛泽东创办自修大学，蔡元培极力支持，并应聘为名誉校董。收到《湖南自修大学组织大纲》之后，“欢喜得了不得”！立即写了一篇《湖南自修大学的介绍与说明》的长文，发表于《新教育》第5卷第1期。认为这所大学“注重研究，注重图书馆、实验室，全与我的理想相合”。“合吾国书院与西洋研究所之长而活用之，其诸可以为各省有新设大学之模范者与”。

1930年10月24日，杨开慧被捕，蔡元培曾迅即进行营救，联合几位知名人士打电报给国民党政府湖南省主席何键，要求保释。何得电后，即将杨枪杀，然后复电，推说电报来迟。

1936年下半年，为推动国民党抗战，发展全国抗日民族统一战线的工作，8月25日，中国共产党公开发表致国民党书。毛泽东于9月22日写了一封信给蔡元培。信的开头即说：“五四运动时期，北大课堂、旧京集会、湘城讲座，数聆先生之崇论宏议，不期忽忽二十年矣！”信尾这样动情地说道：“先生其将不令数千里外曾聆教益之人，稍稍减杀其欢跃之情而更增之增之以至于无已乎？”

蔡元培是国民党内著名的民主人士，“九一八”后，坚决主张抗日。为反对屠杀和营救革命志士，1932年与宋庆龄、鲁迅等人发起组织中国民权保障同盟，1939年居香港时，曾仔细阅读《西行漫记》和《续西行漫记》，并撰写札记。

1940年2月间，由毛泽东等发起的陕甘宁边区自然科学研究会、延安各界宪政促进会的成立大会上，蔡元培都被推为名誉主席团。同年3月5日，蔡元培在香港逝世。毛泽东特向其家属致唁电：“孑民先生，学界泰斗，人世楷模，遽归道山，震悼曷极！”1962年春，蔡元培的儿子蔡无忌在北京参加一次中央举行的招待会，陈毅特领他去见毛泽东。毛泽东热情地握着他的手说：“你的父亲真是好人。”

“洞庭湖的闸门开了”

1919年2月，毛泽东从北京来到上海，在上海停留了20天，经常到南市斜桥湖南会馆去看望候船赴法的湖南青年，关心他们的思想、生活种种情况。亲自到码头送第一批去法国的新民学会会员和湖南青年们之后，便回到湖南来了。那时，湖南是北洋军阀张敬尧的屠场，湖南人民还处在水深火热之中，湖南还是一个极为闭塞的内地。湖南有许多事情要办，首先是需要去打好新民学会的基础；去团结革命青年和社会上的有志人士，向压榨湖南人民的张敬尧作斗争。

1919年4月，毛泽东从上海回到湖南。他向留在长沙的新民学会会员讲述了自己在北京的经历，介绍了马克思主义的简要内容和社会主义的各种派别，还特别谈到所知悉的十月革命的情形和北京进步青年的种种活动。他要大家注意时局的发展，关心俄国和各国的革命情况，研究马克思、列宁的学说。为了工作方便和维持生活，他住到地点适中的修业小学，学会会员周世钊在这里主持校务。他在高小部每周教六小时的历史课，所得工资只够吃饭。他仍继续组织湖南有志青年到法国勤工俭学，同时进一步与社会上各方面不满现实的人往来，交换对时局的意见。除开各学校的进步青年外，他接触了更多教育界和新闻界的人士，因为这时许多新民学会的会员已离开学校到教育界工作，新闻界的人对时局情况比较熟悉，他们同教育界一样，对张敬尧的压迫也是历来极为不满的。

第一次世界大战和战后期间，全世界经历着大分化、大动荡，中国也经历着大分化和大动荡。十月革命的胜利鼓舞和促进了各国无产阶级和人民群众的革命斗争。从1917年末到1919年间，欧洲的芬兰、德国、奥地利、捷克等国无产阶级，都曾先后举行总罢工、武装起义，一度成立了苏维埃政府。欧洲其他许多国家以及美国、拉丁美洲和日本、印度等国，罢工运动和工农革命运动风起云涌。1919年3月，在列宁的领导之下，成立了共产国际（第三国际），给全世界的革命运动以有力的推动。世界各地革命运动的消息，当时的报纸上几乎每天都有反映。中华民族则正面临着极可怕的命运和空前的新生机。一方面，日本帝国主义趁机加紧扩大对华侵略，在中国的经济势力一跃而与当时在经济势力上居首位的英国不相上下，北京政府则完全在它的掌握之中；另一方面，中国人民空前觉醒起来，随着民族工业的发展和日本开设的工厂猛增，中国工人阶级队伍迅速壮大成长起来，这就使得中国人民的革命运动有了前所未有的较为坚实的社会基础。

毛泽东回到湖南的时候，正是五四爱国运动的前夜。他曾这样概括包括他自己在内的革命知识分子的心情：“当时中国的革命知识分子眼见得俄、德、奥三大帝国主义国家已经瓦解，英、法两大帝国主义国家已经受伤，而俄国无产阶级已经建立了社会主义国家，德、奥（匈牙利）、意三国无产阶级在革命中，因而发生了中国民族解放的新希望。”（毛泽东：《新民主主义论》，载《毛泽东选集》第二卷。）在帝国主义分赃的巴黎和会开会期间，全中国的爱国人民注视着和会中关于山东问题的争执，要求取消袁世凯同日本签订的卖国条约——“二十一条”，收回被日本帝国主义在欧战中趁火打劫夺去的原来德国在山东的权利，坚决反对卖国贼曹汝霖、章宗祥和陆宗舆。北京、上海和各地报刊舆论，迅速地广泛地传播着人民的这种呼声。

巴黎和会经过几个月的讨论，到 1919 年 4 月间，英、美、法、日等帝国主义国家基本上分赃完毕；中国不但没有从帝国主义手中收回任何权益，日本以武力夺得的山东权利反而被和会肯定了。中国是所谓“战胜国”之一，而所得结果同战败国无异。全国人民陷入极大失望和极端痛苦之中。

昏庸腐败的北京军阀政府对于巴黎和会束手无策，完全屈服于日本帝国主义的侵略政策；同时，却加意防范人民的不满，首先是防范北京和全国各地学生的不满。

湖南人心同样极为愤慨，特别是青年学生最受震动，他们的课堂原来就是极不平静的。张敬尧挪移教育经费，用作军饷，兼饱私囊，各公立学校无不借债度日，处于风雨飘摇之中。驻有军队的一些学校，退缩一隅之地，教员、学生出入都要受盘查，时常受到“北兵”的侮辱。他们就再也不能平静地读书了。

自谭嗣同、唐才常、梁启超创办时务学堂以来，辛亥革命前后，湖南的青年学生在革命运动中常起着先锋的作用，进行过英勇的斗争。毛泽东着意研究过这一段史实，经常谈到湖南学生的革命精神。关于革命先辈的英雄事迹，五四运动时，他在自己主编的《湘江评论》上有如下记述："湖南之有学校，应推原戊戌春季的时务学堂。时务以短促的寿命，却养成了若干勇敢有为的青年。唐才常汉口一役，（戊戌变法失败后，唐才常于 1899 年成立自立会，并在长江一带联络会党，成立自立军，准备"兴兵勤王"（拥护光绪帝亲政）。1900 年八国联军侵入北京后，自立军拟乘机在汉口起义，被湖广总督张之洞出卖（张与自立军原有默契），唐才常、林圭等 11 人于 7 月 28 日被杀害，随后两湖自立军有关人员被一网打尽，死难者一二百人。其中主要人员林圭、李炳寰等均是时务学堂学生。）时务学生死难者颇不乏人。此时的学校，大都以鼓吹革命为校风，学生竞相研究所谓经世的学问，抵掌讨论的，不外国事如何腐败，满政府如何推翻，怎样进兵，怎样建设种种问题。"戊戌政变之后，"时务虽倒，而明德方兴"。黄兴等革命党人曾在明德学校任教，继承了时务学堂鼓吹革命的校风。"光绪末年的明德学生，在省城学生界颇负时誉。大抵当时的学生，好干事，不怕死，是他们的特色；反抗官厅，不服压制，是他们外发的表征。""在多少学生案头的乱书堆中，或抽屉里面，常秘密置着两样东西：一样是梁启超等所办的《新民丛报》，一样是汪精卫、宋教仁等所办的《民报》。这两样东西，本是禁物，却不胫而走地从日本到了湖南。同时，杀不死、吓不死的黄兴、禹之谟（禹之谟（1867—1907），号稽亭，湖南湘乡人，戊戌变法前，曾与谭嗣同、唐才常等有来往，后参加自立军活动。失败后，东渡日本习工艺。1903 年归国，在湘潭、长沙设工厂，并附设工业学堂，后又创办唯一学堂，积极参与湖南粤汉铁路自办运动，被绅商各界举为商会会长、教育会会长。他曾参加华兴会。1905 年，为同盟会湖南分会负责人之一。1906 年，领导学生公葬陈天华、姚宏业烈士于岳麓山时，为学生会会长。1906 年 8 月 10 日，被湖南巡抚庞鸿书下令逮捕。为避开长沙等地各界抗议，先解常德，被判永远监禁，旋发往湘西靖州狱中，受尽各种严刑拷打，断指割舌，体无完肤，不稍屈服，于 1907 年 1 月 5 日壮烈牺牲。禹之谟的死，对于当时的革命形势起了进一步的激励作用。辛亥革命后，禹公葬于长沙岳麓山，墓在爱晚亭附近。）还在长沙，暗地里从事种种运动。直到甲辰（1904 年）狱兴，萍醴失败（萍醴失败，指 1906 年，同盟会员刘道一、蔡绍南等回湖南“运动军队，重整会党”，于 12 月间在浏阳、醴陵、萍乡几个地区内，发动农民、会党、矿工和巡防营士兵的起义，被清军重兵镇压而失败。刘等殉难。总计起义军前后被杀者，达一万人以上。)，马福益（马福益，湖南醴陵人，贫农出身。1891 年，为闽、赣、湘、鄂四省洪江会（哥老会）首领。黄兴创华兴会后，决定利用会党起事，与马取得联系，拟于 1904 年 11 月 16 日慈禧 70 生辰，在长沙发难，黄任主帅，刘揆一、马福益为正副总指挥。由于叛徒告密，起义未成，黄、刘、马等均外逃。1905 年春，马重行返湘，图谋再举，不料又被官方察觉且被捕。4 月 20 日，马就义于长沙浏阳门外。）在浏阳门外枭了首，打扮洋人乘着小轿的黄兴，才从小西门出城逃去。然而湖南士气，却愈压愈振。”1906 年，“湖南学生界的首领”禹之谟领导了公葬陈天华、姚宏业的运动，毛泽东称之为“惊天动地可纪的一桩事”。陈天华是湖南新化人，1903 年赴日本留学，为同盟会发起人之一，任《民报》撰述员，被称为“革命党之大文豪”，著作很多，尤以《猛回头》、《警世钟》、《狮子吼》等，具有强烈的反清反帝的革命思想，传诵一时，影响最大。日本政府应清政府要求，压制留学生的革命活动，颁布“取缔留学生规则”，激起中国留学生的反对。陈为唤醒国人，于 1905 年 12 月 8 日，作绝命书万言，在日本大森海湾蹈海自杀。姚宏业是湖南益阳人，也是因参加反抗“取缔留学生规则”而归国，在上海和革命党人创办中国公学，由于办学受阻，又忧愤国事，于 1906 年 5 月 6 日投黄浦江而死，有绝命书数千言。他们两人死时都只有 20 多岁，当时在全国引起巨大的反响。毛泽东记述道：“湖南学生得报，灵柩溯湘水回来，便要求政府，葬于岳麓山。麻木不仁的湖南巡抚喻廉三及提学使某，正想借着革命党和学生的血将他们的顶子染得更红，固执不准。这边要求无效，便采用‘自动主义’，于光绪三十二年（1906年）4月1日（5月23日），长沙省城大小学生全体发动，分从朱张渡、小西门两处渡河。鲜明的旗子和洁白的衣服，映着火红的日光，高唱哀歌，接二连三地延长十里以外。军警呆立路旁观看，哪敢张声。这次毕竟将陈、姚葬好，官府也忍气吞声，莫敢谁何。湖南的士气，在这时候，几为中狂发癫，激昂到了极点。”（引文见《湘江评论》第4期《本会总记》。“本会”指湖南学生联合会，这篇《总记》只记到辛亥革命前夕为止，全文未完。）

毛泽东以湖南学生这一段现代的光荣斗争的历史，“自动主义”的精神，“好干事，不怕死，反抗官厅，不服压制，愈压愈振”的精神，来教育广大青年学生，参加爱国救亡运动。他密切注视着国内外时局的发展，每日精心阅读报纸，最关心巴黎和会的动向，国内有关山东问题的舆论，以及各地人民的各种爱国活动。

新民学会这时又吸收了一批进步的学生和小学教师为会员；长沙各重要的公私立学校的学生会组织，大都为学会会员或同学会有关系的先进青年所领导。毛泽东同这些学校中的先进分子，保持着经常的联系，将湖南革命青年的骨干力量紧紧地团结在自己和学会的周围。何叔衡仍在楚怡小学教书，他的住处常是新民学会开会的地方。

关于湖南学生的统一组织问题，过去曾有过酝酿，1915年5月7日，中国留日学生为反对段祺瑞政府跟日本帝国主义秘密订立共同反对苏俄的《中日共同防敌军事协定》，全体罢课，代表30余人被日本警察拘留。在全国学生的奋起响应中，湖南学生也有请愿废约的行动，并进而组织学生联合会，由中等以上学校派代表组成，第一届会长是美国教会办的湘雅医学专科学校的学生。毛泽东同这个学校中的进步学生一直保持着密切的联系。当时学联的组织还不健全，后来没有发挥多大的作用。在毛泽东领导下，这时以第一师范、商业专门学校、湘雅医专等最有基础的几个重要学校为骨干，紧张地进行湖南学生联合会的恢复和改组。同各学校主要代表的接触中，他指出这次运动要有明确的反帝反封建军阀的政治方向。要力争山东主权的完整和反对北京军阀政府的卖国政策；要有统一的组织，使力量集中，声势浩大，以取得斗争的巨大胜利；要对斗争存在的问题和困难有足够的估计，对于必然会招来的张敬尧的镇压，也要有所准备，使斗争能坚持到底。

还在巴黎和会进行期间，1919 年 4 月 20 日，济南开了 10 多万人的请愿大会，致电参加和会的中国专使，据理力争。4 月 30 日，巴黎和会通过日本夺得的山东权益在和约中被明文规定下来，被德国强占去的山东的领土、铁路、矿山以及一切其他特权，都归日本继承。就在 4 月 30 日这天，北京专科以上学校的两万五千学生发出一个通电。这个通电代表了全国爱国人民的共同呼声："青岛归还，势将失败；5 月 7 日在即，凡我国民，当有觉悟，望于此日一致举行国耻纪念会，协力对外，以保危局。"

这个通电给予全国、也给予湖南的青年学生和爱国人民很大的影响。

巴黎和会通过的对德和约中规定由日本接管德国在山东权利的这个残酷的事实，使全国人民感受到不可容忍的耻辱；像一座即将爆发的火山，人民的怒火不可遏止了。接受了十月革命影响的知识分子和在他们影响下的学生、群众，更加认清了这个真理！只有依靠自己，依靠广大群众起来，才能改变自己的命运。

1919 年 5 月 4 日，北京学生首先发动的中国人民伟大的爱国运动——五四运动爆发了。五四运动一开始，就"带着为辛亥革命还不曾有的姿态，这就是彻底地不妥协地反对帝国主义和彻底地不妥协地反封建主义"。（毛泽东：《新民主主义论》，《毛泽东选集》第二卷。）"五四运动是在当时世界革命号召之下，是在俄国革命号召之下，是在列宁号召之下发生的。五四运动是当时无产阶级世界革命的一部分。五四时期虽然还没有中国共产党，但是已经有了大批的赞成俄国革命的具有初步共产主义思想的知识分子。"（毛泽东：《新民主主义论》，《毛泽东选集》第二卷。）毛泽东和李大钊、周恩来等，就是当时左翼知识分子的最杰出的代表。在 5 月 4 日的游行示威中，北京13所大专学校的学生3000多人和市民群众，高呼“废止二十一条”，“誓死争回青岛”，“外争国权，内惩国贼”，“拒绝和约签字”，“抵制日货”等口号；并且火烧赵家楼（曹汝霖住宅），痛殴章宗祥。这天，学生被捕去31人、市民1人，共32人。第二天，北京大专以上学校学生总罢课；第三天，中等以上学校学生联合会宣告成立。北京学生向全国发出了共同行动的呼吁。

革命的风暴立即席卷全国。天津、上海、南京、武汉和华南、西北、东北各省的学生，纷纷起来响应北京学生的爱国行动。5月7日这一天，全国重要城市的学生都举行了大规模的集会和游行示威，一致声援北京学生的爱国斗争。不久，全国各主要城市都成立了学联，全国21省，有18个省成立了全省学联，并且在上海成立了全国学生联合会。

5月19日，北京各校学生宣告罢课，同时以救国十人团的形式上街展开爱国宣传。于是学生运动进而同人民群众的爱国行动联系起来。

由于张敬尧封锁新闻，直到5月9日，学生们才从报纸上看到有关北京学生爱国运动的零星报道。湖南同全国各地一样，人心极为激昂；报纸连续发表“危机一发之山东问题”,“山东问题之警报”一类激奋人心的文章，喊出人们的共同心声:“吾人断断不能承认，吾人当出死力争！”青年学生最为愤激，立即奔走呼号，秘密结合。有的学校学生连日在街头散发“请先救山东人之性命！”“请看我国之危险！”等动人心魄的传单。为预防和镇压学生的爱国活动，段祺瑞的嫡系走狗张敬尧，早在5月9日，就召集长沙各校校长谈话，无耻地说:“如鼓动风潮，恐遭外人诘责。省垣各校学生，不得听信谣言，借青岛问题，引起纠纷。”（本节引号中文均见1919年5月至7月间的湖南《大公报》。）11日，张竟封锁新闻，令警察厅召集长沙各报记者，以“戒严期间，不宜激动民气”，勒令各报不得登载有关山东问题的一切消息，由警察厅派员检查，严密控制，并且不准报纸开天窗。长沙各报联合提出质问，报纸不登山东问题，是否要把报纸变为哑子而使读者尽成为瞎子？张置之不理。14日，张又公开发布“防范过激党”的谈话，谓“现在过激派的思想，渐已蔓延于东西各国。为防微杜渐，转令军民长官，严加防范”。张敬尧的种种压制，自然不可能阻止青年学生的活动和群众爱国热情的高涨，学生们仍然想方设法到处散发传单，向各界群众作口头宣传。为制止学生的爱国活动，张敬尧一面派稽查暗中侦察、派警察公开到各校盘查，发现传单有校名者，即向该校追索；同时不断责令各校校长加以阻止。校长们则以“维持现时教育之法，在于请省长速拨巨款，以免倒闭”的要求，同张敬尧相对抗。

为了进一步将学生组织起来，以便统一行动，将群众爱国运动推向新的阶段，迅速恢复和改组湖南学生联合会就成为当务之急。在毛泽东领导下，新民学会会员为此紧张地在各校活动。一师、商专、湘雅、长郡和明德等校的学生组织比较健全，领导骨干的社会活动经验也比较多一些。于是以这几个学校为核心，一方面动员各校学生准备罢课，一方面建立校内组织，推选代表，准备正式成立学生联合会。

邓中夏和北京另一名学生代表，于北京学生罢课之后来到长沙；他们受命来鼓动湖南学生奋起响应北京学生的爱国运动。关于这一段史实，据当时新民学会会员一师学生蒋竹如回忆（蒋竹如，湖南湘潭人，湖南省立第一师范毕业，长期从事教育工作。解放前后在湖南第一师范教学。已故。这段回忆见 1962 年 2 月 24 日他写的《湖南学生的反日驱张斗争》一文。)：5 月 23 日晚上，我正在一师十三班的自习室复习功课，忽然毛泽东叫了我出去。他告诉我：北京学生派来了两个代表——邓仲懈和某某（现已记不起姓名），要求湖南学生起来罢课，和北京学生采取一致行动。两代表暂住在楚怡小学何叔衡那里，我们现在要商量一下怎样响应北京的学生运动。于是，他邀我和陈书农、张国基等几个人，到一师后山操坪里，在月光下商谈了一阵。决定每个学校推举一个或两三个代表，于 5 月 25 日上午到楚怡小学开会。这天上午，我和陈书农很早就到了楚怡小学，随后各校推举的学生代表也陆续来了。其中有湖南商专的易礼容（易礼容，湖南湘乡人，长沙商业专科学校学生，新民学会会员，中共湘区委员会早期负责人之一，后脱党。解放后历任第一至五届人民政协全国委员会委员，五届全国政协常委，中华全国总工会第六至九届执行委员。)、彭璜（彭璜，号殷柏，湖南湘乡人，长沙商专科学校学生。五四时期湖南学生运动领袖，曾任湖南学生联合会会长、全国各界联合会干事。长沙共产主义小组发起人之一，1921 年逝世。)，湖南工专柳敏，湖南法专的夏正猷、黎宗烈，明德中学的唐耀章（唐耀章（1900—1973)，湖南长沙人。1919 年至 1920 年系明德中学学生会会长、省学联会长、驻省驱张团副团长、新民学会会员。1930 年参加国民党长沙市党部工作。解放前在明德中学任教，解放后曾任长沙市纯德会计学校校长。)，湘雅医学校的李振翩，周南女校的魏璧、劳启荣，还有楚怡工业学校、长沙师范、妙高峰中学等代表，共 20 多人。毛泽东介绍双方的代表见面后，就请北京来的两代表报告五四运动发生经过。他们希望湖南学生实行总罢课，声援北京学生的爱国斗争，惩办曹、章、陆三个卖国贼，拒签巴黎和会通过的对德和约。随即大家作出决议：成立湖南学生联合会，作为发动罢课和统一各校学生行动的领导机构；传达两代表的报告；全省学联正式成立后，即实行总罢课。会上还讨论酝酿了学联的章程。主要内容是：设正副会长各一人；分评议、执行两部，各设部长一人，评议员和干事各若干人。评议员由各校派出的代表一人充当，执行部分设总务、交际、社会服务、文牍四股，各设股长一人。评议部是代表会议性质，执行部是日常工作机关，当时全国各地的学生会都采取此种组织形式。两天以后，各校学生代表都正式推举出来了，章程也草拟好并油印出来了。

5 月 27 日上午，各校代表齐集省教育会，举行湖南学生联合会成立大会，逐条讨论通过章程，然后进行选举。法专代表夏正猷、商专代表彭璜分别当选为正副会长（法专没能立即执行学联罢课决议，引起各校学生不满，夏因而辞职，改选彭璜为正会长)。商专代表易礼容当选为评议部部长，一师代表当选为执行部部长。湖南学生联合会以新的姿态宣告成立了。这一天，即通过长沙和全省学校学生总罢课的决议。《罢课宣言》沉痛地说道：“外交失败，内政分歧，国家将亡，急需挽救……夫学生之求学，以卫国也。国之不存，学于何有？我们学生出于良心之感发，鉴于时事之要求，决定自六月三日起，全体罢课，力行救国之职责，誓为外交之后盾。”于是以第一师范、长沙师范、湘雅医学校为首的长沙学生罢了课，接着湖南全省学生也罢了课。

学联成立后，曾将章程、宣言和罢课决议等新闻，送交长沙各报。除《大公报》以“来件”刊登章程外，其余都被张敬尧的检查员扣留。

教育界人士对学生的爱国运动多持同情态度。省教育会为学生罢课，还于6月7日发了一个快邮代电，告全国各省教育会。代电说:“国是日非，人心愈愤，祸至无日，恐不独危及教育前途。查学生此次举动实激于爱国热忱，倘政府不谅其苦衷，学校将全体动摇。”并建议由江苏教育会发起，召集全国教育联合会，推出代表赴京请愿，以“推求罢课真因，俯顺舆情，根本解决”。同时发布了“呈省长文”，告诫张敬尧:“祈通饬军警，对各校外出讲演之学生，随时加以保护，以防意外。”

学生联合会设在落星田商业专门学校。在学生会中做日常工作的，多为各校新民学会的会员。毛泽东住处修业小学离商专很近，白天多待在商专，随时指导学联的工作。

彭璜去衡阳联系之后，以省立第三师范为首的衡阳学生，于6月17日成立了湘南学生联合会。湘南学生联合会在以后的湖南革命运动中，起了很大的作用。

长沙各校学生总罢课之后，张敬尧对学生进一步施加迫害。6月8日，张以“过激党”捣乱的罪名恫吓学生，声言“社会党人利用时机，到处煽惑，淆乱人心，业经当局查觉，正严令侦察总局一体拿办！”并扣留学联对外各种通电。6月10日，又通函各校，迫令学生上课。11日，张敬尧发表了一篇所谓《告诫学生训令》，杀气腾腾地说:“倘有听信浮言，固执己见，荒废学业，游行市街，现值匪氛未尽，本兼省长为维持治安，预防祸患起见，定当遵照命令严加制止，勿谓言之不预也。”张的警务处并向各校发出“最后忠告”:学生“如有言辞过激，逾越常轨，制止不听，任情直行者，即按照戒严规则，一律逮捕，以保公安”。各校学生在学联的领导下，根本不理睬这个“训令”和“忠告”，仍坚持罢课和做各种爱国活动。张敬尧于是命令各校提前考试、提前放假，以瓦解学生的组织。学联得悉这个阴谋后，立即作出决议:“即经罢课，就决不受试;如提前放假，亦即赞成，在校救国，放假亦不碍救国。”于是利用提前放假的机会，学联组织各校学生，有计划地回到各县开展救国宣传活动。如长沙县属各乡镇在省学生，即组织讲演团联合会，派了几十个讲演团到各乡镇活动。学联的主要干部仍留在长沙，邀集各校代表住在商专，继续开展市区的工作。

在毛泽东的正确领导下，学联一开始公开活动，除教育会外，还得到各界人士的大力支持。这从学联“7月1日以后承各界诸公热心赞助”的一个“本会捐款鸣谢”（见《湘江评论》创刊号第3号。）启事得知大概。这个名单包括教育界（有商专、楚怡等校校长）、工商界等50人，以及省商会、中国银行、教会办的长沙青年会和一些商号，还有个别外国人。捐款多则四五十元，少则一元不等。其中省商会注明“送6月份补助20元”，可见商会经常给予补助。没有这些捐款，学联要进行许多活动，尤其是办一个报刊，是很困难的。

在6月3日以前，参加五四运动的主要还是青年学生。由于6月3日这天，北京数以千计的学生拥向街头，开展大规模的宣传活动，被段祺瑞政府逮捕300余人，激起全国更大的愤怒，学生运动更加沸腾起来。在抵制日货中得到好处的上海民族工商业，在学生运动的推动下，终于6月5日全市罢市。全国主要城市的工商业也立即罢市，响应学生的爱国行动和抗议北京政府的暴行。上海市2万多工人在6月5日这一天开始罢工，至9日，罢工工人总数前后达六七万人，宣布对帝国主义和军阀作绝不妥协的斗争。唐山、长辛店、津浦铁路、南京、济南、杭州、九江等地工人立即起而响应。年轻的、伟大的中国工人阶级开始登上了政治舞台。

自此，五四运动成为全国工人、学生和商人等联合行动的全国革命运动了。上海成立了“商工学报各界联合会”。

上海是中国现代工业也是帝国主义在华工商业的集中地。上海工人的英勇斗争引起了反动统治阶级的惊慌失措。上海地方军政当局联名急电北京政府，请免曹、章、陆三人之职，电文中说："星星之火，可以燎原，失此不图，将成大乱。"

中国现代产业工人约200万人，集中程度很高；但五四以前，工人阶级的斗争处于一种自发的分散的状态，没有形成为一种举足轻重的独立的政治力量。五四运动中，以上海工人为首的大罢工，开始将全国各地工人分散的斗争集中起来，成为整个阶级反对帝国主义及其走狗的强大政治运动。这次罢工虽然前后历时不过10天左右，却已显示出中国工人阶级高度的政治觉悟和巨大的革命威力。

在全国性的罢工、罢课、罢市的威胁下，北京政府不得不批准曹汝霖、陆宗舆、章宗祥辞职，北京军阀政府的内阁也提出总辞职，以缓和全国人民的愤怒。6月12日以后，全国各地的学生开始复课，工人开始复工，商人开始开市。

五四运动作为群众性的爱国运动、救亡运动，显示了革命群众的强大威力。中国反帝反封建的资产阶级民主革命从此发展到一个新的阶段。五四运动揭开了中国新民主主义革命的序幕。不过，后来毛泽东在纪念五四运动20周年的演讲《青年运动的方向》中，又曾说道："五四运动是干什么的呢？也是为着反帝反封建，但是也失败了，中国仍然在帝国主义和封建主义的统治之下。"可见，他在《新民主主义论》中给五四运动所作的"彻底的反封建"的评价，并非指中国人民反封建主义的任务已经完成了；而是指当时先进分子反封建的坚决的态度。由于中国是一个几千年封建主义顽固统治的国家，没有经过西方资产阶级彻底的反封建主义的革命，尤其没有经历资本主义充分发展的社会阶段，因此，要在中国这块土地上彻底清除封建主义思想，不能不是一个长期的艰巨的历史任务（全国解放后的历史也证明了这一点）。

五四运动当时的群众革命活动，在湖南结束得晚一些，6月12日以后，学生没有复课，后来进一步发展为驱逐北洋军阀张敬尧的运动。

1919年5月下旬，全国各地在学生组织的推动和号召下，开展了抵制日货的运动。北洋军阀政府害怕“抵制日货”四字太刺激了，下令不准公开宣传抵制日货，于是爱国群众用“维持国货”的名义来进行抵制日货的斗争。湖南各界公法团体，如教育会、商会等，在5月下旬也成立了“国货维持会”，但由于没有发动群众，抵制日货没有能够形成为一个运动。学联成立后，毛泽东即领导学联积极参加国货维持会，以抵制日货为中心工作。学生首先在校内设纠察机构，以监督同学不用日货：如用误买者，即令向原店退换，否则置校内陈列。各女校学生，互相监督尤严。所有小学校的学生也动员起来了。于是，长沙和湖南各县抵制日货的运动就蓬蓬勃勃地开展起来了，青年学生高涨的爱国热情，张敬尧再也压抑不住了。

由于几年来的军阀混战和张敬尧的滥发纸币之灾，湖南商业实近停滞，日商趁机垄断湖南内河航运，其势力陡增四倍之多。（1918年8月27日湖南《大公报》载：据日本《朝日新闻》所载，日人此时在湘省之商业势力，已由过去的一倍增至四倍。）这时长沙各百货店，日货占十之八九，而国货不到十之一二。绸布业和苏广业（即百货业）虽然也设立了国货维持分会，但窃运和偷卖日货的行为并未消止。商会参加“国货维持会”，实际是为了“维持日货”。学联洞悉内中情形，便派出了许多调查员分驻在纱号、纸业、绸布、苏广、南货、印刷、玻璃各行业，进行详细的调查。检出日货，即予封存，限期拍卖完毕。调查员对那些窃运和偷卖日货的商人，耐心地说服教育，促其自觉自动实报；同时按国货维持会的规定，给予那些情节较严重的商人以罚金或没收直到烧毁其日货的处分。学生联合会逼使参加国货维持会的商人弄假成真了。当时一些奸商见到学联的调查员，就像耗子见到猫一样害怕。

有一位1919年至1920年在一师附小读书的女学生，回忆当时毛泽东在长沙“展开宣传活动，到处讲演，反对二十一条不平等条约和抵制日货”的情形时，如此亲切地谈道：“我最难忘的是毛主席第一次给我们讲演时的情景。我们称他毛老师，但毛主席说，‘你们不要叫我老师，我是你们的老同学，以后就叫我老同学好了！’……毛主席每一次来讲演前，我们整个小学部的同学都坐在大礼堂的竹椅上，有好几百人。大家都在热切等待，一见毛主席出现，大家都热烈鼓掌，有些小同学高喊：‘老同学来了！’更有些高兴得跳起来。”“他讲的内容是反对帝国主义瓜分中国，号召中国人民团结起来，决不接受二十一条不平等条约，另外还讲抵制日货。他说：‘买玩具不要买日本货，我们要爱自己的国家。’他的讲演完全可以激发我们小学生的民族感情和爱国热情；他的语言生动活泼，手势又多，激动中又带有幽默，大家都非常喜欢听他的讲话。但可惜毛主席每次只讲一个钟头，就要匆匆忙忙地走啦。同学们都舍不得他走，很希望他多逗留一阵子。”（《毛主席讲演激动人心——戴馨女士忆述半世纪前往事》，载 1976 年 9 月 12 日香港《文汇报》。）

为了使人们永远记住这次外交失败，将提倡国货、抵制日货的运动坚持到底，6 月 25 日，学联联合工商界共几千人，举行游行大会，口号是“一致对外，大家努力；毋忘国耻，坚持到底；提倡国货，莫置日货”。学联的调查员动员了长沙各商号的店员工人积极参加抵制日货的运动。如贩卖日货出名的吴大茂百货店，由于店员的检举，就被苏广业的国货维持会开除了。这时奸商的抵制花样是很多的。有一家华泰长洋货号不遵守规约，暗中勾结日商，以日货冒充国货出售，经学联再三劝告，犹诈狡不服，终于被学生们捣毁了。为了惩一儆百，国货维持会、学生联合会、绸布业国货维持分会等，于 7 月 7 日这天，联合举行烧毁日货游行示威大会。据第二天报载：游行队伍从绸布公所出发，高举“烧毁日货游行大会”和“同胞们注意，切勿买日货！”的大旗前导，学生队每人肩着一匹日本布，其后是绸布业的店员工人。游行队伍经过长沙最热闹的街道后，到了教育会坪，学生们将布匹堆放在一起，浇上煤油，直到布匹烧成了灰烬，游行队伍和参观群众才散去。如此认真抵制日货，在社会上自然产生广泛而深刻的影响。

抵制日货的同时，学联和各界团体还发动了“爱国储金”运动。学生们减餐捐款，成立十人储蓄会，号召人们为国储蓄，准备物力，同日本帝国主义作长期斗争。

根据北京、上海、天津各地经验，为了更广泛地团结各界人民，7月9日，学联联合工商各界开会，正式成立湖南各界联合会。当天参加成立会的有苏广业、纱业、染织业、轮船业、泥木行、印刷业、理发业、箩业（码头工人）等30多个工商行业，以及基督教联合会等代表。大会认为“国家前途，危险已达极端，须联络一气，共策进行”，并号召湖南各界人民起来“推翻武人政治，排除官僚派及阴谋家”。会上组成了包括20个代表的各界联合会代表团。联合会成立之后，即以学联为主干，发行了以鼓吹新思潮为宗旨的会刊。联合会的基层组织是救国十人团，这也是从北京、上海传来的经验。救国十人团是比较广泛的群众组织，各界爱国人士都纷纷加入。例如徐特立等领导下的教育会所属各校教职员，共成立了250余团，长沙的报纸用“风起云涌，蒸蒸日上”的话，形容救国十人团的组织和发展。

7月15日，在400多个“十人团”的基础上，成立了湖南救国十人团联合筹备会，10月下旬，正式成立了十人团联合会。毛泽东的战友柳直荀被推举为这个联合会的副总干事，他当时在美国教会办的雅礼大学教育系读书。

抵制日货的运动很快在各县开展起来了。醴陵、湘阴等县，也焚毁了一些日货。6月中旬，常德学生宣传抵制日货时，遭到日本商人的嘲讽，愤怒的群众将三所日本洋行的门面尽行捣毁，日商要求赔偿，驻军直系旅长冯玉祥查获日本人贩毒，以罚款相抵，并派兵保护日本商店，使之门可罗雀。

在全国爱国反日运动高潮中，日本帝国主义者向群众直接进行威胁和迫害。六七两月，先后发生福州大批日本浪人殴打学生事件；济南日本军警拘捕学生、镇守使汉奸马良捕杀爱国市民马玉亭等人的事件。日本政府并派军舰驶抵马尾，恫吓福州人民。这两大凶案更激起了全国人民的愤怒。就在此时，6月29日，日本兵舰一艘也开至常德，向常德人民示威。7月4日，长沙学生在湘江码头劝阻旅客不要乘坐日本轮船时，日商戴生昌汽船公司居然指使流氓，将一个学生扭入该公司毒打。长沙各界群众联合向日本领事抗议并要求惩凶时，张敬尧公开为日人辩护。这件事前后斗争了一个月，张最后只令法庭判凶手三个月徒刑了事。这时，驻华日本公使小幡公然要求北京政府取缔南京、长沙、安徽、济南、福州等处的反日运动。畏日如虎的段祺瑞政府训令张敬尧“切实执行”，并令查禁救国十人团。

当时学联与各界爱国人士同张敬尧的斗争是多方面的。为了将原来的地方绅权机关——省议会改造成为一个御用机关，张敬尧极欲效法段祺瑞包办安福国会（1917 年，北洋军阀直系冯国璋同皖系段祺瑞暗斗激烈，段于北京安福胡同组“安福俱乐部”，收罗政客。因此段系北洋军阀又被称为安福系，段一手包办“选举”之新国会称为安福国会。）的选举办法，改选省议会，但阻碍甚多，久未办成。7 月间，张雇用的一批政治流氓组织所谓“湖南公民会”，发动“请愿”，被长沙各报痛予驳斥；湖南各界联合会，在报上发表了反对非法选举的宣言。这个“公民会”开会的一天，张派军警武装保卫，企图吓退各界代表不敢前来辩论。不料彭璜为首的学联代表多人，到达会场，登台侃侃发言，这个“公民会”就开不下去了。彭璜等人当即被军警逮捕，并声言要枪毙，各界代表群起抗议，主持会议的人恐引起大乱子，才将彭等释放。第二天，湖南《大公报》、《湖南日报》被查封，编辑被逮捕。于是学联以合法方式，“呈文省长”，揭发此种非法选举阴谋，要求严惩“公民会”的政治流氓，启封报纸，释放编辑，“呈文”中说：“防民甚于防川，扬汤何能止沸！”

张敬尧的包办选举，当然也办不下去了，终于老羞成怒，八月间，强行将学联解散了。

五四运动浪潮中，新民学会有一个大的发展，新入会的会员达 21 人，多为第一师范、周南女校、商业专门学校、明德中学、湘雅医学校等校学生和教员，其中有罗宗翰（罗宗翰（1896—1927），湖南安化人，湖南省立第一师范学生。中共同情者。新民学会活动和尔后革命工作的积极参加者。)、彭璜、向警予、夏曦(夏曦(1902—1936),湖南益阳人,湖南省立第一师范学生。大革命时期,任中共湖南省委委员、省委书记,国民党湖南省党部常委。曾参加南昌起义,以后赴苏联学习。曾被选为第六届中央委员。回国后任湘鄂西中央分局书记、六军团政治部主任,犯有极其严重的肃反错误,长征中牺牲于贵州毕节地区。)、郭亮、易礼容、李振翩、唐耀章、蒋竹如、张国基等,以及李思安(李思安(1892—1975),湖南长沙人,湖南蚕业讲习所学生。1920年去新加坡坤成女校任教。1925年回国,加入中国共产党,曾任湖南总工会妇女部部长,大革命失败后脱党。长期在印度尼西亚从事教育工作。解放后任湖南文史馆馆员。)、周敦祥、魏璧、劳君展等女同志。"在周南女校开过一次会。其始长沙会友对于会章条文,觉太简略,于是提议修改。设'评议'、'执行'二部,执行部下又设'学校'、'编辑'、'女子'、'留学'各部。至是长沙会友适用新会章。"(见《公务报告》)在这次会议上,选举何叔衡、李思安为正副执行委员长;毛泽东、陶毅、周世钊等八人为评议员。

帝国主义和军阀政府这一切迫害,并不能阻止湖南学生和各界爱国人民的革命活动。在毛泽东和新民学会的领导下,学联和各界救国十人团,继续进行秘密的和各种公开的活动。

暑假期间,学联组织各校留校学生在长沙成立讲演团十四处。到街头和挨家挨户作反日爱国宣传。在赤日炎炎的大热天,学生们奔走呼号,有的累得中暑晕倒。讲演团常宣传朝鲜亡国的惨痛,如几家共用一把菜刀、爱国志士怎样被残杀等,真是讲者垂泪而道,听者掩面而泣。讲演团还演出各种新剧,如《鸦片战争》、《哀台湾》、《高丽亡国惨史》等。男学生演,女学生也演。这种"化装演剧",虽然被一般顽固守旧的人们视为"下流事",有的家长甚至跑到学校"质问"。但是这些宣传活动,引起很大的反响,教育了广大人民群众。许多在长沙读书的学生回到本县后,推动了本地的爱国活动。益阳、衡阳、常德、岳阳、平江、汉寿等县,讲演团尤其活跃,也演出各种通俗新剧。

在爱国反日高潮中，学联同工人群众已经有了一些联系，有许多学校办了夜校，动员工人上学。长沙第一纱厂、黑铅炼厂、造币厂等产业工人和泥木等行业工人，都组织了宣传队，同学生一起行动。

在这个空前的反帝反封建运动广泛开展的时刻，毛泽东除极其重视群众的基层组织活动外，还特别注意到如何进一步提高群众的政治觉悟。他认为如果不提高群众的思想认识，不巩固其革命热情，革命运动就不可能进一步向深度发展，热闹一阵过后，还是会没有什么具体结果的。因此就非常迫切地需要出版一个有高度政治思想性的刊物。在日常繁忙的工作之中，毛泽东挤出时间，来创办这样一个刊物。

《湘江评论》

如何利用报刊和创办一个期刊来传播新的革命思潮，是毛泽东回湖南后经常思考的问题。

五四以后，全国出现了一个宣传新文化、新思想的新高潮。新文化运动起了质的变化：不只是彻底地反对封建主义，而且是彻底地反对帝国主义了；不只是主张民主与科学，而且主张学习马克思主义与俄国革命的经验了。新的刊物如雨后春笋，一年之内，全国达到四百种之多。这些刊物多数是由各地的学生组织以及许多高等学校、中等学校的学生主办的。在湖南学生联合会的推动下，长沙各校学生即出版了十多种刊物，如湘雅医学专门学校的《新湖南》、周南女校的《女界钟》、高等工业学校的《岳麓周刊》、明德学校的《明德周刊》、岳云中学的《岳云周刊》、甲种工业专门学校的《工学周刊》、长郡中学的《长郡周刊》等。除《女界钟》比较有特色外，这些刊物虽然都以宣传新的思想和新的文化知识为主旨，但多累赘重复，缺少见解。为了进一步提高群众的觉悟，更有力地推动革命运动前进，毛泽东以很大的精力主编了《湘江评论》周刊。

该周刊是以湖南学生联合会的名义发行的。毛泽东以学生联合会文牍股干事的身份担任主编。当时投稿的人不多，每期付印之前，约好的稿件往往不能集齐或不适用，因此，他只有自己动手多写一些。总计第一期的几乎全部，第二期的三分之二，第三期和第四期的各一半稿件，都是由他执笔的；其他的撰稿人，也多是新民学会的会员。从写稿、审稿、编辑到校对，他都要包打包唱。这时他住在修业学校。他的行李简单极了，一顶农家用的老蓝夏布蚊帐，一床席子，几本书做枕头，经常穿的是一件洗得不蓝不白的竹布长衫。在溽暑和蚊虫的侵扰下，他“常常写到半夜之后，早晨一起床，来不及洗脸吃饭，就到教室教课”（周世钊：《我所认识的毛主席》，载 1950 年 7 月 1 日《新湖南报》。），或者做其他的工作。

《湘江评论》创刊号于 1919 年 7 月 14 日出版。刊物在形式上同《每周评论》一样，报纸型四开一张；分栏也大体相仿：有“西方大事述评”、“东方大事述评”、“湘江杂评”、“放言”（一种模仿《每周评论》的很短的杂感）和“新文艺”等。出版的第二天，长沙各报都刊出“湘江评论出版了”的新闻。

关于发刊的宗旨，“本报启事”中说：“本报以宣传最新思潮为主旨”。由毛泽东署名的《创刊宣言》，开门见山地说道：“自‘世界革命’的呼声大倡，‘人类解放’的运动猛进，从前吾人所不置疑的问题，所不遽取的方法，多所畏缩的说话，于今都要一改旧观。”接着说明世界革命的潮流任何力量也阻挡不住。世界上最强大的力量是全体人民联合的力量，人民应当起来为自己的彻底解放向强权统治作斗争。《湘江评论》的职责，就在“不受一切传说和迷信的束缚，要寻着什么是真理”，就在研究、传播和推行当前世界的革命新思潮。“宣言”的结尾发出这样激情的呼声：“时机到了！世界的大潮卷得更急了！洞庭湖的闸门动了，且开了！浩浩荡荡的新思潮业已奔腾澎湃于湘江两岸了！顺他的生，逆他的死。如何承受他？如何传播他？如何研究他？如何施行他？是我们全体湘人最切最要的大问题，即是《湘江》出世最切最要的大任务。”（本节有关引号中文，均见《湘江评论》1、2、3、4 期。《毛泽东早期文稿》，湖南出版社 1990 年版。）

毛泽东久已热切企望的实际政治斗争，如今终于来临，而且亲身投入这个斗争，开始了沸腾的政治生活。发表在《湘江评论》（共 4 期加上临时增刊）上长短 41 篇战斗檄文，充分表现了一个革命家的大无畏品质，同时也显示了他的雄辩的政论家的才能。这些文章洋溢着敢于理想、敢于斗争的磅礴的革命气概；贯彻着彻底的反帝、反封建、反军阀的斗争精神；热情歌颂了俄国十月革命的胜利及其在全世界的影响；特别表现了对人民群众伟大力量的充分信任，并且着意研究以什么样的步骤和方法来实现中国的革命。这些文章除对历史事变作出深刻的概括外，还对形势的发展作出了正确的判断。关于国内外大事，有述有评，分析得头头是道，总是击中要害，揭露出本质，指明事物发展可能的趋向；文字又特别生动有力，深入浅出——如《每周评论》上陈独秀等所写的“随感录”、“杂评”与“放言”，则针对社会上种种守旧现象、奇谈怪论，予以揭发讽刺，文笔辛辣，三言两语，说到读者心坎里去了。

我们知道，多年以来，毛泽东就有每天详细阅读报纸和独立研究时局的习惯。关于俄国革命与世界政治之间的关系，无疑是他当时经常思考的问题，我们终于在《湘江评论》上他写的一系列文章中，得悉他在这方面的卓越见解。他认为十月革命引起了整个世界形势的根本变化，劳农阶级的革命今后定将普及全世界；同时明确意识到，五四运动是在十月革命的直接影响下发生的，从而将中国这次崭新的革命运动同十月革命联系起来。他以这样热情的词句讴歌俄国十月革命对世界革命的影响和中国革命的形势：“俄罗斯打倒贵族，驱逐富人，劳农两界合立了委办政府，红旗军东驰西突，扫荡了多少敌人。协约国为之改容，全世界为之震动。匈牙利崛起，布达佩斯又出现了崭新的劳农政府。德人、奥人、捷克人合之，出死力以与其国内的敌党搏战。怒涛西迈，转而东行，英、法、意、美既演了多少的大罢工，印度、朝鲜又起了若干的大革命。异军突起，更有中华长城、渤海之间，发生了五四运动。旌旗南向，过黄河而到长江，黄埔、汉皋，屡演话剧，洞庭、闽水，更起高潮。天地为之昭苏，奸邪为之辟易。”巴黎和会签字前后，德国国内震动极大，人民反对屈辱的和约。毛泽东认为各国人民要想求得彻底解放，只有走俄国人的道路。他说：“我们为德国计，要想不受约，唯有步俄国和匈牙利的后尘，实行社会的大革命。协约国最怕的就在这一点。俄罗斯、匈牙利不派代表（按指革命政府不派代表参加巴黎和会）、不提和议，明目张胆地对抗协约国，协约国至今未如之何。”

由于帝国主义的欺骗宣传和资产阶级虚伪的民主思想的影响，人们长期不能从本质上来认识帝国主义。巴黎和会几个月分赃的结果，终于擦亮了人们的眼睛，打破了学西方的迷梦：“很奇怪，为什么先生老是侵略学生呢？”陈独秀的转变最具有代表性。他原来称美国总统威尔逊为“现在世界上第一大好人”；到五四运动爆发时，他就直称巴黎和会为分赃会议了。认为威尔逊的14条宣言“成了一文不值的空话”了。毛泽东一向关心世界各国人民革命运动的发展，对帝国主义没有存过幻想。《湘江评论》以很大的篇幅介绍当时各国革命运动的情况，论述今后世界政治发展的前景。通过这些“时事述评”，编者不仅彻底揭露了帝国主义的侵略本性，而且指出资本主义制度的腐朽本质。文章说，英、美、法等国在巴黎和会上虽然“满嘴平等正义”、“民族自决”，实际上都是“一类的强盗”，他们所干的不过是分赃的活动，所争论的不过是土地、主权掠夺的谁多、谁少。编者还这样概括“地球上第一个实业专制国”美国的情况：几个人享福，千万人痛苦；实业愈发达，受剥削的人就愈多。因此，今后世界的前途必然是：一方面，虽然“和约”签字了，但是帝国主义之间的利害冲突并没有消除，今后军备竞争必将继续下去，新的战争种子又已种下了；另一方面，劳动人民同资产阶级之间的深刻矛盾是无法调和的，帝国主义国家内部的阶级斗争和无产阶级革命是不可避免的。以下这些为历史所证实了的预言，使我们不能不惊叹刚走出校门的青年毛泽东的辩证思维能力，他在学生时代艰苦的精神劳动，这样快就开花结实了：“克里孟梭高兴之极，即德国人沉痛之极。包管十年、二十年之后，你们法国人又有一番头痛。”“1919年以后，假设有战争，就是阶级战争。阶级战争的结果，就是东欧诸国主义的成功，即是社会党人的成功。”而阶级战争，“必待国际劳动界完全胜利，始能停止”。

他非常藐视外强中干的帝国主义，深信工人阶级能决定国家的命运，共产主义必将在全世界取得胜利。他对自以为获胜的当时任巴黎和会议长的法国首相克里孟梭讽刺道："无知的克里孟梭老头子，还抱着那灰黄色的厚册（按指巴黎和约），以为签了字在上面，就可当做阿尔卑斯山一样的稳固。"文中意味深长地说，"我们不要看重了现在巴黎和会上高视阔步的伟人先生们"，"他们总有一天会要头痛"，他们的"末日审判"将要到了。

还在学生时代，对中国历史特别是历代战争、动荡时期，以及近代的革命运动，毛泽东就有过思考，同时也熟悉西方近代的各种革命运动。对这些史实，他都有自己的见解。然而他的历史观基本上还是唯心史观。现在，从十月革命尤其是自已亲身参加的五四运动中，他开始克服唯心主义，明确地认识到这个真理，这个革命的根本问题，既劳动人民是人类社会历史每次革命变革的真正动力，人民群众联合起来的力量是世界上最强大的力量，人民群众的发动与否，是决定一切革命胜负成败的关键。这种思想，在《民众的大联合》一文中有鲜明的、充分的反映。这是《湘江评论》最重要的一篇文章，也是毛泽东为中国革命写的第一篇指导文章。这篇长文连续刊载于该刊第二、第三、第四期的第一版；（二）、（三）两篇分别有小标题："以小联合作基础"，"中华'民众的大联合'的形势"。

根据这一观点，文章这样概括西方近代的现代的革命形势："自法兰西以民众的大联合，同王党的大联合相抗，收了'政治改革'的胜利以来，各国随之而起了许多的'政治改革'。自前年俄罗斯以民众的大联合，同贵族的大联合、资本家的大联合相抗，收了'社会改革'的胜利以来，各国如匈、如奥、如捷、如德，亦随之而起了许多的'社会改革'。虽其胜利尚未至于完满的程度，要必可以完满，并且可以普及于世界，是想得到的。"根据这一观点，对辛亥革命的性质和根本缺点，作了这样深刻的剖析："辛亥革命，似乎是一种民众的联合，其实不然。辛亥革命，乃留学生的发纵指示，哥老会的摇旗呐喊，新军和巡防营一些丘八的张弩拔剑所造成的，与我们民众的大多数毫没关系。"根据这一观点，文中以这样生动的比喻表达了五四运动所显示的群众威力："我们已经得到了实验，陆荣廷的子弹，永世打不到曹汝霖等一班奸人；我们起而一呼，奸人就要站起身来发抖，就要舍命的飞跑。"

这篇文章说明，毛泽东高瞻远瞩地站在革命大潮的最前面，超过当时一般先进分子的水平。他对五四时期兴起的群众运动的意义，有着深刻的理解。他充分相信人民群众有无限的创造力，只要人民一旦觉醒起来，组织起来，就能冲破一切束缚他们的罗网，战胜一切障碍，朝着解放的道路迅猛奔跑，从而推翻旧世界，创造新世界。由于有了这样的认识，就使得他以"民众的大联合"作为中国革命的一个根本方略提将出来，大大打开了人们的眼界，鼓舞了革命群众的斗争勇气。

从《民众的大联合》一文，还可以看出毛泽东最早的必须建立人民革命统一战线的战略思想，他认为历史上的改革或反抗运动，从宗教、学术到政治、社会，斗争双方必有大联合，而斗争的胜负，则决定于联合的坚强与否，以及作为这种联合基础的主义是新是旧或是真是妄。文章说，近世强权阶级——贵族和资本家的联合统治，使国家坏到了极点，人类痛苦到了极点。于是起了革命，而有人民的大联合。俄国十月革命的胜利，即人民大联合的胜利。贵族、资本家不论有武力、资财，乃至"知识"三种手段，但他们毕竟人数太少。广大人民如果觉悟提高，大大联合起来，世界上的事情就好办了；这三种看来似乎很厉害的手段，也完全可以转化为人民所有。例如统治者军营里的兵士，本来是民众中的成员，只要他们翻然醒悟，就反而会一齐化成抵抗贵族和资本家的健将。"我们且看俄罗斯的貔貅十万，忽然将鹫旗（按指沙皇俄国国旗）易了红旗，就可以晓得这中间有很深的道理了。"

关于民众大联合的方法，毛泽东认为大联合要从小联合做起。大联合的基础是各个革命阶级的共同利益，小联合的基础是各个阶级、阶层的切身利益。所谓小联合，即是根据阶级地位的不同而分别组织起来，其中最根本的是农民和工人的组织。农民们应结成一个联合的组织，"以谋求我们种田人的种种利益。我们种田人的利益必须由我们自己去求”。地主怎样对待我们，租子重不重，肚子饱不饱，有没有田种，这许多问题，农民们都应当切切实实力求解决。工人们同样要结成一个联合的组织，“以谋我们工人的种种利益”，关于工资的多少、工时的长短、红利均分与否、文化的增进等，工人们都应切切实实力求解决。根据欧美各国经验，工人还必须按照产业与行业组织各种工会，如铁路、矿工、五金、建筑、纺织、电车、人力车等工会，作为全国工人统一组织的基础。其他如学生、妇女、教员……都应根据切身的利益和要求，组织起来，进行各种改革和斗争。文中对学生说道：国家要亡了，当局还贴着布告，禁止我们爱国，我们就必须结合同志，列成队伍，起而奋斗。总之，民众的大联合必须这样建立在以全国工人、农民为主体，各界人民都分别组织起来的基础上，才能有力量，才能胜利地进行革命斗争。

文章具体谈到，五四运动已经产生了许多的人民团体组织，虽然其中许多会、社有非民众的绅士、政客在里面，有的会、社“乃完全的绅士会或政客会”，但是像全国学生联合会、各界救国联合会这些组织，已经是一种相当大的联合组织了，这就证明全国人民的革命统一战线的组成是完全可能的。皇帝和独夫的统治总是不准人民有思想、有组织、有行动的，现在五四运动的实践证明，人民群众一旦行动起来，事情就好办了。文章号召中国人民采取民众大联合的方法，去同反动统治阶级进行斗争，表现了以天下国家为己任的革命英雄气概：“天下者我们的天下，国家者我们的国家，社会者我们的社会。我们不说，谁说？我们不干，谁干？刻不容缓的民众大联合，我们应该积极进行。”“我们要知道，别国的同胞们是通常用这种方法，求得他们的利益。我们应该起而仿效，我们应该进行我们的大联合。”作者对中国革命的前途充满无限乐观和胜利信心，而且认为伟大的中华民族必将立于世界革命的最前列。文章的结尾这样预言道：“我们中华民族原有伟大的能力！压迫愈深，反动愈大；蓄大既久，其发必速。我敢说一句怪话，他日中华民族的改革，将较任何民族为彻底。中华民族的社会，将较任何民族为光明。”“中国民族的大联合将较任何地域任何民族而先告成功。诸君！诸君！我们总要努力！我们总要拼命的向前！我们黄金的世界，光华灿烂的世界，就在前面！”

毛泽东能这样深刻认识中国人民的伟大革命力量，对勤劳、坚忍而智慧的中华民族和中国人民的革命性，有充分的估计，这同他熟悉近代历史，对鸦片战争以来，中国人民反帝国主义、反封建主义的英勇斗争历史及其失败的教训作过思考有关。在80年之中，中国人民同每个侵略中国的帝国主义都打过仗，从来没有向任何反革命势力屈服过。他深深懂得，只要有正确的领导，中国人民完全可以形成一个极其强大的不可战胜的力量。结合五四运动时的经验，他这样明确地开始提出中国革命的基本方略之一：必须进行人民力量的大联合，建立人民革命统一战线，而其基础是工人与农民两大阶级（到1923年，中国共产党才正式决定建立以国共合作为主干的革命统一战线）。同时，在自己的革命实践中，在领导湖南人民的五四爱国运动，驱逐张敬尧运动，以及随后的民主运动、新文化运动特别是初期工人运动中，他都创造地、卓越地掌握了中国革命的主要法宝之一——人民革命统一战线政策；以革命群众、工人阶级为主体，用又团结又斗争的方法，同资产阶级、小资产阶级、社会开明人士以及各种民主力量，建立了正确的反帝反封建的统一战线。

由于具有对革命形势的正确估计，对统治阶级本质的透彻认识，以及对人民群众力量的充分信任，毛泽东一开始参加政治活动，就表现出一个彻底的革命家的弃旧图新的雄伟胆略。他像马克思一样，除了崇拜真理之外，不知道还要崇拜别的什么。他在《湘江评论》上发表的全部文章，充分表现了大无畏的革命气概。如《创刊宣言》发出了这样激动人心的“什么也不要怕”的号召：“天不要怕，鬼不要怕，死人不要怕，官僚不要怕，军阀不要怕，资本家不要怕。”他要人们破除迷信，解放思想，打倒“强权”、“命运”等偶像，扫除一切旧的思想、旧的传统、旧的习惯。他说：“中国的四万万人，差不多有三万万九千万是迷信家，迷信神鬼，迷信物象，迷信命运，迷信强权。全然不认有个人，不认有自己，不认有真理。”这是历史上人们长期受专制统治压迫的结果。他鼓舞大家革除“非死人不加议论，著述不引入今人的言论”的积习；他认为，只要是真理，我们就应该以“日光之普天照耀，探海灯之向外扫射”的精神去追求它，不达目的，决不休止。在这个黑暗的社会、诡诈的世界，中国人民必须从安于做旧思想、旧习惯的奴隶状态中解放出来，不要害怕来自旧势力的一切指责。他说：“老先生最不喜欢的是狂妄。岂知古今真确的学理，伟大的事业，都系一些被人加着狂妄名号的狂妄人所发明创造出来的。”

十月革命的炮声，五四运动的浪潮，激励着毛泽东以高昂的独立精神和不屈的坚强意志同旧世界相对立，预告这个世界的必然灭亡。从《湘江评论》上这些永放光芒的文章中，使我们了解到一个革命家的最重要的品质，必然是不顾一切旧传统的束缚，敢于冲破旧社会的罗网和壁垒，唤醒人们的创造精神；这也就是永无止境的革命的辩证精神。比之《伦理学原理》批语上那些多从唯心的纯粹思辨出发的辩证观点，《湘江评论》上的这些战斗檄文，已经开始从实际出发，开始用朴素的唯物辩证法解释社会历史现象，并且成为动员群众、变革社会历史的思想武器了。

关于马克思主义，这时还只有零星的传播。《每周评论》在五四运动后出了五期，还没有来得及反映“六三”运动以后的情况。由于陈独秀的被捕，编辑权为胡适攫得，刊物即转而主要宣传杜威的实用主义了。因撰稿人多忙于实际斗争，《新青年》在1919年6月至10月间曾停刊五个月。只是在李大钊的帮助下，北京《晨报》副刊于1919年1月至11月开辟了一个《马克思主义研究》专栏，才算是稍稍弥补了当时比较系统介绍马克思主义的这个迫切需要。这个专栏共发表了以下五篇论著：马克思的《雇佣劳动与资本》一书最早译本《劳动与资本》；考茨基写的马克思主义通俗作品《马克思的经济学说》的最早译本《马氏资本论释义》；以及从日本刊物上翻译过来的三篇文章，其中包括日本著名的马克思主义经济学家河上肇写的《马克思唯物史观》，另外两篇也是谈马克思唯物史观的，有一篇却是反马克思主义的。除了这个专栏之外，《晨报》副刊还刊登了第三国际宣言等重要文件，同时也发表了一些西方和日本资产阶级学者的并非马克思主义的评论社会主义的文章。到这时为止，就接受马克思主义来说，李大钊是水平最高的人。他写的文章如《我的马克思主义观》等，抓住了马克思主义的阶级斗争学说；已认识到要走十月革命的道路，知识分子非同劳工阶级打成一片不可。当然，由于他当时正经历着一个由革命的民主主义者转变到马克思主义者的过程，因此，其思想也难免有某些不够确当或错误之处。毛泽东当时所能得到的马克思主义的养料，自然是很有限的：他正处在由急进民主主义者向马克思主义者转变的过程中，当时的思想还不可避免地带有某些非马克思主义的观点。例如在谈到"如何打倒强权"的问题时，在《创刊宣言》和《民众的大联合》（一）中，有这样明显的唯心主义思想和无政府主义思想："主张群众联合，向强权者为持续的'忠告运动'，实行'呼声革命'——面包的呼声，自由的呼声，平等的呼声——'无血革命'：不主张起大扰乱，行那没有效果的'炸弹革命'，'有血革命'。"在谈到民众大联合的办法时，他写道："联合以后的行动，有一派很激烈的，就用'即以其人之道，还治其人之身'的办法，同他们（按指贵族、资本家）拼命的捣蛋。这一派的首领，是一个生在德国的人叫做马克思。一派是温和的，不想急于见效，先从平民的了解入手，人人要有互助的道德和自愿的工作，贵族资本家只要他们回心向善，能够工作，能够助人而不害人，也不必杀他。这派人的意思，更广更深远。他们要联合地球做一国，联合人类做一家，和乐亲善——不是日本的亲善——共臻盛世。这一派的首领，是一个生于俄国的人叫克鲁泡特金。"无政府主义思想在辛亥革命前就传到中国，当时起过一定的积极作用。因为无政府主义主张推翻资本主义，在五四时期自属新思潮之一，许多先进分子，包括李大钊、陈独秀、蔡和森、恽代英等，都受过影响，一时将之作为"朋友"，连《新青年》也给予"一席之地"。毛泽东当然不能例外。他这时虽然还分不清楚马克思主义与无政府主义的本质区别，不过发表在《湘江评论》上所有文章的主要倾向，已闪烁着唯物史观和阶级分析的光芒。例如《湘江评论》“创刊宣言”开始就说:“世界什么问题最大?吃饭问题最大。”《健学会之成立及进行》一文，批判维新变法时期的“空虚的思想”,“很少踏着人生社会的实际说话”。尤其是“民众大联合”的思想，可说是当时中国思想界最可宝贵的收获，也是后来构成毛泽东思想大厦的最初基石之一。

上述情况表明，毛泽东这时正处在世界观剧烈转变的过程中，思想上呈现着矛盾而复杂的现象，甚至在同一篇文章中，既有正确的认识，又夹杂错误的观点。这种现象毫不足为奇，当年陈独秀、李大钊等人也存在这一情况。《民众的大联合》这一长文，分别刊于1919年的7月21日、7月28日、8月4日，显然看出三个星期中作者思想认识发展的痕迹。三篇内容相对独立，都有新的见解，论述逐渐深化，尤其第三篇，如前所引，强调俄国十月革命对世界革命的影响。关于无政府主义的看法,同《创刊宣言》也有所不同了。

关于所谓“过激党”的问题,《湘江评论》发表了好几篇短论予以说明。

当时的反动政府对马克思主义和俄国十月革命进行各种诬蔑宣传，马克思主义被称为“过激主义”，布尔什维克被称为“过激党”，而且将马克思主义与无政府主义混同起来，北京政府下令严防“过激主义”，曹锟等军阀也严禁“过激党”，并多次下令检查邮件，查禁进步书刊。于是在社会上造成一种恐惧心理，好像“过激党”来了，就大祸临头了。张敬尧政府也散布空气:“湖南了不得了，过激党来了。”针对这种情况，《湘江杂评》这样写道:“请问什么叫过激党?过激主义是什么?倡言过激党来了的人，能够答复得出来吗?”你们指为“过激党”的人,“只不过是舍命救国的志士，为国家争权利，从强权索自由的志士。湖南倘然真来了过激党，恐怕就是倡言过激党来了的人招惹的”。《世界杂评》中则具体指明，“过激党”一词是袭用的日本名词。因为日本军阀贵族惟恐俄国革命思潮传过去，“动摇他们的阶级制度，就译之为‘过激党’”。“其实俄国的‘布尔什维克’，照字义讲，就是‘多数党’;照主义讲，就是要组织纯粹工民的共和国，以工民办理国家的事务。也有政府，也有宪法，并不是‘无政府’。”短论“放言”就简单明了地将“布尔什维克”予以通俗解释：“这不过是要强制作工。”毛泽东自己还写了一篇《研究过激党》的短文，这样风趣地说道：“过激党这么厉害，各位也要研究研究，到底是个什么东西。切不可闭着眼睛，只管瞎说，‘等于洪水猛兽’、‘抵制’、‘拒绝’等的空话，一晃眼，过激党布满了全国，相惊而走，已没得走处了。”在这里，毛泽东已开始注意无产阶级政党的重要性了。

这样充满“反叛”精神的《湘江评论》，当然受到广大革命青年和爱国人士的欢迎，他们尤其从毛泽东的文章中，感到从未有过的一种痛快和力量，许多平时焦虑的问题得到解答。人们的思想大大开朗起来，觉得前途充满希望。广大革命群众认为这是真正代表人民说话的刊物。然而长沙有一家报纸，却认为这是“怪人怪论”；一般守旧分子则认为这是“无稽之谈”，是“大逆不道”；他们最不满意的是攻击孔夫子，是提倡劳工神圣和男女平等。

《湘江评论》的创刊号印了2000份，当天就销尽了，继续来订买的仍很踊跃，随着又加印了2000份，还不能满足外地的需要。因此，自第二期起，每期印5000份。这个份数，在当时的期刊中是很大的数目了。长沙和湖南各地的青年学生、许多中小学教师和社会上的进步人士，都成为它的好友，尤其是思想进步的学生，口袋里总放着一份。每一期送到各校阅览室，大家纷纷抢阅，先睹为快。这个刊物在武汉、广东、四川等地的青年学生中，也很快传播开来，外省订户也日益增加。许多学生义务上街卖《湘江评论》，毛泽东自己也到街上去卖过。

通观五四运动时期出版的众多进步期刊，《湘江评论》是思想性、战斗性最强的一种。毛泽东以如此辉煌的成功和巨大的影响，开始了他的“改造中国与世界”的革命活动。

创刊号寄到北京之后，李大钊认为这是当时全国最有分量、见解最深的刊物。1919年8月24日出版的《每周评论》第36期作了介绍，这样兴奋地说道：“武人统治之下，能产出我们这样的一个好兄弟，真是我们意外的欢喜。”并且指出:“《湘江评论》的长处是在议论的一方面。第二、第三、第四期的《民众的大联合》一篇大文章，眼光很远大，议论也很痛快，确是现今的重要文字。”北京《晨报》也予介绍，说它的“内容完备”，“魄力非常充足”。当时全文转载《民众的大联合》一文的，有成都的《星期日》周刊（少年中国学会成都分会的机关刊）、北京的《又新日报》和上海《时事新报》的副刊《学灯》。推荐这篇文章和《湘江评论》的期刊，还有《新青年》、《新潮》、上海的《星期评论》、《湖南》等。这篇文章在《星期日》转载后，对四川后来一连串轰轰烈烈的青年爱国运动，起了推波助澜的作用。直到1920年五四周年纪念时，全国学生联合会的代表，还在上海的刊物《新教育》（二卷五期）上写文，介绍这篇文章的重大意义。

《湘江评论》对于张敬尧的专横统治，不啻是接连投下的炸弹，它的出生宣布了“反叛”的力量在蓬勃成长。这个军阀在钳制舆论上已经有了一套经验。承印这个刊物的湘鄂印刷公司，就常有军队去检查、捣乱。1919年8月上旬，第五期出版后（这一期现在还没有找到），张敬尧于派出军警解散学联的同时，查封了《湘江评论》；并且警告印刷公司，以后绝对不准再为其承印。

《湘江评论》虽然只出了5期，前后仅一个多月，寿命非常之短，但对于当时湖南的革命运动却起了巨大的推动作用，而且产生了全国性的影响。特别是《民众的大联合》一文，对于许多爱国青年和革命知识分子，起了很大的教育作用。毛泽东自己的回忆也说到这一情况：“在五四运动以后，我把大部分时间用在学生政治活动上，我是《湘江评论》的主笔，这是湖南学生的报纸，对于华南学生运动有很大的影响。”萧劲光曾谈到任弼时和他自己怎样受到《湘江评论》的影响：“弼时同志在长沙读书的时候，正是五四运动波及全国的时候，这时毛主席在湖南领导和开展了广泛的革命活动。毛主席主编的《湘江评论》传播了巨大的革命影响。我们正是在这个革命运动的影响下开始了革命觉悟的。那时，我们对于共产主义知道得还不多，而对于帝国主义和当时的卖国政府则是充满了不可抑遏的仇恨。伟大的共产主义者弼时同志，就是这样以一个坚决的反帝国主义、反卖国政府的革命战士开始了自己的革命活动。”（萧劲光：《悼弼时》，载1950年10月31日《人民日报》。）

新民学会第一批到法国的会员，关于在法国勤工俭学的情况曾详告毛泽东，这些信在《湘江评论》连续发表了三封，进一步推动了湖南广大青年留法勤工俭学的运动。当时在溆浦办小学的向警予，就是受这个刊物和这些信的影响，毅然离开家乡来到长沙，从而认识了毛泽东，并参加了新民学会。

《湘江评论》被查封以后，毛泽东和学联的工作人员住在岳麓山湖南大学筹备处，继续革命活动。各校学生会的周刊仍坚持出版，在他的领导下，成立了一个独立的“学生周刊联合会”，各周刊派一个代表参加，每周开会一次，商议如何在宣传内容上步调一致。湘雅学生会办的周刊《新湖南》，比较起来，在各校周刊中水平较高；这时因暑假期间，写稿人少，刊物难以继续办下去。主编龙伯坚便约了编委李振翩、张维一道去找毛泽东，请他接编这个刊物。“他们三人同毛主席约定在图书馆见面。说是报纸阅览室，实际上是一间破烂不堪的屋子，里面放着一张长桌，几张板凳。进入屋内时，看见毛泽东一个人全神贯注地阅读报纸……毛泽东答应任《新湖南》的总编辑。”（见龙伯坚：《回忆〈新湖南〉》，载1979年5月5日《湖南日报》。）自第7期起，这个周刊继承了《湘江评论》的精神。每期都有一篇较长的政治论文，毛泽东写了许多文章。好多重大问题，他早就将材料收集好了，思虑成熟，两三个小时就可以写一二十张稿纸，往往大家在旁边谈话，讨论问题，他就一边写成了。

关于毛泽东主编以后的《新湖南》的内容，我们现在只能从《新青年》第七卷第一号以下的介绍中，得知一点概貌：

“《新湖南》周刊的内容，自从第七号起，已与以前大不相同，请看第七号刷新的宣言就知道。本刊第七号以后的宗旨是：一、批评社会；二、改造思想；三、介绍学术；四、讨论问题。第七号以后的本报，同人尽其力之所能，本着这四个宗旨去做，‘成败利钝’，自然非我们所顾。因为我们的信条是：‘什么都可以牺牲，惟宗旨绝对不能牺牲。’再看第7期内容，其中精彩真是不少。最重要的是如‘社会主义是什么？无政府主义是什么？’洋洋数千言，说的很透。又有评假冒新招牌的《新中国》杂志，及‘哭每周评论’、‘工读问题’等，都是很好的。”

北京《晨报》1919年11月25日的“长沙特约通信”，这样介绍《新湖南》：“湘雅医学校发行的《新湖南》，内容极为完备，并且为《湘江评论》的化身，所以魄力非常充足。”

张敬尧后来将所有这些不利于他的期刊统统查封了。《新湖南》挣扎到第12期，终被封闭。1919年10月以后，毛泽东再想利用一种期刊，宣传新思潮，介绍马克思主义，同张敬尧作战，就完全不可能了。但是他仍利用湖南《大公报》等报纸，继续发表了许多文章和随感录等短文，对张敬尧的黑暗统治以及不合理的封建制度，予以侧面的揭露或正面进攻。

1919年11月14日，长沙发生一件新娘在花轿中自杀的事情，顿时震动了整个社会。这位新娘名赵五贞，是一个女学生，她极不满意父母的包办婚姻，强迫她嫁给一个有钱人家。她做过许多反抗都无效，因而出嫁之日，在花轿中以剃刀割颈自杀。第二天，长沙所有报纸都登了这件新闻；有的还发表评论，说死者是封建婚姻制度的牺牲者。

反对吃人的礼教，反对旧道德提倡新道德，是五四时期文化思想战线的一个主要方面。当时在这方面的突出问题之一，是关于妇女解放和婚姻问题。《新青年》以及一切进步报刊，都热烈地讨论这个问题，如鲁迅曾为此写过许多篇鼓舞人心的小说和论文。这个问题是当时广大青年首当其冲的问题之一；许多男女青年自己都有一页伤心的婚姻史，有的人还因此才最后走上革命的道路。湖南自然也毫不例外，刊物报纸常常讨论妇女问题和婚姻问题。周南女校由于校长朱剑凡是一个革新派，在五四运动中，提倡学生自治，鼓励学生参加社会活动，学校呈现一派新的气象。由周敦祥主编、学生会出版的周刊《女界钟》，“大半是讨论‘妇女解放’、‘妇女劳动’

诸问题”。据周敦祥回忆，毛泽东曾为这个周刊写过好几篇有关妇女问题的文章。

毛泽东感到这是一个很大的事件，认为这个惨案是万恶的封建社会造成的，应趁此机会，“大做文章”。因此，在事件发生的第三天，11 月 16 日，湖南《大公报》便刊出了他写的评论赵女士自杀的文章，指出 :“赵女士的自杀，是环境逼着她求死的。”环境是社会、母家和夫家，她被围在这三角形的三面铁网之中，“无论如何求生，没有生法”。这件事的发生，是由于“婚姻制度的腐败，社会制度的黑暗，意想的不能独立，恋爱不能自由”。他号召大家来讨论这件大事 ；他认为各种学理，必须伴着活的事件来讨论。自 11 月 16 日至 28 日止，13 天之内，随着舆论的展开，各种意见的提出，关于这个事件，他在湖南《大公报》共发表了七篇论文和两篇杂感。长沙各报对这个惨案进行了热烈的讨论，许多教育界、新闻界的人士都参加了，青年学生写的文章尤为激昂慷慨，《女界钟》在毛泽东的指导下，为此出了特刊，对旧式婚姻的罪恶作了无情的揭露和批判。围绕这个事件，形成一次对封建社会及其不合理的婚姻制度的大讨伐。

有些论者光责备母家、夫家不该包办强迫，而放松了对整个旧社会的批评。也有的人认为这种自杀行为是软弱的消极的行为，说赵女士“为何不逃亡”？关于如何改革旧的婚姻制度，有人提出折衷办法 :“儿女自行择合，经父兄鉴定”，或“由父母择合经儿女的许可”等。针对这些观点，毛泽东将批判的重心放在整个社会，指出母家和夫家固有直接责任，但是罪恶来源仍是社会。这个“万恶的社会”，“它可以使赵女士死，又可以使钱女士、孔女士、李女士死 ；它可以使‘女’死，又可以使‘男’死”。如果社会好，家庭要制造罪恶，也没有机会。所以根本问题在同这个旧社会作斗争，改革一切旧的制度和恶习。文章指花轿为“囚笼槛车”，痛斥中国封建的、迷信的、腐败的婚姻制度。文章说 :“必须打破父母代办政策。”“‘讨媳妇’、‘选快婿’，都是父母专为自己打算。《礼记》上说 ：‘子甚宜其妻，父母不悦，子不得宜其妻’，便是丢脱儿媳的恋爱问题，专以媳妇干奴隶工作的铁证。”“必须打破媒人制度。媒人以‘拉合成功’为根本主义”，“只务‘拉拢’，不顾‘说谎’”。“往往结婚之后，驴唇不对马嘴。”“错已铸成，只好将错就错。”“尝推原媒制之来，系由于男女界限太隔；故欲废媒制，首要彻底的撤开什么男女大防。”还要解决“婚姻上的迷信问题”。迷信最大的就是“婚姻命定说”，什么“月老牵丝”、“天作之合”、“百世修来共枕眠”之类；“婚姻拉拢不拉散”，否则，“定遭天谴”；极无道理的“指腹为婚”、“襁褓择配”，也由此派生；此外，还有“合八字”、“订庚”等小迷信。“把一对男女，用这些迷信绳索，将他们深深地捆住。”因此，在婚姻问题上，文章鼓励青年们起来同社会奋斗，自己绝对主办自己的婚姻，“夫妇关系，完全要以恋爱为中心”。

文章对死者寄予无限的同情，讴歌这种“不自由，毋宁死”的反抗精神。“吾人所以尊敬壮烈的自杀”，有两个原因：一是敢做人不敢做的事，一是反抗强权的精神。当然，作者并不是赞成自杀，自杀是由于“社会夺其希望，吾人应主张与社会奋斗”、“与其自杀而死，毋宁奋斗被杀而亡”；“截肠决战，玉碎而亡，则天下之至刚至勇，而悲剧之最足以印人脑府的了。”当时全国出现了好些有名的自杀事件，引起舆论界的评论，《新青年》上就刊登过这类专文，可是陈独秀等人写的《自杀论》，（陈独秀：《自杀论》，载《新青年》第七卷第二号，1920 年 1 月 1 日出版。）为纵论中外古今自杀现象的“学术研究”。毛泽东《非自杀》的论文，则是合乎辩证观点分析社会现象的范例，从社会到个人，从伦理到心理等方面，对于含有社会意义的自杀行为，予以合情合理的批判和分析。1919 年 12 月 7 日的北京《晨报》，曾刊文评介“长沙赵女士在彩舆内自杀一事”，文中特别介绍了毛泽东《打破媒人制度》与《打破迷信》两文的鲜明论点。

虽然没有自己直接掌握的刊物，在张敬尧的残暴统治下，毛泽东仍然利用报纸，对旧社会的罪恶进行有力的抨击。

驱张运动

张敬尧的昏暴统治日益为湖南广大人民所不满，人民的愤恨有加无已，一致认为“张毒不除，湖南无望”。青年学生和部分教育界人士是这个怒潮中的先锋队伍。毛泽东精确地估计了当时的内外形势，顺风张帆，中流掌舵，将五四前后以反日反卖国政府为中心的群众爱国运动，逐渐转为反对军阀的驱张运动。

湖南人民为什么这样痛恨张敬尧呢？

自辛亥革命后，袁世凯篡夺政权，中国形成南北对峙局面，湖南就一直是南北军阀争夺的焦点之一，是南北军阀混战长期拉锯的战场。1912 年以后的七年中，湖南曾三次被北洋军阀统治，其中尤以张敬尧统治时，人民受害最为深重。

皖系军阀张敬尧是在 1917 年至 1918 年间，直皖联军同湘桂联军作战，南败北胜后，于 1918 年 3 月进入湖南的。在他统治湖南的两年中，完全采取了类似帝国主义侵略殖民地的残暴手段，在军事、政治、经济、文化各方面，无所不用其极。1920 年初，湖南各界驱张代表团在北京活动时，曾向当时的北京政府控诉张敬尧祸湘十大罪状：纵兵劫抢；滥发纸币；盗押矿产；强种鸦片；摧残教育；暗罪公民；钳制舆论；私加盐税；勒索军饷；伪造选举。

关于纵兵烧杀劫抢的情况，“湖南各界人士痛斥张敬尧祸湘罪行”的控诉书这样沉痛地说道：“七年（1918 年）5 月之后，醴陵全城万家，烧毁略尽，延及四乡，经旬始熄；株洲一镇，商户数千家，同遭浩劫；攸县黄土岭一役，被奸而死者，至于女尸满山。杀人之多，动至数万。而兵听劫掠，地无不遍。人民流离转徙，至今未复。死不能葬，生无可归。岳州、宝庆各处，大半烧残，十室九空，不忍目睹。然此犹得曰，战时不常及远地难制也。长沙一城，军署（按指张敬尧的督军署）所驻，白昼抢劫，无日无之。其弟张敬汤，强买商物，不给分文，事尤屡见。而所派清乡队，在乡获‘匪’，动押亲族或团保取赎，每赎一人，勒索千元、数千元不等，皆有据可证。人民乱后萧条，重遭敲剥，卖妻鬻子，不能应供，而暴兵三五成群，下乡搜索，横行闾里，无日或宁。凡此纵兵殃民之结果，以致农不得耕，商不得市。”（1920 年 1 月 19 日上海《民国日报》。）

这一幅惨苦的图景，全是如实的写照。打开当时湖南的报纸一看，虽然经过张敬尧的严密控制、检查，仍然连篇累牍地记载着北军的种种暴行和人民的深重痛苦。北军肆无忌惮地骚扰，最为人民所痛恨。如军队过境，必掳人夺船，人掳多了就代兵背枪，掳少了有的累死道旁；必放肆劫掠，鸡鸭猪牛，一衣一物，都不得免；必强奸妇女，敲诈银钱，稍不如意，就纵火焚屋。因此，群众一听说“北兵来了”，无不竞相“跑反”，即使在雷雨之夜，也要走避山中。

关于张敬尧操纵金融、滥发纸币、勒索商民的情况，“控诉书”有如下概述：“湖省历设湖南银行，以纸币周转。张督到湘，废湖南银行，改设裕湘银行，吸收现金。其弟敬汤，复设日新银号，操纵市面，运买铜圆往汉，获利无算。张督又尽将湖南银行纸币四千余万元作废不用，设惠民彩票，饬各县派发，以收湖南银行纸币，并勒买现金。及彩票开签，民间中者，又多不照发。以是湘民往日之现金，既悉被吸收，所藏之纸币，又尽遭废撤，金融枯塞，无以为生。”当时充斥湖南市面的滥票子，名目繁多，除湖南银行发行的以外，还有湘西银行，湘西债票，湘南军用票，广西银行，甚至还有军阀个人名义发的军用票、借债票等，此外，还有新旧铜圆票一万万串。张敬尧以收回市面滥票为名，发行“惠民有奖券”，每张按银洋 5 元向全省商民硬性摊派，人民怨声载道。当奖券举行开奖仪式时，有人在开奖台上贴一对联：“惠而不知为政，民欲与汝偕亡”，以示公开反抗。后来张又发行一种金库券，勒令各地按亩推销。“控诉书”列举的张敬尧其他经济掠夺大宗，还有以下几项：盗押矿产，将水口山铅矿押与外人；白铅炼厂押与美商；与英商订约，将全省矿产抵押三千万元。湖南纱厂则拍卖给天津商人。张自兼湖田督办，盗卖湖田一万二千亩。擅运私盐，不断加高盐税。此外，更征收各种名目繁多的苛捐杂税。“控诉书”所列第九条罪状为勒索军饷等情：“勒索省城及各县绅民，供给饷银，动辄数千万，湘乡一县，勒捐军米至五万石。又尝勒民出米百万石私运至津，售与日本。迭经湘绅抗阻，文电确凭。又逼提中华汽船公司华盛轮船，以已定勋臣，改名勋华，据为己有。各县田赋每一元率加二角以及五角，或径加倍征收。”田赋税收需缴现金，银行可按法价易银，商民则不能以法价兑现。因此，滥币成灾，现金绝迹，百业凋残，物价飞涨。一石米需钱一百串，一斤盐需银四两。真是“人非淡食，即属绝粮”。老百姓怎么活得下去呢？

张敬尧本人鸦片烟瘾很重，他所率领的部队也被称为鸦片军。强迫湖南人民种鸦片一事，引起极大的公愤。“控诉书”说：“张督烟癖甚深，军署上下及所部将卒，多数有瘾，相习成风，烟禁大坏。近更勒民种烟，每四百亩，种烟四十亩，每亩抽税20元。长沙一县，发烟种至四万包。最近武昌鲇鱼套车站，扣留张督由奉天运到烟子四十五袋，迭经各方呈诉，外人抗议，通国执言，狱卒被张督强迫运去。”

教育界也同样受到严重摧残。张敬尧进入湖南时，军队即占驻长沙各学校。此去彼来，徙迁无期。如第一师范师生400多人，只剩下教室3间，寝室2栋。乙种工校，工场被占，不能实习，学生餐宿，都移至校外。长沙师范，校具损毁无余。北军驻校，常常毁坏房屋器具，甚至将图书当柴烧，拿仪器耍把戏，终日喧哗，妨碍学业。公立学校受到的最大威胁，还是经费无着。按原来的教育经费。张敬尧只发一二成。1918年秋季以后，开学几个月，张不发一钱。到年底时，许多学校借贷一空，至于断炊。有的学校，名义上发了个把月经费，到裕湘银行领取，竟是收回待毁的滥票子。这年11月，长沙9所公立学校校长以经费无着，学校即将涣散，曾联合向“张督”缴印辞职。五四运动以后，有些校长，被迫离湘。北军尤其仇恨学生，时常加以侮辱。

张敬尧一家人（他有三个弟弟：敬舜、敬禹、敬汤），专横残暴，贪欲无已。1919年，他本人做“四十大寿”时，设“帅座大庆筹备处”，准备定寿筵400席，寿仪分福禄寿喜四级，即 1000、500、300、200 元，指名分配。后传吴佩孚将率官兵前来拜寿，恐起变故，方停止铺张。但寿辰这天，送“万民伞”等锦旗队伍仍排成一二里。勒索寿仪，则未停止。以金佛、现金最得欢宠。有个矿务局长奉金佛两尊，各重 500 两。四帅、少帅、小姐、妹妹、姨太太、姑奶奶等，无不有寿，每寿必享多仪。除活人做寿外，还曾为其母做十周冥寿，由他的政务厅、副官处正式通知各机关，筹办礼物。民间传言 :“棺材里伸手，死了还要钱。”张还曾强迫一学校的女校长做妾，用湖田进行贿买，使得舆论大哗。他又公开提倡迷信，常常带领大批卫队到玉泉山庙烧香。他的四弟、第一混成旅旅长“四帅”张敬汤，他的继子“烂五团”团长、“少帅”张继忠，横行霸道，招权纳贿，尤为人民所深恶痛绝。当时的民谣说 :“堂堂乎张，尧舜禹汤，一二三四，虎豹豺狼。”因此，除开极少数安福系分子外，湖南各界，各阶层人民，对张敬尧的统治及其残暴的“北军”，无不恨之入骨。

张敬尧所以严厉镇压学生爱国运动，除接受段祺瑞政府的命令之外，还同直接危害了他的切身经济利益有关。

自 1915 年袁世凯承认了日本帝国主义的“二十一条”要求以来，湖南人民抵制日货成为一种比较普遍的运动。1918 年至 1919 年间，张敬尧大铸铜币，大量购买外铜，其中以日铜最多。五四运动时，湖南人民排斥日货运动空前高涨，张敬尧出动军队压迫，也不能制止。因此日商受挫，不敢再进货 ；张敬尧的铜币铸不成了，严重影响他的私囊收入，使他更加老羞成怒。

1919 年 7 月 7 日，学联大举焚烧日货之后，张敬尧将各校学生代表和一些教职员找到教育会训话。当时到场的人还记得，正是暑天，四个卫士为他打扇，他粗鲁地叫喊道 :“你们今后不准游街，不准开会，不准检查商店。你们要好好读书，好好教书，否则，本帅就要办人！”

9 月间，毛泽东便开始了秘密的驱张活动，以学联为基础，联络教育、新闻各界人士，策商驱张办法 ；同时派彭璜等人到上海，同全国学联等团体取得联系，开展反张宣传活动。

暑假以后，各校陆续开学。学生联合会虽被张敬尧明令解散，但在毛泽东领导下，仍秘密进行各种工作，并于11月间，以重新组织的方式恢复公开活动。学联发表“再组宣言”，提出人民对于国事应“自主自决”，鼓动湖南人民起来，推翻张敬尧的统治。宣言说：“欧战告终，潮流顿变，自主自决，权在国民。强敌觊觎，为日已久。倘无团结，何以争存。山东问题，急待解决，政府麻木，施措乖方，既失于前，当慎于后，主权回复，谁负仔肩？若以政府为万能，置安危于不顾，则丧尽国民之资格，而永为臧获矣，不亦大可哀乎！人将灭吾国而奴吾族，而吾犹自得，杳不知其所以。任彼佥壬，植党营私，如昏如醉，刮削民膏，牺牲民意，草菅人命，蹂躏民权，置人民于无何有之乡，唯一己之骄奢是纵。长此以往，后患何堪。”（1919年11月25日湖南《大公报》。）这些痛切的话，都是直指段祺瑞、张敬尧之流卖国虐民的罪恶而说的，实为湖南人民的第一次驱张宣言。

学联的主要活动，仍是借检查日货，坚持反日爱国运动，同张敬尧对抗。11月29日，发生日本人在福州殴伤中国学生的事件。学联立即发布声援闽事惨案传单，要求全国人民加紧抵制日货，反对军阀政府媚日卖国。12月1日，长沙学生、纠察队和店员工人在火车站查出大批日货，当即要求焚毁。商会会长张先赞是张敬尧的亲信，有恃无恐，拒不交出日货。窃运的奸商勾结军警将日货强运至国货维持会，拒绝焚毁，张敬尧立即下令保护。学联不顾张的威胁迫害，通知各校和各界，于第二天即12月2日，在教育会坪再次举行焚毁日货大会。这天黑铅炼厂等处工人和许多店员工人都参加了。以学生为主的游行队伍，高举“民众联合”、“牺牲奋斗”、“打倒强权”、“抵制劣货”等旗帜，到国货维持会取去所有日货。同时，好几批学生纠察队自八角亭一带商店中，清出大批日货布匹，一齐运到教育会坪准备焚毁。“合计在坪先期守候之学生与旁观人，约近万人。学生将各项劣货抛置坪内时，欢呼之声雷动。”正待举火时，“张敬尧遣弟敬汤，带领军警千余人，包围会场。张因受外人运动，甘心媚外，反骂称：‘你们这班东西……怎么敢挡外人，不怕惹起交涉吗？在此瞎闹！你们要知道我们张氏兄弟拿钱给你们读书，还要我们怎么样？我们兄弟是军人，只知道杀人放火，你们再不解散，我就把你们做土匪办，一个个拿来枪毙。我从前只知道湖南有男土匪，今天才知道湖南还有土匪婆（指女学生）。’旋有学生联合会会长、湘雅医学院学生等五人发言：谓今天的事，须我们自决。语未毕，即被军警拘缚至教育会内，张敬汤以手枪相抵，谓之曰：你们怕死否？随各拍一照，声将骈戮。又有长郡中学职员向张敬汤发言，谓今天学生出于爱国至诚，焚毁日货，并无不法，张即手批其颊，立呼笞责，卫兵攒殴。并令员殴杀，枪柄、刺刀、拳足四向纷飞。可怜文弱学生，身受重伤者数十人，即数龄小学生，亦同遭毒打。驱逐解散者，不下数千名。哭声载途，为学界未有之惨剧”。（《湖南》第一卷第四号。1919 年，湖南教育界反张人士及湖南善后协会部分成员，在上海组织了一个“湖南月刊社”，出版《湖南》月刊，第一号 7 月 20 日出版，第四号 1920 年 2 月 20 日才出版。创刊宗旨为“陈述地方惨痛，研究善后事宜，发扬自治精神”，内容以驱张为主。）

这是对湖南青年学生、对湖南教育界、对湖南人民的绝大侮辱。

这是一个爆发点，横暴昏庸的张敬尧点火自焚了。

学生们回到学校后，异常愤怒，感觉难堪到了极点，誓欲雪此奇耻大辱。但也有些人表示畏惧，散布悲观失望论调，大家议论纷纷，莫衷一是。

就从这天起，张敬尧对学生采取了进一步的残酷镇压，甚至还指使兵士当街殴打学生。这使得学生不敢上街，乃至不敢上学校。

12 月 3 日下午，毛泽东和一批新民学会会员聚集在白沙井枫树亭易培基家开会，易是一师的国文教师，当时思想开明，为教育界驱张的中坚分子。汇报情况，研究形势，商讨对策。他向大家分析了当时的形势：湖南各阶层人民对张敬尧的愤怒到了极点，广大青年学生和教育界已到忍无可忍的程度，驱张已有群众基础。张敬尧的臭名不仅传遍湖南，且已传闻全国；如北京的湖南名流熊希龄、范源濂不仅不受他们收买，反通电揭发他的贪赃枉法的罪证，向北京政府控告“张敬尧祸湘五大罪状”。同时，皖直两系军阀正互相水火，张敬尧同驻扎在衡阳的直系军阀吴佩孚的矛盾正在增长，驻扎常德的冯玉祥对张也很表反感。在军阀内部的矛盾尖锐化的情况下，张极为孤立、脆弱。驱逐张敬尧的时机，已经完全成熟。毛泽东认为过去有少数湘南上层人士到省外作过撤张的活动，4月间上海南北和会(在国内外强大压力下，1919年2月，北京政府与广州军政府于上海召开“南北和平会议”，实为南北军阀政客分赃会议。北京政府（总统徐世昌）实权操于“参战督办”段祺瑞手中，段并未放弃武力统一迷梦，对和会方针为“只许失败，不许成功”。由于双方要价不一，“和会”开了八次，至5月无结果而散。“撤换湘督张敬尧”为南方提出议案之一。）也讨论过撤换湖南督军问题，但是没有群众力量做后盾，自然发生不了大作用，不可能有什么结果。现在关键之举是把群众首先是全体学生、教职员动员起来，同张敬尧斗争到底。经过讨论，决定第一步是立即发动全省学校总罢课，高举驱张大旗，争取社会上广泛的同情；只有罢课之后，大家才好集中精力做驱张的工作。

学联的主要干部紧张地四处活动，酝酿在两三天内总罢课。这个消息传出之后，张敬尧一面派密探往各校侦察动静；一面派出官员恫吓各校当局，严令制止罢课。各校当局和部分教师、学生，对罢课驱张抱有怀疑观望态度；有的主张驱张，但不主张罢课。毛泽东一面与湖南教育界进步教职员组织的学术团体——健学会的骨干分子商量，由健学会召集会员开会，统一对罢课驱张的认识，由他们去发动其他教师和广大学生；一面以学联的名义召开各校学生代表会，进一步研究发动群众问题。在最后一次各校代表会议上，还有少数学生代表犹豫，只主张请愿，不主张罢课。有一个女校代表斥责这些学生没有爱国心，毛泽东支持这个女学生的发言，他说，反对张敬尧的斗争就是反对帝国主义、反对卖国政府和反对封建主义的斗争；平时大家都赞成爱国，赞成改造社会，现在就到了实际行动的时候了！毛泽东激动的感情，坚定的语气，给代表们以极大的鼓舞，扫除了一部分人的畏难情绪，增添了斗争的勇气。于是，这天的会议，终于促成了总罢课。

自12月6日起，由工专（工业专门学校）、一师、商专、湘雅、修业、楚怡、明德、周南等校，首先发动，各校就陆续罢课了。

不到一星期，长沙全体专门学校包括教会办的雅礼大学，以及中学、师范和一部分小学一致罢课了。

湖南学生联合会代表中等以上学校的 1.3 万多学生，发布了慷慨激昂的宣言，首先历数张敬尧摧残教育的情况："五十万之教育经费，即尽提做军饷，不得不减成发放，初犹六折五折，渐至三折两折，最后连一折不发。6 月份至 12 月份，积欠 7 个整月，酿成教员罢课。学校驻兵两年不撤，学生久无上课课堂。学生组织联合会，交换知识，启发民智，则两度被其解散。"继述 2 日发生的事件，"学生受此奇辱，又回想两年以来，有教育等于无教育，学生受尽摧残之实，张氏反得维持湖南教育之名。呼吁无门，不得已于 12 月 6 日全体罢课，解散归家，守候湘局解决。张敬尧一日不去湘，学生一日不回校！时日曷丧，誓与偕亡！明知此为极大牺牲，为前此之所未有，亦实因张氏罪大恶极，浮于中外古今。"（宣言见《燕阳请愿录》，《湖南历史资料》1959 年第 2 期。）"时日曷丧，誓与偕亡！"这八个字表示了全体学生多么大的愤怒和决心。

学生总罢课之后，张敬尧于 11 日召集各校校长开会，还想用高压手段，迫使各校当局屈服。各校长职员齐集后，军警各界到者甚多，会场军警林立，备极森严。张敬尧两兄弟相继演说。张敬尧略谓"此次学生风潮，是新思潮的结果。学生闹新思潮，诸位职员是否亦有闻见？听说楚怡校长提倡新思潮不遗余力，这真是岂有此理"。并且厚着脸皮说："此次学生因焚日货问题，全体解散。虽有人借此加我以摧残教育名义，但是我不承认。"最后下令："各校应照常开课。旧学生愿来者听便，否则另招新生，注重读经，教忠教孝。"至张敬汤的演说，尤为可笑。略谓"湖南治安，就是我们的治安。我只知尽军人天职，维持湖南秩序。况湖南百姓，都是督军子民……日前学生在教育坪焚毁劣货，督军派我到会维持秩序，我对付学生，亦甚'文明'。盖恐惹起外人交涉也……我们姓张的在湖南，也没有对不起湖南人的地方，且亦问心无愧。"（《湖南》第 1 卷第 4 号。）

这是湖南教育界人士最后一次听“张督军”的训斥。招收新生，当然无人睬理。由于本身的利害关系，湖南教育界同张敬尧的矛盾一直是很尖锐的。上海和会讨论撤换张敬尧的问题时，张曾邀集各校校长开会，以发放经费为交换条件，要挟他们联名发一个通电，挽留这个“仁爱湘民”的督军。大部分校长都还有点儿骨气，有的当场严词拒绝。于是周南女校校长朱剑凡被指为社会党；孤儿院院长徐特立说了一句“清乡队扰民”的话，被指为通匪；明德学校校长胡某被指为谭（延闿）派；楚怡学校校长陈润霖被迫一度逃避省外。五四运动时，为了推进新的民主教育和加强本身的团结，朱剑凡、徐特立等发起组织了一个学术性的团体“健学会”，以“输入世界新思潮，共同研究，择要传播为宗旨”，会员多是各公、私立学校校长和教职员，出面主持的人是当时任省教育会会长的楚怡校长陈润霖。何叔衡、罗宗翰等一些新民学会的会员，也参加了这个团体的活动。该会6月间成立时，朱剑凡作过“主张各除成见研究世界新思想服从真理”的演说。他们每周聚会一次，并举行学术讲演。毛泽东很赞成这件事，曾在《湘江评论》上发表一篇《健学会的成立及进行》的长文，介绍这个团体的活动和表示自己对它的希望。称这个团体的出现为“空谷的足音，我们正应拍掌欢迎，希望它可做‘改造湖南’的张本”。这个团体的分子，思想当然也是复杂的。有主张“国家社会主义”者，有主张“防止过激主义”者，有主张“采用杜威教育主义”者，也有“只要研究，不要主张”论者，常常争论纷纷，莫衷一是。但是在反对张敬尧的昏暴统治这一点上，大家则是完全一致的。后来在谭延闿、赵恒惕统治时期，健学会中的许多分子，这些五四运动中的右翼——知识界的上层人物，如楚怡、明德等校校长，即逐渐同新的统治者合作、合流了。在以后的革命活动中，毛泽东还同其中一部分有一定影响的人士，建立了反帝、反封建的统一战线关系。

以健学会的成员为中心，教育界上层的驱张活动也已酝酿成熟。毛泽东的活动早已转向教育界和新闻界，学联的工作由其他新民学会成员担任。

学生总罢课之后，各校教职员是否也宣布总罢教，在教育界曾引起激烈的争论。许多中间分子倒不是怕打破饭碗，因为早已有碗无饭，长期领不到薪水，多靠借债度日，学生罢课后，也无书可教；而是担心受到张敬尧的迫害。这一场争取工作，自然比学生罢课困难得多。由于健学会的中坚作用，以及毛泽东与何叔衡、罗宗翰等在教育界工作的新民学会成员活动的结果，长沙73所公、私立学校的教职员终于紧跟着学生总罢课之后，随即宣布湖南教职员1200人总罢教了。这对张敬尧的统治，自然是比之学生罢课更加难堪、更加沉重的打击。

在总罢课、总罢教的前夕，形势已很紧张、张敬尧侦骑四出，威胁、收买教育界人士，流传种种谣言，某某、某某将被逮捕等。学联与各界的驱张活动，早已转入秘密状态。教育、新闻各界坚决驱张人士，利用五四运动时成立的湖南各界联合会以统一行动。毛泽东这时参加了各界联合会的领导工作。许多人表示了孤注一掷、誓与偕亡的决心，不达驱张目的，绝不罢休。毛认为这是实行湖南民众自决、各界民众大联合的绝好时机，只要能在省内外开展一个坚决的持续的驱张运动，必将促进张敬尧同各方面矛盾的发展；在总罢课、罢教的基础上，其他各界群众也一定能逐渐发动起来，同“张毒”作斗争。大家一致商定这样几个办法：

一、组织驱张代表团，分赴北京、上海、汉口、衡阳、常德、郴州、广州等地，一方面伸张民气，造成声势，扩大驱张宣传；一方面利用北军各系内部矛盾和湘军急欲收复失地，从军事上压迫张敬尧。

二、由各校派出学生和教职员代表，分别组成学生和教职员两个代表团，去北京的还组织一个总的湖南各界公民代表团。

三、一部分人留守长沙，继续组织学生和各界人士坚持省内驱张活动，并负责同外地各代表团的联络。

各路驱张代表团人员都在12月7日以后，分途出发。学生代表共派出54人，教职员和各界代表数十人。在代表团出发之前，新民学会派易礼容先到汉口明德大学借两间房子，作为代表团在汉口停留处所。毛泽东抵武昌后，即到利群书社找恽代英（他们同是少年中国学会会员，早有通信来往），请他们帮助向各地邮寄二百多份《驱张宣言》。他以驱张请愿团团长身份举行了记者招待会，历数张敬尧祸湘十大罪状。在武汉逗留几天后，他即乘船赴上海，欢送即将去法国的挚友蔡和森、向警予等，他们一起讨论了湖南的形势和学会的工作等重大问题；未待蔡起程，他即赶到北京。由武汉出发的驱张请愿团到达北京时，邓中夏等到车站迎接。

前往北京的主持人是毛泽东，任公民代表团团长。此外还有新民学会成员罗宗翰、陈绍休、李思安（福湘女校学生代表，化装成农妇去的北京）、李振翩等一批人分任教育界和学生界代表。彭璜已去上海，何叔衡、夏曦等主持赴衡阳的代表团。新民学会会员共出动了近 20 人，参加各代表团的领导工作。

58 年之后，李振翩为我们提供了这段史实的第一手资料。他回忆说："毛主席从北京回到长沙，他已经不是一个学生，但还发动了学生运动，来反对张敬尧……毛主席指挥学生，发动罢课。湖南学生会开会时，我们提议罢课，反张。各人代表他本校学生会发表意见，有的赞同、有的反对，辩论很厉害。经过几个月的秘密工作（按此处当指从暑假后到 12 月 6 日这段时间），各校学生会大都同意罢课。于是湖南学生联合会最后议决罢课，由各校派代表两名，赴北京请愿撤换张敬尧。联合会秘密通告各校代表，于晚间乘火车到汉口集中。我们到了汉口，在指定的旅馆集中。毛主席已在这里等候我们。代表们到齐后便开会，讨论一切，把名称定为驱张请愿团，公推毛主席为团长，范围也扩大了，参加的不限于学生。几乎天天开会，讨论事。所谓请愿目的，原来也只在争取舆论和社会同情，扩大驱张的影响，对北京政府施加压力而已。因此，1 月 28 日，3 个代表团同湖南在京学生等，浩浩荡荡向国务院进发，作最后一次请愿，游行队伍高举"代表三千万湘民请命"、"请政府速即撤惩张敬尧"和"与张偕亡"三面大旗，各代表还手执写上张敬尧种种罪状的几十面小旗子。这天，公民代表团由毛泽东任首席代表，进行交涉。

据 1920 年 1 月 29 日北京《晨报》所载的《昨日湖南人之大请愿》一

文所记：三个代表团在新华门相持了三个小时，说靳总理、秘书长不在，最后允许三个代表团六人入院，由一个秘书接见。“公民代表毛泽东、张百龄，教员代表罗教铎、杨遇夫，学生代表柳敏、李思安，相继痛述张督祸湘罪恶，声明非见靳总理求个办法不可。”这个秘书“于湖南痛苦也很表同情，代表以不得要领退出。群众在门外等候，看见代表出来，急问情形，大愤，于是决定赴靳氏私宅，效秦庭之哭。请愿团赴靳宅，众离新华门，经北长街景山出后门，至棉花胡同。靳先得电话，知请愿团会到，并不拒阻。宅中人即出接待。守卫兵士看见许多旗帜，又接着传单，倒好像表示欢迎的样子。六代表入内，副官长于化龙接待。代表将张敬尧祸湘罪状数十条，略数一遍。谓我们数十人来京，近两个月了，饭也没吃，衣也没穿，所求者，请政府去一万恶滔天的张敬尧。湖南人处在水火当中，再不援救，就会死绝。说毕，有痛哭流涕者，请靳总理当众宣布办法。内有一人出，手持代表上靳总理书说：‘这书上所言，总理通知道了。’于副官入内言明群众有非亲自出见、宣布办法不可之势。于出向代表说，‘总理对于诸君，深表同情，诸君来京多日，应该给诸君一个办法，准明日国务会议将湖南问题提出，这是总理负责的话，请诸君不要过于焦躁’。这时，于受代表逼求，三入内告靳，三出外传话。最后表示上述办法，言辞极委婉。于是六代表同于副官出宅外，向大众将靳意宣布，众鼓掌，请于先生向靳总理代达众情，必要在最近日内，求得将湖南督军撤伍一事实现。众要求一礼拜内解决，下星期四再到靳宅候信，于应允，众将旗子数十面约为一大束，交与副官，彼此脱帽为礼而别。”一个星期以后，代表们不仅见不到这位靳总理，棉花胡同还布满军警，阻止通行。

在此期间，代表团还召集北京的湖南同乡1000多人，在湖南会馆开驱张大会，关起了大门，强迫在场的10个湖南籍的安福“国会议员”签名于驱张决心书：“担负驱逐张敬尧的完全责任，如不能达到目的，则全体辞职，以谢湘民。”这件事对段祺瑞、张敬尧是一个很大的讽刺。因为这些“安福议员”都是张敬尧在湖南一手包办，“选举”出来为段祺瑞政权服务的。

代表团还携带了大批揭露张敬尧罪恶的专刊和小册子，向各方散发。内有《湘灾纪略》，以及《醴陵兵燹纪要》、《醴陵兵燹图》、《宝庆兵灾纪实》等专记一县一地灾难的书刊十数种，此外还有张敬尧的家乡安徽霍邱、颍上两县公民刊布的《张敬尧罪恶史》，以及旅居湖南的外国人写的《湘祸记》、《张敬尧》等书。

为了向全国及时传播驱张运动的消息，造成舆论，争取各界援助，代表团到达北京后，即组织了一个平民通信社，由毛泽东任社长。每日印发稿件 150 余份，送登京、津、沪、汉等地报纸。他当时住在北长街 99 号一个名叫福祐寺的喇嘛庙里。据黎锦熙回忆在这座喇嘛庙里见到毛泽东的情况 :“当我去看他时，他正坐在大殿正中香案后，香案很长，左边摆着平民通信社的油印机和通信稿件，可见有些稿子可能是他自编自刻自印的。右边是一大堆关于社会主义的新书刊，我在这里第一次见到《共产党宣言》。”(《在峥嵘岁月中伟大革命的实践——回忆毛主席在北京的部分革命活动》，1977 年 9 月 4 日《光明日报》。) 黎锦熙一直保存了平民通信社所发的稿件 15 起 20 多份，其中大量的是揭发张敬尧在湖南摧残教育、盗押厂矿、私运烟种等罪行和拼凑保张团、湘事维持会等黑幕 ; 还有驱张代表团出发详情、到京活动请愿和北京排张情况的报道。毛泽东就是这样在这里一面编写稿件，把张敬尧祸湘的罪恶和各地驱张运动的消息，传布到全国 ; 一面和代表们四处奔忙，联络湖南在京的学生、议员、名流学者和绅士等，向他们宣传驱张的意义。

早在 1918 年 12 月，一些被张敬尧逼走的湖南上层人士，曾在上海组织了一个湖南善后协会，向当时的“南北和会”，提出以去张为“和会”先决问题的要求，发行《湘灾纪略》等书刊。这些限于少数人的上层活动，冷冷清清地进行了一年多，毫无结果。这次毛泽东率领驱张代表团到北京进行大量活动，特别是平民通信社向各地报纸不断地大量地发送新闻稿件，全国报纸得以据此纷纷揭露张敬尧的罪恶，有的报纸还为此发表评论。如北京、天津报纸发表“政府尚不惩办张敬尧耶！”“张敬尧可以已矣！”等时评。据《蒸阳请愿录》部分统计，当时发表讨张时评的报纸有北京《益世报》、《北京日报》、《北京惟一日报》、《京津太晤士报》、上海《申报》、汉口《大陆报》、汉口《正义报》等，共发表时评和社论17篇，形成了强大的舆论，为赶走张敬尧创造了有利条件。

1920年1月5日，陈独秀发表了题为《欢迎湖南人的精神》的文章，对驱张运动表示支持和鼓励，认为湖南人的“奋斗精神”，“在一班可爱可敬的青年身上复活了”。张敬尧是安徽霍邱人，陈是安徽怀宁人。文章首段就直指张敬尧，以诙谐的笔调写道：“在我欢迎湖南人的精神之前，要说几句抱歉的话，因为我们安徽人在湖南地方造的罪孽太多了，我也是安徽人之一，所以对着湖南人非常惭愧。”他接着写道：“湖南人的精神是什么？‘若道中华国果亡，除非湖南人尽死。’无论杨度为人如何，却不能以人废言。湖南人这种奋斗精神，却不是杨度说大话，确实可以拿历史证明的。”他以大量历史事实加以说明之后说：“我曾坐在黑暗室中，忽然想到湖南人死气沉沉的景况，不觉说道：湖南人的精神哪里去了？仿佛有一种微细而悲壮的声音从无穷深的地底下答道：我们奋斗不过的精神，已渐渐在一班可爱可敬的青年身上复活了。我听了这类声音，欢喜极了，几乎落下泪来！”陈独秀对驱张运动作了深远的展望：“我们欢迎湖南人的精神，是欢迎他们的奋斗精神，欢迎他们奋斗造桥的精神，欢迎他们造的桥，比王船山、曾国藩、罗泽南、黄克强、蔡松坡所造的要雄大精美得多。”（此文见《陈独秀文章选编》上册第480页。）陈独秀写此文后，即由北京去上海，正是“南陈北李相约”建党之时。李大钊送陈至天津而返。

湖南学联负责人彭璜到上海后，一年多前开始的上层驱张活动的性质便起了根本的变化，从此驱张活动得到全国各界联合会、全国学生联合会等群众团体的声援，成为真正群众性的运动。驱张代表团于1919年12月到达上海，随即成立湖南旅沪各界联合会。全国各界联合会发表“声讨张敬尧”的通电，全国学联且致书张敬尧，要张“快识时务”，走为上计。据《蒸阳请愿录》所载材料，当时尚有北京学校教职员联合会，北京、南京、河南、武汉等地学生联合会，江苏省教育会及留美、留日湘籍学生等18个团体，发表惩办张敬尧的函电共24件。

上海是全国经济和文化舆论的一个中心，出版发行等方面有许多方便的条件。由湖南学生驱张代表团创办、彭璜等新民学会会员主编的《天问》周刊，于1920年2月1日出版。这是一个专门作驱张宣传的机关刊物，我们已经看到的共有24期（第24期的出版日期为1920年7月11日，也可能只出到这一期为止）。这个刊物在驱张运动中起了很大的作用。不仅发行全国各地，而且发行到法国、日本、南洋等地。张敬尧发觉这个刊物的威胁后，即命令湖南邮局全部没收。

毛泽东主持的平民通信社直接支持了这个刊物，他自己也为该刊撰稿。这个刊物继承了《湘江评论》彻底地反帝、反封建、反军阀的传统，以毛泽东倡导的“民众大联合”的思想作为驱张运动的指导思想。《天问》的发刊词提出了“民众自决”的口号，表现了与军阀政府彻底决裂的精神：“政府既坐视而不之救，和会又久经停顿，并一万恶之张敬尧而不能去，湘民何辜，至于此极。夫政府与和会既不可恃，则吾人之所恃者，惟在民众之自决。今所恃民众自决之端，又何止一湘局……本报同人具此主旨，爰本湘事以推及于各省；本湘之去督，以推及于各省之去督。于军阀之横暴，政客之蛊祟，视为洪水猛兽，不可与一朝居。”创刊号上由主编执笔的《去张运动与湖南人》一文，关于如何实行民众的大联合，以达到驱逐张敬尧、铲除军阀势力的目的，有详尽的论述。文章认为，这次的驱张运动是湖南人民的“大觉悟、大联合”。号召湖南工商各界进而罢工罢市，与张敬尧斗争，“如去年五四运动之所以对付卖国贼者，亦吾湘工商界所宜有事也”。《天问》的全部评论（每期都有一篇社论性质的排在刊首的“评论”），贯彻一个中心思想：只有依靠人民的力量，只有依靠人民的觉醒、团结和斗争，才能取得驱张运动的胜利；对于南北军阀政府、南北和会，不寄存任何幻想。评论说：“北京政府，吾人可视为堕甑不顾，与言去张，犹与虎谋皮，无益于事。”南方军政府，不过是“假护法之名，图分赃发财之实。”“和会自经停顿，久久阒然；即使复开，但顾分赃，安问民瘼？”因此，结论是：“一面鼓起群众，一面预备实力。”自然，这里所说的“实力”，还没有明确具体的含义。关于当时吴佩孚等直军的动态，《天问》极表关心，作了许多报道，而且寄予希望；对谭延闿、赵恒惕等湘军，则常予责难，或晓以大义，鼓励出师。这就说明《天问》的编辑认为，所谓湘军也可算作当时驱张的事实上的“实力”，应利用吴佩孚北撤的“形便”，催促湘军随后接防，以实现驱张去湘。根据当时的态势，《天问》准确地估计到这是必然出现的情况。

1918年侵入湖南的北军，除张敬尧部以外，尚有直军、奉军、苏军、鲁军、安武军等。其中实力最强的是直系军阀曹锟的嫡系吴佩孚（第三师师长）。北军入湘时，吴自恃战功最大，而湖南军政大权全落张敬尧之手，因此，对段祺瑞的北京政府极为不满。在直皖两系军阀的矛盾日益发展中，吴佩孚为保存实力，收买人心，抬高身价，早在1918年6月间，即利用驻地衡阳的前哨的位置，与西南军阀的部队正式宣布停战。后来又迎合湖南各界厌战心理，通电全国主和。在湖南各系北军中，以领袖自居。段祺瑞鞭长莫及，奈何不得。学生和教职员驱张代表团到达衡阳后，即联合本地各校学生和教职员，几次至吴佩孚处，请求出兵驱张。吴当然乐得做顺水人情，一方面向代表团表示同情，示意：“自有办法”；一方面趁机通电各方并电张敬尧，对张施加压力。衡阳以第三师范为基础，各校学生在五四运动时已成立湘南学生联合会。后来成为湖南最早一批共产党员的夏明翰、蒋先云等，都是三师的学生和湘南学联的骨干分子。由于吴佩孚不打算久驻湖南，对学生运动便没有做过多的干涉。利用这一特殊环境，湖南学联领导的抵制日货等爱国运动，在衡阳开展得很有成效。驱张代表团到达后，更掀起了一个驱张运动的高潮。“驻衡湖南学生请愿团”于1920年1月出版了《湘潮》周刊，发刊的宗旨，除驱张之外，还提出鲜明的根本改造国家社会的主张：“一、做‘去张运动’的加紧鼓吹；二、研究湖南的积极建设；三、讨论救国的根本方法；四、研究社会的解放与改造。”我们现在看到的只有该刊第三号、春节特刊号和第十三号的两张。该刊认为张敬尧是一定能够赶走的；驱张运动成功了，是学界联合运动的胜利，是民众联合运动的胜利。此外，该代表团于1921年还出版了一本《蒸阳请愿录》，详述该团当时的活动，并辑录了一些有关驱张的材料。

留在长沙的新民学会会员和学联骨干分子，在困难而危险的环境中坚持斗争。驻省驱张团团部设在周南女校三楼的一间小房子里，由湘雅的张维主持；张去上海之后，即由明德的学生会会长唐耀章主持。通讯联络总站则设在易培基（易培基（1880—1937），湖南长沙人，1924年11月、1925年12月两度短时期担任北京政府教育总长。1927年任上海劳动大学校长。）家。易将收到的各地驱张消息转交学联干部，编成《驱张通讯》，油印分发各校及有关方面。此外，还领导各校学生采取了各种巧妙的活动方法。如组织临时补习学校，利用旅馆、茶楼作住为宿和活动场所；组织剧团演出反封建的新剧，为代表团筹款；将张敬尧新的残暴、敛财行为，写成材料告驱张代表团和各地报刊发布；同时仍坚持抵制日货运动。在张敬尧的纵容之下，1920年5月间，长沙还发生日商聚众捣毁国货维持会的事件。

在省内外一致声讨的形势之下，张敬尧有如热锅上的蚂蚁。他一方面加紧高压政策，下令查办何叔衡等教育界驱张代表，“永不叙用”；通令开除各校学生代表54人，诬为“过激党”，命军警通缉；查禁各补习学校，严密搜查，企图使学生无屯留之地。同时收买、动员少数归附于他的教育界败类，劝令各校复课，后来甚至又取消开除学生代表的命令，并且派人到北京贿赂学生代表，散播种种谣言，以离间代表团人员。所有这些手段，无不一一失败。湖南学生代表团通电辟谣，斥责张之无耻；留在长沙的学生再次以“湖南一万三千学生”的名义，发布宣言：“各校代表一日不回湘，学生等即一日不来省。”在张的威胁利诱之下，个别开学的学校，学生最多的也不过二三十人。

为了挽回天下传闻的臭恶名声，在驱张代表团开始活动时，长沙即出现所谓“保张团”，为虎作伥。其中首要分子叶德辉、符定一、曾广钧（曾国藩后裔）、廖名缙等，都是由张以巨款收买的封建余孽、著名痞绅和安福议员。叶德辉等数十人居然通电北京政府总统和各省机关，如此厚颜无耻地为张敬尧辩护："张督仁政迈乎汉唐，武功过于汤武。学生过激，等于土龙；元首英明，不烹走狗。""保张团"分子在北京还组织"旅京湘事维持会"，通过安福议员，为张敬尧进行各种收买活动。为此，北京、上海的驱张代表团发出通电，痛斥"保张团"；上海《民国日报》刊载了长篇"长沙通讯"，彻底揭发了"保张团"的种种受贿丑闻；《天问》对"保张团"的始末作了系统的报道。由"湖南公民代表毛泽东"领衔的北京三个驱张代表团，于 1920 年 3 月 25 日向全国发出的"湖南去张代表电讨保张团"的通电中说："张敬尧罪大恶极，久经湘人控告，积案如山。全国人士，亦复口诛笔伐，同声攻击。弃之惟恐不远，走之惟恐不速。乃有号称旅京湘事维持会者，发布传单，以伪乱真，浮词耸听，声言力戒对人问题云云。不知三年以来，湘民之困苦颠连，九死一生，家无应门之童，野有自缢之女，何一非张敬尧之所赐，张敬尧不去，湘民宁有幸理？今欲救湘，首在驱张。张去而后湘事始有整理可言。"经过毛泽东和驱张代表团的坚决斗争，"保张团"终于原形毕露，土崩瓦解。

"保张团"的出现和丢丑，叶德辉等人玩弄的四六体通电，正好说明张敬尧的黔驴技穷，以及湖南地方反动势力无耻到何种程度。

1920 年初，直皖两系军阀利害冲突日趋剧烈。驻湖南的直系部队急欲北上统一力量，压服皖军。三四月间，驻湘直军的第三师、十一师、二十师、十六旅、直隶各旅、奉军等，由吴佩孚领衔，以全体官兵名义，连续通电全国，控告张敬尧的搜括政策，加重米、盐捐税，使北军供给也受到损失，"害及军人的种种罪恶"。张敬尧已处在里里外外、四面楚歌之中了。5 月下旬，吴佩孚率部由衡阳顺江而下，5 月 27 日过长沙直去武汉，吴由衡退兵时，早同谭延闿、赵恒惕默契，吴兵退一步，湘军进一步。张敬尧侵入湖南后，将嫡系部队扩充到七八万人，军官发财，兵匪不分，养尊处优了几年，腐败不堪，无丝毫战斗力。当时湘军一共只有三千多支枪，被湘南民众称为"叫花军"。在湘军紧随吴后进逼下，"以七八万之众，当乌合之敌”（张军节节败退时，于1920年6月7日电北京政府，推卸责任：“南军专与第七师为难，客军均作壁上观，不发一弹，遇敌即退。”6月12日，北京政府电责张：“该督统率七八万之众，以当乌合之敌，有何待援之必要！”（转引自陶菊隐著：《北洋军阀统治时期史话》第5册。））的张军，无心作战，望风而逃。在长沙做了最后一次掳掠搜刮之后，6月11日，张敬尧仓皇逃走，6月26日，张部全部退出湖南省境。经过10个月的艰苦奋战，以学联为首的湖南各界驱张运动终于取得了胜利。驱张运动是五四运动在湖南的一个发展，是刚刚开始的全国反帝反封建运动的一个组成部分。

这个运动的主力是学生和教育界；湖南的工人阶级和广大农民还没发动起来。只是在张敬尧军溃退时，湘东、湘中各地的农民群众，曾自发地截断交通，夺取辎重，打击溃军，使之腹背受敌。

这时中国共产党还没有成立。以毛泽东为首的新民学会，在这次运动中起了核心领导作用，毛泽东成为群众公认的领袖，新民学会的成员是组织骨干，团结了当时可能团结的力量，形成一个广泛的、暂时的驱张联盟。在运动的过程中，毛泽东提出了正确的驱张口号以及有效的方针和步骤；通过平民通信社、《天问》、《湘潮》等报刊；作了思想的领导，从而动员了全国的舆论，扩大了宣传的声势。由于有了先进的组织和正确的思想领导，斗争方式成功地运用了合法与非法、公开与秘密、和平请愿与罢课罢教；同时充分利用了军阀内部的矛盾；活动的范围从省内到全国，尤其是在北京、上海两地的活动，得到了全国的声援，发生了巨大的政治影响。

军阀的内讧，促使湖南人民的驱张运动早日取得胜利。可是旧的军阀虽然走了，新的军阀——打着驱张大旗的谭延闿、赵恒惕却来了。湖南人民的灾难并没有过去。

不过，张敬尧的败走，毕竟是一件令人大大兴奋、大快人心的事情。驱张运动本身是一次成功的反军阀运动，民气终于战胜了民贼，有力揭露和打击了封建军阀，大大壮大了湖南人民的革命力量，同时对全国的民主运动，革命势力，也起了鼓舞作用。

第二次到北京

由于领导驱张运动，毛泽东第二次来到北京，使他有机会进一步倾向马克思主义。

五四运动轰轰烈烈的群众斗争，推动新文化运动大步向前迈进，开始系统地宣传马克思主义。就在进入这个新阶段的时候，新文化运动统一战线内部发生了分裂。这个分裂始于 1919 年 7 月至 12 月间“问题与主义”的论争。五四运动开始的时候，领导和参加这个运动的成分，即具有初步共产主义思想的知识分子、革命的小资产阶级知识分子和资产阶级知识分子。这三部分知识分子在新文化运动初期形成并保持着反封建的统一战线。但到 6 月 5 日工人阶级登上中国政治舞台以后，当时的右翼——资产阶级知识分子中的大多数，即为群众的狂风暴雨行动所吓退，向敌人投降，站到反动方面去了。当中国是不是需要马克思主义这个根本问题被尖锐地提出来之后，他们就马上起来反对了。胡适是他们著名的代表。胡适不仅反对学生的爱国运动和工人的罢工斗争，而且是资产阶级知识分子中第一个起来反对马克思主义的。在五四前夕，他已经打出实用主义的旗帜。《每周评论》由他主编后，1919 年 7 月，他在刊物上发表了《多研究些问题，少谈些主义》一文，反对在中国传播马克思主义和俄国革命的经验，提倡枝枝节节的改良，“研究这个问题如何解决，那个问题如何解决”，而反对“根本解决”。他一面说，“空谈外来进口的‘主义’是没有什么用处的”，同时却积极宣传资产阶级的改良主义、唯心主义，尤其是杜威的实用主义。这期间，他一连发表了七篇介绍实用主义的文章。胡适的浅薄言论立即遭到李大钊的反击。李大钊指出“问题”与“主义”有不可分的关系，要解决问题，就必须谈主义。他认为“必须有一个根本解决，才有把一个一个的具体问题都解决了的希望”；而且指出，社会主义的基本原则，任何国家都是适用的。“在别的资本主义盛行的国家，他们可以用社会主义做工具去打倒资产阶级。在我们这个不事生产的官僚强盗横行的国家，我们也可以用社会主义做工具，去驱除这一班不劳而生的官僚强盗。”他用十月革命胜利的具体事实否定了改良主义的道路。李大钊对胡适的反击，代表了当时的左翼——坚决走社会主义道路的具有初步共产主义思想的知识分子的坚定立场。

不过，由于当时马克思主义的比较系统的介绍刚开始，许多小资产阶级的社会主义思潮还没有受到彻底批判，就是少数具有共产主义思想的先进分子，对马克思主义的了解也是不完全的，他们已有的马克思主义思想还同大量非马克思主义思想混杂在一起。这种情况，就是李大钊本人也不例外。因此，像他那样具有高度的嗅觉能力，能一下子揭穿胡适的真面目，确是难能可贵的。胡适接编《每周评论》之后，虽然刊物的革命性被破坏了，但他还没有在刊物上正面反对俄国的革命，甚至还表现了对这个新国家的某种兴趣。他所宣传的杜威的实用主义，那些带有经验唯物论色彩的说法，如反对空谈抽象名词，一切学说必须经过实验的证明等，还起过一定的迷惑作用。因此，人们还不能很快完全识破他的真面目，乃至有一些革命知识分子，当时还将实用主义当做进步的东西加以接受。例如陈独秀，就曾长期以为历史唯物主义是可以同实用主义并存的，还幻想劝说胡适接受历史唯物主义。

办《湘江评论》的时候，毛泽东常同新民学会的同志讨论各方面的问题，很想对一些问题求得一个正确的答案。这时正值胡适发表了《多研究些问题，少谈些主义》一文。他曾同胡适有过接触，对这位当年的著名人物有过好感，很可能是受了胡适在文中所提的“凡是有价值的思想，都是从这个那个具体的问题下手的”这类说法的影响。他觉得研究一些具体问题是必要的。因而曾以“问题研究会”的名义，向国内各有关方面发出一份《问题研究会的章程》，其中提出中国和世界的政治、经济、社会、教育、劳动、国际形势等方面的大小问题 140 多个，如民众联合如何进行，社会主义如何实施，劳农干政问题，大派留学生问题，孔子问题，等等。据周世钊说，毛草拟了这份章程，只不过是有此拟议，并没有什么会员、组织，也没有开过什么会。看来这个研究会并没有真正建立起来。只是人们可以从这章程来看毛当年对“问题与主义”之争的态度。据章程上载明，这个会于1919年9月1日成立。李大钊的《再论问题与主义》一文，刊于8月17日出版的《每周评论》第35期。因此，毛草拟这个章程时，可能已经看到，也可能还来不及看到这篇文章。他在章程第1条说：“凡事或理之为现代人生所必需，或不必需，而均尚未得适当之解决，致影响于现代人生之进步者，成为问题。同人今设一会，注重解决如斯之问题，先从研究入手，定名问题研究会。”这显然是对胡适倡导的“多研究些问题”的响应。章程第二条列举了有待研究的140个大小问题。其中不少问题在胡适文章中也是提到了的。章程第3条特别谈道，“问题之研究，须以学理为根据。因此在各种问题研究之先，须为各种主义之研究”。这似乎近乎李大钊的基本论点“问题和主义分开”；而其实，毛列举的“特须注重研究”之各种主义，是“哲学上之主义、伦理上之主义、教育上之主义、宗教上之主义、文学上之主义、文字上之主义、美术上之主义、政治上之主义、经济上之主义、法律上之主义、科学上之规律”。如此看来，他列举的这些主义，并不是李大钊心目中的布尔什维主义或马克思主义。其实这也只是问题，不过比那些具体问题范围稍大，抽象程度稍高而已。

邓中夏接到这份章程之后，在《北京大学日刊》第467号（1919年10月23日出版）刊出章程的全文，并有启事如下：“我的朋友毛君泽东从长沙寄来问题研究会章程十余份。在北京的朋友看了，都说很好，有研究的必要，各向我要了一份去。现在我只剩下一份，要的人还不少，我就借本校日刊登出，以答关心现代问题解决的诸君的雅意。”

据周世钊说，这篇章程可能编入了《湘江评论》第5期。这期刊物未出印刷厂即被当局没收，现已无从确说了。

几个月之后的1919年12月，发表在《湖南教育》月刊第1卷第2期发表《学生之工作》一文（写作时间在几个月前），毛泽东就已进一步对资产阶级改良主义作了批判。文中指出，要想使社会进步，决不能企图“改良其旧”，而必立志“创造其新”。自古以来，当旧的生活、旧的思想、旧的制度已不适合新的时代时，只有将它们根本否定，另行创立新的生活、新的思想和新的制度。他认为社会的基础是经济制度，社会问题的解决必须从经济制度和政治制度的改造着手。而如此艰巨之“制度改革，岂区区‘改良其旧’，云云所能奏效”。

如果说，这个“问题研究会”的发起，同胡适的提出有关；那么，到北京进一步倾向马克思主义之后，这种所谓“多研究些问题”的痕迹就完全抹去了。因为从此以后，我们所看到的当时有关材料中，再也找不到关于这个“研究会”的任何反映了。

后来，1921 年的元旦，新民学会会员在文化书社开会，在讨论中，毛泽东说：“现在国中对于社会问题的解决，显然有两派主张：一派主张改造，一派则主张改良”；他认为“改良是补缀办法，应主张大规模改造”。在研究问题与主义方面，他说：“各种普通或专门学术，当让会友去自由研究。现会中所特要研究者，必为会友所共同注意且觉为现在急需的。主张单研究主义，如社会主义、实验主义等。”（《新民学会资料》第 17、第 18、第 19 页。）这些意见就更接近于李大钊了，这就是说，要改造中国的黑暗社会，必须有正确的主义作理论指导，发动广大的人民群众起来斗争，用彻底革命的手段，才能成功。此处将社会主义与实验主义相提并论，也不足为怪，因为前提是“让会友去自由研究”。

从《湘江评论》上发表的文章，我们也了解到毛泽东这时已开始接触马克思主义的观点，热烈歌颂十月革命的胜利。还在学生时代，他就如饥似渴地追求解决中国问题的真理，他并不赞成枝枝节节、点点滴滴的改良，而具有某种根本解决、彻底改造的观点。因此，胡适的这种“一分一毫一点一滴”的改良主张，必然为他所反对，而坚决赞成李大钊的“根本解决”；他虽有研究问题的兴趣，他当时对胡适其人还是相当尊重，但是他的革命家的精神，自然不会使他走入实用主义的迷阵。

“问题与主义”的争论发生之时，马克思主义在中国还没有广泛传播开来，人们受历史条件和理论思想水平的限制，还没有形成全国范围的马克思主义同反马克思主义的鲜明的对垒。因此，此次争论的意义虽然重大，但规模是比较小的。陈独秀在五四运动前是一个典型的革命民主主义者。在五四运动后，特别在1919年6月至9月的监狱生活后，思想有了明显的变化，开始用马克思主义的基本观点观察中国社会问题，对资本主义制度和道路给以明确的否定，提出“世界上的军国主义和金力主义，已经造成了无穷罪恶，现在是应该抛弃了”。（见1919年12月1日《新青年宣言》。）但这时还只有李大钊一人，发表了一系列质量较高的介绍马克思主义基本原理的文章。继《我的马克思主义观》之后，有《阶级竞争与互助》（《每周评论》第29号，1919年7月6日）、《物质变动与道德变动》（《新潮》2卷2号，1919年12月1日）、《由经济上解释中国近代思想变动的原因》（《新青年》7卷2号，1920年1月）等文。这些文章虽然还存在一些缺点和错误，但在当时起了极其重要的指导作用。在这些文章中，李大钊对历史唯物主义的基本原理，物质财富的生产方式决定社会的发展，生产力与生产关系，经济基础与上层建筑之间的关系，阶级与阶级斗争等，都作了比较全面的论述；并且运用历史唯物主义的观点解释了社会历史和人民群众在历史上的作用，批判了中国古代的和资产阶级的唯心史观，特别是明确指出要解决中国的问题必须彻底改变中国的社会经济制度，以及强调阶级斗争在改变社会制度时的重大意义。当然，关于中国革命的性质、革命的具体步骤和无产阶级的领导权等一系列问题，李大钊这时也还没有明确的认识，就是说，还没有找到实践的途径。

1920年2月，苏俄政府同中国建立平等外交关系的通告，正突破军阀政府的封锁发表出来，受到中国人民的热烈欢迎。俄国社会主义革命胜利的影响在中国更为深广了。就在这个时期，1920年的春季，共产国际的代表来到中国，在北京见到李大钊。后来又由李介绍到上海，见到陈独秀。1920年3月，李大钊在北京成立了马克思主义研究会。

毛泽东到北京后，跟各方面接触很多，尤其同李大钊、邓中夏等坚信马克思主义的同志有深切的联系。根据他自己的回忆，这时他在李大钊的帮助下，“迅速地朝着马克思主义的方向发展”。他同李大钊研究许多问题。他写给留在长沙的新民学会同志的信中说“留俄之事，正和李大钊等商量。我为这事，脑子里装满了愉快和希望”。（此节所引同新民学会会员通信，均见《新民学会会员通信集》第2集。）

五四运动时期，“劳工神圣”、“与劳工为伍”的呼声，在一般进步知识青年中影响很大。倡导这个口号的人，特别是资产阶级知识分子（以蔡元培为代表），大多数是并不懂得劳动人民的历史地位与历史任务的；他们多半从伦理角度出发，认为体力劳动同脑力劳动的分离是社会不良的根源，有些人甚至以怜悯态度来对待劳动人民。托尔斯泰的泛劳动主义以及带空想社会主义色彩的日本武者小路的新村主义等，《新青年》、《晨报》副刊等许多进步报刊上都有介绍。托尔斯泰的强调自劳而食、体力劳动对人生的需要，自有一定的积极意义，但作为一种改造社会的手段，当然就是荒谬的了。少年中国学会的负责人王光祈，根据这些理论和克鲁泡特金的互助论思想，发起“工读互助团”的组织，得到陈独秀、李大钊、蔡元培等人的支持，集合北京大学等校几十个男女学生，成立了三个组，实行“半工半读、互助协作”的新生活。他们企图通过知识分子做工和帮助穷苦人求学的办法，来打破劳心与劳力的差别，实现社会的改造。当然，这种改良主义的办法，既不能实现社会改造，也不能实现知识分子的自身改造。“工读互助团”中的男子组，办了三四个月，由于开支太大等原因，终于瓦解了。继湖南学生驱张代表团之后，有不少湖南学生陆续来到北京，其中有好些女学生。“工读互助团”中的女子组不过八个人，湖南籍的即占了六人。1920年2月，毛泽东特将这一情况写告长沙新民学会的女同志：“今日到女子工读团，稻田（校址设在长沙古稻田的湖南省立女子师范）新来了四人，该团连前共八人，湖南占六人，觉得很有趣味。但将来的成绩怎样，还要看她们的能力和道德力如何，也许终究失败（男子组大概可说已经失败了）。”1920年2月，王光祈到上海后，又进行工读互助团的活动。

3 月 5 日上海《申报》刊《上海工读互助团募捐启》中，列有以陈独秀、王光祈领衔的 25 个“发起人”，毛泽东、彭璜、萧子璋、李思安和湖南其他驱张代表汤松（商专校长）、孔昭绶（一师校长）等，都列名其中。由此可见毛泽东当年对工读互助这一事物的热心。这年 5 月他离京到上海后，还参加了这个组织的活动，具体担任洗衣和送报的劳动。但同北京的工读互助团一样，上海的工读互助团很快也就失败了。6 月 7 日毛给黎锦熙的信中说道：“工读团殊无把握，决将发起停止。”

毛泽东历来最注意新生事物，并尽可能躬亲实践。早在 1918 年 6 月，刚从第一师范毕业时，曾与蔡和森、张昆弟等跑遍岳麓山，想找一个地方建立“新村”，试验新生活。后来又为建设新村起草过计划书，并将计划书中的《学生之工作》一章发表在《湖南教育》月刊上。他在序言中说：“我数年来梦想新社会生活，而没有办法。七年（即 1918 年）春季，想邀数朋友在省城对岸岳麓山设工读同志会，从事半工半读，因他们多不能久在湖南，我亦有北京之游，事无成议。今春（指 1919 年）回湘，再发生这种想象，乃有在岳麓山设新村的计议，而先从办一实行社会说本位教育说的学校入手。此新村以新家庭新学校及旁的新社会连成一块为根本理想。”从这里可以看出，当时毛泽东受空想社会主义的影响，想把学校、家庭、社会结合为一体，建立起“人人作工、人人读书、人人平等”的新社会生活。“旧日读书人，不预农圃事，今一边读书，一边工作，以神圣视工作焉，则为新生活矣。”这种半工半读、自由研究学术的“工读同志会”的理想，他在 1918 年 8 月去北京之前，曾写信告诉蔡和森，因此蔡 7 月 24 日的回信很表示赞同：“着手办法，惟有吾兄所设之‘乌托邦’为得耳。”毛泽东早年思想中的某些热衷过的东西——思想的“初恋”，在他一生的活动尤其晚年走上歧途时，都留下或淡或浓的痕迹。他的建设新村的思想，这些当年蔡和森就称之为乌托邦的想法，可以认为是他 40 年后设计人民公社的原始思考。

1920 年第二次到北京之后，不论托尔斯泰泛劳动主义或新村主义，自然已不能再引起走上马克思主义道路的毛泽东的多大兴趣了。他这时考虑的是回到湖南后集合同志过一种工学生活，则主要是在如何集合同志，能朝夕共处，作共同的学习、研究，从而大家得到提高；也就是办一种理论与实践相结合的，以学为主，兼做工作，也从事一些体力劳动的干部训练班。

毛泽东二次停留北京期间，更深入地思索各种问题，最为关注的是如何组织新民学会的同志作共同的研究，来求得根本改造中国的途径和方法。对于中外古今一切学说，他在学生时代就从来是不盲从的，总是力求基本上一一弄个清楚，并且有澄清自己的思想和不断作自我批判的习惯。关于马克思主义，根据他自己的回忆，他这时虽然已经完全接受它的基本理论，但是觉得自己了解得还很不够；当时社会上正在流传的各种资产阶级和小资产阶级的社会思潮，他认为也还有逐一作了解的必要。1920 年 3 月 14 日他在写给新民学会同志的信中说："老实说，现在我于种种主义、种种学说，都还没有得到一个比较明了的概念，想从译本及时贤所作的报章杂志，将中外古今的学说刺取精华，使它们各构成一个明了的概念。"（见《毛泽东早期文稿》，湖南出版社 1990 年 7 月版。）其实，这正是一个严肃的思想家必然态度。一方面，他已基本肯定了自己的思想发展朝向何处；另一方面，与此有关的或相矛盾、相干扰的种种东西，他还必须同时作彻底的了解，以进一步巩固自己的方向。

毛泽东觉得当时许多人仍是空谈改造，空发议论；究竟中国要改造到怎样一种终极目的，用何种方法达到，目前从何处下手等最切实的问题，却很少人作详细研究，作团体的研究则更少。他接连写了许多封信给长沙新民学会的会员，详告北京情况和自己的看法及主张。他认为有许多问题还须作详细研究，因而最好能成立一种自修大学之类作集体自由研究的组织，以彻底研究马克思、列宁的学说和各国的革命运动，以及改造中国的许多根本问题。他在信中反复说明，新民学会应使之成为一个思想一致的有主义的团体，应多结合真正的同志，成为他日必要的事业基础，因而须在长沙作一个两三年的计划。他反对当时新民学会某些会员的"我要怎样研究”，“怎样准备”，“怎样破坏”，“怎样建设”的个人冥想。他说：“这样的冥想，一个人虽觉得好，然拿到社会上多行不通。这是一个弊病。还有第二个弊病，一个人想的办法尽管好，然知道的限于一人，研究准备进行的限于一人。这种现象，是‘人自为战’，是‘浪战’，是‘用力多而成功少’，是‘最不经济’。共同的讨论有两点：一、讨论共同的目的；二、讨论共同的方法。目的同方法讨论好了，再讨论方法怎样实践。要这样的共同讨论，将来才有共同的研究，共同的准备，共同的破坏和共同的建设。要这样才有具体的效果可观。‘浪战’是招致失败的，是最没有效果的。共同讨论，共同进行，是‘联军’，是‘同盟军’，是可以操战胜攻取的左券的。我们非得力戒浪战不可，我们非得组织联军共同作战不可。”

在北京停留的短短期间，毛泽东尽力搜集有关马克思主义和俄国革命的书籍，用心地阅读。这时已经出版的马克思主义的书籍是很有限的，而有关“社会主义”的小册子却很多，内容很紊乱。这有限的几本马克思主义的书籍给予毛泽东极大的影响。

1920 年三四月间，驱张运动的形势已经逐渐明朗，张敬尧必将滚蛋，是指日可待之事。张敬尧赶走之后，湖南下一步怎么办？怎样利用这个形势，为将来的根本改造创造一个较好的环境，这是毛泽东着重考虑的主要问题。离开湖南之后，他同上海的彭璜和衡阳的何叔衡等，经常通信，交换意见。湖南问题同全国问题一样，应当依靠人民的力量求得一个根本的解决，这个原则，大家的认识是一致的，也可以说是当时新民学会当前的基本政纲。这在《天问》和《湘潮》上都有反映。1920 年 2 月 1 日出版的《湘潮》第三号《湖南问题的解决》一文，即提出：“要根本的解决，不是枝节的解决；是积极的解决，不是消极的解决；是湖南人民自己解决，不是请政府代为解决；是为湖南人民全体的利益解决，不是为少数特殊人利益解决；是按照湖南现代潮流去解决，不是因循从来习惯去解决。”但是当前究竟怎么办？采取什么步骤和办法来实现这个“根本解决”的目标，在学会会员之中还没有产生一个统一的意见。

1920 年 3 月间，彭璜等在上海组织了一个“湖南改造促成会”，提出一个《湖南建设问题商榷》的纲领性文件草案，其主要内容是废督、裁兵、银行民办、地方自治、保障人民各种自由权利等，是一个纯粹资产阶级民主政治的纲领。毛泽东接到这个文件后，即分发与北京的有关人士，征求意见。他对这个文件的某些具体内容是怀疑的，3 月 12 日，他在分发这个文件给黎锦熙的信中说：“有好些处所尚应大加斟酌。”

他向朋友们借了够买车票的旅费，于 4 月中旬离开北京前往上海。他终于初次一尝“汗漫四垓”的夙愿，而且是来到自幼仰慕的孔夫子故乡。在旅途中，他登了泰山，游了孔子林庙，还环绕三国时有名的徐州城和“虎踞龙盘”的南京城，走了一遍。这是这个具有热烈的爱国思想的青年，在徒步洞庭湖周围各县以后，对祖国山川名胜、历史古迹的第一次漫游。（关于从北京前往上海旅途游览曲阜等地事，毛泽东同斯诺谈话中有误，不是 1919 年初第一次到北京去上海那次，而是 1920 年 4 月（第二次到北京后）这一次。）

5 月初，他来到上海。“湖南建设问题”自然是他同彭璜等研究的一个中心问题。为了正式表示湖南人民自觉自主的决心，《天问》第 16 号刊出一个《湖南人民自决会宣言》。宣言反映了对当前中国政治和如何解决中国问题的根本看法。从《天问》第 23 号上由毛泽东署名的《湖南人民的自决》一文来看，这个宣言当出自他的手笔。宣言说：“中国之乱，连亘八九年了。乱不足奇，乱而毫没有半点结果乃是大奇。社会的腐朽，民族的颓败，非有绝大努力，给他个连根拔起，不足以言摧陷廓清。这样的责任，乃全国人民的责任，不是少数官僚政客武人的责任。官僚、政客、武人，有私欲，无公利；有猜疑，无诚意；在卖国，无爱国；有害人，无利人。八九年来的大乱，都是此辈干来的营私勾当。腐败绝顶的政府，娼妓生涯的党徒，盘据国中，甘心为恶，铁道卖尽，矿山卖尽，森林卖尽，商埠卖尽，乞得日本来的枪械、饷款，训练官，屠杀人民，与市民战，与学生战……时到今日，吾等乃翻然觉悟，知道‘湖南者，现在及将来住在湖南地域营正当职业之人之湖南也’。湖南的事，应由全体湖南人民自决之。赞助此自决者，湖南人之友。障碍此自决者，湖南人之仇。吾湖南人唯一无二之希望与责任，即在恢复自由，不能不求全国同胞热肠志士大大的表予同情。”宣言是向“全国各民众团体、各省军民官吏”以及各有关方面发布的。那时《新青年》社已从北京迁来上海，社址在老渔阳里 2 号，陈独秀住在这里主持社务。毛在这里又见到了陈。他们商讨“改造湖南”的问题，也谈马克思主义的学习，关于这两个方面，后来毛这样告诉斯诺：

“在上海，和陈独秀讨论了我们组织‘改造湖南联盟’的计划。然后我回到长沙着手组织联盟。我在长沙得到一个教员的职位，同时继续我在新民学会的活动。当时新民学会有一个争取湖南‘独立’的纲领，所谓‘独立’，实际是指自治。我们的团体对于北洋政府感到厌恶。认为湖南如果和北京脱离关系，就可以更加迅速地实行现代化，所以鼓励同北京分离。当时我是美国的‘门罗主义’和‘门户开放’的坚决拥护者。

“我第二次到上海去的时候，曾经和陈独秀讨论我读过的马克思主义书籍。在我一生中可能是关键性的这个时期，陈独秀表明自己信仰的那些话，给我留下了深刻的印象。”

1920 年初，李大钊和陈独秀探讨过建立中国共产党的问题。同年 4 月，共产国际派维经斯基、杨明斋到达中国，先后会见了李大钊和陈独秀，认为中国已具备了建立共产党的条件。1920 年 8 月，陈独秀在上海成立了中国共产党的发起小组。可是在这以后，他写的文章中还是有人性论和改良主义的痕迹。资产阶级民主思想，在他身上可说是根深蒂固的。旧的世界观和新的世界观并存的情况下，新东西的接受总不可能真正彻底，旧的东西总要回潮，在一定条件下，旧的东西又必然战胜新的东西。陈独秀后来向右的方面发展，证实了这一道理。关于当前实际政治主张，陈独秀这时是比较激进的。他过去曾长期迁就既成事实，热衷于废督、裁兵、地方自治等一套方案。他1919年12月发表的《实行民治的基础》一文（刊《新青年》7卷1号），于此有了很大改变，已强调人民直接立宪是“自治”的总原则：“由人民直接议定宪法，用宪法规定权限，用代表制以宪法的规定执行民意。”文中还认为，自下而上、自小到大是改造国家的主要途径：“由小村合成一邑，由许多邑合成一州，再由许多州合成一国。”“基础不坚固的建筑，像那沙土上层楼，自然容易崩溃；没有坚固基础的民治，即或表面上装饰的如何堂皇，实质上毕竟是官治，是假民治，真正的民治决不会实现。”毛泽东同他讨论“湖南建设问题条件商榷”这些具体问题时，我们可以作这样的估计，是站在人民的革命立场还是统治者的改良立场上来实现这些民主改革，他们之间想必已完全一致。这从《天问》上登载的反映了毛泽东有关思想的许多文件中，特别是他随后发表的一系列关于湖南自治运动的文章中，可以证实这种估计。

1920年6月14日出版的《申报》，正式发表了《湖南改造促成会发起宣言》和由该会提出的《湖南建设问题商榷》。这时，张敬尧已被逐走。宣言中说：“然吾人尚未可遽作乐观也。何则？一张敬尧去，百张敬尧方环伺欲来。至其时，无论吾人方不胜其驱除之苦，而朝三暮四，虎头蛇尾，换汤不换药，亦何如是之智短耶！湖南自入民国，三被兵灾，遭难最多，牺牲特大。推原事始，无非督军恶制，为之祸根。督军一日不除，湖南乱象一日不止。无论当局者属南属北，抑其人为恶为良，由今之道，无变今之俗，湘局之无望治安，早已成不移之铁案……现今国内问题，为种种特殊势力所牵掣，有不能遽为全盘解决之势。求之实际可循途径，还在有一个地方之群众为之先倡。同人之愚，以为欲建设一理想的湖南，唯有从根本改造下手，而先提出一最低限度且应乎时事要求之条件，合省内外湘人之公意，铲除一切私见私利。持此宗旨，为一种合理的继续的群众运动，不达不止……吾人对于湘事，以去张为第一步，以张去如何建设为第二步。今特将军务、财政、教育、自治、人民自由权利、交通各大端，列成条件，征求各地湘人公意。此种条件之精神，以‘推倒武力’及‘实行民治’为两大纲领：以废督、裁兵，达到‘推倒武力’之目的；以银行民办，教育独立，自治建设及保障人民权利，便利交通，达到‘实行民治’之目的。吾人宜不顾一切阻碍，持其所信，向前奋斗。盖历史上世界各国民权、人权之取得，未有不从积极之奋斗与运动而来者也。”

据当时在民厚南里29号同住过的李凤池回忆，29号门前挂了“湖南改造促成协会”的牌子，有人提出改造显得比较空洞，毛泽东解释说，这个“改造”有三个意思，一是政治改造，一是社会改造，一是个人改造，湖南统统要改造，湖南改造好了，再改造中国，中国改造好了，再改造世界。

这个“湖南建设问题”方案的内容，虽然仍属于资产阶级民主政治的性质，但是从整个宣言的精神来看，这个方案是完全站在人民革命的立场即彻底的革命民主派而不是妥协改良派的立场提出来的，是作为一个“最低限度”的条件，作为一种考验向新的执政者提出来的。宣言对于未来的张敬尧的继承者没有寄存任何幻想，而是认为“唯有从根本改造下手”，将希望寄托于“一种合理的继续的群众运动”，即人民群众的革命斗争和人民力量本身的壮大。刊载在这一期《天问》首页的长篇评论《驱张岂如是而已乎？》如此明确地对可能的继任者谭延闿指名说道：“督军之特殊势力未去，即张祸不能一日幸免。”“无论何人拥有督军之势力，他日即不免于为张敬尧之祸湘。”文中特别强调人民自己起来负责。所有提出之改革要求，“不当专以责诸当局之能必行与否，但视吾人民能有觉悟使其必行与否。人民使其必行之权安在？在于自决，在于三千万众之人心。此次驱张之役，实为人心能挟有潜势力以表现其功用之一大试验。在当局固当引为可畏可摧之无上威权。”评论最后说，必须“打破军阀之包办政治，而与人民以自决之实，俾得从事于新国之建设，以恢复元气。吾人驱张，必至此方可告一段落。苟仅去一张敬尧，而后来者又袭张敬尧之故智，或貌为好而恶且甚之，则吾人何贵拼此最大之牺牲，以暴易暴？自今以后，吾湘民誓当合三千万群众之力，解决湘事，以谋长久之治安”。

驱张运动刚在长沙进行时，就有在北京的新民学会会员来信，怀疑驱张的意义，认为既相信社会主义的根本改造，就不应该顾及目前这些“小问题、小事情”。毛泽东批评了这种不切实际的空想，回信说，这是很大的很重要的事情，是为达到根本改造所必由之路、所必须进行的斗争，尤为改变目前环境的有效办法。现在面临着驱张的下一步，他仍然坚持这同一的正确看法。在上述3月12日致黎锦熙的信中，他风趣地说：“根据‘根本解决’下手，目前状况为善为恶，尽可以置之不闻不问，听他们去自生自灭。这样枝枝节节的向老虎口里讨碎肉，就使坐定一个‘可以办到’，论益处是始终没有多大数量的，不过，这一回我们已经骑在老虎背上，连这一着‘次货’（在中国现状内实是上货）都不做，便觉得太不好意思了。”

由此可见，在对待当前现实政治问题上，毛泽东是站在人民大众的立场，彻底的资产阶级民主革命的立场，来争取当前可能实现的一些资产阶级的民主措施，以利于作根本的国家与社会的改造。他对一切旧政客、新政客，一切资产阶级民主派，都不寄存任何幻想；他深切了解，即令在这些人当权的情况下，也不可能真正实现这些民主改革，而只有在无产阶级革命派的领导下，才能真正实现这些改革。因此，他认为必须继续发展革命的群众运动，壮大人民的革命力量，这才是根本之道。同马克思一样，刚一参加社会政治活动，毛泽东就提出人民政权这一思想，以此否定现存的国家政治制度。作为一个真正革命的民主主义者，他不是要求限制政治专横，而是力争消灭政治专横；不是空谈废督、裁兵，而是如何消灭军阀势力。在驱张运动时所表现出来的这种思想，成为毛泽东后来正式确定地称之为“新民主主义革命”的思想的萌芽。

毛泽东在上海停留的时候，住在哈同路民厚南里29号，同四个驱张代表挤住在一起，一张方桌吃饭兼办公之用。他们的生活是很困难的，五人轮流司炊，油盐蚕豆拌米煮饭。他跟长沙的驱张人士保持了经常的通信联络。老的新民学会会员还记得这样一件事：“有一次楚怡小学校长出示毛主席的一封信，内中说到他的生活是靠接洗衣服维持的；他说洗衣服不苦，只是因为接送要搭电车，洗衣所得又转耗在车费上了。”（陈书农、枷士：《毛主席故事拾零》，载1950年7月1日《新湖南报》。）这大概就是指参加上海工读互助团活动之事。

毛泽东正是在这样艰苦的条件下，从事了大量的革命活动。据当时搬到民厚南里29号同住过的李思安回忆，在这段期间，毛泽东还去看望过孙中山（当时住在上海环龙路44号医院），并同廖仲恺商谈政事。

张敬尧逃走的第二天，湖南学生联合会就恢复了公开活动，立即打电报给各地的驱张代表团，敦促早日返省。1920年6月底，各地驱张代表团就陆续回来了。

毛泽东在上海送别一批赴法勤工俭学的湖南学生后，于7月初回到长沙。

此后，湖南的革命运动进入一个新的时期。

五　党的建设

从中国共产党建立的第一天起，毛泽东就是党最正确的领导者之一，就是马克思列宁主义与中国革命实际相结合的最杰出的代表之一。同时，他又是一个党的普通党员……

湖南自治运动

张敬尧被驱走之后，湖南各界人士和广大民众都非常兴奋，无不希望从此脱离北洋军阀的魔掌，休养生息，恢复元气。1920 年 7 月直皖战争后，皖系打了败仗，“北军”一时也难以再侵入湖南。因此，一般社会人士认为“湖南人管理湖南自己的事情”，实行“湖南自治”，正是千载一时的机会。各种新的团体应时而起，新的书报也可以自由贩卖了，各界代表人士纷纷在报纸上对当前政局发表主张。同时十月革命的影响已进一步传到了湖南，不少人对俄国、对社会主义也开始发生了兴趣。“施行民治”（即民主之意，为当时用语），“民治主义”的口号喊得很响亮。率湘军进驻长沙的谭延闿、赵恒惕正打着“为民除害”的旗帜，他们这时的地位还不很稳固，不能不装扮着某种“顺应民情”的姿态。

谭延闿于辛亥革命时攫取湖南政权之后，曾在湖南三进三出，被视为所谓“三次亡湘”的罪人。但他八面玲珑，精于做官之道，一生目的，只在保全禄位，人称“水晶球”。因此，他在湖南一般中上层阶级和官僚士绅中，尚无大恶感，而且颇有一批“谭派”政客，为他捧场效劳。1920 年 6 月 17 日进入长沙的时候，他在各界代表欢迎会讲话，据报载，是“泪随声下”的，说他“督湘数次，负罪甚深，清夜扪心，弥深惭恧，不能不求父老原谅”。可是，他除自任省长之外，在这个会上还宣布：“我此时仍以（湘军）总司令名义整顿一切，良以大敌当前，不容规避。”其实 1918 年初，谭在桂系支持下，回到永州，即再任湖南督军，这个称号他并没有舍得丢下，不过这时避免抬出来罢了。实际上是一身而兼三任。“督军”的名号在湖南人民中实在太臭了；但明眼人一看便知，“总司令”不过是换个招牌而已。在湖南的军阀中，谭延闿是一个最懂得掌握军权的。18 年之后，毛泽东还这样谈到这个人：“谭延闿是一个聪明的官僚，他在湖南几起几覆，从来不做寡头省长，要做督军兼省长。他后来做了广东和武汉的国民政府主席，还是兼了第二军军长。”（见《战争和战略问题》，《毛泽东选集》第 2 卷。）这个“湘军总司令”的名义，谭延闿就露了自己的底；也正好回答了《天问》的预告：“无论何人拥有督军的势力，他日即不免于为张敬尧之祸湘。”赵恒惕这时的名义是“湘军总指挥”。湘军中的谭、赵两派霸占全省之后，正在紧张地明争暗斗，各自扩充实力，占据地盘。当时的优势，还暂时在“总司令”这一边。

对于谭、赵之流，毛泽东当然看透了他们的本质：“老虎口里是讨不出碎肉的。”在《湖南人民的自决》一文中，他就曾发出这样的警号：“于今张敬尧走了，我觉得这种‘非张敬尧而有妨于湖南人民的自决的’，往后正复不少。这些非张敬尧而有妨于湖南人民的自决的，我们便可以依从了吗？不论是湖南人或非湖南人，凡是立意妨害湖南全体人民自决的，自然都是湖南的仇敌。”（见《毛泽东早期文稿》，湖南出版社 1990 年 7 月版。）这儿所谓“非张敬尧”自是明明白白指着谭延闿、赵恒惕这班人说的。

毛泽东回到长沙后的一段短时间内，进行了一连串的社会活动：除湖南改造促成会之外，全省学生联合会更积极参与政治了，文化书社办起来了，《湖南通俗报》出版了，俄罗斯研究会成立了，留俄勤工俭学发起了，湘潭教育促进会成立了……

他同他的战友们详细研究了当时的形势，认为谭、赵政府纯粹是欺骗政策，社会上一般盲目的乐观是极其可虑的；认为正在流传的“湖南自治”的口号，有因势利导加以正确解释的必要，而当时比较开朗的局面确是推进湖南革命运动的有利时机。因此，反映了毛泽东的主导思想的“湖南全体学生终止罢课宣言”发出警告，劝人们认清今后局势，困难尚多，不要对统治阶级寄有幻想；同时对驱张运动中许多教职员和学生代表放弃发动群众的基本工作，热衷于请愿的办法，作了批评。宣言说：“我们这次牺牲太大，所得代价殊不满足。并且此次驱张，军事上的促成，转足以重民众的痛苦。自今以往，我们更应有彻底的觉悟……凡事须靠自己，不再做无谓的周旋，向老虎嘴里去讨食。这是我们以后做事的目标，更是我们极诚恳慎重的宣言。”（见 1990 年 7 月 20 日长沙《大公报》。）

毛泽东深刻研究了十月革命的经验，认为中国当前还没有具备举行全国性革命的条件。他常跟他的战友们谈到，俄国革命成功的原因，主要由于：首先有列宁领导的强大的布尔什维克党，这个党是由布尔什维主义武装起来的，有好多万党员，进行了长期革命的准备工作；其次，有真正可靠的广大群众，占全国百分之八九十人口的工人、农民都一呼而起了；同时还有俄国战败的时机，因而能在短时间内一举推翻不稳固的资产阶级政府，扫荡反革命党和反革命阶级。他认为这些条件中国都还没有具备，中国目前应先做打基础的工作，各地的革命力量应当努力推动民主运动、文化运动、学生运动和工农群众，以壮大革命力量。有的人觉得人数少、力量小，信心不够。毛泽东说，千里之行，始于跬步，万丈高楼从地起。什么事情不是一开始便可成功，便见大效，便可争取到多数群众的。只要大家坚决地、耐心地从近及远、从少至多、从小到大做去，不因目前人数少而动摇，革命力量就会逐渐壮大起来的。他认为中国的事，目前既不能从全国一总处下手，就应从地方、分处下手。他很赞成杨昌济说过的："不谋之总谋之散，不谋之上谋之下，不谋之己谋之人。"他说，谋之总、谋之上、谋之己是中国几千年来的老办法；现在应当倒过来，先从分处、从基础、从发动人民群众着手。（他的这些意见，见《毛泽东早期文稿》，湖南出版社1990年7月版。）湖南现在出现了一个新的局面，良机不可失，应当尽可能在湖南这个地方把可能做的事办起来，其他各地也来仿效，全国的事就好办一些了。关于这样一些认识和主张，他随即在长沙报纸上发表的文章中透露出来。

湖南改造促成会这时已迁到长沙，参加这个组织的成员新增加了许多教育界、新闻界的人士。为了掌握时机，开展广泛的民主运动，扩大革命力量，引导各种主张的活动归入一个正确的轨道，从而揭露谭、赵政府的反动本质，毛泽东和他的战友彭璜（这时仍是学联的负责人）、何叔衡等，约集了改造促成会的主要成员，研究当前的形势。大家同意他的意见，必须发动群众，抓紧促进的运动，将谭延闿的"军"。讨论的结果，由湖南改造促成会发表一个由毛泽东起草的《对于"湖南改造"的主张》，刊登在7月6日长沙的报纸上。文中开门见山地说："湘事糟透，旨由于人民之多数不能自觉，不能奋起主张，有话不说，有意不伸；南北武人，乃得乘隙凌侮，据湖南为地盘，括民财归己橐。往事我们不说，今后要义，消极方面，莫如废督裁兵；积极方面，莫如建设民治。""吾人主张'湘人自决主义'，其意义并非部落主义，又非割据主义；乃以在湖南一块地域之文明，湖南人应自负其创造之责任，不敢辞亦不能辞。与湖南文明之创造为对敌者，军阀也，湘粤桂巡阅使也，湘鄂巡阅使也，护国军、靖国军、征南军也；是等之敌对者一律退出于湖南境地以外，永无再入湖南境内与湖南人对敌。湖南人得从容发展其本性，创造其文明，此吾人所谓湘人自决主义也。"这个《主张》对南北军阀是同声痛斥的。

为了使得人们对新来的统治者谭延闿、赵恒惕不存幻想，予以先发制人的揭露，《主张》的结尾正面提出对新政府的要求。也即是对“敌对者”的警告：“谭组安（谭延闿的号）、赵炎午（赵恒惕的号）诸驱张将士，劳苦功高，乡邦英俊。此后希望其注意者：第一，能遵守自决主义，不引虎入室；已入室将入室之虎又能正式拒而去之。第二，能遵守民治主义，自认为平民之一，干净洗脱其丘八气、官僚气、绅士气；往后举措，一以三千万平民之公意为从违。最重要者，废督裁兵，钱不浪用，教育力图普及，三千万人都有言论出版集会结社之自由，此同人最大希望也。”这些内容也可说是新民学会关于当前湖南问题的政纲。

这个《主张》发表之后，引起了各方面极大的重视。长沙各家报纸开始发表关于“湖南自治”的文章。一些官僚政客和老民党分子也催促谭延闿宣布“湖南自治”，以摆脱同南北政府的关系。谭延闿无法再沉默了。

由于怕开罪南北双方，八面玲珑的谭延闿，原来并不打算唱“湖南自治”这出戏。但慑于各方压力和社会舆论，只好硬着头皮，于7月22日发出一个宣布“湖南自治”、“还政于民”的通电，（谭延闿于1920年7月22日发出“通电”，宣布湖南自治的宗旨：“民国之实际，纯在民治之实行，尤在各省人民组织地方政府，施行地方自治……认为非以湘改分之湘全体人民，不足迅起疮痍，速复元气。”）借此也正好钓钓浮名，讨好于众。从当时的形势看，他如果不“顺应民情”，就很可能爆发倒谭运动。

这个通电发出之后，不管你愿意不愿意，是真是假，谭延闿就变成一个极其赞成“自治”的人了；于是就自然出现顺水推舟、弄假成真的局面。这时关于“自治运动”的文章，长沙各家报纸每天少则一两篇，多则三四篇。但是社会上关于“自治运动”的意见，还是众说纷纭的。例如，当过一任内阁总理的“湖南名流”熊希龄，多次想做湖南省省长不成，这回又想投机，赶忙从北京寄来一个《湖南自治法大纲》，并派代表同谭延闿接洽。结果，这个《大纲》被长沙的报纸逐条驳得体无完肤。

对于一个运动的兴起，毛泽东历来主张先要造成舆论，也就是先要做好充分的思想动员。针对这种众说纷纭、莫衷一是的情况，从9月3日到10月7日的一个多月之内，他连续在湖南《大公报》发表了十篇文章，评论所谓湖南自治问题，即人民究竟需要怎样一种“自治”，怎样做法，才能促其实现。在最初的几篇文章中，他主要谈的是，湖南的根本问题在如何实现湖南人民真正的自主。他自己回忆这段历史时这样说过：“那时新民学会的纲领要争取湖南‘独立’，所谓独立，实际上是指自治。我们的团体对于北洋政府感到厌恶。认为湖南如果同北京脱离关系，可以更加迅速地现代化，所以主张同北京分离。”他还提出“建立湖南共和国”的主张，为了贯彻这种主张，他说，那时还采用了所谓门罗主义（1823年，美国总统门罗（1758—1831）为反抗欧洲俄、普、奥三国所组织之神圣同盟干涉中美、南美诸国独立，发表宣言，内容为：美洲大陆今后不容任何欧洲国家作为殖民对象。任何欧洲国家凡旨在控制拉丁美洲各国命运者，均被认为对美国不友好表现。）的口号，“那时候，我是美国门罗主义和门户开放的坚决拥护者”。在文章中，毛泽东对当时全国政局的看法如下：“18省乱七八糟，造成3个政府、3个国会、20个以上督军王巡按使王总司令王。老百姓天天被人杀死奸死，财产荡空，外债如麻。”“全国没有一条自主的铁路，不能办邮政，不能驾‘洋船’，不能经理食盐。18省中像湖南、四川、广东、福建、浙江、湖北一类的省，同时美国亦不干预欧洲列国。后遂以门罗主义称孤立保守主义。通变成被征服省”，“受害无极”。（《湖南建设问题的根本问题——湖南共和国》。）又说：“全中国无政府，全中国大乱而特乱，我料定这种现象至少尚要延长七八年。”（《湖南受中国之累以历史及现状证明之》。）他认为当时中国还不具备像俄国那样进行“全国彻底总革命”的条件，“全国的总建设在一个时期内完全无望。最好办法，是索性不谋总建设，索性分裂去谋各省的分建设。”“22行省、三特区、两藩地，合共27个地方，最好分为27个国。”（《湖南建设问题的根本问题——湖南共和国》。）在俄国十月革命的影响下，以及“九年假共和、大战乱的经验”（《湖南建设问题的根本问题——湖南共和国》。）迫使广大人民群众觉醒起来。因此，目前比较实际的办法，是各省人民起来实行“各省人民自决主义”。就湖南来说，现在“机会来了，机会实实在在来了”，（《湖南受中国之累以历史及现状证明之》。）湖南农工商学各界人民应当起来“自决自治”，将“票匦拿到我们‘最大多数党’的手里来。”他赞成的所谓门罗主义，是湖南《大公报》的主笔（龙兼公）提出来的这样三个条件：“我们用心干我们自己应干的事”；“我们绝对不干涉别人的事”；“绝对不许别人干涉我们的事。”这种想法，确也反映了当时湖南一般人的心理。

随后他写了一篇更为极端、更为痛快的文章，《反对统一》（见《毛泽东早期文稿》，湖南出版社1990年7月版。）长达2000字，发表在上海《时事新报》副刊《学灯》，反对南北和议，反对全国统一。文章开头就说：“中国的事，不是统一能够办得好的。”“中国二十四朝，算是二十四个建在沙堵（渚）上的楼，个个要倾倒，就是因为个个没有基础。四千年的中国只是一个空架子，多少政治家的经营，多少学者的论究，都只在一个空架子上面描写。”为什么呢？“中国人生息了四千多年，不知干什么去了？一点没有组织，一个有组织的社会看不见，一块有组织的地方看不见。”“推究原因，吃亏就在这‘中国’二字，就在这中国的统一。现在唯一救济的方法，就在解散中国，反对统一。”“我是极端反对和议的，我以为和议是一个顶大的危险，我的理由，不是段祺瑞的统一论，也不是章太炎、孙洪伊的法律论，我只为要建设一个将来的真中国，其手段便要打破现在的假中国，起码一点，就是南北不应复合，进一层则为各省自决自治。各省自决自治，为改建真中国唯一的法子，好多人业已明白了。这是这次南北战役的一个意外的收果。”当时除湖南外，还有广东、江苏、湖北几个省在发动“省自治”。如果全国“统一”了，各省又要受这种“统一”的约束。“中国人看上不看下，务虚不务实的老癖必要大大发作”。“我觉得中国现在的政象，竟如清末一样，国人对之，不要望他改良；要望他越糟越坏。我看此际尚未坏到极处，我们不能用自力加增其坏度，却尽可不必替它减少坏度。我们最好采不理主义。”“胡适之先生有二十年不谈政治的主张，我现在主张二十年不谈中央政治。”

这篇文章是面向全国的。发表这样对全国政局如此尖锐的见解，使人感到这位青年作者的魄力非凡。关于湖南自治运动包括“湖南共和国”的思想，其中心是人民为政权主宰，定要由人民“自己处理自己的事的完全主权”。（《“全自治”与“半自治”》。）从步骤来说，就是全力摆脱北洋军阀中央政权的政治。至于理想的政体，并未超出以普选制为标志的民主政体，即资产阶级民主共和国的模式。毛泽东当时很推崇瑞士的政治制度——联邦体制、直接民选和武装中立，“瑞士为吾侪‘理想湖南’之影相”。（《湖南改造促成会发起宣言》见《毛泽东早期革命活动》，湖南出版社 1990 年 7 月版。）这种“主权在民”和地方分权思想，大体也如孙中山的民权观。关于国体、政体这类政治问题，看来也属于毛当时新旧变化思想中的一个方面。像办《湘江评论》时一样，想到什么就立即着笔，关于湖南自治运动他一共写了 21 篇文章和书信。

这种将湖南同全国孤立起来，一个省是否能关起门来办事，虽然是令人怀疑的一种想法，而且当时在舆论界就引起一些误解；但毛泽东赞成这个口号的实质，是从人民的觉醒和愿望出发，鼓励全体人民起来当家做主，不再听任军阀、官僚的摆布，确代表了当时湖南广大人民的共同心声，是有着现实的积极意义的。

面对着这一群众性的“自决自治”的浪潮，谭延闿深知非争取主动不可。于是决定在 9 月 13 日召集官绅名流和省议员 30 余人开所谓“自治会议”，企图一手包办“自治”。消息刚一传出，立即遭到舆论的攻击，有的报纸著论“反对官绅包办”，“反对恩赐自治”，“注意冒牌自治”，并指出以省长名义召集不当。谭只好马上改为以“私人名义”召集。开会的前一天，有家《民国日报》如此讽刺道：“世界上没有狗能生虎的事实。湖南自治的起点，既不由人民发动，将来的自治法，当然就是大狗生出来的小狗。”（王无为：《明日》，1920 年 9 月 12 日湖南《民国日报》；转引自《湖南自治运动史》上编，上海泰东图书局发行，1920 年 12 月出版。）9 月 13 日湖南《大公报》的时评说：“政府尚且知道召集自治会议，怎么人民却不见发起自治会议”，“难道这件事也是可以信仰官厅一手包办的吗？”

9 月 13 日，谭延闿以“私人名义”召集官绅开“自治会议”，决定由省政府 10 人、省议会 11 人为“湖南自治法”的起草员。地主阶级和官僚绅商代表的“省议会”也忙着开会，讨论“自治法”如何起草。这个“自治会议”是秘密召开的，因为谭延闿害怕公开后引起群众的请愿等类活动。报界得知会议决定的消息后，即群起而攻之，反对官绅包办起草，认为这是“官府如何对待老百姓的会议”；是“御前会议”；是“私人会议，绝对不发生丝毫效力”；“不必劳总司令大驾，要总司令派员起草”，等等。谭延闿原来还打算开第二次“自治会议”的，结果被迫取消，但还是将包办起草的权力让与省议会。

这个省议会过去没有替人民办过一件好事，又早已超过任期，自然遭到同样的反对。《民国日报》记者著文，指着这些议员说：你们“只能算是资本家的代表”。“现在的省议员，凭天理良心说话，哪一个不是花钱买来的，以钱买议员，这种议员是什么东西，如何能代表民意？”省议会请谭延闿查办这家报纸，谭转饬地方检察厅提起公诉。该厅遍查刑法条文，找不出根据。其他报纸同表愤懑，连篇论说，把省议员更加冷嘲热讽一顿。查办之事就不了了之。由此也可看出，驱张之后，民气伸张，确不可侮了。

关于湖南自治问题，这时舆论造成了，各种议论也多极了。然而一般还是止于空发议论，或者仍将希望寄托于“茶陵先生”（即谭延闿，他是湖南茶陵人）的“制宪”。

从9月下旬至10月上旬一连发表的7篇文章中，毛泽东集中批判了各种不正确的意见，透彻地说明了湖南究竟需要怎样的一种自治运动，他认为真正的自治运动，必须是由人民——种田的农人、做工的工人、转运贸易的商人以及殷勤向学的学生等最大多数人开会投票，才能作数；假如不是由人民发起的，不是由人民当家做主的，这种非农非工非商非学的少数人办的“自治”，一定是不能长久的，内容一定是虚伪的、腐败的、空洞的。当时各界上层人士中有这样一派特别流行的议论，认为政治只是少数特殊阶级的事，要学了政治法律的人才有资格谈；草拟“自治法”更是非同小可的事情（如熊希龄寄来《自治法大纲》，即有人批评熊没学过法律怎能写自治法）。也有一些人觉得湖南自治，问题太大，怕开得口。毛泽东在题为《释疑》的一篇文章中说：“这还是认政治是一个特殊阶级的事，还是认政治是脑子里装了政治学、法律学，身上穿了长褂子一类人的专门职业。这大错而特错了。春秋时候，子产治郑，郑人游于乡校以议执政。这些郑人都是学过政治法律的吗？意、英、法、美的劳动者，口口声声要‘取现政府而代之’。这些劳动者，都是学过政治法律的吗？”文中特别以俄国十月革命为例，向这些先生们发问道：“俄国的政治全是俄国工人、农民在那里办理，俄国的工人、农人果都是学过政治法律的吗？”为了让长期处在反动统治阶级正统思想影响下的人们打开眼界，文章以极其简洁、通俗而明确的语言说道：第一次“大战而后，政治易位，法律改观，从前的政治法律，现在一点都不中用。以后的政治法律，不装在穿长衣的先生们的脑子里，而装在工人们、农人们的脑子里；他们对于政治，要怎么办就怎么办，他们对于法律，要怎么定就怎么定。”文章号召全体人民起来，大家预闻政治法律，过问国家大事：“你不去议政治法律，政治法律会天天来议你；你不去办政治法律，政治法律会天天来办你。”因此，“湖南自治是一件至粗极浅的事，毫没有什么精微奥妙，毫不要根据哪一部法典，或哪一家学说。只是打断从前一切被中央、各省干涉束缚的葛藤；湖南境内事，统归湖南人自办，就是这么一回事，有什么精微奥妙呢？”文章最后说：自治法必须大多数人来议、来制定的才是有用的；不论是农人、工人、商人、学生、教员、兵士、警察、乞丐、妇女……都有发言权，一定应该发言，能够发言。特别重要的是，文章中还指出：大家一定要努力造成湖南自治的事实，不要什么“自治法”，也未尝不可以。

在《“湘人治湘”与“湘人自治”》这篇时评中，毛泽东还批判了谭延闿在“致电”中表示的“湘人治湘”的论调，这个口号也是在各界上层人士特别是官僚政客中很流行的。这篇五百字的“时评”如一把匕首，锋利无比，刺中了谭延闿的要害，揭穿所谓“湘人治湘”，仍是一种官治，不是民治。“如果驱汤、驱张，目的只在排去非湘人，仍旧让换汤不换药的湘人治湘起来，那么，奉天的张作霖、直隶的二曹（按指曹锟、曹锐）……正是奉人治奉，直人治直……比那‘非湘人治湘’的汤芗铭、张敬尧，‘非鄂人治鄂’的王占元……到底有什么区别？”“故‘湘人治湘’一语，我们根本要反对。因为这一句话含了不少的恶意，把少数特殊人做治者，把一般平民做被治者，把治者做主人，把被治者做奴隶。这样的治者，就是禹、汤、文、武，我们都给他在反对之列，而况是已往的一个傅良佐，或是未来的无数傅良佐，我们还不应该反对吗？故我们所主张所欢迎的，只在‘湘人自治’一语，不仅不愿被外省人来治，并且不愿被本省的少数特殊人来治。我们主张组织完全的乡自治，完全的县自治和完全的省自治。乡长民选，县长民选，省长民选，自己选出同辈中靠得住的人去执行公役。这才叫‘湘人自治’。”傅良佐是湖南人，原是段祺瑞的陆军次长，段借“湘人治湘”之名，1917 年 9 月派傅到湖南当督军。这篇“时评”就实际指出，谭延闿、赵恒惕与傅良佐之流，不过是一丘之貉罢了。

毛泽东的这些剖析分明，有独到见解，有远大目标，以人民根本利益为依归的文章，这些完全不同于资产阶级民主的，而是由人民群众当家做主的崭新的民主主义思想的文章，一篇篇打中人们的心坎，成为这个自治运动民主思潮中的主流。

毛泽东一面宣传以广大人民为主体的人民民主运动的理论，一面从事实际的运动。他在文章中反复说明这个道理：凡属一桩事业，先有了理论根据，而无一种运动继起，则理论的目的即无从实现；当前的自治运动必须有众多的人来做促进的工作，必须成为一个广大的群众运动，才有意义，才可能有结果。他号召长沙30万市民首先行动起来。于是，以学生联合会为骨干，1920年9月下旬至10月初，长沙各界、各团体都分别开会，讨论“省自治法”如何拟订。由于五四运动时期的广泛活动和随后领导驱张运动所形成的很大威信，这时毛泽东成了各群众团体公开的领袖。

可是，这个“省自治法”究竟由谁来起草呢？关于“自治法”的起草问题，又众说纷纭起来：有人主张，应由省政府、省议会再加上教、农、工、商等公法团体和学生联合会、报界联合会等共同起草；也有人主张，由个人动议，联名起草；也有人主张，开长沙市民大会起草，交由各县人民代表大会通过，等等。毛泽东和他的战友们，都认为要趁热打铁，快刀斩乱麻，以免另生枝节；许多有心人士也都觉得当时是所谓“稍纵即逝”的机会。因为谭延闿正公开打着反对北洋军阀统治的“自治”旗帜，还必须努力装作“服从民意”的姿态。毛泽东认为趁此时机通过一个《省自治法》之类的东西，假戏真唱，加一个紧箍在“湖南省长”的头上，这对人民，对推进今后的革命运动是有好处的。于是，在他的领导下，以新民学会的会员、学联的骨干和各界进步人士为核心，以广大学生群众为基础，联合和推动教育、新闻、工商、律师和政法各界人士，共同商议如何实现“制宪”的具体步骤。

10月4日，在长沙总商会开了一次各界联合会。大家同意了毛泽东的意见，不能采取理论虽完善，而手续太繁复的程序；不如即由谭延闿这个“革命政府”召集“人民宪法会议”，既于理论上说得通，又于事实上做得到。第二天，长沙报纸上就刊出了由龙兼公、毛泽东、朱剑凡、何叔衡、彭璜等领衔共 377 人联名发表的长达 4000 余字的《由湖南革命政府召集湖南人民宪法会议制定（湖南宪法）以建设新湖南之建议》书，从事实上和理论上详细地解释了“怎样将湖南自治实现”的问题：第一，谭延闿的驱张行动、计划自治的言论和召集“制宪”会议等步骤，从理论、事实和法律上都证明已经违背北京“中央政府”（北洋军阀政府）了，因此，“革命政府”的帽子戴在“茶陵先生”的头上是甚为合适的（谭延闿后来到底发表谈话，不满意“革命”的称号）。第二，应由这个“革命政府”联合各团体召集“人民宪法会议”。第三，关键在“人民宪法会议代表”的“选举法”，代表必须是“直接的、平等的、普遍的选举；每五万人中选代表一人”。第四，“宪法”起草与公布之权属于“宪法会议”。第五，最后根据宪法，产生湖南的正式议会和省、县、区、乡自治政府。

这时长沙最有组织力量和最有威信的群众团体仍是学生联合会。10 月 6 日，学联发出致各团体信，请选派代表于第二天开会，并定于 10 月 10 日游行请愿。信中说道：“湖南自驱张成功之后，政府所筹划，人民所仰望，报纸所鼓吹，咸集中于地方自治一点。诚以不能达到完全地方自治，则政治腐败如故，人民痛苦无减，新湖南即无由建设。顾欲达到完全自治目的，此际实是唯一最好之时机。千钧一发，稍纵即逝，优游岁月，后悔何及！今省内外上下人士之所主张者，或则徒托空言，或则各执己见，或者有心敷衍，此皆由于最大多数之平民不能表示一种健全纯洁强有力之意见。”学联于同日发给各学校的通知中，则明白指出：“双十节举行市民游行大会，一以警告政府，一以唤醒同胞，庶几人民宪法会议早日实现。”（见 1920 年 10 月 7 日湖南《大公报》。）

10 月 7 日，参加学联召开的各界会议的代表空前广泛，各种群众性的、私人的、官办的、进步的、中间的、落后的团体，都派了代表，会议一致同意双十节游行请愿。“请愿书”则推举毛泽东、龙兼公为起草员。

10 月 8 日，签名于“请愿书”（见《毛泽东早期文稿》，湖南出版社

1990年7月版。）的436人（签名者几天内续有增加），在教育会开全体大会，公推毛泽东为主席，讨论进行的方法。与会者一致同意了“人民宪法会议”的选举法和组织法要点各7点。规定“选举代表期限，至多不得过两个月”；“代表制宪期；以三个月为限”。会议推举了方维夏等15人为代表（其中唯一女代表为新民学会会员陶毅），于双十节向政府请愿。

谭延闿、赵恒惕政府的假面具被彻底揭破的日子到来了。

10月10日那天下大雨。但是到会的群众仍很踊跃。学生、工人、店员、报界及军警等，将近一万人。游行队伍由写着“请政府召集人民宪法会议”及“湖南自治”的红白二旗先导。各团体印发的“百姓是主人”、“农工商是上等人”等传单，达数十种。由于人数过多，游行队伍从教育会分三路出发，在全市游行，虽然大雨如注，人们遍身淋湿，但群众情绪很高，沿途大呼“湖南自治”、“打破旧势力”、“解散旧省议会”、“建设新湖南”等口号。

《请愿书》中说：“吾湘现处特别地位，应采革命精神，打断从前一切葛藤，以湖南一省完全自决自主，不仰赖中央，不依傍各省，铲除旧习，创建新邦。至此后制治精神，宜采取民治主义及社会主义，以解决政治上及经济上之特别难点。”“湘人完全自治，不干涉外省，亦不受外省干涉。”关于人民宪法会议的组织法和选举法，都一一列出。游行队伍到达“督军署”时，谭延闿接见了彭璜等请愿代表，接受了《请愿书》，满口允纳人民的意见。

这天游行发生了所谓在省议会扯旗的事件。原来群众对旧省议会（那些省议员早已超过任期）的一派“官治”，已极不满意，尤反对他们包办“制宪”。因此游行队伍经过省议会时，大呼“解散旧议会”的口号。第二天，报纸这样报道当时情况：“各人抬头一看，参议会的旗帜触到眼帘，遂惹起一番心事，以为‘过去之客’，怎么要常据‘不散之筵’；反不知进退，公然包办起制宪问题来。我们总要对它表示点子意思才好：于是有人上前将该会的旗子摘下。”

第二天，谭延闿就借题做文章，为扯旗之事，召集各学校校长、各公法团体负责人、各报社经理开会，开始露出其狰狞面目，说这是“一种出轨道的举动，实应整顿”。并且大出威胁市民的布告：“切勿轻信游词，盲从晕行；远则危及大局，近则害及一身。”又这样回答省议会的告状：“其他借题鼓吹侮辱议会之言论，如果仍不觉悟，触犯刑章，政府自当依法取缔。”就在这天的会议上，谭延闿仍坚持召集宪法会议的组织法、选举法等，交省议会负责起草。到会者除一人赞同外，全体表示反对。原来“茶陵先生”是如此“顺应民情”、“提倡自治”的！昨天刚满口应允请愿要求，今天就出尔反尔了。

谭、赵政府这时已很注意毛泽东了。扯旗事件之后，就传出一种流言，说旗子是这次闹自治运动的领头人毛泽东扯的；后来据说省议会又接到告密信，说毛泽东“在省立图书馆邀集各团体代表开会，运动某军队，捣毁省议会”。这显然是想借此加害这次自治运动的领袖——一个“可怕”的“过激分子”。于是毛泽东以“第一师范附属小学主事”的身份，向警察厅写了一封义正词严的公开信，揭露此种阴谋，抗议这种人身迫害。他在信中郑重声明：“一、泽东前为湖南制宪问题，不满意于省议会，是‘有’的。二、扯旗及谋捣毁省议会是‘没有’的。”“钧厅职司风纪，驱奸缉伪，责难旁推。应请在即严将造谣诬谤者缉拿惩办，以警刁风。再泽东为新湖南之自由民，除依法律，无论何人，不得于我之身体及名誉有丝毫侵犯。”12 月 5 日的长沙报纸上，登载了这封信。

通过这一真正代表人民意志的群众性的民主运动，谭延闿、赵恒惕军阀政府的假面具，就从此被揭穿了。这就促使人民醒悟：老虎嘴里是讨不出食来的；为争取人民的权利，必须依靠自己奋斗，必须依靠人民自己壮大自己的力量。这次自治运动虽然没有获得具体结果，但对开展湖南各种社会力量的民主联合——民主统一战线运动，提高人民群众的觉悟，特别是树立以毛泽东为首的马克思主义革命派的群众威信，有着巨大的意义。

在这次运动中，湖南一批“不满现状”的小政客借此获得一官半职，却反过来嘁嘁喳喳，埋怨群众的“过火”行动。毛泽东为此写信告新民学会的同志说：大伟人虽没巩固，小伟人却颇巩固了。我们不必理睬他们。我们必须另造环境，做长期的准备、精密的计划、实力养成了，效果自然会见。这些绝不是写几篇文章能办好的，必须有一批真正的同志从事实际的工作。他当时在报纸上发表的一系列文章，虽然还不免带有某些资产阶级民主思想的痕迹，但他是完全站在以工农为首的全体人民利益的立场上，站在彻底的民主革命的立场上，来领导这次运动的；而且是完全清醒地将这个运动当做为渡到根本改造的一块踏脚板的。为了不致使各地新民学会会员引起如对驱张运动和自治运动的疑惑，他将自己的主张和活动情况，随时写信通告，特别说明这种“自治运动”只是应付目前环境的权宜之计，绝不是我们的根本主张。他认为如果因此能在湖南促成一个较好的环境，对于今后各种具体准备工作是有利的。在《新民学会会员通信集》第二集上，他在易礼容的一封信后面写了一段按语，他说：“我觉得去年的驱张运动和今后的自治运动，在我们一班人看来，实在不是由我们去实行做一种政治运动。我们做这两种运动的意义，驱张运动只是简单的反抗张敬尧这个太令人过意不下去的强权者。自治运动只是简单的希望在湖南能够特别定出一个办法（湖南宪法），将湖南造成一个较好的环境，我们好于这种环境之内，实现我们具体的准备工夫。彻底言之，这两种运动，都只是应付目前环境的一种权宜之计，决不是我们的根本主张，我们的主张远在这些运动之外……去年在京，陈赞周（学会会员陈绍休）即对于‘驱张’怀疑，他说我们既相信世界主义和根本改造，就不要顾及目前的小问题、小事实，就不要‘驱张’。他的话当然也有理，但我意稍有不同，驱张运动和自治运动等，也是达到根本改造的一种手段，是对付‘目前环境，最经济最有效的一种手段。但有一条件，即我们自始至终（从这种运动之发起至结局），只宜立于‘促进’的地位，明言之，即我们决不跳上政治舞台去做当局。”（《新民学会资料》第 91 ～ 92 页。）从上述观点，驱张运动和自治运动两项运动中的作为，深刻地表现出毛泽东一开始革命活动时即具备的从实际出发的革命精神，反对空谈高论的实事求是精神；说明他是一个善于利用一切机会来开展革命运动的策略大师。

1920年11月，湘军内部谭、赵等派系冲突终于爆发。赵恒惕逼走谭延闿，夺取湖南政权后，还装模作样地请了一班“学者”，草拟“宪法”，还组织了一个御用的由“各县人民代表”一百五十多人组成的“审查委员会”，争吵了好几个月，于1921年4月间公布了一个《省宪法草案》。在当时中国混乱的军阀统治情况下，这个草案也还有些比较冠冕堂皇的条文，还是一件颇引人注目的事情。毛泽东仍动员各方舆论，继续对赵政府作合法斗争，批评这个草案的根本缺点。他自己还写了一篇文章，在1921年4月25日的长沙报纸上发表，指出《省宪法草案》的最大缺点，是关于人民权利的规定极不完备，特别是关于工人的基本权利根本没有规定。1921年8月间，赵恒惕在“援鄂”战争失败中，匆匆通过了这部“省宪法”，于1922年1月1日公布。

赵恒惕利用湖南人民企望和平的心理，投机地制造所谓“省宪法”以御内，同时又大倡所谓“联省自治”（辛亥革命后，在南北军阀对峙，中国长期不能统一的局面下，熊希龄、梁启超等一批在野的“名流”、“学者”，别开生面地提倡一种“联省自治”的主张，认为应该以省为自治单位，由各省省议会制定省宪法，然后仿照美国联邦制，组成“联省自治政府”；他们提倡地方分权，反对中央集权。这个主张，颇为一般势力较弱的军阀所欢迎，以抵制北洋军阀或邻省大军阀的吞并，利于一省割据。谭延闿、赵恒惕等当时都很拥护这种主张。）以御外，自以为比其他军阀“棋高一着”。可是，军阀统治必须扩充军队，军费直线上升，同人民要饭吃这个矛盾不是什么“省宪法”能解决的。由于将谷米大批外运以裕军费，1921年，湖南发生严重春荒，接着湘西、湘中几十县又发生大旱灾，灾民遍地，到处逃荒，长沙尤为饥民麇集之地。赵恒惕竟发布了一个荒谬绝伦残酷已极的取缔饥民布告，取消对饥民每天两合豆子的救济："煮粥掺糠（指在饥民粥食中掺糠），正所以杜绝不饥之民来争食也。"这年的双十节，学生联合会联络各团体，发动学生、工人、市民数万人向赵政府示威请愿，提出裁减军队，救济灾民等要求；散发传单，号召士兵退伍，起来反对军阀；高呼打倒武人官僚政治，并且捣毁了省议会。群众示威游行时，赵不敢公开镇压；却效法张敬尧故技，纵令士兵殴打学生，并有教职员被打伤。10月12日，因士兵继续在街头行凶，一师、雅礼、明德等八校被迫停课。学联发动的裁兵运动，被赵恒惕镇压下去。到1922年1月17日，赵杀害了从事工人运动的黄爱、庞人铨后，这种"省自治"的假面具就更加彻底地在省内外揭破了。1922年，在毛泽东领导下，湖南工人运动进入高潮的时候，赵恒惕的遮羞布"省宪法"，却成为毛泽东手上一个进行合法斗争的有利的武器，这是赵恒惕所始料不及的。

在领导这次自治运动以揭破谭延闿、赵恒惕反动政府假面具的同时，毛泽东更重要的活动是在宣传马克思主义，是在同志间进行共产主义的讨论和准备建立中国共产党的组织，即在做奠定中国革命基础的工作。

文化书社和新文化运动

1920年7月，毛泽东回到湖南开展广泛的革命活动时，在传播马克思主义和新文化运动方面，做了许多工作；其中影响最大并且同建党有密切关系的事，是创办了文化书社。从《新青年》创刊后开始的全国新文化运动，在湖南这个地方，直到1920年才可能广泛开展，未免姗姗来迟。然而这一课是必须补的，不补这一课，以后党的建设和革命运动的开展都是不可能的。毛泽东紧紧抓住链条中的这个环节。

张敬尧在湖南统治时期，摧残一切新的事物，公开提出求神打醮，社会上一片乌烟瘴气。毛泽东认为传播新思想、新文化是当时的急务；他从北京、上海带回的经验，要办好这件事，就必须建立一个推销各种新出版物和据此进行有关活动的总机关。于是他立即着手筹办这件事。为了解决经费问题和扩大社会影响，他联络驱张代表、进步人士以及教育、新闻和工商各界知名人士，如周南、一师、湘雅等校校长、长沙县长姜济寰和商会会长左学谦等，共同发起创办一个文化书社。

7月31日，长沙的报纸上刊出一篇《发起文化书社》（见《毛泽东早期文稿》，湖南出版社1990年7月版。），由毛泽东草拟的这个“缘起”中说:“我们认定，没有新文化由于没有新思想，没有新思想由于没有新研究，没有新研究由于没有新材料。湖南人现在脑子饥荒实在过于肚子饥荒，青年人尤其嗷嗷待哺。文化书社愿以最迅速、最简便的方法，介绍中外各种最新书报杂志，以充青年及全体湖南人新研究的材料。”

8月2日，在楚怡学校召开了发起人会议。议决组织大纲八条，推定易礼容、毛泽东、彭璜三人为筹备员，筹备书社成立，起草议事细则和营业细则。8月20日，租了潮宗街湘雅医学校的三间房子为社址，随即开始营业。10月22日召开第一次议事会，投资人都被邀参加。当时投资的共30多人，除毛泽东和何叔衡、彭璜等一批新民学会会员外，上层人士中有姜济寰、左学谦和教育界方维夏、朱剑凡、易培基、王季范、贺民范、匡日休等。书社集资总额共约500余元，后来第二次议事会决定扩大投资到1000元。书社的根本特点为“同患共同组织”，投资永不收回，亦不分红取息，永为投资人所共有，不是一个谋利之所，而是一个纯粹为公众服务的文化宣传机构。

第一次议事会通过了书社的组织大纲，大纲规定了书社的宗旨、组织和经营方法等。宗旨中说：“使各种有价值的新出版物广布全省，人人有阅读之机会。”会上推举经理一人，由新民学会的易礼容担任，他本来是商专的学生；为便于帮助工作，毛泽东任书社的“特别交涉员”。并聘请陈独秀、李大钊、恽代英等为“信用介绍”。营业员最初只两人（后来业务发达时达七八人），新民学会会员并最早入党的陈子博（陈子博，湖南湘乡人，1923 年因病逝世。）是其中之一，他亲自向各订户送书送报，以传递迅速深得订户信任。

1920 年至 1921 年春，书社跟省内外发生书报营业往来的单位达六七十处。省外来往最多的有：广东新青年社、上海泰东图书局、亚东图书馆、北京大学出版部、北京晨报社、北京学术讲演会、武昌利群书社（恽代英等办的）等。其中，特别与利群书社的联系甚为密切。利群书社在恽代英的安排下，不仅大量供应了文化书社的书报，而且派利群书社的“姊妹”机关毛巾厂的同志，帮助兴办长沙望麓园织布厂，作为湘区党委安排工作人员家属的处所，由文化、经济方面的支持，进而加强了党的联系。恽代英本人后来也到过长沙和安源等地，交流工作经验。1923 年“二七”大罢工后，由于军阀的迫害，湖北省委许多领导人如陈潭秋、林育英、陆沉等同志来到湖南安源等地，更加密切了两省党委之间的联系和合作。

后来，文化书社业务日趋发达，凡全国各地出版的新书报刊，尤其是中国共产党和青年团机关刊物《向导》、《中国青年》、《先驱》等，以及新青年社出版的马克思列宁主义丛书等，更是大量推销。湖南全省广大的知识青年、革命工人和各界进步人士，无不同文化书社有过来往。书社并在省内广设分社。1920 年末到 1921 年初，外县成立分社的共有平江、浏（阳）西、宝庆、衡阳、宁乡、武冈、溆浦 7 处，创办人多为新民学会会员和最早同党与团发生关系的革命分子。分社多附设于学校或当地教育会、劝学所等公共团体。分社的办社方针为：开始规模宜小，办法宜踏实，期于逐渐发展，账目必须清楚。长沙城内在第一师范、一师附小、湘雅、楚怡、修业等学校，共 7 处设了贩卖部，还聘了几个推销员。后来凡有党组织的地方，差不多都设有同书社发生营业来往的分社或代销处；书社本身又推动了地方党、团最初的建立工作。

当时湖南的革命青年和一般进步分子，对于新文化、新思想的要求，处于如饥似渴的状态。文化书社最初所销的书籍约200种，杂志40多种，日报数种，大部分都是随到随完。买书的人，学生和教育界最多。由于毛泽东当时已开始同长沙的工人发生联系，同办劳工会的黄爱、庞人铨等有往来，因此已有许多工人来买书刊了。据《文化书社社务报告》（《文化书社社务报告》是铅印的非卖品，现在只发现第2期，是从革命烈士贺尔康家中得到的。）第2期所载，自开始营业起，至1921年3月底，七个月之内，销200本以上和百本左右的书，有《马克思资本论入门》、《社会主义史》、《新俄国之研究》、《劳农政府与中国》、《晨报小说第一辑》、《杜威五大讲演》、《社会与教育》、《克鲁泡特金的思想》、《托尔斯泰传》、《试验论理学》以及《白话书信》、《尝试集》等。销售最多的杂志是《劳动界》5000份、《新青年》2000份、《新生活》2400份及《新潮》、《新教育》等，此外，《时事新报》销40份，北京《晨报》45份。《劳动界》是上海共产主义小组向工人进行马克思主义宣传的32开本的通俗周刊，颇受工人的欢迎。《新生活》是五四时期著名的小型通俗周刊，刊物同北京大学的关系很密切，蔡元培、李大钊、陈独秀、胡适等曾为它撰稿，李大钊发表的短小精悍的时评尤多。每逢新书报刊到了，必在报纸上显著地位刊登广告，介绍目录和内容。

由于营业的开展，文化书社曾两度迁移地址。自创办到北伐战争这一段长的时期内，湖南境内得以广泛地传播马克思列宁主义和推动新文化运动，文化书社实起了极其重大的作用。除北京、上海及后来的广州外，那时在全国销行新书刊最多的省份，即数湖南和四川。

在建党的思想准备工作方面，有了一个像文化书社这样公开发行马克思列宁主义书刊的机构，就便利得多了。

在毛泽东的具体领导下，文化书社不仅起了传播新思想、新文化的作用，而且还起了组织广大读者学习新思想、新文化的作用。以下两份资料（两份资料见《历史研究》1957年10月号，又《新民学会资料》第277、第278页。）充分说明了这一情况：这是以“文化书社同人”的名义向读者作的两个建议：一是介绍、推广新书报之责；二是组织“读书会”，大家作“共同的研究”。这两个建议都印成传单形式，夹在售出的每本书刊中。

第一个建议说得这样恳切而周到：“文化书社敬告买这本书的先生：先生买了这本书去，于先生的思想进步上一定有好多的影响……倘若先生看完了这本书之后，因着自己勃不可遏的求知心，再想买几本书看……就请先生再到我们社里来买或者通信来买……我们社里所销的东西，曾经严格的选择过，尽是有价值的新出版物（思想陈旧的都不要）。书——124 种，报——4 种，杂志——50 种（月刊 33 种，半月刊 2 种，季刊 2 种，周刊 13 种）。我们的目的——湖南人个个像先生一样思想得了进步，因而产生出一种新文化。我们的方法——至诚恳切的做介绍新书报的工作，务使新书报普播湖南全省。我们很惭愧自己的能力薄弱，不能担负这传播文化的大责。希望各界有心君子予以援助。先生若能帮助我们费一点口舌介绍之劳，那我们是特别感激先生的，本社印有很多的书目，先生或先生的朋友要看，函索即寄（不要邮费）。本社经理……天天在社，无论哪位先生要书，要报，要杂志，要书目，以及其他事项写信来问，都由他手复，绝不延搁。”

最重要的是第二个建议，《读书会的商榷》。原文如下：“近来有许多人提倡‘读书会’，我们觉得这个办法实在很好。其好处有三：一、一个人买书看，出一元钱只看得一元钱的书，若合五个人乃至十个人组织一个读书会买书看，每人出一元钱便可以看得十元钱的书；经济上的支出很少，学问上的收入很多。二、中国人的‘关门研究法’，各人关上各人的大门躲着研究，绝不交换，绝不批评，绝不纠正，实在不好。最好是邀合合得来的朋友组织一个小小读书会，作共同的研究。就像你先生看完了这本书，一定有好多的心得，或好多的疑问，或好多的新发明，兀自想要发表出来，或辨明起来，有了一个小小的读书会，就有了发表和辨明的机关了。三、报是人人要看的东西，是‘秀才不出门，全知天下事’的好方法。现在学校里的学生诸君，也有好多不看报的，是因为学校不能买许多报，报的份数太少的缘故，最好是‘每班’组织一个读书会，每月各人随便出几角钱，合拢起来钱就不少。除开买书之外，便可多订几份报，至少也可以订一种。那么，便立刻变成不出门知天下的‘秀才’了，岂不很好。上列的好处，如你先生觉得还不错，‘读书会’这东西，何妨就从你先生组织起来呢？若要备新出版新思想的书、报、杂志，则敝社应有尽有，倘承采索，不胜欢迎。”

毛泽东善于以各种文化——古文、浅近文言文、白话文和通俗文，写不同内容、形式的文章。这两份建议书，不由使我们回想起在第一师范办工人夜校时那份招生广告，恳切而通俗的口语，两者何其相似。从内容的提倡读书要作共同的研究，以及强调读报的重要意义来看，这两篇建议书想必是他亲自起草的或至少经过他的修改。从这两份建议书我们可以估计到，当时文化书社在传播新思想、新文化方面所起的巨大作用。毛泽东将他自己多年实践中肯定的用之于新民学会组织中的读书方法——作共同的研究，向广大要求进步的青年推广，经过学联的具体组织工作，在许多学校中必定发生过良好的影响。

1921 年，社会主义青年团成立后，还在都正街办了一个青年图书馆，杨开慧为负责人之一，组织社会青年阅读进步书刊，并且发展团的组织。

对于党的组织工作，在经济支援和交通联络上，直到 1927 年大革命失败时止，文化书社也曾起过重大的作用。1920 年，毛泽东开始在湖南组织社会主义青年团，随后在全省建党，党的经费除中央拨给点外，始终是极其困难的，中间常靠少数几个同志教点儿书，拿一点儿薪水做生活费用和活动费。有时实在周转不过来了，便通过文化书社借钱；因为在社会上，这总算一个“商业机关”，有资格向钱庄贷款。同时在书社内部也可养活几个人（实际只领最低生活费用）。由于那时的军阀政府还没有一套严密的特务制度，书社也常被利用作为党的省委同省内外的通讯联络机关；1921 年到 1923 年，有时也在这里开党和团的会议。1924 年，赵恒惕反动统治更加严密后，为了组织的安全，党就停止利用书社再作为通讯联络之用；但一时的经济周转，书社是始终担负着的。

关于毛泽东创办文化书社的活动，还有一点值得提出的就是他亲定的书社的民主管理制度，以及自己的严格监督执行。从这方面也可了解到他办事的坚持原则和严密细致的作风。

1921 年 3 月出版的第 2 期《社务报告》中这样说过："头一层：与我们社里有直接关系的社员诸君，我们经理社务的人，在职务上应将如何推销书报的种种情形，报告给大家，使社员都知道社里的情形，才算完成了我们的职务。第二层：中国人营业，总是秘密主义，除开他窝子里的人以外，谁都不能讨出他的消息，这种神秘主义实在是一种罪过。一个人光明正大做事，为什么不能将底子宣布出来呢？文化书社是一个社会公有的机关，并不是为私人营利，我们为避免这种罪过，乃反秘密而采彻底的公开，将社里一切情形，彻底宣布于社员以外。"

这种铅印的"社务报告"，是毛泽东亲自编订的；除发给投资的社员外，并送与社会上各有关方面作为一种宣传品。"社务报告"的内容极为详尽周密，不仅历述办社目的、经过和经营方法等，而且将全部的经济收支、盈余情况分目细列。关于书报推销情形，更有详细统计："一来，见某种书在湖南销数若干，便知某种书所及于湖南人的影响；二来，每半年有一次统计，可以比较某种书每年销数的进退。"

《湖南通俗报》1920 年 11 月 6 日、10 日、11 日，刊有《文化书社第一次营业报告》，公布了从开始营业到 10 月 20 日为止的"消耗及营利之情形"，赢利减消耗实余 35 元。附注说："办事人临时经理一人、营业员一人、送报二人、煮饭及走杂一人，均未支薪。"

将一切业务往来、明细账目彻底公之于世，这样的"商业"机关，在旧社会当然是绝无仅有的。这样的商业"社务报告"实际上也是向社会宣告，这是一些怀着社会主义理想的人经营的事业。

根据易礼容的回忆，书社直接管理经费的人，有时没按制度定时清理账目，毛泽东必来催促，并亲自协助结算。他来了后，将社内仅有的4张桌子并拢来，大家一起算账，银钱出入如有马虎之处，他必立时表示不满。

1927年“马日事变”后，毛泽东所一手创办的、帮助一代青年获得马克思列宁主义思想的文化书社，被国民党反动派捣毁。然而书社的精神和事业，是为后来的革命文化机关所发扬光大了的。

在群众文化活动方面，另一件有重大意义的事，是何叔衡接办《湖南通俗报》。1920年9月间，何叔衡被省教育委员会派充通俗教育馆馆长。这个馆原来发行一种四开四版的《湖南通俗报》，是辛亥革命后创刊的，算是政府对民众教育的一种“关心”。内容不过是剪贴大报的消息、文章，刊登一些政府文告之类，发行的份数很少，读者不多。何叔衡邀了他的老朋友谢觉哉和新民学会会员熊瑾玎、周世钊，担任报纸的经理和编辑。周世钊回忆说，毛泽东参加了第一次编辑会议，提出办这个报纸的基本方针:“报纸主张什么，反对什么，态度要明朗，不可含糊。通俗报是向一般群众进行教育的武器，文字必须浅显生动、短小精悍，尤其是要根据事实说话，不要专谈空洞的大道理。他这些主张，被参加会议的人全部接受下来，成为这一时期通俗报的工作纲领。隔不上几天，他总要到馆里来一次，随时对编辑工作提出建议性的意见，使编辑质量得以不断提高。”（周世钊：《湘江的怒吼》，载《五四运动在湖南》，湖南人民出版社1959年版。）

9月11日，《湖南通俗报》以崭新的面目出版了。报纸的分栏有：《讲演》、《世界新闻》、《国内新闻》、《本省新闻》、《新智识》、《小批评》、《社会调查》、《琐碎话》、《谚语》、《儿歌》、《新字课》等。征稿启事中特别写明，欢迎下列各种投稿:记述本省各地的劳动状况、教育状况、实业状况的文字；记述本省各地的风俗习惯的文字；本省各地的童谣谚语；科学浅说，等等。由此可见，通俗报力图结合湖南的乡土特点，运用群众所喜闻乐见的通俗易懂的形式，向广大群众进行进步的政治和科学的教育。从现在发现的3期（1920年11月6日、10日、11日）的内容来看，它具有鲜明的政治性，文字特别生动活泼而通俗，是真正的“通俗报”。《世界新闻》栏注重劳动问题、殖民地问题和苏俄情况等方面的介绍；国内和本省新闻注重内战消息、自治问题、人民生活和教育问题。《琐碎话》等专栏同北京出版的《新生活》通俗周刊同名各栏内容相近。《谚语》栏也是在旧谚语后面加上批语，发挥新的见解。如“家鸡打起团团转，野鸡打起勃勃飞”，下批：“我们同胞，都要知道这两句话，互相团结，谋自存的方法。”《新字课》一栏也同《新生活》上的字块一样，借字义谈政治，如“雌”字下注：“少数人争‘雌雄’，把小百姓弄得疲癃残疾，这有什么道理？”“迂”字下注：“当这湖南大倡人民制宪的时候，还在那儿高谈‘约法’，未免太迂腐了”。《儿歌》栏中，有旧儿歌，也有新编的。如一首新儿歌的末一句说：“中国如睡狮，睡狮莫长眠，改造全靠新青年。”这样内容新颖的报纸，当然大受读者欢迎。大家觉得通俗报敢于说话，敢于提出别人不敢提出的问题。人们常从报中读到劳工神圣、妇女解放、文学革命、民众联合起来，和反对吃人礼教，反对贪官污吏，反对军阀的文章，特别是《小批评》中署名“觉斋”的杂文，揭露社会上一些丑恶现象和驳斥流行的谬论，话虽不多，却击中要害。如《到底谁是过激派》一文（载 11 月 10 日该报）说：“今人称‘过激派’是指俄国的劳农政府，他的办法是要人人做工，才有饭吃；不准哪个多占些，不准哪个吃闲饭；算是最和平的政策，偏偏要喊他‘过激’！中国的军阀，天天持刀杀人，却天天在那里怕过激派。好多不懂世事的乡先生，并不知道‘过激派’是什么一回事，也随声附和的怕起来，我看过激派并不过激，只是怕过激派的太过激了一点咧！”这三期中还刊有《文化书社第一次营业报告》和《文化书社通告好学诸君的启事》。由此可见，毛泽东充分利用了这个报纸，作为新的文化、思想传播的重要阵地。这时，他与何叔衡已在长沙开始建党的准备工作，常在通俗教育馆约集新民学会有关同志谈问题，此地也成了革命活动的一个联络中心。

通俗报的发行量从此大大增加。有些中小学将它定为学生课外读物，不仅一般市民和工人爱读，连没有看报纸习惯的农村也有订户了。社会上一些顽固的人，则纷纷议论，说通俗报宣传“过激主义”。赵恒惕的左右亲信向赵恒惕发出警告：“何叔衡专听毛泽东的主张，尽用些新民学会的人，这些人都是过激派。政府自己办的报纸，专门骂政府，真是岂有此理。”到1921年5月，何叔衡终于被加上“宣传过激主义”的罪名，被赵恒惕政府撤销了馆长的职务。通俗报于是又回复到从前的老样子。

驱张之后，湖南的教育界扬眉吐气，呈现出一派新的气象。驱张代表、第一师范教员易培基，被任为湖南教育委员会的委员长（相当于教育厅厅长），并兼一师校长，五四前后是进步的民主派人士。在毛泽东的影响下，他决心把一师办成一个新型的学校。1920年9月，毛泽东被聘为一师附小的主事，并在一师兼教语文和担任一个班的级任。师范毕业即教师范，这在当年是破格之举。易常对人说：“毛泽东将来要当平民天子。”（《第一师范史》（1958年油印本“初稿”）。）可见毛泽东当时在社会上的威望。直到1921年冬，毛泽东没有离开这个社会职业；他同时还被推选为一师校友会的会长。因此，这两三年间，第一师范和附属小学充满了革命朝气，成为湖南革命青年的大本营之一。毛泽东充分利用了这个阵地，传播新思想、新文化，宣传马克思主义，团结同志和培养新的革命力量，同时也实践了他的教育主张。

关于学校教育，他素来有自己的主张和理想。1919年底，他写过一篇论学校教育的文章发表在《湖南教育》月刊上。文章批判了当时学校教育同社会实际、同生产劳动严重脱节的现象：“学生不熟谙社会内情，社会亦嫌恶学生。”“学生毕业之后，多骛都市而不乐田园。”因而主张学校在教学自习之外，还应当安排一定的生产劳动的时间。他担任主事之后，一师附小设有园艺、畜牧、印刷等实习课目，使学生有机会参加一些生产劳动；还常带学生到工厂、农村参观。在每天举行的朝会上，常对学生讲国家大事，要学生注意社会实际问题。当年的学生还有人记得他讲过这个道理：在我们周围，那些做工夫的人都是值得我们学习的。譬如校门口的皮匠（修鞋的）

和小贩，都可以做我们的先生，我们要向他们领教；在作文中，描写他们的种种生活，由此也可以丰富我们的知识。高年级的国语就不用当时的官方教本，而选用时文做教材。小学生也组织自治会，民主管理学生的事情，使得孩子们既活泼又愉快。附小的礼堂内，挂了这样一副对联："世界是我们的，做事要大家来。"这是主事亲笔写的，由学生刻在竹板上。

毛泽东在一师当学生，主持学友会时，主办过工人夜校。考虑到配合工人运动的开展，这时，他在附小又办了民众夜校。"他的工作极忙，但仍亲自主持夜校的教务工作。并常在课前课后，约学生作个别谈话，了解他们劳动生活各方面的情况，向他们灌输革命思想。不管严寒酷暑，不管雨夜风宵，他从夜校回到附小，常在夜半大家就寝之后。为了使社会失学青年特别是工农子弟得到受教育的机会，他又在高小部办了一个补习班，招收 18 岁以上的失学青年，以补习国语、算术为主。所选国文教材，多是五四前后的进步文艺作品。这些学生多来自农村，年龄大，对旧社会的种种不合理的事实，了解较多，因而接受新思想、新事物也较快。他们入学不久之后，居然能写出长篇大论的文章，大胆地反对旧礼教、反对官僚军阀和帝国主义。"（《第一师范校史》第 47 ～ 48 页。）他的两个弟弟毛泽民和毛泽覃，这时分别在补习班和附小读书，毛泽民还负责管理全校师生的伙食，组织师生种菜、喂猪，师生同桌共餐，这样不仅改善了伙食，而且有利于师生打成一片，体会劳动生活。

第一师范的办学方针，贯彻了五四前后民主与科学、反帝反封建的精神。易培基从北京、上海、杭州等地以及省内，聘来十多位进步教员，陈昌也破格任国文教师，熊瑾玎负责学校的总务。毛泽东是 22 班的级任。在教务会议上，他提出三项主张：学生自治会的代表参加教务会议，对于教师、教学改革、生活管理等，都可以提意见；充分发扬学生自治精神，发展学生的个性，不开除一个学生；学校的经济采取公开政策。这三项主张都被学校采纳。学校有印刷部，他自己选择教材，作国文活页文选，如李大钊的

《今》、徐特立的《一个留法老学生的自述》、鲁迅的小说，以及《新青年》上的一些文章都被选用，还从《共产党宣言》上节选了一部分。上课时，毛泽东逐段逐句讲解，说明作者的思想流派和时代背景，文中反映了什么问题，从而联系当前中国现实，详加分析；然后由学生提出问题，经过讨论，他再作总结性的解答。“每逢他上课时，学生的座位上都坐双人，教室挤满了，室外走廊站满了。这些人是其他班次的同学，他们有的是那时没有课，有的是放弃了本班的课来听他的课。别班的同学们自己备钱，请教务处多印一些毛泽东所选印的讲义；没有钱的就向有讲义的同学借阅。”他指导学生作文，不但注意培养学生的写作能力，尤其重视学生通过作文在思想认识上得到提高。他给学生出的第一道作文题是：“试述本地方的风俗习惯”。有一个当年的学生还亲切地记得老师的嘉勉，他一气写了一本，详细描述了家乡的风俗情景，不仅得到一个很长的批语予以鼓励，还被老师叫到房中，殷切地谈了话。有一次，学校的工友跟同学发生争吵，以至打起架来。老师就以这个事件出了一个作文题，让学生各抒己见。有一个学生的作文，认为学生是斯文之人，工人既敢同学生殴打，实属野蛮无理云云。老师在这篇作文后面写了三页评语，详细分析了这个同学的思想认识上的错误，是从剥削阶级立场产生出来的。由此就进行了生动的深刻的阶级教育。学生作文，也常由自己出题，不拘体裁。学生的好作文，他写上评语，批上“传观”，装在教务处公布栏内。

毛泽东号召学生养成看报的习惯，常把报上重大的时事政治社会问题，详作分析介绍。关于学习的方法，他一方面教学生要有高尚的理想和远大的目标，同时又定要踏踏实实地学，不要以一知半解而自满。根据自己的经验，他说，“读书求知主要靠自己，教员不过是块指路碑，告诉你们向何处去。假使你自己不走的话，就一辈子停在碑跟前。不仅如此，久而久之，教员所指的，你都会忘掉。”他风趣地说，读书求知所得，最为保险，一不怕盗贼，二不怕水火，三不怕人分去。

这时的第一师范，颇似五四运动前后的北京大学，是湖南学生运动和新文化运动的一个重要的基地。1920年，易培基接任校长后，对一师进行了一次重大的改革，他把原有的教职员几乎全部更换，先后延聘了一班参加过五四运动或受过五四运动熏陶的新人物来校任教，同时废除不合理的管理制度，彻底改革教学内容和教学方法，着重培养民主自由的校风和自由讨论、百家争鸣的学风。这样，就使得一师的面貌为之一新，在传播新思想、新文化方面发挥了更加显著的作用。但是那批被称为进步的教员，思想状况却是非常庞杂的，几乎各派“新思潮”都可找到它们的代表。沈仲九、匡互生等一些人是信仰无政府主义的；陈启天、余家菊是国家主义派；夏丏尊、田汉、周谷城、舒新城、王鲁彦等鼓励学生学新文艺，写白话文、写新诗；博物教员辛树帜讲进化论，公然进行性教育；还有信仰杜威、罗素的“教育救国论”、“科学救国论”的人；此外如王凤喈、熊梦飞、吴晦华等，则是后来著名的国民党分子。真正的马克思主义者是少数，除毛泽东外，只有熊瑾玎和陈昌、李达、李维汉几个人，可是他们对学生的影响特别深。学生组织的学术团体有十多种，如文学团体“飞鸟社”、“爱社”等，美术研究会，史地学会，等等。学生演出话剧《孔雀东南飞》、《夜未央》，揭露封建礼教的吃人罪恶，激发人们的革命斗志，这些话剧还到校外演出。学生办刊物，用壁报做争论园地。学生自治会常请校外革命人士来校讲演，如恽代英、邓中夏、李六如等都被邀请过。1921年，第20班开始招收女生。男女同校，在讲旧礼教的人看来，简直如毒蛇猛兽之可怕，当时传为奇事。但不久也有别的学校效法了。

由于马克思主义的传播逐渐深入，文化书社的革命书刊及时送到学校中来，特别是有毛泽东的直接领导，因此马克思主义的影响在校内始终占压倒优势。学生中最大的社团是“崇新学社”，达100多人，负责人萧述凡是22班的学生，毛泽东很注意因材施教，常找萧到住处谈话，进行个别辅导。学生中还有郭亮、夏曦，早已参加新民学会。学社中许多人都订了《向导》、《新青年》等刊物，《共产党宣言》、《社会主义史》等书争相传阅。他们通过读书会、讨论、讲演等方式，宣传马克思主义，积极参加校内外的社会政治活动。当时学校校舍中曾划分为马克思、恩格斯、列宁三个区域，可见马克思列宁主义思想在学校影响之大。（关于第一师范和一师附小的这一部分，材料多引自《第一师范校史》。引号中的则见萧三著：《毛泽东同志青少年时代和初期革命活动》（1954 年印出未发行的版本）第 6 章第 28 节“他同时是一个杰出的教育家”。）

从 7 月初回到长沙后，毛泽东进行广泛的活动，工作极其繁忙。11 月 26 日写给罗学瓒的信中（见《毛泽东早期文稿》，湖南出版社 1990 年 7 月版。）谈到脑力劳动应有所间休时，说他“常常接连三四点钟不休息，甚或夜以继日，并非乐此不疲，实是疲而不舍”。深觉应当“养成工读并行的习惯，至少也要养成读书和游戏并行的习惯。我的生活实在太劳了，怀中先生在时，曾屡劝我要节劳，要多休息，但我总不能信他的话”。为了暂时调剂一下在长沙过度紧张的生活，同时急于亲自了解安源工人的生活状况，我们从这封信中知道，在 11 月的中、下旬，他曾到萍乡去了一周左右。信中是这样说的：“现在我决定在城市住两个月，必要到乡村住一个星期，这次便是因休息到萍乡，以后拟每两个月出游一次。”当然，这种结合工作而调剂生活的计划，后来不一定这样按原来想法办到，但由此可以证实，毛泽东爱好游历的习惯，从来是为了工作而作必要的社会调查相结合进行的。

学习马克思主义

毛泽东在《论人民民主专政》一书中说过，自鸦片战争后，先进的中国人都向西方国家寻找真理，学习西方资产阶级民主主义的文化；他自己在学校求学时期，也是努力学过这些东西的。可是“帝国主义的侵略打破了中国人学西方的迷梦。很奇怪，为什么先生老是侵略学生呢？中国人向西方学得很不少，但是行不通，理想总是不能实现。多次奋斗，包括辛亥革命那样全国规模的运动，都失败了。国家的情况一天比一天坏，环境迫使人们活不下去。怀疑产生了，增长了，发展了。”这是他自己的亲身经历。自辛亥革命后，他就一直不懈地追求救国救民的真理；就在团结同志，寻找正确的革命道路。但是直到“俄国人举行了十月革命，创立了世界上第一个社会主义国家。过去蕴藏在地下为外国人所看不见的伟大的俄国无产阶级和劳动人民的革命精力，在列宁、斯大林领导之下，像火山一样突然爆发出来了，中国人和全人类对俄国人都另眼相看了。这时，也只是在这时，中国人从思想到生活，才出现了一个崭新的时期”。他亲切地感到：“十月革命一声炮响，给我们送来了马克思列宁主义。十月革命帮助了全世界的也帮助了中国的先进分子，用无产阶级的宇宙观作为观察国家命运的工具，重新考虑自己的问题。走俄国人的路——这就是结论。”

根据毛泽东自己的回忆：“我第二次到上海去的时候，曾经同陈独秀讨论我读过的马克思主义书籍。陈独秀谈他自己信仰的那些话，在我一生中可能是关键性的这个时期，对我产生了深刻的印象。”1920 年 7 月，毛泽东回到湖南后，为传播马克思列宁主义做了许多工作。他经常谈到俄国最重要的一条革命经验：要让广大革命群众特别是群众的领袖分子掌握马克思列宁主义这一武器，否则，革命是不可能前进也不可能胜利的。因而刚一回到长沙，如前所述，他就创办了在全省范围内推销新书报的文化书社，同时在新民学会会员中，开展马克思主义学习活动，从思想上、组织上为建党准备条件。

1920 年 8 月，上海成立了共产主义小组和马克思主义研究会。9 月，毛泽东在长沙组织新民学会会员中的积极分子学习马克思列宁主义。参加学习的有何叔衡、彭璜、陈昌、熊瑾玎、易礼容、郭亮、夏曦、萧述凡等。一师附小和一师校友会会址（在妙高峰下惜阴街转角处，离附小不远），是经常开会的地方；会议常由毛泽东主持。当时各种小资产阶级的“社会主义”、无政府主义、资产阶级改良主义等非马克思主义的“新思潮”，随着马克思主义在中国传播的前后，曾泛滥一时。因此迫切的任务，就是在先进分子中，结合批判这些形形色色的非马克思主义的“新思潮”，对马克思主义的基本原理有一个比较明确的认识。毛泽东常说，学习马克思主义仅仅有常识是靠不住的，必须专而精，真正弄通。

毛泽东那时对马克思列宁主义的基本理论，比同时一般信仰马克思主义的人有较切实的了解。但更重要的是，一开始革命活动，他就把研究革命的理论和参加革命的实践结合起来。关于革命理论同革命实践之间的关系，按照他当时的语言，就是：凡办一件革命的事，必须有理论为根据；但没有一种运动的继起，这种理论的目的是不能实现的。他经常指导大家联系中国和湖南的实际情况，学习马克思主义的一般原则，他从来反对读死书，赞成读活书，从来反对将书本当做教条。他多年以来就是报纸的最热心的读者，平时在街上走路也常注意看告示。他最留心国内外、省内外当时的实际情况，当学生时就下乡实地考察农村情况，现在结合马克思主义的研究，特意到萍乡去实际了解工人情况。总之，他认为对周围情况作系统的、周密的研究，是一个马克思主义者的经常任务，必须有目的地去研究马克思主义。这种卓越的思想、才能和实际精神，以及五四运动以来一系列革命实践所取得的成就，使他自然成为湖南的先进分子和革命青年所公认的领袖。

1920 年，马克思、列宁主义理论和俄国革命的经验开始系统地传播到中国来。这年 5 月 1 日《新青年》7 卷 6 号出版“劳动节纪念”专号，标志着这个刊物明显地转向社会主义。从 8 卷 1 号起（1920 年 7 月出版），《新青年》成为党的上海发起组的机关刊物；这一期开始设《俄罗斯研究》专栏，译载当时搜集到的英、美、法、日等国报刊上有关苏俄革命的理论和实际情况的材料。1920 年 11 月，党的上海发起组创办了理论性的机关刊物《共产党》。这时，比较完整的马克思主义名著的译本也开始出版了，如《共产党宣言》的第一个中文全译本是1920年8月出版的。从1919年到1921年间，在报刊登载或单行出版的马克思、恩格斯的著作有：《社会主义从空想到科学的发展》、《雇佣劳动与资本》、《政治经济学批判序言》、《资本论自叙》（即初版序言）、《科学的社会主义与唯物史观》（《反杜林论》第三编的一部分）等。列宁的著作有：《无产阶级专政时代的经济和政治》、《从破坏历史的旧制度到创造新制度》、《苏维埃政权当前的任务》、《俄国的政党和无产阶级的任务》等，以及《国家与革命》等书的一部分。此外，还出版了不少介绍和解释马克思主义的著作，如考茨基的《马克思资本论解说》、《阶级斗争》（即《〈爱尔福特纲领〉解说》），马尔西的《马克思资本论入门》、《马克思经济学说》，柯卡普的《社会主义史》等。

毛泽东谈到对他影响最深的三本书时说：

“我第二次到北京期间，读了许多关于俄国所发生的事情的文章。我热切地搜寻当时所能找到的极少数的共产主义文献的中文本。有三本书特别深刻地铭记在我的心中，使我树立起对马克思主义的信仰。我接受马克思主义，认为它是对历史的正确解释，以后，我就一直没有动摇过。这三本书是：陈望道译的《共产党宣言》，这是中文版的第一本马克思主义的书；考茨基的《阶级斗争》；以及柯卡普著的《社会主义史》。到了1920年夏天，我已经在理论上和在某种程度的行动上，成为一个马克思主义者，而且从此我也自认为是一个马克思主义者了。”

1941年9月13日，毛泽东在延安对妇女生活调查团讲话，也说：

“记得我在1920年，第一次看了考茨基著的《阶级斗争》、陈望道翻译的《共产党宣言》，和一个英国人作的《社会主义史》，我才知道人类自有史以来就有阶级斗争，阶级斗争是社会发展的原动力，初步地得到认识问题的方法论。可是这些书上，并没有中国的湖南、湖北，也没有中国的蒋介石和陈独秀。我只取了它四个字：‘阶级斗争’，老老实实地来开始研究实际的阶级斗争。”（《毛泽东农村调查文集》第 21 ～ 22 页。）

不同时间向不同对象的这两次讲话，都说到了这三本书对自己的影响，可见这影响是很深的。

陈望道翻译的《共产党宣言》是 1920 年 8 月出版的，为社会主义研究社所出的“社会主义研究小丛书第一种”，是这一著作第一个中文译本。初版只印 1000 册，现在已经很难找到了。（笔者在山东广饶县见到过“海内孤本”，封面“共产党”印成“共党产”）当时中国翻译界的经验还不多，这个译本的译文并不理想，后来它被新的译本取代了。可是它最早把这一部最重要的经典著作介绍到中国来，这一功绩是不可没的。这本书开宗明义说的“到目前为止一切社会的历史都是阶级斗争的历史”，成了毛泽东终身服膺的指导思想。

考茨基的《阶级斗争》，是译者恽代英定下的书名，原来的书名是《〈爱尔福特纲领〉解说》，武汉利群书社 1921 年 1 月出版的。现在的读者一听到说考茨基这人，很容易想到列宁的《无产阶级革命与叛徒考茨基》这本著作，就想到这是一个修正主义者，他的著作还有什么积极意义呢？其实，考茨基早年是一个重要的马克思主义者，并且深受列宁本人的推重。例如，在《唯物主义和经验批判主义》一书中，列宁把考茨基同马克思、恩格斯、拉法格、梅林并列，称为“社会主义的权威人士”，在《社会民主党在民主革命中的两种策略》一文中，列宁在反驳司徒卢威的时候，强调了他自己同考茨基并无意见分歧。就说考茨基在 1891 年起草的这《爱尔福特纲领》吧，列宁在《给农村贫民》这部著作中，阐述《火星报》和《曙光》杂志共同提出的俄国社会民主工党的纲领的时候，就向读者推荐考茨基的这部著作作为参考书。这本经恽代英翻译的书，对青年毛泽东起了启蒙的作用。

《社会主义史》，英国人柯卡普（1844—1912）著，初版于1892年。作者说成书有两个目的：一是叙述社会主义的主要历史，二是对社会主义运动作一概括解释和批评。1913年，英国人辟司加以删订，并增补了原书出版后20年间社会主义运动发展的史实。辟司承认自己是从费边社和工党的观点立论的。李季据辟司的增补本译为中文，于1920年10月由新青年社出版。蔡元培为这个译本写了序言。蔡序中说："克（柯）氏、辟氏都是英国人，自然是稳健派，所以对以前的社会主义，很有消极的批评。又如辩护家庭、辩护宗教；辩护中央与地方政府，甚至辩护英国的殖民政策。读的人一定有嫌他们不彻底的。"蔡元培对这本书的评价是很确切的。例如，书中说:"从现代过渡到社会主义时代，一定是渐进的，必先做一番预备功夫，使大多数人民的知识、道德、习惯和组织，都合于一种更高的社会经济生活。"（转引自《蔡元培全集》）这正是费边社会主义的观点。恩格斯说："费边派是一伙野心家，不过他们有相当清醒的头脑，懂得社会主义变革必不可免，但是他们又不肯把这个艰巨的事业交给粗鲁的无产阶级去做，所以他们惯于自己出来领导无产阶级。害怕革命，这就是他们的基本原则。"简单地说，他们主张渐进的社会主义，不主张革命。大体上就是今日英国工党的主张。

这本书从圣西门、傅立叶、欧文的空想社会主义讲起，一直说到第一次世界大战前夕欧洲各国和美国、日本社会主义运动的历史及其相互关系等情况。该书肯定社会主义反映"工界、妇女、被鱼肉的国家和种族"的要求，代表他们的利益；主张"劳力对于土地和资本的关系，作一种根本的改变"；并说明社会主义是工业革命和思想革命这"两种大革命的嫡子"。作者认为工团主义、工联主义、无政府主义、社会改良主义、国家社会主义等社会思潮和活动，都是"社会主义"。原著对马克思和马克思主义作了较客观的介绍；关于剩余价值与历史唯物主义，以及《共产党宣言》中的阶级斗争和无产阶级革命，都有较为详细的说明。但在增补的最后几章，对马克思主义进行了粗暴的攻击，竭力反对阶级斗争学说，称马克思主义为“社会主义中一种最危险的和最可怕的新派”，将给社会带来“一种极大革命的灾祸”。书中不止一次提出：社会主义并不是什么固定的教义，而是从一种极大的又没有十分形成的真理上所发生的一种运动。“所以社会主义是活泼的，是能够随时变化的”。这个见解倒是值得我们思考的。《社会主义史》是在我国传播社会主义系统知识的第一本书，虽然其中含有许多似是而非的错误观点，对马克思主义进行了露骨的攻击，但在当年传播社会主义知识，开阔人们眼界，仍不失为一本启蒙性的读物。毛泽东也是从这本书中了解到社会主义运动的历史及种种社会主义的流派的。

1920 年，马克思主义和俄国十月革命经验才开始比较系统地介绍到中国来，这年 5 月 1 日《新青年》的“劳动节纪念”专号，才标志着这个刊物明显地转向社会主义，7 月出版的 8 卷 1 号起，该刊才成为中国共产党上海发起小组的机关刊物，这期始设《俄罗斯研究》专栏。当时出版的马克思恩格斯著作的单行本著作，还只有很少几种。

毛泽东关于读这三本书的回忆，在时间上是有差误的，三本书的出版都在 1920 年 8 月到 1921 年 1 月之间。因此，1920 年上半年他在北京和上海逗留的时候，这三本书不可能都读过，这点儿时间差异自无关紧要。重要的是，在第二次到北京和上海时，正是他思想上向马克思主义急速转变之时，他努力寻找有关这方面的书籍阅读。根据罗章龙的回忆（罗章龙:《椿园载记》（八）“亢慕义斋”及其活动。），1920 年 3 月，李大钊和罗章龙、邓中夏等，在北京大学秘密组织了“马克思学说研究会”（中国共产党成立后公开活动，会员曾达一百几十人），在校内有一个聚会的房间叫“亢慕义斋”（共产主义小室），以此名义搜集各种外文版本的马克思主义经典著作。最初翻译的有《共产党宣言》、《震撼世界十日记》，还翻译了《马克思传》和试译《资本论》第一卷，以及宣传唯物论、进化论的西方科学书籍等。罗章龙是德语系的学生，任德文翻译组组长。此事很受蔡元培的重视，“前后规划有二十种，陆续译成付印”。罗章龙说：“《共产党宣言》原著理论深邃，语言精练。”“我们先是就原著反复通读，并背诵一些精辟的段落，不懂的地方就集体研究，然后直译，但译出来后仍自觉不能完全满意。后来，我们在必要的地方试加了一种解释性的文字，使读者明白文章的含意。例如，《共产党宣言》第一句是：‘一个幽灵，共产主义的幽灵，在欧洲徘徊。’（陈望道译语）对于这句话研究时间很长，觉得怎样译都不甚恰当。‘幽灵’在中文是贬义词，‘徘徊’亦然。于是加了一段说明文字：‘有一股思潮在欧洲大陆泛滥，反动派视这股思潮为洪水猛兽，这就是共产主义。’以后，我们译的《共产党宣言》中文本油印出来了。由于当时不便公开，同时恐译文不尽准确，只在内部传阅学习。”

毛泽东第二次在北京时，同罗章龙、邓中夏等有密切往来。想必他所“热切地搜寻当时所能找到的极少数共产主义文献的中文译本”，回忆中说到的《共产党宣言》，如果是在北京时就读到的话，可能就是这个油印本。另据史学界最近考证，1919 年 11 月 1 日出版的《国民》杂志第 2 卷第 1 号，载有李泽彰译《马克思恩格斯共产党宣言》（见《湖南人民革命史》（新民主主义革命时期）第 55 页注，湖南出版社 1991 年 7 月版。），也有可能是这一本。不论是哪一本，按照毛泽东历来的读书习惯，对如此求之若渴的经典著作，必定是反复阅读，深加思考的。至于其他两本书，当是随后读到的，因为“亢慕义斋”的翻译计划中没有这两本书。由于同斯诺的这段谈话中还正式说到，读了这三本书之后：“到了 1920 年夏天，我已经在理论上和在某种程度的行动上，成为一个马克思主义者，而且从此我也自认为是一个马克思主义者了。”因此，关于毛泽东世界观根本转变的具体时间，即何时成为一个马克思主义者，近年来有些党史研究者就存在不同的看法，认为不是 1920 年夏，而是大体这样三种时间：1920 年秋、1920 年冬、1921 年春。他们的主要根据是毛于 1920 年 7 月回到湖南后，到这年 12 月为止，在领导湖南自治运动时所发表的一系列文章，以及同新民学会会员的通信中，所反映的政治思想还是很庞杂的，依然“浸润”着资产阶级“自由平等博爱”的观点，对必须铲除封建制度的基础也缺乏明确的认识等。

虽然毛泽东上述回忆确有时间上的小差异，但他这样确定地认为自己“已成为一个马克思主义者”，这种自我感觉是有其道理的。这只要对比 1918 年他第一次到北京时的思想状况，以及 1919 年 4 月回到湖南在五四运动中的活动，如《湘江评论》上的文章，就可以理解他对自己的这种判断是合理的。《湘江评论》上的文章，尤其《民众的大联合》这篇辉煌的大文章，表明他已摆脱了学生时代社会历史方面的唯心主义影响，已热情歌颂十月革命胜利，已认识到唯有人民力量的大联合才能扭转乾坤，不过至少不大清楚如无政府主义同马克思主义之间的区别。五四运动前后，随着马克思主义在中国的传播，国内外形形色色的反对者先后挑起反马克思主义的三次论战，即“问题与主义”的论战，关于社会主义的论战，关于无政府主义的论战，在这三次论战中，尽管信仰马克思主义的一方理论水平还不高，还不成熟，但所争论的是有关马克思主义的根本问题：即中国革命要不要以马克思主义为指导思想？中国革命的前途要不要走社会主义道路，即俄国十月革命的道路？中国革命要不要建立俄式政党——无产阶级政党？以及在革命过程中要不要实行无产阶级专政？毛泽东当时不同程度地参加了这三次论战，他对上述这些马克思主义根本问题的态度是明确的，完全赞同的。我们知道，从学生时代起，他就有良好的读书习惯，不仅好学，尤善独立思考钻研问题，具有超凡的思辨能力；同时又执著于实践，绝不是一个坐而论道的人，而是一闻道即起而行的人，他首先是一个革命的实践家。因此，相信这三本入门书，他绝非泛泛一读，必定是带着问题深加研究的。即如前引他自己的话：“我只取了它四个字：‘阶级斗争’，老老实实地来开始研究实际的斗争。”否则，也不会多年之后，还牢牢记住其影响。上述这种论断，可以从当年他总结驱张运动和自治运动的经验教训中看得出来。

易礼容于 1920 年 6 月 30 日从武昌给毛泽东写信，谈到自治运动的进行要有准备。此信刊于《新民学会会员通信集》第二集时，毛泽东在按语中说："我觉得去年的驱张运动和今年的自治运动，在我们一班人看来，实在不是由我们去实行做一种政治运动。我们做这两种运动的意义，驱张运动只是简单的反抗张敬尧这个太令人过意不下去的强权者。自治运动只是简单的希望在湖南能够特别定出一个办法（湖南宪法），将湖南造成一个较好的环境，我们好于这种环境之内，实现我们具体的准备工夫。彻底言之，这两种运动，都只是应付目前环境的一种权宜之计，决不是我们的根本主张，我们的主张远在这些运动之外。"在1920年11月25日他给向警予的信中，更是感慨地写道："湖南人脑筋不清晰，无理想，无远计，几个月来，已看透了。政治界暮气已深，腐败已甚，政治改良一涂，可谓绝无希望。吾人惟有不理一切，另辟道路；另造环境一法。"同一天给罗章龙的信中，就写得更加明确："中国坏空气太深太厚，吾们诚哉要造成一种有势力的新空气，才可以将他斢换过来。我想这种空气，固然要有一班刻苦励志的'人'，尤其要有一种为大家共同信守的'主义'，没有主义，是造不成空气的。我想我们学会，不可徒然做人的聚集、感情的结合，要变为主义的结合才好。主义譬如一面旗子，旗子立起了，大家才有所指望，才知所趋赴。"1920年8月和9月，蔡和森有两封长信给毛泽东，再三强调阶级斗争与无产阶级专政的重要，认为这是"现世革命唯一制胜的方法"。同时着重分清楚唯心主义和唯物主义，并批判了考茨基、伯恩斯坦的修正主义，说"马克思的唯物史观，显然为无产阶级的思想"。信中尤详谈仿照俄国组织共产党的必要。同年8月间，萧子升也有信给毛泽东，详述在法国的新民学会会员开会，讨论会务、世界大势及"改造中国与世界"应采取何种方法时，他的意见同蔡和森等多数意见不同，"主张温和的革命"，"以教育为工具的革命"，不赞成俄式革命。由于信收到过迟，同年12月和1921年1月，毛泽东才复信法国的会友，对萧子升的意见，"不表同意，而于和森的主张，表示深切的赞同"。复蔡的信说，"你这一封信见地极当，我没有一个字不赞成"，并告诉蔡，陈独秀已开始建党活动，办了"旗帜鲜明"的党刊《共产党》。所有这些从书本尤其从实践得来的看法，所形成的明确的意见，清楚地说明了，为什么毛泽东要说，1920 年他就成为一个马克思主义者了。

1920 年 6 月回到湖南后，毛泽东除积极参加、领导湖南自治运动外、为传播马克思主义组织了“俄罗斯研究会”，宣传俄国革命的经验，并派人赴俄实地调查，“提倡留俄勤工俭学”。最关重要的大事，是 8 月间创办了文化书社，这样不仅解决了进步书籍的及时阅读和在社会上的广泛传播，为湖南新文化运动补课，而且在湖南许多县设立了分社，为后来湖南党组织的发展起了良好的作用。

由上述这些事实可以断定，1920 年秋冬之际，毛泽东已完全接受了马克思列宁主义的基本观点。

马克思主义一开始在中国传播，就遇到资产阶级改良主义的极力阻挠。继胡适的实用主义的公开对抗之后，与研究系有密切关系的张东荪及该系首领梁启超等，宣扬基尔特社会主义，打着“社会主义”的旗子来反对社会主义。他们认为“中国唯一的病症是贫乏”，中国太穷了，资本主义太不发达了，还没有真正的无产阶级，根本不具备实现社会主义的条件。因此，只有发展资本主义，先让资本家“发展实业”，才是救中国的唯一出路。他们的这些论点反映了民族资产阶级求发展的愿望，也反映了资产阶级及其知识分子对中国工人阶级登上政治舞台后走俄国人道路的恐惧心理。所谓基尔特社会主义即行会社会主义，实质是带有封建性的保护资本主义的一种改良主义理论（“基尔特”源出德文，即同业联合之意），是欧美资产阶级学者“创造”出来抵制社会主义革命的，这种东西正合中国资产阶级的口味，容易找到市场。1920 年，美国鼓吹实用主义的杜威和英国的唯心主义哲学家罗素来中国讲学，都在一定程度上宣传过基尔特社会主义。张东荪的基本论点，就是从罗素在中国的讲演中抄来的。

这次大论战——“社会主义讨论”，延续了一年之久，是中国应当走资本主义道路还是走社会主义道路，是采用革命方法还是采用改良方法来改造中国的大争论。《新青年》在这次论战中起了保卫社会主义思想的旗手的作用，针对张东荪、梁启超的反动理论，正确地指出资本主义制度的剥削性质，在帝国主义侵略之下，中国不可能发展资本主义，劳资协调的改良主义不过是一个骗人的幻想。结论是：要建立社会主义的社会必须走俄国的道路，当时称之为“劳农主义的直接行动”。在这次论战以前，许多拥护马克思主义的人，还把各种小资产阶级的社会主义思想看成是马克思主义范围内的派别，经过这次讨论，认清了基尔特社会主义的反动性，从而基本上划清了马克思主义同这些反动思想的界限。不过，在这次论战中，拥护马克思主义的人还有许多缺点。他们在坚持无产阶级专政和走十月革命道路等根本原则上是完全正确的；但是由于他们的马克思列宁主义的理论知识还很不完备，特别是还没有深入的革命实践，对中国社会实际和历史特点还缺乏具体深入的研究，因而不能正确阐明中国革命的性质和步骤，还混淆了民主革命和社会主义革命这两个不同阶段。

1920 年 10 月间，张东荪和杜威、罗素等先后来湖南讲学，受到谭、赵政府和教育、新闻等界的欢迎。他们披着“社会主义”和“进步学者”的外衣，公开反对马克思主义，反对俄国革命，宣传资产阶级的改良主义，要人们放弃阶级斗争，不要引起阶级间的冲突，而采用教育手段达到改造社会的目的。罗素认为中国当前最重要的事，第一是宣讲教育，从平民教育入手，使无知识的有知识;第二是开发实业，以济物质贫困。这一套主张，不仅健学会和教育、新闻等界资产阶级知识分子觉得正中下怀，就是谭延闿也听来入耳，一般的进步青年也多受迷惑。特别是罗素的蛊惑性更大一些。罗素在第一次世界大战时，曾站在和平主义的立场反对战争，一度被看成是社会主义者。十月革命后，他曾与英国工人代表团同时去苏俄访问，但是一离开苏俄即大肆发表反苏言论。他来中国访问时，正在访苏之后。《新青年》虽然已成为党的上海发起组的机关刊物，但仍存在玉石不辨的缺点，曾以八卷二、三两号的主要篇幅来介绍罗素的生平、著作目录及作品选译，其中包括他的反苏言论（驳斥张东荪和罗素等的反动思想在1920年12月出版的八卷四号起才开始）。这就在某种程度上一时扩大了罗素的影响。

对于有影响的中外古今学说特别是互相对立的东西，毛泽东从来不人云亦云，有彻底弄清楚的习惯，总要亲自研究之后，才作出自己的结论。第二次到北京时，除开积极钻研有关俄国革命和马克思主义的书籍之外，其他属于“新思潮”、“新文化”范围之内的东西，如杜威和罗素的著作等，他也是仔细阅读的。1920年6月，他写给黎锦熙的信中（见《毛泽东早期文稿》，湖南出版社1990年7月版。），这样谈到他正在读各家哲学的著作包括杜威的在内：“近来国内到处发了丛书热，不管它动机内容怎样，总于我这种‘知识荒’的人多少有些益处。”张东荪和罗素、杜威以及蔡元培、吴稚晖等人到长沙后，他也以热烈求知和严肃批判的态度对待他们。他还与其他几个懂英语的人受湖南《大公报》的委托，在这些人讲演时，以特约记者身份多次担任过记录，及时将讲稿整理出来，供报纸发表。（由毛泽东记录、整理的有：吴稚晖的《勤工俭学》、蔡元培的《对于学生的希望》、吴稚晖的《都市文明》、杨端六的《和罗素先生的谈话》、吴稚晖的《劳动问题》和《女子勤工俭学》、蔡元培的《美术的价值》等7个报告，先后分24次连载在1920年10月29日至11月9日的湖南《大公报》。）

由于已经具有的马克思主义理论水平，以及多年来养成的独立批判精神，青年毛泽东立即识破了这些资产阶级改良主义理论上说得好听而事实上绝做不到的欺骗性质。关于罗素的理论，这真是“送货上门”的绝好机会，在新民学会部分会员中，他立即组织辩论，从而提高了大家的认识，使得多数人坚定了对马克思主义的信仰。如果说，在“问题与主义”的论战刚发生时，他还没有立即就识破了胡适的改良主义的面目；那么，这次“社会主义讨论”的大论战还没有向敌方开火时，他就坚定地站到马克思主义者的正确一方了。关于中国的改造，只能走社会主义的道路，不能走资本主义道路，只能用革命的手段，不能用改良的手段，这种鲜明的观点，他当时同蔡和森的通信中曾有反映。《新民学会会员通信集》第三集，为我们留下这份极可珍贵的思想资料。

蔡和森于1920年初到达法国。他在短短的四五个月时间内，用“猛看猛译”的方法，夜以继日地工作，看了几十种小册子，将各派社会主义，世界大势和俄国革命情况基本弄清楚了，因而得出明确的结论。在毛泽东第二次到北京的同一时刻，他也完全接受了马克思列宁主义，主张走俄国人的路，尤其对阶级斗争和无产阶级专政的理论有了较深刻的认识。1920年8月13日，他写给毛泽东的信里说：“我近对各种主义综合审谛，觉社会主义真为改造现世界对症之方，中国也不能外此。”“我对于中国将来的改造，以为完全适用社会主义的原理和方法。”实现社会主义的方法是无产阶级革命和无产阶级专政。

1920年6月，新民学会的会员已有萧子升、罗学瓒、李维汉、张昆弟、蔡和森、蔡畅、向警予、熊光楚、陈绍休、萧子璋（萧三）、熊季光姊妹等14人，先后到了法国。他们分处5个地方，或在学校，或进工厂，都极力钻研各种社会主义学说，很想见面畅谈一次，商讨会务——中国与世界改造的方法如何进行，以及学术研究计划，互相展开“个性批评”和漫谈世界观等问题。于是在蔡和森的住处（距巴黎不远的蒙达尼）聚合，从7月6日至10日，开了5天会，各抒所怀，讨论热烈，“大话小话，都说遍了”。就“会务进行的方针——改造中国与世界”的方法问题，展开了激烈的辩论，出现革命和改良两派极端相反的意见。以蔡和森为首的多数同志，主张立即组织共产党，走俄国的道路，通过彻底的革命以改造中国社会，特别注重无产阶级专政和国际主义精神（当时称为“国际色彩”或“万国一致的阶级色彩”）。另外萧子升则持反对意见，认为为了实现改造中国和世界，“不认可以一部分的牺牲，换多数人的福利，主张温和的革命——以教育为工具的革命……以工会、合（作）社为实行改革之方法。其意颇不认俄式（马克思式）革命为正当，而倾向于无政府（蒲鲁东式）之新式革命：比较和而缓，虽缓然和。”萧子升是新民学会的主要发起人之一，当时在会员中还是一个有影响的人。讨论时，李维汉曾相当赞同他的主张，怀疑俄国十月革命的经验，是否“一剂单方可医天下人的病？”“但也不反对人家赞成或取法它，说来很长，且待研究……要多读书，多考察，多与友人研究后再说。”两方面都写了详细的信给毛泽东，请他发表意见。在这次会议后的两三个月内，李维汉阅读了蔡和森以“霸蛮”精神翻译的《共产党宣言》、《社会主义从空想到科学的发展》、《国家与革命》等书籍，又同蔡作了多次长谈后，“通过阅读和谈话，使我深知只有走十月革命的道路才能达到‘改造中国与世界’的目的”（李维汉：《回忆新民学会》，载《回忆与研究》（上）。）。

毛泽东于1920年12月1日给蔡和森和在法诸会友复了一封长信，坚决支持蔡和森的全部意见，关于中国必须走社会主义和俄国的道路的主张，尤其“表示深切的赞同”，根本不同意那种改良主义的方法。他特为结合不久前对罗素的反社会主义的言论所作的批判，来说明他对中国革命的根本看法，即必须采用俄国革命的彻底方法，以暴力手段夺取政权；而那种以教育为手段改造社会的主张，不过是为资本家帮忙，巩固资本主义制度而已。他说：“罗素在长沙演说，意与子升及和笙（李维汉）同。”罗素“主张共产主义，但反对劳农专政，谓宜用教育的方法使有产阶级觉悟，可不至要妨碍自由，兴起战争，革命流血。但我于罗素讲演后，曾和荫柏、礼容等有极详之辩论。我对于罗素的主张，有两句评语，就是‘理论上说得通，事实上做不到’。”因为“教育一要有钱，二要有人，三要有机关”。“现在世界的学校及报馆两种最重要的教育机关，又尽在资本家的掌握中。总言之，现在世界的教育，是一种资本主义的教育。”教育权之所以落在资本家手中，则因为他们有“议会”、“政府”和法律，又有“军队”与“警察”，还有银行和工厂，他们用这些来保障自己的利益和权力，来反对无产者的要求。因此，“共产党人非取政权，且不能安息于其宇下，更安能握得其教育权？”

毛泽东认为，靠教育的方法来改造社会，是绝行不通的。根据历史的发展观察，要资本家信共产主义，是绝不可能的事。要人心改变，正于求物之不向下倾，必有更大的力量去抵抗才能办到。他这样尖锐地说道："历史上凡是专制主义者，或帝国主义者，或军国主义者，非等到人家来推倒，绝没有自己肯收场的。""我看俄国式的革命，是无论如何的山穷水尽诸路皆走不通了的一个变计。并不是有更好的方法弃而不采，单要采这个恐怖的方法。"他还特别指出，革命者不但要抱有理想，尤其要看清现实。现在无产阶级占世界人口的大多数，由于已经认识到自己所受痛苦的由来，要求摆脱这种痛苦，因而有革命的要求。这已经成为一种事实。"事实是当前的，是不能消灭的，是知了就要行的。因此我觉得俄国的革命，和各国急进派共产党人数日见其多，组织日见其密，只是自然的结果"。

从这封长信我们了解到，经过了一条多么曲折、崎岖的道路，从孔孟之道、宋明理学到资产阶级社会政治学说，从东方维新思想到西方改良主义，从二元论哲学到无政府主义和形形色色的"社会主义"思潮，披荆斩棘，拨开迷雾，毛泽东这时才走上马克思主义道路，才初步掌握了马克思主义的精髓——阶级分析的方法、阶级斗争和无产阶级专政的学说。正是由于站稳了这一立脚点，他就比过去更为明确地得出这个重要的结论：中国革命必须坚决走俄国开辟的道路；只有通过暴力革命，推翻反动阶级的统治，建立革命政权，才能使中国社会得到根本改造。

彻底驳倒罗素和张东荪一派的反社会主义言论，是中国早期共产主义者的一个极其重大的胜利。从此擦亮了人们的眼睛，大大缩小了资产阶级改良主义的市场。与此同时，他们也批判了第二国际的修正主义。中国先进分子接受马克思主义时一个特殊的条件，就是已经有了俄国革命的胜利榜样，第三国际已经成立。他们是从列宁的布尔什维克那里接受马克思主义的。蔡和森到达法国时，在第三国际领导下，欧美各国的社会民主党正进一步分化，各国的共产党先后成立。蔡和森以他的彻底革命精神和敏锐的观察能力，迅速掌握了当时世界的革命大势。1920 年 8 月他写给毛泽东的长信，对这个大势有极其透辟的分析，并且再三强调阶级斗争与无产阶级专政的重要，认为这是“现世革命唯一制胜的方法”。“我现认清社会主义为资本主义的反映，其重要使命在打破资本经济制度，其方法在无产阶级专政，以政权来改建社会经济制度。”无产阶级革命后不得不专政的理由，还在“无政权不能保护革命，不能防止反革命；打倒的阶级倒而复起，革命等于零”。接着，在 9 月 16 日另一长信中，进一步阐述了无产阶级专政思想的理论基础即唯物史观，从思想根源上批判了考茨基、伯恩斯坦的修正主义。他说：“马克思的唯物史观，显然为无产阶级的思想。”“适与有产阶级的唯理派（按：即唯心主义）相反。故我们今日研究学问，宜先把唯理观与唯物观分个清楚，才不至堕入迷阵。”他以马克思所发现的这个“直接简单的理由”：人必须首先吃、穿、住，然后才能从事观念等方面的活动，“肯定唯物观，否定唯理观”。他接着指出，修正主义者和中国的张东荪之流，之所以要站在唯心主义的立场反对唯物史观，就是替资产阶级做代言人，目的在取消革命。“修正派、改良派（即染了有产阶级唯理主义的毒）的考茨基、伯恩斯丁（坦）等，好胆大，又把中产阶级（按：即资产阶级）的唯理主义拿来驳唯物史观，以为‘人’、‘社会’绝不是单由物质的条件决定的，还有内心的理想的支配力。唉！这真是为资本家说法。结果是以唯物史观启发阶级战争的动机为卑下为薄弱（现张东荪也是这样说），而别寻所谓高尚的动机，及寻一劳资调和的办法。故他们最终的结果，主张改良而不主张革命。中产阶级的德谟克拉西和威尔逊的十四条，是他们叹为观止的地方！”他又特将俄国革命为什么成功和德国革命为什么失败的原因，从一系列根本问题作了鲜明的对比。指出俄国革命的出发点是“唯物史观”，方法是“阶级战争 + 阶级专政”，目的是“创造共产主义社会”；而德国的社会民主党则“立足于修正派社会主义及中产阶级的德谟克拉西之上”，企图通过“与帝国政府通力合作（入战时内阁），利用革命与中产阶级联盟组织政府”，而得到的结果是“延长资本政治的危险，内乱、破产、反革命、压迫工人，闹个不休”。根据俄德革命的对比，蔡和森在信中再三强调最根本的问题是必须坚持无产阶级专政；“我以为世界革命运动自俄国革命成功以来，已经转了一个大方向，这方向就是‘无产阶级获得政权来改造社会’。”“无产阶级专政乃是一个唯一无二的方法，舍此无方法。试问政权不在手，怎样去改造社会？怎样去组织共产主义的生产和消费？”信中还谈到俄国布尔什维克同孟什维克的分裂原因，布尔什维克在十月革命前后所采取的政策、路线以及战胜孟什维克的过程。这封信长达五六千字。

毛泽东于 1920 年底才收到这封信。他完全赞同蔡和森的这些卓越的见解，立即复了一封短信。热情地说道：“你这一封信见地极当，我没有一个字不赞成。”他同样强调了革命的根本问题——政权问题的重要，认为“非得政权，则不能发动革命，不能保护革命，不能完成革命”。信中还明确指出：“唯物史观是吾党哲学根据。”

从新民学会两位领导人的通信中，我们得知在中国较早提出和坚决赞成无产阶级专政思想，并且揭露修正主义本质的，是毛泽东和他的亲密战友蔡和森。他们一开始接受马克思主义，就紧紧抓住了它的根本——阶级斗争和无产阶级专政的理论，而且从来没有放松过；他们将马克思主义同修正主义的斗争明确归结为世界观的分歧和以何种态度对待政权问题。这就说明，他们为什么能够成为中国马克思主义者最早的最杰出的代表。

毛泽东多年探索的革命真理，经过他自己和新民学会会员们在国内国外多年的认真学习与实践体会，现在终于找到了。这就是他与蔡和森通信中提出的暴力夺取政权，建立无产阶级专政，改造社会。他决定把这个“改造中国与世界”的革命真理变成新民学会会员的共同认识和共同奋斗的目标，为此 1921 年元旦专门召开了一次在长沙的新民学会会员的会议。《新民学会会务报告》第二集详细记载了这次会议的情况。

1921 年元旦，毛泽东约集了留在长沙的新民学会会员 18 人，在潮宗街文化书社召开了新年大会。大会从1月1日起接连开了三天，这是新民学会一次极为重要的聚会。事先由毛泽东、何叔衡等以学会名义发出一张14个讨论问题的通告，请各人事先研究准备，并规定风雨无阻，严守时刻。元旦那天，大雪满城，寒光绚烂，景象簇新。十时开会，何叔衡主持，由毛泽东报告开会理由及学会经过，并表决重点讨论下面三个问题：

一、新民学会应以什么作共同目的？

二、达到目的须采用什么方法？

三、方法进行即刻如何着手？

在讨论三个问题之前，毛泽东介绍了巴黎会员对于上列问题讨论的结果。在三天会上，每个到会的都以认真的态度，对三个问题，一一表态，各抒己见。对于第一个问题，主张以“改造中国与世界”为共同目的；对于第二个问题，一部分会员主张用急进方法，一部分则主张用缓进方法；对于第三个问题，一部分会员主张组织共产党，一部分会员主张实行工学主义及教育改造。

在讨论第一个问题——“学会应以什么作共同目的”时，开始有人认为：“目的之为改造中国与世界，新民学会素来即抱这种主张，已不必多讨论了。”毛泽东不以为然，说“第一个问题还有讨论的必要，因为现在国中对于社会问题的解决，显然有两派主张：一派主张改造，一派则主张改良。前者如陈独秀诸人，后者如梁启超、张东荪诸人。”在改造意见一致之后，对于改造范围，出现了“改造世界”、“改造东亚”与“改造中国与世界”的几种意见。毛泽东主张改造中国与世界，他说：“提出‘世界’，所以明吾侪的主张是国际的，提出‘中国’所以明吾侪的下手处。”“中国问题本来是世界的问题，然从事中国改造不着眼及于世界改造，则所改造必为狭义，必妨碍世界。”这个问题，第二天继续讨论，然后付诸表决，赞成“改造中国与世界”为共同目的的，有毛泽东、陈昌、彭璜等10人，为到会的大多数，占三种主张中的绝大多数。

接着，讨论了第二个问题——“达到目的须采用什么方法”。首先由毛泽东报告巴黎方面蔡和森的提议，他说：“世界解决社会问题的方法大概有下列几种：‘一、社会政策；二、社会民主主义；三、激烈方法的共产主义（列宁的主义）；四、温和方法的共产主义（罗素主义）；五、无政府主义。’我照样可以拿来参考，以决定自己的方法。”

在讨论中，何叔衡、毛泽东进一步阐述了自己的意见。何叔衡说他“主张过激主义”，认为“一次的扰乱，抵得二十年的教育，我深信这些话”。毛泽东说：“我的意见与何君大体相同。社会政策，是补苴罅漏的政策，不成办法。社会民主主义，借议会为改造工具，但事实上议会的立法总是保护有产阶级的。无政府主义否认权力，这种主义，恐怕永世都做不到。温和方法的共产主义，如罗素所主张极端的自由，放任资本家，亦是永世做不到的。激烈方法的共产主义即所谓劳农主义，用阶级专政的方法，是可以预计效果的。故最宜采用。”

大家热烈发言、讨论至两个小时之久，何叔衡主持表决。赞成采用布尔什维主义者为毛泽东、何叔衡、陈昌、彭璜、陈子博、陶毅、易礼容、陈书农等 12 人。赞成德谟克拉西者 2 人，赞成温和方法的共产主义者 1 人，未表态者 3 人。

第三天，着重讨论了第三个问题——“方法进行即刻如何着手”大家依次发表意见。何叔衡说：“一方面成就自己，多研究；一方面注重传播，从劳动者及士兵入手。将武人、政客、财阀之腐败专利情形，尽情宣布；鼓吹劳工神圣，促进冲突暴动，次则多与俄人联络。”接着发言的有彭璜、熊瑾玎、陈书农等人，都主张“有组党的必要”。彭璜并提出“社会主义青年团，颇有精神，可资提挈”。毛泽东说：“诸君所举各种办法：研究、组织、宣传、联络、经费、事业，我都赞成。惟研究底下，须增‘修养’。联络可称‘联络同志’，因非同志，不论个人或团体，均属无益。筹措经费可先由会友组织储蓄会。我们须做几种基本事业：学校、菜园、通俗报、讲演团、印刷局、编译社，均可办。文化书社最经济有效，望大家设法推广。”

最后，大会主席将各人所提着手方法，综合序列如下：一、研究及修养：A. 主义；B. 各项学术。二、组织：组织社会主义青年团。三、宣传：A. 教育；B. 报及小册；C. 演说。四、联络同志。五、基本金：组织储蓄会。六、基本事业：A. 学校（又夜学）；B. 推广文化书社；C. 印刷局；D. 编辑社；E. 通俗报；F. 讲演团；G. 菜园。提付表决，全体起立通过。从这次大会可以看到，新民学会确实起了党的前身作用，改造中国与世界必须走俄国人的道路，这就是结论。

新民学会自1918年成立以来，在毛泽东、蔡和森、何叔衡等领导下，做了大量的革命工作。政治上他们领导了湖南的五四爱国运动，特别是发动了结合湖南实际反帝反封建的驱张运动，把督军张敬尧赶出湖南，这样依靠群众斗争成功地赶走盘踞一个省的北洋军阀，在全国各省是唯一的，在新民主主义革命历史上也还是第一次。通过这次政治斗争，他们把涌现出来的大批初步具有共产主义思想的骨干分子团结在自己周围，从而为组织上建党打下了坚实的基础。在宣传上，他们通过出版《湘江评论》、《新湖南》、《湖南通俗报》等报刊，办文化书社，组织读书会，把五四爱国运动中倡导的民主与科学的思潮，提高到宣传无产阶级领导反帝反封建的崭新水平。在思想建设上，毛泽东通过自己编印的三集《新民学会会员通信集》和三辑《新民学会会务报告》（第三号《报告》还没有找到），交流国际无产阶级革命经验，讨论“改造中国与世界”的具体办法，得出以暴力夺取政权，建立无产阶级专政来改造社会的结论，作出组织社会主义青年团的决定。这样，新民学会经过三年的发展，至1921年长沙新年大会时已起了某种质的飞跃，为中国共产党的建立特别是在湖南建党方面，做了思想和组织两方面的最好准备。

新年大会之后，毛泽东进一步开展了马克思列宁主义的传播与建党活动。在思想领域里，他在同来自右的方面——形形色色资产阶级改良主义作斗争的同时，对来自“左”的方面——小资产阶级的无政府主义也进行了斗争，从而在两条战线上捍卫了马克思主义的无产阶级革命学说。

在马克思主义没有广泛传播以前，中国社会上流行的“社会主义”概念，是同无政府主义混淆不清的。五四运动前后，泛滥一时的各派无政府主义思想非常庞杂，但所有无政府主义者最集中反对的是马克思主义的无产阶级专政的学说。当时信仰无政府主义的，大多数是不满黑暗现实的小资产阶级知识青年。无政府主义所提倡的以个人为中心的个人主义理想，以及它的“绝对自由”、“绝对平均”、“反对权威”等“左”的、“最彻底的革命”词句，也最能迎合、迷惑那些喜欢空谈革命的，狂热的小资产阶级知识青年。无政府主义者打着“社会主义”的旗子来宣传这种同社会主义直接对立的反动思想，对于马克思主义的传播自然起着阻挠的作用。早期的具有初步共产主义思想的知识分子，有些人也曾或多或少受到过无政府主义思想的影响；各地共产主义小组特别是社会主义青年团成立时，也有一些无政府主义者混进来。因此，只有对无政府主义思想进行彻底的批判，才能引导更多的革命知识分子和革命群众走上马克思主义的道路，也才能使共产主义者的队伍——共产党的组织更加纯洁，在理论上更加坚强。

1920年开始，以《新青年》为中心，早期的马克思主义者在理论上对无政府主义进行了批判。当时在一些社团、学校和法国勤工俭学的学生中，凡是有无政府主义影响的地方，马克思主义者同无政府主义者之间，都展开了尖锐的斗争。例如，1920年工学互助社在法国的成立大会上，有的人主张用无政府主义来改造中国，多数人主张走马克思主义的道路。蔡和森把他翻译的《共产党宣言》全文写在纸上，一张一张贴在会场四壁，还作了“怎样救中国”的讲演。向警予、李维汉、罗学瓒、张昆弟、李富春等都发了言，驳斥无政府主义的谬论。

早在1919年《湘江评论》被查封后，主编《新湖南》时，毛泽东就对无政府主义作过批判。第七期上载有《社会主义是什么？无政府主义是什么？》一文，《新青年》的介绍说："洋洋数千言，说的很透。"毛泽东对无政府主义的批判和否定，也见于1920年12月写给蔡和森等的长信中，这是在论改造中国与世界的方法问题中谈到的："我对于绝对的自由主义，无政府主义，以及德谟克拉西主义，依我现在的看法，都只认为于理论上说得好听，事实上是做不到的。"蔡在8月的信中也谈道："我以为现世界不能行无政府主义，因为现世界显然有两个对抗的阶级存在。打倒有产阶级的迪克维多，非以无产阶级的迪克维多压不住反动，俄国就是个明证。"

当时在第一师范，由于好几个教员的影响，无政府主义思想也曾在学生中一时泛滥，他们组织社团、出版刊物，来宣传他们所接受的思想。有一个"明社"，出刊过小册子《光明》。有一个"爱社"，以托尔斯泰的"博爱"与克鲁泡特金的"互助"精神，标榜"互助互爱"；讲究生活的朴素整洁，社员都住在一个寝室内，室内地板擦得干干净净，进门要脱鞋，他们注意生活小节，而不研究社会实际问题。他们也做一些反封建的有益活动，但是反对马克思主义。在毛泽东的领导下，崇新学社组织讲演，出版刊物，同无政府主义思想作斗争。毛泽东上国文课时，也常对无政府主义作批判。后来在中国共产党成立以后，第一师范即盛传"安马合流"之说，即安那其（无政府主义）与马克思主义的合作。实际上，这是经过毛泽东和崇新学社的努力，原来信仰无政府主义的学生，认识了马克思主义的真理之后，参加革命的阵营了。

1921年10月，毛泽东在湖南建党以后，开始从事工人运动时，还继续做争取无政府主义者的工作。

为了在社会上公开宣传十月革命和马克思列宁主义，毛泽东和何叔衡、彭璜等，于1920年8月间，联合教育界的进步人士方维夏等，发起组织俄罗斯研究会和留俄勤工俭学。俄罗斯研究会第一次会议，是8月21日在长沙县知事公署开的，与会者20余人。会上报告了十月革命后俄国的真实情况，以及列宁领导下的劳农政府对华的新政策，并推举彭璜、毛泽东、何叔衡、包道平（新闻界人士）四人为筹备员。俄罗斯研究会的简章在报纸上发表后，引起很大的反响。简章中说："本会以研究俄罗斯一切思想为宗旨。会务包括：一、以研究所得，发行俄罗斯丛刊；二、派人赴俄从事实地调查；三、提倡留俄勤工俭学。"9月16日，正式开成立会。会上推举了总务干事、书记干事、会务干事各一人。毛泽东任书记干事，负责记录及文书事务。同时议决，除会员个人进行研究外，每星期六下午可自愿去潮宗街文化书社会所集体讨论。集中个人和集体的研究成果，发行一种《俄罗斯丛刊》。为筹备赴俄勤工俭学事宜，该会还决定派代表赴京与俄代表接洽。并在船山书社开设俄文班，聘上海之俄人来湘教授。（关于两次会议情况，见1920年8月29日、9月23日上海《民国日报》。）

在广大青年中，俄国十月革命胜利的影响实在太大了。湖南许多进步青年都想向外找出路，他们都向往着俄国，很想到俄国去。留俄勤工俭学虽然因形势所阻，未能实现，但仍有一批革命青年，经毛泽东慎重地介绍给上海有关方面，于1921年，经过重重困难到苏俄学习去了。他们回国之后，多成为党最早的最重要的骨干。如任弼时、萧劲光等就是第一批去苏俄的。萧劲光回忆这个时候的情况说道："有一天，弼时同志从街上回来，样子极兴奋，一进门就对我说：'有办法了！'我问什么办法，回答是：'到俄国去！''到俄国去！'这在当时对我们是一个多么大的激动。对于俄国，我们知道的并不多，那里不是彻底推翻了旧社会建立了新社会么！这个'彻底推翻旧社会'的'彻底'，对于当时像我们那样对帝国主义和卖国政府充满仇恨的青年，乃是全部革命意义的集中表现。弼时同志毫不迟疑地下定了决心。经过毛主席所领导的革命组织的介绍，我们一同到达上海学俄文，就在这个时候，弼时同志和我一同参加了社会主义青年团。"（萧劲光：《悼弼时》。）

在北洋军阀政府和赵恒惕的反动统治下，马克思主义被诬指为"过激主义"，苏俄被诅咒为"饿死人的地方"。新民学会会员在长沙报纸上发表了不少文章，介绍俄国革命后大企业收归国有、废除上地私有制等情况。毛泽东还将《共产党》月刊上的许多文章，如《俄国共产党的历史》、《列宁的历史》、《劳农制度研究》等文章，介绍给长沙的报纸刊登。（这些文章刊载于1920年11月至12月及1921年初的湖南《大公报》。）报纸上也开始出现了讨论马克思主义的文章。关于苏维埃政权宣布废除沙皇政府在中国一切特权的通告，有人认为“这是俄国政府在恶意的传播主义”，这种无耻诽谤，在报纸上受到了正面的回击。经过文化书社想方设法传播新的书刊，以及在毛泽东领导下，新民学会会员从各方面推进新文化运动，湖南社会上各界人士和广大群众，这时才比较了解俄国革命的真实情况和马克思主义大体是怎么一回事了。

建团、建党

毛泽东在第一师范求学时，1918年就组织了新民学会这样先进的团体。这个团体在五四运动和驱张运动中，起了领导湖南革命力量的核心作用。三年来，在他的领导下，这个团体在思想上和组织上日渐纯粹和严密起来。从俄国十月革命的经验中，他更深刻认识到，一个用马克思列宁主义武装起来的无产阶级政党对于革命事业所起的决定作用。他在评论湖南自治运动的文章中，就明确表现了这样的思想：如果没有一个列宁式的布尔什维克的党，中国革命的胜利是不可能的。这种认识更充分地表露在他同蔡和森的通信和新年大会的讨论中。因此，当社会主义青年团在中国刚开始活动时，他就在湖南积极地建立了同样的组织。随后在领导轰轰烈烈的工人运动中，他特别注意建党的工作，为中国共产党在湖南创立了最好的地方组织，使马克思列宁主义的普遍真理同中国工人运动紧密地结合起来。

1920年同新民学会同志的通信中，毛泽东经常谈到要用革命手段改造中国。要“操战胜攻取的左券”，则必须建立一个思想一致、行动一致的革命组织的道理。在解释驱张运动与自治运动只不过是“权宜之计”的这封信中，他强调学会同志应致力于打好基础的工作，必须“从事于根本改造之计划和组织，确立一个改造的基础，如蔡和森所主张的共产党”。据周佛海回忆，1920年夏，他从日本回到上海时，见到陈独秀和共产国际代表维经斯基，共同商量组织中国共产党，预备一年之内在北京、汉口、长沙、广州等地成立小组，然后于第二年夏天开代表会，正式成立中国共产党。李达的回忆也谈到，上海小组成立后，由陈独秀和李汉俊找各地的关系，“湖南由毛泽东负责”。张国焘的回忆，1920年7月底，陈独秀谈道，“与在湖南长沙主办《湘江评论》的毛泽东早有通信联络，他很赏识毛泽东的才干，准备去信说明原委，请他发动湖南的中共小组”。“海外则以留法的勤工俭学生最有希望，陈独秀将与著名的青年马克思学者蔡和森通信。”由此可见，1920年5月在上海时，毛泽东同陈独秀的接触中，或者回到长沙后同陈的通信中，正式谈到必须建立中国共产党的问题。蔡和森在1919年持蔡元培的介绍信，到上海刘海粟办的上海美术学院任学监，同陈独秀有了来往。因此，1920年下半年，毛泽东与蔡和森之间那几封最重要的通信，着重地讨论了建党的问题，并在1921年新年大会上又提出“有组党之必要”，达到了完全一致的认识。

蔡和森8月的信，谈到无产阶级革命运动之四种利器：党、工团（按：即工会）、合作社和苏维埃。他说：“我以为先要组织党——共产党，因为它是革命运动的发动者、宣传者、先锋队、作战部。以中国现在的情形看来，须先组织它，然后工团、合作社，才能发生有力的组织；革命运动、劳动运动才有神经中枢。”“中国于两年内须成立一主义明确、方法得当、和俄国一致的党。这事关系不小，望你注意……有人以为中国无阶级，我不承认，只因小工、小农不识不知，以穷乏惨苦归之命；一旦阶级觉悟发生，其气焰必不减于西欧、东欧。”他还指出：“俄国十月革命，共产党仅万人，现尚只六十万人。”9月的信中，关于建党问题，他详细介绍了布尔什维克、孟什维克在入党条件上的原则区别等，最后具体论述了他对组织中国共产党的步骤的意见：要有严密的研究和组织宣传团体；作各种调查统计和出版刊物;最主要的是“严格的物色确实党员，分布各职业机关、工厂、农村、议会等处”;“明目张胆正式成立一个中国共产党”。

蔡和森肯定中国不但将有自己的二月革命，而且将有自己的十月革命。他最了解也最信任受学会全体会员爱戴的他的亲密战友，因而希望毛泽东能按照列宁的榜样，从事中国的十月革命。他向他的润之兄这样热情地说道：“我愿你准备做俄国的十月革命。这种预言，我自信有九分对。因此你在国内不可不早有所准备。”写这封信一年之后，他的亲密战友作为创始人之一参加了中国共产党的成立，他牺牲 18 年之后，他的预言终于实现了！

毛泽东在所复的短信中，还不及详谈国内建党的情况，他只是这样简单地告知蔡和森，让他放心：“党一层，陈仲甫先生（按：即陈独秀）等已在进行组织。出版物一层，上海出的《共产党》，你处谅可得到，颇不愧‘旗帜鲜明’四字。”

在中国共产党正式建立以前，各地的共产主义者先建立了党的后备军——社会主义青年团。1920 年 8 月，上海最先成立了社会主义青年团，青年团当时是半公开的组织。毛泽东回湖南后，同上海共产党发起小组负责人陈独秀、李达和北京马克思主义研究会的负责人李大钊、邓中夏等，都建立了组织联系。10 月间，同时接到上海和北京寄来的社会主义青年团的章程后，他就立即着手在湖南建立团的组织。1921 年 1 月在新民学会新年大会上决议：组织社会主义青年团。对于中国共产党的建立和发展，社会主义青年团（1925 年以后改称中国共产主义青年团）在组织上起了一定的准备作用。

毛泽东和他的战友经多次研究以后，认为新民学会的许多会员都已有过比较长期的思想准备，参加了许多实际革命斗争，有决心为马克思主义的理想奋斗，因而只要自愿，许多年轻的会员特别是年轻的新会员，都可以加入青年团，成为其中的骨干。他同时考虑，有了团和党的组织，新民学会的历史任务就可告结束了。新民学会的老同志，都极赞成毛泽东的意见。于是如彭平之、郭亮、萧述凡、夏曦等，就成为社会主义青年团早期的团员。

毛泽东积极地在第一师范、商业专门学校、第一中学等校的先进学生中，寻觅团员的对象。当时有一个接受了毛泽东建团任务的第一师范的学生（此人名张文亮，后来并未参加革命。据张国基回忆，1920 年 4 月 21 日，由毛泽东主持，新民学会和少年中国学会在沪会员联欢，并欢送去法国和南洋的会员。散会后，下电车时，张文亮跌倒昏迷，造成脑震荡（见《新民学会资料》第 561 页），最终导致神经失常。这本日记是从贺尔康烈士家中得到的。），在他的 1920 年 9 月至 12 月的日记中，曾简略地记述了这件事情的经过。经过毛泽东和他的战友们的努力，他们在新民学会中发展了相当数量的团员。毛泽东从思想、组织各个方面，来教育团员，有时还采用青年们所爱好的文娱活动形式，来达到这一目的。前述建团初期，曾在都正街办了一个青年图书馆，组织社会青年阅读进步书籍。

经过毛泽东的亲切教诲，当时培养出不少优秀的团的干部。如在第一师范读书的萧述凡，就是由他一手培养出来的出色的青年领袖人物。萧因积劳成疾，于 1926 年逝世，死时才 25 岁。夏曦写的《萧述凡同志事略》（夏曦：《萧述凡同志事略》，载《湖南历史资料》1958 年第 4 期。）中说：萧是个农家子弟，家庭极其贫苦，自小就富于革命性。在宁乡云山小学的时候，就喜欢怀疑，喜欢反抗，教员都有点敬畏他。考取第一师范公额后，在校组织崇新学社，提倡研究马克思主义。加入青年团后，领导学生运动。1924 年任湖南学生联合会代表会主席。出席全国学联第六届代表大会，建议甚多。入党后，遵党命退学，专心做党内工作。国民党改组后，兼任国民党临时省党部青年部干事。这时国民党经费异常困难，职员只给伙食，常无隔夜粮，曾两日不举火。述凡除在国民党内、青年团内工作外，兼做上海、北京各报通讯员，靠稿费维持生活，且以接济同人伙食。1925 年，被选为国民党省执行委员，任青年部部长，同时兼青年团领导工作、全国学联驻湘特派员。同年下学期学潮爆发，述凡指挥同志，最为得力。打倒赵恒惕口号之第一声，即由他喊出。在请愿群众的面前，赵逆出走。国民党公开，他即专心青年团团务，甘做“地下室”的工作。对于青年工人、农民、学生诸工作，订了很详细精确的计划。述凡是在艰苦贫困的生活中积劳成疾，因身体过衰而逝世，以生命贡献革命。曦与述凡同学共事五年，自愧学识不如。

当年从事革命工作的同志，多生活艰苦，又过于劳累，有些人患病后，因而早逝。如邹彝鼎（字鼎丞）1919 年即去世；陈绍休，1921 年在法国去世；彭璜、陈子博，1922 年、1923 年先后去世。毛泽东早有鉴于此。同他共事的一批主要干部，日夜奔忙，工作繁重，于身体很有影响，平时也难聚会；为了调剂生活，他便倡议一种星期同乐会的活动。从 1920 年至 1921 年秋，曾举行过许多次。十多人排好次序，轮流负责召集，到长沙近郊风景、名胜之处聚会。或远游麓山，或泛舟湘江。紧张工作之后，能得到这样的休息，实在是身心两益之举。大家敞开胸怀，抨弹今古，纵横天下，尽情欢乐。爱好诗词的，还随口吟咏，步韵相和。早在 1917 年秋，罗学瓒所作的《咏怀诗》，曾有“安得异人起，拔剑斩妖氛；倾洋涤宇宙，重建此乾坤”，以及《随感诗》中的“开怀天下事，不言家与身”；“立志在匡时，欲为国之英”等句。现在，这一群团结在毛泽东这个“异人”周围的民族精英，他们的情怀与抱负，不正是显现了诗中所描述和期待的憧憬吗？

这种星期同乐会还常邀请信仰无政府主义的进步分子参加，这些人就逐渐被争取过来了。

到 1921 年时，由于毛泽东的正确领导和五四运动前后实际革命斗争的锻炼，在思想上和组织上特别是在干部方面，湖南已经有了良好的建党基础。新民学会的活动已为党培养了大批忠实于革命事业，同群众有密切联系和作风朴实的知识分子干部，特别是其中已有相当数量的职业革命家。毛泽东充分认识到，职业革命家对建立一个真正工人阶级政党有着决定的意义。那时有些觉悟较低的会员，坚持继续升大学，以为“要干革命还是多去求得些学问好”，实质上还是怕耽误了个人的前途。他对这种错误思想进行过批评，说只有一心一意干革命工作，才能求得真正的革命学问，革命也才有可能发展；在资产阶级的大学教育中，是绝求不出革命的学问的。

经过五四运动、驱张运动和自治运动等实践，又加紧学习运用马克思列宁主义，这些聚集在毛泽东周围的新民学会少数会员，在实际上形成的共产主义小组，已逐渐成为学会活动的核心。毛泽东和他的亲密战友何叔衡极其谨慎地秘密地进行这项庄严的组织工作，尤其是组织社会主义青年团的活动后，这时，新民学会实际上已成了团与党的前身。

1921 年 6 月，共产国际再次派代表来华，对中国革命进行具体的帮助。在国际代表的建议下，由上海共产主义小组发起，各地小组共派出代表 12 人，除毛泽东外，其中有董必武、陈潭秋、何叔衡、王尽美、邓恩铭、李达等 13 人（参加中国共产党第一次全国代表大会的代表，还有李汉俊（后脱党，1927 年 12 月 17 日，在武汉被卫戍司令胡宗铎杀害）、包惠僧（后脱党）、张国焘（后叛党被开除）、刘仁静（后成为托派，开除出党）、陈公博（后开除出党，国民党改组派，汉奸，1946 年被国民党政府处死）、周佛海（后开除出党，国民党改组派，汉奸、特务，1948 年死于狱中）。），代表着 50 多名党员，于 1921 年 7 月，在上海召开了第一次全国代表大会。共产国际的代表参加了这次宣布中国共产党正式成立的大会。

1921 年 6 月毛泽东接到上海的通知，召开党的成立大会，即与何叔衡前去上海。他们动身时的情形，《谢觉哉日记》：“六月二十九日，阴。午后六时，叔衡往上海，偕行者润之，赴全国○○○○○之招。”他还回忆说：“一个夜晚，黑云蔽天作欲雨状，忽闻毛泽东同志和何叔衡同志即要动身赴上海，我颇感他俩的行动的‘突然’，他们又拒绝我们送上轮船。后来知道：这就是他俩去参加中国共产党第一次代表大会——伟大的中国共产党诞生的大会。”（谢觉哉：《第一次会见毛泽东同志》。）

这次大会讨论了当前政治状况，党的基本任务和组织原则，通过了中国共产党的第一个党纲。这个纲领明确规定中国革命必须遵照马克思列宁主义的理论，党的最终目的是消灭阶级，实现共产主义。为达到这个最终目的，党必须领导无产阶级进行无产阶级革命，实行无产阶级专政。这次大会的最大功绩是确定了正确的建党原则：完全以俄国布尔什维克为榜样，遵照列宁的建党学说。这就是说，中国共产党必须是中国工人阶级最先进，最有组织的部队，必须根据民主集中制的原则，使全党成为一个有统一意志、统一行动和统一纪律的战斗整体。大会决定党的当前的中心工作是开展工人运动。大会选举了中央机关，陈独秀被选为党的总书记。陈这时正在广东，没有参加大会。他之被选为党的领导人，一方面是由于他是一直站在时代潮流最前头的革命家，多年以来在新文化运动中所享有的声誉，五四运动以后又成为社会主义的宣传者和党的发起人；另一方面，也由于党初创时的幼稚，还没有通过实践的考验，来认清楚他当时并不是一个彻底的马克思主义者。

在第一次代表大会上，毛泽东和多数代表一起，反对了两种极端有害的错误观点。一种是以李汉俊为代表的右的合法马克思主义观点，即认为党的组织应该是一个公开的研究马克思主义的学术团体，而不必强调纪律，不必要有中央的集中领导；党的任务是从事马克思主义的宣传教育工作，而不必领导工人、农民和革命群众进行革命的实际斗争。另一种是以张国焘为代表的冒险主义的“左”倾观点，即认为党既然是工人阶级政党，就应该拒绝知识分子入党；并且认为无产阶级专政是党的直接斗争目标，反对进行任何公开合法的革命活动。这两种错误观点，毛泽东并不陌生。自五四运动以来，他领导湖南的革命活动中，在新民学会的会员中，都或多或少有过反映，他都曾与之进行过斗争，并加以克服。在会议过程中，代表们交换各地建党条件和革命工作开展的情况，湖南被认为是最有基础的省份之一。

大会闭幕后，毛泽东被派回湖南，开始建立中共湖南地方党组织的工作。“一个秋凉的日子，在长沙城郊协操坪旁边的一个小丛林里，有几个人在散步。他们一时沉默地站在树丛和石碑中间，一时在丛林的小路上走动。彼此热烈地谈论着。在脚步缓重的毛泽东的旁边，走着矮矮身材的何叔衡，此外还有彭平之、陈子博、易礼容等。这几个人这一天在这里讨论建立共产党湖南党支部的问题。这一天是‘民国’十年的10月10日，因此湖南党组织正式成立日，曾被戏称为‘三十节’。”（萧三：《毛泽东同志青少年时代和初期革命活动》第六章“可纪念的‘三十节’”。有关“三十节”事，据萧三谈，是毛泽东自己的回忆，易礼容也有同样的回忆。）党支部成立后，首先在长沙发展党的组织。1921年11月，陈独秀起草的中央局通告，要求长沙、上海、北京、广州、武汉5个区，在近年内各发展组织到30人，以便成立地方委员会。毛泽东一方面在原有革命组织——新民学会和社会主义青年团中，慎重地、个别地吸收最先进的分子入党；同时广泛开展工人运动，在工人先进分子中发展党员。学校中，首先在第一师范、商业专门学校、第一中学、甲种工业学校等校发展了党员，有的学校建立了支部。工人中，首先在长沙的粤汉路、第一纱厂、电灯公司、造币厂、黑铅炼厂，以及泥木、缝纫、印刷等行业中发展了个别党员。1921年冬至1922年，在衡阳、平江、安源、岳阳、常德等地发展了党员。由于毛的得力领导和湖南有较好的革命基础，湖南党的组织很快发展到40多人，并在衡阳、常德、岳阳等地建立了党的小组。1922年5月，正式成立了中共湘区委员会，毛泽东任书记。

1921年9月和11月，毛泽东再次到安源，详细、深入了解工人的情况，准备开辟安源的工作，他认为安源是发展湖南工人运动最重要的重点地区。

在各地建立党的组织以前，毛泽东必先对该地各方面情况和准备发展的对象作详细了解，特别注意群众工作基础的强弱。例如平江，在五四运动期间，曾有怀抱空想社会主义思想的留日学生李六如等，回来兴办工厂，办工农夜校，组织工会、农会，因而群众爱国运动有很大的发展，学生、工人，以至农民都有了初步的组织。由接受了粗浅的社会主义思想的工人担任工会会长和农会会长。毛泽东了解到这种情况后，即通过已经入党的李六如写信约这两个工人会长到长沙来，同他们作过几次深谈以后，便介绍他们两人入党，指示他们回到平江建立党的组织（这两个工人同志，一个名叫余贲民，是1927年参加秋收起义随毛泽东第一批上井冈山的；他们都在十年内战时期先后牺牲）。因此在北伐战争期间，平江的党组织是很有基础的；马日事变后，农民武装力量有过很大的发展。

1922年暑假，经过毛泽东的要求，党中央从上海派张秋人来湖南，到第三师范任英文教员，以这个学校为据点，开始建立衡阳党的组织。随后他自己来到衡阳，找省立三师、三女师、第三甲种工业等校进步青年谈话，开座谈会，传播马克思列宁主义，并在三师对300多师生作了关于中国农民革命的专题讲演。1922年4月29日，毛泽东再次来到衡阳。次日在第三师范风雨操场，作了长达两小时的讲演。“一些革命老人至今还清楚地记得，毛泽东同志在三师风雨操场给衡阳各学校上千名师生演讲时的情景。首先，他在黑板上写了‘社会主义’这个题目，接着指出：许多青年同志对社会现状不满，希望在改造社会方面做些事情，这是非常好的。但是要改造社会必须要有一种正确的远大理想，才能够坚定地为实现这个理想奋斗，才能够达到改造社会的目的。社会主义就是最好最正确的理想。接着，他批评了各种空想社会主义流派，指出只有马克思派的科学社会主义，才能够消灭人剥削人、人压迫人的阶级社会制度，才是最好的，从根本上改变剥削制度的理想。我们青年人应该为实现这一远大理想而奋斗。毛泽东同志还指出，当时中国的现状是各帝国主义国家勾结中国封建军阀、买办资产阶级压榨中国人民，中国人民只有团结在上述理想之下，推翻帝国主义在华统治，才能逐步改造中国社会，建立社会主义制度。最后毛泽东同志勉励大家说：青年学生对事物具有敏锐的感觉，就像湘江的水一样，愈上游愈清澈，愈下游愈混浊，青年人要居上游，头脑清澈，不受任何污浊东西的影响，始终坚持革命的理想，同旧势力作斗争，要团结更多的人为社会主义的远大理想而奋斗，社会主义理想就一定能够实现。”（衡阳市湘南学生联合会旧址陈列馆：《缅怀毛主席领导湘南青年学生运动的光辉实践》，载《新湘评论》1959 年第 5 期。）5 月 3 日，毛泽东从衡阳赶回长沙，参加了纪念马克思诞生 104 周年讲演大会，他在大会上作了“共产主义”、“共产主义与中国”两次重要演说。

衡阳是湖南重镇，附近有水口山等工矿企业；不久以后，这里建立了党的地方组织。以后隔一个时间，毛泽东就要来这里巡视工作，找青年干部谈话：大家从思想、学习、工作方法等方面，得到很大启示和教育。他在这些本地青年学生中，发现了一批最先进的分子，如夏明翰、蒋先云、黄静源、谢维俊等；他们出学校后，即成为党的得力的干部。五四运动以来，第三师范在衡阳（和湘南），起了第一师范在长沙的革命摇篮的作用，北伐战争时期，为党培养了大批青年干部。如黄克诚、曾希圣等都是三师的学生，黄 1925 年入党后，即去广州。

党必须建立在人民群众之中，同人民群众保持密切的联系，毛泽东一开始就极其重视这个建党的基本原则。他当时常对同志们讲小组织、大运动的道理：精干有力的党组织同大规模的群众运动、群众组织相结合，两者才能互相依存，互相发展。

毛泽东原来住在船山学社，这是自修大学的校址，一个公开活动的地方。建党之后，公开工作、秘密工作需要分开进行。这时他同杨开慧已经结婚；党在长沙小吴门外清水塘租了一所房子，作为省委的机关和毛泽东的住所。这是城郊一个冷静、荒僻、无人注意的地方。一片菜畦，几间茅屋，隐蔽在长满树木的小山丘之中。菜畦南面有两口清浊分明的水塘，上塘水浊，下塘水清，因此得名。跟房东的租约上，作为一师附小教职员住宅，签订租期七年。直到1923年4月，毛泽东一直住在这里，易礼容夫妇也同住在这里。省委的会议大都是在这里开的。有时会开得很晚，个别不能回去的同志，就住宿在客房中，白天，毛泽东来往于自修大学、一师附小、文化书社和工人群众之中，往往夜深才回家。杨开慧夜以继日从各方面协助毛泽东工作。

杨开慧是建党后第一批入党的党员。她为了便于掩护秘密工作，将母亲接来住在一起，并且让母亲将父亲逝世时朋友所赠奠仪款捐出，解决党的经费的困难。在艰难的环境中，像马克思夫人作为秘书帮助马克思一样，她帮助毛泽东整理材料、抄写文件，有时亲自站岗放哨，保护机关和同志们的安全。有一位当年衡阳第三女师的学生，在校闹过风潮，杨开慧曾代表省学联到三女师指导过工作，因而同杨建立了通信关系，被发展为团员。1922年4月，她和另一位女青年为了参加革命，脱离家庭，跑到长沙来，在举目无亲、无处可留的情况下，杨开慧将她们两人安排在清水塘暂时住下。这个女学生在55年之后，为我们从一个侧面留下了清水塘主人这一期间战斗生活的珍贵回忆：（张琼：《清水塘畔的亲切教诲》，上海《文汇报》1977年10月5日。）

“开慧姐不愧是毛主席的亲爱的夫人和亲密的战友。她在生活上无微不至地关心体贴，使毛主席有更充沛的精力考虑和处理革命大事。那时，毛主席常常通宵达旦写东西，寒冬腊月天也这样。一到晚上八九点钟，开慧姐就把取暖用具给毛主席准备好；深夜一二点钟，常起床取送临睡前热在锅里的“点心”，有时毛主席没顾上吃，她就等在旁边，待吃完后才去睡。那时候，毛主席经常夜里只睡两三个小时，清早，又出去工作，她就去整理毛主席夜里写的东西。在草稿本上，凡写“定稿”二字的，她就誊写到另一本簿子上去。那时，他们已有了孩子岸英。开慧姐在抄写文件时，常常把岸英的摇篮放在身旁，一边抄，一边用脚摇摇篮。”

杨开慧是1930年10月在长沙家乡板仓被捕的。她带着大孩子岸英，在狱中坚持斗争，严刑不屈。11月14日在长沙就义。据杨开智回忆，1950年毛主席接见开慧同志的堂妹时赞杨开慧说：你霞姐（开慧乳名）是有小孩子在身边英勇牺牲的，很难得。又说，你霞姐，那时是积极主张武装斗争的。1957年5月11日，毛主席复柳直荀烈士的夫人李淑一信中，写上了缅怀先烈的词《蝶恋花》，“章士钊先生曾问毛主席，词中‘骄杨’二字怎样解释，毛主席回答：‘女子革命而丧其元（头），焉得不骄！’”毛泽东对杨开慧和其他革命烈士的感情是很深的。复李淑一的信中还写道:“暑假或寒假你如有可能，请到板仓代我看一看开慧的墓。此外，你如去看直荀的墓的时候，请代为我致悼意。”（李淑一：《毛主席灿如红日光照人间》，1973年12月22日《人民日报》。）

从建党之日起，毛泽东就很重视党的会议制度和党的纪律，有一次在会议上，有人对缴纳党费表示异议，他便立予严正批评，指出这是违反党员的基本义务。他极重视党的民主生活，坚持批评和自我批评的制度，常拿有病就要吃药作比方；这种制度，在新民学会时期就已建立了。长沙共产主义小组的成员贺民范，年近六十岁，受不惯纪律约束，不参加组织生活，受到他的批评，终于在1922年4月自动脱党。党中央的文件来了，他一个字、一个字地研究，认真地传达。省委的文件和向中央的报告大都是由他起草的。他最勤于执笔，常同各地方组织的负责同志通信，具体地指示工作。他对同志非常谦逊、诚恳，关心有如家人。他很尊重别人的意见；谈话时，总是尽量让对方讲，自己细心倾听，重要之处，就笔记下来。他解答问题简明扼要，极其中肯。他的生活一贯艰苦朴素。他经常深入到工人群众中去，总是教育大家，要向工人、农民学习的东西太多，他整日不知疲倦地工作，有极高的工作效率。所有这些作风，深深地影响了周围的同志们。

1922年7月，中国共产党在上海召开了第二次代表大会。在这以前，湖南劳工会的领袖黄爱、庞人铨被赵恒惕杀害后，毛泽东来到上海开展反赵运动，同时准备参加这次大会。他回忆说："我本想参加，可是忘记了开会的地点，又找不到任何同志，结果没有出席。"

这次到会代表有邓中夏、蔡和森、向警予等12人，代表党员123人。大会讨论了中国革命的基本问题，制定了党章，规定了党的最高和最低纲领，通过了建立民主联合战线，加入共产国际等决议案。大会发表了宣言。宣言分析了第一次世界大战后，世界分为相敌的两大营垒的国际形势；中国人民革命运动必须同世界革命运动联合起来，才能取得胜利。宣言还分析了中国社会的基本政治经济状况，及现阶段中国革命的性质和动力，明确指出中国革命是反帝反封建的民主主义革命。党在民主革命时期的任务是打倒帝国主义，打倒军阀，建立独立、统一的真正民主共和国。但是宣言还存在一些缺点，没有指出民主革命必须由无产阶级来领导，没有提出工人、农民的政权要求和彻底废除封建土地制度。1922年9月13日，由蔡和森主编的党中央机关刊《向导》，在上海出版。

毛泽东虽然没有参加这次大会，但大会所通过的党的纲领和当前民主革命的任务，是他自五四运动以来，就在革命实践中自觉地执行着的。大会宣言的缺点，没有明确规定民主革命中无产阶级的领导权，以及必须废除封建土地制度，解放农民，这也是他在思想中已经解决了的问题。前者从驱张运动以来，他在革命活动中就是这样认识和实践的；后者，他在自修大学就以此教育青年干部。党的第二次代表大会时，123名党员中，湖南占了三分之一。

在中国共产党的领导人中，毛泽东是党最正确的领导者之一，是马克思列宁主义与中国革命实际相结合的最杰出的代表之一。同时，他又是党的一个普通党员，他是在党的支配之下，并以最谨慎的态度来遵守党的一切纪律的，他是人民群众的带头人，但他的一切言行，都根据人民群众的意志。从开始革命活动之日起，他在人民群众面前，总是最忠实的勤务员和最恭谨的小学生。

伟大的中国共产党诞生之后，中国革命面目就起了根本的变化。1921年，由于国内外革命形势的发展，俄国十月革命胜利的影响，五四运动以及马克主义的传播，使中国的革命者以陈独秀、李大钊、毛泽东、周恩来、蔡和森、邓中夏等为代表，第一批从急进的革命民主主义转到无产阶级的马克思主义，因而产生了中国共产党。中国共产党从产生时起，就有明确的阶级自觉，就以无产阶级的立场去领导中国的资产阶级民主革命，就以马克思列宁主义的普遍真理与中国工人运动和中国革命的具体实践相结合。“自从有了中国共产党，中国革命的面目就焕然一新了。”

毛泽东在湖南最早发展的一批知识分子和工人、农民成分的党员，在湖南地区从事革命活动的，其中不但有许多优秀的党的领导者，而且有许多出色的社会活动家和群众领袖，如何叔衡、郭亮、李维汉、方维夏、谢觉哉、夏明翰、蒋先云、陈佑魁、张秋人、黄静源、朱少连、姜梦周、李六如、陈昌、张昆弟、罗学瓒、夏曦、杨开慧、毛泽民、柳直荀、毛泽覃、杨福涛、张汉藩、任树德、刘东轩、谢怀德、毛福轩等同志。这些中国民族的精英、中国革命的英雄，其中大部分都已先后为共产主义事业而英勇牺牲了。他们为党、为中国人民留下了不朽的功勋，树立了永久的楷模。

自修大学与《新时代》

关于学校教育，毛泽东素来有自己的主张和理想。1919年4月，他从北京回到湖南时，受当时日本传过来的所谓“新村”生活（日本作家武者小路实笃（1885—1976）曾在日本南部买下一块土地，于1918年建立新村，尝试一种公社生活，从而把他的人道主义扩展到社会去，最后失败。当时周作人等曾热心倡导。）的影响，提出在岳麓山建设新村的设想，把创造新学校同创造新家庭、新社会相结合。他起草了一个计划书，将其中第一章《学生之工作》在《湖南教育月刊》一卷二号发表。文中主张学校授课时间力求减少，使学生有较多时间自动研究。每日时间分为六份，其中读书二份，“睡眠二份，工作一份，游息一份。读书二份中，又分解为自习一份，教授一份”。即每日自习 4 小时、教授 4 小时、工作 4 小时、游息 4 小时、睡眠 8 小时。鉴于一般学校学生所学知识同社会脱节，“学生不熟谙社会内情，社会亦嫌恶学生”。学生毕业后，“多骛都市而不乐田园”，认为学生在求学时期就应做工、从事农业生产，这样才能创造出新的家庭、社会和生活。由于五四运动爆发，大家都投入紧张的革命活动，这一设想就自然搁下了。

毛泽东没有参加赴法勤工俭学，他愿意留在国内为新民学会打好基础，也不打算再进学校。1920 年 6 月 7 日致黎锦熙的信中说:“我一生恨极了学校，所以我决定不再进学校。自由研究，只要有规律，有方法，未必全不能”。

1920 年 11 月给罗章龙的信中说 :“讲到湖南教育，真是欲哭无泪。我于湖南教育只有两个希望 : 一是希望至今还存在的一班造孽的教育家死尽，这个希望是做不到的。一个是希望学生自决，我唯一的希望在此。怪不得人家说‘湖南学生的思想幼稚’（沈仲九的话——当时一师教员），从来没有人供给过他们的思想，也没有自觉地将自己的思想开发过，思想怎么会不幼稚呢？”

办一种私塾式的自修学校，采古讲学今学校二者之长，结合同志，自由研究，共同讨论 ; 同时将脑力劳动与体力劳动适当结合，这是毛泽东久已在朋友间酝酿过的想法。1921 年 1 月初，在新民学会会员讨论会上，他有几次发言。一次谈到读书:“觉得普通知识要紧，现在号称有专门学问的人，他的学问，还只算普通或还不及。自身决定三十岁内只求普通知识，因缺乏数学、物理、化学等自然的基础科学的知识，想设法补足。文学虽不能创作，但也有兴会，喜研究哲学。应用方面，研究教育学，及教育方法等。”另一次谈道“我所愿做的工作 : 一教书，一新闻记者，将来多半要赖这两项工作的月薪来生活。现觉专用脑力的工作很苦，想学一宗用体力的工作，如打袜子、制面包之类，这种工作学好了，到世界任何地方跑，均可得食。

至于消费，赞成简单，反对奢泰。”

1920年3月14日，毛泽东从北京给周世钊的信中说：“我想我们在长沙要创造一种新的生活，可以邀合同志，租一所房子，办一个自修大学（这个名字是胡适之先生造的）。我们在这个大学里实行共产的生活。”关于生活费用，可以教课、投稿、编书、劳力的工作（自炊自濯等）等取得。“所得收入，完全公共。多得的人，补助少得的人，以够消费为止。”“这种组织，也可以叫‘工读互助团’。这组织里最要紧的是要成立一个‘学术谈话会’，每周至少要为学术的谈话两次或三次。”“工读互助团”的活动，1920年上半年间，随即在北京和上海出现过，不久都失败了。

长沙共产主义小组成立后，为培养团和党的干部，有一个好的学习马克思主义的环境，以便于开展各方面的活动，1921年8月间，利用船山学社的经费和社址，毛泽东和他的战友们终于办起了湖南自修大学。船山学社有宽敞的房子，政府每年拨给4000元活动经费，这时贺民范正任学社社长。毛参加党的“一大”回来后，即住在该社，同何叔衡、贺民范一道，具体筹办学校。船山学社守旧的社员对此多加阻挠，省政府方面也拒绝拨款，他们分头活动，向教育界、新闻界的知名人士作传，同时争取老同盟会员学社董事会总理仇鳌的支持，贺民范还极力发展一批新社员，于是使得进步势力在学社中取得优势。由于何叔衡、贺民范、仇鳌、王季范、李六如、方维夏、石广权、熊瑾玎、张唯一等，在几次社员会议上的坚持，陈章甫、杨开慧等人成为新社员，于是学社终于通过了办自修大学这一创举。仇鳌和贺民范等，打通了省政府的关系，继续领取活动经费。8月16日，长沙报纸上刊出《湖南自修大学组织大纲》。学校的招牌正式悬挂在学社大门上，由贺民范任首届校长，学校设有校董会，由15名校董组成，负责筹措经费，掌握办学方针。校董会推举驻校校董一人，任校长，管理日常校务。贺民范、毛泽东、何叔衡先后担任过驻校校董。校董会还设有名誉校董，蔡元培曾接受聘任，校董会下设学长，负责指导学友的学习和成绩考核。1922年12月，经毛泽东的邀请，李达从上海回到长沙，担任学长职务。

为了打破资产阶级学校有阶级偏向的教育制度，自修大学高举“平民主义”的旗帜。《创立宣言》中说：“书院和官式大学，将学术看得太神秘了，认为只有少数特殊人可以来学，多数平民则为天然的不能参与。从此学术为少数‘学阀’所专，与平民社会隔离愈远，酿成一种知识阶级奴使平民阶级的怪剧。”“无钱的人之于大学，乃真是‘野猫子想吃天鹅肉了’。自修大学力矫这些弊病。看学问如粗茶淡饭，肚子饿了，拿来就吃，打破学术秘密，务使公开，每人都可取得一份。”“自修大学的学生可以就在这种店铺里、团体里和公事的机关里研究。自修大学为一平民主义的大学。”《创立宣言》中还批评学校“坏的总根，在使学生立于被动，消磨个性，灭掉性灵”。因此，要求：“自修大学学生不但修学，还要有向上的意思，养成健全的人格，湔涤不良的习惯，为革新社会的准备。”《入学须知》中更明确地指出这一点，入学条件有严格要求：“我们这个学校方才创始，确实简陋得很，来学的人全要看他自己能不能真实努力，才能决定他有没有好的成绩。但我们极愿意得到许多有志的青年和我们做同学。我们求学不是没有目的的，我们的目的在改造现实社会，我们的求学是求实现这个目的的学习。我们不愿意我们同学中有一个‘少爷’或‘小姐’，也不愿意有一个麻木或糊涂的人。因此对一个新同学入校，取比较慎重的态度。每一个同学入校，我们要明白他下列几项：（1）以前进过什么学校？做过什么事？家庭和个人经济情形怎样？（2）要研究哪几科？为什么要研究这几科？（3）以前学过什么学科？（4）愿来研究几个学期？以后再作什么打算？（5）对于人生观的主张。（6）对于社会的批评。凡要入学的，须将上列六项用通信方法详细写出，寄交本校学生会总书记转交学长评阅，再行当面接洽决定。”

8 月 16 日，长沙的报纸刊出《湖南自修大学组织大纲》，第一章《宗旨及定名》中说：“本大学鉴于现在教育制度之缺失，采取古代书院与现代学校二者之长，取自动的方法，研究各种学术，以期发明真理，造就人才，使文化普及于平民，学术周流于社会。”“招生只凭学力，不限资格；学习方法以自由研究，共同讨论为主。教师负责出问题，订正笔记，修改作文等责任。学生不收学费，寄宿者只收膳费”。为实现脑力与体力两种劳动的结合，《组织大纲》还规定：“本大学学友为破除文弱之习惯，图脑力与体力平均发展，并求知识与劳力两阶级之接近，应注意劳动。本大学为达劳动之目的，应有相当之设备，如园艺、印刷、铁工等。”关于学习内容、方式，校内组织有哲学、经济学、中国文学和心理学等研究会。对教员的要求为：“虽然不要灌注食物式教员，但也要有随时指导的人做学生自修的补助。”

自修大学这些文件发表后，湖南文教界议论纷纷，称为“怪事”，认为这是不伦不类、无根无叶的组织。但这些流言飞语丝毫也未能影响这个学校的存在和发展。毛泽东本人、他的战友、部分党和团的干部，最初都是自修大学的学生。后来成为党在大革命时期主要领导干部的夏明翰、陈佑魁等，自学校出来后，即入自修大学，住在船山学社。同时，全省学生联合会也设在这里，更便于党领导学生运动。在工人运动还没有大规模开展之前，学联仍旧是当时推动革命群众运动的主要机关。夏曦、夏明翰、毛泽民等，都是1922年至1923年学联的主要领导人。

这些住在自修大学一边自学，一边从事工人运动的知识青年，必须具有坚强的革命意志来反抗社会的非难（例如同工人来往被指责为“不讲品行”之类）。夏明翰就是同他的没落的地主官僚家庭闹翻了出来的。他原是衡阳第三甲种工业学校的学生，曾积极参加和领导了衡阳学生的爱国运动，抵制和焚毁日货，支援长沙学生的驱张运动，同驻扎衡阳的军阀吴佩孚展开面对面的说理斗争。在家里，他敢于把吴佩孚送给他老祖父夏时济的亲笔条幅撕毁，把夏时济收藏的日货翻出来烧掉；气得夏时济把他关了起来，要他“认罪”，他却在一个晚上，拿把斧头，砍断窗棂，逃了出来，由何叔衡介绍到自修大学学习。他住在自修大学时，穷得连生活都难以维持。夏明翰是毛泽东的得力助手，1921年冬，经毛泽东、何叔衡介绍加入中国共产党，是湖南最早的一批党员之一。他在长沙从事过学生运动、工人运动、农民运动，都取得了出色的成绩。1927 年初，他在毛泽东主持的中央农民运动讲习所担任秘书和教员，并在全国农民协会兼任秘书长。党的“八七”会议以后，参加了湖南新省委，协助毛泽东准备秋收起义。同年 12 月，任平浏特委书记，在浏阳、平江先后组织了“工农暴动队”，1928 年 2 月担任湖北省委委员。2 月 7 日，由于叛徒告密被捕，2 月 9 日英勇就义。他临刑前作的诗：“砍头不要紧，只要主义真，杀了夏明翰，还有后来人！”表现了伟大的英雄气概，一直被人传颂。

当时住在学校的正式学友人数是不多的，1923 年 3 月，有 24 人，后又公开招来 10 人，前后合计约 30 多人，多数为当时的党员和团员，名单如下：毛泽东、何叔衡、李维汉、贺民范、李达、夏明翰、易礼容、罗学瓒、姜梦周、陈佑魁、毛泽民、陈章甫、陈子博、陈子展、彭平之、曹典倚、廖锡瑞、刘春仁、戴晓云、刘大身、郭亮、夏曦、贺果、王梁、傅晶钰、黄衍仁、王会悟、杨开慧、许文煊等。（这个名单见《湖南自修大学暨湘江学校》，中国人民大学出版社 1988 年版，第 7 页。）

学校内有藏书丰富的图书室，新购置各种进步书刊达 400 多种。学友以自学为主，辅导为次。李达任学长期间，开有马克思主义专题讲座，系统讲授马克思主义基本原理，包括唯物史观、剩余价值论、社会发展史，还编写了《马克思主义名词解释》等参考资料，人手一册。陈独秀、李大钊都应聘担任通函指导。毛泽东曾宣讲《苏联十月革命的历史经验》，李维汉宣读过他写的论文《观念史观批判》。此外，还请校外的革命活动家来校讲学，邓中夏、恽代英、张秋人等，都来作过专题讲演。自学与辅导，始终贯彻理论联系实际，1923 年办有《新时代》月刊，李达、毛泽东、李维汉、罗学瓒、陈佑魁、刘春仁等都发表过许多文章，宣传马克思主义，以及党的二次大会宣言提出的反帝反封建的民主革命纲领。同时，学友们都参加学生运动和党新领导起来的工人运动。当时全省学联即设在校内，更便于党和团的活动。许多学友都担任了长沙新组织起来的工会的秘书或群众组织的负责人，并创办工人夜校，在毛泽东的领导下，他们发动和组织了湖南最早的工人运动高潮，从1922年到1923年初，粤汉铁路、安源路矿和长沙各行业工人，大小罢工20多次，都取得胜利。

自修大学的影响不仅遍及省内，北京、上海都有了反应，进步报刊多予介绍。如蔡元培看到自修大学的组织大纲之后，写了一篇《湖南自修大学的介绍与说明》的文章，发表在上海《新教育》杂志上。文章说，自修大学“合我国书院与西洋研究所之长而活用之。其诸可以为各省有新设大学之模范者欤！”李石曾在题为《祝湖南自修大学之成功》一文中也说:“自修大学果能得适宜之发展，诚足为一新教育之新纪元，而成学术之普及。赖此可使大学由特殊阶级之制度而成为群众之组织；由名城要邑之集中而成为地方平等之事业，此非其他大学所能，而为自修大学所独有之希望，执此祝湖南自修大学之成功，为高等教育普及之先导，为社会自由制度之先导。”

自修大学的招生水平较高，不能适应一般知识青年，尤不能适应青年工人的要求。于是1922年9月间，即正式附设“补习学校”（后来附设初中班），公开招生，实际也是为党培训革命青年干部。课程虽如一般中学，但文史课的教学，完全可以贯彻进步的政治思想，关键在教员。何叔衡、李维汉、夏曦、姜梦周、夏明翰、罗学瓒等，都担任过教员。初办时的学生有贺尔康、毛泽覃、陈赓、高文华、张琼等100余人，年龄大者22岁，小者13岁，结束时共有3个补习班，1个初中班，共200余人。

自修大学创立以后，毛泽东和他的战友便更有条件比较系统、深入地研究马克思主义理论。1922年自修大学曾举行过几次公开的关于马克思学说的讲演大会。

为了宣传马克思列宁学说和研讨中国革命问题，自1920年7月，回到湖南后，毛泽东就准备恢复《湘江评论》，或者办一个理论性的期刊。经过一个时间的准备，趁许多同志集中在自修大学的机会，即以自修大学的名义创办了《新时代》月刊。创刊号于 1923 年 4 月 10 日出版。关于刊物的任务和特点，《发刊词》作了如下说明："本刊和普通校刊不同，普通校刊兼收并列，是文字的杂货店，本刊却是有一定主张有一定宗旨的。同人自信都有独立自强的精神，都有艰苦不屈的志气，只因痛感着社会制度的不良和教育机关的不备，才集合起来，组织这个学问上的'亡命之邦'，努力研究致用的学术，实行社会改造的准备。""将来，国家如何改造，政治如何澄清，帝国主义如何打倒，武人政治如何推翻，教育制度如何改革，文学艺术及其他学问如何革命，如何建设等问题，本刊必有一种根本的研究和具体的主张贡献出来。"

创刊号第一篇文章是毛泽东写的《外力、军阀与革命》，其他尚有《何谓帝国主义》以及马克思主义的经典著作《哥达纲领批判》（李达译）等。第二至四期上刊载的主要有下列文章：《马克思学说与中国》（李达）、《观念史观批评》（李维汉）、《中国工商阶级应有之觉悟》（李达）、《环境与教育》（罗学瓒）、《共产主义与经济进化》（拉法格著，罗学瓒译）等。《观念史观批评》长文，系统地阐述了历史唯物主义的基本思想，对历史唯心主义的观点作了比较深入的批判。

《外力、军阀与革命》，是毛泽东在早期革命活动时期所写的一篇极其重要的文章，对于当时中国的政治形势和革命斗争所作的分析，带有纲领性的指导意义。这篇文章写于中国共产党第三次全国代表大会的前夕，这届大会确定了同国民党建立革命统一战线的方针。

1922 年到 1923 年初，由于得到苏俄和中国共产党的帮助，孙中山和他领导的国民党，在彷徨歧路的绝望状态中，找到了新的革命的出路。中国共产党开始帮助国民党改组，酝酿同国民党建立革命的统一战线。毛泽东在文章中根据中国内外政治形势，以极其精确的语言阐明了：为反对帝国主义和军阀势力，以共产党、国民党合作为核心的革命民主统一战线，必然日益发展、壮大为历史的趋势。文章指出，当时的中国实际上已出现了分裂为三种势力、两大营垒的局面。三种势力是：革命的民主派，为最急进的共产党与较急进的国民党合作而形成，而“主体当然是国民党”（这是当时共产国际的观点。“三大”决议中也说，“很难另造一个比国民党更大更革命的党”）；非革命的民主派，包括胡适、黄炎培、穆藕初等人在内的研究系、知识派和商人派，即当时的民族资产阶级及其代言人；反动派，一切军阀势力。文章这样预告今后中国政府的发展：“三派之中，前二派在稍后的一个时期内是会要合作的，因为反动势力来得太大了，研究系、知识派和商人派都会暂时放弃他们非革命的主张去和革命的国民党合作，如同共产党暂时放弃他们最急进的主张，和较急进的国民党合作一样。”由此中国就出现了两大营垒的对立局面；一方是强大的民主派，另一方是反动的军阀派。毛泽东断言：“中国政治的结局是民主派战胜军阀派。”关于帝国主义的情况，文章指出，华盛顿会议（华盛顿会议，由美国发起，于 1921 年 11 月 12 日到 1922 年 2 月 6 日在华盛顿召开，参加国有美、英、日、法、比、意、荷、葡及中国。会议主要为解决美、英、日各帝国主义争夺在华利益的矛盾，维持在华工商业之“机会均等”，达成了共同侵略中国的协议，签订了“九国公约”。中国提出的关税自主问题，取消领事裁判权问题等，则毫无结果。中国共产党第二次代表大会宣言中，曾特别指出帝国主义这种协同侵略的阴谋，号召人民为争取民族独立而奋斗。）之后，各帝国主义侵略中国的步骤虽然得到暂时的协调，但是“他们的协调终究是要破坏的”。这就是说，帝国主义之间争夺中国的矛盾，必然引起中国统治阶级内部矛盾的复杂化和逐渐激化。文章认为国际帝国主义虽然极希望最黑暗的“反动统治完全霸占中国”，但半殖民地半封建中国的政治经济情况，使直系、皖系、奉系和西南各派军阀决然不可能形成统一的局面。毛泽东如此熟练地运用辩证法阐明中国革命的前途：“目前及最近之将来一个时期内，中国必仍然是军阀的天下：政治更发黑暗，财政更发紊乱，军队更发增多，实业、教育更发停滞，压迫人民的办法更发厉害。”然而，“政治愈反动愈混乱的结果，是必然要激起全国国民的革命观念，国民的组织能力也会要一天进步一天”，“民主派分子必然一天一天增加，组织一天一天强固”。文章号召大家认清历史的这一辩证规律：“现在是混乱时代，断不是和平统一时代，政治是只有更反动更混乱的；但这是和平统一的来源，是革命的生母，是民主独立的圣药。”毛泽东认为，只有革命派最后战胜了反动派，中国的民主独立政治才算最后完成。第一次国内革命战争时期所发生的事变，证明了这些远见是多么正确。

这篇文章虽然还没有对中国社会各阶级作出具体的分析，但是他已根据马克思主义的根本观点——阶级分析的方法，预言了代表中国各阶级的主要政治势力的消长趋势，划清了敌、我、友三方面的根本关系。虽然在中国共产党创立之初，毛泽东还不是党的主要领导人，但这篇文章表明他当时完全接受了共产国际关于中国革命的观点，实际代表了党当时的正确路线。毛泽东经常这样以马克思主义的基本观点、立场，来分析中国社会和中国革命的具体实际，来教育当时的革命干部和广大的革命青年。

同《湘江评论》时期所写的文章相比较，不论从马克思主义的基本观点，或是从行文的严谨、简练而言，《外力、军阀与革命》这篇文章，标志着毛泽东这时已接近成为一个成熟的马克思主义者了。

《新时代》只出版了四期（第一期出版后，毛泽东即离开了湖南）。这个刊物除开宣传马克思主义基本理论知识外，着重阐明了当前中国革命的任务，必须首先反对帝国主义和封建军阀。这个刊物在帮助干部和革命青年提高理论水平方面，无疑起了重大作用。

赵恒惕于 1923 年 4 月就处心积虑要封闭自修大学。但由于船山学社的老牌子和党的一些上层关系的活动，没有得到机会下手。这年的 11 月，赵的政府唆使鄂军的一个连驻扎到船山学社，限令全体学生两天搬出学校。党动员了船山学社的社员和教育界上层人士向教育司交涉，赵恒惕才不得不撕破自己的脸皮，下了一道“手谕”:“自修学校，着即取消。”并口头向教育界人士表示 :“自修大学所倡学说不正，有害治安。”

对赵恒惕的反动措施，党早已有所准备。在自修大学和附设初习班、初中部被查封后，湖南省委所筹办的一所正规中学——湘江学校，就于1923年11月24日正式开课了。原在自修大学的200多名学生，大部分转到这个学校。

湘江学校分中学和农村师范两部，课程表面上也同当时的普通学校一样。校长是新民学会最早的会员、毛泽东认为最有办学经验的罗宗翰。教员大都是原来办自修大学的人，姜梦周任管理员，实际责任负得最多。他是何叔衡少年时期挚友，他们一同从读经书、讲正义、办新学而走上革命道路。据谢觉哉回忆 :“他大概是湖南入党的第19名。”（谢觉哉 :《姜梦周同志传》，载《不朽的战士》，湖南人民出版社出版。）他接近群众，做事扎实，不畏艰难，吃苦在先的精神，最为大家称道。“办自修大学、湘江学校，那是党的学校，没有校款，校长不驻校 ；姜梦周名为管理员，实则筹款，招学生，排课程，聘教员，修房屋，弄伙食，都是他一个人的事……学生及同志们受他的熏陶，都是由于‘身教’的多而由于‘言教’的少。”姜梦周是1929年3月在长沙被杀害的。他死后，由于他在家乡宁乡一贯享有很高的威望，宁乡各界曾举行该县从来未有过的大追悼会，到会的不仅有上千的工人农民，还有具正义感的士绅和教育界人士，成为宁乡人民对当时白色恐怖高潮的一次大抗议。

关于自修大学补习班和湘江学校对青年进行思想教育及其收效的情况，从当时在这两处都读过书的贺尔康的日记（贺尔康的日记和作文是从他家中得到的。日记选载《湖南历史资料》1960年第1期。）和作文中可以窥见一斑。贺尔康是湘潭人，家里离韶山不远。他家很穷苦，念不起书。后来得到毛泽东的帮助，才来到长沙，进自修大学的补习班，后又免费入湘江学校。

下面是贺尔康1922年到1924年日记的片段摘录，由此可以多少知悉一些当时在毛泽东的领导下，党所主办的学校怎样培训革命青年，以及这些青年的逐渐成长过程：

1922年10月6日，傍晚时，才到灯下读书。何先生（按：指何叔衡）唤我到房中，问我家之状况，又问我怎样要来读书？读书是为了什么呢？于是出了一个题目给我来做："述我之家世及我之志愿"。我就写道：我将来之志愿，是要能为国家做事……我们乡间，有些很富足的人家，有人在外做官的，每年弄得许多钱，在家买了许多田业。我敢说那些富足人只是某家的肥猪一样，只过十里路，说某家喂着许多肥大的猪，但是如何肥大，是没得一人知道的。而黄兴、蔡松坡，没有一人不知道，现在他们虽已死了，我说他二人并没有死，那就是名誉仍传于后世。这可谓伟大的人物。我是不愿意做官弄着这些钱来做肥猪的。何先生问我的志愿时，我说要能为国家做事的本意就在此……实在我之志愿，要造就个不死的人。现在我国受外国虐待得了不得，被割去了许多的地方，租去了许多的地方。现在，我国的政府都是武人，虐待人民，人民困苦极了。我想着我国至如此地步，心里时时不舒畅。我要立志办好我国。

10月7日。下午，湖南学生联合会在我校第一教室开大会，决议预备10月10日双十节去游街。我不知道学生联合会之宗旨是什么，10月10日何以要去游街？我就请问先生。先生讲："这有三大自由：言论自由，出版自由，集会结社自由。目前我国当政的都是军阀，他们专横武断，压制民主。就是我们讲一句话，说政府之罪过，就要办你的罪；我们著本书，或在报上写文章，也要办你的罪；我们集合开一个会，都要办你的罪。总之，我们没有一件事能够自由。如果学生们都联合起来反对他，人数太多，他是不好办哪一个的。10月10日是民国成立的纪念日，各学校学生集合皆出发去游街，手持一些写着言论自由、出版自由、集会自由的旗子，并且高呼口号，藉以唤醒民众。"

11 月 28 日。上历史课，夏先生讲国民党何以失败。国民党几次失败，都是失掉兵权的原因。第一次是，袁世凯推翻共和，自称皇帝。因为北洋军阀拥戴袁世凯，遂敢独行其事。第二次是，蔡松坡率兵倒袁，袁败，恢复共和。后来，北洋军阀又拥段祺瑞南征，国民党兵权又落于段祺瑞，段氏兵权日大，就专断行事。国民党的这两次失败，完全是失掉兵权的缘故。

1923 年 3 月 6 日。晚间写了一封家信。附寄一信把庞叔侃兄，他想来长读书，但为金钱所迫，不能够来。前日他要我帮他到学校里找一桩事，半工半读。现在学校没有事找，故寄一信去。

10 月 6 日。会了夏曦先生，是他搭信要我到他那里去的。他问我不进湘江学校的原因，劝我还是要进学校读书，并说，“若是没有钱的话，我担任你的学费好了”。我答道:“一是没有钱不能去;二是自己上期读书没进功，不好意思去得。现在承先生好意担任学费，我还是去罢！”他又说 :“你只要下期发愤就是，没有什么不好意思的。”

10 月 15 日。今日真冷得很，落蒙蒙细雨，大北风吹得吓人。晚从校回，见那些拉车的、挑粪的以及各种下力劳苦工友，都是赤脚，尽在泥水里滑来滑去；下午还见捕鱼的人下水，水深到颈下。唉！他们为了什么呢？不是为了饭碗问题吗？真可怜啊！

1924 年下学期，作文《大家何不都信仰共产主义》中写道 :“人类社会的进化已指示我们 : 不能不走共产主义的新路了。”

4 月 28 日。两点钟公民课，讲列宁的民族革命。接到一信，命我组织讲演队，“五一”到城厢内外去讲演。

5 月 5 日。今日是共产主义的始祖马克思（诞生）的 107 周年的纪念日，午后在普天春开纪念大会，并请人讲马克思学说。

5 月 7 日。大游行，沿途高呼打倒日本帝国主义、美英帝国主义，否认二十一条。

5 月 29 日。讨论政治经济学浅说第二章 : 阶级斗争与政党。

1925年暑假，贺尔康回到家乡后，在毛泽东直接领导下，在湘潭西二区一带搞农运工作。同年，和庞叔侃等一起，由韶山党支部选派赴广东，进农民运动讲习所学习。第一次国内革命战争时期，负责湘潭农民协会的工作。“马日”事变后，他曾率领农民武装进攻长沙。后又任长沙郊区党委书记。1928年3月被捕，3月5日牺牲于长沙。

六　工人运动

五四运动时，中国工人阶级开始表现出自己的力量，并且开始接受马克思主义的影响。中国工人力量的兴起进一步推动了五四运动中知识分子的左翼，使他们决心在工人中间进行革命工作，从而使得中国工人运动和中国革命运动进入了一个新的时期。

从何着手

1919 年五四运动时，自运动中心由北京转移到了上海，运动的主力也由学生转移到了工人阶级；中国工人阶级开始表现出自己的力量，并且开始接受马克思主义的影响。上海、唐山、长辛店等地工人的政治罢工，使得全国人民的反帝国主义斗争迅速地得到了胜利。中国工人力量的兴起进一步推动了五四运动中知识分子的左翼，使他们决心在工人中间进行革命工作，从而使得中国工人运动和中国革命运动进入了一个新的时期。

中国工人阶级一出现于中国的政治舞台，就表现出极大的战斗力量。这一方面是由于当时的国际、国内条件，即俄国十月革命的胜利和内外反动派压迫下人民爱国运动的兴起所促成。但同时，中国工人阶级形成其特殊的战斗性，还有三个重要的原因：第一，它深受帝国主义、封建主义和资本主义三重残酷的压迫。工资低、工时长、生活与工作没有起码的保障。中国军阀政府历来认为罢工是犯罪行为，一贯用镇压、屠杀办法来对付工人运动。第二，中国工业虽然很薄弱，却很集中。上海、天津、武汉、青岛等工业集中的大都市，都聚集着十万至数十万以上的产业工人。据 1919 年 13 个省的统计，500 人以上的工厂有 144 个，1000 人以上的工厂有 29 个，煤矿、铁路、纺织、造船等企业，有的有几千人甚至超过万人。第三，中国近代产业工人虽然在全国人口中占少数，五四运动时期约 200 余万人。但全国无产者和半无产者，连农村中的半无产者——贫农在内，就大大超过全国人口的半数。他们所受的各种压迫是极其深重的。这些原因，就使得中国工人阶级在革命高涨时期能形成很强大的战斗力量，尤其是产业工人，“他们特别能战斗”。

在北洋军阀统治时期，湖南的工业虽然极落后，只有锡矿山（锑矿）、水口山（铅锌矿）两处较大的矿场，以及长沙的纺纱厂、造币厂、黑铅炼厂、电灯公司等屈指可数的几家现代企业；包括矿山、铁路在内，全省产业工人约二三万人（安源未计在内）。但上述形成中国工人阶级战斗性的几个基本原因，在湖南也是存在的。水口山、粤汉铁路、造币厂等处工人，早在五四运动和党成立以前，都曾进行过罢工斗争，表现出很大的战斗力量。在五四运动和驱张运动中，工人阶级也积极参加了斗争。

在中国共产党成立以前，毛泽东已开始注意工人运动。他设法接近工人群众，了解工人生活的具体情况，常去参观、考察一些由学校和社团举办的工人义务学校。那时长沙有无政府主义者组织的“劳工会”，他们在工人中进行了一些缺乏明确政治方向的活动。毛泽东很注意这个组织，认为他们的道路不对头。经过长时间的耐心的工作和事实的教训，这些受无政府主义影响的长沙各业工人中的积极分子终于被毛泽东争取过来；“劳工会”的领导者黄爱、庞人铨在他们被赵恒惕屠杀之前，也参加了社会主义青年团。

1921 年五一节，长沙各工厂工人几千人曾举行过游行示威大会，提出“改善待遇”和“加强团结”的口号。

“中国共产党的成立和劳动运动的真正开始是在1921年”。(毛泽东:《新民主主义论》,载《毛泽东选集》第二卷。)中国共产党第一次代表大会后,为了统一领导全国工人运动,成立了公开从事工人运动的总机关——中国劳动组合书记部,即中华全国总工会的前身;毛泽东被任为书记部湖南分部的主任。他参加党的第一次代表大会回到湖南以后,集中力量领导了湖南的工人运动。正如他自己回忆所说:“我回到湖南,大力推动工会的工作。”他将党的重要骨干分派到安源、水口山、粤汉铁路和长沙各重要产业与手工业中,去开辟这块处女地。他自己带头深入到工人群众中去,向工人宣传马克思主义的根本道理;初期人手少时,他曾担任过8个工会的秘书,直接领导工人的罢工斗争,并且亲自当工人的代表同赵恒惕当面作说理斗争。因此,在1922年至1923年初,随着全国工人运动的高涨,湖南工人运动有极大的发展。安源、水口山、粤汉铁路、长沙的产业工人和各行业手工工人都普遍组织起来了,并且普遍地进行了胜利的罢工斗争,一共建立了20多个工会,有组织的工人达四五万人。在罢工斗争过程中,培养了大批优秀的工人干部;在有些工会组织中逐渐发展了青年团员和共产党员,建立了团和党的支部。被派去参加领导工人运动的知识分子干部,则得到极大的锻炼和迅速的提高,使他们学到的初步的马克思列宁主义理论,能够同中国当前工人运动的实际结合起来。

1922年11月1日,在胜利的斗争和坚实的群众基础上,成立了全省工人的统一组织——湖南省工团联合会,毛泽东任工团联合会的首任总干事。这是继湖北之后,全国成立的第二个全省性的工会组织。

1923年“二七惨案”之后,全国工人运动转入低潮时,只有湖南的工人运动仍在继续向前发展;到1924年时,全国城市工人依产业而组织的公开工会,只有湖南是全部存在的;全国各矿区的工人,也只有安源和水口山二处被全部组织起来。虽然后来赵恒惕曾采取各种各样的手段破坏工人运动,如郭亮在《湖南工人运动的过去与现在》一文中所说,“集会结社概被禁止,水口山矿工会及长沙各工会多被封闭,工人遭惨杀,工人运动遭受巨创;但革命的湖南工人运动并未因此而低落，公开的斗争、秘密的组合，曾不稍懈。五卅运动突起，全国工人阶级与帝国主义肉搏血战，湖南工人一致奋斗，工人组织数量增至七万余人。”五卅运动以后，赵恒惕的迫害进一步加紧，“如安源、水口山工人之遭惨杀，工会被解散，第一纱厂工人之被拘囚，长沙铅印工人罢工受压迫等。但在此情形下，尚能扩大秘密组织，全省参加工会工人增至十一万人”（郭亮：《湖南工人运动的过去与现在》。这个小册子于 1927 年 2 月在长沙出版，载《湖南历史资料》1958 年第 1 期。）。北伐战争中，安源、株萍路、粤汉路、长沙、醴陵、平江、湘潭等地的工人，努力参战，巩固后方，有巨大的贡献。1927 年初，全省有组织的工人达 40 万人。1927 年大革命失败后，安源和水口山的工人都曾进行过猛烈的武装斗争：毛泽东带上井冈山的工农革命武装中，就有几百个安源、水口山和长沙的工人。

因此，“中国共产党是中国工人运动和马克思列宁主义相结合的产物”这一真理，从毛泽东在湖南最初从事工人运动的事实中，得到了充分的证明。历史本身说明了中国现代革命这个伟大的变化的来由：五四运动以后，1919 年陈独秀在上海时，到工厂中进行过活动，随后，李大钊、毛泽东、邓中夏、恽代英、李立三、刘少奇等一批中国最先进的知识分子与工人运动相结合，由此就出现了中国无产阶级政党——中国共产党，由此就出现了以毛泽东思想为指针的马克思列宁主义与中国革命实践相结合。这是中国有史以来，特别是近百年以来革命大变化的关键，否则，中国人民不仅不可能取得革命的胜利和今天的一切成就，而且会继续在黑暗中徘徊。

毛泽东说：“在中国的民主革命运动中，知识分子是首先觉悟的成分。辛亥革命和‘五四’运动都明显地表现了这一点，而‘五四’运动时期的知识分子则比辛亥革命时期的知识分子更广大和更觉悟。然而知识分子如果不和工农民众相结合，则将一事无成。革命的或不革命的或反革命的知识分子的最后的分界，看其是否愿意并且实行和工农民众相结合。”（毛泽东：《五四运动》，《毛泽东选集》第二卷。）毛泽东在五四运动以后，就是完全自觉地以这种精神从事革命活动的。他历来最懂得马克思所说“教育者先要受教育”这个真理，他常说：“要做人民的先生，先做人民的学生。”他在自己的革命活动中，一开始就根据这种精神办事。毛泽东最初接近工人是下过一番苦工夫的。他常穿草鞋、戴草帽、穿粗布短褂，以便跟工人接近。譬如为了了解粤汉铁路工人的情况，他曾在长沙北站的茶馆内，同一些铁路工人、搬运工人一连许多天一起喝茶，亲切谈心，终于交到了朋友。他交到的第一个铁路工人朋友是广东人陈地广，陈在机务段做机修工，技术熟练，在工人中有威信。

毛泽东能够同工人打成一片，也由于他真正做到了语言的大众化。毛泽东说过：“我们是革命党，是为群众办事的，如果也不学群众的语言，那就办不好。”“语言这东西，不是随便可以学好的，非下苦功不可。第一，要向人民群众学习语言。人民的语汇是很丰富的，生动活泼的，表现实际生活的。”（毛泽东：《反对党八股》，《毛泽东选集》第三卷。）毛泽东自幼在农村长大，同农民有深厚的关系；在第一师范办夜校时，又接近过工人。因此他从来熟悉和重视人民的丰富而生动的语言，这时为开展工人运动，自然就更加注意学习工人群众的语言。据当时最接近毛泽东的人们的回忆，他的通俗生动、深入浅出、简明有力、形象亲切、富于幽默特别具有中国民族风格和地方特性的语言，有莫大的吸引力。这种情况从当时罢工运动中的许多宣言、传单和有关文件中，可以得到证明；这些宣言、传单和文件有许多是毛泽东亲自执笔或者参加修改的。

毛泽东那时身体比较瘦弱，他自己的物质生活水平也同普通工人差不多。他常到工人区域中去，广泛地同各行业的工人接触，工人积极分子包括黄爱和庞人铨也常到船山学社等处来找他。与工人群众相交之后，他就觉得自己面前展开了一个无限广阔的新世界。他一方面深入了解工人的生活、思想、感情和要求；另一方面，他又以极其谦虚恭谨的态度向工人群众学习；用群众的智慧、创造、勇敢和力量，来鼓舞自己、丰富自己，从而使自己的人生观和宇宙观不仅从理性上而且从感性上获得根本的改造。

他在中国革命的最初时期，就与那些坐而论道、关在房子里发指示、满口马克思主义的张国焘之流根本不同。“是一个假马克思主义者还是一个真马克思主义者，只要看他和广大的工农群众的关系如何，就完全清楚了。”（毛泽东：《青年运动的方向》，《毛泽东选集》第二卷。）这个千古不灭的真理，是他最初从事革命活动时，从实践得来的亲身体会。毛泽东后来曾讲到同工农群众结合之后，他自己思想感情上发生的变化的情况。不深刻了解这种情况——一开始革命活动，毛泽东就同工人、农民交朋友，既当先生，又当学生，从思想感情上同他们打成一片——我们就不能真正理解 20 多年后，他在延安整风运动时讲的这个真理：“革命了，同工人农民和革命军的战士在一起了，我逐渐熟悉他们，他们也逐渐熟悉了我。这时，只有在这时，我才根本地改变了资产阶级学校所教给我的那种资产阶级的和小资产阶级的感情。这时，拿未曾改造的知识分子和工人农民比较，就觉得知识分子不干净了，最干净的还是工人农民，尽管他们手是黑的，脚上有牛屎，还是比资产阶级和小资产阶级知识分子都干净。这就叫做感情起了变化，由一个阶级变到另一个阶级。”（毛泽东：《在延安文艺座谈会上的讲话》，《毛泽东选集》第三卷。）

要将工人组织起来，从何着手呢？

1921 年，北京和上海的党组织开展工人运动的经验，都是首先在工人区办夜校。在第一师范读书时，毛泽东自己就有办工人夜校的经验。1920 年下半年，他在一师附小任主事时，也曾主办过工人夜校。1921 年下半年至 1922 年，他派出许多党员、团员干部，在安源、粤汉铁路、水口山和长沙的产业工人中，在泥木、制笔业、人力车等行业中，创办了许多所工人夜校，工人最初不免有怀疑和犹豫，不大肯来。如安源就是先办工人子弟的日班；通过工人子弟，跟他们家长有了进一步的联系，日班巩固了之后，工人夜校就好办了。起初，租用校舍、油印讲义、纸张笔墨等少数经费，都由党拿出。每所夜校开始大体配一个干部，教课、编讲义等全部由这个人负责。工人运动大规模开展之后，参加夜校的工人多了，工会也组织起来了，夜校才由工会接办，一切经费也由工会筹划。这时，党就动员大批干部去当教员了。有的地方，如安源、水口山罢工胜利后，迫使矿局出钱为工人盖校舍，每月供给经常的费用。

编讲义是一个很大的问题。当时没有现成的有革命思想内容的通俗教材可用，毛泽东特别着意解决这个问题。最初为了说明“劳工神圣”的意义，他要教员利用中国旧的历史课本上的材料，由巢居穴处进到茅棚窗室，由茹毛饮血进到取火烹饪，由披挂树叶兽皮进到蚕丝棉织衣服，由渔猎畜牧进到农业手工业，由石器铁器进到机器等事例，来说明劳工神圣的意义和资本家剥削工人血汗及贫富悬殊之不合理，以启发工人的阶级觉悟。工人夜校增多之后，迫切感到有编辑统一教材的必要。

五四运动以后，出现过资产阶级改良主义的“教育救国”和“平民教育”的思潮。“平民教育”这个口号看由谁来利用，在马克思主义者手里，完全可以成为一种在工农群众中开展工作的合法工具。1919 年从日本回国的李六如，在家乡办工厂，由于经济破产，1920 年 8 月到长沙，在法政专科等校教书。但不甘于当教书匠，于是在报纸上发表文章，到处演讲，倡导平民教育运动。他通过政、教两界的朋友关系，自上而下向各县推动，成立了全省平民教育促进会，被举为副董事长（董事长为赵恒惕省府的秘书长）。方维夏时任省教育会会长，为李的同乡至交，给的帮助最多。通过平民教育运动，还推动四五十个县办了县报，全省县报联合会由他任会长。在长沙城区，经工厂、基督教青年会等办的工人夜校达 100 多处。这种有大影响的进步活动，自然受到毛泽东的注意，便派人与李六如联系，从此，李与毛泽东、何叔衡等新民学会中人来往密切，结为同志和朋友。1921 年，由毛与何介绍，李六如先入团，随后入党。入党之后，李任湘区文委委员，同时负责平江的建党工作。在建党初期，李六如与毛泽东的关系是很密切的。他的原配夫人中年忆旧时曾谈起过：“当年住在城中文运街，毛泽东常来我们家，我给他洗补长褂子都记不清回数了。”（关于李六如这一段事实，见笔者《忆六如老伯》，载《怀念廿篇》，三联书店 1987 年版。）

湖南平民教育促进会在好几十个县都成立了分会，都有一定的经费。各地党和团的组织，都通过“平民教育”来开展工人运动和农民运动。

这时主要的问题就是缺乏通俗的课本。在毛泽东的鼓励下，主持平民教育工作的李六如编出《平民读本》四册，在湖南通俗报上发表，并于1922年10月出版；不到一年，发行四版，销了几万册，这在当年是了不起的发行数字。

这四册读本的编法是由浅入深，由短而长，文字通俗，每课由几十字到三四百字不等。内容方面包括与日常生活有关的问题、社会文化、科学知识和国内国际大事；特别重要的是介绍了马克思主义的粗浅知识和俄国十月革命的方向。例如在第一册“衣食住的由来”一课中这样说道：“人们的衣、食、住，无一桩不是由农工们创造出来的。但是，这些耕田做工的同胞，反倒没有好衣穿，没有饱饭吃，没有房子住，真是太不平等啊！”第二册的“分工互助”课，认为人类社会生活应该是“大家各尽所能，各取所值，切不可像那些吃百姓的官僚、军阀、资本家，坐得人家现成的东西”。第三册除“人民之权利”、“平等”、“集会”等课外，还有关于组织农工联合会的两课。“约朋友组织农工联合会的信”中这样鼓动地说：“世界上最辛苦的，莫过于我们农工，虽拼命的创造一些东西出来，却自己享受不到一点，简直替人家做一生牛马罢了。如果大家不赶快觉悟，团结起来，恐怕埋在十八重地狱底下，永没有翻身日子。”第四册以六课篇幅介绍了各派社会主义，对共产主义——马克思创始的科学社会主义及其对世界的影响，以及俄国共产党（布尔什维克）的胜利及其基本政策，都作了简单扼要的介绍。很显然，这四册富有思想内容和革命鼓动意义的《平民读本》，对于当时广大的工人群众是有很大的思想启蒙作用的。这样的读本能够教育工人群众认识自己的力量，鼓舞他们起来作革命斗争，引导他们走马克思主义和俄国革命的道路。有些工人出身的老同志，现在还清晰地记得《平民读本》的讲授，对他们当时参加革命所起的巨大影响。如当时在株萍铁路当工人的王震，上工人夜校时，就读过这个课本。

除开用工人夜校的方式，对工人群众进行马克思列宁主义的教育，启发他们的思想觉悟外，毛泽东还常组织有社会地位的党员和进步人士，利用他们的合法地位向工人群众作有意义的讲演。

这种工人夜校的方式，在当时确是革命知识分子与工人相结合的最好的和最有效的方式。湖南党组织的许多知识分子干部，在毛泽东领导下，有计划地一批一批地被派遣到各地工人群众中去办夜校，从而领导工人运动。如李立三、刘少奇、蒋先云、毛泽民、黄静源等到安源，蒋先云、毛泽覃等到水口山，郭亮等到粤汉铁路，夏曦、夏明翰、罗学瓒等到铅印活版、人力车等行业。这就一方面轰轰烈烈地开展了湖南的工人运动；同时也使得党的重要骨干一开始就有机会深入下层，从而得到改造自己和提高自己的机会。这样，也就使得党和革命运动在正确的坚实的道路上——马克思主义的普遍真理同中国革命实际相结合的道路上前进。

从1922年到1923年初，毛泽东领导下的湖南各地工人的大小罢工斗争，共达10多次。罢工人数最多的如安源近2万人，最少的如长沙笔业、铅印等业各有二三百人；时间最长的如长沙理发工人前后坚持一年多，最少的五六天、十多天不等。这些斗争大都取得了胜利。胜利的原因，除了当时正处在全国罢工运动的高潮等以外，主要是由于毛泽东和他的战友领导的正确。

就湖南当时的形势而论，敌人方面是很顽强的。赵恒惕是一个同政学系（政学系是1916年由一部分进步党人（民国初年梁启超等一派人依附袁世凯所组织的政党）和一部分国民党人所组成的极右翼的政治派系，其中成员在南北军阀中从事投机，以猎取职位。1926年至1927年北伐战争期间，政学系的一部分，开始同蒋介石勾结，利用他们的政治经验，帮助蒋介石建立和巩固反革命的政权。）勾结、富有统治经验和甚为狡猾的军阀。他一手举着“省宪法”，一手杀人：他接见工人代表，又逮捕工人代表；他口头上答应了工人的要求，事后又推翻这些要求。赵的手下也多是这一类狡猾的人物。此外，安源和粤汉铁路又夹有邻省封建军阀的势力；官僚资本企业的管理虽然昏庸腐朽，但对待工人却是一致的残暴；长沙的大小手工行业，则是彻底的封建统治，业主方面又无一不跟官厅紧相勾结，有的业主对待工人极其野蛮残忍。湖南的社会人事也是极其错综复杂的。因为湖南这个地方，一方面，自曾、左、彭、胡（曾国藩、左宗棠、彭玉麟、胡林翼，都是太平天国时代帮助清政府镇压农民革命运动的主要人物。他们精研程朱理学，大张地方绅权，形成了一套维持、强化封建统治的办法，而且都有自己独特的才能和做人处世的哲学，因此他们在湖南的影响特别深厚。）以来，封建统治势力有强固的基础；另一方面，当时正处在新旧激烈冲突变化之中，人的变化也是很微妙的。有些人物朝秦暮楚，脚踏几只船。因此，不能正确掌握马克思列宁主义的斗争武器，没有灵活的策略战术，不善于纵横捭阖、折冲樽俎，书生气十足的人，是不容易对付这样一个环境的。

从革命方面说，湖南自太平天国、戊戌变法，特别是辛亥革命以来，就是一个有革命传统的地方。五四运动以后这个时期，湖南的工人、农民、学生群众的革命情绪，同全国其他先进地区一样，是极其高涨的，因此群众条件是很好的。

敌人强，群众好，斗争胜负就决定于领导。在整个罢工运动中，毛泽东的正确领导突出地表现在哪些方面呢？根据下面将要叙述的各次罢工斗争的事实，大体说来，有以下这几个方面：

第一，深入工人群众，进行充分的工作，为群众当前的迫切利益而斗争。党组织平时通过夜校对工人进行经常的政治教育，在工人中也经常进行调查、访问和谈话等，从而提高群众觉悟，深切了解工人思想情绪。在时机成熟时，根据工人群众最迫切的要求，发动斗争，使群众认识到自己的力量和出路，认识到只有在共产党领导和经过自己奋力斗争才能争得应有的权利。因此，每次斗争都有恰当的鲜明的经济要求和政治目的，能动员最大多数乃至全体群众齐心参加。在斗争过程中又不断教育群众，揭发敌人，扩大威势，愈战愈强。每次罢工斗争的胜利，不仅能得经济的利益，且有巨大的政治收获，使工人群众的阶级觉悟、斗争信心和团结意志大大提高。

第二，每次斗争都有严密的组织和充分的准备。发动斗争之前，在群众中必作好广泛的联络，如成立十人团的组织，有条件的地方先建立了工会；对于敌我双方形势、可能发生的变化和当时时机的具体特点，必须作出确切的合乎事实的估计；其他罢工条件、口号以至罢工基金等，都向群众充分说明，动员大家预做准备。总之，有预见、有周密的布置；无必胜把握，不轻易进入战斗，即绝不打无把握之战。在斗争中还特别注意培养工人领袖。由于事先有准备，凡一处罢工之后，整个工人阶级都起而援助：产业与行业，这行业与那行业，甲地与乙地，省内与省外，互相呼应，互相援助，长自己的志气，灭敌人的威风。

第三，正确掌握了马克思主义的策略武器，争取间接的、暂时的同盟军。每次斗争，都充分利用赵恒惕粉饰门面的“省宪法”，“以子之矛，攻子之盾”，用群众的威力迫使统治阶级承认自己的“诺言”；反过来，又通过揭露此种“诺言”和行动的矛盾，使群众认识统治阶级的欺骗真相。运用各种社会力量也是非常成功的。例如所谓公法团体“湖南工业总会”，是一个空头的官僚封建组织（主持者是一个挂名律师）。毛泽东指示有上层关系的党员，动员进步人士参加该会。平时利用他们出钱办夜学，教员则由党派去；罢工的时候，利用内中官僚分子和较开明的人士担任调解工作。因此，缝纫、织造、制笔业等业罢工时，最后都请“工业总会”出面调解，一般于工人有利。另外还有一个“中华工会”，是一些所谓提倡实业的政客组织的官僚团体，在罢工运动时，也利用它作些声援之类的事。由于毛泽东的争取，赵恒惕省议会的讲坛上，也常有思想进步或态度较开明的省议员，作支持工人正义行动的讲话。

此外，还极力做好社会动员，以壮大声势。从五四运动时起，毛泽东就善于掌握报纸这个影响最大的宣传工具。检阅当时的长沙报纸，每次罢工的有关消息和宣言文件，多连续刊登，工会方面还常向记者发表谈话。罢工前后，毛泽东常亲自执笔或指示有关同志，以读者名义向报纸投稿，支持工人的罢工斗争。所以每次罢工时，在舆论方面必造成一种有利于工人的形势。

总之，一切都为了广泛深入地发动群众，又以群众的广泛发动作为基础。

在毛泽东及其战友的领导下，湖南初期的工人运动取得很大的成绩，每次罢工斗争都获得胜利，对全国有很大的影响。在1922年至1923年初的全国罢工高潮中，尤以安源、粤汉铁路和水口山三处罢工，使这个高潮更加汹涌澎湃。关于当时全国其他地方的工会存在的缺点，邓中夏著《中国职工运动简史》第三章中说："一般的说，那时工会只有上层组织，没有下层组织"；"当时做职工运动的同志，未曾在工会中发展党的组织"。又如1923年5月至6月出版的广州《劳动周报》第五期至第八期中《关于工会内政的重要问题》一文，说："广东的工人运动所以沉寂，第一，在于领袖问题无人注意。第二，在于纪律问题无人注意。会员自由退会，因一己之利益破坏团体行动，互争意见而致分裂。"跟当时全国其他地区相比较，毛泽东领导下的湖南工人运动，不仅不存在这些缺点，而且情况恰恰相反：工会的组织一般都比较健全，有经常的工作，平时注意政治教育和解决工人的生活福利，因而基层群众一般都较有组织；在罢工斗争过程中，培养了出色的工人领袖和大批优秀的工人干部，他们有很高的阶级觉悟，能够做到公而忘私，乃至为革命献出生命；同时很注意在工人中发展党员，当时工人党员的数量虽不大，但较重要的产业和行业中，在罢工前后都发展了党员，建立了党的组织。

团结湖南劳工会领袖黄爱、庞人铨

毛泽东开始领导湖南工人运动时，首先一件事就是团结湖南劳工会领袖黄爱、庞人铨，从而肃清无政府主义等思想在工人群众中的影响。

1920年11月，湖南甲种工业学校毕业的学生黄爱、庞人铨，在长沙组织"湖南劳工会"。黄爱，字正品，湖南常德人，1919年在天津读书时，曾因积极参加五四运动，两次坐牢，于1920年初回到湖南。庞人铨，湖南湘潭人，曾参加过驱张运动。他们两人在甲种工业学校毕业后，都在湖南的工厂中做过事，对工人的痛苦较为了解。五四运动的时候，他们受了欧文空想社会主义和无政府工团主义等思想的影响，想提高工人的文化和物质生活，于是联络了一些同学、工厂技师和工人，组织了一个“湖南劳工会”。劳工会的简章上关于“宗旨”和“会员”两项是这样规定的:“宗旨:改造‘物质的生活’，‘增进劳工的知识’。”“会员：凡操机械工业及手工业者，或有工业学术者，无论男女，经会员二人介绍，得为本会会员。”因此劳工会的会员，最初多是工业学校的学生；长沙的甲种工业、楚怡工业和第一职业学校的学生，是他们举行群众集会时的基本队伍。后来劳工会逐渐在长沙第一纱厂、造币厂、黑铅炼厂和泥木、缝纫、理发等业工人中，发展了一些会员;会员三人一小组，最初没有成立各业工会，也没有开过小组会。到1921年12月，第一纱厂举行罢工时，劳工会会员曾激增至四五千人。

无政府主义是小资产阶级的空想，主张不要政府，不要法律，不要领袖，废除一切带有强制性的制度，平均财富，一切平等。无政府主义者正如列宁所说，“主张在24小时内便完全消灭国家，却不懂得实现这种消灭的条件”。但是这种绝对自由平等、不要政府的思想，很符合一般受到小资产阶级思想侵蚀的工人特别是手工业工人的要求。在当时军阀残酷统治、实际工资日益下降、封建把头和工厂老板重重剥削的处境中，工人群众产生自发的反抗情绪，自然很容易接受无政府主义的宣传。

劳工会成立以后进行的唯一重大工作，是发动第一纱厂（即现在长沙纺织厂的前身）收归公有运动。这个运动实际上是代表湖南地方工商业资本家的利益的。第一纱厂是1912年湖南官商合办的一个企业，由于连年军阀战争，一直未能开工。张敬尧统治时曾将股权承租给资本家所组织的华实公司。赵恒惕取得政权后，接受该公司所赠股本，继续承认华实的经营权利。后来华实无力经营，又转租给外省资本家，这样就排除了湖南人的股权。同时公司又多招收外省人来当纱厂的技师和工人，因而引起湖南工商、教育等界一些有影响的人士的坚决反对。劳工会提出纱厂公有运动，并领导纱厂工人向华实公司老板作经济斗争，这种做法自然获得各界特别是工商界人士的支持。

黄爱、庞人铨都是纯洁、正直、勇敢和具有一定反帝反封建革命思想的青年。华实公司曾以巨款贿赂他们，为他们所严厉拒绝。他们创办劳工会是经过一些困难的，跟华实公司的斗争也极为英勇。1921 年 4 月，他们曾动员了 2000 多名工人到第一纱厂示威，将华实公司的老板押过河来游行，逼迫他写下“誓词”，保证不再承租第一纱厂。因此，黄爱曾被赵恒惕逮捕，在狱中一个多月，还作了绝食斗争。后来赵恒惕派武装援助，华实公司才得以开工。黄、庞还办过工人读书会、同工人群众有联系。他们对于工人必须同资本家作斗争的思想是很坚定的。如黄爱在劳工会出版的《劳工周刊》上曾说过：“从前敌人方面向本会要求条件上的妥协，本会没有承认。因为我们很知道劳资两阶级不容许有调和的余地的。”

由于劳工会有一定的群众基础，黄爱、庞人铨在工人中也有相当的威信，因此毛泽东要将劳工会的人争取过来，不是一件容易的事情。当时劳工会中有的会员经常骂马克思主义者是“长尾巴的”——就是说，马克思主义者是主张要政府的；说既然要政府，就同军阀差不多。毛泽东仔细了解了劳工会的内部情况，将劳工会中真正的工人群众跟他们的上层分子区别开来；在他们的上层人物中，将黄爱、庞人铨这样纯洁的革命青年跟那些挂羊头卖狗肉的区别开来；同时对一般工人会员进行具体分析，弄清楚哪些是真正进步的和哪些还是落后的。毛泽东向参加劳工会的工人进行耐心的教育和说服，争取其中的先进分子抛弃无政府主义的思想，转而信仰马克思主义。例如将劳工会会员、泥木工人任树德争取过来，便是一个例子。任树德是一个木匠，性情沉着，热心为大家办事，同业工人都很称赞他。1921 年时，他常到船山学社干零活，毛泽东即与他交朋友，经常灌输以革命思想，帮助他提高文化，使他逐渐懂得了工人生活贫困，是受了官僚资本家、封建把头剥削压迫的结果，工人的生活要得到改善，国家社会要得到改造，只有工人团结起来，坚持斗争，自己解放自己，才是根本的办法。

由毛泽东介绍，任树德成为长沙工人中最早加入共产党的一个。他后来常带着劳工会中的泥木工人积极分子，到船山学社，同毛泽东、何叔衡等接近，接受马克思主义的教育。这些泥木工人都觉得毛泽东、何叔衡这些人非常和蔼可亲，讲得很有道理，又极关心工人家庭生活，句句话都体贴工人。后来知道他们是信仰马克思主义的，于是对马克思主义的成见就慢慢消除了。经过 1922 年泥木工人以及各行业胜利罢工以后，这些曾经参加过劳工会的积极分子都先后入了党。

毛泽东原来跟庞人铨是认识的，他们是湘潭同乡，两家相距只有三四十里路。在驱张运动时，庞对毛泽东就很信服。据一些老工人回忆，毛泽东在 1921 年曾同黄爱、庞人铨一起到安源考察过工运。毛泽东鼓励黄、庞反抗资本家，反抗赵恒惕，鼓励他们做工人运动，但批评他们只作经济斗争，没有严密组织、没有远大政治目的的工人运动方针，批评他们想用炸弹、手枪干掉政府的糊涂的无政府主义思想；批评他们的只谈工会而不研究马克思主义。毛泽东回忆他同黄、庞的关系说，在无政府主义的分子反对马克思主义者的情况下，“在许多斗争中，我们是支持他们的……我们同无政府主义者达成妥协，并且通过协商，防止了他们许多轻率和无益的行动”。1921 年 12 月，第三国际代表马林去桂林会见孙中山，路过长沙时，曾同黄、庞有过接触，“花了一个晚上给他们讲阶级斗争、俄国革命”。(《马林赴华回忆》，见《“一大”前后》第 570 页。)

在劳工会成立周年纪念时，毛泽东写了一篇《所希望于劳工会》的文章，刊登在《劳动周刊》上，针对劳工会的弱点，以马克思主义者对待工人运动的基本观点，对劳工会提出三个希望：一是劳动组合的目的，不仅在团结劳动者以罢工手段赢得增加工资、缩短工时等胜利，“尤在养成阶级的自觉，以全阶级的大团结，谋全阶级的根本利益”。二是工会组织要有民主产生的全权办事机构，如劳工会的职员太多，分部太繁，权力太分，甚不妥当。三是为加强工人对工会的组织观念，工人应该养活自己的工会，要准备罢工基金，工人必须缴最低限度的会费。这篇短文最后以“各尽所能，各取所值"、"全世界都是劳动者的"、"全世界劳动者团结起来"等马克思主义的基本口号，来鼓励劳工会的全体会员。

根据毛泽东的建议，劳工会进行了改组，集中成立书记、宣传、组织三部，并请毛泽东助理会务。对于毛泽东"小组织大联合"的主张，黄爱、庞人铨完全赞成。于是，劳工会在最后阶段成立了土木、机械、印械等 10 多个工会，会员也交会费了。

毛泽东除自己经常帮助、教育黄爱、庞人铨之外，还指定个别同志同黄、庞保持经常的联系。大概就在 1921 年底的时候，他们两人终于都加入了社会主义青年团。黄、庞牺牲后，社会主义青年团中央委员会出版的《先驱》第十五期上，曾公布黄、庞是我们"社会主义青年团的好团员、全国学生的先觉"。共产国际的代表马林对黄、庞的活动给予了很高的评价。当时他写给国际执委会的报告中说："在上海，我对中国的运动及其发展的可能性获得一种十分悲观的观点。我在南方才发现工作大有可为，而且能够成功……长沙的青年团体组织了反对华盛顿会议的游行示威，并且建立了一个纺织工人协会，于 1921 年底举行罢工。这时，这个青年组织的两位领导人被省长逮捕并杀害。"（《马林在中国的有关材料》第 15 页。）关于党当时同黄、庞的关系，邓中夏在《中国职工运动简史》中是这样记载的："1921 年共产党湖南省党部成立之后，便着手与黄、庞携手合作。真的，黄、庞那时候曾倾向过共产党，在他们被杀之前二月，确曾被介绍加入社会主义青年团"（邓中夏：《中国职工运动简史》第三章。）

1922 年 1 月，第一纱厂工人为要求年终奖金，全体罢工。华实公司贿赂赵恒惕 5 万元，要他加害黄、庞。1922 年 1 月 16 日深夜，黄爱、庞人铨跟华实公司在劳工会协商调停罢工问题以后，赵恒惕派来军队，将他们两人捕去，因害怕工人群众抗议，未经审问，于 17 日凌晨四时偷偷押往浏阳门外斩首。这一天正下过大雪，鲜血染红了雪地！赵恒惕随即将劳工会和该会出版的《劳工周刊》一并查封。

在黄、庞被杀害之前，赵恒惕对毛泽东已很注意，有各种欲加迫害的传言。经同志们的再三劝说，毛泽东曾暂时住到长沙东乡板仓杨开慧家中。黄、庞被杀的消息传出后，毛泽东极为愤激，不顾一切劝阻，决定马上进城，他说："干革命，怕死还行吗？"进城后，立即召开会议，布置对赵恒惕的斗争和稳定工人的情绪。黄、庞被杀这天，许多工人停止了工作，跑到劳工会的门口痛哭。下午，在旧省府所在地又一村一带挤满了工人群众，工人们悲愤极了，自发地冲进内务厅、财政厅等衙门向赵恒惕政府表示严重抗议。不久以后，在毛泽东亲自主持下，工人群众在船山学社召开了两次黄、庞追悼会，并发行纪念特刊。以后每年1月17日这天，长沙和全国许多地方，必召开黄、庞纪念会，发行纪念刊。1927年1月，湖南人民隆重公葬了黄爱、庞人铨、黄静源（黄静源任安源工人俱乐部副主任时，1925年10月在安源被军阀方本仁杀害。）、汪先宗（汪先宗1925年11月在株洲领导农民运动时，被赵恒惕部队杀害。）四位革命烈士。赵恒惕当时将湖南的报纸严密封锁起来，不准刊登与此事有关的任何报道。毛泽东根据过去领导驱张运动的经验，特将李立三从安源调来，指示他到常德动员黄爱的60多岁的父亲，同去上海，控诉赵恒惕的暴行。李与黄父到上海后，展开反赵宣传，以湖南工界名义通电全国，痛斥赵的罪恶，将赵屠杀黄、庞的经过详情，在上海、广州、北京各地的报纸上发表出来。毛泽东自己也到上海待了一个短时期，后来回忆说：他被派遣到上海去帮助组织反赵恒惕运动；同时也是为了去参加党的二次代表大会。在上海停留时，他主持了上海的黄、庞追悼会，动员国内名流学者打电报抗议赵的暴行，激起各界人士的公愤。

黄爱1919年在天津读书，参加学生爱国运动时，是周恩来等创办的"觉悟社"的社友，他们两人间有较深的友谊。周恩来在德国接到国内同志的信，得知黄、庞被杀事件后，极为悲愤。写了一篇政治思想性很强的诗《生别死离》悼念死者，抒写了无产阶级的生死观，表示了要为"共产花开"、"赤旗飞扬"而奋斗牺牲的决心。1922年作的诗篇和复信，后来发表在1923年4月15日天津《新民意报》副刊《觉邮》上。周恩来在信中说："知道黄君正品因长沙纱厂罢工事，遭了赵恒惕同资本家的诱杀。一时百感交集，更念及当时同志，遂作此篇，用表吾意所向，兼示诸友。”全诗共六段。第一段四句：“壮烈的死，苟且的生，贪生怕死，何如重死轻生！”第三、第四两段表示了这样的决心和志向：“没有耕耘，哪来收获？没播革命的种子，却盼共产花开！梦想赤色的旗儿飞扬，却不用血来染它，天下哪有这类便宜事？坐着谈，何如起来行！贪生的人，也悲伤别离，也随着死生，只是他们却识不透这感人的永别，永别的感人。”他给国内战友的信中还说：“正品的事，真是壮烈而又悲惨。这不仅在中国为创见，便在世界劳动运动中也是仅见。我们对于友谊的感念上，不免要有点悲伤；但对他的纪念，却只有一个努力！我对他唯一的纪念，便是上边表示我的心志的那首诗，和最近对于 C. P. 坚定的倾向。得到正品这个死耗，更使我的意念十分坚决，无论如何，我总信我可以不负这个死友了。”

从周恩来这篇悲壮激昂的诗篇和信中的誓言，我们可以了解到黄、庞被害事件，当时在全国先进青年中所起的巨大反响。

赵恒惕这时正打着“省自治”的假招牌向全国招摇撞骗；他的《省宪法》刚公布（1922 年 1 月 1 日公布）了 16 天，便施行如此残暴的屠杀政策。毛泽东领导的反赵宣传运动，使得赵恒惕在全国刚刚想建立的一点儿假名誉，马上彻底扫地了。赵恒惕对此事甚为苦恼，但也无可奈何。在毛泽东的领导下，1922 年至 1923 年，湖南工人运动猛烈开展起来，赵恒惕不敢马上再采取屠杀政策，这也是原因之一。后来同赵恒惕进行当面的说理斗争时，毛泽东还曾为黄、庞辩护，揭露赵的屠杀阴谋。

《中国职工运动简史》说：“黄、庞被杀以后，职工运动遭一顿挫，所谓湖南劳工会分子皆逃亡在外，但共产党员却并不跑。在白色恐怖之下做极困苦艰难的工作。过数月后，开始罢工斗争。”（邓中夏：《中国职工运动简史》第三章。）劳工会中的坏分子，后来借黄、庞之死，敛钱自肥，并受军阀收买，五卅运动时成为工贼，破坏上海罢工运动。劳工会另外一些上层分子如翦去病（翦去病，第一次国内战争时期任湖南总工会秘书长，

1928年牺牲。)、庞人键（庞人键，庞人铨的哥哥，1927年牺牲。）等，在毛泽东的帮助下，坚持了革命工作，后来都加入了党。劳工会的基层群众，经过毛泽东和党长期艰苦的工作，更是绝大多数都在党的领导下从事斗争了。

经过毛泽东的争取和教育，黄爱、庞人铨以及劳工会群众的转变，也就是马克思主义对于无政府主义的胜利。黄爱、庞人铨是中国工人运动中最早牺牲的英雄，他们两人是值得纪念的。

闻名全国的安源大罢工

1922年9月，安源路矿（安源煤矿和株萍铁路）1.7万人的大罢工，是毛泽东领导的湖南工人运动旗开得胜的第一次大战斗。这块工人运动的处女地，从勘察、开拓到建设，大罢工的酝酿、发动到斗争的胜利，以及巩固和发展胜利的成果，自始至终，都是他亲自参加和领导的。这次大罢工的彻底胜利，罢工所获得的战果，对于当时全国工人运动的发展曾有巨大的影响，对湖南工人运动和革命运动的影响尤大。

安源属江西萍乡。由于邻近湖南，且有株（洲）萍铁路与粤汉铁路相接，因此历来在政治、经济上同湖南的关系密切。在安源煤矿和株萍路上做工的人，湖南籍的占很大比重。

安源为当时中国较大的矿业之一，1898年创办，以“官督商办”名义，向德国借款，用新法开采，每天可出煤2000多吨，炼焦约七八百吨，主要供大冶铁矿和汉阳铁厂做燃料。1907年，三处企业合组为汉冶萍公司。后来日本帝国主义以大批借款方式，夺取了公司的全部实权。

从清末到民初，所谓“官督商办”之类的官僚资本企业中，“总办”、“帮办”一类要职，大都由一些不学无术的官绅担任；企业内部更豢养着一大批寄生虫。官僚股东们对企业的放款多属高利贷性质，“私囊日充，公款日亏”。这些企业往往依赖外债维持，终于实际上逐渐成为帝国主义控制的产业。企业中的工程大权，也多为外国的工头掌管；整个企业的管理则是封建把头制。

安源路矿特别是煤矿的工人也不例外，一开始就受着帝国主义、官僚买办资本和封建势力的三重压迫。安源工人是有斗争传统的。早在1903年，即发生过反抗洋人和监工的斗争，曾迫使外国人逃避，窿内职员不敢下窿，20世纪20年代初，安源煤矿约有1.2万工人，株萍铁路有4500工人。

煤矿各方面的设备很差。矿井内（时称窿内）根本谈不上什么安全设施，常常发生冒顶、倒塌、穿水、起火等严重事故。“早晨有人下井去，不知晚上出不出。”工人被压伤乃至烧死、淹毙是很平常的事。死一个人，只给16块钱的“安葬费”。

工人的工资制度，除一部分机械工人和杂工属计日工资外，全部窿内工人等都是封建的包工制。如窿内采煤工，矿局所给工资，每人每日可合银洋二角七八分，而工人实得每日只合铜圆二十六七枚（当时每元可换铜圆210余枚）。“工头剥削所得，实在工人工资一倍以上。且当发给工资时，又得剥削其尾数。他如歇工扣伙食，误事罚工资，重利盘剥等，无所不用其极。是故工头每月收入有银洋七八百元者，有上千元者。”（刘少奇、朱少连:《安源路矿工人俱乐部略史》，载《湖南历史资料》1958年第1期。本节引文，除另注明出处者外，均引自此略史。）当时的总监工王鸿卿，每月可得2000元。“工头与职员双方勾结，一方尽力剥削工人之血汗，一方又着手于‘吃点’（向矿局领30人工资，只雇用20人做工）；‘做窿’（矿下隧道所用材料与人工，尽量扣押、虚报）；‘买空’（虚报产量），等等。窿外各种包头于工人工资，皆有同等之剥削，间有剥削工人工资至三四倍以上者。”

煤矿当局和工头们为了获得超额的利润，加紧剥削工人，采取延长劳动时间，加强劳动强度和尽量压低工资等办法。工人每天要做工12甚至十四五个小时，工资不只低得不够活命，还时常拖欠不发。工人的生活真是同牛马一样：“窿工有食宿四区，计房屋百余间，每间约丈余宽，二丈余深，需住48人，然因房屋过少，竟有住至50人以上者。房中床具叠置，大类柜橱，空气恶劣，地位低湿。窿外工人亦稍有宿处，但亦不敷用。他如食宿处之食料，更属粗劣无比。工人洗澡池直等于一小市之泥沟。”三九天气，许多工人穿的还是破烂的单薄衣裳。害了病，更谈不上医药治疗。工人们中间有两首流行的顺口溜，一首是：“来了安源想挣钱，一来来了两三年，想回家看看老母亲，身上没得个盘缠钱。”另外一首是：“少年进炭棚，老来背竹筒；病了赶你走，死了不如狗！”

工头、监工和地方帮会头子，还在矿场附近伙设赌场、烟馆、妓院等，向工人压榨最后的一滴油水。

除开残酷地剥削工人之外，自矿长以及各级职员及工头、管班等，无不可以对工人有随意辱骂、殴打、罚工钱，直到开除或关禁闭的特权。“视工人有稍不如意者，即滥用私刑，如跪火炉、背铁球、带篾枷、抽马鞭、跪壁块等，或送警拘留，蛮加拷打。”监工中还有德国人，手里都是拿着一根硬木棒子。

安源煤矿工人的生活，是半殖民地半封建中国悲惨的工人生活的一幅写照。

株萍铁路工人，“工资多计日制，其中黑幕较少，惟其职员平日无理之压迫，亦不稍减于矿局”。

从《新民学会会员通信集》第二集中，我们知道1920年11月下旬，毛泽东曾到萍乡作过一次调查。这次大概是以湖南平民教育促进会教员的身份，考察教育为名，而实际是准备开展工人运动来“旅行”的。凡从事一件工作尤其是重要的工作，必先作实际调查，了解具体情况，这是他早年就养成的一种习惯。这次考察的情形，没有留下可供引证的资料；但可以肯定的是，根据他1919年到过长辛店铁路工厂所得印象，两相比较，安源当更是充满人间苦难、阶级仇恨和革命烈火的地方。这里工人的生活和所受的剥削压迫，比长辛店更为惨苦。据《安源路矿工人俱乐部略史》所载，1921年，路局火车房的工人同劳动组合书记部开始通信，“此后书记部所有各种书报及各处劳工解放运动之消息均次第传来，《工人周刊》等出版物，及时出张于工厂附近之墙壁”。《工人周刊》原是北京党组织于1921年六七月间创办的，后来成为劳动组合书记部的机关报。可能毛泽东从长沙也寄去过这些书报，因为他最早结识的，也是株萍路上的湖南籍工人。

1921年冬，当长沙的工人运动有了个头绪之后，经过长沙及株萍铁路工人的介绍，毛泽东以劳动组合书记部湖南分部负责人的身份，和李立三等徒步来到安源。他们以“参观”之名，深入矿井，到了内外厂和铁路机厂各处，共住了一个星期。安源的老工人还记得：毛泽东那时穿一身旧蓝布衣服，背着一把雨伞，态度异常诚恳谦虚，详细探问工人的工作和家庭生活情况，并谈到学习的好处，提议为他们办补习学校。有些工人当时很同意这个主张。（彭江流：《在毛主席领导下前安源煤矿的工人运动》，载1951年7月1日《江西日报》。）

老工人们印象最深的是，毛泽东下到西平巷、东平巷井下和工人住宿处访问的情形：“西平巷掌子面工人最集中，可是环境最恶劣，没有任何安全设施，经常发生事故。陪同的工人为了安全，劝他不要到掌子面去。毛泽东同志和蔼地说：‘你们工友们成年累月在那里干活都不怕，我进去一次怕什么呢？’他坚持穿过又矮又小的巷道，上了又陡又窄的山，来到掌子面。掌子面通风、排水严重不良，一头热得出不了气，烫得脚起泡，我们叫它‘火焰山’；一头淋水似雨，积水成河，我们叫它‘水牢’。工人们使用粗笨的原始工具，有的倒躺在地上挖煤，有的拖着沉重的煤筐爬来爬去。口渴了，喝一口煤黑水；热得受不了，就到臭水沟里泡一泡。毛泽东同志到了掌子面，看见工人一个个赤身裸体，全身沾满了煤灰，只是头上围条布手巾，关心地问我们为什么不穿衣服？我们悲愤地告诉他，洋人、资本家只顾自己发财，根本不管工人的死活，工人没有任何劳动保护用品，都是自备一块‘三尺布’，在井下包着头当矿帽，出井时围着腰当遮羞布。工人赤身裸体，还常常无辜挨打，动不动就被洋人、资本家、工头打得皮开肉绽。”（安源煤矿老工人集体回忆：《毛主席和安源工人》，载《回忆毛主席》，人民文学出版社1977年出版。下面两段引文及有关老工人回忆，均引自此文。）

“毛泽东同志离开了西平巷，又到东平巷同工人谈心。从早晨 8 点钟下井，直到下午 2 点多钟才出井。出井后，他顾不得休息，又到洗煤台、修理处。翻砂房、水泵房等地考察。还特地访问了工人‘餐宿处’。这是一排排鸽子笼似的小房，里面挤放着三层的木床，每一间房子要住上五六十个工人，床上臭虫成堆，气味熏人。毛泽东同志来到这里，同我们工人促膝谈心，还亲自爬上三层床去看看我们盖的油渣似的破被，亲口尝了我们吃的霉米烂菜。

“这天下午，天气非常燥热，毛泽东同志又来到锅炉房。这儿没有凳子，一个工人搬了个木头墩子，正要用汗布去擦上面的炉灰，毛泽东同志一把拉住说：‘不用擦，你们坐得，我也坐得。’说着就坐下来与司炉工交谈。当一个工人去撬火加煤时，毛泽东同志也起身走到炉前，接过撬火铁棍，亲自帮助工作。工人说：‘毛先生，温度太高，你歇着吧。’毛泽东同志笑了笑说：‘你们成天在这里干活，我试一回还不行吗？’”

这一个星期之中，毛泽东和他的同行者，深入了解了安源路矿工人的生活、工作和受剥削、迫害的种种情况，交了许多工人朋友。他同工人们谈了许多大道理、小道理，使工人们理解身受洋财东、资本家和封建把头三重剥削、压迫，懂得世界的一切财富是经过工人的双手创造出来的；工人们只有团结起来，同敌人作斗争，才能改善待遇，最后解放自己，创立一个新世界。老工人还记得毛泽东谈话时，打的这个生动比喻：他“指着地上的一粒小石子对工人说：这石子一脚就可踢开，但如果是块大石头，就要很多人才能搬动。安源的工人团结起来，就像一座石山，资本家不但搬不动，倒下来还会把他们砸扁、砸死”。（《日出韶山，光照千秋》，载 1977 年 9 月 6 日《人民日报》。）

毛泽东这次来安源详细考察后，认为这是一个蕴蓄着无限潜力的工人运动的处女地，他十分重视安源这个地方。回长沙后，立即派刚从法国回来的李立三（当时名叫李隆郅或能至）和蔡增准到安源开展工作。后来陆续派刘少奇、蒋先云、黄静源、毛泽民等到安源工作。

据李立三回忆（李立三回忆，是1953年同笔者的面谈，下同。），他去安源时，毛泽东作了这样的原则指示：我们现在做工人运动，必须争取合法，必须先站稳脚跟；特别谈到要利用当时的平民教育运动进行活动，要与地方上比较开明的人士取得联络，通过地方政府取得合法地位。于是李立三以推行平民教育的名义来到安源。他遵照毛泽东指示活动的结果，使萍乡县知事正式出了赞助平民教育的布告。李立三、蔡增准两人先办子弟学校，从而很快与子弟的家长们建立了联系；两个月后，即1922年1月，正式开办了第一所工人夜校，有60多人参加，以路局工人为多。在工会尚未成立之前，没有会费收入时，湖南党组织每月供给每个做工人工作的同志20元，包括教师个人的伙食费和办工人学校的经费。工人们自己也出点儿纸张笔墨费。课程只有算术和国文两种，讲义是油印的。教师在讲课时，联系安源工人的生活，进行马克思主义的宣传教育。

通过这样的工人夜校，教师同广大工人有了密切的思想联系。工人们逐渐懂得不能任凭资本家、工头压迫和剥削，大家应当团结起来，组织起来，向资本家、监工和工头们作斗争。才可能改良待遇，增加工资，提高权利。夜校的工作进一步开展后，毛泽东陆续从长沙派干部到安源来。夜校的教师——湖南党组织的干部，在毛泽东的熏陶下，作风朴实，对工人有如兄弟，他们在工人群众中树立了很高的威信。

教师们慎重地、个别地在工人中发展了一批团员，然后从团员中再吸收最优秀的分子入党，如最早入党的有朱少连。朱是湖南衡阳人，路局行车部的总司机，当时已37岁，有些文化，在工人群众中有较高的威信。工人积极分子则用十人团的办法组织起来。逐渐地，路矿的各个工作处，如煤矿的洗煤台、炼焦处、各窿道，都分别建立了若干十人团，各处产生了总的负责人。

安源的第一个党支部，是在路局的火车房成立的。

1922年，是全国工人运动第一次高潮的年份。上半年香港海员、上海纱厂工人、广州盐业工人等都陆续举行罢工；长沙的理发业等手工业工人，曾进行多次罢工。这些都给安源工人以很大的影响。

工人们的政治觉悟日渐提高了，感到有组织一个统一团体的必要。1922 年 3 月，开始筹备组织“安源路矿工人俱乐部”（当时全国各地工会组织都习用“工人俱乐部”名称，因有的地方，工头们曾组织过“工会”，于是工人改用这个名称以示区别），由发起人李立三、朱少连等 10 人，联名呈请萍乡县立案和出告示保护，当即得到批准。4 月 16 日开第三次筹备会时，部员已达 300 余人，选李立三为主任，朱少连为副主任，并选出评议干事若干人。5 月 1 日劳动节，正是全国第一次劳动大会在广州开幕之日，安源路矿工人俱乐部正式宣告成立。当日举行了大游行，散发传单，表明俱乐部成立的意义，晚上还开了游艺大会，演出新剧。这时正式加入的工人还不十分踊跃，因为当时对外宣传的宗旨，仅是“联络感情，交换知识”之言。后来又以“创办消费合作社可买便宜货”作宣传，加入俱乐部的工友于是逐渐增多。这时，毛泽东又派蒋先云来安源参加俱乐部的领导工作。

蒋先云是毛泽东最早培养的从事工人运动的党的骨干之一。1924 年被党派遣到黄埔军校第一期学习，在学校中是有名的共产党员学生。毕业后，曾任省港大罢工工人纠察队总队长、湖北工人纠察队总指挥。1927 年“四一二”反革命政变后，在武汉举行的一次“讨蒋”大会上，任主席团成员。随后参加继续向河南进军的北伐战争，任北伐军第 11 军 26 师 77 团党代表兼团长。1927 年 5 月 28 日在河南临颍城外的一次激战中，身先士卒，英勇阵亡。

1922 年 7 月间，汉冶萍公司的另一组成部分——汉阳铁厂工人罢工，要求增加工资和改良待遇。罢工五天，得到胜利。安源工人闻知后，议论纷纷。路矿两局几个月来拖欠了工人几成工资未发，这是全体工人最不满的事情。于是“俱乐部乘此时机，向工人明白宣告：‘俱乐部之宗旨，为保护工人的利益，减除工人的压迫和痛苦。’群众为之大动”。

路矿当局这时渐觉俱乐部含有“其他作用”，企图加以破坏。但因汉阳铁厂的罢工，是由于武力压迫工人俱乐部而引起的，所以路矿当局又不敢径行压迫。于是矿局副局长舒修泰亲自跑到俱乐部，一面对蒋先云、朱少连施以恐吓；同时又用笼络手段，说要津贴俱乐部经费，还拨给房屋。当场受到蒋、朱等人的抵制并揭发其阴谋。于是俱乐部以副矿长碰了钉子和汉阳铁厂罢工胜利两件事，日夜宣传。“每日分数处讲演，工人之来听者日众一日，加入俱乐部者日以数十计。空气愈造愈浓厚，形势愈趋愈严重。”

路矿当局感到工人俱乐部的力量发展迅速，便决计扑灭。正逢赣西镇守使换防，于是散布流言，说工人俱乐部是“乱党”组织，应立即解散，扬言要驱逐朱少连出境，并威吓蒋先云，如不速离矿山，将有杀身之祸。“哪知朱等强硬异常，不为所动，且切实声明：‘秉正大光明之宗旨，做正大光明之事业，死也不怕。’”坚持斗争。

9月初，安源的形势已极为紧张。在这个最重要的时刻，毛泽东自己来到安源。他和蒋先云、朱少连等安源党支部的同志一起，研究了当前的情况，认为罢工的时机已经成熟，目前最重要的是急速发展俱乐部的会员，同时做罢工的各种具体准备。据老工人的回忆，毛泽东先到夜校所一个工人讲课。“从夜校回来，在牛角坡一间小平房里召开了党支部会议，会议首先由党支部负责人蒋先云汇报这一段斗争发展情况。”当他听说“五一”节游行时，“喊的口号中有‘中国共产党万岁’时，他告诫大家说：我们党暂时不能公开。对敌斗争要胆大心细，有勇有谋。”毛泽东向大家谈到国内各地罢工运动的大好形势，尤其是粤汉路也在酝酿大罢工。又分析了安源敌人方面的情况，路矿两局内部职员分有派系，有空隙可利用；同时要争取社会上绝大多数人的同情，争取社会舆论的支持。他强调最根本的一条，是要将绝大多数工人发动、组织起来，防止敌人的破坏、分裂工人的队伍。只有坚决罢工到底，敌人才会退让。共产党员必须坚决站在斗争的最前面，绝不动摇，群众就自然会跟着领头的人走。

毛泽东离开安源时，还给当时不在安源的李立三写了一封信，告诉他安源罢工形势已箭在弦上，要他立刻回到安源，领导俱乐部的工作。李当即来到长沙，听取毛泽东的指示后，返回安源。

由于粤汉路正处在准备大罢工的紧张时刻，以及湘区党其他急迫工作，毛泽东在安源不能久留。他回到长沙后，派刘少奇到安源协助工作。刘少奇这时正从苏联学习回国，在安源正式罢工的前两天，来到安源。

据李立三回忆，在罢工的前一天，安源的党组织又接到毛泽东的指示信，信中说明“哀兵必胜”的道理，指出一定要以最打动人心的口号，鼓励全体工人作义无反顾的斗争；同时再三强调，必须争取社会上最广泛的同情，以孤立敌人。

这时矿局采取进一步威胁办法，说要调军队来，俱乐部必须立即解散。党支部和俱乐部商议，决定给以反击。于9月9日，提出三个条件，限路矿当局两天内答复，否则工人将举行罢工。三个条件是：一、路矿两局须呈请行政官厅保护工人俱乐部；二、每月须发给俱乐部补助费200元；三、从前积欠工人存饷限7日发清。两局见工人态度强硬，形势很紧张，不得已退让一下，承认第一，第二两项，第三项则借口目下财政困难，不能办到。

粤汉路武长段正在这个时候爆发大罢工。9月10日，北军驻岳州部队枪杀罢工工人，有70多人受伤，其中6人因重伤致死。消息传来，如火上加油，安源全体工人都激动起来了。加入俱乐部的工人更加踊跃，但当时总数不到1000人。

9月12日，俱乐部负责人举行紧急会议，分析了当前敌我形势：工人群众觉悟迅速提高，斗争决心强大；俱乐部在工人中已有很高威信，绝大多数工人都跃跃欲动；省内外罢工运动高涨，可推波助澜；同时估计路矿局方面尚缺乏准备，而且内部意见不一。因此决定，立即向路矿两局增加压力，提出增加工资和减少剥削等条件，要求答复。13日，火车房工人即已无心做工，矿局窿内外工人相聚，即谈罢工。大家无不明确表示：如本日下午萍乡县保护俱乐部的布告不到，积欠饷银不在15日发给，即行罢工。这时俱乐部又接到中国劳动组合书记部来函，鼓励全体工人：“我们因压迫而死，毋宁奋斗而死，死有代价。我们对于你们表无限同情，决设法为诸君声援！”

13日夜间，两局没有答复，萍乡县告示也未到俱乐部。当夜12点，俱乐部发出罢工命令。这时正式参加俱乐部的工人虽然在全体工人中还是少数，但各处工人代表都表示，有把握发动全体工人一致行动，完全能控制局势。当夜即将开赴株洲的车次停驶，拆除火车头重要机件，并令机务处工友，次日早上不放进班号，当晚3点，切断电源，使运煤电车停驶。于是窿内工人，高举斧头、岩尖（手镐），如同潮水一般涌出窿外，大呼“罢工，罢工！”用树枝将窿口塞满，派人把守，树立大旗一面，上书“罢工”二字。窿外洗煤台、制造处、修理厂、炼焦处等，都在14日上午停止工作。为了保护全矿不被水淹和窿内通风，以及不中断安源全市照明和工人食宿处饮水等，只有电机厂、抽水机、打风机三处没有停止工作。

9月14日早晨，全矿区张贴了最醒目的标语：“先前是牛马，现在要做人！”工人们都看到了罢工宣言和17条要求。几天后，长沙的报纸也刊登了安源罢工的消息以及这个宣言与条件的全文。

宣言简短有力，完全是用工人自己的语言写的。下面是宣言的全文：

各界的父老兄弟姊妹们啊！请你们看：我们的工作何等的苦啊！我们的工钱何等的少啊！我们时时受人家的打骂，是何等丧失人格啊！我们所受的压迫已经到了极点，所以我们要“改良待遇”、“增加工资”、“组织团体——俱乐部”。

现在我们的团体被人造谣破坏，我们的工钱当局积欠不发，我们已再三向当局要求，迄今没有圆满答复，社会上简直没有说话的地方啊！

我们要命！我们要吃饭！现在我们饿着了！我们的命要不成了！我们于死中求活，迫不得已以罢工为最后手段。我们要求的条件下面另附。

我们要求的条件是极正当的，我们死也要达到目的。我们不做工，不过是死！我们照从前一样做工，做人家的牛马，比死还要痛苦些。我们誓以死对待，大家严守秩序，坚持到底！

各界的父老兄弟姊妹们啊！我们罢工是受压迫太重，完全出于自动，与政治军事问题不发生关系的啊！请你们一致援助！我们两万多人饿着肚子在这里等着啊！

宣言提出的17项条件主要是承认工人俱乐部的合法权利，保证工人的礼拜休息，病、丧、婚假和因公伤亡等福利权利，以及职员、工头等不得殴打工人，改良生活待遇，增加工资等。

大罢工后，俱乐部已将办事地点先行迁移。各监察队持旗巡行，四处布告，“候俱乐部通告方准开工”，并密派侦探队刺探当局消息，防止破坏。同时呈文萍乡县署及赣西镇守使署，说明罢工原委；并将17条要求送至路矿两局：“如欲调商，请即派正式代表由商会介绍与俱乐部代表接洽。”

面此空前严重形势，路矿两局恐慌之至。先由总监工王鸿卿“召集全体工头会议，商议破坏罢工办法，议定由各工头请其亲属工人，许以入窿不做工，仍照常给价。有少数工友为亲谊及金钱所惑，颇思照计而行。但工人监察十分严密，不许其入窿；如有入窿者，即以武力对待，即公司职员亦均不能入窿。王鸿卿见此计不行，便又密遣暗探刺杀李能至（李立三），悬赏洋600元。工友闻此大愤，宣言俱乐部主任若被害，当使路矿两局全体职员不得生离安源，一面严加警卫。此种阴谋失败之后，两局联电赣西镇守使，想用武力压迫，将安源划为特别戒严区域，设立戒严司令部。出价每人两元一天，请来军队数百，于重要地方安置机关枪，大肆威吓，占驻俱乐部和重要工作处。工人一见武力，愈加愤激，即有数千工人冒死冲入俱乐部。开始军队把守头门，不准入内，工人愤极，一拥而入，军队无法，乃群由后门山背鼠窜而出。口里并说：‘我们都是别地人，谁愿意来干涉你们这种事，我们不过是王老爷两块钱一天请来的呀！’多数工友围住各工作处坐守，不准任何人入内，军队来驱，至死不退。”

在武力威胁之下，安源工人在罢工斗争中表现了中国工人阶级的高贵品质——英勇奋斗、不怕牺牲的精神。《略史》还记下另一个例子：“罢工后，有一工友为戒严司令部捕去，不一刻即有数千工人将军队围住，声言请军队快些释放。军队拿枪驱逐，工人不动，军队不得已乃将该被捕工人释放。”

慑于工人威势，军队不敢镇压。俱乐部便动员工人向士兵展开宣传，说明他们所受的痛苦和罢工的目的。这种宣传立即收到了效果，有许多士兵对工人反而抱着同情的态度。

在罢工之初，俱乐部人数尚少，似乎力量薄弱，是一个“没有坚固的团体”，但是广大群众的冲天怒气，却足以驱散路矿两局的刀光剑影。

在安源这次伟大的罢工斗争中，根据毛泽东“哀兵必胜、义无反顾”等教导，党组织起了核心作用。在李立三、刘少奇、蒋先云等领导下，有朱少连这样一批同群众有密切联系的老工人的参加，俱乐部的组织和宣传工作做得很出色。据《略史》所载，原来最担心的是所谓“工人分子甚为复杂”，是所谓“无一人不为秩序吃虑”。可是事实是怎样的呢？广大工人群众除上述英勇坚决的行动之外，还表现了坚强的组织性和纪律性：“平时街上赌钱及窿工食宿处之赌博皆在所不免，而于罢工期间内，赌博乃绝迹。即非工人之在街上赌钱者，见俱乐部监察队旗帜一挥，便都四散。各工作处之监守员监守极严，无论何人皆不准入内，即有路矿两局及戒严司令之特别徽章的人及兵士都不准通行，惟有俱乐部的条子方可。故路矿两局及戒严司令部均到俱乐部请发徽章。这时的俱乐部真是唯一的独裁政府呀！”那个戒严司令旅长李鸿程，也自叹他的部下没有工人这样严明的纪律。

工人群众如此勇敢，俱乐部组织又如此严密，16日，路矿两局只能请俱乐部派代表到戒严司令部商量“解决办法”，还最后想借戒严司令的威风来恐吓一下代表。他们对全权代表刘少奇、蒋先云说：“坚持作乱，就把代表就地正法。”不料代表毫不为动，俱乐部对此早有所准备。这时，几千工人将司令部团团包围了。高呼“请代表出来，有事请旅长、矿长到俱乐部商量。”在群众的威力和代表的严词指责之下，“旅长与矿长都软了下来，唯唯要求而已。代表回俱乐部后，旅长即来一信，代表驻军向俱乐部道歉，并愿自为调人，请从速解决。”

9月17日，一部分工人冲进锅炉房，对矿方发出警告：如果再不接受条件，就将锅炉房、电机房炉火熄灭。同时，由于烧煤即将告罄，电机厂、抽水机、打风机三处将停止工作，形势更加危迫。至此，路矿两局眼看工人的团结和斗争力量的强大，一个旅长带来的几百名队伍，也起不了压服作用，又恐再停工下去，损失太大，不可收拾。只好同意俱乐部意见，请地方商会派人出面调停。于是三方的代表——罢工团、商会和路矿两局的代表开会谈判。9 月 18 日上午，路矿两局全部承认了工人的要求。“调停人”、两局代表和罢工团代表当场在正式条约上签了字。

工人提出的 17 条要求，经谈判协商后，合并为 13 条。主要内容为：路矿两局承认俱乐部有代表工人之权。以后两局开除工人应得工会同意。添补窿工、工头须向窿内管班大工照资格深浅提升，不得由监工私行录用（实际上这就是废除了封建把头制）。其他关于增加工资、各种劳保福利等，都有符合工人要求的具体规定。

罢工胜利了，彻底胜利了。工人们说不出的高兴，这真是过去做梦也没有梦到过的事情。

罢工胜利以后，正式成立并改组了工会的组织——工人俱乐部。俱乐部的基层组织为十人团，按工作性质和地段每十人联成一团。团有“十代表”；每十团有“百代表”；每一工作处有总代表（如炼焦处、洗煤台、窿内每股一总代表）。各工作处有百代表及十代表会议；最高会议为全体总代表会议，每月开会两次；全体百代表及全体十代表会议则每年或半年开会一次。俱乐部的日常最高工作机关是各委员（教育、文书、合作等）和秘书组成的委员会。委员和秘书由主任团（总主任及路局主任、窿内外主任组成）委任，经全体总代表会议通过。因此，工人的组织是十分严密的。

俱乐部实际成了安源矿区的最高权力机关。每个工人颁发了一个“俱乐部证”。俱乐部通过的工人自治条规，如禁止赌博、禁止打架等，工人无不一一遵守，建立了前所未有的新的生活和秩序。

俱乐部对于开除工人问题特别注意，凡工人未犯特殊严重事故，一概不准开除。路矿两局如添新工人和任免工头，都必须得到俱乐部的证件，方可通过。工人的内部纠纷等问题，也都由俱乐部裁决，路矿局方和工头、职员等，更不得参与。矿区警察局所设的司法科，从前案件纠纷（如工人同把头、职员打官司等），门庭若市；罢工后，按照工人的话说，变成“没有香火的和尚庙了”。警察完全失掉了权威；后来俱乐部还帮助警察作斗争，增加了工资。

1922年由路矿两局出款，为工人俱乐部盖了一所名闻全国的新房子，这是中国工人阶级第一所真正属于自己的建筑物。

罢工胜利以后，工人的政治权、工作条件和生活待遇都有了显著的改进。20年来监工、工头超经济剥削的封建包工制度废除了，改为合作制，议定合作条约。工人工资普遍增加了，假日照常给工资，平时休息不扣伙食钱。同时工作的时间也缩短了，冬天做日工的，上井后还可以见到太阳。因此第二年，工人差不多都置了新衣服，被褥帐子也多添齐了。最重要的是工人们相互之间团结互助了，不赌博不打架了。

自1923年夏至1925年春，刘少奇任安源工人俱乐部的总主任。“刘主任”出出进进都有工人暗地保护，怕他受害。安源老工人至今还记得“刘主任”为他们编的灌输阶级意识的通俗课本《两个工人谈话》的内容。

从罢工胜利后，安源工人俱乐部即闻名全国。工人俱乐部为工人办了许多事情。教育股办了7个工厂补习学校，白天并开有子弟班；日、夜班共有近两千人上课。毛泽东从长沙请来许多进步的教员，帮助安源工人俱乐部开展工人文化生活。各工作处共设有12个读书处，日夜开放，以便成年工人阅读。还设一妇女职业部，专为解决工人家属学文化和学习职业技能。一切教科书都由教育股自己编辑，并出版了《安源旬刊》。

此外，如讲演股，轮流派人（多是共产党的干部和补习学校教员）对工人讲国内外时事，讲政治斗争和经济斗争问题。游艺股则经常演有意义的新剧给工人看。

俱乐部办的事业中最受群众拥护的，是消费合作社。工人过去受商人剥削很厉害，几十家钱摊子利用银圆和铜圆的兑换盘剥工人。米商也是如此。

合作社办起来后，钱摊子、米店都倒闭了。工人用一天的工资作股金就可加入合作社。合作社的股本后来扩充到1.3万多元。几乎没有一个工人不入股。毛泽民曾经长期担任合作社的经理。

毛泽民是毛泽东的大弟。1925年调离安源，任党中央出版部经理，亲自在上海、武汉等地建立了党的出版发行机构——长江书店。1931年到闽粤赣根据地，任军区经理部（即后来的后勤部）部长。1932年任中央根据地的国家银行行长。参加长征到达陕北后，任国民经济部部长。1938年被派到新疆工作，曾任新疆省财政厅厅长。1942年盛世才投靠蒋介石，反苏反共，毛泽民等被捕下狱，旋被盛杀害，时年47岁。

罢工胜利的这年冬天，毛泽东曾再次到安源巡视工作，找工人谈话，了解他们罢工后思想的变化，并参加百代表会议，在会上作了全国工运情况及今后要加强团结的报告。他指示安源党的组织，应趁罢工胜利后，发展一批党员，将罢工斗争中最优秀的工人吸收到党里来。

到1923年底，安源党的组织已建立了13个支部，建立了更多的团的支部，成立了党和团的地方委员会。

1923年“二七”惨案发生后，毛泽东即召集安源的同志到长沙开会。他具体分析了当前敌我形势，指出应采取稳重步骤，不要轻易举行罢工，但要摆出“盘马弯弓”之势，做好罢工的充分准备，最后根据具体情况决定是否采取罢工手段。他说，只有这样才最为有利，才能立于不败之地。安源的同志根据毛泽东的指示，一方面找矿局谈判，严词指明局方有请派军队解散工人俱乐部的阴谋，并指出这样就势必引起工人再度罢工，整个矿区将遭到破坏；同时在工人中紧急动员，号召大家做好充分准备。因而使矿局陷于被动，终于不敢有所动作。“二七”惨案后，全国工人运动转入低潮，据《中国职工运动简史》说，在大工业区独有安源工会硕果仅存，“好似工人的‘世外桃源’”。这年的五一节，安源工人还举行了大示威游行。

对于工人所获得的胜利，路矿两局和封建工头们自然怀恨在心，一直图谋翻把。但几次阴谋破坏，由于工人团结坚固，斗争力强，没有成功。

1925 年 9 月，安源煤矿总经理盛恩颐（盛宣怀的儿子）终于勾结湘赣军阀，由“赣西镇守使”李鸿程派来一团兵，武装解散了工人俱乐部，枪杀俱乐部副主任黄静源，打死打伤工人 10 多人，开除工人 5000 余人，最后并将煤矿停工，许多工人党员和积极分子都到广东去了，单是参加毛泽东主办的农民运动讲习所学习的就有 30 多人，其他还有参加黄埔军校和政治讲习班的。北伐军到来时，安源工人积极参战，曾组织了 2000 多人的输送队，成百成千的工人参加了北伐军。1927 年“马日事变”后，许克祥又在安源、萍乡制造了“六五事变”，残杀共产党员、工人和农民在千数以上。安源工人在朱少连等领导下，同反动派进行了直接的武装战斗。

经过如此反复的革命斗争，安源工人并没有倒下去。毛泽东于 1927 年 9 月间在湘东领导秋收起义时，曾奔走于安源的工人与平江，浏阳、醴陵一带农民自卫军之间；后来组成的工农革命军第一军第二团的骨干，就是安源的工人。1928 年，安源煤矿陷于停顿状态。但工人中还保存有强大的党的秘密组织，湖南省委曾一度设立在这里。毛泽东上井冈山后的对外联络，跟党中央、省委的干部来往、文件传递等，曾经过安源的党组织。1929 年初，国民党反动派派重兵到安源进行残酷的镇压，朱少连等 100 多人，都牺牲了。1930 年 9 月，红军曾一度攻入安源，在安源共住了 7 天。第三天，召开了 2 万人的群众大会，据老工人的回忆，毛委员在会上作了报告，用生动有力的语言，讲了当时的国内外形势：全国到外布满了干柴，很快就会燃成烈火。大家要不受压迫，要想过好日子，就只有工农团结一致，坚决地同反动派斗争，跟着共产党走，踊跃参加红军。那次有 1000 多名工人参加了红军。在安源的短短几天，毛泽东还去看望了许多老工人，慰问了烈属。

长沙泥木工人争取营业自由的胜利

1922 年 10 月，在毛泽东的亲自领导下，长沙 6000 多名泥木（泥瓦工与木工）工人坚持了 20 多天的罢工斗争，获得了增加工资和营业自由的胜利。这是长沙工人有史以来获得的第一次罢工大胜利。这次伟大的胜利进一步奠定了湖南工人运动迅速发展的基础。同时树立了共产党和毛泽东在广大工人群众中的无上威信。

这是一场轰轰烈烈的斗争，也是一次非常成功的斗争。在斗争过程中，处处表现出毛泽东的领导才能，和湖南工人阶级初上战阵的勇猛和顽强。这次斗争有四点特别值得提出：（一）工人的内部组织严密。罢工 20 多天，6000 多名泥木工人几次游行请愿、露宿，以至与军警冲突，都能坚持到底。分散的手工业工人取得这样大的初战胜利，确是难能可贵的。（二）争取了外界的各种援助，除省内外工人阶级的援助外，还得到上层公法团体的支持和社会各界的同情。（三）巧妙地运用了合法斗争，采用请愿大会的斗争方式，充分利用了赵恒惕颁布的“省宪法”等。（四）扩大宣传，造成舆论，壮大了工人阶级的威势。

张敬尧统治湖南时，1919 年，泥木工人曾为工资问题作过罢工斗争；后来张敬尧政府规定泥木工人每天的工钱是铜圆 42 枚（420 文），牌示“永不再有增加”。那时一个银圆不过换得 1400 多文，420 文约合银圆三角；1922 年时每个银圆换得 2100 百多文，420 文只合银圆两角了。工人工资又发的是“鸟票”（湖南官钱局的铜圆票，上面印着鸟儿），一块银圆，黑市可换到 3000 多文。所以工人实际工资只合铜圆 200 多文一天，而物价则按银圆计算。因此工人的生活更困难了。这年六七月间，泥木工人普遍要求加价到每天甲工（正式工人）三角四分钱，乙工（未“出师”的非正式工人）二角六分钱，实际上不过是把原有的工钱照过去的市价折合银圆罢了。然而长沙的各街团和商绅群起反对，仍旧以张敬尧的“牌示”作根据。

1922 年夏天，湘、资、沅、澧同时发大水，灾情严重，物价飞涨，铜圆贬值。工人们由于生活的逼迫，大家碰到一起就咒骂工资的不合理。有人提出向政府要求增加工资，很快就传开了，得到大家的赞同。

泥木工人要求增加工价完全是理直气壮的。

那时泥木工人的挂名组织是封建行会——鲁班庙（老庙在东长街，工人少；新庙在宝南街，工人多），掌权的是封建把头“总管值年”10多个人。这些人一个个都靠泥木工人的血汗，养得肥肥的。他们剥削工人的花样很多，如每个工人出师要交上会钱，还要做出师酒；工人为此往往要白做一两年工。新学徒要交“入行费”(即“红名香钱”)。此外，他们还经管鲁班庙许多铺面、房屋公产，常任意盗卖。工人们从来没有同官厅打交道的经验，只好找“总管值年”，以为这些人会写“状子”，会讲话。“总管值年”指定封建把头郭寿松、甘子宪充当“涨价头人”——出面交涉的代表。郭、甘两人马上向工人要“交涉费”，工人们只好每人交五角钱。他们请了长沙256团团总、士绅和县署官员大吃酒席，又“交涉”了好多天，结果长沙县只允许按现有工资（铜圆42枚）折成银圆计算。增加工资毫无结果，工人的3000块血汗钱白白丢到水里去了。

在泥木工人中有威信的任树德，这时已入了党。他串联工人中的积极分子，抛弃对“总管值年”、“涨价头人”这些家伙的幻想，分头动员工人到鲁班庙开会，同他们算账。这天庙里集合了七八百人，把郭、甘两人找来质问、讲理，坚持三角四分、二角六分的工价。郭、甘两人理屈词穷，还想要花招，再向工人要“交涉费”，继续“交涉”。一听到还要骗钱，工人火冒三丈，在任树德的带领下，立即响起一片“打倒涨价头人，打倒喝血鬼”的口号声，把两个家伙赶跑了。

任树德在工人中宣传各地罢工斗争的胜利，同时将前前后后的情况向毛泽东作了汇报，又约了一批积极分子到船山学社听取党组织代表的意见，研究如何先在工人中组织十人团。

为了领导泥木工人进行有组织的斗争，毛泽东亲自在泥木工人中进行耐心的工作，同任树德和仇寿松、朱有富、张汉藩、杨福涛、舒玉林等10多个工人中最先进的分子筹备组织真正的工人组织——泥木工会。当时泥木工人中，还残存有无政府主义思想的影响；如向政府进行请愿斗争，有些工人就不同意，在任树德这批先进分子的影响下，工人中的多数积极分子，开始接受马克思主义，信任共产党的领导。毛泽东通过他们来教育和组织广大的泥木工人，在修业学校、湘乡会馆和船山学社开了许多次会，工作进展得很快。最先以十人团为基础组织；经过两三个月时间，到9月初，已经组织完善的即有108团，会员达1000多人。于是正式组织泥木工会的筹备会，毛泽东亲自草拟了长沙泥木工会的章程共十条。章程的主要内容是：以“改进工人生活，拥护工人权利”为宗旨，拟举办补习学校、消费合作社、卫生保险、失业救济及其他必要事项；基本组织为十人团，会员每十人联成一团，选举十代表一人，由十代表大会选举41人组织委员会；委员任期一年，委员会下设总务、文牍、会计、庶务、交际五股，进行日常工作；章程第九条并规定：“本会特聘请秘书办理本会一切事宜。”

9月5日，长沙泥木工会正式召开成立大会。会场在仓后街湘乡中学。到会代表70多人（那天因快到农历七月半“祭祖节”，工人代表有一部分回家），来宾20多人。任树德同志报告筹备的经过，将为什么要成立工会的缘由说得很明白。刘少奇、李立三这天都是来宾；由刘少奇提议，还讨论了援助正在罢工的织造工人的办法。会议最后选举任树德、舒玉林、仇寿松、杨福涛、朱有富等41人为委员，任树德为总务股主任，即会长。会址设在宝南街鲁班庙新庙。党派易礼容来担任工会的秘书，易当时参加湘区委员会的领导工作。

泥木工人有了崭新的组织后，斗争的阵势就坚强起来了。工会一方面加强十人团的组织，筹备成立补习夜校加强内部教育；一方面在全城散发定要工价三角四分的“条子”（即传单），说明要求增加工资的种种理由，以扩大社会影响，造成舆论，逼迫长沙县知事接受工人条件。

长沙县知事周瀛干慌忙召开全城绅商大会，张贴告示，不准工人加价，以“蔑视官厅定案，自由行动”的帽子，来压制工人的合理要求。泥木工人见到告示，头上冒出火来，一个晚上，把全城布告都撕得干干净净。

为了揭穿长沙县知事的无理，毛泽东指示党的干部，在报纸上发表文章，支持泥木工人的合理要求。例如湖南《大公报》刊登的《我要替泥木工人说几句公道话》（李能至作）一文，这样质问周瀛干：“张敬尧已经跑了几年，

《省宪法》已经完全公布，还要拿张敬尧的话来做法律，岂不好笑！将来银圆如民国五六年一样，你们也强制他们遵守张敬尧的法律，只许收 42 枚铜圆一天，那么长沙城里 6000 多泥木工人，只好活活饿死！并且你们加房租，究竟奉到了何人的命令？若说没有奉到命令，为什么硬要拿已经跑路的省长的话来束缚工人？《省宪法》上明明规定人民营业自由，你们嫌他们工价太贵，莫请他们做工便了，为什么要强制他们不许加工价？”（这篇文章，以及这节所引的工会文件、罢工的宣言、有关信件及其他有关报道，均见 1922 年 8 月 10 日至 10 月 27 日湖南《大公报》。）

毛泽东同时还与“中华总工会”及其所属的工会俱乐部，以及自治励进会等上层团体取得联络，这些团体中有些人是不满赵恒惕政府的，争取他们声援泥木工人，承认泥木工人的要求是完全正当的。

在这样的情势之下，9 月下旬，长沙县知事公署不得不稍作让步，贴出告示，规定泥木工人工价甲工二角六分七厘，乙工二角一分六厘，按银圆牌价算是加了几分钱。事实上，由于泥木工会的有组织的广泛活动，以及上述上层团体的支持，这时已有不少街团、军政机关和学校，愿意接受工人提出的工价了。

周密分析了各方面的情况和主观力量之后，毛泽东认为可以向泥木工人提出罢工的口号了。于是，任树德等召集工会骨干开会，详细研究了罢工问题，都觉得时机已经成熟，各项准备工作也做好了，大家都同意毛泽东提出的立即宣布罢工的意见。10 月 5 日夜，泥木工会委员会一致决议了六项办法：一、宣布于 10 月 6 日全体罢工。二、规定罢工的纠察员，负维持秩序之责。三、通电全国，求伸公道。四、散发传单于城厢内外，述明真相。五、向省议会请愿。六、非达到圆满结果绝不中止。第二天，全长沙城和报纸上都见到了泥木工人罢工的宣言。这篇宣言写得很短，写得如此生动而有力。

……我们苦力工人，一天的工作，硬是把一天的阳寿和精力来换几个钱去养家赡眷，并非坐食冤枉。试看他们商家，不上几天又把价码一涨，为什么又没有人反对呢？独于我们工人凭整天汗力得来的几个工钱，还要惨受这种摧残。我们现在也没有什么法子来对付，只晓得我们一天的苦力代价，定要这么多才行。我们别的权利虽是享不着，而我们营业和工作自由是应该享有的。而且这一点我们誓死也绝不受任何方面的剥夺的。现在我们采取的唯一方法就是：冒得（湖南方言，意为“没有”。）甲工三角四分和乙工二角六分一天的工价，我们全体同盟，决定不做！

罢工震动了全长沙城，一切公私房屋的修建都停工了，连省长公署、第一师司令部、外交署等庆祝“双十节”的牌楼也扎不成了。罢工的第二天，泥木工人的纠察员整队游行，高举“坚持罢工”、“请求各界援助”的旗帜，通告全市泥木工人，遵守工会统一命令，不要自由行动；并劝告三泰街、藩城堤一带木货铺的学徒，不要私自做工。罢工开始后，特别组织了纠察队，为的是怕坏人趁机捣乱，以扫清当时反动政府对工人的“无组织”、“盲动”之类的诬蔑。为了防止各处请外帮的泥木工人做工，泥木工会又与楚北（即湖北）、江西、江苏各帮联络，取得他们的同盟互助。

罢工 4 天后，泥木工会逐日增多地接到军、警、学、商、教会、居民各界的函件，承认泥木工人的三角四分工价。这时人们担心天气转冷下雨，希望泥木工人早日复工。工会除派出工人去扎庆祝“双十节”的牌楼以外，对于其余各处的请求，一一分别函复，说长沙县一天不收回成命，一天不开工，“哪怕另改别业，也是在所不惜的”。于是各有关方面，纷纷请求长沙县署收回成命，承认增加泥木工人的工价。

10 月 12 日，泥木工会接到北京长辛店工人俱乐部的来信，鼓励他们坚持斗争，“不达目的，绝不休止”。粤汉铁路、安源路矿、第一纱厂和长沙织造、缝纫、印刷、笔业等行业工人，都纷纷写信、发宣言，支援泥木工人的斗争。劳动组合书记部湖南分部十月八日的信中说：“我们尽力为你们的后盾，甚望你们好好组织，好好维持秩序，坚持到底，以取得最后的胜利。”

罢工的第十一天，各机关、学校、公私住宅来函催请复工的更多了，并且都承认三角四分的工价。于是泥木工会向长沙县署发出警告：如果到17日尚不收回成命，决定19日举行游街请愿大会。这时长沙一部分公法团体和“公正绅商”出来紧急调停，请求工人不要游行请愿。他们写给泥木工会的信中说：“倘他日酿成变故，则工人之痛苦尤甚。”周瀛干也在报上发表一封《奉劝泥木工人》的信，讲些好话；同时张贴告示，说“保全你们自己的利益，若要始终不听，是自甘受苦，究竟弄到什么田地，愿大家详细考虑，要莫后悔又迟了咧”。这种“好意的”恐吓，工人们丝毫不为所动。但是也还有少数怕事的工人仍对调停存有幻想，于是泥木工会就让这些先生们“调停”了两天。最后弄清楚，所谓“调停”，不过是折衷一下，改为每天三角钱而已；不过是这些先生们互相之间，请吃了几桌酒席而已。这时郭寿松、甘子宪二人又出来活动，于是工人们再也不听他们这一套“交涉”、“调停”了。

10月21日下午，泥木工会召集了2000多名工人在教育会坪开大会，征求大家意见，如何对付长沙县公署。群众十分愤慨，许多人上台讲话，都表示：与其父母妻子一同饿死，不如誓死再干一场。大会推选出任树德、朱有富、舒玉林、杨福涛、仇寿松、鲍海云等16人为请愿代表；并发出这样一个作为最后通牒的快邮代电给周瀛干：“罢工已久，衣食无出，饥寒交迫，众志成城，请与贵知事约：从今日下午10时起至明日下午9时止，24小时内，请贵知事用书面明白承认工等仅够衣食之每日三角四分工价之要求。否则工等定于23日，推举代表1000人，前来贵署与贵知事面质理由，若犹不决，则定于24日全体6000余人齐到贵署请发衣食，以御饥寒。”代电最后这样申明：“23日之代表到署及24日之全体到署，均是文明举动，严守工人自治、劳动神圣之本职，一切由纠察员负责，不烦贵知事援引袁皇帝颁布之《治安警察法》，孜孜为秩序吃虑。”

10月22日长沙县署出布告，禁止请愿，否则依法惩办，并且将泥木工会任树德等16个代表的名字写上，指明工人中有“暴徒”分子。工人们极为愤慨；也有少数人动摇，害怕再发生这年1月17日黄爱、庞人铨被杀害的事件；还有个别无政府主义的分子，不赞成请愿，说请愿不会有结果。毛泽东就连夜找任树德、仇寿松等来谈，说明现在主客观形势与黄、庞罢工时已大不相同：一方面，工人有了组织，力量强大；长沙和全国各地都正在发生罢工运动，有全长沙和全国工人阶级作后盾；同时社会各界也都同情我们。另一方面，长沙县公署很孤立；这件事与赵恒惕直接利害关系不太大，赵可能不会如第一纱厂问题一样顽固。最后毛泽东鼓励大家，决心斗争到底，完全有胜利把握；同时要大家做好准备，以防万一发生特殊事变。同时还作了这样的交代：请愿时我们都来，外面援助的事有专人管，你们放心大胆与周瀛干干到底。

党的决心和信心，马上由代表传达到工人们中去了，大家的斗争勇气和胜利信心更加提高了。

10 月 23 日上午 8 点钟，6000 多名泥木工人到教育会坪集合，由任树德报告请愿目的：非达到三角四分，绝不出县衙门。

为了便于作说理斗争，担任泥木工会秘书的易礼容为首席代表。这时下了大雨，全体工人依然精神饱满。9 点出发，队伍前面打着“泥木工人请愿大会”的横幅，另一幅旗子写着：“硬要三角四分，不达目的不出衙门。”由教育会坪、贡院西街、老照壁，到长治路长沙县公署（1938 年长沙大火后，长沙县署这块地方已改为一片民房），沿途大呼口号：“硬要三角四分，不达到目的不上工！”“反对假自治政府，实现真自治政府！”

这样声势浩大的工人请愿斗争，在长沙还是第一次，而且是顶着政府的禁令干的。毛泽东这天亲自参加了，他穿上一件对襟衣，插在工人队伍中间。

队伍到了长沙县署后，看见县署的正门中间摆了一张方桌，桌上放着两条条凳，上面插着纸套“大令”（这是封建统治阶级用以镇压暴乱的护符，摆出“大令”就可以惩办人以至杀人）。显而易见，周瀛干还想摆威风，以为可以借此最后吓唬工人一下。正门有一排兵守卫，不让工人群众进去。于是全体工人齐集在县署的前坪，头门派总纠察 8 人、纠察员 40 人把守，不准闲人出进。易礼容、任树德等 16 个代表分两批人内见周瀛干。周态度仍强硬，认为公团开会议定为三角，未便增减；并横蛮地说："你们的工钱够吃。"代表们就同他算账，周又被说输了。后来周听见外面群众叫口号，吓得进内堂再不出来了。第一批代表出来向工人报告交涉无结果，并表示决心："今天不解决，今天不出衙门；明天不解决，明天不出衙门。"于是第二批代表又进去了。等了一阵，代表们还不见出来。这时已过下午很久了。据当时参加请愿的老工人回忆，毛泽东这时从人丛中跳到坪中的大圆花坛上，向大家说道：我们泥木工人为了工钱少了不能过日子，才请求政府增加点工资。我们第一批代表进去交涉很久，没有结果；现在第二批代表进去又一阵了，还是没有消息，周瀛干把我们内外隔绝，如果等一会儿再没有消息，我们大家就一起到衙门里面去找周瀛干讲理。他说完了，就领导工人叫口号："硬要三角四分！……'不达目的不出衙门！"过了一阵，里面仍无动静，于是工人们就喊着口号，一齐往衙门里冲。守卫的士兵用刺刀对准工人，被工人夺下两支枪。这时衙门里出来一个职员，故意责骂士兵不该拿刺刀对人。工人中也有人说，不为难当兵的，就把枪交还了。这个职员这时却举起"大令"来，口里嚷着："你们造反，这是什么，你们再这样我就不客气了。"工人代表于是上前跟他说理："我们赤手空拳要饭吃，为何拿'大令'吓人，看谁不讲道理！"说得这个家伙无言可答。大家这时就听从代表的意见，一齐蹲下来，等候第二批代表谈判结果。

由于工人同卫兵起了冲突，下午四五点钟的时候，周瀛干请赵恒惕的总司令部派来一连兵，将工人包围起来。

工人们的情绪因此更紧张了。当时充当第一批请愿代表的泥木工人老同志，回忆毛泽东在这个时候鼓舞群众的情形说："毛泽东同志插在队伍里面，要我们坚持下去，他领导工人喊口号。他带了一个口哨，他吹一声，工人们喊一句，连吹连喊，群众的情绪更加高涨了。这时衙门里的人发觉他是领头的，便来捉他，他从靠墙的几棵树间穿过去，跑到工人队伍中间去了。事后有个报纸上说：'工人们口号一喊，长沙县的瓦都起飞。'"（袁福清：《回忆毛泽东同志亲自领导下的湖南初期工人运动》，载 1951 年 6 月 20 日《新湖南报》。）

天快黑了，大家一天没有吃饭，由工会买来几箩筐饼子充饥。这时造币厂、电灯公司和缝纫、织造、理发等业工人纷纷派代表前来送茶水点心；有的还送来灯笼、草纸、油布等件，准备泥木工人露宿之用。工人们的劲头就更足了。

第二批代表坐在县知事的会客室内，逼迫周瀛干接受条件。周曾打电话给赵恒惕，请示可否将为首的代表抓起来；说枪毙为首的以后，工人就会吓散的。赵恒惕大概由于杀黄、庞有了教训，没有答应。代表们听见周给赵恒惕打电话，便厉声地对周说："省长、吴佩孚我们都不怕，还怕你们长沙县吓人！"

晚上 8 点时，赵恒惕派一个参谋长来"调停"。他出来问工人们的意见，大家仍一声高呼："硬要三角四分，不达目的不上工！"这个参谋长说："省长答应三天内解决，你们暂且回去吧！"工人们又一齐喊。"无得三角四分，坚决不出衙门！"这样，代表们在里面，几千工人在外面，坚持到半夜。后来政务厅厅长吴景鸿来电话，答应第二天下午 2 点召集公团会议，请工人代表出席，无论如何总有结果。毛泽东同代表们商量，暂时同意了这个办法。全体工人才整队出来，工人们分头到鲁班庙和吕祖殿歇宿，这时已是 24 日早晨 3 点钟了。

10 月 24 日上午 10 点，全体工人到教育会坪开会，决定公团会议如仍无结果，再向省长公署请愿。下午 2 点，派出任树德、仇寿松、朱有富、杨福涛等 12 个代表去政务厅坐催公团会议，全体工人即在教育会坪等结果。斗争已进入最后阶段了。毛泽东这时指示，斗争目的应明确转为争取泥木工人的营业自由，这是赵恒惕"省宪法"上明文规定了的。

为了彻底战胜反动政府，取得最后胜利，并因为昨夜周瀛干曾有意加害为首的代表，毛泽东这天便亲自担任首席代表，率领工人代表去政务厅。

在谈判时，毛泽东手里拿着赵恒惕的"省宪法"，用上面的条文驳倒了政务厅厅长吴景鸿。吴景鸿仍打官腔，说涨价之事各街团绅商有理由慎重考虑。任树德立即反驳："他们增加房租，抬高米价，经过我们百姓考虑过没有？"吴继续拿官架，重复老一套辞令："你们应听从县署指令。"于是毛泽东从容地说道："既然涨价不涨价都要听从官厅，那么请问，商家涨价莫非受了官厅的怂恿？"这句话如一把匕首，刺得这位厅长恼羞成怒。他知道这位首席代表不是泥木工人，是外间传说的一伙"过激主义"派来帮助工人闹罢工的，而不了解他的对手正是五四运动以来湖南人民群众的领袖，便问："先生贵姓，是不是工人？"毛泽东微微一笑说："先生问我的资格，我就是工人代表。如果要审查履历，最好改日再谈。今天我以泥木工人代表的资格，要求政府解决工资问题。"泥木工人老同志的回忆说：毛泽东代表工人说话，讲得头头是道，句句有理，弄得政务厅厅长吴景鸿没有话说。谈判3个小时之后，还没有结果；于是教育会坪打来电话："没有结果，只好全体来署请愿。"

这时谈判的条件已经不在每天工价三角四分，而是根据"省宪法"争取"营业自由"了。这就是说，现在的工价三角四分，将来情形如有变更，工人要加工钱，政府也不得干涉。"总管值年"们是反对营业自由的，说破坏行规；因为这样一来，就没有人上会了，乡里来人也可以自由做工了。工人代表中有人反映了这种顾虑。吴景鸿便借口工人内部意见不一，说有人操纵工会。毛泽东要吴派人去问工人的意见。当政务厅的官员提着灯笼到教育会坪观看时，成千工人都蹲坐地下没有散，秩序很好；关于"营业自由"问题，并无任何争执。回来将情形报告了吴景鸿。代表们坚持到晚上8点钟，吴景鸿终于只有应允：由泥木两行具一呈文，请求营业自由，经政府批准。毛泽东便当场将代表与吴的谈话记录写下，由吴看过，并声明长沙县"告示"无效，工人有营业自由。于是代表一边将谈话记录带往教育会坪向工人报告，一边就写呈文，交赵恒惕批。

据第二天长沙的报纸记载，"谈话记录"的全文如下：

泥木两行工人，要求将工价增加至三角四分，不承认长沙县知事阴历八月十四日之布告而罢工争持一案，既据该业代表声称，此事本为劳工与雇主之自由契约关系，应由双方自行协定，非有强迫行为（此句是吴厅长添的），官署不必过问。本厅长代表省长允照上述主张办理，望以此意通告各工友。左列文句在省长公署政务厅，当吴厅长景鸿记录。

“呈省长文”中，特别提出此次请愿要求营业自由，是“根据‘省宪法第16条’陈诉疾苦”，（按：赵恒惕“省宪法”这条条文是：“人民对于政府，有上书请愿及请求救恤灾难之权。”）并写明：“现自总司令部以次各机关各学校各住宅，纷纷来函承认三角四分工价，请求开工，独长沙县知事，坚持不决，实属违反《省宪法》，阻抑工情”。

在毛泽东亲自领导下，坚持19天的长沙泥木工人争取营业自由、增加工资的罢工斗争，至此已获得最后胜利。于是党的组织连夜动员，决定在25日下午召开一次全长沙城工人的庆祝大会。

10月25日上午，仍由毛泽东率领任树德等12个代表到政务厅，催吴景鸿将“呈文”批准。中午，全体泥木工人以及第一纱厂、黑铅炼厂、电灯公司、粤汉铁路、理发、笔业、缝纫、漆业、印刷等有组织的工人群众，共约两万人，齐集教育会坪，召开庆祝泥木工人罢工胜利大会，并照相留纪念。因唯恐代表在政务厅发生临时变故，2万人随即出发到“省长公署”去等候。队伍刚刚走到又一村口，碰到代表们回来联络说：“呈文”已由吴景鸿拟好“批语”交“省长过目”去了。于是队伍由老照壁经八角亭、药王街、小东街，一路高呼口号，游行到省公署，在省署坪前等候全体代表出来报告最后结果。

当吴景鸿最后盖印时，工人代表发现“批语”中有“其工价尤应随时协定，不得由该工人等一方面加以限制”的话，毛泽东即坚决不同意这一句，外面2万人的队伍又在等着，吴景鸿只好删掉“不得由该工人等一方面加以限制”一语。至此，泥木工人的罢工最后彻底胜利了。

代表们到省署坪中，向工人群众报告：最后的胜利已经完全争取到了。2万工人欢声雷动，一齐高呼：“营业自由万岁！”“劳工万岁！”“全世界工人团结起来！”随着放了许多鞭炮。然后又整队游街。到县公署时，工人们冲到县衙门的大厅内，大放鞭炮，高呼“罢工胜利万岁”、“打倒周瀛干”的口号。工人们兴奋极了。这是长沙工人有史以来未曾有过的胜利。

“泥木工人请愿大会”在10月26日贴出胜利布告，结语中说道：“今后若某家不出三角四分，我们不到他家做工就是。这个营业自由权，《省宪法》上本早已经规定，只是从前没有保障，现在算是有了保障，从明天起，各人照常开工。”

这次泥木工人罢工的胜利，鼓舞了全长沙和全湖南的工人，湖南的工人运动更加蓬勃开展。共产党和毛泽东的威信在工人群众中更加提高了。还残存有无政府主义思想的少数工人，都彻底转过来了，觉得黄、庞领导罢工失败了，共产党人讲话硬是兑了现，因而，完全相信共产党是真正为工人谋利益的政党了。随后，长沙各行业工会纷纷成立。长期未获解决的理发工人罢工和正在罢工的织造工人，都在泥木工人罢工大胜利影响下取得了胜利。

罢工胜利以后，杨福涛、朱有富等加入了党，舒玉林等加入了团。在1927年革命失败前，长沙泥木工人中的党团员曾达到300多人。其中许多优秀分子都在革命斗争中先后牺牲了。杨福涛是1928年牺牲的，时任衡阳特委书记。朱有富是1927年底牺牲的，时任长沙县委书记。

粤汉铁路工人大罢工

1922年9月，粤汉铁路工人经过流血的斗争和15天罢工，获得了伟大的胜利。

这次罢工是政治与经济相结合的斗争。由于毛泽东的正确领导，并得到湖北党组织和工人团体的配合一致行动，工人群众在军阀的残酷枪杀和路局的软化政策下，英勇奋斗，始终不屈。最后在湖南、湖北两省内外广大工人特别是全国铁路工人的援助下，北洋军阀吴佩孚、萧耀南不得不完全答应工人的要求。

中国铁路工人最早的罢工发生在粤汉路。1920 年 12 月粤汉路南段工程部为索欠薪、1921 年 3 月车务段为军队殴打工人，都曾举行过罢工。但这两次罢工对外影响不大。1921 年 10 月，粤汉路武长段工人为增加工资、改善生活，罢工 5 天，获得胜利。毛泽东这时已很注意铁路工人的工作，曾花许多时间了解粤汉路工人情况，并派党的得力干部到长沙新河总站办工人夜校。1922 年初，粤汉路新河已成立工人俱乐部。后来为了加强对粤汉铁路工人的领导，党派郭亮负总的责任，这次粤汉路的罢工比以前的几次，内外影响就深广多了。

郭亮是长沙铜官人。在小学读书时，各科成绩优良，尤善于作文，口才也极好，自幼学过拳术，好打抱不平，被称为奇童。16 岁辍学在家时，教过族学；他个子矮小，长得比他高大的学生，也都尊敬这个小先生。他富有爱国思想，同情贫苦农民，曾将乡下一些剥削不公情况，写文投寄《湖南通俗报》发表，引起地方豪绅不满；他由于书教得好，奈何他不得。1920 年至 1922 年在第一师范读书时，他加入新民学会，是学生运动的领袖；当时就在毛泽东领导下，参加组织人力车工人的工作。党成立后不久，经毛泽东介绍，成为湖南最早入党的党员之一，也是湖南初期工人运动中主要领导干部。他平易近人，善于接近群众，做事细心敏捷，尤长于通俗、鼓动的讲演。一直到北伐战争时期，他担任湖南省委的工人部部长、省总工会委员长，是妇孺皆知的有名的群众领袖。1927 年党的五次代表大会上，当选为中央委员。马日事变前后，他积极主张武装工农，进行武装斗争，反对陈独秀的投降主义路线。马日事变前夕，省委书记夏曦自动离开工作岗位后，他曾短期任省委书记。1927 年 8 月参加南昌起义。后任湖北省委书记。1928 年初，担任湘鄂赣特委书记时，由于叛徒出卖，3 月 27 日夜在岳州被捕，押解到长沙狱中，只待了几个小时，反动政府害怕引起群众骚动，29 日就将他杀害了。审问时，他昂首说道：“我承认是总工会委员长郭亮，你们就可以杀了，不必多问。”国民党的法官还想追问党的组织，他幽默地说道："开眼尽是共产党人，闭眼没有一个。"这就是一直被传下来的他的口供。他的头颅被挂在长沙闹市司门口和他的家乡铜官示众，还宣布要挂到岳阳去。鲁迅当时从《申报》看到这事的报道，评论说："革命被头挂退的事是很少有的。"（鲁迅为此事写过两篇杂文《头》、《铲共大观》，载《三闲集》。）铜官的工人冒险将他的头颅偷偷埋了。

由于军阀割据的关系，当年粤汉路分湘、鄂两段，每段都设局长；岳州有北军驻扎，归鄂段统辖。1922 年夏初，毛泽东曾同长沙的铁路工人陈地广来到岳州，亲自到工人中了解情况。陈在岳州有朋友，岳州工人早已受到新河站的影响，有组织工会的要求。郭亮于 8 月被派到岳州。8 月中旬，粤汉路岳州工人俱乐部便成立了，郭亮担任俱乐部的秘书。俱乐部成立的宣言中说："工人是创造世界幸福之母，可是工人自身一点幸福都享受不到。如今工人有了自觉了，我们粤汉路的工人，也自觉了。我们已得着潮流的教训，谋得幸福的方法，首在同一阶级的工人有坚固的团结，这就是我们要成立俱乐部的第一个必要。"（这个宣言以及本节所引的有关材料，均见 1922 年 9 月 10 日至 9 月 17 日的湖南《大公报》。）俱乐部成立之后，办了工人补习学校，学校中设有许多娱乐设备，以引起工人学习的兴趣。

当时粤汉铁路工人最痛恨的有两件事：一是监工虐待工人；二是工资常被扣着不发，而物价一天天涨，工资到手，就贬值了。岳州站许多工人加入工人俱乐部后，受到党的阶级教育，觉悟迅速提高。加以各地工人、学生风起云涌的罢工运动和爱国运动的鼓舞，他们更增强了斗争的勇气，要求改良待遇和保全工人合法权利。

粤汉铁路武长段有个行车监工叫张恩荣，原来是小监工，由于跟鄂段局长王某是同乡，善于阿谀献媚，被提拔当了监工，成为王的得力爪牙。这人又与王某的另一亲信——翻译苗凤鸣（那时中国铁路上的高级技术人员中有外国人，需要翻译，这种翻译通称"员司"）相勾结，倚仗权势，狼狈为奸，肆无忌惮地虐待工人，工人做工时，常故意捣乱。他们又收买一批流氓，沿途贩卖鸦片，大发其财。有时工人偶与流氓发生口角，张、苗就趁机开除工人，以流氓补充，流氓就更逞凶了。因此粤汉路工人十分痛恨这两个家伙，一致要求撤销他们的职务。岳州工人俱乐部依照工人的意见呈文给王某;王对工人的要求置之不理,反叫张恩荣设法开除那些“闹事”的工人。

在全国工人罢工高潮和粤汉路前次罢工的教训下，王某十分害怕工人起来闹罢工，千方百计破坏工人的团结。岳州工人俱乐部成立后，王唆使苗凤鸣和张恩荣组织“粤汉铁路职工联合会”，收买工人，同工人俱乐部唱对台戏。张、苗威胁工人说：“不加入的，送官厅重办。”但是广大工人不予理睬。参加职工会的 300 多人，大部是技术人员。张恩荣只是利用封建同乡关系，才拉拢少数落后工人加入了这个工贼的破坏组织。

罢工的着火点，是下述这件事（这件事及下述老司机王忠事，见赵清学：《粤汉铁路工人大罢工》，载 1962 年 5 月 9 日《工人日报》。）引起的。一次，张恩荣带着鸦片烟上车，叫工人阮康成给照顾；阮没有应允，遭到张、苗二人的殴打。阮被打急了，就骂苗为洋奴，狗仗人势。当时两个英国人，粤汉路总管卡麦克尔、工程师威尔士也在场，竟也帮着苗、张一起殴打阮康成。这时，加油工吴青山等买米回来，经过这里，急忙扯住凶手，质问他们为什么打人。张即命令路警将吴等买的米全部没收，并且诬陷他们偷米、偷煤。吴青山等回家后，将这件事马上告诉了郭亮。郭亮立即以岳州铁路工人俱乐部的名义，向王某提出抗议，再次要求革除工贼张恩荣和苗凤鸣的职务。

王某自以为有职工会来对付俱乐部，还有湖北督军萧耀南做后台老板（当时岳州驻有北军两个连），不仅将俱乐部的抗议置之不理，反而把挨了打受了气的阮康成和吴青山开除了。这真是是可忍孰不可忍！广大工人知道这事的原委后，无不愤激之至，议论纷纷。郭亮认为罢工斗争的时机完全成熟了。

毛泽东这时直接领导长沙新河站的工人工作，他得到郭亮的报告后，同意这个估计；便立即与武汉的党组织联系，动员徐家棚工人起而响应；

并迅速统一粤汉铁路工人的组织，以便行动。当时直接领导徐家棚工人工作的是林育南。在毛泽东的指示下，岳州工人俱乐部联合全粤汉路工人于9月8日拍电报给交通部，请求3天以内答复撤办张、苗二工贼的问题。最后通告路局，声明如果得不到圆满解决，即采取最后手段——全路罢工。

9月6日，粤汉路徐家棚、岳州、长沙、株萍四处的工人俱乐部成立了全路工人俱乐部联合会，下设调查、留守、通信、检查、总务各部，准备罢工。各处工人俱乐部紧接召开各种会议。动员每个工人，做好罢工准备。3天过去了，王某没有任何反应。工人们为了防止破坏，将机车上的重要机器零件都拆存起来，然后不慌不忙地停止工作。9月9日那天，徐家棚和岳州、长沙之间都不通车了，机修厂也停工了，粤汉铁路大罢工正式开始。

毛泽东坐镇长沙，领导全路工人俱乐部，与郭亮保持密切的联系。

粤汉铁路工人俱乐部联合会提出8项要求，让铁路局答复。8项要求的主要内容是：张恩荣、苗凤鸣撤职；全路工人的工资，依照京汉铁路例，做工满两年的改日资为月资计算（即京汉铁路的改短牌为长牌)，按月发给，不得拖欠；病假期间照发工资；增加生火夫、小工等的工资，发给出差费；工人升职应由老工人中依次升补；工人不得无故受处罚，不得任意被开除；还包括有其他工人福利事项。

罢工宣言迅速在全路和省内外、全国各地传开了。宣言除控诉张、苗罪恶，说明生活困苦情况，请全国工人阶级和各界起而援助外，明确提出罢工的如下目的："我们为'解除压迫'、'维持团体'、'改良生活'、'提高人格'，不能不罢工呀！我们完全为我们切身利益而奋斗。我们为生存而奋斗，为人格而奋斗，不达到目的，誓死不止！工人们！勇敢、坚决、死中求活，全在我们团结、奋斗的力量呀！我们大家联合起来，一致向压迫我们的敌人奋斗！"

长沙新河工人俱乐部于罢工开始之后，为分化统治阶级，特别呈文给赵恒惕，说明湖南境内军车仍照常开驶，请不要干涉。

1921年，赵恒惕为争夺湖北地盘而进行的"援鄂"战争失败后，直系军队始终驻扎在岳州，赵与萧耀南之间存在着矛盾。这时，在毛泽东的指示下，新河的罢工组织很好地利用了这个矛盾，争取赵恒惕在这次罢工运动中保持了中立。罢工几天之后，粤汉路湘段的局长曾到新河讲话，表示“本局及湘政府均无暴力压迫之意，罢工期间工资照发”。后来赵恒惕又派了一个参谋到新河，想劝解工人早日复工，工人俱乐部写了封复信说：“朝允八条，夕即开车，决不违命。”

粤汉路工人正义的呼声，立即获得了全国各地工人的同情。武汉各工团和京汉路南段工人俱乐部即刻派了专人来徐家棚协助工作；并且劝导参加职工会的工人，不要再受工贼的欺骗，回到工人自己的队伍里来。

罢工开始以后，各处工人俱乐部为了防止破坏机车，轮流看守机器，许多工人都驻守在机修厂里，通夜不睡觉，往来巡查，使得企图破坏工厂和陷害工人的坏分子无隙可乘。个别工头也为工人们这种伟大的精神所感动，暗地里帮助工人护送机器机件。无形之中，工人的队伍更扩大了，更坚固了。

一列列火车像死蛇一样，躺在轨道上一动不动。

王某一面请来一连军队到徐家棚弹压；一面由张恩荣、苗凤鸣唆使参加职工会的落后工人接手开车，并派武装押运。9 月 10 日晚，徐家棚几百个罢工工人和他们的家属妇女小孩卧在轨道上，阻止火车开行。王某指挥军队打杀，结果，受伤工人 100 多人，受重伤的 30 多人，投水失踪的 10 多人，被捕 9 人。

徐家棚发生惨案的消息还没有传来，岳州工人只知道有火车开来后，在郭亮的领导下，于 9 月 11 日早晨一齐拥到铁路上来阻止火车的通行。他们高举着“张、苗万恶”、“驱逐二贼”、“要求正当权利”的旗帜，一个个横卧在轨道上；郭亮是最先英勇地卧下去也是卧在最前面的一个，列车远远地被迫停驶了。王某驾着摇车亲自赶来，在火车后面指挥，强迫开车，疯狂地叫骂：“赶快开车！压死了这班穷王八蛋，有我负完全责任。”

开车的司机王忠，是一个 40 多岁的老工人，郭亮过去同他交谈过，劝他加入了俱乐部；王后来受了张恩荣的拉拢，又加入了职工会。老司机在王某的强迫下，只得将火车徐徐启动了。雾气大作，眼看快到郭亮的跟前了，郭亮挺起身来，一手顶住机车前的排障器，沉着而坚定地大声喊道："工友们，从工人的身上是开不过车去的！"他身后的工人们顿时镇静下来，照旧卧在轨道上。一动不动。郭又朝着机车上喊道："开车的工友，天下的工人都是阶级兄弟，你不能替官僚、军阀杀害自己的亲人呀！"

"阶级兄弟"和"穷王八蛋"，这两句话使老司机顿时觉醒过来，他一换刹把，火车向后退下停住了。他从机车上跳下来，扑到郭亮的怀里，激动地说道："郭秘书，我走错了路呀！"郭紧紧地抱着老司机说："王大叔，你现在走对了！"

王忠回身跃上机车，把插在车头上那面"职工联合会"的旗子拔下，摔在王某脚下，愤怒地吼道："你自己去开吧，再不上你们的当了！"

郭亮立即带头高呼："工友们团结起来，打倒王某！"工人们跟着都高呼，口号声如巨雷轰鸣，把王某一伙吓跑了。

工人的队伍齐集在车站和轨道上，火车再也不能通行了。

王某黔驴技穷，于是拿出 1.2 万元贿赂了北军两个连长，将两连士兵开入车站。士兵们端着上好刺刀的枪，朝工人们逼来。郭亮和俱乐部其他负责人领着工人群众，跟士兵们在一个几十米宽的横面上对峙着。王某命令士兵将工人驱散，郭亮对士兵们高声喊道："士兵兄弟们呀，工人、农人和士兵都是一家人，你们哪一个不是穷苦人家出身的，请你们不要听这些官老爷们的话，来杀害自己的阶级弟兄呀！我们是为了挣碗饭吃才不得已罢工的呀！"士兵们都犹豫起来，有的将枪放下来，有的想后退了。王某狠狠命令两个连长开枪："出了事由我负责！"说着，从一个传令兵手里拿过一支驳壳枪，照郭亮的脚下打了两枪，并大声叫道："先把这个矮子抓起来，他是煽动罢工的头子。"在混乱之中，两个连长便命令士兵开枪射击。据随后两天报载，士兵们迫不得已，向工人群众"闭目乱刺"，胡乱开枪。一时工人的口号声和枪声混成一片。当场有 70 多名工人受伤（后有 6 人重伤而死），有的头被劈开，有的手足被砍断，有的四指被砍去，许多工人家属跑去抢救，也被枪杀。“北军”在王某指使下，逮捕了郭亮和俱乐部主任张万云以及王忠、吴有青等30多名工人积极分子，押送武昌陆军监狱。总计徐家棚和岳州两处铁路工人被打死、打伤和捕去的共达200多人。

长沙新河工人得到岳州惨案的消息后，愤怒极了，立即发出快邮代电给北京政府的交通部，要求撤除王某；同时电告徐家棚工人俱乐部，要誓死坚持到底。并派三个代表到徐家棚工人俱乐部协助工作。

第二天，岳州派一工人代表来到新河，将岳州工人遭残杀的情形作了详细报告；说明岳州工人俱乐部至今虽被“北军”占驻着，但是工人并没有停止活动，他们一面救护受难的工友，一面派人到武汉各地联络。这位工人代表最后说：“我们广大的工人队伍在敌人的刀枪下团结得更坚强了！”就在这个大会上，新河工人致电全国各工会、各报馆、各团体请求声援。

这天下午，毛泽东指示长沙各工会团体联合各公法团体和各界代表开紧急会议，援助粤汉路罢工工人。当即决定以湖南各工人团体名义，通电全国宣布萧耀南罪状；派员慰问徐家棚、岳州工人和粤汉路罢工工人，鼓励他们坚持到底；散发传单，将罢工和惨案经过通告长沙和湖南全省工人，发动对粤汉路工人的各种援助。各工人团体快邮代电中说道：“虽日之于韩，英之于印，亦不过如是残酷……我们要打倒穷凶极恶的军阀！全国劳动阶级朋友们！这班军阀的走狗，压迫工人的局长、监工如不扑灭，工人永无见天之日！大家联合起来，扑灭这班敲骨吸髓的工贼！”

毛泽东还特派何叔衡到武汉，加强同湖北党组织的联系。

粤汉路工人俱乐部联合会立即向全国发出快邮代电，并向铁路局提出四条：一、撤退弹压工人的军队。二、革除并惩处王某。三、抚恤受难工人及工人的家属。四、完全接受工人提出的条件。武汉全体工人在武汉工团联合会的领导下，号召全国工人起来声援粤汉路的罢工工人。在发出的宣言中说：“武汉工团联合会认为这件事，是我们劳动阶级全体的事，不是粤汉工友一部分人的事，是我们劳动阶级全体的耻辱。不是粤汉工友一部分人的耻辱。因此，这个问题要我们劳动阶级全体去解决。武汉工团联合会决定各工团以实力援助这次的罢工。粤汉铁路的工友呀！你们要勇敢决绝坚持到底，百折不回，我们誓尽力为你们的后援！”武汉工团联合会和京汉路南段工人俱乐部又将“3日内如不作圆满解决即全体罢工的决定”，通知萧耀南。

萧耀南接到这个通知，万分惊惶，急忙打电话大骂王某，不该闯出这样的大祸，责令王某一手办理。据当时报纸的报道：“王某接到这个电话，登时昏绝椅上，汗如雨下。”

王某于是改变方针，以软化手段对待工人；请工人吃饭，送礼，送受伤工人到医院治疗，亲自去“慰问”。同时以发双薪引诱工人开工。他以为工人为生活所迫，必不能长久坚持。但工人们完全不为这种卑鄙手段所动摇，一致决心坚持到底。

粤汉路工人俱乐部联合会每天接到全国各地声援函电不下数十起，各地的援助捐款也源源而来。安源工人俱乐部专派代表送来援助费，长沙各业工人发动捐款，武汉工团联合会筹了1000元，京汉路江岸工人俱乐部援助了500元……因此，罢工工人每天能得到一角钱生活费的救济，大家的决心更坚强了。

罢工坚持到9月22日，在全国铁路的党组织领导下，召集了陇海、郑州、长辛店、粤汉等铁路工人代表1000多人在汉口开会，议决25日还得不到解决，即同盟罢工响应，并准备组织敢死队200名。罢工风潮将波及全国铁路了。

北京政府的交通部这才着慌起来，连忙在9月24日派了一位次长到徐家棚粤汉路工会总部，邀请工人去谈判。王某被迫承认了工人的要求，但马上又翻了脸。

9月27日，京汉路和粤汉路全体工人通电给吴佩孚，若48小时内不圆满答复工人要求，就全体罢工。吴佩孚看到工人势力不可抗拒，第二天只好完全答应了工人原来提出的8条要求，外加安葬死者、医治伤者、抚恤死难家属、赔偿工人损失。

郭亮和被捕的工人都释放了。压迫工人的张恩荣、苗凤鸣被革除了。工人各项要求都达到了。付出了巨大代价的粤汉路工人的大罢工，至此获得完全胜利。

9 月 28 日，新河俱乐部工人代表乘早车回到长沙，工人们都赶到车站去欢迎，一路放着鞭炮，高呼胜利。徐家棚、岳州、新河各处粤汉路工人都大开庆祝会。

郭亮回到长沙后，许多铁路工人和他们的家属都来慰问他。

在这一胜利的基础上，毛泽东亲自领导粤汉铁路工人成立统一的工人组织。1922 年 11 月 1 日，徐家棚、株萍、新河、岳州四处工人俱乐部派出代表，在毛泽东主持下，于长沙新河集会，正式成立粤汉铁路总工会。这是全国铁路工会中成立最早的统一组织，会址就设在长沙新河。

水口山工人大罢工

1922 年 12 月，常宁水口山铅锌矿 3000 多名工人的大罢工，是在安源罢工的胜利影响下爆发的。当时党把蒋先云等从安源派到水口山，帮助开展工作，对这次罢工的胜利起了决定性的作用。

同安源的胜利一样，水口山罢工的胜利，当时在全国也有巨大的影响。

早在 1917 年至 1920 年间，水口山的工人就曾为工人福利和索发积欠工资，向矿局作过几次英勇斗争，两度罢工。由于没有正确的领导，工人方面吃过亏。不过工人的反抗精神并未消失，事实终于教育了工人：要生存，只有团结起来，继续坚持斗争。

水口山为我国当时最大的铅锌矿，1896 年开办，1906 年改成新式矿场。矿权名为湖南省有，实为军阀把持，赵恒惕的军费多取自此矿。矿局职员多是官方亲朋戚友，“视工人如牛马，不惜时加盘剥，为所欲为，一拂其意，则大施狠毒，或惩罚，或鞭笞，或开除，或送警。如洗沙台工人吸烟者罚工五日，大笑者罚工五日”。（鸣非编:《湖南水口山工人俱乐部纪实》，载《湖南历史资料》1958年第1、第2期，本节引文除注明出处者外，均见此《纪实》。）封建把头，剥削重重。工人工资一般每月八九元，少则三四元，甚至每天只有六毛钱的；而且常拖欠不发，被职员挪留生利。年终红奖本来工七职三，职员以权势在手，改为工三职七。此外，油米处等则大斗进，小斗出；盘剥工人，无孔不入。矿内设备陈旧，工人常有受伤，以至压毙的。这些情况，同安源大体相似。

据当时直接参加这次罢工斗争的同志回忆，（刘亚球：《第一次国内革命战争前后水口山的工人运动》，载1952年5月1日《新湖南报》。）1922年，全国工人运动蓬勃展开，消息传来，水口山的工人们议论纷纷，其中对工人影响最大的就是安源路矿的罢工胜利。大家都有进行斗争、改善待遇、争取权利的要求，但鉴于以往几次斗争的失败，又有些踌躇，觉得非向安源学习不可，非找人来帮忙不可。这时恰有一个安源的工人来到水口山，他跟水口山工人中的积极分子、机械工人刘东轩熟识。他一来就跟工人们谈起安源工人俱乐部的权力如何大，怎样为工人谋福利；又把安源路矿工人斗争的经过，以及斗争胜利的种种情况告诉大家。

水口山工人听了都非常兴奋，非常向往，希望也有人来领导他们成立工人俱乐部。以往几次罢工斗争中的积极分子这时便集合商议，决定派一个人到安源去接头，请安源派人来领导水口山工人成立工人俱乐部。大家公推刘东轩去，因为他有亲戚在安源做工。机械厂的一些工人给他凑集了路费。

刘东轩到了安源，经过他的亲戚的介绍，见到俱乐部的负责人李立三、刘少奇等。安源党组织向毛泽东请示后，非常重视这件事，答应派人到水口山协助工作。刘东轩马上写信告诉矿上的工人，要他们做好迎接的准备。

安源工人俱乐部决定派遣蒋先云和谢怀德、李庆余、方福胜三个安源的工人（他们都是罢工斗争中的积极分子）去水口山帮助工作。

谢怀德是湖南衡山白果人，1908年就在安源煤矿做工。1927年大革命失败后，他曾组织安源工人武装进攻萍乡、醴陵。1928 年 1 月在萍乡被捕后牺牲。

蒋先云等还没有来到以前，水口山即谣言四起，说机械科工人在发起组织俱乐部，要增加工资，推倒职员。其时矿务局局长赵铭鼎因事滞留长沙。一般职员，人心惶惶，杯弓蛇影，自相惊扰。于是有一个总务科长出面，召集工人讲话，进行恐吓："水口山为湖南官矿，断不能容你们随随便便。闻安源方面有人来此，本局为维持矿局起见，已派出无数人员赴各处密查。如本山工人，确不信劝，务要组织俱乐部，本局当予严惩。如安源有人来此，一经拿获，即时就地正法。"这类恫吓之词，不过使工人提高警惕而已。

蒋先云等四人于 11 月 22 日来到水口山。当夜就约集积极分子，商量好俱乐部的组织办法。第二天，运输、总务、采矿、选矿等科工人代表集会，正式宣布成立水口山工人俱乐部于康家戏台，组织了临时干事会。推举罗同锡为临时主任，刘东轩为副主任。各科推选临时总代表，成立临时代表会。由临时干事会和代表会推蒋先云为筹备处全权代表，谢怀德等三个安源工人为参事员。根据安源的经验，以十人团为基层组织，发动和组织工人。几天之内，绝大多数工人正式报名参加俱乐部。许多工人常去找蒋先云等谈情况，问问题，有一天就去了好几百人。蒋先云就趁此机会向工人演说，要工人们加强团结，坚持同黑暗势力作斗争。他讲得慷慨激昂，非常动人，句句话都是联系到工人的切身利益。工人们听了之后，斗争热情更加高涨。

俱乐部筹备处一面呈文到常宁县备案，呈文矿局申述组织俱乐部的理由；一面印刷传单，张贴布告，大张旗鼓地宣传，定于 27 日正式开成立会。传单中宣布俱乐部成立的宗旨是"联络感情，涵养德性，互相帮助，共谋幸福"。这种冠冕堂皇的措辞，也是为了争取合法而采用的。27 日正午，3000 多名工人开俱乐部成立大会。蒋先云发表了长篇演说，代表安源工人致贺。水口山各科工人代表也都讲了话，全场"兴高采烈，欢呼鼓舞"。

俱乐部正式成立之后，工人代表连日讨论，如何改良待遇、改善生活等问题。"工友们因被压迫过甚，莫不异常激烈。"矿局主要职员，对此虽触目惊心，极欲武力镇压，但不敢自行做主，冒失行动。于是急电赵铭鼎，“请其将蒋先云等，准予就地正法，并封闭俱乐部”；同时监视各科工人行动，并散播谣言，说俱乐部是专为反对职员而组织的。俱乐部随即印发传单，揭破这种谣言。“而当局见俱乐部日夜开会，更为大惊小怪，或密派侦探，随时出入俱乐部；或明派矿警恐吓工人，并声明必杀俱乐部首领蒋先云等，以维矿局秩序。”鉴于工人群情激奋，急于罢工，改善待遇，而矿局又如此阴险，不能坐以受缚，俱乐部于是先提出四条最低要求，看矿局如何作答。四条要求是：一、承认俱乐部有代表工人之权。二、津贴俱乐部各种费用。三、增加工资（详列各工种、各级工资增加数目）。四、每年红奖，职工照薪均分。11 月 30 日，蒋先云和各科总代表进局，提交书面函件。矿局负责职员一面答应转呈，一面急电省矿务总局和赵铭鼎，说：“全体工人，被外来蒋先云等四人唆使，组织俱乐部，扰乱矿山，非严拿正法不可。”俱乐部一日一函，严加催促。矿局则敷衍拖延，不予答复。12 月 3 日，俱乐部函告矿方，限于 4 日下午答复条件，否则全体罢工。同时即秘密组织罢工委员会，内设监察、通信、侦探等组织，分工极其周密;根据安源经验，对于各种可能发生的情况，都一一作了布置。

4 日下午，各科负责职员用私人名义写了一封信给俱乐部，依旧藐视工人，竟表示不承认该部为合法存在。面对工人愈益愤激情绪，罢工已是箭在弦上。俱乐部于是连夜召开紧急会议，秘密发出命令，决定第二天罢工。

12 月 5 日清晨，俱乐部发出罢工宣言。宣言说：“我们要救命，不得不罢工！米也贵了，布也贵了，百物都贵了。只有我们的工钱，还是照从前一样，怎能养活自身呢？怎能养活父母妻子呢？我们屡次请求当局增加工钱、均分红奖，他们竟置之不理，陷我于死地，我们要救命，不得不罢工！我们组织俱乐部，原是联络感情，增进幸福。当局不但不承认俱乐部有代表工人之权，而且一面施用缓兵之计，一面要杀我们俱乐部的发起人和代表。我们要救命，不得不罢工！”要求的条件，连以前 4 条，共增至 18 条。

5 日凌晨，工人将各处锅炉拔掉，火车头停止烧火，监察队手执旗帜，分守各处。天明时，全山一片寂静，无一人上工。矿局职员，仍高枕而卧，以为俱乐部说说而已，不敢真正罢工。及至八九点钟时，还听不到各种汽笛声音，才知道3000多名工人真正全体罢工了。“出门一看，当途高处，高悬着‘罢工’、‘救命’、‘从前做牛马，现在要做人了’的各种旗帜。”各处墙壁贴满以下各种布告：“我们这次罢工纯为改良生活待遇，与军事政治毫无联系，请各界秉良心帮助”；“不得俱乐部的通告，不准上工”；“不准赌博”；“不准侮辱职员”；“不准损坏偷用公家物品”；“坚持到底，静候解决”，等等。由此可见。罢工之后，对于矿局可能散播的种种谣言，挑拨一般职工关系，乃至唆使流氓捣乱，嫁祸工人的种种阴谋手段，俱乐部都预先做了准备，先发制人，公开防止。

罢工之后，一般职员都袖手旁观。各科负责人再急电长沙告紧，请局长迅速回山。有个别职员将俱乐部布告撕毁，招致群众围攻，不是俱乐部代表劝阻，几遭痛打。此事平息后，所有职员，更胆战心惊，再不敢乱说乱动了。

水口山工人罢工宣言发出后，中国劳动组合书记部湖南分部通电全国，请各工会团体予以支持。长沙、安源、唐山、上海、汉冶萍、衡阳第三师范等地的声援电报、函件，陆续到来，贴满了俱乐部的墙壁，更加鼓舞了工人的斗争。

赵铭鼎在长沙连接罢工急电后，即向赵恒惕请求，派一个炮兵连来山镇压，企图用武力解散俱乐部和对付全体工人。赵铭鼎于18日回到水口山，这个连19日到达，形势顿时紧张起来。俱乐部立即对这个连队做争取工作，向连排长说明罢工原由，向士兵宣传工人痛苦和罢工目的。结果，使这个连的官兵对工人反抱同情态度，保持中立。于是俱乐部得以集中力量向矿局作斗争。

赵铭鼎的第一个阴谋是想杀害蒋先云，以此压服工人。《水口山工人俱乐部纪实》生动地记述了这次罢工的高潮：19日，赵铭鼎以同工人谈判为名，“请蒋代表一人到局磋商条件”。诸工友以为要蒋代表一人进局，势将不妥，于是要副主任刘东轩同往。其时蒋先云深知其诡，但不得不去，以壮威风，乃先做预备，再行进局。甫入围门，则大队矿警，已将木围紧守，蒋、刘仍继续前行，毫无畏忌。迨至局内，则四层局门，每层站立四个警兵，身荷枪弹，此外背枪的、背刀的（即两个杀人的刽子手）、背军棍的，往返局内，如临大敌。须臾赵局长出见，乃眉飞色舞，气欲噬人。开口便说：‘水口山为湖南全省命脉，你俩什么人，胆敢唆使工人罢工，并将抽水机停止，省政府有命令在此，你两人知道吗？……并质问蒋先云是哪里人，为何到此？蒋先云“遂将如何由安源来此，工友们如何挽留，俱乐部如何成立，其宗旨、组织、进行，以及此次罢工的原因、经过，一一详说”。赵的左右，不断提出各种问题，进行纠缠，蒋先云拒绝此种盘问后，“此时哨子一吹，十余矿警拥入，似欲杀人。赵局长遂急迫蒋、刘二人须答应立即开工，否则即时正法。蒋、刘非惟不为所恐，且拍桌打椅，死不承允。并说要扣留即扣留，要杀即杀，正大光明，何所顾忌。斯时，数千工友，已将矿局包围，并高呼杀一蒋先云还有数千蒋先云，杀一刘东轩还有数千刘东轩，不杀不好，越杀越好！赵等至此，反自心惊恐，不料工人团结若是之紧。真是势成骑虎，左右维谷。若放出蒋、刘，则威风扫地；不放，又恐冲突扩大，甚至危及自身安全。于是遂请徐连长出面解释，方将蒋、刘二人放出，得解重围”。这是矿局阴谋的第一次失败。

之后，矿局企图对工人各个击破。以敲砂厂多是童工，平日最易屈服。于是，21 日，由选矿科长“带领矿警，自携手枪，到厂登台训话，压迫开工。岂料罢工十多天，俱乐部日日训练，即幼童亦复为强夫”。全体童工毫不示弱，与之抗争，俱乐部闻讯，监察队率领成千工人将厂团团包围，将这个科长的手枪缴下，才让他逃走。监察队随将手枪交予那个徐连长，以免矿局借口诬陷。赵铭鼎仍不甘心，“乃大施鬼祟，欲遣人私贿全权代表蒋先云。蒋深知当局诡计，故随时借故演说，略谓：‘我蒋先云若受他人的一毫贿赂，请各工友杀以示众’。矿局见各次阴谋未遂，不惜出以下策，以数百元奖赏，遣人暗杀蒋先云等工人领袖。”俱乐部侦探队得知这项消息后，工人就严加防范，凡俱乐部负责人外出，都有几十名工人随行。

矿局最后一着是，捏造工人破坏机器的罪名，通电全国，准备作为大规模镇压的借口。俱乐部当即也通电全国，揭露这一恶毒阴谋，并请全国各界援助。俱乐部每战胜矿局一次阴谋，即以快邮代电通报全国一次。因此全国各界和各地工团，发了不少通电，请湖南省署迅速解决水口山的问题。报纸上还反映各地工团准备作全国同盟总罢工，来大力支援水口山。

罢工期间，整个矿区，秩序井然。3000 多名工人听从俱乐部的指挥，号令森严，行动整齐，赛过军队。“各围门，各窿口，各重要机器的地方，日夜死守，不离须臾。一面防止匪徒窜入，一面恐他人私行运出公共器具。再派数十监察队，轮流排街，以防宵小乘机扰乱。当时各商家住户，大起恐慌，天尚未黑，商店即纷纷关门。俱乐部因此各处张贴‘维持秩序，不许扰乱’的布告，以安众心。水口山平日赌风甚炽，独在此次罢工期间，赌博绝迹，尤为奇异。”俱乐部争取炮兵连严守中立，并对工人罢工表示同情，对罢工胜利，也起了作用。“徐连长睹此情形，叹息他部下的军队，还没有这样的纪律，乃张贴布告，声明工人如不扰乱秩序，绝不干涉工人。深知此次罢工，纯为改良生活，改良待遇，不是武力所能解决，因此竭力调解，始终维持。”

一切阴谋诡计都失败之后，赵铭鼎只好同俱乐部进行谈判。工人俱乐部根据工人意见和安源工人罢工的条件，将要求增为 21 条，主要内容是增加工资，均分红奖，实行八小时工作制，婚丧病假不扣薪，公伤残废福利要有保障，星期日、纪念日和过年过节不加班，按月发薪，工人集会结社言论有自由，成立职工子弟学校，承认工人俱乐部的合法地位，等等。工人代表并声明，条件没有修改的余地。在工人强大威力下，矿务局对工人所提要求只好一一承认。至此，从 12 月 5 日开始至 27 日结束，水口山工人坚持了 23 天的轰轰烈烈的罢工，得到彻底的胜利。

据水口山老工人回忆（1952 年 5 月 1 日《新湖南报》第 1 版有关报道。），罢工胜利后，第二天又放一天假，召开庆祝大会，水口山四周的农民都来参加了，共有一万多人。会后举行示威游行，工人农民一路高喊“罢工胜利万岁”、“工人农民万岁”、“打倒贪官污吏”、“打倒军阀”等口号。

第三天，全体工人上工，工人俱乐部发布一个上工宣言，这份油印的胜利宣言，一直被水口山的老工人珍藏至今，宣言全文如下：

胜利了！胜利了！气也出来了，命也可以救了，我们宣布上工。

从前是“工人牛马”，现在是“工人万岁”！但是我们这次罢工所得的代价，只算是胜利的第一次，解决我们痛苦生活的第一步，我们还要继续求得第二次、第三次……的胜利，做解决生活的第二步、第三步……各位工友们啊！我们努力的保存我们的团体——俱乐部，我们不怕得不着胜利！

我们这次罢工，第三混成旅独立炮兵连连长、排长及各位兵士们和医院院长帮助我们的地方很多，又承各界的援助，我们谨以十二分的诚意感谢！感谢！

我们这次罢工胜利了！现在我们要三呼万岁：

工人万岁！工人俱乐部万岁！全世界无产阶级团结力量万岁！

刘东轩等几个最优秀的工人领袖，在罢工后都加入了党。刘东轩是1928年在祁阳负责地方党的工作时，被捕牺牲的。

罢工胜利以后，普通工、翻砂包工、窿内包工、洗砂工和运输工等，都普遍增加了工资；一般工作时间按八小时制；把头对工人的态度也显著改变了；工人的物质生活得到很大改善，政治权利更是从来没有享受过的。俱乐部立即创办了学校，同安源的情况一样，由矿局出钱盖了房子，每个月还给200元经常费。毛泽东从长沙派来校长和教员，内中有刚从自修大学补习班出来的毛泽覃等人。

毛泽覃是毛泽东的幼弟，北伐战争时期在湖南从事工人运动。南昌起义后，跟随朱德同志的部队转战到湘南，旋上井冈山。十年内战时期，曾任闽西军区秘书长、中央局秘书长。他坚持毛泽东的正确路线，反对“左”

倾机会主义路线。1935 年同国民党军作战时，在闽赣交界长汀地区牺牲，年仅 30 岁。

水口山工人大都是从农村来的，同当地的农村有着密切的联系，因而在 1922 年大罢工胜利之后，他们还推动和组织了衡山岳北农工会的斗争。1923 年初，党派刘东轩、谢怀德到他们的家乡衡山岳北白果去开辟农民工作。这里的农民在水口山做工的很多，农民听到水口山罢工斗争的情形和俱乐部的作用，都很兴奋，不久就成立了岳北农工会（加上“工”字是表示与水口山这样有组织的工人相联系之意），会员人数很快即达到 10 万以上。在农会领导下，轰轰烈烈地开展了平粜和禁止地主谷米、棉花等出口（即所谓“阻禁”）的斗争，并开始酝酿减租减息的斗争。白果是赵恒惕的老家，1923 年秋冬，赵恒惕曾两次用武装镇压农民运动，都发生流血事件。岳北农工会是湖南最早成立的和最早同地主进行大斗争的一个农会组织。

经过 1922 年大罢工所取得的胜利，水口山工人各种待遇都有了改善，这样自然严重地影响到矿局和赵恒惕的收入。因此赵恒惕下决心要将水口山的工人运动镇压下去。1923 年 12 月，赵恒惕派宾步程来水口山当局长，并随带了一营军队。军队一来就占驻工人俱乐部，这时工人正准备庆祝胜利周年纪念。在军队的挑衅下，工人起而斗争，被枪杀了一人，还有几人受伤。全体工人奋起罢工。在一营武力的压制下，宾步程封闭了工人俱乐部，解雇了 1000 多名工人，蒋先云等被迫离开了水口山。党的组织也完全转入地下。

1924 年，水口山工人又曾起而作过一次经济斗争，没有获得结果。直到 1926 年，党派陈昌秘密来水口山恢复工作。北伐军进入湖南后，蒋先云、刘东轩曾回到水口山一次，工人俱乐部重新组织起来。马日事变以后，在党的领导下，水口山的革命火焰，曾燃烧到最高点：工人和附近农民 1 万多人，缴了矿警的枪支，武装了自己。3000 多名工人、农民下山攻打常宁县城，但因缺乏军事斗争经验而失败了。1928 年初，又有 200 多名工人，两次缴了矿警的械，下山开展游击战争。这支队伍参加了湘南暴动，成为红军第四军独立团的基础。1928 年 3 月，国民党地方反动民团包围水口山，进行了疯狂的大烧抢、大屠杀，被杀死的工人近 200 人，被捕的工人 40 多人。

水口山工人的英勇斗争，同安源工人一样，从毛泽东最初领导湖南工人运动起，直到十年内战初期，在中国工人运动史上，占着光辉的一页。

教训一位“长衣先生”

1922 年时，长沙铅印活版（铅印指机器房、活版指排字房）工人每月工资最高 8 元，最低的只有 4 元；每天平均工作 11 到 12 个小时；特别是排报的工人，主要是夜间工作，更为辛苦。因此铅印工人久有减少工时，增加工资的要求。

毛泽东主办过期刊，平时与报馆来往又很密切。因此对铅印工人的生活最熟悉，对他们的痛苦知之最深。1922 年下半年，在湖南工人罢工高潮中，他亲自帮助铅印工人 300 多人成立了铅印活版工会，他自己还兼任过铅印工会的秘书。

1922 年 11 月 21 日，铅印工会派代表邀请各印刷公司的老板同他们进行谈判，提出活版、铅印两部工人每天工作 8 小时，正式排字工人的工资增至 12 元一月，其余各种工人和包件活另定有合理的工资标准，工会特别对报界写了一封很委婉的信，信中说：“报界主持公论，体念劳工，素所钦佩；敝会工友手印各报，对于报界，亦不无微劳；关系既深，情意自切。所有敝会向各公司要求增加工资、改良待遇各情，理合函达贵报。企予主持公论，使敝会合理之要求早日达到。”（1922 年 11 月 22 日长沙《大公报》。）

赵恒惕官办报纸《湖南日报》的印刷工人，向赵政府秘书处提出要求之后，赵政府只答应每月增加工资一元，工作时间照旧。其他报纸资方见政府如此，自然跟着走。工人们都很愤怒，于是决定罢工。工会干部同毛泽东研究后，都认为可以罢工。毛嘱咐他们必须做好充分准备，特别是罢工后工人的吃饭、居住等问题都要准备好，这样，斗争才能坚持。

铅印工人于是在 11 月 25 日宣布罢工。

铅印工人一罢工，第二天长沙城就看不到报纸了，社会上受到的震动，比有些行业罢工来得更大。

据当时亲自参加这个斗争的一个老排字工人的回忆：“当时伪省政府的头子们以为只摹停两三天工，我们就会因感到吃、住的困难而不能坚持下去，所以起初不闻不问。殊不料我们靠着毛泽东同志的英明指示，老早就防备了这一招，全市三百多名铅印工人的吃、住，并没有发生困难。坚持八九天后，伪政府的头子看见我们还没有复工，心里慌了，遂摆出穷凶极恶的面目来。一方面派他们的走狗军警来强迫我们复工；一方面又联合各印刷厂的资方，以把印刷品转至湘潭付印来恐吓和要挟我们。当时一部分工人慑于伪军警的武力，又恐怕‘官方’和资方真的把印刷品转至湘潭去，打碎了自己的饭碗，便动摇起来。铅印活版工会马上把这种情况反映给毛泽东同志，他即时告诉大家说：‘坚持斗争就是胜利！如果中途妥协了，以后永远再莫想获得胜利了。伪军警虽然强迫我们复工，但是只要我们奋力坚持，他们还是无可奈何。至于说把所有印刷品转到湘潭付印，事实上不可能，而湘潭的工人也不会接受。’这样，动摇的工人才稳定下来，我们的力量更坚固了。”（廖仲坤：《回忆毛主席领导长沙铅印活版工人罢工斗争》，1951 年 7 月 1 日《长江日报》。）

为了学会同资方作斗争，老工人还记得，毛泽东组织他们学习、预演：由一人扮演资方，提出种种刁难，同工人纠缠；工人代表则一一予以驳斥。毛泽东从旁指导，最后将资方可能提出的借口和使用的手段，都批驳得体无完肤。这种高妙的办法，更加增强了工人斗争胜利的信心。

铅印工人的罢工继续坚持下去，有半个月了，也就是说，长沙城的人有半个月没有看到本地的报纸了。社会上一片埋怨声；各报馆的编辑、出版部门、对各印刷公司老板也催得很急。但印刷公司老板都以省政府的态度为转移。罢工期间，毛泽东以湖南劳动组合部书记的身份，邀报界、机械界、石印界和印刷同业公会代表，一起同铅印活版工会代表进行谈判，并居间调停。“工人都以毛之意见为从违，毛之所事，工人亦从而可之。”最后，赵恒惕衙门内的老爷们眼看威胁不成了，这种没有报纸的情况又无论如何不能再继续下去，因此不得不要求铅印工会派代表去谈判。结果，完全接受了工人的条件，其他印刷公司自然也只好同意。

这次铅印工人的罢工共坚持了 17 天，最后获得彻底的胜利。工人们高兴极了，工会的威信更高了。

铅印工人于 12 月 12 日上工之后，13 日各报照常出版。这时却发生一件对工人不利的事情。

12 月 13 日的湖南《大公报》刊出一篇“时评”，题为《印刷工人罢工后的几句话》，署名“盾”，是该报总编辑李抱一写的。这位总编辑在他的“时评”中首先“评”道：“我们不说印刷工人此次罢工没有理由，只是不认为有罢工的必要。”随着，他就对工人大开其教训，态度非常狂妄，完全摆出一派统治阶级代言人的臭架子。他说：“我劝印刷工人以后千万要注意基本的学问……为不受人驱策，不为人作试验主义的牺牲，更非注重学问不可；有了相当的学问，然后可以免掉这种种弱点。”这位编辑老爷认为工人的弱点是：第一，“欠缺常识”。他以工人要求报馆提前交稿时间为欠缺常识。第二，“不守秩序”。他认为“要有学问才能涵养性格，才能谨守秩序。”他很担心“此后各工人难免不狃于此次的胜利，遂嚣张起来；人数日多，品类日杂，虽有多数代表纠察，恐亦不能维持秩序了。”第三，“不知卫生真谛”。这位编辑老爷以学生“每日工作时间也长”为例，由于学生“有体操，所以能锻炼身体”。因而他怪铅印工人之“过劳成疾”是“没有作得运动”。最后，他还有一套同赵恒惕、吴佩孚也无二致的“劳动运动学说”：“忠告你们工人，如欲能够自立，须没有显著的弱点；欲没有弱点，须得有相当的知识；知识自学问得来，那就非注重学问不可；至学问如何而得？则须赶急自组补习学校，每日无论如何，须抽出一二时去受课和运动。”他还“忠告从事劳动运动者”：不要满足于罢工胜利和组织了工会，这样“结果只有助长工人嚣张习气，使社会增加不安宁”。这位编辑老爷的结论是：“只宜专意提倡工人教育，免除以上所举的弱点。”

湖南《大公报》总编辑的这一套论调，当时在一般中上层社会人士和文教界人士中，是甚为流行的。这些人有时也打着“同情劳工”的招牌，但是当工人真正积极行动起来，工人运动日渐发展，特别是损害到他本身的利益时，他们的狐狸尾巴——敌视工人运动的真面目马上就暴露出来了。毛泽东同这些人长期打过交道，平日同他们有一定的联系，在革命运动和工人运动中，总是尽可能争取他们援助或保持中立，不到必要的时候是不正面与之作斗争的。但是，这次湖南《大公报》的“时评”就不是一件简单的事件了。这不比警察厅的抓人打板子，也不比赵恒惕发表一篇“训示”，这是一个平时以“为民请命”作标榜的报纸和记者的“公言”。尤其湖南《大公报》当时在一定意义上是代表地方“民间性”的报纸，过去在汤芗铭、张敬尧统治时期，曾因主持正义受过多次压迫，平时对新文化运动和群众爱国运动一般也采取比较积极的支持态度，当时工人运动的消息也常予发表，有时还对工人表示某种程度的同情。从个人关系说，自五四运动以来，毛泽东同该报关系一直比较密切，不仅常为该报写文章、介绍文章、帮助整理资料，而且还担任过该报特约记者的工作，跟报馆内部前后好几个主持人也都保持一定的友谊。报馆的人员也知道毛泽东这时正在全力从事工人运动。因此，这篇“时评”特别是最后几句“忠告从事劳动运动者”的话，完全是有所为而发的。最重要的是，这种诬蔑工人的谬论具有普遍的代表性，在社会上有一定的影响。因此，毛泽东认为对湖南《大公报》这种敌视工人运动，却仍企图以说教者姿态出现的“时评”，必须予以尖锐的揭发和驳斥；对这种站在工人头上指手画脚而实质上代表统治阶级说话的“穿起长衣”的高级知识分子，认为必须给以恳切而严厉的批驳和教训。

就在第二天，1992 年 12 月 14 日，湖南《大公报》只好自己打自己耳光，刊出毛泽东执笔的《铅印活版工会致（大公报）记者盾书》。

铅印活版工会致《大公报》记者盾的信，首先指出这位记者是在“穿起长衣告诫我们工人”；接着说：现在社会上，工人、农民和学生似乎是“被人教训者”，而“长衣社会的先生们”则是“拿出大知识主义，大读书主义”的“教训人者”。双方都要拥护自身的利益，因此工人、农民不能不为保护自己也“显出神通”。信中委婉而严正地说道：工人、农民并非不愿接受别人的教训，但是“教训人者”必须做到以下三点：

“一、但愿教训我们的人能站在我们的地位来教训我们；能够不为我们的师长，而降格以为我们的朋友。再不要开口就‘你们做工人的’，‘欠缺常识’，‘不守秩序’，‘品类日杂’，‘我忠告你们工人’，‘助长工人嚣张习气’；应当要说：‘我们大家……’才好啊！先生，你真个能诚恳地帮助我们、忠告我们吗？那么，我们很愿和你握手，请你赶快拿出你的手来，切莫再‘你们、我们’，恍惚像‘我们’是‘官’，你们是‘小的该死’一样。

“二、但愿教训我们的人，能将事实调查清楚，不要含沙射影，更不要蔑视人家的人格。譬如我们说你贵报馆，每月受某私人多少金钱，你能承认吗？我们且问你：你之所谓‘不再（‘再’字于检稿时被我们工友删去）受人驱策，不为人作试验主义的牺牲’，先生果何所见而云然？果有何种证据而云然？请你赶早答复我们。我们更愿新闻记者说话要翔实些才好啊……

“三、但愿教训我们的人，能够下得身段，真真实实地教训我们。我们工人所需要的是知识，这是很不错的；我们工人很愿意有知识的人们能挺身而出，做我们的真实的朋友。先生说我们受人驱策，为人牺牲，先生‘可怜’我们，先生便应该做我们的真实的指导者。我们很愿先生能真个脱去长衣，辞去大编辑职务，帮助我们干劳动运动；至少，也应当做一个真实的劳工教育者，切莫再站在旁观地位，什么‘我因此更进而忠告从事劳动运动者你们……’啊！先生，我们只承认能牺牲自己的地位，忍饥吃苦，而为我们大多数工人谋利益的人，是我们的好朋友，先生能惠然肯来吧？请快快脱去长衣！”

最后，关于工人应当用何种方法而后能获读书和运动机会的问题，信中说道：“夜工的问题，现在且不谈。我们且问你，工人们进补习学校读书的时间又在哪里？难道他们有分身术吗？并且，长沙城里有几个补习学校？

长沙城里有多少工人？请你仔细调查调查，再说话吧。我们现在承认，我们非减少工作时间，不能取得读书的机会；我们非自己团结起来，自己创办补习学校，不能取得读书的场所。我们要减少时间，雇主不理；我们要团结，人家破坏，故我们不得不有运动。我们要拥护我们读书的利益，而人家说我们不该；我们要聘请指导者，做我们的真实朋友、先生，而人家又说是‘受人驱策’、‘为人牺牲’，并且说他们是‘试验主义’。好好，我们就请那说话的人吧，而他又要穿他的长衣，不能来。先生，请你再和我们想一个更妙的能求得知识的方法吧！免得我们长久受人教训啊！”

“至于说夜里做工，照卫生原理上，你承认全无妨碍。不错啊，编报的人是夜里做工；做官的、当政客的、当议员的，也都是夜里做工。他们为什么肥肥胖胖呢？我们不但夜里做工，日里也做工，我们不能睡到下午才起床，我们更没有肉吃。劳动者因营养不足，或工作过劳，往往碍其卫生；补救之法，在穷人方面，只有睡眠休息一途，你知道吗，你要我们体力劳动者，在劳力疲倦之后，还要做一二三四的体操、运动，你真是不得我们死吗？你提出这两个问题——夜工、运动，不是一言两语能够答复你的。现在不多说了，我们也劝劝你，你真是太读多了书啊！我们要请你来试一试和我们一同工作的滋味了。”

毛泽东领导的铅印活版工会同湖南《大公报》总编辑的斗争，对于广大工人群众特别对于党的干部和革命知识分子，是一次很好的阶级教育。毛泽东从他早期的革命活动时起，就掌握了阶级分析这个马克思主义的根本方法。在1922年同湖南《大公报》记者“盾”的这场斗争中，他就洞见了社会上中间阶级及其代言人的向右跑的趋势，因而对他们在新民主主义革命运动中的两面性采取了这样正确的政策：对于它的革命的可能性哪怕是暂时的，取联合的政策；对于它的动摇性和妥协性，则取批评的政策，也即是另一种斗争形式的批评政策。

毛泽东后来在《中国社会各阶级的分析》一文中说过：“现在世界上的局面，是革命和反革命两大势力作最后斗争的局面……那些中间阶级，必定很快的分化，或者向左跑入革命派，或者向右跑入反革命派，没有他们‘独立’的余地。”（毛泽东：《中国社会各阶级的分析》，《毛泽东选集》第二版第一卷。）

在赵恒惕的反动统治日益强化和革命力量蓬勃发展的情况下，许多原来在驱张运动时尚表现有一定革命性的知识界代表分子，那些教育界、新闻界和社会上的某些上层人物，就逐渐倒入赵恒惕的怀抱中去了。在1927年初，湖南工农运动进入最高潮时，湖南的中间阶级发生了更深刻的分化，像湖南《大公报》这样的集团，就曾同国民党右派首领刘岳峙所组织的反革命组织“左社”沆瀣一气，于1927年3月被革命政府查封。

长沙各行业工人的罢工

长沙当时是一个商业和手工业的城市。手工业行业不下数十百种。除开码头工人外，手工业工人中最多的是泥木工人、人力车工人、织造工人等，其他行业工人多是几百人、数十人不等。毛泽东和他的战友们，用了很大的力量在这些手工业工人中进行教育和组织工作。

中国的手工业工人历来有一种封建迷信的行会组织（如泥木工人敬鲁班神、缝纫工人敬轩辕神），各行业工人、学徒和业主混合在一起参加行会组织，因而行会的权力就自然操在业主和代表业主利益的封建把头（“总管值年”）手中。行会有许多严格的封建规矩，用以对内剥削工人、学徒，对外维护本行帮的专利；每年神的生日，工人都要进庙烧香磕头。神权迷信和行帮意识，如两大锁链将手工业工人紧紧缚住。各行业工人有时也因增加工资等问题作些斗争，如1916年至1918年，长沙的泥木、染工、锯工、码头、香帮、笔业等工人为了增加工资，都曾有过自发性的罢工，但最后总脱离不了行会的调解。

因此要将受封建行会束缚的分散的手工业工人组织起来，为集体的利益进行斗争，是很不容易的事情。

1921年，毛泽东即开始在长沙手工业工人中进行活动。他曾亲自去了解情况，找工人谈话，举办夜校，做了许多宣传教育工作和组织工作。如人力车工人的夜校，毛泽东就去当过教师，工人们都极亲近他，对他表示很大的敬意。人力车老工人还记得，上第一次课时，毛泽东利用拆字的办法来启发工人的觉悟。他在黑板上写了“工人”两个字，说好些工人只怨命苦，一世出不得头，其实，世上只有工人最有出息、最伟大。大家不是常讲“天”最大吗？“工人”两字连在一起是“天”字，工人大如天呀！“工人大如天”，这个印象就永远刻在大家脑子里了。毛泽东派了一批干部到各主要行业中帮助工人组织工会，领导罢工斗争。如派陈子博领导织造工人的罢工；派张汉藩领导缝纫工人的罢工；罗学瓒从法国回来后，被派到人力车工人中工作。夏曦、毛泽民等都参加过各行业的工会领导。因此，各手工行业工人，一波未平，一波又起，掀起了轰轰烈烈的斗争，无不取得胜利。

关于这一情况，《中国职工运动简史》这样写道：“1922年下半年，是湖南罢工工潮最澎湃的时期，手工业工人和苦力几乎全部罢过工，而且是联合全市小作坊小铺店的同盟罢工。罢工大半胜利”。（邓中夏：《中国职工运动简史》第三章。）

当时广大手工业工人最集中的问题是由于铜圆跌价（与银圆比值较五六年前低了二分之一以上），物价上涨，工资仍按以前铜圆旧数发给，而且多数还发比值日低的“鸟票”，因此工人的实际工资降低了一半以上，连一个人的生活也难于维持。有些行业工作时间过长，工人非常苦。工人渐渐有了觉悟以后，便积极要求增加工资，改为银洋计算，改善待遇等。

1922年至1923年间，长沙手工业工人的罢工，其中声势最大、影响最大的是前面已谈过的泥木工人罢工；此外，有以下各行业：

一、理发业工人。自1921年秋，理发工人即开始争取营业自由、增加工资、跟店主平分公产的斗争，前后坚持了一年多。公产本来是理发工人集资而成，1909年起被店主把持。1922年10月9日起，全长沙城500多名理发工人举行了大罢工，同封建野蛮的店主及其支持者——长沙县署和警察局作了英勇顽强的斗争。其间坚持罢工20多天，最后在泥木工人的罢工影响下，获得解决！被长沙县署封闭的理发工人自己合伙开设的七家新店，自动启封，获得了营业自由；而理发店主也不得不将工资由三七分成改为四六分成（工人四成，店主六成）。

二、缝纫工人，长沙成衣店工人，在1922年6月最先举行罢工，获得了胜利，工资增加到每日二角八分。挂衣店工人（论件计算工资，与一般按月工计资的成衣店缝纫工人有别）650人，又于同年9月29日至10月3日罢工5天，获得工资改发银洋的胜利。9月间正式成立长沙缝纫工会时，店主们勾结总管值年，企图将工会仍改为行会性质，其他行业也协同派代表到长沙县署，名为同工会代表“协商”，实则想借官厅权力，改“工会”为“公会”。毛泽东亲自同代表们一起同周瀛干说理，指出这是师爷手法，这个“公”字跟过去老板们的“同业”性质一样。店主们的阴谋也就因此破产。

三、织造业工人。自1922年8月23日起，开始了分散在大小110多家厂的1500多名工人的大罢工，以坚强的斗争攻破52个“同盟”厂家的顽抗，罢工13天，取得了工资一律以银洋计算的胜利。

四、笔业工人。长沙笔业工人1922年11月14日起全体罢工，向店主提出要求增加工资、改发银洋、退还学徒押金、改善伙食、不准私自开除工人等六项条件。罢工坚持了40天，最后店主内部起了分化，终于同笔业工会谈判，于12月23日签字，答应了工人的要求。笔业工人罢工时间较长，许多店铺停伙。有些工人酝酿自己组织起来合伙做笔，毛泽东热情支持，邀请各行业和粤汉路等12个工会代表，在船山学社开会，发动大家支援，组织笔业生产合作社，解决场地、资金问题。合作社生产出来的成品，毛泽东又特介绍到各学校、团体推销，解决了罢工工人的吃饭问题。

五、人力车工人。长沙的人力车工人由于车行老板常加车租，以及兵差过多，生活特别艰苦。毛泽东在人力车工人的夜校中亲自教课，并派罗学瓒去做领导工作，因而最难组织的人力车工人，于1922年10月

8 日正式成立了长沙人力车工会，当时工人运动的发展，使人力车工人感到：团体定要结得紧，才能把事情办好。1923 年 4 月，车行老板又将车租涨价，工人每天缴了车租，就无法维持生活。工人为了要求减少车租，举行罢工请愿。在工团联合会总干事郭亮和罗学瓒领导之下，获得初步胜利。1923 年 8 月间，谭延闿同赵恒惕之间的战争使长沙附近成为战场，人力车工人弃业供差，生活无着，生命不保。郭亮、罗学瓒领导人力车工会向政府请愿，在人力车工会理直气壮的要求下，警察厅被迫出了布告，声明以后不再有军差；后来车公会（车行老板的组织）也不得不免除人力车工人部分租金。

六、铜官陶业工人。1922 年 12 月，长沙县署派员到铜官（离长沙约 60 里）去加征陶业税，并且还要封闭工人自办的陶业旅馆。工人为了活命，纷纷抗议这个规定。他们推派代表到长沙去请郭亮来领导这次抗议增税、抗议非法封闭陶业旅馆的斗争。郭亮来到铜官，指出长沙县署的行动是违反“省宪法”的。依据“省宪法”来斗争，理由十分充足。他于是领导工人筹备组织工会，呈文长沙县署，请求撤销加税的规定。这个呈文是由毛泽东起草的，充分利用了“省宪法”的条文。当时正是长沙泥木工人及长沙各业罢工大胜利之后，县知事周瀛干犹有余悸，只好批上“励行自治，应予照准”，并撤销加税的规定。铜官陶业工人取得了胜利。

长沙各行业工人，在轰轰烈烈的罢工斗争之中组织起来了。有的是先组织好工会，后进行罢工；有的是先行罢工，后组织工会；有的是一面罢工，一面组织工会。因为有了党和毛泽东的正确领导，同时有了坚强的组织，工人的觉悟很快提高，每个行业的罢工和斗争都是英勇和坚决的。理发业工人在罢工开始时，为了表示斗争的决心，大家议决：如在罢工期间内发生被囚以致死伤事件，由全体工人对被害者负责抚恤和向店主要求赔偿损失。罢工中，凶狂的店主用大铁锤击伤理发工人罢工纠察队员的头部，后又继续打伤三个纠察队员。长沙县署更四处捉人，强迫工人开工，有两个纠察队员被捕挨打后，还被拘留了四天。这些压力，更增加工人的愤慨和斗争的决心。理发工人在给长沙县的抗议信上说："对此种毒行极为愤慨；你们愈加打人，使我们团结愈加巩固。"他们在全体大会上一致议决："宁肯饿死，也不开工。"缝纫业店主破坏工会不成后，就收买一批地痞打手，企图用武力捣乱，解散工会。这批地痞闯进轩辕殿殴打工会人员，工人们闻讯，个个手持剪刀、烙铁、棍棒等，前来保卫工会。一时间，劳资双方打"群架"也成为一种斗争方式。工会被迫组织青壮年工人学拳术。由于工人人多势众、团结力大，资方也只好收起这一套野蛮落后的下策了。织造工人在罢工中，为了坚持斗争，专门派出十个代表主持罢工期间的工作，其余绝大部分工人分散下乡去收稻子或另找其他工作，决心坚持到底。笔业工人罢工时，最大的一家笔厂湖南笔业工厂的老板，唆使警署将为首的工人代表捕去。全厂工人背着被窝到警署抗议，如不释放代表，就在署中住宿不走，警署只好将代表释放。这些都是当时英勇坚决斗争的例子。

长沙各行业工人，在轰轰烈烈的斗争中，不但各行业自行组织起来，而且他们在党的统一领导之下（后来在工团联合会统一组织下），发挥了兄弟般的阶级友爱。"全世界无产阶级团结起来"已成为他们最熟悉的口号。各行业的罢工，都是互相支援的。如缝纫业工人在罢工中，长沙各业工人都纷纷来信支援他们。泥木工人警告缝纫业的店主说："你们要明白些，现在的时候不比从前了。工人的团体坚固得很，听你们怎样的压迫，怎样的恐吓，缝纫工人是非达到增加工资不可的！我们奉劝你们，承认他们的要求。"（1922 年 10 月 3 日湖南《大公报》。）长沙铜官陶业工人抗议加税获得胜利之后，3000 多名陶业工人正式成立了工会，湖南各地如水口山、安源等地的工会和长沙造币厂、纺纱厂、人力车、泥木等工会，都派来了代表，参加这个盛会。这天，单是工人乐队就有 20 多支队，大锣就有 300 面，这次盛会，是湖南工人大团结的检阅。

由于在罢工中，长沙各业工人在斗争中得到了锻炼，组织加强了，觉悟提高了，党在各行业中随即发展党员，建立党的组织。例如 1923 年初，铜官建立了党和团的组织。这里党的领导强，直到第一次国内革命战争时，铜官陶业工会一直是湖南有名的工人组织之一，享有很高的威望，培养出许多优秀的工人干部。后来在国民党长期的白色恐怖统治时，铜官党的组织始终没有断根。在抗日战争前夜，湖南白区工作中，只有铜官这个地方还保留了一个特委的组织。

全省工团联合会的成立

在毛泽东直接领导下，湖南尤其是长沙的工人运动，在1922年下半年，达到了一个最高潮。到10月间，全省已正式成立的工会，有安源路矿工人俱乐部、水口山铅锌矿工人俱乐部、粤汉铁路的岳州工人俱乐部和长沙新河工人俱乐部，以及长沙的泥木工会、机械工会、人力车工会、铅印活版工会、石印工会、理发工会、缝纫工会、笔业工会、织造工会、靴鞋技师工会共14个单位，有组织的工人在4万人左右。除开靴鞋技师工会的工人以外，全部有工会组织的工人都经过了严峻的罢工斗争，而且取得了胜利。在罢工斗争过程中培养了一批优秀的工人干部，拥现了大量的工人积极分子，在许多工会内发展了党员，除在安源、粤汉铁路、水口山、人力车等少数工会中，仍由党派去的干部负主要责任外，有些工会的负责人已经是工人中发展的新党员了。因此，原来作为领导湖南工人运动的机构——劳动组合书记部湖南分部，已完全不能适应这个新形势。这时，武汉已经成立了全国第一个地区性的工人统一组织：武汉工团联合会。

毛泽东积极筹划成立湖南全省工人的统一组织，以便统一领导和更大规模地开展湖南的工人运动。

11月1日，粤汉铁路总工会在长沙新河总站开成立大会。这个大会是由毛泽东亲自主持的，全省各工会都派了代表参加。在粤汉铁路总工会成立大会开完之后，株萍路的工人代表提出成立全省工团联合会的建议，各工会代表都一致赞同这个意见。于是随即召开了湖南全省工团联合会的代表会议；当天参加者有粤汉铁路总工会，粤汉路岳州、长沙工会，安源路矿工人俱乐部，长沙的泥木、理发及人力车、缝纫、笔业等工会的代表。毛泽东以粤汉铁路总工会代表资格出席这个会议，其他参加会议的代表有郭亮、朱少连、任树德、张汉藩等。大家推选毛泽东为会议主席。会议正式宣布湖南全省工团联合会的成立，并议决“凡产业工会及职业工会（按：指泥木、缝纫、织造、理发等手工业而言）均有加入本联合会的资格”。

会议之后，毛泽东即起草了全省工团联合会的简章。在 11 月 5 日召开的各工会第二次代表会议上，毛泽东被选为全省工团联合会干事局总干事，郭亮为副总干事；任树德、罗学瓒、朱少连等为各部副主任。同时发布宣言通告全国；湖南全省工人的统一组织——全省工团联合会已正式成立。全省各地工人都开会庆祝这件大事，这是当时全国成立的第二个地区性统一的工人组织。

工团联合会的会址设在宝南街八号。这是一所三开间的一楼一底的普通民房，堂屋较大，可供开会之用。它的斜对面就是鲁班新庙——泥木工会的会址。从此湖南工人运动有了自己的公开司令部。工人们都感觉后面有了一座大靠山，凡遇到有重大问题需要解决时，往往这样说：“找工团联合会去”，“听工团联合会的命令”。笔业、人力车、铅印工人等举行罢工，同警察厅或资方起了冲突，工人们受到威胁或者被命令复工时，总是理直气壮地回答对方：“我们只听工团联合会的命令！”

1923 年的春天，湖南的工人运动继续高涨。各拥有一两千工人的大工厂——长沙造币厂、黑铅炼厂、第一纱厂的工人俱乐部先后正式成立了。到四五月间，长沙新组织的工会有茶居（即茶馆业工人）工会、电灯工会、粪码头工会、箩码头（即搬运工人）工会、店员工会、油漆匠工会、铜匠工会、划夫工会、邮务工会、碾米工会、水夫（挑河水卖的）工会、洋务（在外国洋行工作的职工）工会等，新化锡矿山和湘潭锰矿的工会也相继成立了。这时参加工团联合会的已达 30 多个工会。

1923 年京汉路“二七”惨案发生后，工团联合会号召湖南工人阶级起而援助，发宣言，募捐，开追悼会，展览死者血衣，并举行了两万人的大示威游行，抗议吴佩孚的暴行。

以毛泽东为首的全省工团联合会，是湖南广大工人群众从英勇的胜利的斗争中建立起来的战斗指挥部，它的领导威信深入每个工人的心中。工团联合会——就是斗争，就是胜利，就是工人阶级的坚强团结，就是共产党和毛泽东的英明正确领导。

在五四时期，湖南革命运动的旗帜，是以毛泽东为实际领导的湖南学生联合会；自 1922 年以后，直到 1926 年北伐军进入长沙的前夜，以空前威力高举着湖南群众革命运动旗帜的，就是全省工团联合会了。这个时期内，全省所有群众革命团体，都团结在工团联合会的周围。工团联合会虽然从来未被赵恒惕政府承认过它的合法地位，但由于在群众中有极大的威信，它在事实上是始终合法存在的。赵恒惕后来虽敢于封闭自修大学，却不敢公然封闭工团联合会。

毛泽东于 1923 年 4 月离开湖南后，由郭亮继任总干事。北伐军进入长沙之后，全省工团联合会改为全省总工会，郭亮继任总工会的委员长。

全省工团联合会成立后第一件大事，第一个大斗争，便是在 1922 年 12 月 11 日、12 日和 13 日 3 天，由毛泽东亲自率领工团联合会所属的 11 个工团代表 23 人，同赵恒惕政府及赵恒惕本人进行的一次尖锐的当面说理斗争。

在澎湃的工人罢工高潮中，赵恒惕政府（自长沙县署、警察厅、内务厅到省长公署和省议会）弄得手忙脚乱，处处被动；一波未平，一波又起；今天这个工会送呈文，明天那个工会来请愿。用软办法，工人不上当；用硬办法，更僵持不得下台。有次省议会开会，讨论到罢工问题，一个省议员如实地反映了赵恒惕政府当时的苦恼心情说：“现在湖南社会潮流，已无五分钟宁静，今后恐怕永无安静之日了！”

自泥木工人罢工斗争胜利之后，赵恒惕政府对于毛泽东等这批知识界的“过激派”领导工人运动的事，越来越注意；由于驱张运动等影响，自然以毛泽东的名声特别大。

赵恒惕感到再不能等闲视之，于是想方设法来镇压工人的罢工运动和对付这一班学生出身的“过激分子”。

1922 年 11 月到 12 月间，正是水口山和长沙人力车、铅印活版、笔业等工人罢工高潮的时候，赵恒惕政府放出种种谣言。这些谣言诬蔑说：有一批专门干罢工运动的人，他们是受人雇用的“过激派”，政府如杀一人，罢工方面给 500 元恤金，这笔钱都是外面输进来的；罢工的人都是倡无政府主义的，要推翻现在的政府，等等。并且传出政府将对工人采取严厉镇压手段，以威胁工人群众。这时又接连不断发生新的问题：如长沙西区警察署突然取下人力车工会的会牌；长沙县署准备重新封闭理发工人开的七家新店；机械工会中学生派（原来的甲种工业学校和楚怡工业学校的学生，有些人曾是无政府主义分子）同工人、学徒发生冲突；旧缝纫工会（轩辕公所）的封建把头同工人闹纠纷；笔业罢工未了结，等等。

工人群众对这些谣言和新的挑衅事件极为愤慨；但也有少数落后分子动摇起来，害怕发生新的黄、庞事件。工团联合会虽然已大张旗鼓进行活动，但赵恒惕还没有正式准许立案。为澄清群众思想和进一步鼓舞工人的斗志，毛泽东考虑必须力争主动，有正面向赵恒惕政府及赵本人作一次说理斗争的必要。党组织召集负责工人运动的主要干部开会，都觉得时机很紧迫，不能再延宕。决定的办法是由工团联合会和各工会派出代表，正式找长沙县知事、警察厅厅长、政务厅厅长和赵本人当面谈判；斗争方法还是“以子之矛，攻子之盾”，抓住赵恒惕的“省宪法”向他进攻；谈判的目的，则要达到使赵恒惕在对待工人运动的态度和集会结社这些主要问题上，不能不公开重述自己的“诺言”，并且就势解决一些具体纠纷事件。

于是毛泽东以全省工团联合会总干事的身份，率领各工会代表郭亮、任树德、罗学瓒、张汉藩、仇寿松等 23 人，于 1922 年 12 月 11 日会见了长沙县知事周瀛干、警察厅厅长石成金，12 日会见了政务厅厅长吴景鸿，13 日会见了赵恒惕本人。

12 月 13 日和 14 日的长沙各报，都刊载了这次会见的新闻；新闻都比较简略，且有跟事实不符之处。因此全省工团联合会将这三天双方谈话的经过情形，写告各报社。12 月 15 日长沙各报都刊载了工团联合会的《各工团代表与赵省长、吴政务厅长、石警察厅长、周长沙知事交涉的实在情形》的申明书。

社会上由此知道了这次事情的确实经过，这对于当时工人运动的开展起了关键性的作用。如果当时不采取毛泽东这种先发制人的手段，则敌人必定会使用步步进逼、各个击破的办法，整个运动将逐渐处于被动乃至最后涣散的可能。“申明书”于说明前往交涉的目的和会见经过后，指出交涉事项，约分十项：一、请政府表示对工界的态度。二、集会结社问题。三、表明工界的态度。四、工界与政府应时常接头，免生误会。五、建议组织劳资裁判所。六、人力车工问题。七、理发工问题。八、笔业工问题。九、机械工问题。十、缝纫工问题（以下引号中语都是“申明书”的原文）。

关于第一项，在毛泽东正面质询下，赵、吴、石、周四人，都不得不被迫宣称：“政府对工人全采保护主义，并无压迫之意。近来各处罢工时起，政府并未干涉，即是明证。赵省长、吴政务厅长并谓，政府虽听到许多传说，如总同盟罢工之类，亦以谣言置之，并未用何种压迫办法。”赵恒惕又提起黄、庞事件，仍然无赖地将这一残酷暴行说成是“迫不得已”；以“收买枪支，勾结土匪”的莫须有罪名加诸黄、庞，还狡猾地说：是对黄、庞个人，并非对工界。毛泽东当即予以反驳：“所谓‘黄、庞收买枪支，勾结土匪，及运动造币厂罢工’，都不是事实。工人方面被杀一两个人，封闭一两个工会，固然是损失；但并不因此停止他们必需的活动。”

关于集会结社问题，毛泽东拿出赵恒惕的“省宪法”，指着条文说：“关于结社，官厅常有不允许之事，总说先要立案，才可结社。不知《省宪法》第十二条：‘人民在不抵触刑事法典之范围内有自由结社，及不携带武器和平集会之权，不受何种特别法令之限制’；并无规定要经官厅准许才可结社。若须准许才可结社，则许可与否官厅大可自由，《省宪法》大可自由，《省宪法》第十二条就根本取消了。”毛泽东又提到集会的问题：“集会亦然。近来集会常有暗探到场，多方阻扰，或竟用武装警察勒令解散。不知人民不携带武器之和平集会,《省宪法》规定有完全自由,断不宜随意干涉。”赵、吴、石、周四人因此也只好承认:“宪法当然完全有效”，但是提出“只要人民是守法的，政府当然不干涉”的问题，作为侵犯人民自由的借口。因此在政务厅时，关于法律问题，毛泽东同吴景鸿展开了尖锐的辩论。毛泽东利用资产阶级的法律理论驳倒了吴景鸿。毛泽东说:“从前政府常有干涉集会结社及言论出版之理由，常有以某种集会结社或言论出版之意思将会侵犯刑事法典为词，殊与法律本意不合;若政府在人民未有行为以前，只根据其用意(并且是揣测的)就去干涉，那就几无事不可指为‘将会’侵犯刑事法典，无事不可干涉了。”于是这位“吴厅长谓法律本有动机主义与行为主义二派，现在法律确是采行为主义，但如某种动机确会有某种犯法行为发现时，亦不得不干涉。”毛泽东就说,人民“如无直接违犯法律之行为,实不应干涉”,并举英法等国一些法律条文为论据，这样就使得吴景鸿无词以对了。

在交涉中，关于所谓工人信仰无政府主义的问题，毛泽东如此鲜明而严正地表明工人的态度:“工人所希望的是社会主义，因为社会主义确于工人有利，但中国目前尚难做到。目前政治，自然以民治主义为原则。至官厅文告，常有工人盛倡无政府主义之语，全违事实;工人并不信仰无政府主义，因无政府主义于工人殊不利也。近来工人为解决自身痛苦，常有种种运动，即所谓劳动运动，但均不出增加工钱、减少时间及改良待遇三事。”赵、吴、石、周之流对“不要政府”的无政府主义确实是“深恶痛绝”的，但对社会主义是怎么一回事，完全茫然无知;因而他们“均以工人采取这种态度极为得当”。滑稽的是:“吴、石两厅长谓社会主义为进步之主义，将来一定可以达到。”同时讲出他们的老实话:“周县长主张劳资不要互斗，应互让，以免酿成社会上之损失。赵省长亦谓目前应以开发实业为主，劝工人稍为忍点痛苦。”对周、赵保护资本家的意见，毛泽东反过来幽默地说道:“政府实负有一种责任，即政府宜使资本家店主多多退让，则工人便不致与之冲突了。”

人力车工会问题是在警察厅交涉的。毛泽东说明："长沙人力车工会依照《省宪法》第十二条组织，人数一千八百余人，组织极其完善，乃西区警署忽将会牌取下，指令上有'擅自设会'之语，并且出言粗恶，气势汹汹，警厅周科员更拍桌打椅，出言辱骂，毫不尊重工人人格。外间传言，有谓业主与厅里职员串通舞弊，未知确否。各工会异常愤激，以为一个工会可以取牌，其他的工会都可以取牌，危险实甚，并且完全违反《省宪法》第十二条。"事实俱在，无从逃避，石成金只好故作惊愕，说并未下此项命令。随即承认人力车工会备案，文到即可批准。

关于理发工会问题，"代表在长沙县及政务厅，指出此案各项情弊，并指出原判违反《省宪法》营业自由之规定。码头陋规事实上要打消，四六分账最为持平各点。周县长允停止执行原判，候省署将原判变更即可了结，并允保释被捕工人骆美祥出狱。吴厅长竟否认有重新指定要长沙县执行原判之事，谓我并不知道（可见此案弊病极大）；随允依照省议会议决案办理，如议决案不到，则由工界来一呈文，请求变更不合理之原判，即可办理了结"。

其他，笔业罢工延未解决；机械工会与缝纫工会中，少数把头分子捣乱，引起纠纷问题，长沙县、政务厅都被迫"允照实在情形办理"。

在毛泽东和代表们理直气壮的辩驳之下，这次面对面同这些庞然大物——省长、厅长、县长老爷们的"交涉"，赵恒惕政府打了一个彻底的败仗。这一次两个敌对阶级——统治者与被统治者之间历时三天的说理斗争，充分表现了毛泽东和中国工人阶级伟大的智慧和蔑视敌人的无畏气概，这是史无前例的创举。工团联合会"交涉"胜利的情形传播开来之后，广大工人群众无不欢欣鼓舞，奔走相告，都深深感到：真理和正义是在我们这一边，我们是一定会胜利的。因而工人们斗争的勇气和信心更加高涨了。社会各界也都感到工人阶级力量之大，是绝不可侮的。

据不久后传出的消息，赵恒惕曾对他的左右说："湖南再来一个毛泽东，我便不能立足了！"

赵恒惕这时对工人运动和群众革命运动虽还不敢大肆镇压，但对毛泽东个人则处心积虑要加以谋害。

1923 年春，为收回旅顺、大连及否认 21 条，全国人民的反日运动有一个新的高涨。毛泽东因工作的需要在离开湖南之前，布置了这件工作。以工团联合会为首，联合学生联合会和教育会、商会等公法团体，4 月 5 日成立了湖南各界外交后援会，郭亮被举为后援会的主席，夏明翰、夏曦为主要负责人。于是全省各地尤其是长沙，展开了轰轰烈烈的、空前规模的对日经济绝交运动，因此发生了震动全国的“六一”惨案（日本水兵 6 月 1 日在长沙上岸，枪杀一工人和一小学生）。赵恒惕媚外事敌，镇压群众爱国运动，封闭外交后援会，并通缉郭亮、夏明翰、夏曦等人。自 1923 年 5 月起至 9 月间，赵恒惕通缉“过激派”前后凡 7 次。（赵恒惕排列的“过激派”次序是：第一无政府党，第二共产党，第三马克思主义党。）

在上海，毛泽东参加中国共产党中央的领导工作时，仍继续指导湖南党的组织展开对赵恒惕的斗争。这以后，中国革命进入了国共两党开始合作和北伐战争时期。毛泽东从事了建立全国革命统一战线的巨大工作。1925 年初，毛泽东曾再度回到湖南，着手研究湖南的农村状况和领导农民的革命斗争，为湖南伟大的农民运动奠定了基础。根据在湖南领导革命运动的经验，毛泽东这时写有《赵恒惕的社会基础和我们当前任务》一文，用小册子的形式发行。这篇文章现在还没有找到。据当时的读者说，文中分析赵恒惕的社会基础是封建地主阶级；当前任务是要将农民普通组织起来，进行革命斗争。

1925 年秋，毛泽东回到家乡养病时，受到赵恒惕的通缉，他离开湖南前往广州。

1926 年，毛泽东在广东主持有名的全国农民运动讲习所，训练领导农民运动的干部。这时他所写作的最重要的马克思列宁主义著作《中国社会各阶级的分析》一文，自然根据了在湖南长期工作的经验，也包括了《赵恒惕的社会基础和我们当前任务》文中的基本思想——中国无产阶级最广大和最忠实的同盟军是农民这个中国革命的根本问题。

如大家所知道的，1926 年 12 月，正当轰轰烈烈的湖南农民运动受到国民党反动派的攻击和陈独秀机会主义者非难的紧急时刻，毛泽东来到湖南，进行了实地考察。他以无可辩驳的事实和创造性的马克思主义精神，提出了"'糟得很'就是好得很"、"'痞子'（反动派对农民积极分子的诬称）就是革命先锋"的口号，直接鼓舞了、指挥了湖南农民运动向更高的阶段发展。

1927 年的大革命失败之后，毛泽东依靠他奠定的湖南工人运动和农民运动的基础，领导了秋收起义，组织了最初的工农革命武装，在井冈山燃起了中国革命的"星星之火"。

附录　大革命时期的湖南农民运动

在中国共产党成立的前夜和早期，毛泽东在湖南进行了广泛的、深入的革命活动，包括学生运动、驱逐军阀运动、新文化运动，特别是在1921年以后，以大力从事工人运动和农民运动。在革命活动过程中，毛泽东建立和发展了共产党与青年团的组织，培养了大批优秀的革命干部，使幼年的中国共产党，在湖南打下了很好的群众基础，并且创造了朴实的革命作风。这是大革命时期湖南农民运动能够轰轰烈烈地展开的一个重要原因。

自太平天国以来，湖南一直是革命与反革命斗争的大舞台之一，每个时期都出现了典型的维新与反动的斗争，出现了各种革命的典型人物和反革命的典型人物。因此，湖南人民具有丰富的革命经验，湖南的反动派也具有丰富的反革命经验。大革命时期，湖南是全国农民运动的中心，是全国革命与反革命斗争最紧张的地区之一。湖南农民运动的发展，关系到整个大革命的发展。在这样最紧张的时候，毛泽东到了湖南，从1927年1月4日至2月5日，实地考察了湘潭、湘乡、衡山、醴陵、长沙五县农民运动的情况，写了有名的《湖南农民运动考察报告》。

在毛泽东领导下，湖南农民运动的兴起

在早期革命活动中，毛泽东已开始注意如何解决中国的农民问题。在毛泽东领导下，1923 年初，湖南党的地方组织已开始领导农民运动。

为了培养革命青年干部，毛泽东创办的自修大学于 1922 年 9 月设了补习班；在补习班国文课中，他特别讲授了根据湖南情况写的《告中国的农民》，其中详细分析了湖南农村各阶级的社会经济情况，说明土地日渐集中和农民日益破产的原因，指出农民的出路，只有起来斗争，从地主手中夺回土地。

1923 年 4 月，在水口山矿区做工会工作的共产党员刘东轩和谢怀德两人，被党派到他们的家乡衡山岳北白果开辟农民工作。这里的农民在水口山做工的很多。农民们听到他们所讲的水口山罢工斗争的情形和工人俱乐部的作用，都非常兴奋。不久，他们组织起来，成立了岳北农工会。这是湖南最早成立和最早与地主进行大斗争的一个农会组织。

白果这个地方是当时湖南省长赵恒惕的家乡，田地大都为赵家及其亲故所有，农民所受剥削和虐待很重。在刘东轩、谢怀德的宣传鼓动和串联下，岳北的农民们就暗地进行活动。经过半年的工作，仿以工会组织的办法，以十家农户为一小组组织起来，举出“十代表”和“百代表”，再产生区的总代表。衡山这时已建立了社会主义青年团的组织。在党的领导下，1923 年 9 月中旬在白果召开了岳北农工会成立大会，到会有周围几十里的 1 万多农民，选举刘东轩、谢怀德等 7 人为委员，刘东轩、谢怀德分别任正副委员长。据 1924 年 1 月 3 日《中国青年》第 12 期邓中夏《中国农民状况及我们运动的方针》一文所载：“大会当议决下列各案：（一）关于农民的生活要如何改良之决议案；（二）关于本会对政府态度之决议案；（三）关于农村教育之决议案；（四）关于农村妇女们的生活要如何改良之决议案。并发表如下宣言：‘可敬爱的农友们！我们在世界上占了士、农、工、商四民之一的地位。但是，我们在民权的地位上，除开叫苦叫冤、啼饥号寒、日

夜劳动得汗水如淋以外，什么都没有的呵！要读书吧，学校是有钱的才可进去；要住屋吧，好一点的房子，我们一进去，房主即疑我们是来偷窃扒摸的呵！要吃饭吧，轮到青黄不接之时，提起钱没有谷粜；要穿衣吧，洋人把中国的棉花价格提高收尽去了，使得我们赤裸裸的不能纺花织布。其他如做官得了钱的人，挟着官威强买民田；做官要得钱的人，时常预征钱粮。外国人暗中使中国军阀互相打仗，到处用兵，弄得我们今天被拖夫，明天被派差；在路上受敲、受打，也是我们呵！外国人把洋货送到中国来，弄得我们从前用手艺做出来的货，那里还值钱呵！我们现在种种的压迫，因为从前忘记了团结力量是我们的武器，以致从来没有向敌人反抗；现在我们知道了：要为自己解除困苦，争谋利益，只有大家联合起来呵！'"

农会成立后，派代表四处宣传，启发农民的阶级觉悟，加入农会的很快增到四万人以上。当时农民最迫切的要求，就是阻禁和平粜。因为粮食掌握在地主手里，他们囤积居奇，除大量外运谋取高利外，对农民则任意抬高谷价，进行盘剥。刚收割时，一元钱可以粜谷三斗；到过年时，只能粜一斗；青黄不接时，只能粜三升米，还要讲尽好话。农民吃够了高价粜谷的苦头。针对这一情况，在农会领导下，便轰轰烈烈开展了平粜和阻禁地主谷米出境的斗争。同时，也开始酝酿减租减息的斗争。

有组织的农民运动起来后，以赵恒惕家为首的地主集团恨之入骨，便以"岳北遍地皆匪"为词，用重金千元贿买衡山县署。县署于10月中旬派兵包围农会，上万的农民闻讯赶来援救，军队开枪，打死农民1人，受伤的极多，刘东轩、谢怀德等9个农会负责人也被捕去。这时正逢谭延闿、赵恒惕发生战争，谭军正占领衡山，农工会连夜派人赴衡阳向谭延闿请愿。谭延闿为了笼络人心，达到取代赵恒惕统治湖南的目的，出了几张告示，表示支持农工会，并通知部下释放被捕人员，刘东轩、谢怀德等9人得以出狱。谭、赵战争结束后，谭军退出衡山，11月25日，赵恒惕再调军队一营，将农会的会址以及农会负责人和许多农民的房屋放火焚烧，并且打死4个农民，打伤的更多，农民被捕去70多人。岳北农运受到沉重打击。1926年北伐军打到衡山时，曾特别举行过盛大的追悼岳北殉难农民的大会。

1925年春节前夕，毛泽东从上海回到湖南，在家乡韶山住了五六个月，一边养病，一边开展农民运动。他同许多农民交往，了解他们的生活和要求，其中有几个在地方上惯打不平、常同地主团保作自发斗争的农民积极分子，他同他们建立了很好的朋友关系，争取他们很快成为农运真正的带头人。

为了更好地开展农运，毛泽东发动贫苦的知识分子庞叔侃、李耿侯等，利用赵恒惕用以装饰门面的所谓平民教育的名义，在韶山冲、郭家亭、银田寺等地的小学里，开办农民夜校，用学文化的形式，对农民进行政治思想教育。杨开慧当时就在韶山冲的农民夜校里当过文化教员。

经过深入细致的思想发动，1925年春，韶山开始组织了秘密的农民协会。这一年的5月，上海发生了“五卅”惨案。帝国主义的暴行激起了全国人民的义愤，反帝爱国运动风起云涌。毛泽东立即抓住这个有利时机，以“打倒列强，洗雪国耻”为号召，在韶山放手发动群众，建立了公开的反帝反封建的革命组织——雪耻会。雪耻会的宣传队演讲队到处演戏，讲演，散发传单，举行群众示威游行。韶山地区农民反帝反封建斗争出现了一个新的高潮。

秘密农会和雪耻会建立以后，开始作了一些阻止地主运粮外出、平抑谷价、增加雇农工价以及减轻租额等经济斗争，同地主豪绅时常发生冲突。地主告到省城，要赵恒惕捉拿毛泽东，农民报了信，同时由于革命形势的发展，毛于1925年9月便到广州去了。1926年8月间，“湘潭农民协会第一次全县代表大会宣言”中还特别提到这件事情：“各地有组织的农民群众，经过很艰苦的斗争和伟大的牺牲，虽在赵恒惕的铁蹄之下，加以土豪劣绅、团防、地主武装的严重压迫，而农民协会的组织仍然秘密存在，且作了不少的斗争。如韶山、株亭农民因作最低限度的经济要求——平粜阻禁运动，农民领袖被赵政府捕押者凡三次，被团防局捕捉及诬控为匪者盖已屡屡。国民党中央执行委员毛泽东，且以煽动农民嫌疑几至被捕。”

韶山的共产党支部也是毛泽东这次回韶山的时候亲手建立起来的。在开办农民夜校和组织雪耻会的过程中，涌现了钟志申、庞叔侃、毛新枚和李耿侯等一批积极分子。毛经常找他们商量如何开展工作，在实际斗争中帮助他们提高政治觉悟。1925 年 6 月，这四个人秘密加入了中国共产党。毛在自己卧室的楼上，亲自主持了他们的入党仪式。从此韶山成立了党支部，由毛福轩担任书记。这个支部及其领导的农会，在第一次国内革命战争时期曾经起过很大的作用，锻炼和培养了一批像毛福轩那样优秀的农民革命干部。

毛福轩，雇农出身，没有读过书。毛泽东曾带他到长沙，在学校中做过校工，他半工半读，进步很快。后来又派他到安源煤矿参加工人运动。第一次国内革命战争时期，他回到湘潭一带开展农民运动。经过毛泽东的培养和实际斗争锻炼，原来不识字的毛福轩终于变成一个能说能写，颇具才干，且为农民所爱戴的领袖人物。1926 年，他担任省委特派员，1927 年，担任省委委员，1928 年春，党派他到上海从事地下工作。1933 年，由于叛徒出卖被捕，被国民党反动派杀害于南京雨花台。“在延安时，毛主席有一次谈起毛福轩同志，他说：一个农民出身的同志，学习和工作那样努力，一直到担任党的省委委员的工作，是很不容易的。’其他如革命烈士毛新枚、蒋迪空、庞叔侃等，都是毛泽东亲自培养的韶山的农民干部。”（毛远耀：《在毛主席亲自教育下的韶山农民》，《中国共产党领导湖南人民英勇奋斗的三十年》，湖南人民出版社 1951 年版。）

毛泽东为农民运动、革命运动大规模培养干部，则是到广州主持“农民运动讲习所”之后，1926 年春，由他主持第六届“农民运动讲习所”。这届规模扩大了，成为全国性的培养农运干部的学校，学生名额比过去增多了，共有 327 人，包括 20 个省（区）的学生，其中以湖南、广西、四川、湖北、河南、山东等省学生最多，湖南第一位，36 人。湖南党组织这时动员大批的党员、团员和革命青年到广州去受训，有的进“农民运动讲习所”；更多的进了“政治讲习班”（班主任是李富春），毛泽东是讲习班的理事，并在班上讲“农民问题”。政治讲习班毕业的学生大多数在北伐军中当政治干部。

毛泽东在农民运动讲习所讲授“中国农民问题”、“农村教育”和“地理”等课程。讲授“中国农民问题”时，“他从人口上、生产地位上、历史上和革命的目的上，说明中国革命的基本问题就是农民问题。指出：（一）从人口上看，农民占全国人口百分之八十以上，是革命的主力军，中国革命没有广大农民参加，就不可能取得胜利。（二）从生产地位上看，半封建半殖民地的中国社会，是以农业生产为主，全国各行各业都离不开农民生产出来的东西，广大农民又是生产的主力军。（三）从历史上看，他举出了许多事例来说明：俄国资产阶级革命，如果没有得到农民的竭力拥护，是不可能成功的；1925 年和 1926 年春，广东省的农民帮助革命军队平定杨希闵、刘震寰的叛乱，消灭陈炯明反动军阀，都出了很大的力；中国历史上曾发生过几百次农民起义……还有广州三元里平英团、太平天国农民军、义和团等，这些革命斗争，都是在农民没有得到先进政党的正确领导时，就表现出来那样伟大的力量，如果有共产党对农民正确的领导，则农民力量之大是可以意料的。（四）从革命的目的上看，帝国主义和军阀不打倒，工人阶级要得到解放是不可能的，而要打倒帝国主义，打倒军阀，推翻地主阶级的封建制度，没有农民参加是不可能的。总之，假如农民问题得不到解决，则工农商学兵的问题都不能解决。所以，结论是：中国革命的基本问题就是农民问题。”

“当讲到‘农村教育’时，毛泽东指出：要立体地用阶级观点看农村。‘原来农村不是平面，而是有富的，有贫的，也有最贫的，有雇农、贫农、中农、富农、地主之分。’帝国主义的侵略和封建势力残酷压迫剥削，使我国农村自然经济和手工业大量破产，贫困农民饥寒交迫，流离失所，这是我国遭受贫穷和苦难的根源。特别是占农村人口百分之七十的贫农、雇农，没有土地或很少土地，是农村的无产阶级和半无产阶级，是革命的先锋。土地是农民的命根子，实行‘耕者有其田’，这就是中国在民主革命时期，要解决农民的根本问题。要深入农村进行调查研究，开展农民运动，就必须和贫苦农民打成一片，和他们结成知心朋友，才能真正了解到农村的实际情况、农民的疾苦和革命的要求。取得了农民的充分信任，才能把群众发动起来，组织领导他们进行革命斗争。”（郭绍仪：《回忆广州第六届农民运动讲习所》，《广州农民运动讲习所资料选编》，人民出版社 1987 年版。此文是用现在语言的概述。当年关于农民阶级的划分，毛泽东讲授时分为："自耕农、半自耕农、佃农、雇农游民"。）

农讲所的学习时间约四个月，共有 20 多门功课，除到海丰实习两周外，实际授课 13 星期，毛泽东的“中国农民问题”共 23 个小时，为所有功课中授课时间最长的。据当年学生的听课笔记（《广州农民运动讲习所资料选编》、《第六届农讲所学生听课笔记》（《农民问题》）。），内容共分五编：第一编，中国农民问题与中国革命，内有八章：无人注意农民问题；在国民革命时应注意农运；何谓国民革命；农民问题在国民革命中的地位（共五章）——从人口上说，从生产上说，从革命力量上说，从战争关系上说，从革命目的上说。第二编，帝国主义对农民的剥削。第三编，军阀对农民的剥削。第四编，地主阶级对农民的剥削。第五编，地主阶级与中国政治。引用材料非常丰富，关于帝国主义的剥削，从“销货”，外洋输入商品有多年统计资料，到“收原料”，到战争“赔款”皆有统计数字。地主阶级与中国政治一编，篇幅最大，讲了许多古代历史，包括农民战争的领袖人物，如黄巢、李自成的起义及其失败。也谈到大小地主的关系及区别。关于“国家”，则引列宁《国家与革命》的观点。第二国际与第三国际的情况也作了概括说明，其中有许多生动的例子。“从战争关系上说”，讲到历史上有名的知识分子诸葛亮当其未出茅庐时一点儿用处也没有，及一出山，拥有兵权，则神出鬼没了。

所以知识阶级没有民众的拥护，是没有什么力量的。所以我们要到工农中去，组织他们，才有力量，空说革命是没有用的。民国元年河南游民无产阶级首领白朗起乱，袁世凯使张军总长打了年余才平。而袁氏平湖南、广东、四川、江西只有十余天。这是因为四省的都督没有生根，没有基础，是浮飘着的。而白朗则全栽根在地，有农民的拥护。如果全国农民组织起来，不知力量大到怎样了。

毛泽东讲课时密切联系到中国农村的实际情况，讲“牛王庙、三薯加一米（牛王庙、马王庙，指地主恶霸营公堂一类的事。三薯加一米，是指广东东江一带农民因地租太重，经常吃三分红薯一分糙米的饭。）这些为学生熟悉但不能从其中看出道理的农村情况。因此学生听了感到莫大的兴趣，得到莫大的启示。”他也向学生要东西，“这就是各人所住的那个村庄的居民情况，土地情况，生活方式，他们的出身，张三如何富起来的，李四如何变穷的具体事实，那个村里官（公）地有多少，归谁管，归谁种，租金数目……他又经过分析研究作为教材讲给学生听。”（《记毛主席在广州农民运动讲习所的二三事》，《华南革命史迹》，华南人民出版社出版。）

鉴于农民运动的有关材料异常缺乏，毛泽东主持第六届农运讲习所工作时，主编了一套《农民问题丛刊》，其中关于各省农村状况调查这一本，就是第六届300多名学员的劳动成果。各省学员分别开会研究，就各种有关问题讨论出一个结果。经过审查，付印成书。

当时彭湃领导的东江农民运动正在轰轰烈烈开展。毛泽东组织讲习所的全体学生到海丰参观和实习。“学生于接受各种理论之后，亲人革命的农民群众中，考察其组织，而目击其生活，影响学生做农民运动之决心极大。”（《第六届农民运动讲习所办理经过》，《第一次国内革命战争时期的农民运动》，人民出版社出版。）

毛泽东讲课时，给人印象最深的是讲中国社会各阶级的分析。当时的学生现在还能回忆起来：他在黑板上画了许多图表，说明中国社会各阶级的情况，具体而形象地从各个阶级的经济地位和对革命的态度，来说明哪些是革命的朋友、哪些是革命的敌人，以及在革命运动过程中，各个阶级革命的态度又会起怎样的变化。他把阶级压迫比作一座多层的宝塔，一面讲，一面在黑板上画出来。最下层的塔基是工人、农民，还有城市小资产阶级，人数最多，受压迫和剥削最深，生活最苦；压在他们上面的一层是地主阶级、买办阶级，人数不多；塔顶是帝国主义。毛泽东说，剥削阶级虽然很凶，但人数很少，只要大家齐心协力，团结劳动大众起来斗争，压在工农头上的这座塔就一定可以推翻。他用一根筷子易折断，一把筷子折不断打比方，说“人心齐，泰山移，何愁塔之不倒乎”！毛泽东所写的《中国社会各阶级的分析》一文，最先发表在 1925 年 12 月 1 日出版的《革命》半月刊上，1926 年 2 月又在广州出版的《中国农民》第二期刊登。毛泽东在文中指出：“一切勾结帝国主义的军阀、官僚、买办阶级、大地主阶级以及附属于他们的一部分反动知识界，是我们的敌人。工业无产阶级是我们革命的领导力量。一切半无产阶级、小资产阶级，是我们最接近的朋友。那动摇不定的中产阶级，其右翼可能是我们的敌人，其左翼可能是我们的朋友——但我们要时常提防他们，不要让他们扰乱了我们的阵线。”这篇伟大的文献和《湖南农民运动考察报告》一样，代表了第一次国内革命战争时期中国共产党的正确路线，是公开反对陈独秀右倾机会主义思想的。当时陈独秀曾拒绝由中国共产党中央机关刊物发表这篇论文。在第一次国内革命战争时期，这篇文章成为湖南各地群众干部训练班的讲义，实际上指导着广大革命群众、革命干部的思想和行动。

毛泽东主编的这套《农民问题丛刊》，内容包括有关政策、策略、论著、教材和师生调查研究成果等，其中有些是介绍苏俄等农运的译本。如有孙中山的讲话，国民党的农民政策，广东几次农代大会的文件，有《湖南农民运动目前的策略》、《中国农民问题研究》，还有《列宁与农民》、《农民国际》、《俄国农民与革命》、《苏俄之农业政策》、《社会革命与农民运动》、《日德意三国之农民运动》、《普宁农民反抗地主始末记》，以及有关农村合作运动和农业生产问题等，现在已经发现的有20多种。毛泽东为这套丛书写了一篇序言：《国民革命与农民运动》。文章一开头就说："农民问题乃国民革命的中心问题。农民不起来参加并拥护国民革命，国民革命不会成功；农民运动不赶速地做起来，农民问题不会解决；农民问题不在现在的革命运动中得到相当的解决，农民不会拥护这个革命。这些道理，一直到现在，即在革命党里面，还有许多人不明白。他们不明白经济落后之半殖民地革命最大的对象是乡村宗法封建阶级（地主阶级）。"这个"国内统治阶级"，乃"国外帝国主义之唯一的坚实基础，不动摇这个基础，便万万不能动摇这个基础的上层建筑物。中国的军阀只是这些乡村封建阶级的首领，说要打倒军阀而不打倒乡村的封建阶级，岂非不知轻重本末？""我们预计，全国三万以上的农民群众当中，以十分之一加入农民协会计算，可以得到三千万以上有组织的农民。尤其是南方的湘、粤、赣，北方的直、鲁、豫，中部的鄂、皖，几个政治上特别重要的省份，应该下大力从事组织。有了这几个重要省份的农民起来，其余省份的农民便都容易跟着起来。必须到这时候，帝国主义、军阀的基础才能确实动摇，国民革命才能得着确实的胜利。"（《国民革命与农民运动》，《广州农民运动讲习所资料选编》，第163页、第165页。）

受了毛泽东这样明确的阶级教育和策略教育的"农民运动讲习所"中的湖南籍学生，由于形势的发展，没有等到毕业，就先回来了一批人。他们以国民党省党部农运特派员的名义，大多数被派在铁路沿线工作。他们一开始工作就走上了正确道路，因为他们从毛泽东和彭湃那里学到了发动农民群众的实际经验。他们从下层访贫问苦开始在联络了相当数量的积极分子后，就成立乡农民协会。有二三个乡成立了农会，然后才成立区的领导机构（县的领导机构多半是北伐军进入湖南后才成立的）。那时农民协会的主要成分是贫苦农民和一部分农村贫苦的知识分子。这些知识分子多半是由当地共产党员早就联系了的小学教员。这种情况的出现当然不是偶然的。这是由于毛泽东从组织新民学会到组织社会主义青年团、组织共产党在湖南革命运动发展过程中以及在广州办训练班时培养出来的大批革命干部，质量上一般都很好，这样就使得在群众运动中扎的根子很正。

北伐军进入湖南之前，在农民运动中开展的多半是宣传、教育和组织方面的工作，也有小规模的经济斗争。农会的工作在反动势力强大的地方是秘密状态，有许多地方是半公开或公开状态。比如当时益阳的农民运动就是公开进行的。1926 年的阴历元宵节，益阳郊区“农民诉苦队”一万多人，举着灯笼到县政府请愿，要求“取消苛捐杂税”，等等。大队以 16 个溜星（火球）开路，农民把牛牵到县衙门的“大堂”上，向县长说：“我们喂牛都喂不起了。”

北伐战争前夜的湖南形势

1925 年“五卅惨案”爆发后，湖南掀起了革命群众的反帝、反军阀运动的高潮，进一步为迎接北伐铺平了道路。

当时以共产党领导的“雪耻会”为中心，团结各界群众，进行各种斗争。长沙和各地都先后开展了罢工、罢市、罢课，游行示威，对英、日经济绝交，提倡国货，收回大金码头（被日本强租的长沙码头）等群众运动。运动中心是在长沙，但各县的群众爱国斗争也是很多的。例如平江于 1925 年 12 月至第二年 2 月，发生了有名的拒绝英国煤油起岸的群众爱国运动。赵恒惕对群众革命运动采取了高压手段，“宣传过激者斩”的告示布满长沙。于是共产党湖南区委员会（即省委）积极发动群众，把所有反赵的力量都团结起来，开展驱逐赵恒惕运动。

因此，在北伐战争的前夜，湖南已经是“山雨欲来风满楼”的形势。中国共产党在湘南（衡阳）和湘西（常德）已经建立了两个地方委员会，在工人、农民和学生中，有了相当强大的组织基础。全省有组织的农民已达 40 多万人，受共产党直接影响的农民群众在百万以上。全省工团联合会领导下的有组织的工人达 11 万人。中等以上学校的学生，大部分都是有组织的，他们已经历过许多革命斗争。在共产党的直接参加和协助下，全省已有 17 个县市有了国民党的组织，其中包括省党部在内，绝大部分是由共产党员和革命分子——当时国民党中的左派所领导的，右派分子处于劣势（在湖南是先有共产党，后有国民党组织）。共产党湖南省委并在 1925 年到 1926 年初，先后派人到当时倾向革命的赵恒惕的部属中，如驻衡阳的唐生智，进行统一战线工作，说服他们起来驱赵，参加北伐。

在 1925 年末至 1926 年初，有两件流血事件对于全省革命运动影响最大。

第一件是安源工人俱乐部副主任黄静源被杀事件。安源煤矿自 1922 年 9 月罢工胜利，成立了全国闻名的工人俱乐部后，矿局主权缩小，一直处心积虑要解散工人组织。1925 年 9 月，矿方勾结赣西部队，派来一团兵，以“反对赤化”为名，开除了 5000 多名工人，武装解散了工人俱乐部，捕去工人俱乐部主任黄静源等 70 多人。工人与士兵发生几次冲突，工人被打死打伤 10 多名。最后煤矿停工，使 1.1 万多工人完全失业，安源顿时变成恐怖世界。长沙和各地工人团体及各界群众，发起了大规模的援救安源工人的运动。10 月 16 日，黄静源终被枪决。当时的报纸这样记载着：“临刑时，黄面不改色，问‘何罪？’临刑军官答谓，‘你还要打倒帝国主义吗？’黄乃大呼：‘打倒帝国主义！’‘恢复俱乐部！’‘黄静源死不要紧！’等语。”黄的尸首随即由工人抢出，经醴陵运到长沙，长沙 1000 多名群众抬棺游行，将灵柩停在教育会坪。10 月 26 日，又举行了几千人的追悼大会。

第二件是株洲（湘潭县属）农民领袖汪先宗被杀事件。汪先宗是株洲的一个机匠，1925 年参加了共产党，在本地组织农民协会领导农民运动。这年收成不好，地主豪绅和奸商囤积居奇，引起谷价飞涨，农民无法生活。于是共产党号召各地群众开展救灾运动。汪先宗领导株洲农民群众，向地主进行平粜等斗争。因此地主豪绅汪孝逵等恨之入骨，诬告他是“匪首”，由团防局逮捕下狱，将他百般拷打，但问不出口供。后来汪孝逵等贿通驻军叶开鑫部炮兵营，于11月下旬，在三门市将汪先宗杀害了。汪就义时，向农民慷慨讲话，高呼“农民团结起来，打倒土豪劣绅！”各地农民、工人、学生群众得讯，纷纷开追悼会，株洲农协立即成立汪案鸣冤委员会，向长沙、湘潭各界揭露事实真相，抗议赵恒惕政府，扩大革命宣传，发展农民运动。

连续发生的黄静源、汪先宗事件，给了湖南群众以深刻的教育。群众更加认识军阀的残暴，进一步开展了迎接北伐的斗争。中国共产党湖南省委随即准备领导群众驱逐赵恒惕的实际行动。赵恒惕也加紧压迫群众的革命活动。1926年二三月间，由国民党省党部（领导人夏曦、郭亮等绝大部分是共产党员和国民党左派）为首，联络长沙各群众团体，酝酿成立一个人民的带临时政权性的组织。3月9日在教育会坪召开上万人的市民大会，满街贴着“打倒赵恒惕”、“反对联省自治”等标语。在大会上一致通过了省党部提出的“对付此后湘局主张24条”，成立了“湖南人民临时委员会”，推选工、商、教育各界9人为委员。24条主张的第一条即“打倒赵恒惕”，其他还有“请国民政府北伐”、“组织代表民意的政府”、“督促湖南军队讨吴佩孚”、“取消苛捐杂税”、“启封赵恒惕封闭之一切团体”、“改良工农待遇”等项。游行群众在赵政府门前大示威，高喊“打倒赵恒惕”的口号。

在强大的群众压力面前，又受到归附广东革命政府的唐生智的军事逼迫，“湖南省长”赵恒惕不得不于3月12日深夜从长沙仓皇逃走。于是，统治湖南5年之久的赵恒惕军阀政府宣告垮台。

赵恒惕逃走之后，到5月间，赵部叶开鑫受吴佩孚援助反攻长沙，唐生智部被迫退守衡阳。湘中各地农民协会于是展开赶叶开鑫的运动。长沙虽处在叶军暴力压迫之下，以工人为主体的革命群众仍在积极准备直接武装自己，迎接北伐军的工作。

轰轰烈烈的农村革命运动

湖南群众等待北伐军的到来，真有如大旱之望云霓。北伐军一进入湖南，中国共产党即通过各地国民党党部、农民协会和工人、学生团体，动员广大工人、农民和学生直接参战和给以各种支援，北伐军是1926年7月5日自衡阳出发的，各路同时进攻，8日克湘乡，9日克醴陵，10日克湘潭，12日克长沙、宁乡，16日克益阳，真是秋风扫落叶，势如破竹。当时北伐军本身具备的进步的革命军队的性质，以及北洋军阀部队的腐朽等，都是北伐战争迅速取得胜利的重要原因；但更基本的原因，还在广大农民和工人的援助。在湖南境内不多的几次战役，如醴陵之役，长沙之役，临湘之役，岳州之役等，都是由于工人和农民的参战，以极小的伤亡而取得很大的胜利。农民和工人除了直接作战，阻击溃兵外，其他带路、送信、运输、担架、扫雷、送饭、慰劳，以及战场鼓动、散传单等，无不踊跃参加。

叶挺同志领导的最有名的第四军独立团进攻醴陵泗汾之役，就是这样的情况：

7月11日北伐军开始分三路进攻，我们在平民救国团（工人、学生共同组成）和农民武装队三百余人分布于粟山坝、泗汾一带。当北伐军进攻时，敌人扼铁江而守，泗汾桥有机关枪对河扫射，河中船只尽被敌掳，北伐军殊无过河机会。此时我武装队将松树炮分置于敌人后方之高阜处，实施袭击，起初一两炮，敌不动，武装队乃更以鸟枪、梭镖等直接进攻敌人阵线，复以革命军旗帜招摇四周以惶惑其军心。至此，敌军改变其注意力于武装队，北伐军遂得乘机分两处渡河。渡河时，敌军尚严阵不退，后来一面北伐军大队从泗汾桥上冲锋，一面武装队两旁抄击，敌始大败逃走。此次掳获敌团副一名，营长二名，连长四名，兵士三四百人，毙团长一名，营长二名，拾弃枪二三百支。而第四军独立团只死连长二人，兵士十余人。（1926年9月19日《战士》（当时共产党湖南省委机关刊）第19期。）

平江之役也是这样：

我军于8月19日拂晓开始攻击，农民即携各种旧式武器及锄锹等大举帮助围攻白石岭，冒弹冲锋，挺勇登山。乱兵大乱。当夺枪械无算，毙敌甚多，并进至离白石岭三十余里之清水岭。敌兵节节退却，死亡载道（所获大炮枪弹无数，概交我军收领）。农民因攻击太猛，阵亡者至十三名。驻晋坑三都段之敌军，因前线溃败，仓皇逃遁。农民曾某见一荷枪之逃兵，即持扁担追击。该兵开枪射穿曾某之腹部，曾犹未知痛楚，仍以扁担猛击，卒夺其枪，将该兵击毙。曾因用力太猛，亦倒地而毙。此次敌军被民众杀死者不下二百余人，参战之猛烈，勇敢之精神，牺牲之重大，已可概见。农民所组之交通队，除报告敌军消息与通讯外，又以门片、木材等件作船划渡我军于白湖口，致敌军不及退却而缴械。暗探队侦探敌情，被杀被掳十余人。队员李春生，工人也，探知逆旅长陆某（吴佩孚手下战将），逃至下西街萧曹庙，即报告我军围剿，陆已自杀。向导队之工作，其最著者，由横槎引我军渡狮子岩，至县城北街，敌尚不知，致全军尽被俘掳无逃者。运输队员有运输数十里者，有自请运送不索取报酬者。宣传队除平日积极宣传散发传单画报标语外，并随我军到前线宣传，鼓励军心，号召民众。慰劳队送茶送水送饭送粥上火线，安慰士兵。疑兵队则遍处山谷，设置松炮及鸟枪爆竹，不时燃放，有时鸣号擂鼓，扰乱敌军。破坏队毁坏敌军电线，拆断桥梁，断敌归路。（1926年9月29日《湖南民报》。）

长沙的被迅速攻占，与全城秩序的维持，完全得力于工人的直接参战。7月8日，北伐军开始总攻击以后，长沙工人群众在工团联合会领导下，即准备在城内起义，响应北伐军。后以敌军众多，自己缺乏武器，没有成功。7月9日，叶开鑫逃走，长沙人心惶惶，工团联合会组织了1000多人的工人保安队，分别把守城内外各要道，维持城内秩序。后来从湘潭溃退到长沙的叶开鑫残部，大多数都被工人保安队缴了械，有几个工人因此受了伤。实际上，长沙的工人阶级这时已掌握了部分武装。工人曾向北伐军第八军请求保持这些武装，或者全部编到第八军去，但是都被拒绝了，武装被第八军收缴去了。有一小部分枪没有交出，后来便成为长沙工人纠察队的武装基础。

在援助北伐军进军当中，湖南各地工人组织了大批输送队，帮助各种后勤运输，单长沙就由工团联合会组织了三四千人的输送队。安源煤矿和株萍路工人组织的输送队，也在千人以上。

北伐军进入湖南后，工人运动和农民运动都有巨大的发展。农民由自觉地推动并参与北伐战争，迅速转而发展他们自己的组织——农民协会，进而自动提出本身迫切的政治经济要求，再进而要求参与并管理政权。据湖南各县1926年11月份的报告，全省已成立县农民协会的有长沙、湘乡、浏阳、湘潭、衡阳、宁乡、益阳、茶陵、南县、澧县、汉寿、衡山、祁县、蓝山、慈利、平江、醴陵、宝庆、临湘、耒阳、郴县、宜章、岳阳、常德、新宁、华容、绥宁、临武28个县。成立县农民协会筹备处的有武冈、沅江、新化、永兴、汝城、嘉禾、溆浦、沪溪、临澧、桃源、芷江、麻阳、安乡、城步、攸县、新田、常宁、安化、酃县19个县；特别区有长沙近郊及株萍路2处，通讯处有零陵、道县、安仁、桂东、资兴、东安、宁远7处。共计区农民协会有462个，乡农民协会6867个，会员人数共计136.7万余人。到1927年1月，农会会员更激增到200万人，能直接领导的群众增加到1000万人，差不多占了湖南农民全数的一半。

从以上情况看出，农民运动的发展以湘江流域为中心，滨湖（洞庭湖）各县和资水流域次之。在湖南境内，这些地区在军事上和政治上历来重要，是当时支援北伐战争的基本地区。

当时湖南农村大革命轰轰烈烈的情况，在毛泽东的《湖南农民运动考察报告》中有极详尽、极生动、极热情的叙述。请看，毛泽东这样生动地叙述了当时农民的革命专政：

农民的主要攻击目标是土豪劣绅，不法地主，旁及各种宗法的思想和制度，城里的贪官污吏，乡村的恶劣习惯。这个攻击的形势，简直是急风暴雨，顺之者存，违之者灭。其结果，把几千年封建地主的特权，打得个落花流水。地主的体面威风，扫地以尽。地主权力既倒，农会便成了唯一的权力机关，真正办到了人们所谓“一切权力归农会”。连两公婆吵架的小事，也要到农民协会去解决。一切事情，农会的人不到场，便不能解决。农会在乡村简直独裁一切，真是“说得出，做得到”。外界的人只能说农会好，不能说农会坏。土豪劣绅，不法地主，则完全被剥夺了发言权，没有人敢说半个不字……总之，四个月前被一般人看不起的所谓“农民会”。现在却变成顶荣耀的东西。从前拜倒在绅士权力下面的人，现在却拜倒在农民权力之下。无论什么人，都承认去年10月以前和10月以后是两个世界。

在经济方面和政治方面，当时农民对土豪劣绅的斗争是坚决而猛烈的，同时也做了不少改良风俗和经济文化建设的工作。总括起来，湖南农民在共产党领导下当时做了以下三方面工作：

（一）经济的斗争：一、减租；二、减息；三、减押；四、换租约；五、平粜、阻禁；六、取消“东家”一切超经济勒索，如田信鸡、送工等；七、没收土豪劣绅财产，办农民银行，等等。

各县农民的经济斗争，一般是从平粜阻禁开始的。地主阶级把剥削来的谷米，囤积居奇，高价出售，从中牟取暴利。各地农会就建立“平粜局”、“平粜委员会”，勒令地主按一般价格将谷米卖给农民。为了阻止土豪劣绅偷运谷米出境，规定谷米由本乡运往他乡，要有区农会的命令，由本区运往他区，要有县农会的命令。许多地方还组织了“民食维持会”，以乡为单位盘仓，调查谷米数量，按人口和年龄分配粮食，按计划采办军米，这样既解决了民食的困难，又保证了北伐军的军粮供应。

（二）政治的斗争：一、打倒土豪劣绅：算账，罚款，戴高帽子游乡，组织审判，把个别大土豪劣绅大张旗鼓地处以死刑（长沙枪毙余敕华大会到会两三万人）；二、打倒旧团保制，一切权力归农民协会；三、反对苛捐杂税；四、参与县政权，农民协会力量大的县份，县政府差不多唯农民协会命令是从；五、解散团防局，夺取枪支；六、反抗不法军队；七、清剿土匪，等等。

随着农会势力的高涨，各地普遍建立了梭镖队，这是使一切土豪劣绅看了打战的一种新起的武装力量。1926 年冬，仅湘乡一县就有梭镖 10 万支，湘潭、衡山、醴陵、长沙等县，七八万支、五六万支不等。农民就靠夺取团防局的枪支，组织梭镖队，同地主阶级的反动武装进行着激烈的斗争。

（三）其他反封建斗争和农村建设方面的工作：禁赌禁烟、剪发放足、破除迷信等改良习俗的斗争；办学校、修路、筑塘坝等工作。这些工作使湖南农村的社会风气，一度起了翻天覆地的变化。

短短几个月时间内，以贫民、雇农为主的 100 多万农民协会会员，推动上千万农民群众，把乡村兜底翻过来了。在农民力量强大的地方，一切封建统治被打得粉碎，真是一切权力归农民协会。农民在冲决一切束缚他们的罗网，朝着解放的路上迅跑。社会上各阶层的人，也都被卷入到这个变动中。

“在这场农村革命的大风暴中，不可避免地出现一些‘左’的偏差，诸如擅自捕人游乡，随意罚款打人，以至就地处决，驱逐出境，强迫剪发，砸佛像和祖宗牌位，等等。这些做法容易失去社会同情。对谷米的平粜阻禁，以及禁止榨糖酿酒，禁止坐轿，禁止穿长衫，等等，易使商人、中农和小手工业者产生反感，也使一般农民感觉生活不便。省政府因地主借口谷米无法出卖拒交田赋，军米收购困难，也不满阻禁办法。此外，还冲击了少数北伐军官家属，引起同湖南农村有联系的湘籍军官的不满。这些虽是运动的支流，但不利于巩固和扩大农村联合战线，最大限度地孤立打击敌人。”随后在 12 月召开的全省农民代表大会上，“确定进一步开展农村政治经济斗争的同时，对于平粜阻禁问题作出了政策上的限制，规定在保障当地民食需要的前提下，余谷准予流通，不限价格，并规定煮酒熬糖，非特殊情形不可禁止。当时区委（即省委）认为农村中出现的一些问题，从农协角度检查，主要是由于成分不纯，混进不良分子所引起，因而在全省第一次农民代表大会关于组织问题决议案中，规定了各地农协必要时可‘进行洗会运动，以淘汰不良分子’。”（李维汉:《回忆与研究》（上），第 97 ～ 98 页。）

大革命时期的党还是幼年的党，还缺乏领导这样大规模群众运动、革命风暴的经验，还不懂得如何纠“左”防右，或纠右防“左”。正如当事人李维汉（大革命时期湖南区委即省委书记）说的：“1926 年底和 1927 年初，当革命日益深入的时候，迫切需要党从指导思想上划清正确和‘左’、右偏向的界限，注意争取中间势力，扩大联合战线，区分革命步骤，制定具体措施，引导革命走向正轨。区委并未做到这点，而在应该怎样看待农民革命斗争中发生的‘左’倾偏向问题的指导思想上摇摆不定，在开始纠正群众运动‘左’的偏向时，又有过如洗会运动中出现的失误。”

毛泽东出席全省农、工代表大会

为了进一步“铲除封建余孽，推倒军阀政治，巩固北伐后方，保障革命权力，实现本身需要”，并总结经验，交换各地情况，制定以后的工作方针步骤，1926 年 12 月 1 日，湖南全省农民代表大会和工人代表大会同时在长沙举行。这是当时轰动全省的一件大事。各地凡有工农革命组织的地方，都为这件事开了庆祝会。农民代表大会共到 52 县，二特别区的代表 170 人，代表有统计的会员 130 多万人。工人代表大会共到各地区工会及产业工会 52 处的代表 175 人，代表会员 32.6 万多人。

大会共开了 26 天。头几天两个代表大会联合开会，听报告，随后分别开会，讨论议案。农民代表大会共议决了 33 个议案。有关农民利益与农村革命工作的问题都一一包括了。其中提案最多的是东佃问题、团防问题、土豪劣绅问题和农民武装自卫问题等。大会完全支持农民用革命手段作政治、经济的斗争。大会通过了减租、减押（或废押），禁止高利贷，取消团防，组织农民自卫武装等重要提案；并特别强调农民力量统一集中的重要，建立成立全国农民协会（全国农民协会于 1927 年 5 月在武汉成立，毛泽东任主席）。两个大会正式产生了全省农民和工人的领导机关，选出的负责人大都是共产党员。省农民协会委员长易礼容、秘书长柳直荀、常务委员易礼容、柳直荀、谢觉哉、凌炳等。

在大会进行期间，各地代表纷纷提出对当地土豪劣绅和工贼的控诉，要求政府法办。湖南省审判土豪劣绅特别法庭随即于 1927 年 1 月 4 日正式成立。各县特别法庭也同时正式成立，一般由农会、工会委员长、党部常委和县长负责组织。

大会进行中最有意义的事件是当时担任党中央农民运动委员会主任的毛泽东的出席和作了两次重要讲话。由于同湖南革命运动的长期深厚关系，他在全省革命干部和革命群众中具有很高的威信，因此当两个代表大会开幕时，听说他要到两湖一带来考察农民运动，大会就发了电报，请他亲来领导。12 月 17 日，毛泽东由汉口到长沙，消息传出后，代表们高兴极了，于是正式开了一个欢迎毛泽东的大会。当时的欢迎通告上说：“毛先生泽东奔走革命，卓著勋绩。对于农民运动尤为注重。去岁回湘养疴，曾在湘潭韶山一带从事农民运动，湘省之有农运，除岳北农工会外，实以此为最早。后为赵恒惕所知，谋置先生于死地，先生闻讯，间道入粤，在粤历任中国国民党中央党部要职。此次革命军势力北展，先生为发展全国农运，奠定革命基础起见，遂于前月离粤赴长江一带视察农运情形，农民代表大会开幕时，曾电请先生回湘，指导一切……”

12 月 20 日午后，两个代表大会联合在教育会幻灯场欢迎毛泽东，开会时除工农代表 300 余人参加外，前来旁听他讲话的人很多，楼上都挤满了。据《大会日刊》的摘记，毛泽东那天主要讲国民革命的中心问题就是农民问题，无论是打倒帝国主义，打倒军阀、土豪劣绅，或者是要发展工商业和教育事业，都必须依靠农民问题的解决。

12 月 28 日全省农工代表大会联合举行闭幕典礼，再请毛泽东作了革命联合战线问题的讲演。据第二天《湖南民报》的记载，他在讲演中指出：反革命方面已有国际、全国和全省的联合战线组织，革命方面也应该有同样的联合战线来抵抗他们。他严厉斥责了“惰农运动”之类对农民的诬蔑，和“帝国主义没有打倒以前，我们内部不要闹事”的反动理论。他说，过去军阀政府时代只准地主向农民作加租加息，现在农民向地主要求减点儿租、减点儿息就是“闹事”了吗？指出这种只准地主向农民作斗争、不准农民向地主作斗争的人，就是站在帝国主义、反革命一方面，就是破坏革命的人。他还特别提醒大家注意：现时的湖南虽然由“国民政府”所统治，但是实际上还是“国民政府”与赵恒惕共同的统治，因为赵恒惕虽然不在湖南了，而赵的余孽——土豪劣绅、贪官污吏在湖南还有很大的势力。

出席大会的代表们听了毛泽东的讲话后，必须与反革命作坚决斗争的观念和立场就更加明确了，大家觉得在工作方法和策略上有了更多的把握。

毛泽东在大会期间，听取了代表们关于各地农运情况的汇报，参加了大会决议案的起草工作。在他的指导下，大会根据代表们的强烈要求，制定了铲除贪官污吏、土豪劣绅，推翻封建统治，建立乡村民主政权，建立农民自卫武装，以及开展农村妇女运动和青年运动，开办农村教育，废除农村陋习等 40 个决议案，发表了“湖南省第一次农民代表大会宣言”。

大会闭幕后，毛泽东又留下参加大会的党员代表，办了几天短期训练班，亲自做了三次关于农民问题及调查方法的报告。后来的事实证明，毛泽东在全省农民、工人大会所作的几次讲话，对湖南农民运动进一步广泛而深入的发展起了很大推动作用。

在农民问题上革命与反革命的斗争

“农民在乡里造反，搅动了绅士们的酣梦。乡里消息传到城里来，城里的绅士立刻大哗”。

“从中层以上社会到国民党左派，无不一言以蔽之曰：‘糟得很。’即使是很革命的人吧，受了那班‘糟得很’派的满城风雨的议论的压迫，他闭眼一想乡村的情况，也就气馁起来，没有法子否认这‘糟’字。”（毛泽东：《湖南农民运动考察报告》，载《毛泽东选集》第二版第一卷。）地主豪绅们、国民党右派分子们、北伐军的反动军官们，以及一切不满农民翻身的先生们，向农民进行反革命的宣传攻势，造出了各种各样诬蔑农民运动的“理论”和谣言。

最初出现的“理论”是“农民快乐”论。如章士钊回到湖南后，曾在长沙发表演说，说他从欧洲走回中国，看见住在破茅屋中的农民，还是表现得很愉快，才知中国和西洋的精神根本不同，因而主张“以农立国”，大家回到农村去，“内乱自然平息”。这番“理论”这时就被许多人推而广之，说什么“农民耕田而食，自食其力，怡然自乐”；说什么“理乱不知，黜陟不闻，唯农民之心最安乐”。还有人写信给《湖南通俗报》，说农民不苦，劝该报不要做宣传农民苦的文章。其他还有“农民无知”论，说农民只晓得“盲动”，“成事不足，败事有余”。

随后出现的影响最大的反动宣传，便是诬蔑农民运动是“痞子运动、惰农运动”。说农民的减租减息运动是农民的“惰性表现”，是“提倡惰农主义”，因而阻碍农业生产的发展。当时没有人敢公开说农民协会不能办，于是有些人似乎退一步，说“农民协会可以办，但是现在办事人不行，要换人啦！”实际上，当时的农会一般都掌握在贫雇农手中，是农民自己起来当家做主。而在地主、土豪劣绅眼中，敢于起来造反的农民，当然都是“痞子”。

另外一种很毒辣的“理论”，便是“妨碍税收”、“影响北伐”论。国民党右派分子彭国钧等叫得最厉害。彭当时任岳州关监督。他们说，湖南税收减少是由于农民运动“过火”了；“有钱人都逃到城里，逃到汉口、上海去了，赋税收不到”；“税收不旺，军饷无着，不能为了农民断送北伐”。这是想把一顶妨碍北伐的大帽子压在农民的头上。当时湖南财政困难，税收不旺，确是事实（从赵恒惕时代起从来如此）。但财政困难的实际原因，一是征收人员舞弊中饱，承包“公债”、“借款”的商绅，勒索摊派，贪污很大；二是财政不统一，如“客军”任意“借款”；三是战争影响，商业衰落。当时农民进行经济斗争的一个主要办法是“阻禁、平粜”，为的是保障民食，阻止地主富农的谷米出境，禁止他们囤积居奇，任意抬高谷价。反动派却借此大肆宣传，说农民“破坏了社会秩序”，“扰乱了北伐后方”。

另外就是各种各样的造谣了。如1926年广东盛行一种谣言，说国民政府订了一个“共产章程”，叫做“三三三一制”，又一种是“四四二制”。即田里收获的谷子，三成归田主、三成归佃农、三成归党部、一成归农民协会，叫“三三三一制”；田主佃农各得四成、党部得两成，叫“四四二制”。此时这种“共产章程”——“三三三一制”、“四四二制”，也跑到湖南来了。还有谣言说，办农民协会是为了抽丁，“进了农会的都要当北伐军”。此外就是“共产共妻”、“裸体运动”之类，连上海、天津都流传着：“湖南已经共产了。”

反动派的这种宣传攻势是颇起作用的，很能获得中间阶层的同情。比如当时一般国民党“中派”分子就更加动摇起来，跟在反动派后面做应声虫，说农民只应参加革命工作（就是只应出力），不应有本身的经济要求和政治要求，不应在农村中实行阶级斗争；说农民运动可以发展，但不应有“越轨”的行动，不应“胡闹”；说农民“无知识”，农民运动是受人利用；甚至有的人跟着喊农民运动是“土匪运动”，要“取缔农民运动”，“至少要限制农民运动”了。

中国共产党湖南各地的组织当时同这些反动宣传作了许多斗争。在宣传工作方面，除开在《湖南民报》、《湖南通俗报》等大量刊登农运情况、土豪劣绅残杀农民的通讯等外，差不多每期的《战士》（省委机关刊）上都登有驳斥这些谬论、揭露国民党右派和反革命各种活动的文章。1927 年 3 月初并出版了《湖南农民运动问题论文集》的小册子。3 月 5 日出版的《战士》开始连续刊登了毛泽东的《湖南农民运动考察报告》，对反动派的各种反革命宣传作了最彻底的清算。

除了在城市中集中进行反动宣传外，地主反动派在农村和小城镇中，到处对农民进行各种各样凶残的进攻和屠杀。

1926 年 7 月至 9 月间，北伐军胜利进军的时候，在农村中还没有什么大的斗争，反动派的破坏活动还不很厉害。对于农民的踊跃参战，北伐军的高级军官们还“传令嘉奖”，社会上也是一片好评。可是到 10 月间，农民的火力集中向土豪劣绅、不法地主进攻以后，农村中所有的反动势力便迅速猬集起来，向农民进行疯狂的残暴的反攻；在农民协会力量薄弱的地方，反动派更进行先发制人的进攻。

各地反动派最普遍的进攻手段，就是利用旧团防力量，公开残杀农民。农村的团防局都是地主的武装，在军阀时代是实际的乡村政权，是统治农民的直接机关。捕杀农民历来是团防局长的家常便饭。例如宁乡大恶霸杨致泽，办团防几年，就杀死农民 400 多人。各县团防普遍用酷刑，农民一进“局”，不死也成残废。这时在“枪还没有换肩”的地方，团防无不直接或间接与农民处于敌对地位。北伐军到后，团防枪杀农民的事件，较早的有 1926 年 8 月中旬，宁乡同文镇卸任的团防局长，唆使团丁枪杀农民协会委员长梅次成及其他几个农民。9 月以后，这类事情便一天天增加了。下面是从当时的《湖南民报》和《战士》等报刊摘下来的一些例子，以见地主疯狂进攻之一斑：

桂阳土豪雷某勾结团防副局长彭仁寿、工贼李容臣、刘东圃等，派遣团兵，殴打省党部特派员何汉、农民协会秘书刘基岳及其他党员工人数十人，密捕党员二十余人，捣毁县党部农民协会县工会，另组非法党部农民协会工会。

——1926 年 11 月 10 日《湖南民报》

攸县东区农民协会会员王日德，因该区团防局长王泽民借戏卖赌，与许多农友向王理诘。王泽民因未遂欲，遂统率武装局兵数十名，将县党部农工委员主任余围住劫杀，所有家物摧毁净尽，王日德惨遭枪毙。

——1926 年 12 月 31 日《湖南民报》载嘉禾农会呈文

岳阳团防局长姜子林焚毁农村，折毁房屋六七栋，惨杀农民多人。

——1926 年 12 月 28 日《湖南民报》载农民代表请愿文

澧县北一区团防局捣毁乡农协，逮捕农民，枪杀农民数人。东三区团防局长勾结土匪杀农民一人，捕农民二十余，罚款四百余元。

益阳泉交镇一区农协会各农友，于 12 月 20 日参加第八区党部成立大会;该区团防局，平时对于革命分子，特加仇视，适于是日各农友党员群众，经过该区门首时，竟指农协为匪，唆使团兵开枪，击毙农友刘少秋，重伤袁耀仁、胡景福等数名，并捣毁装饰之花轿及供设之总理遗像。

——1926 年 12 月 30 日《湖南民报》

湘阴土豪陈伯纯，勾结团防，武装解散农会；安化发现土匪杀戮农民至三百余人；湘东保安司令罗定，无故枪毙攸县东区农协委员长罗震，事实上证明都是土豪劣绅的阴谋。

——1927 年 1 月 14 日《战士》

茶陵都睦乡于 3 月 16 日开会改组农会。劣绅黄卓甫、范桂山等，买动数十流氓，勾结团防局长罗兆鸿，将主席范桂荣包围殴击，范受伤数十刀而毙，他们又将其尸用洋油焚化。

——1927 年 1 月 14 日《战士》

当时地主阶级这样疯狂反对农民运动，而农民一还手，就马上引起国民党右派“愤愤不平”。我们看看他们当时叫嚷不休的彭伯垓事件，究竟是怎么一回事呢？1927 年 2 月间，宁乡同文镇农民群众，押送有名的土豪劣绅彭伯垓到县惩办。彭事先贿买 90 个痞徒用刀棍在中途拦劫，农民出于自卫与痞徒格斗，于是将彭杀了。

在农民协会力量强大的地方，许多团防不是渐次失去统治效力，便是自行解散。土豪恶霸们于是勾结土匪，向农会进攻。“安化土豪劣绅勾结土匪杀农民 200 余。差不多在省农协的卷宗 10 件中有 9 件报告着土豪劣绅聚合匪类，饮雄鸡血酒，指天发誓‘打倒农协，杀尽特派员’的消息。”（《湖南农民运动的真实情形》，见《第一次国内革命战争时期的农民运动》，人民出版社出版。）

在较偏远的城镇中，反动分子还组织各式各样的公开叛乱，以至武装暴动。如宜章反动分子于 1926 年 12 月 1 日，乘庆祝全省农工代表大会开幕，私造农民协会会章，煽惑痞徒和部分落后农民游街，又由团防局领头捣毁第一区农民协会，拷打农会干部。汝城保商队长、团防队长于 12 月 3 日率武装大队，围攻国民党县党部，查封邮电，满城戒严。耒阳反动分子于 1926 年 10 月革命纪念日，买动痞徒假冒群众名义，捣毁杂税局和榷运局。安化蓝田更发生反动派武装暴动的惨案。当地奸商因店员组织工会，设立消费合作社，感觉对自己不利，于是联络土豪劣绅，贿通商团局长，在列宁逝世 3 周年纪念日，派武装士兵阻止群众游行示威，在洪水岭地方向群众射击，打死 3 个农民，打伤几十人。随后又将蓝田镇上所有的革命团体、机关尽行捣毁。

除了各种残暴的进攻以外，地主反动分子对农民运动还施行各种各样的阴谋破坏：如利用家族同宗名义组织假农会、假进步团体；贿买痞徒混入农会组织，制造农民内部纠纷；打人和控制国民党下级党部；勾结北伐军中的反动军官；利用一切残存的旧政权机构。当时差不多所有地方的地方阶级都有名称不一的反动组织：如衡阳的“白化党”（地主恶霸刘魔僧在衡阳代北伐军招募新兵时组织的，刘后被衡阳群众开大会公审枪决），湘乡、湘潭、宁乡、益阳的“保产党”，祁阳的“保产会”，醴陵除发现“三爱党”外，更有极端诬蔑农民的所谓“打狗会”。有许多地方的县长，当反动势力抬头的时候，就公然站在反动派一边。例如华容安济垸最反动的劣绅陈作枚，被农民群众打死后，县长王彬派团兵、警备队捣毁农民协会，打伤好些农民，后来还请来驻扎岳阳的防军一营对农民示威，许多农民房宅被捣毁了。又如郴县县长熊世凤受贿后，释放了被捕的土豪劣绅。在北伐军中，这时已开始有反动军官公开站在地主豪绅一边，压迫农民。当著名的封建豪绅头子叶德辉被枪毙后，（李维汉在《回忆与研究》（上）中说：“叶德辉是一个极为反动的劣绅，对他的处置，有利于推动外县依法惩治豪绅。由于他在知识界有声望，被处死后，社会上议论颇多，反应强烈。如果当时我们采取依法惩办，但免其一死的策略，可能比处死他更为适当。”）湖南一班土豪劣绅更是大为震动，纷纷钻入北伐军中，有许多人都投到反动势力何键部下去了。

在1926年至1927年大革命时期，湖南农民在打倒土豪劣绅的运动中，不过是杀了少数几个大恶霸头子，如宁乡的刘昭、杨致泽，湘潭的晏容秋，华容的梅实等，被农民直接处死的全省统计也不过几十人。然而从上述片段的材料可以看到，当时恶霸地主、反革命分子屠杀农民，何止数十倍此数！

当时湖南城乡反动派——土豪劣绅、不法地主、奸商、工贼、北伐军中的反动军官、赵恒惕残余势力、国民党右派，以及其他反革命分子的神经中枢，是以刘岳峙（即刘梅斋，衡山大恶霸地主，1950年4月被人民政府枪毙）为首的国民党右派集团。刘是当时国民党省党部的农民部部长，有权有势，行事方便。

国民党自1924年改组以后，过去许多结党营私、升官发财的分子，仍然大批留在党内。因此当时的国民党曾形成所谓左、中、右三派。1926年蒋介石在广东发动3月20日反革命事变之后，右派反动分子又大大抬头了，以蒋介石、戴季陶为首的“孙文主义学会”新右派集团（旧右派集团是“西山会议派”）到处蔓延开来。1926年初，国民党在湖南刚进入公开活动的时候，“西山会议派”、“孙文主义学会”等右派分子，与赵恒惕勾结并受赵指使，对当时革命的国民党湖南省党部进行各种攻击、破坏以至发动叛乱。他们在报纸上刊登诬蔑性的“否认”省党部的启事；常德第二师范曾发生“孙文主义学会”分子与左派学生大械斗，并逮捕省党部特派员的事件。北伐军进入湖南之后，工农群众运动高涨，国民党革命派的力量得到巨大的发展，右派暂时不敢进行公开的反革命活动。蒋介石于1926年8月到了长沙，看到群众革命威势太高，湖南境内的北伐军还不能为他掌握，省党部又是共产党员和左派当权，于是表面上尽量讲恭维共产党、拥护湖南省党部的好话，不久就悄悄地率领纪律最坏的他的嫡系北伐军第一军，从株洲到江西去了。

到1927年一二月间，一方面，湖南农民运动已进入如火如荼的阶段；另一方面，蒋介石正酝酿反革命叛变，组织全国的反革命阵线，迁都南昌问题、解散广州市党部问题、改组湘鄂省党部问题，以及国民党内“稳健派”联日联张（奉系军阀张作霖）问题等，都在这个时候一连串发生。“消灭国民党内急进势力”的论调，已在各处传播。这些就促使湖南国民党右派集团有组织有计划地向革命进攻，发生所谓“左社”事件。

国民党右派和地主“保产党”的头子是刘岳峙，其他重要分子有当时省、市党部的重要人员王凤喈、李毓尧、毛懋勋、陈嘉任等。刘岳峙利用职权，扣留了省党部主张迁都武汉的电报，倡言改组湖南省党部，对宁乡农民杀了恶霸彭伯垓表示“悲愤已极”。刘岳峙“左社”最重要的活动，自然就是破坏直接损害到他们自身权力、地位的农民运动。这班国民党员，过去自称为“改良派”、“稳健派”，但看到革命火焰烧起来了，就狡猾地取个“左社”的名字，以图“鱼目混珠”。

2月12日，地主兼“农民部部长”刘岳峙在报纸上发表了他的保护地主阶级的农民运动纲领——“农运计划”，公然反对农村中的阶级斗争；称农民协会人员为“地痞流氓”；要农民和地主“联络感情”，“注全力于农产物之增加，农业改良之进步”；主张由国民党管辖各级农民协会，如不“服从纪律”，则“分别改组处究”。刘岳峙的这些“计划”获得了所有反革命分子的喝彩和中间分子的拥护。在乡下的土豪劣绅们早已呼应刘岳峙的行动，他们群起加入从前认为“赤化”的国民党；他们想利用国民党的威权来挟制农民协会。这时，广大农民中间传出一种口号：“有钱的入国民，无钱的入农民。”

中国共产党湖南省委的机关刊《战士》第35期，发表林蔚的《何物左社》一文，彻底揭穿了刘岳峙这一阴谋。同期《一封未发的信——致梅斋先生》更是指着刘的鼻子说：“你是收租吃饭的，你本来有‘在朝可为官，在野便是绅’的资格，你的亲戚故旧，多是中、小地主，你来革命，不过是被赵恒惕驱迫不得已而来。你现在的环境比从前好了，所虑的只是家里三百多石租之维持和发展尚成问题，你自然是要用你的手腕，来维持你自己及亲戚故旧的特权的。”

刘岳峙反动派公开发动进攻了。这一反革命活动如果不坚决镇压下来，对于当时高涨的革命形势自然是很不利的，所以，以共产党员和左派为主体的国民党省、市党部决定查办“左社”，由市公安局搜查刘岳峙、王凤喈等8人住宅，永远开除刘岳峙、王凤喈等8人国民党党籍，封闭他们的活动地盘三湘、纯德、晨光三所学校，查封当时为其张目的《国民日报》和《大公报》。但是当时并没有将刘等逮捕起来，加以审判法办。国民党省党部组织部于2月27日，发出《查究党内组党之通告》，号召各级党部、全体同志提高警惕，严密侦察，随时举发，彻底肃清“左社”各种反革命活动。

刘岳峙虽然倒了，但是刘岳峙的“理论”——以和平建设免除农村的“纠纷”，以国民党限制农民的行动，在相当一部分人包括国民党中间分子中，还是很有影响的。“左社”的活动在外县也没有能完全停止下来，南县、华容等县国民党的许多下级党部，还是为劣绅地主所把持。由于国民党在全国范围内右倾的发展，在“马日事变”以前，湖南打击国民党右派的工作，和农民打倒土豪劣绅的工作是一直并行发展着的。后来到5月上旬，革命的国民党湖南省党部又召集了全省整理党务、清除“左社”分子的会议。

《湖南农民运动考察报告》和湖南农民运动的新阶段

湖南第一次工农代表大会以后，毛泽东于1927年1月4日至2月5日，深入湖南农村，实地考察了湘潭、湘乡、衡山、醴陵、长沙五县农民运动的情况。在32天里，行程700多公里，他广泛地接触了农民和有经验的农运干部，走访了工农青妇等群众组织的负责人和积极分子，召集了各种不同类型的调查会，获得了极其丰富的第一手资料。毛泽东依据调查中所得的情况，先后两次在中共湖南区委作了报告。2月中旬，毛泽东离开长沙去武昌，写出《湖南农民运动考察报告》。中共湖南区委机关刊物《战士》周刊，从3月5日起，在第35、第36两期合刊，第38期和第39期上全文发表。

《湖南农民运动考察报告》，是第一次国内革命战争时期中国共产党最重要的文献之一，是毛泽东所代表的党内正确路线思想的结晶。他根据湖南农民在革命大风暴中直接的生动的斗争和生活，加以马克思主义的概括，得出科学的结论，再来指导整个革命的前进。毛泽东在报告中指出农民问题是决定中国革命全局的问题，必须放手发动群众、组织群众、依靠群众，才能取得革命的胜利。他当时的正确意见虽然被陈独秀右倾机会主义领导集团所拒绝，因而使大革命遭受了失败，但是对于当时高涨中的湖南农村革命运动，是一个极大的鼓舞。湖南广大的共产党员和革命群众完全接受了毛泽东的指导，违背了陈独秀的意志，将湖南农村革命运动推向一个新的阶段——组织武装，深入斗争，解决土地问题的阶段。

2月5日考察结束，2月16日，毛泽东向中央写了一个报告大纲。在这个报告大纲中，他提出，党应当“（一）以‘农运好得很’的事实，纠正政府、国民党、社会各界一致‘农运糟得很’的议论。（二）以‘贫农乃革命先锋，的事实，纠正各界一致的‘痞子运动’、‘惰农运动’的议论。（三）以从来并没有什么联合战线存在的事实，纠正农协破坏了联合战线的议论。”他认为“农运应分三个时期，第一，组织时期；第二，革命时期；第三，建设联合战线时期。无论何地必须经过第二时期，始能渡到第三时期”。而目前湖南的政治问题，莫急于完成乡村自治这一点，以改变乡村中无政府为有政府状态，具体的建立农民联合战线。他还提出要立即解决贫农的土地问题和资本问题，在农村中要大力发展党，以应付急剧发展的革命形势。

到1927年4月为止，湖南全省农民协会会员已发展到518万人了。据当时的各地报告，农会组织的概况如下：

会员满60万者：衡阳1县。

会员满30万以上者：湘潭、湘乡、浏阳、平江4县。

会员20万以上者：长沙、醴陵、宁乡、衡山、益阳5县。

会员10万以上者：汉寿、湘阴、岳阳、耒阳、常德、安化、郴县、攸县、华容、宜章、南县11县。

会员在5万以上者：茶陵、宝庆、新华、澧县4县。

会员在1万以上者：安仁、绥宁、泸溪、嘉禾、沅江、桃源、临武、慈利、常宁、新田、桂东、资兴、酃县、新宁、桂阳、汝城、临湘、近郊区19处。

会员在1万以下者：芷江、麻阳、零陵、城步、宁远、道县、溆浦、安乡、蓝山9县。

其中已成立县农民协会的35县，成立农民协会筹备处的16县，完全统一于省农民协会的领导之下。

这时农民已将土地问题列入议事日程的第一项，雇农提出了“均佃”的口号，广大贫农迫切要求分配土地，有的地方已经自动丈量土地，开始分配土地。例如长沙附近的霞凝乡是首先实行的地区之一。农民将田按照人口分配，不过采用了不全合理的分配方法：一个成年人得产谷八石的土地，不成年的分得四石或六石。农民已普遍有了梭镖，无不热切谋向团防抢枪，湘潭、平江、衡阳、益阳、浏阳、宁乡等地，团防反动武装大都被农民群众夺过来了，农民自卫军中成立了“常备队”。同时乡村政权已实际归农民协会掌握，农民并进一步要求管理县政权。由于有了前一时期的革命的经验，农民对地主阶级反动派普遍提高了警惕。可是，群众运动发展得太快，党的领导远远跟不上去，特别是干部准备不够，因此群众运动的基础这时是不够巩固的。

4 月 10 日，在共产党员、真正左派分子领导下的国民党省党部，发表了“告全省农民书”。这个文告明确提出了农民运动的目的是：（一）不仅在打倒土豪劣绅地主，尤在打倒土豪劣绅地主所赖以生存的封建制度。（二）不仅在减租减息，而在解决土地问题。（三）必须使农民取得乡村中的政权，并组织农民自卫军，以镇压土豪劣绅、不法地主及一切反革命派。

5 月初，共产党的长沙、常德、衡阳三个地方委员会，已准备各成立一个武装的工农师，但是并没有能迅速抓紧组织起来。在“马日事变”以前，各地农民武装还是处在零碎散漫的状态中；许多地方，旧团防的力量也没有完全解决。

总的说来，同反革命决战的时期是逐渐成熟了。但是革命阵营内部却存在着这样的矛盾：一方面，广大群众轰轰烈烈地发动起来了，革命的威势空前高涨，以农民力量为主体的革命群众是赞成进行最坚决最奋勇的革命行动以反对一切反动阶级的，而且反革命方面的阵营并不稳固，革命的力量是超过反革命的力量的；可是另一方面，共产党队伍本身却是很不巩固的，没有经验，特别是没有武装斗争的经验。党的领导远远落在群众的后面，还不懂得如何将成千成万的革命群众的力量团聚起来、武装起来，以应付可能到来的事变，取得革命的胜利。列宁说过：“在自己的队伍里有改良主义者，有孟什维克，就不能在无产阶级革命中取得胜利，就不能捍卫住无产阶级革命。”“在革命的前夜和为争取革命的胜利而进行最激烈的斗争的时候，党内的最小的动摇都能葬送一切，都能破坏革命，都能使无产阶级丧失政权，因为这个政权还没有巩固，因为对这个政权的攻击还非常猛烈。”（《列宁全集》，第31卷，第345、第347页。）湖南当时虽然是能够直接受到毛泽东的正确路线影响的省份，但是，这只是在一定程度上而且主要是在广大群众中间。当时湖南党的领导方面，没有能够彻底地坚定地站在毛泽东的正确路线方面；相反地，还不能不受到陈独秀的右倾机会主义领导的影响。因而在反革命的突然袭击之下，党的领导不可能立即将群众的力量组织起来，对反革命进行有效的抵抗。

“马日事变”及其教训

1927年3月间，以蒋介石为首的国民党反动派就进行了一连串的屠杀：3月11日，杀害了江西赣州总工会的委员长陈赞贤；蒋介石本人于3月17日到了九江、3月23日到了安庆后，就立即组织特务流氓攻打了当地所有的革命机关团体，制造了白色恐怖；四川军阀王陵基受蒋介石拉拢之后，在3月31日重庆群众大会上进行了大屠杀，造成“三三一惨案”。上海“四一二”反革命政变之后，蒋介石即以他所直接指挥和影响下的北伐军及国民党右派为骨干，在全国范围内积极布置对革命群众的大屠杀。各地反动派无不受到他的“鼓舞”，加紧血腥的阴谋活动。在湖南，四五月间反动派即积极做宣传准备，大肆散布谣言，说乡里什么都共产了，哪天40岁以上的人都要被共产党杀光，等等。在北伐军中，谣言传得特别厉害，说士兵们寄回家去的月薪都被农民协会没收分配了；军官的家庭都被抄了（其实当时打倒土豪劣绅只是个别地影响到北伐军军官的家庭，如何键也只是他的岳丈家被斗了一下，谭延闿的女婿只是被派捐款）。5月间，何键率领的部队，就在湖南各地先后开始屠杀了；5 月中旬，临湘农民协会委员长李中和被惨杀；18 日，常德近郊农民协会委员长被凌迟处死；19 日夜，何键部将益阳县工会、农民协会等革命机关、团体占领，农民自卫军及工人纠察队被缴械；5 月 20 日晨，何部熊震旅的军队，将常德所有革命团体都包围起来，工人纠察队等起而抵抗，遭机枪扫射，当天共产党员、革命战士被杀害的约 80 人。

5 月 21 日夜 10 点，受何键指使的驻长沙独立 33 团团长许克祥，35 军教导团团长王东原，留守处主任陶柳等率兵千余人突然分途袭击省总工会、省农民协会、国民党省党部、市党部、省党校等所有革命机关，将工人纠察总队和农民自卫总队缴械，捣毁特别法庭，释放被关押的土豪劣绅，捕杀共产党员和革命群众，当夜被杀害人数无法统计。

据李维汉《回忆与研究》所载，五次大会后，李决定调中央工作，湖南省委书记由夏曦接任，即回到长沙准备交卸。“马日事变”前夕，省委负责人都在长沙。5 月 20 日晚上，省委开会，对事变有所准备，决定已经公开的负责人，为郭亮、夏曦、李维汉等应立即转移，成立秘密的临时省委，由薛世伦、王则鸣、林蔚 3 人负责。第二天晚上省委开会，由郭亮代理书记。散会不久，10 点即枪声大作，事变发生。李维汉当时隐住在郊区一党员家中，同省委还有秘密联系，通过三次信。《回忆》中说：“省委来信计划组织长沙城区郊区暴动（并非后来的各路农军进攻长沙的计划），我不赞成，认为工人纠察队武装已被缴械，省农协武装已转移或溃散，搞城郊暴动，实属冒险，而且此事关系全局，应当请示中央。当时不知省委是谁在主持工作，直到 1979 年，经了解才知道，郭亮于 22 日即离长沙去湘阴，24 日到武汉，薛世伦临阵逃跑，只有林蔚和王则鸣在长沙坚持，临时省委由林蔚主持。”5 月 31 日上午，听到浏阳农民自卫军来了。“我感到突然（因为不知外县农军有攻长沙的计划），当即前去联系。在路上看到自卫军正向小吴门前进，妇女宣传队走在前头，后面男自卫军有背枪的，有肩梭镖的，还有挑炊事用具的，行列混杂，不像要攻城打仗的样子。我在离城不远处，找到县委潘心源，我问他们怎么来的？他说是 3 天前，柳直荀自株洲打来电话，要他们 5 月 31 日来长沙会师。他问柳直荀来了没有，我说不见来。我问他农军开来多少，他说动员仓促，只通知各区如期开拔上路，未能总集合，数目不知多少。谈话间，忽闻小吴门方向有枪声，农军随即退却。潘心源问我城内敌人有多少，我告知大约 3000 人，他说那攻城没有把握。又问我政治形势，我说报上登载以谭平山为首的国民党中央政治委员会组织的特别委员会要来湖南，可见国共两党合作关系没有发生问题。他问我现在农军怎么办，我说可以退回原地自卫，听候中央指示。潘未再说什么，就赶队伍去了。”

《回忆》中说:“中央对待‘马日事变’的方针，现在根据一些材料分析，是和平解决。”“国民党中央军事委员会和政治委员会讨论‘马日事变’的解决办法，根据国民党中央执行委员会政治委员会议记录记载，国民党中央‘讨论的结果，是对于湖南事件不用武力解决，免得引起纠纷。唐生智同志并愿意亲自到长沙去走一趟，以和平的方式，实行改组农民协会及农政部所提出之乡村自治条例等计划。毛泽东同志也承认不用武力的办法是对的。’会上吴玉章也赞成和平解决。”（按：当时毛是中央农委委员和全国农协临时执委负责人，吴是国民党中央秘书长）“他们赞成和平解决的方针不可能只是他们自己的意见，而是贯彻中央的方针的。”

“马日”反革命事变激起了广大革命群众的义愤。柳直荀以郭亮的名义通知长沙附近各县，发动了成千上万的农民军，拿着各式各样的武器（其中有相当数量的枪械），从四面八方向长沙进军。在长沙外围易家湾等地消灭了一部分敌军后，5 月 30 日包围了长沙。根据当时敌我力量的对比（许克祥团只有千把支枪），这个进军如果指挥得当，又有充分准备，城内还有接应力量，也许可能获得胜利，或者不能战胜敌人，却能影响以后局势的发展。当时省委的负责人受到陈独秀的唯恐“引起整个政局纠纷”的影响，匆忙赶到阵前，宣读陈独秀的命令："农军不得进行武装斗争，湖南问题须静候国民政府解决"，取消了进攻长沙的计划，大多数农军因此退却。只有两个大队偶然没有接到命令，冲城攻打，经过英勇的战斗，寡不敌众而败退。这一总退却的结果，当然瓦解了革命群众的队伍，助长了反革命的气焰。几天之后，反动派接着进行了全省规模的大屠杀。

这是 1927 年革命失败的重大历史关节之一。

关于"马日事变"前后湖南的具体情况和事变的教训，当时湖南省农民协会的秘书长、革命烈士柳直荀曾在 1928 年写的一篇文章中有如下的叙述：

事变之前，我们知道事变之将到，原有一个反攻的计划。当时的共产党虽则组织尚好，但只是一个太平时代的党，没有斗争的经验，不能应付这个斗争的环境，而只是一个反攻，不是知道事变将至，取积极进攻的计划。因此事变临头，手忙脚乱，一切计划全归失败。仅有长沙附近数县有一个于 5 月 30 日进攻长沙的计划，同时屯驻了万余工农义勇队于湘潭附近 30 里的姜畬地方，但因没有适当的指挥人才，结果是被敌人各个的击破。而约定进攻长沙的各处工农义勇队，因为在省方的负责人不知道武汉方面的实际情况，又听说国民党中央派人来湖南调查和解释误会，以为不可暴动，破了面子，将来难于收拾，中途改变方针，叫他们停止出发。当时因发信太迟，浏阳的部队已经出发，因此有 5 月 31 日下午浏阳工农军单独进扑长沙的壮举。虽则失败，然而这次英勇的斗争是值得我们纪念的。

这次起义事件失败的总原因可说是中了机会主义的毒。当时曾用省农协临时办事处的名义，发了一个告全省农民书，主张没收地主的土地，主张镇压土豪劣绅。虽有这个纸上的空言，然而不能坚决地执行，一则专注于攻城等军事行动，而没有注意到这种根本的工作；一则虽主张普遍的没收土地分给农民（上面没有提出没收 100 亩以上大地主的土地等口号），然而没有提出具体的办法，使农民无从下手；虽则主张镇压土豪劣绅，但是当时的农民还没有受过'马日事变'后的大清乡大屠杀，以为这种举动未免太过火了，不忍动手；虽则发展了广大的民众，各县都有好几万人集中，一切粮食都是由各地征发得来的，即未集中的，也在本地担任戒严的工作，然而没有好的组织、好的指挥，尤其是没有武装起义的经验。结果是失败……

湘潭起义虽然失败，然而各县仍继续起义。而当时共产党对于国民党尚抱一种幻想，致不愿公然采取起义政策。郭亮同志以千余言的长信，请求在乡间组织游击队，实行打倒土豪劣绅和没收土地，但被阻止。（《马日事变的回忆》，《第一次国内革命战争时期的农民运动》。）

在第一次国内革命战争时期，共产党员和革命群众的英勇斗争是可歌可泣的。湖南等地排山倒海的革命风暴，敌人是难以抗拒的。然而中国共产党当时还在幼年时期，历史没有来得及使毛泽东正确的革命路线——同中国实际结合了的马克思列宁主义的路线，在全党取得决定性的领导地位；陈独秀的右倾机会主义领导（这同共产国际代表的错误领导有关），使得革命人民在这个紧急时刻不能组织对反革命的有力的反击，因而革命陷入了失败。

毛泽东总结第一次国内革命战争失败的原因道：

“这时的党终究还是幼年的党，是在统一战线、武装斗争和党的建设三个基本问题上都没有经验的党，是对于中国的历史状况和社会状况、中国革命的特点、中国革命的规律都懂得不多的党，是对于马克思列宁主义的理论和中国革命的实践还没有完整的、统一的了解的党。因此，党的领导机关中占统治地位的成分，在这一阶段的末期，在这一阶段的紧要关头中，没有能够领导全党巩固革命的胜利，受了资产阶级的欺骗，而使革命遭到失败。”（毛泽东：《〈共产党人〉发刊词》，《毛泽东选集》第二卷。）